2021 駿台 大学入試完全対策シリーズ

共通テスト対策問題集

マーク式実戦問題 編

国語

全国入試模試センター編

はじめに

本書は、２０２１年度の大学入学共通テストを受ける受験生のために用意されたものです。大学入学共通テスト試行調査に加え、駿台予備学校の講師が共同で練り上げた**共通テスト対策実戦問題５回分**を収録しています。試行調査問題で共通テストの新傾向や特徴を把握したうえで、内容・形式ともに、実際の**大学入学共通テストを想定して作題されたオリジナルの実戦問題**に取り組むことにより、実戦的な演習が行えます。

本書を効果的に活用することで、みなさんが自信をもって新しいテストにのぞまれることを願っています。

● 出典一覧 ●

	現代文（論理的文章）	現代文（文学的文章）	古文	漢文
２０１８年度 大学入学共通テスト試行調査	名和小太郎『著作権２．０ ウェブ時代の文化発展をめざして』	吉原幸子「紙」「永遠の百合」	『源氏物語』	『荘子』 劉基『郁離子』
２０１７年度 大学入学共通テスト試行調査	宇杉和夫「路地がまちの記憶をつなぐ」	光原百合「ツバメたち」	『源氏物語』『原中最秘抄』	司馬遷『史記』 佐藤一斎「太公垂釣図」
第１回 実戦問題（２０１９年 高２駿台 共通テスト対策模試）	一川誠『ヒューマンエラーの心理学』	長田弘「聴くという一つの動詞」「ひそやかな音に耳澄ます」	『蜻蛉日記』	欧陽脩『帰田録』 陸容『菽園雑記』
第２回 実戦問題	永瀬節治「観光と景観」	吉田修一「キャンセルされた街の案内」	『狭衣物語』	杜甫「飲中八仙歌」 葉夢得『避暑録話』
第３回 実戦問題	竹下正哲『日本を救う未来の農業 ―イスラエルに学ぶＩＣＴ農法』	井坂洋子「父の音」「父の自転車」	『源平盛衰記』	『韓非子』『春秋公羊伝』
第４回 実戦問題	池田浩士『ボランティアとファシズム―自発性と社会貢献の近現代史』	有島武郎「卑怯者」	石川雅望『近江県物語』	田能村竹田『山中人饒舌』
第５回 実戦問題	内藤廣『形態デザイン講義』	長谷川四郎「脱走兵」	『宇治拾遺物語』『今昔物語集』	蘇轍「為兄軾下獄上書」

本書の特長と利用法

▼特長

1　オリジナルの共通テスト予想問題を5回分収録

本書は、次の問題を収録しています。

＊2018・2017年度 大学入学共通テスト試行調査

＊駿台オリジナルの共通テスト対策実戦問題　5回分

共通テスト試行調査の問題で新傾向の問題への対策を身に付け、実戦問題で演習を重ねることにより、共通テストへの準備が効率よく行えます。また、第1回実戦問題には、模試実施時の成績データを掲載していますので、学力の客観的評価ができます。

2　頻出事項の復習ができる

過去に出題された、漢字・語句・句形などをまとめた「直前チェック総整理」を掲載しています。コンパクトにまとめてありますので、短時間で効率よくチェックすることができます。

3　詳細な解説

本文の読解から設問の解答方法まで、丁寧でわかりやすい解説を施しました。例えば選択肢に対しては、正解となるものだけでなく、誤答の選択肢についても解説しています。したがって、「なぜそれを選んではいけないのか？」までもわかります。詳細な本文解説はテーマへの理解を深め、2次試験の準備にも効果を発揮します。

▼利用法

1　問題を解く

まずは実際の試験にのぞむつもりで、必ずマークシート解答用紙を用いて、制限時間を設けて問題に取り組んでください。

マークシート解答用紙の利用にあたっては、「氏名・フリガナ・受験番号・試験場コード」を必ず記入しましょう。受験番号・試験場コード欄にはクラス番号などを記入し、練習用として使用してください。

2　自己採点をする

「解答」の「自己採点欄」を用いて自己採点をしてください。その後、時間をかけて、問題を読み直し、考え直しましょう。特に、自己採点の結果、自分が正答できなかったと判明した設問については、自分が気づかなかった〈正答〉の根拠は何か、自分が選んでしまった答えのどこに間違いがあるのかについて、解説を読む前にもう一度考えてみてください。

3　解説を読む

問題文・資料についての理解を深め、設問解答の道筋（特に2で考えたこと）について確認し、今後の学習に生かすべきポイントをつかみましょう。古文・漢文では〈現代語訳〉や〈読み方〉に目を通して、きちんと解釈できていなかった箇所をあぶり出し、本文に戻って読み直しましょう。

4　復習する

時間が経ってからもう一度問題を解き直し、きちんとした筋道で解答できるかどうか、知識が身についているかどうかを確認しましょう。

＊　＊　＊

この『**共通テスト対策問題集 マーク式実戦問題編**』に加えて姉妹編『**共通テスト対策問題集　センター過去問題編**』、本番前の力試しとして全教科一回分をパックした『**青パック**』、そして科目別の問題集『**短期攻略 共通テストシリーズ**』を徹底的に学習することによって、共通テスト対策はより万全なものとなります。是非ご活用ください。

共通テスト〈試行調査〉（2017年度・2018年度）の分析

共通テストに関し、これまでに2017年度・2018年度の2回にわたり、試行調査（プレテスト）が行われている。全体としては、2017年度の方が、設問形式・内容の点で、〈思考力・判断力・表現力〉を問う共通テストの方針を徹底したものとなっており、分量も多く難度も高かった。一方、2018年度は、設問形式・内容の点で、従来のセンター試験にやや戻した点もあり、分量・難易度の点でもかなり取り組みやすいものとなった。

以下に、大問ごとの傾向と対策について簡単にまとめておく（なお、実際の試行調査は全5大問で、第1問として記述式問題が出題されていたが、その後、記述式問題の実施は見送りとなった。ここでは、第1問については省略し、第2問～第5問（第1回～第5回実戦問題の第1問～第4問に相当）について述べる）。

▼現代文

＊第2問（論理的文章）（実戦問題では第1問に該当）

2017年度は、都市空間のあり方について論じた**論理的文章**からの出題。図表などが多く含まれ、**本文と図表との関連を問う設問**や、**本文の論旨を別の話題に応用して推論を行う設問**などが出題された一方、本文中に傍線を施した設問は一つもなく（表の中に下線を施した設問のみ）、漢字設問もない（文学的文章で三問出題）という形で、〈思考力・判断力・表現力〉を問う共通テストの特徴が如実に出た問題であった。2018年度は、著作権について述べた評論と、著作権法の抜粋、およびそれらを参考にして作成した（という設定の）ポスターを題材とする〈**論理的文章＋実用的文章・資料**〉という形の出題であり、〈**複数の文章・資料の関連を問う**〉〈**実用的文章・資料を出題する**〉という共通テストの方針を踏まえたもの。設問は、漢字設問や表現・構成の設問など、センター試験への回帰が見られた一方で、**抽象的記述を具体例に置き換える**、**複数の文章・資料を見渡して要求に即した情報を取り出す**、**図表のはたらきを考える**、といった共通テスト型の設問も多く出題された。

右に見たように、大枠としてはセンター試験第1問に連なる論理的文章からの出題のように見えるが、従来のセンター試験とはかなり異なるタイプの出題となっている。したがって、センター型の問題による演習で論理的文章の読解の基礎を固めることはもちろん必要だが、それに加えて、先のような設問を含む共通テスト型の演習問題を多くこなす必要がある。

＊第3問（文学的文章）（実戦問題では第2問に該当）

2017年度は、現代作家による小説からの出題であり、一見センター試験の第2問を踏襲しているように見えるが、**〈原典（のあらすじ）とそれを基にした創作小説〉という構成の作品**である点で、実は**〈複数の異なる文章・資料の関連を問う〉という共通テストの方針を踏まえたもの**であった。設問も、原典と小説との比較・統合的理解や、傍線部の〈根拠〉となる文を指摘させる設問など、**文学的文章**を素材としつつ**〈論理的思考力を問う〉共通テストの特徴**が現れたものとなっている。2018年度は、同一の作者による**詩とエッセイを組み合わせたもの**（センター試験にはなかった形式）。小説に限らず**文学的文章のさまざまなジャンルから出題する方針**が見て取れるが、ここでも**〈複数の文章・資料の関連を問う〉方針は一貫しているといえる**。設問は、表現のはたらきを問う設問や、

２０１７年度には出題されなかった語句の意味の設問など、センター試験への回帰も見られた一方で、**エッセイの内容を踏まえて詩の一節を解釈する**設問や、**文中の記述を端的に抽象化してとらえる**設問など、（難易度的にはそれほどでもないが）共通テスト型の出題が見られた。

文学的文章からの出題である点ではセンター試験第2問に連なるものだといえるが、右に見たように、**出題ジャンル、設問の形式・内容ともに、多様さを増している**といえる。こちらも、センター型の問題による演習で基礎を固めた上で、共通テスト型の演習問題に多く触れ、複数の文章・資料の比較（共通点・相違点の考察）、文中の記述の抽象化・具体化といった設問に慣れていくことが大切である。

▼古文

＊第4問（実戦問題では第3問に該当）

素材文は、２０１７年度・２０１８年度ともに中心となる文章が『源氏物語』の比較的有名な箇所で、２０１７年度はそれに『源氏物語』の古注釈の関連箇所、２０１８年度は本文中の引き歌表現についての教師と生徒の会話（途中で私家集の一節が引用されている）が添えられている。中心となる『源氏物語』は、その内容を予備知識なしに一から読み解いていく時間的な余裕があるとは考えられず、ある程度有名出典についての理解があることを前提として問題が作られているかもしれない。また、２０１７年度・２０１８年度ともに、複数素材の関連性を捉える上で、古典文学についてのリテラシー（伝本のあり方についての理解、注釈的世界についての理解、引き歌表現についての理解）が前提となっている。したがって、普段の学習の中で、教科書的な素材を文化的な遺産として様々な角度から深く学ぼうとする態度が必要になってくると考えられる。

設問については、２０１７年度はセンター試験に比べて設問形式にかなりの変化が見られた。解釈を表立って問う設問が減り、語句の補いのようなセンター試験にになかった出題が見られたほか、説明型の設問も、問２・問４のように選択肢が短くなった代わりに説明の抽象度が高くなっているのが目を引く。また、問５・問６が複数の素材を分析・統合・評価させる出題となっているが、比較・統合的な思考はそれほど要求されなかった。２０１８年度は設問形式にセンター試験への回帰が見られ、解釈を表立って問う設問が増えるとともに、説明型の設問もセンター試験と同様にストレートに文章の内容を読み取っていく方向で付されているが、複数の素材を分析・統合・評価させる出題である問６は、逆に比較・統合的な思考を強く要求する設問となっていることが注意される。ただ、２０１７年度・２０１８年度ともに、きちんとした現代語訳にもとづいて正確に内容を読み取ることを大前提に各設問が作られていることは見落としてはならない。

対策としては、センター試験型の問題による演習などを通じて、現代語訳をてがかりに内容をすばやく正確に読み取り、文章の内容・表現・主題を客観的に評価する練習を積んだ上で、さらに複数の素材の比較をテーマとする設問を含む共通テスト型の演習問題を多くこなしていく必要がある。

▼漢文

＊第5問（実戦問題では第4問に該当）

素材については、２０１７年度は「太公望」の成語のもととなった『史記』の文章と、それについて調べた高校生がまとめたという設定の、「太公望」を詠じた佐藤一斎の漢詩（現代語訳つき）およびそれについてのコラムであった。２０１８年度は「朝三暮四」の成語のもととなった『荘子』の文章の現代語訳と『郁離子』の文章であった。２０１７年度・２０１８年度いずれも複数テクストの組み合わせであり、両者の関わりが設問となっている。また、いずれも現代日本語で用いられる故事成語の出典となる文章が使用されている。今後の学習では、故事成語や四字熟語を意識しておぼえる必要があるだろう。

　設問としては、いずれの試行調査でも文字や語句の読みや意味が問われ、書き下しが出題されている。読みや意味・書き下しの双方とも、文脈を意識して正解を決定する必要があったが、これは最近のセンター試験の傾向がそのまま踏襲されており、センター試験の過去問を解くことで対処できるだろう。また、いずれの試行調査でも文の解釈が問われたが、これも従来のセンター試験と変わるところはない。なお、２０１７年度の試行調査では漢詩が出題され、詩の形式と押韻が問われているが、漢詩が出題されると押韻を問うのもセンター試験では頻出であった（漢詩が出題された２０２０年度のセンター試験でも押韻が問われている）。新傾向の設問として、２０１７年度においては、問５で**日本における漢詩文の受容史**が問われている。センター試験では文学史に関する出題は稀であったが、今後は日中双方の文学史の基本を確認しておく必要があるだろう。問６では**故事成語**が問われている。前述のように故事成語や四字熟語を意識しておぼえよう。問７では『史記』と漢詩の太公望像の差異が設問となっている。**複数テクスト**を見渡してその同異をつかむ練習をする必要がある。２０１８年度の新傾向としては、問５が**会話文**による設問となっている。ここでも**故事成語**が問われ、『荘子』と『郁離子』との差異が会話の話題となっている。

　対策としては、本書のような問題集や参考書による演習を行う際に、文字や語句、書き下し、解釈などについては常に文脈を意識すること。新傾向への対策としては、まず故事成語や四字熟語の語彙を増やすこと。続いて日本および中国の文学史の基礎を確認しておくこと。これらと並行して複数テクストの読解や会話型の設問の練習を積んでゆこう。

直前チェック総整理

●共通テスト試行調査・センター試験既出漢字（解答⇩p.12）

〈二〇一八年 共通テスト試行調査〉

□ガッチ（①チメイ的な失敗 ②火災ホウチ器 ③チセツな表現 ④チミツな頭脳 ⑤再考のヨチがある）

□テキゴウする（①プロにヒッテキする実力 ②テキドに運動する ③窓にスイテキがつく ④ケイテキを鳴らす ⑤脱税をテキハツする）

□リョウタン（①タンセイして育てる ②負傷者をタンカで運ぶ ③経営がハタンする ④ラクタンする ⑤タンテキに示す）

□エツラン（①橋のランカンにもたれる ②シュツランの誉れ ③ランセの英雄 ④イチランに供する ⑤事態はルイランの危うきにある）

□カジョウ（①ジョウヨ金 ②ジョウチョウな文章 ③米からジョウゾウする製法 ④金庫のセジョウ ⑤家庭のジョウビ薬）

〈二〇一七年 共通テスト試行調査〉

□ギョウギョウしく（①会社のギョウセキを掲載する ②クギョウに耐える ③思いをギョウシュクした言葉 ④イギョウの鬼 ⑤ギョウテンするニュース）

□トウライ（①孤軍フントウ ②本末テントウ ③トウイ即妙 ④用意シュウトウ ⑤不偏フトウ）

□ショタイを持つ（①アクタイをつく ②新たな勢力のタイトウ ③タイマンなプレー ④家庭のアンタイを願う ⑤秘書をタイドウする）

〈二〇二〇年 本試〉

□ソクシン（①組織のケッソクを固める ②距離のモクソクを誤る ③消費の動向をホソクする ④自給ジソクの生活を送る ⑤返事をサイソクする）

□ケンコウ（①ショウコウ状態を保つ ②賞のコウホに挙げられる ③大臣をコウテツする ④コウオツつけがたい ⑤ギコウを凝らした細工）

□ケンゲン（①マラソンを途中でキケンする ②ケンゴな意志を持つ ③ケンギを晴らす ④実験の結果をケンショウする ⑤セイリョクケンを広げる）

□カタヨって（①雑誌をヘンシュウする ②世界の国々をヘンレキする ③図書をヘンキャクする ④国語のヘンサチが上がった ⑤体にヘンチョウをきたす）

□ガンケン（①タイガンまで泳ぐ ②環境保全にシュガンを置く ③ドリルでガンバンを掘る ④勝利をキガンする ⑤ガンキョウに主張する）

〈二〇一九年 本試〉

□タンネン（①イッタン休止する ②タンレンを積む ③タンセイを込める ④タンカで運ぶ ⑤計画がハタンする）

□バクゼン（①バクガからビールが作られる ②サバクの景色を見る ③ジュバクから解き放たれる ④観客がバクショウする ⑤バクマツの歴史を学ぶ）

□ヒビく（①物資をキョウキュウする ②ギャッキョウに耐える ③他国とキョウテイを結ぶ ④エイキョウを受ける ⑤ホドウキョウを渡る）

□ヒンシュツ（①ヒンシツを管理する ②カイヒン公園で水遊びをする ③ヒンパンに訪れる ④ライヒンを迎える ⑤根拠がヒンジャクである）

□アットウ（①現実からトウヒする ②ジャズ音楽にケイトウする ③トウトツな発言をする ④シュウトウに準備する ⑤食事のトウブンを抑える）

〈二〇一九年 追試〉

□セイケツ（①シンケツを注ぐ ②ケッサクを発表する ③車両をレンケツする ④身のケッパクを主張する ⑤飛行機がケッコウする）

□タイテイ（①ホウテイで証言する ②空気テイコウを減らす ③誤りをテイセイする ④食堂でテイショクを食べる ⑤花束をゾウテイする）

□ショウジン（①事態をセイカンする ②日程をチョウセイする ③セイミツな機械を作る ④選手センセイをする ⑤セイエンを送る）

□リョウチ（①リョウヨウ生活を送る ②ドウリョウと話し合う ③仕事をヨウリョウよくこなす ④自動車をリョウサンする ⑤今月のキュウリョウを受け取る）

〈二〇一八年 本試〉

□ハイケイ（①業務をテイケイする ②伝統をケイショウする ③神社にサンケイする ④踊りのケイコをする ⑤日本のケイキが上向く）

□イショウ（①コウショウな趣味を持つ ②演劇界のキョショウに会う ③出演料のコウショウをする ④課長にショウカクする ⑤戸籍ショウホンを取り寄せる）

□フみ（①株価がキュウトウする ②役所で不動産をトウキする ③前例をト

ウシュウする　④ろくろでトウキをつくる　⑤飛行機にトウジョウする）

□**カワ**いた（①渋滞をカンワする　②新入生をカンゲイする　③難題にカカンに挑む　④浅瀬をカンタクする　⑤カンデンチを買う）

□**セツ**リ（①電線をセツダンする　②予算のセッショウをする　③セットウの罪に問われる　④セツジョクをはたす　⑤栄養をセッシュする）

□**セン**レン（①センリツにのせて歌う　②センジョウして汚れを落とす　③利益をドクセンする　④言葉のヘンセンを調べる　⑤センスイカンに乗る）

〈二〇一八年 追試〉

□**フン**シュツ（①ギフンにかられる　②国境でフンソウが起きる　③消毒液をフンムする　④コウフンして眠れない　⑤フンショク決算を指摘する）

□**キョウ**ジュ（①歯並びをキョウセイする　②国王にキョウジュンの意を示す　③キョウイ的な記録を残す　④キョウラク的な人生を送る　⑤敵のキョウイにさらされる）

□ショウ**チョウ**（①助走をつけてチョウヤクする　②税金をチョウシュウする　③時代をチョウエツする　④チョウカイ処分を受ける　⑤美術館でチョウコクを見る）

□**コウ**ニュウ（①雑誌を定期コウドクする　②売り上げにコウケンする　③コウキを粛正する　④ゲンコウ用紙を配る　⑤コウカを鋳造する）

□**カセ**ぐ（①責任をテンカする　②カクウの話をする　③機械がカドウする　④もめごとのカチュウに入る　⑤競争がカレツを極める）

〈二〇一七年 本試〉

□**バイ**ゾウ（①細菌バイヨウの実験　②印刷バイタイ　③裁判におけるバイシン制　④事故のバイショウ問題　⑤旧にバイしたご愛顧）

□ヨウ**イン**（①観客をドウインする　②ゴウインな勧誘に困惑する　③コンイン関係を結ぶ　④インボウに巻き込まれる　⑤不注意にキインした事故を防ぐ）

□**ヤッ**カイ（①ごリヤクがある　②ツウヤクの資格を取得する　③ヤクドシを乗り切る　④ヤッキになって反対する　⑤ヤッコウがある野草を探す）

□セン**コク**（①上級裁判所へのジョウコク　②コクメイな描写　③コクビャクのつけにくい議論　④コクソウ地帯　⑤筆跡がコクジした署名）

□**イ**やされる（①物資をクウユする　②ヒユを頻用する　③ユエツの心地を味わう　④ユチャクを断ち切る　⑤キョウユとして着任する）

〈二〇一七年 追試〉

□**サク**シュ（①牧場でサクニュウを手伝う　②実験でサクサンの溶液を用いる　③期待と不安がコウサクする　④クッサクの作業が終了する　⑤観光情報をケンサクする）

□**オチイ**る（①ケッカンを指摘する　②カンタン相照らす　③カンゲンにつられる　④カンドコロをおさえる　⑤問題点をカンカする）

□**セイ**ゴウセイ（①セイコウウドクの生活　②シセイの人びと　③メールのイッセイ送信　④運動会に向けたセイレツの練習　⑤一服のセイリョウザイ）

□**キン**イッセイ（①キンセンに触れる言葉　②勝負にキンサで競り勝つ　③小学校時代のカイキン賞　④キョウキンをひらいて語る　⑤試合のキンコウを破る得点）

□ヨウ**セイ**（①自然のイキオいに任せる　②花ザカりを迎える　③将来をチカい合う　④道路工事をウけおう　⑤我が身をカエリみる）

〈二〇一六年 本試〉

□**ツクロ**う（①収益のゼンゾウを期待する　②事件のゼンヨウを解明する　③建物のエイゼン係を任命する　④学生ゼンとしたよそおい　⑤ゼン問答のようなやりとり）

□シュウ**ソク**（①度重なるハンソクによる退場　②健康をソクシンする環境整備　③ヘイソクした空気の打破　④両者イッショクソクハツの状態　⑤ソクバクから逃れる手段）

□**カエリ**みても（①コイか過失かという争点　②コシキゆかしき伝統行事　③一同をコブする言葉　④コドクで華麗な生涯　⑤コリョの末の優しい言葉）

□**カイ**ヒ（①海外のタイカイに出場する　②タイカイに飛び込み泳ぐ　③方針を一八〇度テンカイする　④天使がゲカイに舞い降りる　⑤個人の考えをカイチンする）

□**シュク**ゲン（①前途をシュクして乾杯する　②シュクシュクと仕事を進めた　③シュクテキを倒す日が来た　④紳士シュクジョが集う　⑤キンシュク財政を守る）

〈二〇一六年 追試〉

□**ダ**トウ（①ダサンが働く　②ダキョウを排する　③チョウダの列に並ぶ　④ダガシをねだる　⑤ダミンをむさぼる）

□**コウ**ザイ（①暗闇でコウミョウを見いだす　②コウミョウな演出に感動した

③怪我《けが》のコウミョウとなった　④全員がコウゴに係を分担する　⑤コウゴと文語とを区別する）

□ドウ**ヨウ**（①木枯らしが木の葉をユらす　②卵をトいてご飯にかける　③能の台本を声に出してウタう　④白身魚を油でアげる　⑤喜びに胸をオドらせて帰宅する）

□**レイテツ**（①大臣をコウテツして刷新をはかる　②テッペキの守りで勝利を手にする　③廊下の荷物がテッキョされる　④テツヤを続けて課題を完成させる　⑤テツガクを学んで政治家を志す）

□**ショウ**ライ（①夜道をテらす月明かり　②天にもノボる心地だ　③それはマサしく本物だ　④この場にマネかれた光栄　⑤親切でクワしい案内状）

〈二〇一五年 本試〉

□**タ**れる（①ベートーヴェンにシンスイする　②寝不足でスイマにおそわれる　③ブスイなふるまいに閉口する　④親元を離れてジスイする　⑤鉄棒でケンスイをする）

□タイ**ガイ**（①ガイハクな知識を持つ　②不正を行った者をダンガイする　③制度がケイガイと化す　④故郷を思いカンガイにふける　⑤会議のガイヨウをまとめる）

□**ジュン**タク（①水をジュンカンさせる装置　②温暖でシツジュンな気候　③ジュンキョウシャの碑　④夜間にジュンカイする警備員　⑤ジュンドの高い金属）

□**タン**テキ（①タンセイして育てた盆栽　②コタンの境地を描いた小説　③ダイタンな意見の表明　④一連の事件のホッタン　⑤真相のあくなきタンキュウ）

□**カナ**で（①事件のソウサが続く　②ソウガンキョウで鳥を観察する　③在庫をイッソウする　④国王に意見をソウジョウする　⑤工場がソウギョウを再開する）

〈二〇一五年 追試〉

□セッ**ダン**（①サイダンに花を供える　②カンダンなく雨が降る　③パーティーでカンダンする　④ダイダンエンを迎える　⑤カンダンの差が大きくなる）

□**ツラヌ**く（①注意をカンキする　②ハダカイッカンから再出発する　③集中することがカンジンである　④まことにイカンに思う　⑤ジャッカンの変更を行う）

□**ビ**ショウ（①ビカンをそこねる看板　②品評会でハクビと言われた器　③シュビよく進んだ交渉　④人情のキビをとらえた文章　⑤ケイビが厳重な空港）

□**シッ**ソウ（①繊細な細工が施されたシッキ　②卒業論文のシッピツ　③豊かな才能に対するシット　④重い症状を伴うシッカン　⑤親の厳しいシッセキ）

□**ナメ**らか（①イッカツして処理する　②国が事業をカンカツする　③登山者のカツラクを防ぐ　④領土をカツジョウする　⑤自由をカツボウする）

〈二〇一四年 本試〉

□**ボウ**ヨみする（①生活がキュウボウする　②お調子者にツウボウを食らわす　③人口のボウチョウを抑える政策　④ムボウな計画を批判する　⑤国家のソンボウにかかわる）

□社会に地位を**シ**める（①センパクな言動に閉口する　②新人選手がセンプウを巻き起こす　③建物が違法にセンキョされる　④法廷で刑がセンコクされる⑤センザイ的な需要を掘り起こす）

□グン**コウ**を競う（①つまらないことにコウデイする　②彼の意見にはシュコウできない　③出来のコウセツは問わない　④コウザイ相半ばする　⑤ごつごつしてセイコウな文章）

□ヨウ**イ**になります（①事のケイイを説明する　②カンイな手続きで済ませる　③イサンを相続する　④イダイな人物の伝記　⑤イサイは面談で伝える）

□意識が生まれる**ケイ**キ（①ケイコウとなるも牛後となるなかれ　②リサイクル活動をケイハツする　③これまでのケイヤクを見直す　④豊かな自然のオンケイを受ける　⑤経済の動向にケイショウを鳴らす）

〈二〇一四年 追試〉

□**イド**んでいる（①世のフウチョウを憂える　②高原のセイチョウな空気　③チョウバツを加える　④不吉なことが起きるゼンチョウ　⑤対戦相手をチョウハツする）

□**ウナガ**さねばならない（①対応がセッソクに過ぎる　②スイソクの域を出ない　③原稿をサイソクされる　④体育でソクテンを練習する　⑤ショウソクを尋ねる）

□彼らを**ツイキュウ**し（①庭にキュウコンを植える　②においをキュウチャクさせる　③不安が全体にハキュウする　④フキュウの名作を読む　⑤会議がフンキュウする）

□夢の**ドレイ**でしかない（①ヒレイな行為をとがめる　②レイミョウな響きに包まれる　③安全運転をレイコウする　④バレイを重ねる　⑤封建領主にレイゾクする）

□**テイ**センを決断した（①記念品をシンテイする　②条約をテイケツする　③梅雨前線がテイタイする　④国際平和をテイショウする　⑤敵の動向をテイサツする）

〈二〇一三年 本試〉

□ド**ウリョウ**親族とても（①若手のカンリョウ　②チリョウに専念する　③荷物をジュリョウする　④なだらかなキュウリョウ　⑤セイリョウな空気）

□クウ**バク**たる問題（①他人にソクバクされる　②冗談にバクショウする　③サバクを歩く　④江戸にバクフを開く　⑤バクガトウを分解する）

□**バン**ソウが鳴っている（①家族ドウハンで旅をする　②ハンカガイを歩く　③資材をハンニュウする　④見本品をハンプする　⑤著書がジュウハンされる）

□クウ**ソ**（①ソエンな間柄になる　②ソゼイ制度を見直す　③緊急のソチをとる　④被害の拡大をソシする　⑤美術館でソゾウを見る）

□神社はシン**カン**としていた（①証人をカンモンする　②規制をカンワする　③ユウカンな行為をたたえる　④勝利にカンキする　⑤広場はカンサンとしている）

〈二〇一三年 追試〉

□万物を**ソウ**ゾウした（①ソウギョウ二百年の名店　②ソウギに参列する　③渋滞にソウグウする　④ソウドウを引き起こす　⑤気力をソウシツする）

□**トウ**ライする〈過去〉（①アイトウの意を示す　②計画をトウケツする　③トウテイ納得できない　④組織をトウギョする　⑤トウシがみなぎる）

□**カザ**る（①同窓生とカイショクする　②微生物がゾウショクする　③市場調査をイショクする　④キョショクのない表現　⑤ショクセキを果たす）

□人間は闇を**サ**け、そこに光を投げかけて（①条約をヒジュンする　②ヒニクな見方　③責任者をヒメンする　④新作をヒロウする　⑤戦争をキヒする）

□威力をハッ**キ**（①キセイの価値観　②控訴をキキャクする　③キチョウな文化遺産　④キバツな考え方　⑤ガソリンがキハツする）

〈二〇一二年 本試〉

□競争相手を**クチク**し（①資料をチクセキする　②ボクチク業を始める　③経過をチクジ報告する　④彼とはチクバの友だ　⑤独自の理論をコウチクする）

□栄養を**セッ**シュする（①セツレツな文章　②自然のセツリに従う　③試合に勝ってセツジョクを果たす　④訪問者にオウセツする　⑤クッセツした思いをいだく）

□シュウ**カン**がついている（①勝利にカンキする　②国境線をカンシする　③けが人をカンゴする　④血液のジュンカン　⑤今までのカンレイに従う）

□環境とのセッ**ショウ**の中で（①依頼をショウダクする　②事実をショウサイに調べる　③意見がショウトツする　④外国とコウショウする　⑤作業工程のショウリョク化をはかる）

□説明し**ツ**くせない（①ジンソクに対処する　②テキジンに攻め入る　③損害はジンダイだ　④ジンジョウな方法では解決しない　⑤地域の発展にジンリョクする）

〈二〇一二年 追試〉

□コウ**フン**した声（①不正行為にフンガイする　②火山がフンカする　③孤軍フントウする　④フンソウを解決する　⑤岩石をフンサイする）

□**コウム**る（①モクヒ権を行使する　②心身がヒヘイする　③ヒルイのない才能を持つ　④裁判のヒコクになる　⑤ヒヤク的に発展する）

□愛国心のコウ**ヨウ**（①カンヨウにふるまう　②国旗をケイヨウする　③キョウヨウを身につける　④心のドウヨウをおさえる　⑤文章の内容をヨウヤクする）

□レン**サ**（①道路をフウサする　②円高でサエキを得る　③犯罪のソウサに協力する　④議長をホサする　⑤経歴をサショウする）

□対話をしているような**サッ**カク（①サクイの跡が見える　②サクボウをめぐらす　③書物にサクインをつける　④時代サクゴの考えを持つ　⑤予算をサクゲンする）

〈二〇一一年 本試〉

□**キョ**ソ（①教科書にジュンキョする　②キョシュウを明らかにする　③トッキョを申請する　④キョジツが入り混じる　⑤ボウキョに出る）

□物質の**カタマリ**（①疑問がヒョウカイする　②キカイな現象　③カイモク見当がつかない　④ダンカイの世代　⑤カイコ趣味にひたる）

□**サラ**チ（①セイコウウドクの生活　②大臣をコウテツする　③コウキュウテ

キな対策　④技術者をコウグウする　⑤キョウコウに主張する）
□手がかりの**ジュウ**マンする空間（①ジュウコウを向ける　②ジュウナンに対応する　③他人にツイジュウする　④施設をカクジュウする　⑤ジュウオウに活躍する）
□カケイ**ボ**（①ゲンボと照合する　②世界的なキボ　③亡母をシボする　④懸賞にオウボする　⑤ボヒメイを読む）

〈二〇一一年 追試〉

□観念が**スイ**タイし始め（①桜が芽をフく　②任務をトげる　③クラス委員にオす　④勢いがオトロえる　⑤しずくがタれる）
□**キタ**えぬかれた肉体（①ダイタンにふるまう　②水源をタンサクする　③タンショを開く　④タンレンを積む　⑤タンネンに調べる）
□**シ**め付けたりする（①テイケンのない人　②ボウハテイを築く　③在庫品がフッテイする　④記念品をキンテイする　⑤条約をテイケツする）
□**イリョウ**技術（①アラリョウジをする　②シュリョウを禁止する　③イットウリョウダンにする　④観客をミリョウする　⑤サイリョウに任せる）
□**ユウ**カイしつつある（①ユウチョウに構える　②ユウヨを与える　③ユウベンに語る　④企業をユウチする　⑤ユウズウをきかせる）

▼共通テスト試行調査・センター試験既出漢字解答

〈二〇一八年 共テ試行〉①②⑤④①　〈二〇一七年 共テ試行〉⑤④⑤
〈二〇二〇年 本試〉⑤①①④⑤
〈二〇一九年 本試〉③②④③②　〈二〇一九年 追試〉④②③③⑤
〈二〇一八年 本試〉②③⑤⑤②　〈二〇一八年 追試〉③④②①③
〈二〇一七年 本試〉⑤⑤③①④　〈二〇一七年 追試〉①①④⑤④
〈二〇一六年 本試〉③⑤⑤③⑤　〈二〇一六年 追試〉②③③④④
〈二〇一五年 本試〉⑤⑤②④④　〈二〇一五年 追試〉②②④④③
〈二〇一四年 本試〉②③④②③　〈二〇一四年 追試〉⑤③③⑤③
〈二〇一三年 本試〉①③①①⑤　〈二〇一三年 追試〉①③④⑤⑤
〈二〇一二年 本試〉③②⑤③⑤　〈二〇一二年 追試〉③④②①④
〈二〇一一年 本試〉⑤④②④①　〈二〇一一年 追試〉④④⑤①⑤

●共通テスト試行調査・センター試験既出語句 （解答⇩p.15）

〈二〇一八年 共通テスト試行調査〉

□**いぶかる**（①うるさく感じる　②誇らしく感じる　③冷静に考える　④気の毒に思う　⑤疑わしく思う）
□**手すさび**（①思いがけず出てしまう無意識の癖　②多くの労力を必要とする創作　③いつ役に立つとも知れない訓練　④必要に迫られたものではない遊び　⑤犠牲に見合うとは思えない見返り）
□**いじらしさ**（①不満を覚えず自足する様子　②自ら蔑み萎縮している様子　③けなげで同情を誘う様子　④配慮を忘れない周到な様子　⑤見るに堪えない悲痛な様子）

〈二〇二〇年 本試〉

□**興じ合っている**（①互いに面白がっている　②負けまいと競っている　③それぞれが興奮している　④わけもなくふざけている　⑤相手とともに練習している）
□**重宝がられる**（①頼みやすく思われ使われる　②親しみを込めて扱われる　③一目置かれて尊ばれる　④思いのままに利用される　⑤価値が低いと見なされる）
□**晴れがましく**（①何の疑いもなく　②人目を気にしつつ　③心の底から喜んで　④誇らしく堂々と　⑤すがすがしい表情で）

〈二〇一九年 本試〉

□**お手のもので**（①見通しをつけていて　②腕がよくて　③得意としていて　④ぬかりがなくて　⑤容易にできそうで）
□**肚《はら》を決めた**（①気持ちを固めた　②段取りを整えた　③勇気を出した　④覚悟を示した　⑤気力をふりしぼった）
□**目を見張っていた**（①間違いではないかと見つめていた　②感動して目を見開いていた　③動揺しつつも見入っていた　④集中して目を凝らしていた　⑤まわりを見わたしていた）

〈二〇一九年 追試〉

□**呑《の》みこめた**（①予見できた　②歓迎できた　③共感できた　④理解できた　⑤容認できた）
□**醒《さ》めた**（①状況を冷静に判断できる　②状況を正確に把握できる　③状況

を正常に認識できる　④状況を冷淡に観察できる　⑤状況を平静に傍観できる）

□**雲を摑《つか》むような**（①不明瞭で、とらえどころのない　②不安定で、頼りにならない　③非常識で、気恥ずかしい　④非現実的で、ありそうにない　⑤非合理的で、ばかばかしい）

〈二〇一八年 本試〉

□**腹に据えかねた**（①本心を隠しきれなかった　②我慢ができなかった　③合点がいかなかった　④気配りが足りなかった　⑤気持ちが静まらなかった）

□**戦《おのの》きながら**（①勇んで奮い立ちながら　②驚いてうろたえながら　③慌てて取り繕いながら　④あきれて戸惑いながら　⑤ひるんでおびえながら）

□**枷《かせ》が外れる**（①問題が解決する　②苦しみが消える　③困難を乗り越える　④いらだちが収まる　⑤制約がなくなる）

〈二〇一八年 追試〉

□**すげなく**（①冷淡に　②なすすべなく　③一方的に　④思いがけなく　⑤嫌味っぽく）

□**うちひしがれた**（①不満が収まらず恨むような　②疲れ切ってしょぼくれた　③気が動転してうろたえた　④気力を失ってうつろな　⑤しょげ返って涙にうるんだ）

□**やみくもに**（①不意をついて　②敵意をあらわに　③やむにやまれず　④前後の見境なく　⑤目標を見据えて）

〈二〇一七年 本試〉

□**呆《あ》っけに取られた**（①驚いて目を奪われたような　②意外さにとまどったような　③真剣に意識を集中させたような　④急に眠気を覚まされたような　⑤突然のことにうれしそうな）

□**生《き》一本**（①短気　②純粋　③勝手　④活発　⑤強情）

□**あてつけがましい**（①いかにも皮肉を感じさせるような　②遠回しに敵意をほのめかすような　③暗にふざけてからかうような　④あたかも増悪をにじませるような　⑤かえって失礼で慎みがないような）

〈二〇一七年 追試〉

□**凝然と**（①ぐったりと横たわって　②ひっそりと音もせず　③じっと動きもなく　④こんもりと生い茂り　⑤ぼんやりとおぼろげに）

□**霊性**（①精神の崇高さ　②気性の激しさ　③存在の不気味さ　④感覚の鋭敏さ　⑤心の清らかさ）

□**つつましく**（①本音を隠して丁寧に　②心ひかれてひたむきに　③気を引きしめて真剣に　④敬意をもって控えめに　⑤慈しみを込めて穏やかに）

〈二〇一六年 本試〉

□**目くばせした**（①目つきですごんだ　②目つきで制した　③目つきで頼み込んだ　④目つきで気遣った　⑤目つきで合図した）

□**無造作に**（①先の見通しを持たずに　②いらだたしげに荒っぽく　③慎重にやらず投げやりに　④先を越されないように素早く　⑤周囲の人たちを見下して）

□**見栄《みえ》もなく**（①相手に対して偉ぶることもなく　②自分を飾って見せようともせず　③はっきりした態度も取らず　④人前での礼儀も欠いて　⑤気後れすることもなく）

〈二〇一六年 追試〉

□**狼狽《ろうばい》**（①とまどい慌てること　②うるさく騒ぎ立てること　③驚き疑うこと　④圧倒されて気弱になること　⑤恐れてふるえること）

□**甘悲しい感情**（①喪失感　②望郷の念　③悔恨の情　④懐かしい思い　⑤感傷的な気持ち）

□**きまり悪げな顔**（①不満そうな顔　②困惑したような顔　③不愉快そうな顔　④納得できないような顔　⑤腹立たしそうな顔）

〈二〇一五年 本試〉

□**透明な**（①ぬくもりのない　②悪意のない　③まじり気のない　④形のない　⑤暗さのない）

□**とくとくと**（①意欲満々で　②充分満足して　③利害を考えながら　④始めから順番どおりに　⑤いかにも得意そうに）

□**追い討ちをかけて**（①無理に付きまとって　②強く責め立てて　③しつこく働きかけて　④時間の見境なく　⑤わざわざ調べて）

〈二〇一五年 追試〉

□**まつわられ**（①しきりに泣きつかれ　②勝手気ままに振る舞われ　③ひどくわがままを言われ　④うるさく付きまとわれ　⑤激しく動きまわられ）

□**余念がなく**（①ほかに気を配ることなく熱中し　②真剣さが感じられずいいかげんで　③細かいところまで丁寧に　④疑いを持たずに思い切って　⑤余裕がなくあわただしい様子で）

□**おずおずと**（①悲しみをこらえながら淡々と　②顔色をうかがいながら思い切って　③言葉を選びながら丁寧に　④うれしさを押し隠しながらそっと　⑤ためらいながら遠慮がちに）

〈二〇一四年 本試〉

□**刻々に**（①突然に　②あっという間に　③順番通りに　④ときどきに　⑤次第次第に）

□**腰を折られて**（①下手《したて》に出られて　②思わぬことに驚いて　③やる気を失って　④途中で妨げられて　⑤屈辱を感じて）

□**われ知らず**（①自分では意識しないで　②あれこれと迷うことなく　③人には気づかれないように　④本当の思いとは逆に　⑤他人の視線を意識して）

〈二〇一四年 追試〉

□**悦に入って**（①思い通りにいき得意になって　②我を忘れるくらい夢中になって　③我慢ができないほどおかしくて　④本心を見透かされ照れて　⑤感情を押し隠し素知らぬふりをして）

□**相好を崩していた**（①なれなれしく振る舞っていた　②緊張がほぐれ安心していた　③好ましい態度をとれずにいた　④顔をほころばせ喜んでいた　⑤親しみを感じくつろいでいた）

□**すげなさ**（①動揺し恥ずかしがる様子　②改まりかしこまった様子　③判断に迷い戸惑う様子　④物おじせず堂々とした様子　⑤関心がなくひややかな様子）

〈二〇一三年 本試〉

□**愛想を尽かしていた**（①嫌になってとりあわないでいた　②すみずみまで十分に理解していた　③体裁を取り繕うことができないでいた　④いらだちを抑えられないでいた　⑤意味をはかりかねて戸惑っていた）

□**間が悪かった**（①気持ちが揺らいでしまった　②相手にするのが煩わしかった　③言外の意味を理解できなかった　④深く考える余裕がなかった　⑤正直に言うのが気まずかった）

□**気概**（①大局的にものを見る精神　②相手を上回る周到さ　③物事への思慮深さ　④くじけない強い意志　⑤揺るぎない確かな知性）

〈二〇一三年 追試〉

□**へらず口を叩く**（①相手の弱みにつけ込みながら、責める言葉を続ける　②相手をからかいながら、負けずに喋り続ける　③相手の言い分を無視しながら、意味のないことを話す　④相手をなだめながら、慎重に語りかける　⑤相手を困らせながら、意見を切り出す）

□**薄情**（①意識を集中できず、投げやりになること　②自己中心的で、思いやりがないこと　③自分のことしか考えず、気持ちが散漫になること　④注意が続かず、気もそぞろなこと　⑤気持ちが切迫し、余裕のないこと）

□**おびやかす**（①強い恐怖感を与え、不安な気持ちにさせる　②緊張感を与え、気づまりにさせる　③相手を追い詰め、妄想を起こさせる　④自己満足を求めて、弱い者を苦しめる　⑤惨めな気持ちにさせ、屈辱感を与える）

〈二〇一二年 本試〉

□**浅慮を全く嘲笑した**（①短絡的な考えに対して心の底から見下した　②卑怯《ひきょう》なもくろみに対してためらわず軽蔑した　③粗暴な行動に対して極めて冷淡な態度をとった　④大人げない計略に対して容赦なく非難した　⑤軽率な思いつきに対してひたすら無視した）

□**通俗的**（①野卑で品位を欠いているさま　②素朴でおもしろみがないさま　③気弱で見た目を気にするさま　④平凡でありきたりなさま　⑤謙虚でひかえ目なさま）

□**さしでがましさ**（①人の気持ちを酌んで自分の主張を変えること　②人のことを思い通りに操ろうとすること　③人の事情に踏み込んで無遠慮に意見したがること　④人の意向よりも自分の都合を優先したがること　⑤人の境遇を自分のことのように思いやること）

〈二〇一二年 追試〉

□**首をもたげて**（①今まで傾けていた首を横にひねって　②今まで脇を向いていた頭を元に戻して　③今まで下げていた頭を起こして　④今まで正面を向いていた顔を上に向けて　⑤今まで上に伸ばしていた首をすくめて）

□**呆気なく済んだ**（①思いがけず急停止した　②はかない夢のまま止まった　③意外に早く終わった　④うっとりしているうちに終了した　⑤驚いている間に停止した）

□**生返事**（①本当の気持ちを包み隠して、相手を惑わそうとする返事　②相手に本気では対応していない、いい加減な返事　③中途半端な態度で、相手の気持ちに迎合した返事　④相手の態度に機嫌を損ねて発した、ぶっきらぼうな返事　⑤相手の言うことを何も聞いていない、突き放した返事）

〈二〇一一年 本試〉

□**つくづくと**（①興味を持ってぶしつけに　②ゆっくりと物静かに　③見くだすようにじろじろと　④注意深くじっくりと　⑤なんとなくいぶかしげに）

□**躍起になって**（①夢中になって　②さとすように　③威圧するように　④あきれたように　⑤むきになって）

□**頓狂な声**（①びっくりして気を失いそうな声　②あわてて調子はずれになっている声　③ことさらに深刻さを装った声　④とっさに怒りをごまかそうとした声　⑤失望してうちひしがれたような声）

〈二〇一一年 追試〉

□**疎ましく**（①見下されているように感じて腹立たしく　②仲間外れにされたようでいらだたしく　③親しみを感じられずにいとわしく　④別世界の人だと思われて薄気味悪く　⑤場にそぐわないとさげすみたく）

□**あっけらかんと**（①人々が気のつかないうちにやすやすと　②人々の感情を逆なでするように意地悪く　③人々への思いやりを持たず冷酷に　④人々の運命を飲み込んで黙々と　⑤人々の事情にかまうことなく平然と）

□**やにわに**（①そっと見つめるようにゆっくりと　②急に思いついたようにぶっきらぼうに　③大切なものを扱うように心をこめて　④話の流れを無視してだしぬけに　⑤はやる気持ちを隠して静かに）

▼共通テスト試行調査・センター試験既出語句解答

〈二〇一八年 共テ試行〉⑤④③
〈二〇二〇年 本試〉①①④
〈二〇一九年 本試〉③①②
〈二〇一八年 本試〉②⑤⑤
〈二〇一七年 本試〉①②①
〈二〇一六年 本試〉⑤③②
〈二〇一五年 本試〉③⑤③
〈二〇一四年 本試〉⑤④①
〈二〇一三年 本試〉①⑤④
〈二〇一二年 本試〉①④③
〈二〇一一年 本試〉④⑤②
〈二〇一九年 追試〉④①①
〈二〇一八年 追試〉①④④
〈二〇一七年 追試〉③①④
〈二〇一六年 追試〉①⑤②
〈二〇一五年 追試〉④①⑤
〈二〇一四年 追試〉①④⑤
〈二〇一三年 追試〉②②③
〈二〇一二年 追試〉③③②
〈二〇一一年 追試〉③⑤④

●共通テスト試行調査・センター試験〈古文〉既出問題

■語意問題

〈二〇一八年 共通テスト試行調査〉

○**聞こし召せ…お食べなさい**
○**こちなし…気が利かない**
○**さかしら人…口出しする人**

〈二〇二〇年 本試〉

○**ゆかしくおぼしめして…知りたくお思いになって**
○**やをら…静かに**

〈二〇一九年 本試〉

○重なれるあはひ…重なっている色合い
○**しづ心なく思ひ奉りけるこそあさましけれ……気持ちが静まらずお慕いしたのは驚きあきれたことだ**
○**いかにして……なんとかして**

〈二〇一九年 追試〉

○この人の御おぼえのほど……この人の受けるご**寵愛**《ちょうあい》の深さ
○**この心を聞きければ……言葉に託された真意を尋ねたところ**
○**やがてこしらへて……すぐに支度をして**
○**心に節な置かれそ……遠慮しないでください**

〈二〇一八年 本試〉

○**あながちにわりなく……ひたむきで抑えがたく**
○**いかにもあれ……どのようであっても**
○**さらになつかしからず……全く心ひかれない**

〈二〇一八年 追試〉

○**しるく言ひ出づることのかなはで……はっきり言い出す**ことができないで
○いとど心やましきに……いっそう気をもんでいるところに
○いかばかりかあへなしと思ひ給はむ……どんなにかあっけないとお思いでしょう

〈二〇一七年 本試〉

○にげなきまで……**不釣り合い**なほど
○**聞**こえまほしき……**申し上げ**たい

○あやしう……不思議なことに

〈二〇一七年 追試〉

○あらまほしけれど……このままでいたいが

○さてあるべきかは……そのままにしておいてよいわけがない

○見え奉りても……お目にかかっても仕方がない

〈二〇一六年 本試〉

○念じて……我慢して

○いかでかこの迫《はさま》よりは入《い》らむ……この隙間からは入《はい》れないだろう

○いかにと言ふ人あへてなし……見とがめる人は誰もいない

〈二〇一六年 追試〉

○こよなく静まりて……格段に落ち着いて

○すこしも心のある折……少しでも意識がはっきりしている時に

○見知り顔に……事情をわかったような様子で

〈二〇一五年 本試〉

○あぢきなき嘆き……（女君への）どうにもならない（恋の）苦悩

○あきらめてしがな……真実をはっきりさせたい

○御こころざしのになきさまになりまさる……帝のご愛情がこの上なく深くなっていく

〈二〇一五年 追試〉

○夕さりならではよも行かじ……今宵以外はよもや行く気にならないだろう

○さてあるべき事ならねば……このまま一緒にいられるわけではないので

○跡を暗くして失せばや……行方をくらまして身を隠したい

〈二〇一四年 本試〉

○いかさまにしてこのなめげさを見じ……何としても（夫の）無礼なしうちを目にするまい

○らうたげに恋ひ聞こゆめりしを……いじらしい様子でお慕い申し上げているようだったが

○いざ、給へかし……さあ、こちらへおいでなさいな

〈二〇一四年 追試〉

○やみぬるものにもがな……死んでしまいたいものだ

○あらじとなむ覚ゆる……そういう人はいないだろうと思われる

○思し定めぬ時だにあるものを……お決めになる前だって仲介するのは難しいのに

〈二〇一三年 本試〉

○いと心もとなくて過ぐし給ひける……たいそう気をもんで時を過ごしていらっしゃった

○飽かざりし名残をあそばして……満ち足りないままに別れた思いをお書きになって

○いみじくこそ書きなしつれ……ことさらに美しく書き上げてある

〈二〇一三年 追試〉

○さるかひなきわざをもて……そのような取るに足りない技量で

○物疑ひ深くすとなおぼしそ……私が疑い深くなっているとお考えくださいますな

〈二〇一二年 本試〉

○我わくらばに子なければ……たまたま私には子どもがいないので

○見あきらめばや……はっきりと見きわめたい

○いとはしたなりと思ひ屈しつつ……実にきまりが悪いと気落ちしながら

○本意にもこえて事なりぬれば……かねて願っていた以上に成果を上げることができたので

〈二〇一二年 追試〉

○心空にあこがれ……気もそぞろになり

○うたてくぞおぼしける……嘆かわしいことだとお思いになった

○たまさかにおはすれども……まれにお通いになるけれども

〈二〇一一年 本試〉

○すかしまゐらせ給へ……（お気持ちを）なだめ申し上げなさいませ

○すでに失ひ奉らん……いよいよ【命を】奪い申し上げよう

○いまだ知らせ給ひ候はずや……まだ【事態が】お分かりになっていないのですか

〈二〇一一年 追試〉

○なのめならず……並一通りではなく

○いとかりそめなる気色……あまり真剣ではない様子

〈二〇一〇年 本試〉

○ただまぼり奉らまほしきに……ひたすら見つめ申し上げたく思っていると

○まめだち給へる御まみのわたり……真面目な顔をなさっている御目もと

○つきしろひ煩ひ聞こえけり……つつきあって、面倒なことと思い申し上げていた

〈二〇一〇年 追試〉

○そこの使ひにものしつ……あなたの使者に【太刀を】渡しましたよ

○おいらかにおはしませ……穏やかに（構えて）いらっしゃってください

○びんなきことや出でまうで来なん……具合の悪いことが起こるのではないでしょうか

■文法問題

〈二〇二〇年 本試〉

○波線部の敬語の敬意の対象の組合せとして正しいもの（a入れ奉る　bものし給ふ　c限りにわづらひ侍るほどに　d聞こえ給へば）

〈二〇一九年 本試〉

○波線部の敬語の敬意の対象の組合せとして正しいもの（a見奉るとかのb君など候はば　c御宮仕へ申したく侍るなり　d供御《ぐご》参らせ）

〈二〇一九年 追試〉

○波線部の文法的説明の組合せとして正しいもの（a名にし負ふ　b恥ぢにけり　c十五夜にもなりければ　dほのかに聞こゆる　e御姿を見るに）

〈二〇一八年 本試〉

○「身にしむばかり細やかにはあらねばにや」の文法的説明として間違っているもの

〈二〇一八年 追試〉

○波線部の敬語の敬意の対象の組合せとして正しいもの（aたづね来たり給ふこと　b忘れ参らすること　c告げこし侍り　d見給はぬ）

〈二〇一七年 本試〉

○波線部の助動詞を意味によって三つに分けた組合せとして正しいもの（a目馴《な》れ給はぬものから　b尼にやあらむ　cそむきぬらむ　d臥し給ひね　e夢ならぬ御枕上《まくらがみ》）

〈二〇一七年 追試〉

○「かくはなし聞こえ給へるならむ」の文法的説明として間違っているもの

〈二〇一六年 本試〉

○格助詞「の」の意味・用法の分類（主客・連体修飾格・同格）

〈二〇一六年 追試〉

○「む」の説明として正しいもの（a消えなむこと　b宿世のあるらむ　c見ずなりぬるなむ　d消え果てなむ　e閉じめならむ）

〈二〇一五年 本試〉

○敬語補助動詞の種類と敬意の対象（侍り・給ふ［四段・下二段］）

〈二〇一五年 追試〉

○波線部の文法的説明の組合せとして正しいもの（a仰せられば　b出し抜きて留めむ　cよもおはせじ　d越させ給へ　e跡なき事のみ）

〈二〇一四年 本試〉

○波線部の文法的説明の組合せとして正しいもの（a限りなめり　b驚かれ給うて　cのたまひはてば　d言ひ知らせ奉り給ふ）

〈二〇一四年 追試〉

○波線部の文法的説明の組合せとして正しいもの（a思ひたまへしかど　b言ふなる身　c惑ひこがれたまふを　d思ほし返すべきにもあらず）

〈二〇一三年 本試〉

○波線部の文法的説明の組合せとして正しいもの（a給はぬにや　b音にやあるらん　cむべにこそあなれ　d賜ひぬべけれ）

〈二〇一三年 追試〉

○波線部の文法的説明の組合せとして正しいもの（a心よげに　b我は切られて死なむ　c言はれ侍らば　d生けるかひも）

〈二〇一二年 本試〉

○波線部の文法的説明の組合せとして正しいもの（aうけがはれたるに　b琴なりき　cかけにけるかも　d調べ給へるより）

〈二〇一二年 追試〉

○波線部の文法的説明の組合せとして正しいもの（aかくなん　bおはすらん　c失せたらんには　d婚はせんとありし宰相）

〈二〇一一年 本試〉

○波線部の文法的説明の組合せとして正しいもの（a斬られ給はん　b知らねども　c力者どもに輿を舁かせて　dましませば）

〈二〇一一年 追試〉

○敬語補助動詞の種類と敬意の対象（給ふ・聞こゆ）

●〈漢文〉36のチェックポイント〈句形の複合形式〉

反語の副詞「安〜」（いづくんぞ〜んや）や、可能の助動詞「能〜」（よく〜）は、それぞれ単独で使いますが、それと同時に「安能〜」という組み合わせた形でもしばしば使われます。このように組み合わせて使うものは案外多く、こうしたものは複合形式として暗記した方が得です。ここでは、否定の複合形式（二重否定はその典型的なものです）と、反語の複合形式の主なものを集めました。なお、「累加」はそれ自体独立した句形ですが、「限定」の「否定」（ただ〜だけ・ではない）と考えれば、複合形式と考えることもできるので、これも幾つか挙げておきます。

また、稀にではありますが「豈〜耶。抑〜耶」（いったい〜なのか。それとも〜なのか）のような選択疑問の句形を含む文章が出題されることもありますので、最後にその例文を挙げることにします。

複合形式は、否定や可能・反語といった漢文では特に重要な基本表現が組み合わさったものです。ですから、こうした複合形式がすらすらと言えるようなら、漢文の基礎は十分に固まっていると言ってよいでしょう。

【否定】の複合形式

□**未嘗〜**　いまだかつて〜ず

未二嘗称一レ名。（未だ嘗て名を称せず。／これまで（一度も）自分の名前を言ったことがない。）〈試行〉

什囲五攻之道未二嘗恕一焉。（什囲五攻の道は未だ嘗て恕《ゆるが》せにせず。／こちらの兵力が十倍なら包囲し、五倍なら攻めるという原則をおろそかにしたことはない。）〈一九九八年 本試〉

□**未必〜**　いまだかならずしも〜ず

未三必非二聖人之所一レ不レ能。（未だ必ずしも聖人の能くせざる所に非ずんばあらず。／聖人のできることであるとは限らない。）〈一九九三年 本試〉

□**未遽〜**　いまだにはかには〜ず

未二遽得一レ見也。（未だ遽《には》かには見るを得ざるなり。／〈自分の植えた海棠《かいどう》の花を〉まだすぐには見ることができないのである。）〈二〇一三年 本試〉

□**無不〜（莫不〜）**　〜ざる〔は〕なし

無レ不レ死。（死せざる〔は〕無し。／死なないものはない。）〈一九九六年 本試〉

莫レ不二悚動一。（悚動《しょうどう》せざる〔は〕莫し。／恐れてみな震えあがった。）〈二〇〇一年 本試〉

世莫レ不二貴取賤棄一也。（世に貴は取られ賤は棄てられざる〔は〕莫し。／世の中に取られない貴重なものはなく、卑賤で捨てられないものはない。）〈二〇一四年 本試〉

□**非不〜**　〜ざるにあらず

富貴非レ不レ愛。（富貴は愛せざるに非ず。／富貴を愛さないというのではないのです。）〈一九八〇年 本試〉

人非レ不レ霊二於鼠一、（人鼠よりも霊ならざるに非ざるも、／人間は鼠よりも賢くすぐれているのだが…）〈二〇〇六年 本試〉

□**非能〜**　よく〜するにあらず

西施非二能亡一レ呉也。（西施能く呉を亡《ほろ》ぼすに非ざるなり。／西施が呉を滅ぼすことができたのではない。）〈二〇〇九年 本試〉

□**不可不〜**　〜ざるべからず

不レ可レ不レ読レ書。（書を読まざるべからず。／是非、本を読まねばならぬ。）〈一九八二年 追試〉

□**不得不〜**　〜ざるをえず

不レ得レ不レ求二佳境一。（佳境を求めざるを得ず。／よい境地を求めざるをえない。）〈一九七九年 本試〉

□**不敢不〜**　あへて〜ずんばあらず

不二敢不一レ受。（敢へて受けずんばあらず。／受け取らぬわけにもまいりますまい。）〈一九八三年 本試〉

□**未嘗不〜**　いまだかつて〜ずんばあらず

未二嘗不一レ同。（未だ嘗て同じからずんばあらず。／これまで（一度も）違っていたためしがない。）〈一九八六年 本試〉

□**不復〜**　また〜ず

不二復省一レ花。（復《ま》た花を省みず。／それきり〈海棠《かいどう》の〉花を見ることがなかった。）〈二〇一三年 本試〉

□**不肯〜**　あへて〜ず

不二肯呼一レ之使レ醒。（肯へて之を呼びて醒《さ》めしめず。／声をかけて目覚めさせてやろうという気にならなかった。）〈二〇〇七年 本試〉

不二肯一過レ目。（肯へて一たびも目を過《とほ》さず。／一度でも目を通そうという気にならない。）〈二〇一〇年 本試〉

□不必～ かならずしも～ず

不下必塑二謫仙一而画中少陵上也。（必ずしも謫仙《たくせん》を塑《そ》して少陵を画《ゑが》かざるなり。／必ずしも李白を模倣して造型し、杜甫を模倣して描写する必要はない。）〈二〇一三年 追試〉

【反語】の複合形式（文脈しだいで願望を表すこともある）

□安能～ いづくんぞよく～んや

安能愛レ君。（安くんぞ能く君を愛せんや。／自分の主君を愛せるわけがない。）〈韓非子〉

□安可～（寧可～） いづくんぞ～べけんや

安可二復得一。（安くんぞ復《ま》た得《う》べけんや。／再度捕まえることなどできるはずがない。）〈一九八九年 本試〉

寧可レ有レ此。（寧くんぞ此《こ》れ有るべけんや。／そんな事があろうはずもございません。）〈一九八六年 追試〉

□安得～ いづくんぞ～をえんや（反語）・いづくんぞ～をえん（願望）

安得レ議乎。（安くんぞ議《ぎ》するを得んや。／とやかく言うことなどできはしない。）〈一九八〇年 追試〉

城中安得レ有二此獣一。（城中安くんぞ此の獣有るを得んや。／まちにそんな獣〈＝虎〉がいるはずがないではないか。）〈二〇〇四年 本試〉

安得丁置二身天柱頂一、倒看丙日月走乙人間甲。（安くんぞ身を天柱の頂に置き、倒《さかしま》に日月の人間《じんかん》を走るを看るを得ん。／どうか我が身を天柱の先端に置いて、日月が人間界を巡ってゆくのを逆に上から眺めてみたいものだ。）〈二〇〇七年 本試〉

□何能～ なんぞよく～ん（や）（理由についての反語）・なにをかよく～ん（や）（事物についての反語）

何能及レ君也。（何ぞ能く君に及ばんや。／お殿様にかなうわけがありません。）〈戦国策〉

西施一嬪嬙耳、何能為。（西施は一嬪嬙《ひんしやう》のみなれば、何をか能く為さん。／西施は一宮女にすぎないのだから、何もできはしない。）〈二〇〇九年 本試〉

□何可～ なんぞ～べけんや

何可レ得哉。（何ぞ得《う》べけんや。／できるわけがない。）〈一九七九年 追試〉

なお、一九九四年 本試験の「可レ少耶」（少《か》くべけんや／欠くことはできない）は、複合形式を用いて、例えば「安可レ少（哉）」（安くんぞ少くべけんや）と書き改めることができるし、一九九六年 追試験の「可レ不レ慎歟」（慎まざるべけんや／慎まないわけにはいかない）も、複合形式を用いて、例えば「何可レ不レ慎（哉）」（何ぞ慎まざるべけんや）と書き改めることができる。

□何敢～ なんぞあへて～んや

何敢与レ君友也。（何ぞ敢て君と友たらんや。／身分も弁《わきま》えず君主と友達付き合いするようななれなれしいまねはしない。）〈孟子〉

□曷不～ なんぞ～ざらんや

曷嘗不レ貴二於敏一乎。（曷ぞ嘗て敏を貴ばざらんや。／どうして「敏」を貴ばなかったことがあろうか、いや、そんなはずはない。「曷」は「何」と同じ。）〈二〇一一年 本試〉

□豈能～ あによく～んや

豈能独楽哉。（豈に能く独り楽しまんや。／自分ひとりだけ楽しんでいられるはずがない。）〈孟子〉

豈区区片瓦所二能禦一。（豈に区区たる片瓦の能く禦《ふせ》ぐ所ならんや。／ちっぽけな焼き物のかけらで（鉄砲玉を）防ぐことなどできはしない。）〈二〇〇三年 本試〉

□豈可～ あに～べけんや

顧可レ棄レ之哉。（顧に之を棄《あ》つべけんや。／それを捨てるわけにはいかない。「顧」は「豈」と同じ。）〈一九九八年 追試〉

豈可レ造二此悪業之端一。（豈に此の悪業《あくごふ》の端を造《な》すべけんや。／このような悪業を開くきっかけを作ってよいはずがない。）〈二〇〇二年 追試〉

□豈得～（乎） あに～をえんや

豈得レ非レ悪乎。（豈に悪に非ざるを得んや。／悪いしわざと言わざるを得ない。）〈二〇〇七年 追試〉

□豈応～ あにまさに～べけんや

後人豈応二復得一。（後人豈に応に復《ま》た得《う》べけんや。／後の人が名声を獲得することはむずかしい。）〈二〇〇二年 本試〉

□豈非～ あに～にあらずや

豈非㆓隠者㆒邪。（あに隠者にあらずや。／隠者なのでしょう、そうですよね。）〈一九九七年 本試〉

□豈不～（哉）　あに～ずや（詠嘆）・あに～ざらんや（反語）

豈不㆑難哉。（豈に難《かた》からずや。／実に難しいことですよね。）〈呂氏春秋〉

豈不㆑惑乎。（豈に惑《まど》ひならずや。／ひどい迷いだね。）〈二〇一七年 本試〉

豈不㆑知㆓以㆑少撃㆑衆為㆑利哉。（豈に少を以て衆を撃つの利為《た》るを知らざらんや。／少ない兵力で敵の大軍を撃破することができれば得であることが分からなかったはずはない。）〈一九九八年 本試〉

豈不㆑能㆘用㆓黄金㆒装㆓肩輿㆒、乗以出入㆖。（豈に黄金を用ひて肩輿《けんよ》を装ひ、乗りて以て出入する能はざらんや。／黄金作りのおかごに乗って、宮中に出入りなさることもできぬはずはありますまい。）〈二〇〇二年 追試〉

豈真不㆑敏者乎。（豈に真に敏ならざる者ならんや。／本当に「敏」でない者だったはずはない。）〈二〇一一年 本試〉

□果能～　はたしてよく～んや

果能遏㆓邪萌㆒、折㆓権貴㆒、摧㆓豪強㆒歟。（果たして能く邪萌《はう》を遏《とど》め、権貴を折《くじ》き、豪強を摧《くじ》かんや。／不正の芽を摘み、身分の高い権力者やはばを利かせる無法者を抑えつけることなどできはしない。）〈二〇〇四年 本試〉

□不可～耶　～べからざらんや

天下事不㆑可㆓大憂㆒耶。（天下の事大いに憂ふべからざらんや。／天下の事を大いに心配しないわけにはいかない。）〈二〇〇四年 本試〉

□不亦～乎　また～ずや

不㆓亦宜㆒乎。（亦た宜《むべ》ならずや。／実にそのとおりではないか。）〈一九九三年 追試〉

□不～乎　～ずや

不㆓尤遠㆒乎。（尤《もっと》も遠からずや。／〈聖人の教えから〉まるで遠く離れてしまっているではないか。）〈二〇〇八年 本試〉

【累加】

□不惟～（不但～・不啻～）　ただに～のみならず

不㆓惟収㆑怨、（惟に怨《うら》みを収《をさ》むるのみならず、／ただ単に人の怨みを買うことになるだけでなく…）〈一九八四年 本試〉

不㆜啻如㆓常人之愛㆑宝、唯恐㆛其埋没及傷㆚損之㆙、～（啻だに常人の宝を愛するが如く、唯だ其の埋没及び之を傷損するを恐るるのみならず、～／ただ一般人が宝物を愛するように、〈素質に恵まれた子弟が〉その才能が埋没したり、あるいはその才能を傷つけたりしているのではないかと恐れるだけでなく…）〈二〇〇二年 本試〉

叔不㆓惟薦㆑仲、（叔惟だに仲を薦《すす》むるのみならず、／鮑叔は管仲を宰相に推薦しただけでなく…）〈二〇〇五年 本試〉

□非唯～（非特～）　ただに～のみにあらず

非㆓特求㆑過㆓於人㆒、（特に人に過ぐるを求むるのみに非ず、／普通の人より一段高い所に行こうとするだけでなく…）〈一九八五年 本試〉

□非独～　ひとり～のみにあらず

非㆓独見㆑病、（独り病《くる》しめらるるのみに非ず、／ただ私が苦しめられるだけでなく…）〈一九八五年 追試〉

非㆘独如㆗孟子増㆓益其所㆑不㆑能之説㆖、（独り孟子の其の能はざる所を増益するの説の如きのみに非ずして、／単に孟子が言っているような当人の統治能力を増進させるためだけではなくて…）〈二〇〇五年 追試〉

□何唯～（何啻～）　なんぞただに～のみならんや

何啻反㆑掌之易。（何ぞ啻に掌《たなごころ》を反《かへ》すの易《やす》きのみならんや。／てのひらを裏返すことよりもっと簡単だ。）〈一九八六年 本試〉

□豈徒～（豈特～）　あにただに～のみならんや

豈特形貌而已哉。（豈に特に形貌《けいばう》のみならんや。／ただ顔かたちだけではない。）〈一九八五年 本試〉

【選択疑問】

□豈～耶。抑～耶　あに～か。そもそも～か

豈此騾宿世有㆑所㆑負㆓於余㆒、而使㆔之償㆓宿逋㆒耶。抑其性貞烈、不㆑肯㆑易㆑主而自斃耶。（豈に此の騾宿世《らすくせ》余に負ふ所有りて、之をして宿逋《ほ》を償はしむるか。抑《そもそも》其の性貞烈にして、主を易《か》ふるを肯《がへん》ぜずして自ら斃《たふ》るるか。／いったいこのラバは前世で何か私に借りがあって、その償いをさせられていたのだろうか。それとも根があるじ思いのため、飼い主を替える気になれないで、自死したのだろうか。）〈二〇〇四年 追試〉

2018年度

大学入学共通テスト
試行調査

＊記述式問題の導入見送りにともない、本書では第１問（記述式）を省略しています。

第2問 次の【資料Ⅰ】は、【資料Ⅱ】と【文章】を参考に作成しているポスターである。【資料Ⅱ】は著作権法（二〇一六年改正）の条文の一部であり、【文章】は名《な》和《わ》小《こ》太郎《たろう》の『著作権2.0 ウェブ時代の文化発展をめざして』（二〇一〇年）の一部である。これらを読んで、後の問い（問1〜6）に答えよ。なお、設問の都合で【文章】の本文の段落に 1 〜 18 の番号を付し、表記を一部改めている。（配点 50）

【資料Ⅰ】

著作権のイロハ

著作物とは（「著作権法」第二条の一より）

☑「思想または感情」を表現したもの
☑思想または感情を「創作的」に表現したもの
☑思想または感情を「表現」したもの
☑「文芸、学術、美術、音楽の範囲」に属するもの

著作物の例

言語	音楽	舞踏・無言劇	美術	地図・図形
・小説 ・脚本 ・講演　等	・楽曲 ・楽曲を伴う歌詞　等	・ダンス ・日本舞踊 ・振り付け　等	・絵画 ・版画 ・彫刻　等	・学術的な図面 ・図表 ・立体図　等

著作権の例外規定（権利者の了解を得ずに著作物を利用できる）

〈例〉市民楽団が市民ホールで行う演奏会

【例外となるための条件】

a

【資料Ⅱ】

「著作権法」(抄)

(目的)

第一条　この法律は、著作物並びに実演、レコード、放送及び有線放送に関し著作者の権利及びこれに隣接する権利を定め、これらの文化的所産の公正な利用に留意しつつ、著作者等の権利の保護を図り、もつて文化の発展に寄与することを目的とする。

(定義)

第二条　この法律において、次の各号に掲げる用語の意義は、当該各号に定めるところによる。

一　著作物　思想又は感情を創作的に表現したものであつて、文芸、学術、美術又は音楽の範囲に属するものをいう。

二　著作者　著作物を創作する者をいう。

三　実演　著作物を、演劇的に演じ、舞い、演奏し、歌い、口演し、朗詠し、又はその他の方法により演ずること(これらに類する行為で、著作物を演じないが芸能的な性質を有するものを含む。)をいう。

(技術の開発又は実用化のための試験の用に供するための利用)

第三十条の四　公表された著作物は、著作物の録音、録画その他の利用に係る技術の開発又は実用化のための試験の用に供する場合には、その必要と認められる限度において、利用することができる。

(営利を目的としない上演等)

第三十八条　公表された著作物は、営利を目的とせず、かつ、聴衆又は観衆から料金(いずれの名義をもつてするかを問わず、著作物の提供又は提示につき受ける対価をいう。以下この条において同じ。)を受けない場合には、公に上演し、演奏し、上映し、又は口述することができる。ただし、当該上演、演奏、上映又は口述について実演家又は口述を行う者に対し報酬が支払われる場合は、この限りでない。

(時事の事件の報道のための利用)

第四十一条　写真、映画、放送その他の方法によつて時事の事件を報道する場合には、当該事件を構成し、又は当該事件の過程において見られ、若しくは聞かれる著作物は、報道の目的上正当な範囲内において、複製し、及び当該事件の報道に伴つて利用することができる。

【文章】

1 著作者は最初の作品を何らかの実体──記録メディア──に載せて発表する。その実体は紙であったり、カンバスであったり、空気振動であったり、光ディスクであったりする。この最初の作品をそれが載せられた実体とともに「原作品」──オリジナル──と呼ぶ。

2 著作権法は、じつは、この原作品のなかに存在するエッセンスを引き出して「著作物」と定義していることになる。そのエッセンスとは何か。A記録メディアから剝がされた記号列になる。著作権が対象とするものは原作品ではなく、この記号列としての著作物である。

3 論理的には、著作権法のコントロール対象は著作物である。しかし、そのコントロールは著作物という概念を介して物理的な実体──複製物など──へと及ぶのである。現実の作品は、物理的には、あるいは消失し、あるいは拡散してしまう。だが著作権法は、著作物を頑丈な概念として扱う。

4 もうひと言。著作物は、かりに原作品が壊されても盗まれても、保護期間内であれば、そのまま存続する。また、破れた書籍のなかにも、音程を外した歌唱のなかにも、存在する。現代のプラトニズム、とも言える。

5 著作物は、多様な姿、形をしている。繰り返せば、テキストに限っても──そして保護期間について眼をつむれば──それは神話、叙事詩、叙情詩、法典、教典、小説、哲学書、歴史書、新聞記事、理工系論文に及ぶ。いっぽう、表1の定義にガッ(ア)チするものを上記の例示から拾うと、もっとも(イ)テキゴウするものは叙情詩、逆に、定義になじみ

キーワード	排除されるもの
思想または感情	外界にあるもの(事実、法則など)
創作的	ありふれたもの
表現	発見、着想
文芸、学術、美術、音楽の範囲	実用のもの

表1 著作物の定義

にくいものが理工系論文、あるいは新聞記事ということになる。理工系論文、新聞記事には、表1から排除される要素を多く含んでいる。

6 ということで、著作権法にいう著作物の定義は叙情詩をモデルにしたものであり、したがって、著作権の扱いについても、その侵害の有無を含めて、この叙情詩モデルを通しているのである。それはテキストにとどまらない。地図であっても、伽藍《がらん》であっても、ラップであっても、プログラムであっても、それを叙情詩として扱うのである。

	叙情詩型	理工系論文型
何が特色	表現	着想、論理、事実
誰が記述	私	誰でも
どんな記述法	主観的	客観的
どんな対象	一回的	普遍的
他テキストとの関係	なし(自立的)	累積的
誰の価値	自分	万人

表2　テキストの型

7 だが、ここには無方式主義(注1)という原則がある。このために、著作権法は叙情詩モデルを尺度として使えば排除されてしまうようなものまで、著作物として認めてしまうことになる。

8 叙情詩モデルについて続ける。このモデルの意味を確かめるために、その特性を表2として示そう。比較のために叙情詩の対極にあると見られる理工系論文の特性も並べておく。

9 **B** 表2は、具体的な著作物——テキスト——について、表1を再構成したものである。ここに見るように、叙情詩型のテキストの特徴は、「私」が「自分」の価値として「一回的」な対象を「主観的」に「表現」として示したものとなる。逆に、理工系論文の特徴は、「誰」かが「万人」の価値として「普遍的」な対象について「客観的」に「着想」や「論理」や「事実」を示すものとなる。

10 話がくどくなるが続ける。二人の詩人が(注2)「太郎を眠らせ、太郎の屋根に雪ふりつむ。」というテキストを同時にべつべつに発表することは、確率的に見てほとんどゼロである。このように、叙情詩型のテキストであれば、表現の希少性は高く、したがってその著作物性——著作権の濃さ——は高い。

11 いっぽう、誰が解読しても、特定の生物種の特定の染色体の特定の遺伝子に対するDNA配列は同じ表現になる。こちらの著作物性は低く、したがって著作権法のコントロール領域の外へはじき出されてしまう。その記号列にどれほど研究者のアイデンティティが凝縮していようと、どれほどコストや時間が投入されていようと、どれほどの財産的な価値があろうとも、である。じつは、この型のテキストの価値は内容にある。その内容とはテキストの示す着想、論理、事実、さらにアルゴリズム(注3)、発見などに及ぶ。

12 多くのテキスト――たとえば哲学書、未来予測シナリオ、歴史小説――は叙情詩と理工系論文とをリョウ(ウ)タンとするスペクトル(注4)のうえにある。その著作物性については、そのスペクトル上の位置を参照すれば、およその見当はつけることができる。

13 表2から、どんなテキストであっても、「表現」と「内容」とを二重にもっている、という理解を導くこともできる。それはフェルディナン・ド・ソシュール(注5)の言う「記号表現」と「記号内容」に相当する。叙情詩尺度は、つまり著作権法は、このうち前者に注目し、この表現のもつ価値の程度によって、その記号列が著作物であるのか否かを判断するものである。ここに見られる表現の抽出と内容の排除とを、法学の専門家は「表現／内容の二分法」と言う。

14 いま価値というあいまいな言葉を使ったが、およそ何であれ、「ありふれた表現」でなければ、つまり希少性があれば、それには価値が生じる。著作権法は、テキストの表現の希少性に注目し、それが際立っているものほど、そのテキストは濃い著作権をもつ、逆であれば薄い著作権をもつと判断するのである。この二分法は著作権訴訟においてよく言及される。争いの対象になった著作物の特性がより叙情詩型なのか、そうではなくてより理工系論文型なのか、この判断によって侵害のありなしを決めることになる。

15 著作物に対する操作には、著作権に関係するものと、そうではないものとがある。前者を著作権の「利用」と言う。そのなかには多様な手段があり、これをまとめると表3となる。「コピーライト」という言葉は、この操作をすべてコピーとみなすものである。その「コピー」は日常語より多義的である。

16 表3に示した以外の著作物に対する操作を著作物の「使用」と呼ぶ。この使用に対して著作権法ははたらかない。何が「利用」

で何が「使用」か。その判断基準は明らかでない。

17 著作物の使用のなかには、たとえば、書物の(エ)エツラン、建築への居住、プログラムの実行などが含まれる。したがって、海賊版の出版は著作権に触れるが、海賊版の読書に著作権は関知しない。じつは、利用や使用の事前の操作として著作物へのアクセスという操作がある。これも著作権とは関係がない。

18 このように、著作権法は「利用／使用の二分法」も設けている。この二分法がないと、著作物の使用、著作物へのアクセスまでも著作権法がコントロールすることとなる。このときコントロールは(オ)カジョウとなり、正常な社会生活までも抑圧してしまう。たとえば、読書のつど、居住のつど、計算のつど、その人は著作者に許可を求めなければならない。ただし、現実には利用と使用との区別が困難な場合もある。

利用目的＼著作物		固定型	散逸型	増殖型
そのまま		展示	上映、演奏	――――
複製		フォトコピー	録音、録画	デジタル化
移転		譲渡、貸与	放送、送信、ファイル交換	
二次的利用	変形	翻訳、編曲、脚色、映画化、パロディ化 リバース・エンジニアリング(注6)		
	組込み	編集、データベース化		

表3　著作物の利用行為(例示)

（注）1　無方式主義——著作物の誕生とともに著作権も発生するという考え方。

2　「太郎を眠らせ、太郎の屋根に雪ふりつむ。」——三好達治「雪」の一節。

3　アルゴリズム——問題を解決する定型的な手法・技法や演算手続きを指示する規則。

4　スペクトル——多様なものをある観点に基づいて規則的に配列したもの。

5　フェルディナン・ド・ソシュール——スイス生まれの言語学者（一八五七〜一九一三）。

6　リバース・エンジニアリング——一般の製造手順とは逆に、完成品を分解・分析してその仕組み、構造、性能を調べ、新製品に取り入れる手法。

問1 傍線部(ア)～(オ)に相当する漢字を含むものを、次の各群の①～⑤のうちから、それぞれ一つずつ選べ。解答番号は 1 ～ 5 。

(ア) ガッチする 1

① チメイ的な失敗
② 火災ホウチ器
③ チセツな表現
④ チミツな頭脳
⑤ 再考のヨチがある

(イ) テキゴウする 2

① プロにヒッテキする実力
② テキドに運動する
③ 窓にスイテキがつく
④ ケイテキを鳴らす
⑤ 脱税をテキハツする

(ウ) リョウタン 3

① タンセイして育てる
② 負傷者をタンカで運ぶ
③ 経営がハタンする
④ ラクタンする
⑤ タンテキに示す

(エ) エツラン 4

① 橋のランカンにもたれる
② シュツランの誉れ
③ ランセの英雄
④ イチランに供する
⑤ 事態はルイランの危うきにある

(オ) カジョウ 5

① ジョウヨ金
② ジョウチョウな文章
③ 米からジョウゾウする製法
④ 金庫のセジョウ
⑤ 家庭のジョウビ薬

問2　傍線部A「記録メディアから剝がされた記号列」とあるが、それはどういうものか。【資料Ⅱ】を踏まえて考えられる例として最も適当なものを、次の ①～⑤ のうちから一つ選べ。解答番号は 6 。

① 実演、レコード、放送及び有線放送に関するすべての文化的所産。
② 小説家が執筆した手書きの原稿を活字で印刷した文芸雑誌。
③ 画家が制作した、消失したり散逸したりしていない美術品。
④ 作曲家が音楽作品を通じて創作的に表現した思想や感情。
⑤ 著作権法ではコントロールできないオリジナルな舞踏や歌唱。

問3 【文章】における著作権に関する説明として最も適当なものを、次の①～⑤のうちから一つ選べ。解答番号は 7 。

① 著作権に関わる著作物の操作の一つに「利用」があり、著作者の了解を得ることなく行うことができる。音楽の場合は、そのまま演奏すること、録音などの複製をすること、編曲することなどがそれにあたる。

② 著作権法がコントロールする著作物は、叙情詩モデルによって定義づけられるテキストである。したがって、叙情詩、教典、小説、歴史書などがこれにあたり、新聞記事や理工系論文は除外される。

③ 多くのテキストは叙情詩型と理工系論文型に分類することが可能である。この「二分法」の考え方に立つことで、著作権訴訟においては、著作権の侵害の問題について明確な判断を下すことができている。

④ 著作権について考える際には、「著作物性」という考え方が必要である。なぜなら、遺伝子のＤＮＡ配列のように表現の希少性が低いものも著作権法によって保護できるからである。

⑤ 著作物にあたるどのようなテキストも、「表現」と「内容」を二重にもつ。著作権法は、内容を排除して表現を抽出し、その表現がもつ価値の程度によって著作物にあたるかどうかを判断している。

問4　傍線部B「表2は、具体的な著作物――テキスト――について、表1を再構成したものである。」とあるが、その説明として最も適当なものを、次の①～⑤のうちから一つ選べ。解答番号は 8 。

① 「キーワード」と「排除されるもの」とを対比的にまとめて整理する**表1**に対し、**表2**では、「テキストの型」の観点から**表1**の「排除されるもの」の定義をより明確にしている。

② 「キーワード」と「排除されるもの」の二つの特性を含むものを著作物とする**表1**に対し、**表2**では、叙情詩型と理工系論文型とを対極とするテキストの特性によって著作物性を定義している。

③ 「キーワード」や「排除されるもの」の観点で著作物の多様な類型を網羅する**表1**に対し、**表2**では、著作物となる「テキストの型」の詳細を整理して説明をしている。

④ 叙情詩モデルの特徴と著作物から排除されるものとを整理している**表1**に対し、**表2**では、叙情詩型と理工系論文型の特性の違いを比べながら、著作物性の濃淡を説明している。

⑤ 「排除されるもの」を示して著作物の範囲を定義づける**表1**に対し、**表2**では、叙情詩型と理工系論文型との類似性を明らかにして、著作物と定義されるものの特質を示している。

問5 【文章】の表現に関する説明として**適当でないもの**を、次の①～⑤のうちから一つ選べ。解答番号は 9 。

① 第1段落第一文と第3段落第二文で用いられている「――」は、直前の語句である「何らかの実体」や「物理的な実体」を強調し、筆者の主張に注釈を加える働きをもっている。

② 第4段落第一文「もうひと言。」、第10段落第一文「話がくどくなるが続ける。」は、読者を意識した親しみやすい口語的な表現になっており、文章内容のよりいっそうの理解を促す工夫がなされている。

③ 第4段落第四文「現代のプラトニズム、とも言える」、第13段落第二文「フェルディナン・ド・ソシュールの言う『記号表現』と『記号内容』に相当する」という表現では、哲学や言語学の概念を援用して自分の考えが展開されている。

④ 第5段落第二文「叙情詩」や「理工系論文」、第13段落第一文「表現」と「内容」、第15段落第一文「著作権に関係するものと、そうではないもの」という表現では、それぞれの特質を明らかにするための事例が対比的に取り上げられている。

⑤ 第16段落第二文「はたらかない」、第四文「明らかでない」、第17段落第二文「関知しない」、第四文「関係がない」という否定表現は、著作権法の及ばない領域を明らかにし、その現実的な運用の複雑さを示唆している。

問6 【資料Ⅰ】の空欄 a に当てはまるものを、次の ①～⑥ のうちから三つ選べ。ただし、解答の順序は問わない。
解答番号は 10 ～ 12 。

① 原曲にアレンジを加えたパロディとして演奏すること
② 楽団の営利を目的としていない演奏会であること
③ 誰でも容易に演奏することができる曲を用いること
④ 観客から一切の料金を徴収しないこと
⑤ 文化の発展を目的とした演奏会であること
⑥ 演奏を行う楽団に報酬が支払われないこと

第3問 次の詩「紙」（『オンディーヌ』、一九七二年）とエッセイ「永遠の百合《ゆり》」（『花を食べる』、一九七七年）を読んで（ともに作者は吉原幸子《よしはらさちこ》）、後の問い（**問1～6**）に答えよ。なお、設問の都合でエッセイの本文の段落に 1 ～ 8 の番号を付し、表記を一部改めている。（配点 50）

紙

愛ののこした紙片が
しらじらしく　ありつづけることを
(ア)いぶかる

書いた　ひとりの肉体の
重さも　ぬくみも　体臭も
いまはないのに

こんなにも
もえやすく　いのちをもたぬ
たった一枚の黄ばんだ紙が
こころより長もちすることの　不思議

いのち　といふ不遜
一枚の紙よりほろびやすいものが
A何百枚の紙に　書きしるす　不遜

死のやうに生きれば
何も失はないですむだらうか
この紙のやうに　生きれば

さあ
ほろびやすい愛のために
乾杯

のこされた紙片に
乾杯
いのちが
蒼《あお》ざめそして黄ばむまで
（いのちでないものに近づくまで）
乾杯！

永遠の百合

1 あまり生産的とはいえない、さまざまの優雅な(イ)手すさびにひたれることは、女性の一つの美点でもあり、（何百年もの涙とひきかえの）特権であるのかもしれない。近ごろはアート・フラワーという分野も颯爽《さっそう》とそれに加わった。

2 去年の夏、私はある古い友だちに、そのような〝匂わない〟百合の花束をもらった。「秋になったら捨てて頂戴ね」という言葉を添えて。

3 私はびっくりし、そして考えた。これは謙虚か、傲慢か、ただのキザなのか。そんなに百合そっくりのつもりなのか、そうでないことを恥じているのか。人間が自然を真似《まね》る時、決して自然を超える自信がないのなら、いったいこの花たちは何なのだろう。心こめてにせものを造る人たちの、ほんものにかなわないという(ウ)いじらしさと、生理まで似せるつもりの思い上がりと。

4 枯れないものは花ではない。それを知りつつ枯れない花を造るのが、Bつくるということではないのか。――花そっくりの花も、花より美しい花もあってよい。それに香水をふりかけるもよい。だが造花が造花である限り、たった一つできないのは枯れることだ。そしてまた、たった一つできるのは枯れないことだ。

5 花でない何か。どこかで花を超えるもの。大げさに言うなら、ひと夏の百合を超える永遠の百合。それをめざす時のみ、つくるという、真似るという、不遜な行為は許されるのだ。（と、私はだんだん昂奮《こうふん》してくる。）

6 絵画だって、ことばだってそうだ。C一瞬を永遠のなかに定着する作業なのだ。個人の見、嗅いだものをひとつの生きた花とするなら、それはすべての表現にまして在るという重みをもつに決まっている。あえてそれを花を超える何かに変える――もどす――ことがたぶん、描くという行為なのだ。そのひそかな夢のためにこそ、私もまた手をこんなにノリだらけにしているのではないか。もし、もしも、ことばによって私の一瞬を枯れない花にすることができたら！

7 ――ただし、（とD私はさめる。秋になったら……の発想を、はじめて少し理解する。）「私の」永遠は、たかだかあと三十年――歴史上、私のような古風な感性の絶滅するまでの短い期間――でよい。何故《なぜ》なら、（ああ何という不変の真理！）死なないものはいのちではないのだから。

8 私は百合を捨てなかった。それは造ったものの分までうしろめたく蒼ざめながら、今も死ねないまま、私の部屋に立っている。

問1 傍線部(ア)～(ウ)の本文中における意味として最も適当なものを、次の各群の①～⑤のうちから、それぞれ一つずつ選べ。解答番号は 1 ～ 3 。

(ア) 「いぶかる」 1
① うるさく感じる
② 誇らしく感じる
③ 冷静に考える
④ 気の毒に思う
⑤ 疑わしく思う

(イ) 「手すさび」 2
① 思いがけず出てしまう無意識の癖
② 多くの労力を必要とする創作
③ いつ役に立つとも知れない訓練
④ 必要に迫られたものではない遊び
⑤ 犠牲に見合うとは思えない見返り

(ウ) 「いじらしさ」 3
① 不満を覚えず自足する様子
② 自ら蔑み萎縮している様子
③ けなげで同情を誘う様子
④ 配慮を忘れない周到な様子
⑤ 見るに堪えない悲痛な様子

問2　傍線部A「何百枚の紙に　書きしるす　不逐」とあるが、どうして「不逐」と言えるのか。エッセイの内容を踏まえて説明したものとして最も適当なものを、次の①～⑤のうちから一つ選べ。解答番号は 4 。

① そもそも不可能なことであっても、表現という行為を繰り返すことで、あたかも実現が可能なように偽るから。

② はかなく移ろい終わりを迎えるほかないものを、表現という行為を介して、いつまでも残そうとたくらむから。

③ 心の中にわだかまることからも、表現という行為を幾度も重ねていけば、いずれは解放されると思い込むから。

④ 空想でしかあり得ないはずのものを、表現という行為を通じて、実体として捉えたかのように見せかけるから。

⑤ 滅びるものの美しさに目を向けず、表現という行為にこだわることで、あくまで永遠の存在に価値を置くから。

問3 傍線部B「つくるということ」とあるが、その説明として最も適当なものを、次の①～⑤のうちから一つ選べ。解答番号は 5 。

① 対象をあるがままに引き写し、対象と同一化できるものを生み出そうとすること。
② 対象を真似てはならないと意識をしながら、それでもにせものを生み出そうとすること。
③ 対象に謙虚な態度で向き合いつつ、あえて類似するものを生み出そうとすること。
④ 対象を真似ながらも、どこかに対象を超えた部分をもつものを生み出そうとすること。
⑤ 対象の捉え方に個性を発揮し、新奇な特性を追求したものを生み出そうとすること。

問4　傍線部C「在るという重み」とあるが、その説明として最も適当なものを、次の①～⑤のうちから一つ選べ。解答番号は 6 。

① 時間的な経過に伴う喪失感の深さ。
② 実物そのものに備わるかけがえのなさ。
③ 感覚によって捉えられる個性の独特さ。
④ 主観の中に形成された印象の強さ。
⑤ 表現行為を動機づける衝撃の大きさ。

問5 傍線部D「私はさめる」とあるが、その理由として最も適当なものを、次の①～⑤のうちから一つ選べ。解答番号は 7 。

① 現実世界においては、造花も本物の花も同等の存在感をもつことを認識したから。
② 創作することの意義が、日常の営みを永久に残し続けることにもあると理解したから。
③ 花をありのままに表現しようとしても、完全を期することはできないと気付いたから。
④ 作品が時代を超えて残ることに違和感を抱き、自分の感性も永遠ではないと感じたから。
⑤ 友人からの厚意を理解もせずに、身勝手な思いを巡らせていることを自覚したから。

問6 詩「紙」とエッセイ「永遠の百合」の表現について、次の(i)・(ii)の問いに答えよ。

(i) 次の文は詩「紙」の表現に関する説明である。文中の空欄 a ・ b に入る語句の組合せとして最も適当なものを、後の①～④のうちから一つ選べ。解答番号は 8 。

> 対比的な表現や a を用いながら、第一連に示される思いを b に捉え直している。

① a―擬態語　b―演繹《えんえき》的

② a―倒置法　b―反語的

③ a―反復法　b―帰納的

④ a―擬人法　b―構造的

(ii) エッセイ「永遠の百合」の表現に関する説明として最も適当なものを、次の①～④のうちから一つ選べ。解答番号は 9 。

① 第4段落における「たった一つできないのは枯れることだ。そしてまた、たった一つできるのは枯れないことだ」では、対照的な表現によって、枯れないという造花の欠点が肯定的に捉え直されている。

② 第5段落における「(と、私はだんだん昂奮してくる。)」には、第三者的な観点を用いて「私」の感情の高ぶりが強調されており、混乱し揺れ動く意識が臨場感をもって印象づけられている。

③ 第6段落における「——もどす——」に用いられている「——」によって、「私」の考えや思いに余韻が与えられ、「花」を描くことに込められた「私」の思い入れの深さが強調されている。

④ 第7段落における「『私の』永遠」の「私の」に用いられている「　」には、「永遠」という普遍的な概念を話題に応じて恣意的に解釈しようとする「私」の意図が示されている。

第4問 次の文章は『源氏物語』「手習《てならい》」巻の一節である。浮舟《うきふね》という女君は、薫《かおる》という男君の思い人だったが、匂宮《におうのみや》という男君から強引に言い寄られて深い関係になった。浮舟は苦悩の末に入水《じゅすい》しようとしたが果たせず、僧侶たちによって助けられ、比叡山《ひえいざん》のふもとの小野《おの》の地で暮らしている。本文は、浮舟が出家を考えつつ、過去を回想している場面から始まる。これを読んで、後の問い（**問1～5**）に答えよ。（配点 50）

あさましうもてそこなひたる身を思ひもてゆけば、宮を、(注1)すこしもあはれと思ひ聞こえけむ心ぞいとけしからぬ、ただ、この人の御ゆかりにさすらへぬるぞと思へば、小島《こじま》(注2)の色を例《ためし》に契り給《たま》ひしを、などてをかしと思ひ聞こえけむとこよなく飽きにたる心地す。はじめより、薄きながらも(注3)のどやかにものし給ひし人は、この折《をり》かの折など、思ひ出《い》づるぞこよなかりける。かくてこそありけれと聞きつけられ奉らむ恥づかしさは、人よりまさりぬべし。さすがに、この世には、ありし御さまを、よそながらだに、いつかは見むずるとうち思ふ、なほわろの心や、かくだに思はじ、など**A**心ひとつをかへさふ。

からうして鶏《とり》の鳴くを聞きて、いとうれし。母の御声を聞きたらむは、ましていかならむと思ひ明かして、心地もいとあし。供(注4)にてわたるべき人もとみに来ねば、なほ臥《ふ》し給へるに、いびき(注5)の人はいととく起きて、粥《かゆ》などむつかしきことどもをもてはやして、「御前《おまへ》に、とく(ア)聞こし召せ」など寄り来て言へど、まかなひもいと心づきなく、うたて見知らぬ心地して、「なやましくなむ」と、ことなしび給ふを、強《し》ひて言ふもいと(イ)こちなし。下衆《げす》下衆しき法師ばらなどあまた来て、「僧都《そうづ》(注6)、今日下《お》りさせ給ふべし」、「などにはかには」と問ふなれば、「一品《いっぽん》の宮の御物《もの》の怪《け》になやませ給ひける、山の座主《ざす》御修法《ずほふ》仕《つか》まつらせ給へど、なほ僧都参り給はでは験《しるし》なしとて、昨日二たびなむ召し侍《はべ》りし。右大臣殿の四位少将、昨夜《よべ》夜更《ふ》けてなむ登りおはしまして、后《きさい》の宮の御文など侍りければ下りさせ給ふなり」など、いとはなやかに言ひなす。恥づかしうとも、あひて、尼になし給ひてよと言はむ、(ウ)さかしら人すくなくてよき折にこそと思へば、起きて、「心地のいとあしうのみ侍るを、僧都の下りさせ給へらむに、忌《い》(注7)むこと受け侍らむとなむ思ひ侍るを、さやうに聞こえ給へ」と語らひ給へば、ほけほけしううなづく。

例の方(注8)におはして、髪は尼君(注9)のみ梳《けづ》り給ふを、別人《ことひと》に手触れさせむもうたておぼゆるに、手づから、はた、えせぬことなれば、ただすこしとき下《くだ》して、B親にいま一たびかうながらのさまを見えずなりなむこそ、人やりならずいと悲しけれ。いたうわづらひしけにや、髪もすこし落ち細りにたる心地すれど、何ばかりもおとろへず、いと多くて、六尺(注10)ばかりなる末などぞうつくしかりける。筋なども、いとこまかにうつくしげなり。「かかれとてしも」と独りごちゐ給へり。

（注）
1 宮――匂宮。
2 小島の色を例に契り給ひし――匂宮に連れ出されて宇治川《うじがわ》のほとりの小屋で二人きりで過ごしたこと。
3 薄きながらものどやかにものし給ひし人――薫のこと。
4 供にてわたるべき人――浮舟の世話をしている女童《めのわらわ》。
5 いびきの人――浮舟が身を寄せている小野の庵《いおり》に住む、年老いた尼。いびきがひどい。
6 僧都――浮舟を助けた比叡山の僧侶。「いびきの人」の子。
7 忌むこと受け侍らむ――仏教の戒律を授けてもらいたいということ。
8 例の方――浮舟がふだん過ごしている部屋。
9 尼君――僧都の妹。
10 六尺――約一八〇センチメートル。

問1　傍線部A「心ひとつをかへさふ」とあるが、ここでの浮舟の心情の説明として最も適当なものを、次の①～⑤のうちから一つ選べ。解答番号は 1 。

① 匂宮に対して薄情だった自分を責めるとともに、現在の境遇も匂宮との縁があってこそだと感慨にふけっている。

② 匂宮と二人で過ごしたときのことを回想して、不思議なほどに匂宮への愛情を覚え満ち足りた気分になっている。

③ 薫は普段は淡々とした人柄であるものの、時には匂宮以上に情熱的に愛情を注いでくれたことを忘れかねている。

④ 小野でこのように生活していると薫に知られたときの気持ちは、誰にもまして恥ずかしいだろうと想像している。

⑤ 薫の姿を遠くから見ることすら諦めようとする自分を否定し、薫との再会を期待して気持ちを奮い立たせている。

問2 傍線部(ア)〜(ウ)の解釈として最も適当なものを、次の各群の①〜⑤のうちから、それぞれ一つずつ選べ。解答番号は 2 〜 4 。

(ア) 聞こし召せ 2
① お起きなさい
② 着替えなさい
③ お食べなさい
④ 手伝いなさい
⑤ お聞きなさい

(イ) こちなし 3
① 気が利かない
② 大げさである
③ 優しくない
④ 気詰まりだ
⑤ つまらない

(ウ) さかしら人 4
① 知ったかぶりをする人
② 口出しする人
③ 身分の高い人
④ あつかましい人
⑤ 意地の悪い人

問3　この文章の登場人物についての説明として**適当でないもの**を、次の①〜⑤のうちから一つ選べ。解答番号は 5 。

① 浮舟は、朝になっても気分が悪く臥せっており、「いびきの人」たちの給仕で食事をする気にもなれなかった。

② 「下衆下衆しき法師ばら」は、「僧都」が高貴な人々からの信頼が厚い僧侶であることを、誇らしげに言い立てていた。

③ 「僧都」は、「一品の宮」のための祈禱《きとう》を延暦寺の座主に任せて、浮舟の出家のために急遽《きゅうきょ》下山することになった。

④ 「右大臣殿の四位少将」は、「僧都」を比叡山から呼び戻すために、「后の宮」の手紙を携えて「僧都」のもとを訪れた。

⑤ 「いびきの人」は、浮舟から「僧都」を呼んでほしいと言われても、ぼんやりした顔でただうなずくだけだった。

問4 傍線部B「親にいま一たびかうながらのさまを見えずなりなむこそ、人やりならずいと悲しけれ」の説明として最も適当なものを、次の①～⑤のうちから一つ選べ。解答番号は 6 。

① 「かうながらのさま」とは、すっかり容貌の衰えた今の浮舟の姿のことである。

② 「見えずなりなむ」は、「見られないように姿を隠したい」という意味である。

③ 「こそ」による係り結びは、実の親ではなく、他人である尼君の世話を受けざるを得ない浮舟の苦境を強調している。

④ 「人やりならず」には、他人を責める浮舟の気持ちが込められている。

⑤ 「『……悲しけれ』と思ひ給ふ」ではなく「悲しけれ」と結ぶ表現には、浮舟の心情を読者に強く訴えかける効果がある。

問5　次に掲げるのは、二重傍線部「かかれとてしも」に関して、生徒と教師が交わした授業中の会話である。会話中にあらわれる遍昭《へんじよう》の和歌や、それを踏まえる二重傍線部「かかれとてしも」の解釈として、会話の後に六人の生徒から出された発言①～⑥のうち、適当なものを二つ選べ。ただし、解答の順序は問わない。解答番号は［7］・［8］。

生徒　先生、この「かかれとてしも」という部分なんですけど、現代語に訳しただけでは意味が分からないんです。どう考えたらいいですか。

教師　それは、

　たらちねはかかれとてしもむばたまの我《わ》が黒髪をなでずやありけむ

という遍昭の歌に基づく表現だから、この歌を知らないと分かりにくかっただろうね。古文には「引き歌」といって、有名な和歌の一部を引用して、人物の心情を豊かに表現する技法があるんだよ。

生徒　そんな技法があるなんて知りませんでした。和歌についての知識が必要なんですね。

教師　遍昭の歌が詠まれた経緯については、『遍昭集』という歌集が詳しいよ。歌の右側には、

　なにくれといひありきしほどに、仕《つか》まつりし深草《ふかくさ》の帝《みかど》隠れおはしまして、かはらむ世を見むも、堪《た》へがたくかなし。蔵人の頭の中将などいひて、夜昼馴《な》れ仕まつりて、「名残りなからむ世に交《ま》じらはじ」とて、にはかに、家の人にも知らせで、比叡《ひえ》に上りて、頭《かしら》下ろし侍りて、思ひ侍りしも、さすがに、親などのことは、心にやかかり侍りけむ。

と、歌が詠まれた状況が書かれているよ。

生徒　そこまで分かると、浮舟とのつながりも見えてくる気がします。

教師　それでは、板書しておくから、歌が詠まれた状況も踏まえて、遍昭の和歌と『源氏物語』の浮舟、それぞれについてみんなで意見を出し合ってごらん。

① 生徒A――遍昭は、お仕えしていた帝の死をきっかけに出家したんだね。そのときに「たらちね」、つまりお母さんのことを思って「母はこのように私が出家することを願って私の髪をなでたに違いない」と詠んだんだから、遍昭の親は以前から息子に出家してほしいと思っていたんだね。

② 生徒B――そうかなあ。この和歌は「母は私がこのように出家することを願って私の髪をなでたはずがない」という意味だと思うな。出家をして帝への忠義は果たしたけれど、育ててくれた親に申し訳ないという気持ちもあって、だから『遍昭集』で「さすがに」と言っているんだよ。

③ 生徒C――私はAさんの意見がいいと思う。浮舟も出家することで、遍昭と同じくお母さんの意向に沿った生き方をしようとしているんだよ。つまり、今まで親の期待に背いてきた浮舟が、これからの人生をやり直そうとしている決意を、心の中でお母さんに誓っていることになるね。

④ 生徒D――私も和歌の解釈はAさんのでいいと思うけど、『源氏物語』に関してはCさんとは意見が違う。薫か匂宮と結ばれて幸せになりたいというのが、浮舟の本心だったはずだよ。自分も遍昭のように晴れ晴れした気分で出家できたらどんなにいいかという望みが、浮舟の独り言から読み取れるよ。

⑤ 生徒E――いや、和歌の解釈はBさんのほうが正しいと思うよ。浮舟も元々は気がすすまなかった、親もそれを望んでいない、それでも過去を清算するためには出家以外に道はないとわりきった浮舟の潔さが、遍昭の歌を口ずさんでいるところに表れているんだよ。

⑥ 生徒F――私もBさんの解釈のほうがいいと思う。でも、遍昭が出家を遂げた後に詠んだ歌を、浮舟は出家の前に思い起こしているという違いは大きいよ。出家に踏み切るだけの心の整理を、浮舟はまだできていないということが、引き歌によって表現されているんだよ。

第5問

次の【文章Ⅰ】と【文章Ⅱ】は、いずれも「狙公《そこう》」（猿飼いの親方）と「狙《そ》」（猿）とのやりとりを描いたものである。【文章Ⅰ】と【文章Ⅱ】を読んで、後の問い（問1～5）に答えよ。なお、設問の都合で返り点・送り仮名を省いたところがある。（配点　50）

【文章Ⅰ】

猿飼いの親方が芧《とち》の実を分け与えるのに、「朝三つにして夕方四つにしよう、」といったところ、猿どもはみな怒った。「それでは朝四つにして夕方三つにしよう、」といったところ、猿どもはみな悦《よろこ》んだという。

（金谷治《かなやおさむ》訳注『荘子』による。）

【文章Ⅱ】

楚(注1)ニ有リ二養ヒテレ狙《そ》ヲ以テ為スレ生(1)者一。楚人謂フ二之ヲ狙《そ》公《こう》ト一。旦(注2)日必ズ部(注3)二レ分シテ衆狙ヲ于庭ニ一、A使老狙率以之山中、求草木之実。賦(注4)シテ二什《じふ》ノ一ヲ一以テ自(注5)ラ奉ズ。或イハ不ンバレ給セ、則チ加フ二鞭《べん》(注6)箠《すい》ヲ一焉。群狙皆畏レテ苦シムモレ之ニ、弗《ざ》ル二敢ヘテ違《たが》ハ一也。一日、有リテ二小狙一謂ヒテ二衆狙ニ一曰ハク、「B山之果、公所樹与。」曰ハク、「否《しから》ザル也。天ノ生ズル也ト。」曰ハク、「非ズンバレ公ニ不ル二得テ而取ラ一与ト。」曰ハク、「否ザル也。皆得テ而取ル也ト。」曰ハク、「然ラバ則チ吾何ゾ仮リテ二於彼ニ一而為ス二之ガ役ヲ一乎ト。」言未ダレ既《つ》キ、衆狙皆寤《さむ》。其ノ夕、相ヒ与ニ伺ヒ二狙公之寝《い》ヌルヲ一、破リレ柵ヲ毀《こぼ》チレ柙《をり》ヲ、

取《リ》二其《ノ》(2)積一、相《ヒ》携《ヘテ》而入《リ》二于林中《ニ》一、不二復《タ》帰《ラ》一。狙公卒《つひニ》餒《うヱテ》而死《ス》。

郁《いく》(注7)離《り》子《し》曰《ハク》「世《ニ》有《ルハ》下以《テ》レ術《ヲ》使《ヒテ》レ民《ヲ》而無《キ》二道(注8)揆一者上、其《レ》如《キ》二狙公《ノ》一乎。C惟其昏而未レ覚也。一旦有《ラバ》レ開《クコト》レ之《ヲ》、其《ノ》術窮《セント》矣。」

（劉基《りゅうき》『郁離子』による。）

（注）
1 楚――古代中国の国名の一つ。
2 旦日――明け方。
3 部分――グループごとに分ける。
4 賦二什一一――十分の一を徴収する。
5 自奉――自らの暮らしをまかなう。
6 鞭箠――むち。
7 郁離子――著者劉基の自称。
8 道揆――道理にかなった決まり。

問1　傍線部(1)「生」・(2)「積」の意味として最も適当なものを、次の各群の①～⑤のうちから、それぞれ一つずつ選べ。解答番号は［1］・［2］。

(1)　［1］「生」
① 往生
② 生計
③ 生成
④ 畜生
⑤ 発生

(2)　［2］「積」
① 積極
② 積年
③ 積分
④ 蓄積
⑤ 容積

問2 傍線部**A**「使 老 狙 率 以 之 山 中、求 草 木 之 実」の返り点・送り仮名の付け方と書き下し文との組合せとして最も適当なものを、次の ① ～ ⑤ のうちから一つ選べ。解答番号は **3** 。

① 使ム㆘老狙ヲシテ率ヰテ以テ之キ㆓山中㆒ニ、求メ㆗草木之実㆖ヲ
老狙をして率《ひき》ゐて以て山中に之《ゆ》き、草木の実を求めしむ

② 使ヒテ㆓老狙㆒ヲ率ネテ以テ之カシメ㆓山中㆒ニ、求ム㆓草木之実㆒ヲ
老狙を使ひて率《おほむ》ね以て山中に之かしめ、草木の実を求む

③ 使メテ㆓老狙ヲシテ率ヘ㆒以テ之キ㆓山中㆒ニ、求ム㆓草木之実㆒ヲ
老狙をして率《とら》へしめて以て山中に之き、草木の実を求む

④ 使シ老狙率ヰテ以テ之カバ㆓山中㆒ニ、求ム㆓草木之実㆒ヲ
使《も》し老狙率《ひき》ゐて以て山中に之かば、草木の実を求む

⑤ 使ム㆘老狙ヲバ率ヘテ以テ之キ㆓山中㆒ニ、求メ㆗草木之実㆖ヲ
老狙をば率《とら》へて以て山中に之き、草木の実を求めしむ

問3 傍線部B「山 之 果、公 所 樹 与」の書き下し文とその解釈との組合せとして最も適当なものを、次の①～⑤のうちから一つ選べ。解答番号は 4 。

① 山の果は、公の樹《う》うる所か
山の木の実は、猿飼いの親方が植えたものか

② 山の果は、公の所の樹《き》か
山の木の実は、猿飼いの親方の土地の木に生《な》ったのか

③ 山の果は、公の樹《う》ゑて与ふる所か
山の木の実は、猿飼いの親方が植えて分け与えているものなのか

④ 山の果は、公の所に樹《う》うるか
山の木の実は、猿飼いの親方の土地に植えたものか

⑤ 山の果は、公の樹《う》うる所を与ふるか
山の木の実は、猿飼いの親方が植えたものを分け与えたのか

問4 傍線部C「惟 其 昏 而 未レ覚 也」の解釈として最も適当なものを、次の①～⑤のうちから一つ選べ。解答番号は 5 。

① ただ民たちが疎くてこれまで気付かなかっただけである
② ただ民たちがそれまでのやり方に満足していただけである
③ ただ猿たちがそれまでのやり方に満足しなかっただけである
④ ただ猿飼いの親方がそれまでのやり方のままにしただけである
⑤ ただ猿飼いの親方が疎くて事態の変化にまだ気付いていなかっただけである

問5　次に掲げるのは、授業の中で【文章Ⅰ】と【文章Ⅱ】について話し合った生徒の会話である。これを読んで、後の(i)〜(iii)の問いに答えよ。

生徒A　【文章Ⅰ】のエピソードは、有名な故事成語になっているね。
生徒B　それって何だったかな。［X］というような意味になるんだっけ。
生徒C　そうそう。もう一つの【文章Ⅱ】では、猿飼いの親方は散々な目に遭っているね。【文章Ⅰ】と【文章Ⅱ】とでは、何が違ったんだろう。
生徒A　【文章Ⅰ】では、猿飼いの親方は言葉で猿を操っているね。
生徒B　【文章Ⅱ】では、猿飼いの親方はむちで猿を従わせているよ。
生徒C　【文章Ⅰ】では、猿飼いの親方の言葉に猿が丸め込まれてしまうけど……。
生徒A　【文章Ⅱ】では、［Y］が運命の分かれ目だよね。これで猿飼いの親方と猿との関係が変わってしまった。
生徒B　【文章Ⅱ】の最後で郁離子は、［Z］と言っているよね。
生徒C　だからこそ、【文章Ⅱ】の猿飼いの親方は、「其の術窮せん。」ということになったわけか。

(i)　［X］に入る有名な故事成語の意味として最も適当なものを、次の①〜⑤のうちから一つ選べ。解答番号は［6］。

①　おおよそ同じだが細かな違いがあること
②　朝に命令を下し、その日の夕方になるとそれを改めること
③　二つの物事がくい違って、話のつじつまが合わないこと
④　朝に指摘された過ちを夕方には改めること
⑤　内容を改めないで口先だけでごまかすこと

(ii) Y に入る最も適当なものを、次の①～⑤のうちから一つ選べ。解答番号は 7 。

① 猿飼いの親方がむちを打って猿をおどすようになったこと
② 猿飼いの親方が草木の実をすべて取るようになったこと
③ 小猿が猿たちに素朴な問いを投げかけたこと
④ 老猿が小猿に猿飼いの親方の素性を教えたこと
⑤ 老猿の指示で猿たちが林の中に逃げてしまったこと

(iii) Z に入る最も適当なものを、次の①～⑤のうちから一つ選べ。解答番号は 8 。

① 世の中には「術」によって民を使うばかりで、「道揆」に合うかを考えない猿飼いの親方のような者がいる
② 世の中には「術」をころころ変えて民を使い、「道揆」に沿わない猿飼いの親方のような者がいる
③ 世の中には「術」をめぐらせて民を使い、「道揆」を知らない民に反抗される猿飼いの親方のような者がいる
④ 世の中には「術」によって民を使おうとして、賞罰が「道揆」に合わない猿飼いの親方のような者がいる
⑤ 世の中には「術」で民をきびしく使い、民から「道揆」よりも多くをむさぼる猿飼いの親方のような者がいる

2017年度
大学入学共通テスト
試行調査

＊記述式問題の導入見送りにともない、本書では第１問（記述式）を省略しています。

第2問 次の文章と図表は、宇《う》杉《すぎ》和《かず》夫《お》「路地がまちの記憶をつなぐ」の一部である。これを読んで、後の問い(**問1**～**5**)に答えよ。なお、**表1**、**2**及び**図3**については、文章中に「(**表1**)」などの記載はない。

表1

	近代道路空間計画システム	路地空間システム(近代以前空間システム)
主体	クルマ・交通	人間・生活
背景	欧米近代志向	土着地域性
形成	人工物質・基準標準化	自然性・多様性・手づくり性
構造	機能・合理性・均質性	A機縁物語性・場所性・領域的
空間	B広域空間システム・ヒエラルキー	地域環境システム・固有性
効果	人間条件性・国際普遍性	人間ふれあい性・地域文化継承

近代空間システムと路地空間システム

訪れた都市の内部に触れたと感じるのは、まちの路地に触れたときである。そこには香りがあって、固有で特殊でありながら、かつどこかで体験したことのある記憶がよぎる。西欧の路地は建物と建物のすきまで、さまざまなはみ出しものがなく管理されている。路地と内部空間との結びつきは窓とドアにより単純である。日本の路地は敷地と敷地の間にあり、また建物と建物の間にあり、建物には出窓あり、掃き出し窓あり、縁あり庇《ひさし》あり、塀あり等、多様で複雑である。敷地の中にも建物の中にも路地(土間)はあった。

日本の路地空間には西欧の路地にはない自然性がある。物質としての自然、形成過程としての自然、の2つである。日本の坪庭(注1)を考えてみよう。やはり建物(4つの)に囲まれた坪庭の特徴はそこが砂や石や土と緑の自然の空間である。さらにその閉じた自然は床下を通って建物外部にもつながっている。日本の路地にも、坪庭のように全面的ではないが自然性が継承されている。また路地空間の特徴は、ある数戸が集まった居住建築の中で軒や縁や緑の重なった通行空間であることである。そこは通行空間であるが居住集合のウチの空間であり、その場所は生活境域としてのまとまりがある。ソトの空間から区切られているが通行空間としてつながるこの微妙な空間システムを継承するには物理的な仕組みの継承だけでなく、近隣コミュニティの中に相関的秩序があり、通行者もそれに対応できているシステムがある。

表2

	地形と集落の路地			
	低地の路地	台地の路地	地形の縁・境界	丘陵・山と路地
非区画型路地 (オモテウラ型) (クルドサック型)	水路と自由型	トオリとウラ道	山辺路地・崖縁路地 崖(堤)下路地・階段路地 行き当たり封鎖	丘上集 崖上路地 景観と眺望
区画内型路地 (パッケージ型)	条理区画 条坊区画 近世町家区画 耕地整理 土地区画整理	条理区画 条坊区画 近世町家区画 耕地整理 土地区画整理		

現在、近代に欧米から移入され、日本の近代の中で形成されてきた都市空間・建築空間システムが環境システムと併せて改めて問われている。しかし日本にもち込まれた近代は、明治開国まではその多くは東南アジア、東アジアで変質した近代西欧文化で融和性もあった。明治に至って急速な欧米文化導入の後の日本の近代の空間計画を見れば、路地空間、路地的空間システムは常に、大枠として近代の空間システムと対照的位置にあることが理解できる。近代の空間計画の特徴を産業技術発展と都市化と近代社会形成の主要3点についてあげれば、その対照に路地空間の特徴をあげることは容易である。すなわち、路地的空間、路地的空間システムについて検討することは近代空間システムとは異なる地域に継承されてきた空間システムについて肯定的に検討することになる。

路地の形成とは記憶・持続である

路地的空間について述べる基本的な視座に、「道」「道路」の視座と「居住空間」の視座があり、どちらか片方を省くことはできない。道・道路は環境・居住空間の基本的な要素である。その環境・都市は人間を総体的に規定し、文化も個も環境の中から生まれてきた。行動を制約してしまう環境としての住宅と都市、その正しい環境、理想環境とは何かをどう問いかけるか。これが西欧の都市は古代以来明確であった。都市は神の秩序で、神と同じ形姿をもつ人間だけが自然の姿と都市の姿を生活空間として描くことができた。

これに対し、日本とアジアの都市の基本的性質である「非西欧都市」の形成を近代以前と近代に分けて、その形成経過を次の世代にどう説明・継承するのか、すなわちどう持続させていくのかが重要である。そして体験空間の形成・記憶の継承と路地的空間の持続はこの大事な現在の問題の骨格

図1

◎参道型路地的空間
東京・神田の小祠《しょうし》には、その手前の街区に参道型路地的空間が発見できた

図2

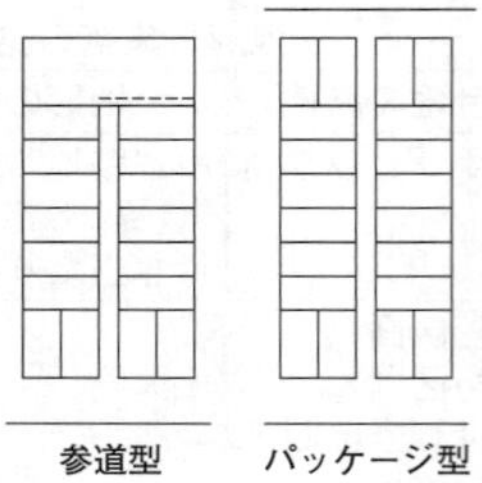

◎参道型路地空間とパッケージ型路地空間
月島の通り抜け路地は典型的なパッケージ型路地である

図3

◎東京・江東区の街区形成と通り
自動車交通、駐車スペースにならずガランとした通りもある

になり続けるものと考えることができる。この根本的な次元では現在の区画化された市街地形成のモデルだけでなく、その形成過程の記憶、原風景をも計画対象とすることが必要になっている。元来、日本の自然環境（自然景観）はアジアが共有する自然信仰の認識的な秩序の中にあった。日本のムラとマチは西欧と異なり、環境としての自然と一体的であり連続的関係であったのである。具体的には、周囲の（中心である）山と海に生活空間が深く結びついていた。結果として、路地は地形に深く結びついて継承されてきた。

まず、日本の道空間の原型・原風景は区画された街区にはないことを指摘したい。また「すべての道はローマに通ず」といわれ、ローマから拡大延長された西欧の道路空間と、日本の道空間は異なる。目的到着点をもつ参道型空間が基本であり、地域内の参道空間から折れ曲がって分かれ、より広域の次の参道空間に結びつく形式で、西欧のグリッド形式(注2)、放射形式の道路とは異なる（**図1**）。多くの日本のまちはこの参道空間の両側の店と住居とその裏側の空間からなり、その間に路地がある。これは城下町にも組み込まれてすきまとしての路地があるゆえに連続的、持続的であったと考えられるわけである。それによって面的に広がった計画的区画にある路地は同様のものが繰り返し連続するパッケージ型路地として前者の参道型路地、クルドサック型路地(注3)と区分できる（**図2**）。

この区画方形のグリッドの原型・原風景はどこか。ニューヨークはそのグリッド街路の原型をギリシャ都市に求め、近代世界の中心都市を目指した。アジアの都市にはそれとは異なる別の源流がある。日本の都市はこの区画街区に限らず、アジアの源流と欧米の源流の重複的形式の空間形成になっている。日本の都市は計画的な区画整形の中にあっても、そこに自然尊重の立場が基本にあり、その基盤となってきた。

図4

◎東京・江東区の街区の中の路地
区画整理街区にも路地的空間がまちの特性をつくっている

図5

◎東京・墨田区向島の通り
向島の通り空間はカーブしてまちの特性となっている

日本にも西欧にも街区形式の歴史と継承がある。東京にも江戸から継承された街区がある。江東区の方形整形街区方式は掘割(注4)とともに形成された。自由型の水路に沿った路地と同様、区画整形街区も水面に沿った路地と接して形成されてきた。この方形形式は震災復興区画整理事業でも、戦災後の復興計画でも継続された。ここは近代の、整形を基本とする市街地整備の典型となるものである。しかし、そこに理想とした成果・持続が確認できるであろうか(**図4**)。

東京の魅力ある市街地としては地形の複雑な山の手に評価がある。山の手では否応《いやおう》なく地形、自然が関連する。しかし区画整形の歴史がある江東区では、計画が機能的・経済的に短絡されてきた。その中で自然とのつながりをもつ居住区形成には、水面水路との計画的な配慮が必要だった。単に区画整形するだけでは魅力ある住宅市街地は形成されない。その計画的な配慮とは、第1に地区街区の歴史的な空間の記憶を人間スケールの空間にして継承する努力である。体験されてきた空間を誇りをもって継承する意思である。路地的空間の継承である。これらを合理的空間基準が変革対象としてきたことに問題がある。この新区画街区の傍らに、水資源活用から立地した工場敷地跡地が、水辺のオープンスペースと高層居住の眺望・景観を売りものに再開発されれば、住宅需要者の希望は超高層マンションに向かい、街区中層マンションが停滞するのは当然のことである。

この2タイプに対して、向島地区の路地的空間は街区型でもなく、開放高層居住空間でもなく、自然形成農道等からなる地域継承空間システムの文脈の中にある(**図5**)。そしてそこでもまた居住者の評価が高まってきている。本来、地域に継承されてきた空間システムであれば、それは計画検討課題になり、結果がよければビジョンの核にもなるものであった。ところが現実には、地域の継承空間システムは居住者の持続的居住欲求によって残り、また地域の原風景に対する一般人の希求・要求によって、結果として継承に至ったものが多く、計画的にはあくまで変革すべき対象であった経過がある。計画とはあくまで欧米空間への追随であった。また、この地域継承の路地空間システム居住地区においても駅前や北側背後に水面をもつ地区において高層マンションも含む再開発が進行している。しかし、この再開発もル・コルビュジエ(注5)の高層地区提案のように、地区を全面的に変革するものではなく、路地的空間との関係こそが計画のテーマとなる方法論が必要である。

路地的空間をもつ低層居住地区にするか、外部開放空間をもつ高層居住地区にするかといった二者択一ではなく、地域・地区の中で両空間モデルが補完・混成して成立するシステムが残っている。地域の原風景、村の原風景は都市を含めてあらゆる地域コミュニティの原点である。その村(集落)の原風景がほとんど消滅しているが、家並みと路地と共同空間からなる村とまちの原風景は、現在のストックの再建に至った時には、すべての近代空間計画地の再生にあたって、可能性を検討すべきである。都市居住にとっても路地はふれあいと場所の原風景である。近代化の中でこそ路地の原風景に特別の意味があったとすれば、それは日本の近代都市計画を継承する新たな時代の1つの原点にもなるべきものである。

(宇杉和夫他『まち路地再生のデザイン――路地に学ぶ生活空間の再生術』による。なお、一部表記を改めたところがある。)

(注) 1 坪庭――建物に囲まれた小さな庭。

2 グリッド――格子。

3 クルドサック――袋小路。

4 掘割――地面を掘って作った水路。江東区には掘割を埋め立てて道路を整備した箇所がある。

5 ル・コルビュジエ――スイス生まれの建築家(一八八七～一九六五)。

問1 文章全体の内容に照らした場合、**表1**の傍線部**A**・**B**はそれぞれどのように説明できるか。最も適当なものを、次の各群の①～⑤のうちから、それぞれ一つずつ選べ。解答番号は 1 ・ 2 。

A 機縁物語性 1

① 通行空間に緑を配置し、自然の大切さを認識できる環境に優しい構造。
② 生活者のコミュニティが成立し、通行者もそこに参入できる開放的な構造。
③ 生活環境としてまとまりがあり、外部と遮断された自立的な構造。
④ ウチとソトの空間に応じて人間関係が変容するような、劇的な構造。
⑤ 通行空間から切り離すことで、生活空間の歴史や記憶を継承する構造。

B 広域空間システム 2

① 中心都市を基点として拡大延長された合理的空間システム。
② 区画整理されながらも原風景を残した近代的空間システム。
③ 近代化以前のアジア的空間と融合した欧米的空間システム。
④ 産業技術によって地形を平らに整備した均質的空間システム。
⑤ 居住空間を減らして交通空間を優先した機能的空間システム。

問2　図2の「パッケージ型」と「参道型」の路地の説明として最も適当なものを、次の①～⑤のうちから一つ選べ。解答番号は［3］。

① パッケージ型の路地とは、近代道路空間計画システムによって区画化された車優先の路地のことであり、参道型の路地とは、アジアの自然信仰に基づいた、手つかずの自然を残した原始的な路地を指す。

② パッケージ型の路地とは、区画整理された路地が反復的に拡張された路地のことであり、参道型の路地とは、通り抜けできない目的到着点をもち、折れ曲がって持続的に広がる、城下町にあるような路地を指す。

③ パッケージ型の路地とは、ローマのような中心都市から拡大延長され一元化された路地のことであり、参道型の路地とは、祠《ほこら》のような複数の目的到達地点によって独自性を競い合うような日本的な路地を指す。

④ パッケージ型の路地とは、ギリシャの都市をモデルに発展してきた同心円状の幾何学的路地のことであり、参道型の路地とは、通行空間と居住空間が混然一体となって秩序を失ったアジア的な路地を指す。

⑤ パッケージ型の路地とは、通り抜けできる路地と通り抜けできない路地が繰り返し連続する路地のことであり、参道型の路地とは、他の路地と連続的、持続的に広がる迷路のような路地を指す。

問3 図3の江東区の一画は、どのように整備された例として挙げられているか。その説明として最も適当なものを、次の①〜⑤のうちから一つ選べ。解答番号は 4 。

① 街区の一部を区画整理し、江戸の歴史的な町並みを残しつつ複合的な近代の空間に整備された例。
② 区画整理の歴史的な蓄積を生かし、人間スケールの空間的記憶とその継承を重視して整備された例。
③ 江戸から継承された水路を埋め立て、自動車交通に配慮した機能的な近代の空間に整備された例。
④ 掘割や水路を大規模に埋め立て、オープンスペースと眺望・景観を売りものにして整備された例。
⑤ 複雑な地形が連続している地の利を生かし、江戸期の掘割や水路に沿った区画に整備された例。

問4 「路地空間」・「路地的空間」はどのような生活空間と捉えられるか。文章全体に即したまとめとして適当なものを、次の①～⑥のうちから二つ選べ。解答番号は 5 。

① 自然発生的に区画化された生活空間。
② 地形に基づいて形成された生活空間。
③ 大自然の景観を一望できる生活空間。
④ 都市とは異なる自然豊かな生活空間。
⑤ 通行者の安全性を確保した生活空間。
⑥ 土地の記憶を保持している生活空間。

問5　まちづくりにおける「路地的空間」の長所と短所について、緊急時や災害時の対応の観点を加えて議論した場合、文章全体を踏まえて成り立つ意見はどれか。最も適当なものを、次の ① ～ ⑤ のうちから一つ選べ。解答番号は 6 。

① 機能性や合理性を重視する都市の生活にあって、路地的空間は緊急時の対応を可能にする密なコミュニティを形成するという長所がある。一方、そうした生活境域としてのまとまりはしばしば自然信仰的な秩序とともにあるため、近代的な計画に基づいて再現することが難しいという短所がある。

② 日本の路地的空間は欧米の路地とは異なり、自然との共生や人間同士のふれあいを可能にするという長所がある。一方、自然破壊につながるような区画整理を拒否するため、居住空間と通行空間が連続的に広がらず、高齢の単身居住者が多くなり、災害時や緊急時において孤立してしまうという短所がある。

③ 豊かな自然や懐かしい風景が残存している路地的空間は、持続的に住みたいと思わせる生活空間であり、相互扶助のコミュニティが形成されやすいという長所がある。一方、計画的な区画整理がなされていないために、災害時には、緊急車両の進入を妨げたり住民の避難を困難にしたりする短所がある。

④ 路地的空間には、災害時の避難行動を可能にする機能的な道・道路であるという点で、近代的な都市の街区にはない長所がある。一方、都市居住者にとって路地的空間は地域の原風景としてばかり捉えられがちで、そうした機能性が合理的に評価されたり、活用されたりしにくいという短所がある。

⑤ 再開発を行わず近代以前の地域の原風景をとどめる低層住宅の路地的空間は、コミュニティとしての結束力が強く、非常事態においても対処できる長所がある。一方、隣接する欧米近代志向の開放高層居住空間のコミュニティとは、価値観があまりにも異なるために共存できないという短所がある。

第3問　次の文章は、複数の作家による『捨てる』という題の作品集に収録されている光原百合《みつはらゆり》の小説「ツバメたち」の全文である。この文章を読んで、後の問い（問1〜5）に答えよ。なお、本文の上の数字は行数を示す。

〈一羽のツバメが渡りの旅の途中で立ち寄った町で、「幸福な王子」と呼ばれる像と仲良くなった。王子は町の貧しい人々の暮らしぶりをツバメから聞いて心を痛め、自分の体から宝石や金箔《きんぱく》を外して配るよう頼む。冬が近づいても王子の願いを果たすためにその町にとどまっていたツバメは、ついに凍え死んでしまった。それを知った王子の心臓は張り裂けた。金箔をはがされてみすぼらしい姿になった王子の像は溶かされてしまうが、二つに割れた心臓だけはどうしても溶けなかった。ツバメの死骸と王子の心臓は、ともにゴミ捨て場に捨てられた。その夜、「あの町からもっとも尊いものを二つ持ってきなさい」と神に命じられた天使が降りてきて、ツバメと王子の心臓を抱き、天国へと持ち帰ったのだった。

オスカー・ワイルド作「幸福な王子」より〉

A 遅れてその町にやってきた若者は、なんとも風変わりだった。

つやのある黒い羽に敏捷《びんしょう》な身のこなし、実に見た目のいい若者だったから、南の国にわたる前、最後の骨休めをしながら翼の力をたくわえているあたしたちの群れに、問題なく受け入れられた。あたしの友だちの中にも彼に興味を示すものは何羽もいた。でも、彼がいつも夢のようなことばかり語るものだから――今まで見てきた北の土地について、これから飛んでいく南の国について、遠くを見るようなまなざしで語るばかりだったから、みんなそのうち興味をなくしてしまった。来年、一緒に巣をこしらえて子どもを育てる連れ合いには、そこらを飛んでいる虫を素早く見つけてたくさんつかまえてくれる若者がふさわしい。遠くを見るまなざしなど必要ない。

とはいえ嫌われるほどのことではないし、厳しい渡りの旅をともにする仲間は多いに越したことはないので、彼はあたしたちとそのまま一緒に過ごしていた。

そんな彼が翼繁《しげ》く通っていたのが、丘の上に立つ像のところだった。早くに死んでしまった身分の高い人間、「王子《プリンス》」と人間たちは呼んでいたが、その姿に似せて作った像だということだ。遠くからでもきらきら光っているのは、全身に金が貼ってあって、たいそう高価な宝石も使われているからだという。あたしたちには金も宝石も用はないが。

人間たちはこの像をひどく大切にしているようで、何かといえばそのまわりに集まって、列を作って歩くやら歌うやら踊るやら、(ア)ギョウギョウしく騒いでいた。

彼はその像の肩にとまって、あれこれとおしゃべりするのが好きなようだった。王子の像も嬉《うれ》しそうに応じていた。

「一体何を、あんなに楽しそうに話しているの?」

彼にそう聞いてみたことがある。

「僕の見てきた北の土地や、まだ見ていないけれど話に聞く南の国のことをね。あの方はお気の毒に、人間として生きていらした間も、身分が高いせいでいつもお城の中で守られていて、そう簡単にはよその土地に行けなかったんだ。憧れていた遠い場所の話を聞けるのが、とても嬉しいと言ってくださってる」

「そりゃよかったわね」

あたしたちには興味のない遠い土地の話が、身分の高いお方とやらには嬉しいのだろう。誇らしげに話す彼の様子が腹立たしく、あたしはさっさと朝食の虫を捕まえに飛び立った。

やがて彼が、王子と話すだけでなく、そこから何かをくわえて飛び立って、町のあちこちに飛んでいく姿をよく見かけるようになった。南への旅立ちも近いというのに一体何をしているのか、あたしには不思議でならなかった。

風は日増しに冷たくなっていた。あたしたちの群れの長老が旅立ちの日を決めたが、それを聞いた彼は、自分は行かない、と答えたらしい。自分に構わず発《た》ってくれと。

仲間たちは皆、彼のことは放っておけと言ったが、あたしは気になった。いよいよ明日は渡りに発つという日、あたしは彼をつかまえ、逃げられないよう足を踏んづけておいてから聞いた。ここで何をしているのか、なにをするつもりなのか。

彼はあたしの方は見ずに、丘の上の王子の像を遠く眺めながら答えた。

「僕はあの方を飾っている宝石を外して、それから体に貼ってある金箔をはがして、貧しい人たちに持って行っているんだ。あの方に頼まれたからだ。あの方は、この町の貧しい人たちが食べ物も薪《まき》も薬も買えずに苦しんでいることを、ひどく気にしておられる。こんな悲しいことを黙って見ていることはできない、けれどご自分は台座から降りられない。だから僕にお頼みになった。僕が宝石や金箔を届けたら、おなかをすかせた若者がパンを、凍える子どもが薪を、病気の年寄りが薬を買うことができるんだ」

あたしにはよくわからなかった。

「どうしてあなたが、それをするの?」

「誰かがしなければならないから」

「だけど、どうしてあなたが、その『誰か』なの? なぜあなたがしなければならないの? ここにいたのでは、長く生きられないわよ」

あたしは重ねて聞いた。彼は馬鹿にしたような目で、ちらっとあたしを見た。

「君なんかには、僕らのやっていることの尊さはB<u>わからないさ</u>」

腹が立ったあたしは「勝手にすれば」と言って、足をのけた。彼ははばたいて丘の上へと飛んで行った。あたしはそれをただ見送った。

長い長い渡りの旅を終え、あたしたちは南の海辺の町に着いた。あたしは数日の間、海を見下ろす木の枝にとまって、沖のほうを眺めていた。彼が遅れて飛んで来はしないかと思ったのだ。しかし彼が現れることはなく、やがて嵐がやって来て、数日の間海を閉ざした。

この嵐は冬の(イ)トウライを告げるもので、北の町はもう、あたしたちには生きていけない寒さになったはずだと、年かさのツバメたちが話していた。

彼もきっと、もう死んでしまっているだろう。

彼はなぜ、あの町に残ったのだろうか。貧しい人たちを救うため、自分ではそう思っていただろう。あたしなどにはそんな志はわからないのだと。でも本当のところは、大好きな王子の喜ぶ顔を見たかっただけではないか。

そうして王子はなぜ、彼に使いを頼んだのだろう。貧しい人たちを救うため、自分ではそう思っていただろう。でも……。

まあいい。どうせあたしにはCわからない、どうでもいいことだ。春になればあたしたちは、また北の土地に帰っていく。あたしはそこで、彼のような遠くを見るまなざしなど持たず、近くの虫を見つけてせっせとつかまえ、子どもたちを一緒に育ててくれる若者とショ(ウ)タイを持つことだろう。

それでも、もしまた渡りの前にあの町に寄って「幸福な王子」の像を見たら、聞いてしまうかもしれない。

あなたはただ、自分がまとっていた重いものを、捨てたかっただけではありませんか。そして、命を捨てても自分の傍《そば》にいたいと思う者がただひとり、いてくれればいいと思ったのではありませんか——と。

（光原百合他『捨てる』による。）

問1　傍線部(ア)〜(ウ)に相当する漢字を含むものを、次の各群の①〜⑤のうちから、それぞれ一つずつ選べ。解答番号は［1］〜［3］。

(ア)　ギョウギョウしく　［1］
①　会社のギョウセキを掲載する
②　クギョウに耐える
③　思いをギョウシュクした言葉
④　イギョウの鬼
⑤　ギョウテンするニュース

(イ)　トウライ　［2］
①　孤軍フントウ
②　本末テントウ
③　トウイ即妙
④　用意シュウトウ
⑤　不偏フトウ

(ウ)　ショタイを持つ　［3］
①　アクタイをつく
②　新たな勢力のタイトウ
③　タイマンなプレー
④　家庭のアンタイを願う
⑤　秘書をタイドウする

問2 傍線部A「遅れてその町にやってきた若者は、なんとも風変わりだった。」にある「若者」の「風変わり」な点について説明する場合、本文中の波線を引いた四つの文のうち、どの文を根拠にするべきか。最も適当なものを、次の ① ～ ④ のうちから一つ選べ。解答番号は 4 。

① つやのある黒い羽に敏捷な身のこなし、実に見た目のいい若者だったから、南の国にわたる前、最後の骨休めをしながら翼の力をたくわえているあたしたちの群れに、問題なく受け入れられた。

② あたしの友だちの中にも彼に興味を示すものは何羽もいた。

③ でも、彼がいつも夢のようなことばかり語るものだから――今まで見てきた北の土地について、これから飛んでいく南の国について、遠くを見るようなまなざしで語るばかりだったから、みんなそのうち興味をなくしてしまった。

④ とはいえ嫌われるほどのことではないし、厳しい渡りの旅をともにする仲間は多いに越したことはないので、彼はあたしたちとそのまま一緒に過ごしていた。

問3　傍線部B「わからないさ」及び傍線部C「わからない」について、「彼」と「あたし」はそれぞれどのような思いを抱いていたか。その説明として最も適当なものを、傍線部Bについては次の【Ⅰ群】の①～③のうちから、傍線部Cについては後の【Ⅱ群】の①～③のうちから、それぞれ一つずつ選べ。解答番号は 5 ・ 6 。

【Ⅰ群】 5

① 南の土地に渡って子孫を残すというツバメとしての生き方に固執し、生活の苦しさから救われようと「王子」の像にすがる町の人々の悲痛な思いを理解しない「あたし」の利己的な態度に、軽蔑の感情を隠しきれない。

② 町の貧しい人たちを救おうとする「王子」と、命をなげうってそれを手伝う自分を理解するどころか、その行動を自己陶酔だと厳しく批判する「あたし」に、これ以上踏み込まれたくないと嫌気がさしている。

③ 群れの足並みを乱させせまいとどう喝する「あたし」が、暴力的な振る舞いに頼るばかりで、「王子」の行いをどれほど熱心に説明しても理解しようとする態度を見せないことに、裏切られた思いを抱き、失望している。

【Ⅱ群】 6

① 「王子」の像を金や宝石によって飾り、祭り上げる人間の態度は、ツバメである「あたし」にとっては理解できないものであり、そうした「王子」に生命をかけて尽くしている「彼」のこともまたいまだに理解しがたく感じている。

② 無謀な行動に突き進んでいこうとする「彼」を救い出す言葉を持たず、暴力的な振る舞いでかえって「彼」を突き放してしまったことを悔い、これから先の生活にもその後悔がついて回ることを恐れている。

③ 貧しい人たちを救うためというより、「王子」に尽くすためだけに「彼」は行動しているに過ぎないと思っているが、「彼」自身の拒絶によってふたりの関係に介入することもできず、割り切れない思いを抱えている。

問4　この小説は、オスカー・ワイルド「幸福な王子」のあらすじの記載から始まっている。この箇所（X）とその後の文章（Y）との関係はどのようなものか。その説明として適当なものを、次の①～⑥のうちから二つ選べ。解答番号は 7 。

① Xでは、神の視点から「一羽のツバメ」と「王子」の自己犠牲的な行為が語られ、最後には救済が与えられることで普遍的な博愛の物語になっている。ツバメたちの視点から語り直すYは、Xに見られる神の存在を否定した上で、「彼」と「王子」のすれ違いを強調し、それによってもたらされた悲劇へと読み替えている。

② Xの「王子」と「一羽のツバメ」の自己犠牲は、人々からは認められなかったものの、最終的には神によってその崇高さを保証される。Yでも、献身的な「王子」に「彼」が命を捨てて仕えただろうことが暗示されるが、その理由はいずれも、「あたし」によって、個人的な願望に基づくものへと読み替えられている。

③ Yでは、「あたし」という感情的な女性のツバメの視点を通して、理性的な「彼」を批判し、超越的な神の視点も破棄している。こうして、「一羽のツバメ」と「王子」の英雄的な自己犠牲が神によって救済されるというXの幸福な結末を、「あたし」の介入によって、救いのない悲惨な結末へと読み替えている。

④ Yには、「あたし」というツバメが登場し、「王子」に向けた「彼」の言動の不可解さに言及する「あたし」の心情が中心化されている。「一羽のツバメ」と「王子」が誰にも顧みられることなく悲劇的に終わるXを、Yは、「彼」と家庭を持ちたいという「あたし」の思いの成就を暗示する恋愛物語へと読み替えている。

⑤ Xは、愚かな人間たちによって捨てられた「一羽のツバメ」の死骸と「王子」の心臓が、天使によって天国に迎えられるという逆転劇の構造を持っている。その構造は、Yにおいて、仲間によって見捨てられた「彼」の死が「あたし」によって「王子」のための自己犠牲として救済されるという、別の逆転劇に読み替えられている。

⑥ Xでは、貧しい人々に分け与えるために宝石や金箔を外すという「王子」の自己犠牲的な行為は、「一羽のツバメ」の献身とともに賞賛されている。それに対して、Yでは、「王子」が命を捧げるように「彼」に求めつつ、自らは社会的な役割から逃れたいと望んでいるとして、捨てるという行為の意味が読み替えられている。

問5　次の【Ⅰ群】のa～cの構成や表現に関する説明として最も適当なものを、後の【Ⅱ群】の①～⑥のうちから、それぞれ一つずつ選べ。解答番号は 8 ～ 10 。

【Ⅰ群】

a　1～7行目のオスカー・ワイルド作「幸福な王子」の記載　8

b　12行目「彼がいつも夢のようなことばかり語るものだから――」の「――」　9

c　56行目以降の「あたし」のモノローグ(独白)　10

【Ⅱ群】

①　最終場面における物語の出来事の時間と、それを語っている「あたし」の現在時とのずれが強調されている。

②　「彼」の性質を端的に示した後で具体的な例が重ねられ、その性質に注釈が加えられている。

③　断定的な表現を避け、言いよどむことで、「あたし」が「彼」に対して抱く不可解さが強調されている。

④　「王子」の像も人々に見捨てられるという、「あたし」にも想像できなかった展開が示唆されている。

⑤　「あたし」の、「王子」や「彼」の行動や思いに対して揺れる複雑な心情が示唆されている。

⑥　自問自答を積み重ねる「あたし」の内面的な成長を示唆する視点が加えられている。

第4問

『源氏物語』は書き写す人の考え方によって本文に違いが生じ、その結果、本によって表現が異なっている。次の【文章Ⅰ】と【文章Ⅱ】は、ともに『源氏物語』（桐壺《きりつぼ》の巻）の一節で、最愛の后《きさき》である桐壺の更衣《こうい》を失った帝《みかど》のもとに、更衣の母から故人の形見の品々が届けられた場面である。【文章Ⅰ】は藤原定家が整えた本文に基づき、【文章Ⅱ】は源光行《みつゆき》・親行《ちかゆき》親子が整えた本文に基づいている。また、【文章Ⅲ】は源親行によって書かれた『原中最秘抄《げんちゅうさいひしょう》』の一節で、【文章Ⅱ】のように本文を整えたときの逸話を記している。【文章Ⅰ】〜【文章Ⅲ】を読んで、後の問い（問1〜6）に答えよ。

【文章Ⅰ】

かの贈りもの御覧ぜさす。亡き人(注1)の住みか尋ねいでたりけむ、(ア)しるしの釵《かんざし》ならましかば、と思《おも》ほすも、いとかひなし。

(イ)尋ねゆく幻もがなつてにても魂《たま》のありかをそこと知るべく

絵(注2)に描ける楊貴妃《やうきひ》の容貌《かたち》は、いみじき絵師と言へども、筆限りありければ、いと匂ひ少なし。太液《たいえき》(注3)の芙蓉《ふよう》、未央《びあう》の柳も、げに通ひたりし容貌を、唐《から》めいたるよそひはうるはしうこそありけめ、なつかしうらうたげなりしを思《おぼ》し出《い》づるに、花鳥《はなとり》の色にも音《ね》にも、よそふべきかたぞなき。

【文章Ⅱ】

かの贈りもの御覧ぜさす。亡き人の住みか尋ねいでたりけむ、しるしの釵ならましかば、と思すも、いとかなし。

尋ねゆく幻もがなつてにても魂のありかをそこと知るべく

絵に描ける楊貴妃の容貌は、いみじき絵師と言へども、筆限りありければ、いと匂ひ少なし。太液の芙蓉も、げに通ひたりし容貌・色あひ、唐めいたりけむよそひはうるはしう、けうらにこそはありけめ、なつかしうらうたげなりしありさまは、女郎花《をみなえし》の風になびきたるよりもなよび、撫子《なでしこ》の露に濡《ぬ》れたるよりもらうたく、なつかしかりし容貌・気配を思し出づるに、花鳥の色にも音にも、よそふべきかたぞなき。

（注）1 亡き人の住みか尋ねいでたりけむ、しるしの釵――唐の玄宗皇帝と楊貴妃の愛の悲劇を描いた漢詩「長恨歌」による表現。玄宗皇帝は、最愛の后であった楊貴妃の死後、彼女の魂のありかを求めるように道士（幻術士）に命じ、道士は楊貴妃に会った証拠に金の釵を持ち帰った。

2 絵――更衣の死後、帝が明けても暮れても見ていた「長恨歌」の絵のこと。

3 太液の芙蓉、未央の柳――太液という池に咲いている蓮《はす》の花と、未央という宮殿に植えられている柳のことで、いずれも美人の形容として用いられている（「長恨歌」）。

【文章Ⅲ】

亡父光行、昔、五条三品（注1）にこの物語の不審の条々を尋ね申し侍《はべ》りし中に、当巻に、「絵に描ける楊貴妃の形は、いみじき絵師と言へども、筆限りあれば、匂ひ少なし。太液の芙蓉、未央の柳も」と書きて、「未央の柳」といふ一句を見せ消《け》ち（注2）にせり。これによりて親行を使ひとして、

「楊貴妃をば芙蓉と柳とにたとへ、更衣をば女郎花と撫子にたとふ、みな二句づつにてよく聞こえ侍るを、御本（注3）、未央の柳を消たれたるは、いかなる子細の侍るやらむ」

と申したりしかば、

「我は(ウ)いかでか自由の事をばしるべき。行成卿《きやう》（注4）の自筆の本に、この一句を見せ消ちにし給ひき。紫式部同時の人に侍れば、申し合はする様こそ侍らめ、とてこれも墨を付けては侍れども、いぶかしさにあまたたび見しほどに、若菜（注5）の巻にて心をえて、おもしろくみなし侍るなり」

と申されけるを、親行、このよしを語るに、

「若菜の巻には、いづくに同類侍るとか申されし」

と言ふに、

「それまでは尋ね申さず」

と答へ侍りしを、さまざま恥《は》ぢしめ勘当し侍りしほどに、親行こもり居て、若菜の巻を数遍ひらきみるに、その意をえたり。六条院の女試楽《しがく》、(注6)女三の宮、人よりちいさくうつくしげにて、ただ御衣のみある心地す、にほひやかなるかたはをくれて、いとあてやかになまめかしくて、二月の中の十日ばかりの青柳のしだりはじめたらむ心地して、とあり。柳を人の顔にたとへたる事あまたになるによりて、(エ)見せ消ちにせられ侍りしにこそ。三品の和才すぐれたる中にこの物語の奥義をさへきはめられ侍りける、ありがたき事なり。しかあるを、京極中納言入道(注7)の家の本に「未央の柳」と書かれたる事も侍るにや。又俊成卿の女《むすめ》(注8)に尋ね申し侍りしかば、

「この事は伝々の書写のあやまりに書き入るるにや、あまりに対句めかしくにくいけしたる方侍るにや」

と云々《しかじか》。よりて愚本にこれを用いず。

(注) 1 五条三品——藤原俊成。平安時代末期の歌人で古典学者。

2 見せ消ち——写本などで文字を訂正する際、もとの文字が読めるように、傍点を付けたり、その字の上に線を引くなどすること。

3 御本——藤原俊成が所持する『源氏物語』の写本。

4 行成卿——藤原行成。平安時代中期の公卿で文人。書道にすぐれ古典の書写をよくした。

5 若菜の巻——『源氏物語』の巻名。

6 六条院の女試楽——光源氏が邸宅六条院で開催した女性たちによる演奏会。

7 京極中納言入道——藤原定家。藤原俊成の息子で歌人・古典学者。

8 俊成卿の女——藤原俊成の養女で歌人。

問1　傍線部(ア)「しるしの釵ならましかば」とあるが、直後に補うことのできる表現として最も適当なものを、次の①～⑤のうちから一つ選べ。解答番号は 1 。

① いかにうれしからまし
② いかにめやすからまし
③ いかにくやしからまし
④ いかにをかしからまし
⑤ いかにあぢきなからまし

問2 傍線部(イ)「尋ねゆく幻もがなつてにても魂のありかをそこと知るべく」の歌の説明として**適当でないもの**を、次の①～⑤のうちから一つ選べ。解答番号は 2 。

① 縁語・掛詞は用いられていない。

② 倒置法が用いられている。

③ 「もがな」は願望を表している。

④ 幻術士になって更衣に会いに行きたいと詠んだ歌である。

⑤ 「長恨歌」の玄宗皇帝を想起して詠んだ歌である。

問3 傍線部(ウ)「いかでか自由の事をばしるべき」の解釈として最も適当なものを、次の①～⑤のうちから一つ選べ。解答番号は 3 。

① 勝手なことなどするわけがない。
② 質問されてもわからない。
③ なんとかして好きなようにしたい。
④ あなたの意見が聞きたい。
⑤ 自分の意見を言うことはできない。

問4 傍線部(エ)「見せ消ちにせられ侍りしにこそ」についての説明として最も適当なものを、次の①～⑤のうちから一つ選べ。解答番号は 4 。

① 紫式部を主語とする文である。
② 行成への敬意が示されている。
③ 親行の不満が文末の省略にこめられている。
④ 光行を読み手として意識している。
⑤ 俊成に対する敬語が用いられている。

問5　【文章Ⅱ】の二重傍線部「唐めいたりけむ～思し出づるに」では、楊貴妃と更衣のことが、【文章Ⅰ】よりも詳しく描かれている。この部分の表現とその効果についての説明として、**適当でないもの**を、次の①～⑤のうちから一つ選べ。解答番号は［5］。

① 「唐めいたりけむ」の「けむ」は、「長恨歌」中の人物であった楊貴妃と、更衣との対比を明確にしている。

② 「けうらにこそはありけめ」という表現は、中国的な美人であった楊貴妃のイメージを鮮明にしている。

③ 「女郎花」が風になびいているという表現は、更衣が幸薄く薄命な女性であったことを暗示している。

④ 「撫子」が露に濡れているという表現は、若くして亡くなってしまった更衣の可憐《かれん》さを引き立てている。

⑤ 「○○よりも△△」という表現の繰り返しは、自然物になぞらえきれない更衣の魅力を強調している。

問6 【文章Ⅲ】の内容についての説明として最も適当なものを、次の①～⑤のうちから一つ選べ。解答番号は 6 。

① 親行は、女郎花と撫子が秋の景物であるのに対して、柳は春の景物であり、桐壺の巻の場面である秋の季節に使う表現としてはふさわしくないと判断した。そこで、【文章Ⅱ】では「未央の柳」を削除した。

② 俊成の女は、「未央の柳」は紫式部の表現意図を無視した後代の書き込みであると主張した。そして、俊成から譲られた行成自筆本の該当部分を墨で塗りつぶし、それを親行に見せた。

③ 光行は、俊成所持の『源氏物語』では、「未央の柳」が見せ消ちになっていることに不審を抱いて、親行に命じて質問させた。それは、光行は、整った対句になっているほうがよいと考えたからであった。

④ 親行は、「未央の柳」を見せ消ちとした理由を俊成に尋ねたところ、満足な答えが得られず、光行からも若菜の巻を読むように叱られた。そこで、自身で若菜の巻を読み、「未央の柳」を不要だと判断した。

⑤ 俊成は、光行・親行父子に対しては、「未央の柳」は見せ消ちでよいと言っておきながら、息子の定家には「未央の柳」をはっきり残すように指示していた。それは、奥義を自家の秘伝とするための偽装であった。

第5問

次の【文章Ⅰ】は、殷《いん》王朝の末期に、周《しゅう》の西伯《せいはく》が呂尚《りょしょう》（太公望《たいこうぼう》）と出会った時の話を記したものである。授業でこれを学んだC組は太公望について調べてみることになった。二班は、太公望のことを詠んだ佐藤一斎《さとういっさい》の漢詩を見つけ、調べたことを【文章Ⅱ】としてまとめた。【文章Ⅰ】と【文章Ⅱ】を読んで、後の問い（問1～7）に答えよ。なお、返り点・送り仮名を省いたところがある。

【文章Ⅰ】

呂尚蓋嘗(1)窮困、年老矣。以漁釣奸《もと》(注1)周西伯。A西伯将出猟卜之。曰、「所獲非龍、非彲《みづち》、非虎、非羆《ひぐま》、所獲覇王之輔《たす》。」於是周西伯猟《か》(ア)。果遇太公(注2)於渭(注3)之陽《きた》。与(2)語大説《よろこ》曰、「自吾(注4)先君太公曰(イ)、『当有聖人適《ゆ》周。周以興。』B子真是邪。吾太公望子久矣。」故号之曰太公望。載与倶帰、立為師。

（司馬遷《しばせん》『史記《しき》』による。）

（注）1 奸——知遇を得ることを求める。
2 太公——ここでは呂尚を指す。
3 渭之陽——渭水《いすい》の北岸。渭水は、今の陝西《せんせい》省を東に流れて黄河に至る川。
4 吾先君太公——ここでは西伯の亡父を指す（なお諸説がある）。

【文章Ⅱ】

佐藤一斎の「太公垂釣の図」について

平成二十九年十一月十三日
愛日楼高等学校二年C組二班

太公垂釣ノ図　　佐藤一斎

謬《あやま》リテ被《れ》二文王ニ載セ得テ帰ラ一
一《いつ》竿《かん》ノ風月与レ心違《たが》フ
想《おも》フ君ガ牧《ぼく》野《や》鷹《よう》揚《やう》ノ後
夢ハ在ラン二磻《はん》渓《けい》ノ旧釣《てう》磯《き》ニ一

不本意にも文王によって周に連れていかれてしまい、
釣り竿《ざお》一本だけの風月という願いとは、異なることになってしまった。
想うに、あなたは牧野で武勇知略を示して殷を討伐した後は、
磻渓の昔の釣磯《つりいそ》を毎夜夢に見ていたことであろう。

狩野探幽《かのうたんゆう》画「太公望釣浜図」

日本でも太公望が釣りをする絵画がたくさん描かれました。

幕末の佐藤一斎(一七七二～一八五九)に、太公望(呂尚)のことを詠んだ漢詩があります。太公望は、七十歳を過ぎてから磻渓(渭水のほとり)で文王(西伯)と出会い、周に仕えます。殷との「牧野の戦い」では、軍師として活躍し、周の天下を盤石のものとしました。しかし、その本当の思いは?

C佐藤一斎の漢詩は、【文章Ⅰ】とは異なる太公望の姿を描きました。

ある説として、この漢詩は佐藤一斎が七十歳を過ぎてから昌平坂《しょうへいざか》学問所(幕府直轄の学校)の教官となり、その時の自分の心境を示しているとも言われています。

〈コラム〉
太公望＝釣り人?
文王との出会いが釣りであったことから、今では釣り人のことを「太公望」と言います。【文章Ⅰ】の、西伯が望んだ人物だったからという由来とは違う意味で使われています。

問1 波線部(1)「嘗」・(2)「与」の読み方として最も適当なものを、次の各群の①～⑤のうちから、それぞれ一つずつ選べ。解答番号は 1 ・ 2 。

(1) 「嘗」 1
① かつて
② こころみに
③ すなはち
④ なめて
⑤ なんぞ

(2) 「与」 2
① あたへ
② あづかり
③ ここに
④ すでに
⑤ ともに

問2 二重傍線部(ア)「果」・(イ)「当」の本文中における意味として最も適当なものを、次の各群の①～⑤のうちから、それぞれ一つずつ選べ。解答番号は 3 ・ 4 。

(ア)「果」 3
① たまたま
② 案の定
③ 思いがけず
④ やっとのことで
⑤ 約束どおりに

(イ)「当」 4
① ぜひとも～すべきだ
② ちょうど～のようだ
③ どうして～しないのか
④ きっと～だろう
⑤ ただ～だけだ

問3　傍線部A「西伯将出猟卜之」の返り点の付け方と書き下し文との組合せとして最も適当なものを、次の①～⑤のうちから一つ選べ。解答番号は 5 。

① 西伯将㆓出㆑猟卜㆒㆑之　　西伯将に猟《か》りに出《い》でて之を卜《うらな》ふべし

② 西伯将出猟卜㆑之　　西伯の将出でて猟りして之を卜ふ

③ 西伯将出㆑猟卜㆑之　　西伯将《は》た猟りに出でて之を卜ふか

④ 西伯将㆑出㆑猟卜㆑之　　西伯猟りに出づるを将《ひき》ゐて之を卜ふ

⑤ 西伯将㆓出猟㆒卜㆑之　　西伯将に出でて猟りせんとし之を卜ふ

問4 傍線部B「子 真 是 邪」の解釈として最も適当なものを、次の①～⑤のうちから一つ選べ。解答番号は 6 。

① 我が子はまさにこれにちがいない。
② あなたはまさにその人だろうか、いや、そんなはずはない。
③ あなたはまさにその人ではないか。
④ 我が子がまさにその人だろうか、いや、そんなはずはない。
⑤ 我が子がまさにその人ではないか。

問5 【文章Ⅱ】に挙げられた佐藤一斎の漢詩に関連した説明として正しいものを、次の①〜⑥のうちから、**すべて**選べ。解答番号は 7 。

① この詩は七言絶句という形式であり、第一、二、四句の末字で押韻している。

② この詩は七言律詩という形式であり、第一句と偶数句末で押韻し、また対句を構成している。

③ この詩は古体詩の七言詩であり、首聯《しゅれん》、頷聯《がんれん》、頸聯《けいれん》、尾聯《びれん》からなっている。

④ この詩のような作品は中国語の訓練を積んだごく一部の知識人しか作ることができず、漢詩は日本人の創作活動の一つにはならなかった。

⑤ この詩のような作品を詠むことができたのは、漢詩を日本独自の文学様式に変化させたからで、日本人は江戸時代末期から漢詩を作るようになった。

⑥ この詩のように優れた作品を日本人が多く残しているのは、古くから日本人が漢詩文に親しみ、自らの教養の基礎としてきたからである。

問6　【文章Ⅱ】の□で囲まれた〈コラム〉の文中に一箇所誤った箇所がある。その**誤った箇所**を次のA群の①～③のうちから一つ選び、**正しく改めたもの**を後のB群の①～⑥のうちから一つ選べ。解答番号は 8 ・ 9 。

A群　8

① 文王との出会いが釣りであった
② 釣り人のことを「太公望」と言います
③ 西伯が望んだ人物だったから

B群　9

① 文王が卜《うらな》いをしている時に出会った
② 文王が釣りをしている時に出会った
③ 釣りによって出世しようとする人のことを「太公望」と言います
④ 釣り場で出会った友のことを「太公望」と言います
⑤ 西伯の先君太公が望んだ人物だったから
⑥ 西伯の先君太公が望んだ子孫だったから

問7 **【文章Ⅱ】**の傍線部C「佐藤一斎の漢詩は、**【文章Ⅰ】**とは異なる太公望の姿を描きました。」とあるが、佐藤一斎の漢詩からうかがえる太公望の説明として最も適当なものを、次の ① ～ ⑥ のうちから一つ選べ。解答番号は 10 。

① 第一句「謬りて」は、文王のために十分に活躍することはできなかったという太公望の控えめな態度を表現している。

② 第一句「謬りて」は、文王の補佐役になって殷を討伐した後の太公望のむなしさを表現している。

③ 第二句「心と違ふ」は、文王に見いだされなければ、このまま釣りをするだけの生活で終わってしまっていたという太公望の回想を表現している。

④ 第二句「心と違ふ」は、殷の勢威に対抗するために文王の補佐役となったが、その後の待遇に対する太公望の不満を表現している。

⑤ 第四句「夢」は、本来は釣磯で釣りを楽しんでいたかったという太公望の望みを表現している。

⑥ 第四句「夢」は、文王の覇業が成就した今、かなうことなら故郷の磻渓の領主になりたいという太公望の願いを表現している。

第 1 回

（80分）

実 戦 問 題

第1問

次の文章は一川《いちかわ》誠《まこと》『ヒューマンエラーの心理学』（二〇一九年）の一部である。これを読んで、後の問い（問1〜6）に答えよ。（配点　50）

		囚人B	
		自白（裏切り）	黙秘（協調）
囚人A	自白（裏切り）	イ	ロ
	黙秘（協調）	ハ	ニ

表1　典型的な「囚人のジレンマ」ゲームにおける判断と懲役年数の関係

各セルはそれぞれ２人の囚人による判断を示し、各セル中の左側と右側の数字は、それぞれその判断の結果生じる囚人Aと囚人Bの懲役年数を示す。

合理的な判断が、その判断にかかわる誰にとっても最適な判断とはならないことを示す代表的な事態が「囚人のジレンマ」です。これはストーリー仕立てになっていて、その具体的な内容は、何年にもわたって手が加えられ、変化してきています。今では、次に紹介するように、２人の拘束されている犯罪者の刑期をめぐるストーリーが基本となっています。

ある国に、共謀して犯罪を行った２人組AとBがいます。彼らは警察によって逮捕され、刑務所で別々のドク(ア)ボウに拘留されています。そのため、お互いに連絡を取り合うことができません。

この国の検察は、２人を有罪にするだけの十分な証拠を持っていませんでした。２人とも黙秘を続けており、このままでは、強盗で有罪となった場合の刑（懲役２年）よりも軽微な罪で、２人ともに１年の懲役を科される見通しです。

ここで、取調《とりしらべ》官は２人それぞれに対して個別に(イ)シホウ取引《とりひき》を持ちかけます。

「もし、どちらか１人だけが自白したら、その場で釈放としよう。でも、自白しなかった方は懲役３年だ」というわけです。もし、２人とも自白したら、それは規則通り懲役２年になってしまいます。

この時、２人の犯罪者は黙秘し通すべきでしょうか。あるいは、共犯者を裏切って、自白すべきでしょうか？

これが「囚人のジレンマ」の典型的な設定です。

２人の犯罪者の行動と懲役の関係を表にまとめたものを示します（**表１**）。表の各セル中の数字は囚人Ａ、Ｂの懲役がそれぞれ何年になるかを示しています。

２人の犯罪者が互いに相手を裏切った場合、２人とも２年の懲役を受けることになります。それよりも、どちらも黙秘し続けて（つまりは、相手と協調して）１年の懲役刑を受ける方がマシということになります。ところが、どちらの犯罪者も、自分の利益のことだけを考えて相手を裏切り合って自白した場合、ともに２年の懲役を受けることになります。

ＡとＢそれぞれの視点から、判断の意味について整理してみましょう。

まず、Ａにとっては、Ｂが自分と協調して黙秘し続けた場合、自分の懲役は１年（協調して黙秘し続けた場合）か０年（Ｂを裏切って自白した場合）となります。この２つの選択肢だとすると、Ｂを裏切って自白した方が得（より刑が軽い）ということになります。

他方、Ｂが自分（Ａ）を裏切って共謀について自白した場合、自分の懲役は３年（自分がＢに協調して黙秘し続けた場合）か２年（自分がＢを裏切って自白した場合）となります。この場合も、ＡはＢを裏切って自白した方が得ということになります。

つまりは、Ａにとっては、Ｂがどのような判断をした場合も、Ｂを裏切って自白した方が得ということになります。そのため、ＡにとってはＢを裏切るのが合理的判断ということになります。

しかし、Ｂの立場からもまったく同様の判断となるでしょう。つまり、Ｂにとっても、Ａを裏切るという判断を下すことに合理性があることになります。

このように、結局はＡもＢも相手を裏切ることになるのが合理的な選択ということになりそうです。その結果として、取調官が取引を持ち出さなければどちらも懲役1年で済んだのに、２人ともそれよりも重い懲役2年ということになってしまうのです。

Ａ合理的な判断をしたはずなのに、どちらも損をしてしまうだけではなく、全体的な損失（２人の懲役の合計年数）も大きくなってしまうのです。

ここで２つの点に着目してほしいと思います。

第一に、両者の判断は、感情や相手に対する信頼度などにもとづいてなされるのではなく、損得勘定だけで理詰めで判断した結果、相手を裏切ることが合理的な判断になるということです。

第二に、ともに相手と協調する B「非合理的」な判断をした場合は懲役1年で済むというのに、相手を裏切るという「合理的」な判断の結果が、より長い懲役刑につながってしまうという点です。

つまりは、個々が理詰めで損得を考慮したにもかかわらず、結果として、全体にとって最善の結果（この場合、２人とも相手と協調して、懲役1年）にならないのです。さらに、どちらか片方だけが「合理的」に相手を裏切った場合も、協調を選んだもう1人の懲役は3年となってしまい、全体的な損失は大きくなってしまいます。

合理的に判断する者がいると、全体では結局、損をしてしまうことになってしまうのです。これは何かおかしくないでしょうか？ このように、合理的判断をしたにもかかわらず、２人にとって最適の結果をもたらさないという「ジレンマ」が生じます。

囚人と自分を重ね合わせて判断を行うのが難しいと感じられる読者もおられるかもしれません。また、相手を「裏切る」という表現には、それ自体、道徳的にネガティブな評価が含まれているように感じられ、そうした評価を避けたい読者もおられるでしょう。

囚人のジレンマの一般的重要性を理解するためには、それを道徳的評価の伴わないゲームとして書き直したほうがいいかもしれません。上述の２人の囚人に突きつけられた問題と同じ構造を保ったまま、次のようなゲームに書き直してみましょう。

このゲームに一度に参加できるのは２人とします。ゲームの成績に応じて現金がもらえるようになっています。スタートの合図に従って、相手からは見えない手元のスイッチで二択の選択を行います。

たとえば、左のキーは「同調」キーで、２人ともこれを押した場合は２００円の報酬がもらえます。他方、右のキーは「対抗」キーで、２人ともこれを押した場合は１００円の報酬がもらえます。もし、２人のうち一方のみが「同調」キーを押した場合、その人は０円なのに対し、「対抗」キーを押したもう1人は３００円の報酬となります（**表２**）。２人の参加者は、どの

	プレイヤーB	
	対抗（裏切り）	同調（協調）
プレイヤーA　対抗（裏切り）	100、100	300、0
プレイヤーA　同調（協調）	0、300	200、200

表２　道徳的評価を伴わない「囚人のジレンマ」ゲームの例
各セルはそれぞれ２人のプレイヤーによる判断を、各セル中の左側と右側の数字はそれぞれその判断の結果プレイヤーＡとプレイヤーＢが得る報酬（円）を示す。

ような選択を行うのかについて打ち合わせることはできず、同じ相手とは1度しか対戦しないことにしておきます。

このようなゲームにすれば、「裏切り」のような道徳的な引け目を感じることなく、ゲームとして判断をしやすくなることでしょう。では、相手もできるだけ大きな利益を得ようとしているときに、どのように選択するのが自分にとって一番いい結果を生むのでしょうか？

表2を見ると、このゲームも、上述の囚人のジレンマ（**表1**）と同じ構図を持っていることがわかります。

すでに紹介した２人の囚人の場合と同様、この場合も相手がどのように判断したとしても、「対抗」を選んだ方が得となります。２名がともに合理的に判断したのであれば、ともに「対抗」を選び、１００円を手にします。もし、それほど合理的でなければ「同調」を選んでその倍の２００円を手にすることができたのに。

C 合理的な参加者は、ともに「対抗」を選ぶことで、自分たちの首を締めるという構図になっています。「ジレンマ」の構造がここにも認められます。

こうした「囚人のジレンマ」が認知科学や計算機科学の研究者の主要な関心の対象になってきたのは、それが人間の社会における他者との競合的状況に共通する本質的問題をはらんでいると考えられているからです。

そのため、囚人のジレンマは、認知心理学だけではなく、認知科学や計算機科学などさまざまな研究領域において重要な研究テーマになっています。

たとえば、囚人のジレンマやゲーム課題の例で見てきたような個人間の競合関係ももちろんですが、それだけではなく、企業間の商品の価格設定（値下げ競争など）や製品開発競争、あるいは、国家間の環境問題（二酸化炭素の排出量の削減など）、軍縮など、さまざまな領域における競合的関係においてジレンマを認めることができます。

さらには、現実社会における競合的関係において利得を得ることの困難について、囚人のジレンマを使って説明できる場合が多くあります。このようなジレンマ状態にある時、多くの利得を得るためには、どのような判断戦略が有効なのかは多くの人の関心の対象になっています。

たとえば、囚人のジレンマはあらゆる商談に関わり得ます。商品売買の契約の際、常に、ジレンマ状況が生じるのです。つまり、売買によって売り手も買い手もともに利益を得ることになりますが、この際、取引の相手を騙《だま》す（あるいは「対抗する」）ことで自分の利益を増やすことができます。すなわち、期日までに買い手側が代金を支払わない、取り決められた日までに売り手側が商品を引き渡さない、不良品を売りつける、といった裏切りが生じる心配は常にあります。ちゃんとした取引が成立するためには、お互いの裏切りを回避する仕組みが必要となります。

囚人のジレンマは、国際的な安全ホショウ(ウ)においても重要な問題を提起してきています。たとえば、カクブ(エ)ソウ論がこうした議論の対象になっています。

この場合、核兵器を作ることは相手国に対する裏切り、核兵器をもう製造しないことが相手国に対する協調とみなすことができます。自国が仮に核兵器を製造しても、それを恐れた他国も核兵器を開発し、核兵器を持つようになれば、他国に対する支配力を得ることはできません。なぜなら、他国も核を持てば、自国の支配力はソウ(オ)サイされてしまうからです。

核兵器を維持し続けるために莫大《ばくだい》な費用がかかります。そのため、どちらの国も、核兵器を製造したとしても他者に対する支配力を持つことができないのであれば、どちらも核兵器を製造しないこと、持たないことを望むでしょう。しかし、自分だけが核兵器を持たずに被支配的な立場に陥ることを避けるために核兵器を開発しようとすることも合理性があるのは、すでに2人の囚人の例で見てきたとおりです。

問１　傍線部(ア)〜(オ)に相当する漢字を含むものを、次の各群の①〜⑤のうちから、それぞれ一つずつ選べ。解答番号は［１］〜［５］。

(ア)　ドクボウ　［１］
①　ボウリをむさぼる
②　内閣カンボウ長官に就任する
③　ボウシをかぶる
④　ボウサイ訓練を受ける
⑤　流行性カンボウにかかる

(イ)　シホウ　［２］
①　権利をコウシする
②　無益な争いにシュウシする
③　会社のジョウシに相談する
④　弁護士をシボウする
⑤　シコウサクゴを続ける

(ウ)　ホショウ　［３］
①　裁判で新たなショウゲンを得る
②　今年のショウヨは増額した
③　他者からのショウニンを求める
④　体力をショウモウする
⑤　業務にシショウをきたす

(エ)　カクブソウ　［４］
①　ヨソオいも新たに開店する
②　楽器をカナでる
③　ほうきでごみをハく
④　英語を自由にアヤツる
⑤　闇から闇にホウムる

(オ)　ソウサイ　［５］
①　コマかい話は抜きにする
②　岩をもクダく強い意志
③　雑誌に文章をノせる
④　息をコロして隠れる
⑤　穴をフサぐ

問2 本文中の**表1**の空欄イ～ニに入るものの組合せとして最も適当なものを、次の①～⑤のうちから一つ選べ。解答番号は **6** 。

	イ	ロ	ハ	ニ
①	2、2	0、3	3、0	1、1
②	0、3	3、0	2、2	1、1
③	1、1	3、0	0、3	2、2
④	1、1	2、2	0、3	3、0
⑤	2、2	1、1	0、3	3、0

問３　傍線部Ａ「合理的な判断」・傍線部Ｂ「『非合理的』な判断」とあるが、これらについて「囚人のジレンマ」の例に即して説明したものとして最も適当だと考えられるものを、次の①～⑥のうちからそれぞれ一つずつ選べ。解答番号はＡが［７］、Ｂが［８］。

① 相手に対する信頼度や感情などの要素は考慮から外し、純粋な理性のみにもとづいて考えることで、損得勘定だけの理詰めの判断として、お互いに相手を裏切ることなく黙秘を続けることが最善の結果につながると考える。

② 相手も自分もともに利益を得られる道を考え、相手に裏切られて自分の刑が重くなるのを避けるために互いに少しずつ損をすることを受けいれて、両者が協調して黙秘を続けることを選択する。

③ 相手を裏切って自白した方が、相手が黙秘している場合はもちろん、かりに相手も自分同様に裏切って自白したとしても、自分が黙秘を続けるよりも刑が軽くなる、と損得勘定にもとづいた判断をする。

④ 双方ともに、感情に流されることなく、相手を裏切らないで黙秘を続けた方が最悪の事態を回避できるのだと冷静に計算することによって、結果的に他人を信じることができるようになる。

⑤ 双方ともに、相手がどうであれ自分は相手を裏切りたくないという思いや、相手が自分を裏切らないだろうという根拠なき信にもとづいた判断をすることによって、最終的には全体にとって最適の結果を得ることができる。

⑥ 双方ともに、自分の利益を最優先に考え、相手が裏切らないことを前提として、自分が自白することで最悪の事態を回避しようとすることにより、かえって全体としての損失を大きくしてしまうことになる。

問4　傍線部C「合理的な参加者は、ともに『対抗』を選ぶことで、自分たちの首を締めるという構図になっています。」とあるが、そのような事態はなぜ生まれるか。その理由の説明として最も適当なものを、次の①～⑤のうちから一つ選べ。
解答番号は 9 。

① 「同調」する自分を裏切って相手が「対抗」を選ぶことで最悪の損害を被るのではないかという、相手に対する不合理なまでの不信感と敵意とが、双方ともに最低金額しか得られないという最悪の事態を招来させるから。

② 双方ともに自分が最高金額を得ようとするエゴイズムに囚《とら》われ相手の気持ちが理解できなくなり、相手も自分同様に最高金額を得ようとして「対抗」を選ぶということを予測できず、結局双方ともに最低金額しか得られないから。

③ 双方ともに自分だけが最高金額を得ようとして、互いに信頼し尊重し合うという道徳的な精神よりも、損得勘定を優先させて相互に「対抗」を選んでしまった結果、双方ともに「同調」した場合の半分の額しか手に入らないから。

④ 「同調」を選ぶ相手を出し抜いて自分が最大の利益を獲得しようとし、かつ「同調」を選ぶ自分が出し抜かれて相手が最大の利益を得る事態を回避しようとするあまり、双方にとっての最適となる選択に到達しえないから。

⑤ 相手に「同調」しようとして出し抜かれ多額の損害を被ることで、自分の自己犠牲的で利他的な感情が傷つけられたと感じ、その報復として今度は相手を出し抜き多額の利得を得ようとするあまり、裏切り行為が無際限に続くから。

問５　傍線部Ｄ「さまざまな領域における競合的関係においてジレンマを認めることができます」とあるが、これについて、次の(i)・(ii)の問いに答えよ。

(i)「企業間の商品の価格設定」について、「囚人のジレンマ」的なジレンマを生じさせる次のような状況があるとする。

> 業界を二分するＡ社とＢ社が、互いに値下げをせずにいれば５００億円ずつの利益があるとする。かりに一方が値下げしもう一方が値下げしなかった場合、前者の収益は後者のそれを６００億円上回ることになる。しかし双方とも値下げをすれば利益は４００億円ずつとなる。

この状況を示す表として最も適当なものを、次の①～④のうちから一つ選べ。なお、表中の「　／　」は「(左が) Ａの利益／(右が) Ｂの利益」を示すものとする。解答番号は 10 。

①

		A	
		現状維持	値下げ
B	現状維持	400／400	500／500
	値下げ	100／700	700／100

②

		A	
		現状維持	値下げ
B	現状維持	500／500	700／100
	値下げ	100／700	400／400

③

		A	
		現状維持	値下げ
B	現状維持	400／400	100／700
	値下げ	700／100	500／500

④

		A	
		現状維持	値下げ
B	現状維持	500／500	400／400
	値下げ	700／100	100／700

(ii) 本文に挙げられている事柄以外に、例えば国際貿易について、次のように考えることができる。

> 国際貿易では、自国の産業の強い分野の産品を外国に輸出し、弱い分野の産品を外国から輸入することによって、自国の経済に全体としてよい効果があると考えられる。一方で、自国の産業の弱い分野を保護するためには、輸入品に高い関税を課すことで、外国からの輸入を抑制する必要がある。

このことを踏まえて、二国間の貿易における「囚人のジレンマ」的な状況について述べたものとして**適当でないもの**を、次の①～④のうちから一つ選べ。解答番号は **11**。

① 自国が関税を下げ、相手国も関税を下げた場合、自国の経済に全体としてよい効果があるはずである。

② 自国が関税を下げ、相手国が関税を上げた場合は、相手国が一方的に利益を得、自国は損失を被ると思われる。

③ 自国が関税を上げ、相手国も関税を上げた場合は、両国とも関税を下げた場合より経済効果は少ないと考えられる。

④ 自国が関税を上げるべきか下げるべきかについて、合理的には判断できないことになる。

問６　次に示されているのは、この文章を読んだ七人の生徒が、本文の内容に関して話し合っている場面である。本文の趣旨の理解に**誤りがある**と思われる発言を次の①～⑦のうちから一つ選べ。解答番号は 12 。

① 生徒Ａ――人を見たら泥棒と思えとか、人はまず疑ってかかれなどという言い習わしがあるけど、本文を読むかぎりそれは必ずしもよい結果を生まないということのようだね。

② 生徒Ｂ――そうだね、他人の内面を探ろうとしてその人のメールを見たがったりする人もいるようだけど、そんな人に限って、ますます疑心暗鬼にかられてかえって悪循環になるんだろうね。

③ 生徒Ｃ――そのような現象は本文に挙げられているケース以外にも、例えば賃上げや労働時間の問題を話し合う労働者と雇用者の関係なんかにも当てはまるらしいね。双方から様々な駆け引きがあるそうだよ。

④ 生徒Ｄ――それが文化も歴史も違う国家間では露骨になるんだろうね。国際関係における熾烈《しれつ》な覇権争いのために核開発がエスカレートしてしまうなんて、無意味で虚《むな》しいことだね。

⑤ 生徒Ｅ――そもそも国際政治なんて根本が騙し合いなんだから、いくらシステムや制度を作っても限界があるんだろうね。裏切ろうとすればいくらでも裏切ることができてしまうんだから。

⑥ 生徒Ｆ――そもそも騙されないように間違いがないようにと人は合理的に判断しようとするんだけど、その合理性が間違いの元凶になりかねないというならどうしたらいいんだろうね。

⑦ 生徒Ｇ――そうだね、たしかに感覚や感情も誤りをもたらすんだろうけど、合理性のみに偏することはより大きな間違いや損失を生じさせかねない、ということにおいて、人間の本性のようなものが見えてくるのかもしれないね。

第2問

次の詩「聴くという一つの動詞」（『世界はうつくしいと』、二〇〇九年）とエッセイ「ひそやかな音に耳澄ます」（『幼年の色、人生の色』、二〇一六年）を読んで（ともに作者は長田《おさだ》弘《ひろし》）、後の問い（問1〜6）に答えよ。なお、設問の都合でエッセイの本文の段落に［1］〜［15］の番号を付し、表記を一部改めている。（配点　50）

聴くという一つの動詞

ある日、早春の、雨のむこうに、
真っ白に咲きこぼれる
コブシの花々を目にした。
そして、早春の、雨のむこうに、
真っ白に咲きこぼれる
コブシの花々の声を聴いた。
見ることは、聴くことである。
コブシの花の季節がくると、
海を見にゆきたくなる。
何もない浜辺で、
何もしない時間を手に、
遠くから走ってくる波を眺める。
そして、何もない浜辺で、
何もしない時間を手に、
波の光がはこぶ海の声を聴く。
眺めることは、聴くことである。
A 聴く、という一つの動詞が、
もしかしたら、人の
人生のすべてなのではないのだろうか？
木の家に住むことは、聴くことである。
窓を開けることは、聴くことである。
街を歩くことは、聴くことである。
考えることは、聴くことである。
聴くことは、愛することである。
夜、古い物語の本を読む。
――私の考えでは、神さまと
　自然とは一つのものでございます。
読むことは、本にのこされた
沈黙を聴くことである。
無闇なことばは、人を幸福にしない。

ひそやかな音に耳澄ます

1　微《かす》かな音。もっとも微かな音。すべて静まりかえったなかに、しーんという音。遠くの音のようで、すぐ耳元に聴こえる音。とても(ア)稠《ちゅう》密《みつ》な音。静けさというのは、何の音もしないということとは違う。静けさよりももっと静かな、もっとも微かな音が聴きとれることだと思う。B沈黙の音としかいえない音がある。その微かな音が、心音のように亢《たか》まってくる。空気がふっと濃くなってくるようだ。

2　一日はじつにさまざまな音でできている。必要な音。不必要な音。思いがけない音。強いられるような音。驚くような音。不安を掻《か》きたてる音。途切れることのない低い音。押し殺したような機械音。どこまでも背後から追いかけてくるような音。思わずふりかえるような音。騒々しい音の隙間からこぼれてくる音。音の向こうにある音。聴こえている。しかし、聴いていない音。

3　日常のバランスの感覚を深いところでささえているのは、音だ。日常というのは、いつも耳にする、よく知った音でできている。耳になじんだ音のなかには、落ちついた時がある。ずいぶん聴いたことがない、けれども、いつかどこかで聴いた音を耳にすると、懐かしく感じる。突然、まったく聴いたことのない、激しい音を聴く。何か異常なことが生じたのだ。異常な音にはじまるのが、異常だ。

4　意識して、あるいは意識しないままに、周囲のさまざまな音のなかに好ましい音、好ましくない音、知った音、知らない音をみずから聴き分けることで、おそらくひとの心の秤《はかり》は、微妙にたもたれている。音の景色は、すなわち心の景色だからだ。室内で聴く音。路上で聴く音。一人で聴く音。雑踏のなかで聴く音。散乱する音。不自然な音。かんがえられないような音。すべての音を覆いつくすような音。

5　音がきっと、多すぎるのだ。多すぎるのは、もともとはなかった音だ。つくりだされた音だ。だが、つくりだされた音は、じつは音をしりぞける音だ。つくりだされた音が多すぎるということは、しりぞけられてきた音がそれだけ多いということだ。つくりだされた音に蔽《おお》われるままになってしまった音。聴きとることのかなわなくなった音。消されてしまった音。耳にしなくなった音。いつか失われていった音。

6 とりわけ小さな音だ。古語に数多くあって、今日の言葉に数少ないのは、小さな音を愛《め》でる言葉だ。いまは小さな音がバズ（ブーンという音）に、(イ)耳ざわりな音にすぎなくなって、日常にあって、ひそやかな音に耳澄ますということが、心を楽しますものと思われなくなった。心解かれるのは大きな音、それも他の音を圧する音だ。大きな音ばかりが世にはばかるようになって、日々の表情をつたえる音が少なくなった。

7 たとえば、夏目漱石《そうせき》が『永日小品』に書きとめた日々の音は、次のような音だ。

8 泥の音。森の中の雨の音。雨のざあーっという音。冬の半鐘の音。雨戸をはずして入って逃げた泥棒の足音。夜中に鼠《ねずみ》が鰹節《かつおぶし》をかじる音。襖《ふすま》を閉める音。火鉢の切り炭のぱちぱち鳴る音。欄間《らんかん》に釘《くぎ》を打つ音。杉垣のつづく家から、微かに洩《も》れてくる琴の音。正月に、鼓をかんと打つ音。春の日に、子どもがヴァイオリンを擦る音。

9 火事の火の粉の飛ぶ音。激しく号鈴を鳴らしながら、馬の蹄《ひづめ》とともに到着する（消防の）蒸汽《じょうき》ポンプの音。青桐《あおぎり》の枝を、植木屋が鋸《のこぎり》で、ごしごし引いて切り下ろす音。窓の障子をがらりと開ける音。老いた猫の、くしゃみともしゃっくりともつかぬ、苦しそうな音。大通りをがらがら押されてゆく荷車の音。下駄の歯入れ屋が古い鼓を天秤棒《てんびん》にぶらさげて、竹のへらでかんかん叩《たた》きながら、垣根の外を通りすぎてゆく音。

10 どんな小さな音だろうと、C音は日々のなかにある時代の音だ。漱石の書きとめた日々の音のほとんどは、いまではなくなった音だ。時代のもつ文明の音が、街の音だ。ひとが音にもつ記憶というのは、じぶんの耳で聴いた時代の文明の音の記憶なのだ。漱石はロンドンの街の音を思いだす。漱石が「何となく居づらい」と感じたのは、道ゆくものがみな追い越してゆく都、烈《はげ》しく舗石を鳴らして急いでゆくひとの靴音のひびく街だ。

11 あるいは、広津和郎《かずお》(注1)の『動物小品集』に誌《しる》された「あおまつむし」の鳴き声だ。

12 秋の夕暮れ、甲高く、鋭い、透きとおる声で、リリー、リリーと鳴く虫が、青松虫だ。遠くまでその声は通ってゆくが、鳴いている梢《こずえ》の真下にいってみても、どこで鳴いているのかわからない。それは遠いようにも、近いようにも聴こえる。近い声と遠い声とが、距離の区別がなく、おなじように鋭く、耳に迫ってくるような声だ。

13　聴きなれない青松虫の鳴き声を、作家がはじめて聴いたのは、日露戦争のすぐ後のころだったらしい。中国南部から輸入された桃の木に卵がついてきたといまは推定されている青松虫は、やがて、日本の秋の虫たちの、草ひばりや鈴虫やカネタキやえんまこおろぎの鳴き声を、すべて圧倒するようになる。うつくしいが、耳をつんざくようなその鳴き声は鋭すぎる、と作家は思う。この声の不作法者の渡来は、日本の秋の静けさをかきみだしてしまった、と。

14　子どもたちをつれて、作家は草むらに草ひばりを探しにゆく。だが虫の声に、子どもたちは関心をもたない。それほど身近な自然が無関心なものになったことに、作家はおどろく。かつては街のなかに自然が溢《あふ》れていた。心のなかにも自然が溢れていた。「――が今は若い人々の心に、自然は単純な自然のままではもう生きていない」。作家がそう誌した「今」とは、太平洋戦争とよばれた昭和の戦争の直前の「今」のことだ。

15　追い越してゆく音。耳をつんざくような音。叩いて音がするのが文明開化だとした明治の(ウ)俚言《りげん》にならっていうと、日々に音をつくりだすのが文明のありようであるなら、文化というのは静けさに聴き入ることだと思う。もっとも単純なことだ。だが、もっとも単純なことが、いまはもっともむずかしい。

（注）　1　広津和郎――小説家、文芸評論家、翻訳家（一八九一～一九六八）。

問1 傍線部(ア)〜(ウ)の本文中における意味として最も適当なものを、次の各群の①〜⑤のうちから、それぞれ一つずつ選べ。解答番号は 1 〜 3 。

(ア) 稠密な 1
① 小さく繊細な
② ぎっしりと詰まった
③ 多種多様な
④ もの寂しさを感じる
⑤ 明るく爽やかな

(イ) 耳ざわりな 2
① 聞いていて不快に感じる
② かなり聞こえづらい
③ 心地よく耳に触れてくる
④ しばらく耳に残る
⑤ はっきりと聞こえる

(ウ) 俚言 3
① 真理をついた警句
② 気の利いた文句
③ いいかげんな言葉
④ 古くさい言い方
⑤ 俗な言い回し

問２　傍線部Ａ「聴く、という一つの動詞が、もしかしたら、人の人生のすべてなのではないのだろうか？」とあるが、なぜそのように言うのか。エッセイの内容を踏まえて説明したものとして最も適当なものを、次の①～⑤のうちから一つ選べ。解答番号は 4 。

① 現代の世界は数多くの騒がしい音に満ちあふれているため、人間は否応《いやおう》なくそのかまびすしさのなかに生きることになるから。

② 人間は、世界のさまざまな音に囲まれつつ日々のささやかな音に耳を傾けるといったありようにおいて、自らの生を形づくっていくものだから。

③ 自然のなかで微かな音に耳を澄ましながら原初的な生活を送ることこそが、人間に与えられた本来的な生のあり方だから。

④ 次々と音がつくりだされては消えていく文明社会に生きる現代の人間は、日々新たな音を聴きとりながら生きていく存在だから。

⑤ 表面的な視覚情報に翻弄されがちな人間は、ものが発する音を聴くことでしか自らが生きる世界の本質を感受することができないから。

問3　傍線部B「沈黙の音としかいえない音」とあるが、その説明として最も適当なものを、次の①～⑤のうちから一つ選べ。解答番号は 5 。

① 人間の聴力では聴きとれない小さな音。
② はるか彼方から届けられるおぼろげな音。
③ 静寂のなかでひそかに鳴っている微細な音。
④ 自らの身体内部から響く鼓動の微弱な音。
⑤ 現実には存在しない心象としての曖昧な音。

問4　傍線部C「音は日々のなかにある時代の音だ」とあるが、その説明として最も適当なものを、次の①～⑤のうちから一つ選べ。解答番号は 6 。

① 音とは時代を超えて日々受け継がれていくものだということ。
② 音とはそれぞれの時代の世相を作り出すものだということ。
③ 音とはその時代の日々の記憶を鮮明に残すものだということ。
④ 音とは各時代の日常の様相を如実に表すものだということ。
⑤ 音とは時代の移り変わりとともに失われていくものだということ。

問５　詩「聴くという一つの動詞」とエッセイ「ひそやかな音に耳澄ます」に共通する筆者の考えを説明したものとして最も適当なものを、次の①～⑤のうちから一つ選べ。解答番号は 7 。

①　人々が文明世界にあふれる大きな音や過度な言葉を不快に感じるようになったことで、音や言葉を受けとめること自体を無意識に拒絶するようになったということ。

②　現代の文明社会における多忙な生活のなかで、人々が微かな音やひかえめな表現を意識的にとらえようとするような心のゆとりを失ってしまっているということ。

③　文明化が進んで環境が改変されていったことにより、身近な自然の音や風雅な表現が人々の生きる日常世界から姿を消してしまったということ。

④　文明がつくりだした騒がしい音や過剰な言葉にばかり気を取られているせいで、静けさがはらんでいる世界の豊かさを感受する心を人々が失っているということ。

⑤　人間が高度な文明や豊饒《ほうじょう》な文化を築き上げたことによって、世界は人々が深く感じ取るべき数多くの音や言葉にみたされることになったということ。

問6　詩「聴くという一つの動詞」とエッセイ「ひそやかな音に耳澄ます」の表現について、次の(i)・(ii)の問いに答えよ。

(i)　詩「聴くという一つの動詞」において用いられている修辞法の組合せとして最も適当なものを、次の①～④のうちから一つ選べ。解答番号は 8 。

① 倒置法・擬態語
② 反語・直喩法
③ 擬人法・反復法
④ 体言止め・隠喩法

(ii)　エッセイ「ひそやかな音に耳澄ます」の表現に関する説明として**適当でないもの**を、次の①～④のうちから一つ選べ。解答番号は［９］。

①　第２段落における「聴こえている。しかし、聴いていない音」では、逆説的な表現によって、ひそやかな音を聴きとることに対する筆者自身の消極的な姿勢を、人間本来のあるべき姿から外れたものとしてみずから批判的にとらえている。

②　第４段落における「室内で聴く音。路上で聴く音。一人で聴く音。雑踏のなかで聴く音」では、対句的な表現をいくつか列挙することにより、日常生活のさまざまな局面に多様な音があふれていることを強調して描き出そうとしている。

③　第９段落における「窓の障子をがらりと開ける」「がらがら押されてゆく荷車」「竹のへらでかんかん叩き」では、擬音語を用いることで、描き出された音が感覚的なイメージを伴ってありありと読者に伝わるように工夫されている。

④　第14段落における「『今』とは……直前の『今』のことだ」では、自然の静けさをむしばみ戦争へ進んでいった時代の危うさを「　」を用いて印象づけつつ、その時点において既に現代に通ずる事態が兆していたという思いを伝えようとしている。

第3問　次の文章は『蜻蛉《かげろう》日記』の一節である。作者の夫である藤原兼家の来訪はきわめて稀《まれ》となり、作者はなすすべもなく日を送っている。本文は、そのような中、六月のとある宵に、久しぶりに兼家から作者に手紙が届く場面から始まる。これを読んで、後の問い（問1～5）に答えよ。（配点　50）

宵居《よひゐ》になりて、めづらしき文《ふみ》こまやかにてあり。二十余日いとたまさかなりけり。(ア)あさましきことと目慣れにたれば、いふかひなくて、何心なきさまにもてなすも、わびぬればなめりかしと、かつ思へば、いみじうなむあはれに、A ありしよりけに急ぐ。

そのころ、(注1)あがたありきの家なくなりにしかば、ここに移ろひて、類多く、事騒がしくて明け暮るるも、(イ)人目いかにと思ふ心あるまで音なし。

七月十余日になりて、客人《まらうど》帰りぬれば、なごりなう、つれづれにて、(注2)盆のことの料など、さまざまに嘆く人々のいきざしを聞くにも、あはれにもあり、安からずもあり。十四日、(注3)例のごと調じて、(注4)政所《まんどころ》の送り文《ぶみ》添へてあり。いつまでかうだにと、ものは言はで思ふ。

さながら八月《はづき》になりぬ。ついたちの日、雨降り暮らす。時雨だちたるに、未《ひつじ》の時ばかりに晴れて、くつくつぼうし、いとかしがましきまで鳴くを聞くにも、「われだにものは」と言はる。いかなるにかあらむ、あやしうも心細う、涙浮かぶ日なり。(注5)立たむ月に死ぬべしといふさとしもしたれば、「この月にや」とも思ふ。(注6)相撲《すまひ》の還饗《かへりあるじ》なども(ウ)ののしるをば、よそに聞く。

十一日になりて、「いとおぼえぬ夢見たり。(注7)ともかうも」など、例のまことにしもあるまじきことも(注8)多かれど。ものも言はれねば、「などかものも言はれぬ」とあり。「なにごとをかは」といらへたれば、「『などか来ぬ。訪はぬ。憎し。(注9)あからし』とて、打ちも(注10)抓《つ》みもし給《たま》へかし」と言ひつづけらるれば、「B 聞こゆべきかぎりのたまふめれば、なにかは」とてやみぬ。つとめて、

「いま、この経営《けいめい》(注11)過ぐして参らむよ」とて帰る。十七日にぞ、還饗と聞く。

つごもりになりぬれば、C契りし経営多く過ぎぬれど、今は何事もおぼえず。つつしめといふ月日近うなりにけることを、あはれとばかり思ひつつ経る。

（注）
1　あがたありきの家なくなりにしかば…──「あがたありき」は地方官が地方を勤務して回ることで、ここでは作者の父親を指している。この頃、作者の父親の家が居住できなくなり、父親の家の親族たちが一時的に作者の家に身を寄せていた。
2　盆のことの料──お盆の行事にお供えする品。
3　例のごと調じて──兼家が例年のように供物の差配をしてくれたことを言う。
4　政所──貴族の家で、家政のことをつかさどる部署。
5　立たむ月に死ぬべしといふさとし──作者は、八月に死ぬ兆候があるので身を慎むように、と言われていた。
6　相撲の還饗──七月七日に催される相撲の節会《せちえ》の後、近衛大将などが行う饗応。
7　ともかうも──ともかく、そちらに行ってお話ししよう、の意。
8　多かれど──この後に、兼家が作者の家を訪れた旨の記述が省略されている。
9　あからし──ひどい。痛切に悲しむ心情を表す。
10　抓み──つねること。
11　経営──相撲の還饗のための準備。

問1 傍線部(ア)〜(ウ)の解釈として最も適当なものを、次の各群の①〜⑤のうちから、それぞれ一つずつ選べ。解答番号は 1 〜 3 。

(ア) あさましきこと 1
① 身分が低いこと
② 落胆すること
③ 心惹《ひ》かれること
④ 憎らしいこと
⑤ あきれたこと

(イ) 人目いかにと思ふ心あるまで音なし 2
① 人はどのように見ているのか不思議に思うほどまで何の噂《うわさ》も立たない
② 他人に見られるといけないという思いが強いために訪れてくれない
③ 親族たちの目が気にならなくなるまでは大きな音もたてない
④ 人はどのように見ているだろうかと心配になるほどまで音沙汰もない
⑤ 周囲の目を気にしてくれているのかと思われるほど静かである

(ウ) ののしる 3
① 毎年恒例にしている
② 世間で大騒ぎしている
③ 適当に振る舞っている
④ 大きな声を出している
⑤ 悪口ばかり言っている

問２　傍線部Ａ「ありしよりけに急ぐ」とあるが、作者が兼家の手紙に対して普段よりも早く返事をした理由として最も適当なものを、次の①～⑤のうちから一つ選べ。解答番号は［4］。

①　手紙に記されている兼家の言葉はとても信じることができないが、一方では、兼家との関係を途絶えさせてはいけないという気持ちも強く持っていたから。

②　しばらく手紙も来ないことには慣れてしまっているが、その一方で、このような心こまやかな手紙を送ってくるのは、兼家が気落ちしているからだろうと思ったから。

③　しばらく手紙も送ってこなかった兼家はもう自分のことは愛していないのだと諦めていたところに、心こまやかな手紙が来て、夫の愛情を確認できたことがうれしかったから。

④　兼家からは、しばらく手紙も送られてこなかったので落胆していたところに、久しぶりに手紙が来たので、返答によっては二人の関係が修復できるかもしれないと期待を抱いたから。

⑤　久しぶりに兼家から送られてきた手紙に平然と対処すると、逆に兼家との仲が冷めていることをつらく思っているのだろうと周囲に思われるのではないかと考えたから。

問3 傍線部**B**「聞こゆべきかぎりのたまふめれば、なにかは」の説明として最も適当なものを、次の①～⑤のうちから一つ選べ。解答番号は 5 。

① この部分は、作者の語りかけを受けた兼家の発話である。

② 「聞こゆ」は「聞く」の謙譲語であり、その主体は作者である。

③ 「のたまふ」は「言ふ」の尊敬語であり、その主体は作者である。

④ 「めれ」は推定の助動詞「めり」の未然形であり、眼前の兼家の様子を述べるために用いられている。

⑤ 「なにかは」の下には「聞こえむ」などの省略があり、何も申し上げることはありませんという意味である。

問４　傍線部Ｃ「契りし経営多く過ぎぬれど、今は何事もおぼえず」とあるが、その内容の説明として最も適当なものを、次の①～⑤のうちから一つ選べ。解答番号は［６］。

①　相撲の還饗の準備が終わったら一緒に相撲の還饗を見物に行こうと兼家が約束してから長い時が経《た》ったが、兼家からはいつまで経っても誘いの連絡が来ない、ということ。

②　準備が終わったら来ようと兼家が約束した相撲の還饗も催されてしばらく経っても兼家の訪れはないが、作者は夫の不実にも慣れてしまい、今ではつらさも感じなくなってしまった、ということ。

③　兼家と契りを交わしてから相撲の還饗は何度も経験したけれど、長い年月が経ったので、どのような行事であったか全く記憶に残っていない、ということ。

④　兼家が準備に関わっていた相撲の還饗の行列が家の前をたくさん通り過ぎるけれど、夫との冷えきった仲のことを思うと、行列を楽しむ気持ちがまったく起こってこない、ということ。

⑤　相撲の還饗の準備はとても大変で、かつては準備に関わっている兼家の身を案じていたが、二人の関係が悪くなって長い時が経つうちに、夫の身を案じる気持ちもなくなってしまった、ということ。

問5　次に掲げるのは、二重傍線部「われだにものは」に関して、生徒と教師が交わした授業中の会話である。会話中にあらわれる古歌の解釈と、それを踏まえた二重傍線部「われだにものは」の解釈や本文の理解について、会話の後に六人の生徒から出された発言 ①〜⑥ のうち、適当なものを二つ選べ。ただし、解答の順序は問わない。解答番号は 7 ・ 8 。

生徒　先生、この「われだにものは」という部分、前後の文章にうまくつながらないように見えるのですが、どう訳せばいいのですか。

教師　そうだね。その部分はただ現代語訳するだけでは意味がとれないんだよ。『宇津保物語』などに出てくる、

かしがまし草葉にかかる虫の音よわれだにものは言はでこそ思へ

という歌の「われだにものは」の部分だけを引用しているのだけれど、そこに歌全体の意味が引き込まれてくるんだ。こういう技法は「引歌《ひきうた》」と呼ばれているんだよ。この歌は他にも『伊勢物語』のある写本にも出ていて、古くからの有名な古歌だったのだろうと考えられているんだ。

生徒　へえ、昔は文章を書く人も読む人も和歌の知識が必要だったんですね。

教師　その通りだよ。しかも『伊勢物語』には歌の前に「前栽の中に虫の声々鳴きければ」と記されていて、『宇津保物語』にも「三の親王《みこ》、御前近き松の木に蟬《せみ》の声高く鳴く折に、かく聞こえたまふ」という記述も見られるんだ。

生徒　「虫の声」に「蟬の声」ですか。何だかこの場面に似ていますね。

教師　それでは、この古歌の解釈と、それを踏まえてのこの場面の理解について、みんな意見を出し合ってみるといいよ。

①　生徒Ａ――先生が教えてくれた古歌は、庭の植え込みや木で虫や蟬がうるさく鳴きたてているのと対比して、自分は言葉には出さず、ひそかに物思いをすることだ、と自身のつらさを歌っているように見えるよね。

②　生徒Ｂ――そうかなあ。この古歌では「虫の音よ」と呼びかけて「思へ」と命令しているんだから、うるさく鳴く虫に対して、自分のように口に出さないで心の中だけで思いなさいと、虫に語りかける歌だと思うな。

③　生徒Ｃ――私は古歌についてはＢさんの解釈が正しいと思う。作者はうるさく鳴くツクツクボウシに、自分を見習って少しは静かにしてほしいと訴えているのだと思う。

④　生徒Ｄ――私もＢさんの古歌の解釈に賛成だな。「われだにものは」と作者がつぶやいた八月一日は、はじめは雨が降っていて、午後になって雨が上がるとツクツクボウシが鳴きだしたから、余計にうるさく聞こえたんだと思う。だから「かしがましきまで」と書かれているんだよ。

⑤　生徒Ｅ――いや、私はＡさんの解釈が正しいと思うよ。六月の場面からすでに、兼家との関係について、もう何を言っても仕方ないという作者の気持ちが読み取れるし、その心情が後の兼家が訪れた場面にまで引き継がれて、二人は逢《あ》っているのに作者はもう何も言おうとしないんだよ。

⑥　生徒Ｆ――私も古歌の解釈はＡさんが正しいと思うけれど、本文の理解はＥさんとはちょっと違います。古歌では虫の声と自分とが対比されているけれど、本文では相撲の還饗が行われると世間が騒いでいることが書かれているから、そんな賑《にぎ》やかな世の中と、一人寂しく心を閉ざしている自分とが対比されていると思う。

第4問

次の【文章Ⅰ】は北宋の欧陽脩《おうようしゅう》の随筆で、【文章Ⅱ】は明の陸容が【文章Ⅰ】を読んでその感想を記したものである。【文章Ⅰ】と【文章Ⅱ】を読んで、後の問い（問1～5）に答えよ。なお、設問の都合で返り点・送り仮名を省いたところがある。（配点　50）

【文章Ⅰ】

銭(注1)思公ハ雖モ㆔生㆓長スト富貴ニ㆒、而レドモ少ナシ㆑所㆓嗜好スル㆒。在ルノ㆓西(注2)洛ニ㆒時、嘗テ語リテ㆓僚(注3)属ニ㆒言フ、「平生(1)惟好ミ㆑読ムヲ㆑書ヲ、坐セバ則チ読ミ㆓経(注4)史ヲ㆒、臥《ぐわ》セバ則チ読ミ㆓小(注5)説ヲ㆒、上ラバ㆑廁《し》(注6)ニ則チ閲《み》ルト㆓小(注7)辞ヲ㆒。」蓋シ A未嘗頃(注8)刻釈巻也。謝(注9)希深亦タ言フ、「宋(注10)公垂同《とも》ニ在ルニ㆓史(注11)院ニ㆒、毎ニ㆑走ル㆑廁ニ必ズ挟《わきばさ》ミテ㆑書ヲ以テ往キ、諷(注12)誦之声琅《らう》(注13)然《ぜん》トシテ聞コユ㆓於遠近ニ㆒。B其ノ篤《あつ》キコト㆑学ニ如シト㆑此クノ。」余因リテ謂ヒテ㆓希深ニ㆒曰ハク、「余ノ平生所ノ㆑作ル文章ハ、多ク在リ㆓三上ニ㆒。乃チ馬上・枕上・廁上也。蓋シ惟此レノミ尤モ可キ㆓以テ属(注14)思ス㆒爾《のみ》ト。」

（欧陽脩『帰田録』による）

（注）

1　銭思公――人名。

2　西洛――地名。洛陽。

3　僚属――部下。

4　経史――儒教の経典と史書。

5　小説――筆者の見聞や感慨を綴《つづ》った文章。
6　廁――かわや。トイレ。
7　小辞――短い詩。
8　頃刻――わずかな時間。
9　謝希深――人名。筆者の友人。
10　宋公垂――人名。
11　史院――国史を編集する役所。
12　諷誦――朗読。
13　琅然――声が澄んで響くさま。
14　属思――考えを練る。

【文章Ⅱ】

此レ雖モレ足ルト三以テ見ルニ二公之篤キヲレ学ニ、然レドモ溷《こん》(注1)廁《し》ハ穢地。不シテレ得レ已(2)

而一タビ往クモ、C豈読レ書之所哉。仏(注2)老之徒ハ於テ二其ノ所謂《いはゆる》経ニ一、不ンバレ

焚《たか》レ香ヲ不レ誦セ也。而ルニ吾ガ儒ノ乃チ自ラ褻《けが》スコト二其ノ所ヲレ業トスル如キハレ此クノ、可ナランや乎。若キハ三

欧(注3)公ノ於テレ此《ここ》ニ構二-思スルガ詩文ヲ一、則チ無キレ害スル二於義ヲ一也。

（陸容『菽園雑記』による）

（注）1　溷廁――「廁」に同じ。
2　仏老之徒――仏教や道教の信徒。
3　欧公――【文章Ⅰ】の筆者・欧陽脩。

問1 傍線部(1)「惟」・(2)「已」のここでの読み方として最も適当なものを、次の各群の①～⑤のうちから、それぞれ一つずつ選べ。解答番号は 1 ・ 2 。

(1) 「惟」 1
① これ
② ただ
③ また
④ かつて
⑤ はなはだ

(2) 「已」 2
① のみを
② すでに
③ やむを
④ もはや
⑤ なすを

問2 傍線部A「未嘗頃刻釈巻也」の返り点の付け方と書き下し文との組合せとして最も適当なものを、次の①～⑤のうちから一つ選べ。解答番号は 3 。

① 未㆓嘗頃刻㆒釈㆑巻也　　未だ嘗《かつ》て頃刻《けいこく》ならずして巻を釈《お》くなり
② 未㆑嘗㆓頃刻㆒釈㆑巻也　　未だ頃刻を嘗《こころ》みんとして巻を釈くなり
③ 未㆓嘗頃刻釈㆒㆑巻也　　未だ嘗て頃刻も巻を釈かんとするなり
④ 未㆓嘗頃刻釈㆒㆑巻也　　未だ嘗て頃刻も巻を釈かざるなり
⑤ 未㆘嘗㆓頃刻㆒釈㆖巻也　　未だ頃刻に嘗みて巻を釈くべきなり

問３　傍線部**Ｂ**「其篤レ学如レ此」とあるが、謝希深が宋公垂を「篤レ学」と評価する理由の説明として最も適当なものを、次の①～⑤のうちから一つ選べ。解答番号は 4 。

① 史院の同僚としてその優れた学識に触れたから。
② 他人を気にせず大声で書物を朗読しているから。
③ 厠《かわや》に行くのにも走って寸暇を惜しんでいるから。
④ 書物を朗読する声がいかにも雅《みやび》やかだから。
⑤ 厠にまで書物を持ち込んで読んでいるから。

問４　傍線部**Ｃ**「豈読レ書之所哉」の解釈として最も適当なものを、次の①～⑤のうちから一つ選べ。解答番号は 5 。

① 厠こそが読書にふさわしい場所なのである。
② 厠は読書するのにふさわしい場所ではない。
③ なんと厠を読書の場所としているとは。
④ 厠も読書にふさわしい場所になるのだろう。
⑤ 厠さえも読書の場所にするべきなのだ。

問5　次に掲げるのは、授業の中で【文章Ⅰ】と【文章Ⅱ】について話し合った生徒の会話である。これを読んで、後の(i)～(iii)の問いに答えよ。

生徒A　【文章Ⅰ】の「三上」という言葉は、現在でもアイディアが浮かびやすい場所として、発想法や思考法を論じた文章でよく紹介されています。

生徒B　そうだね。でも【文章Ⅱ】の筆者は「二公」、つまり［X］の行為について批判的で…

生徒C　うん、［Y］と言っているね。

生徒A　でも、【文章Ⅱ】の筆者も最後には［Z］と述べています。

生徒B・生徒C　きっとここにはお世話になっていたんだよ。

(i)　［X］に入る「二公」に相当する人物の組合せとして最も適当なものを、次の①～⑤のうちから一つ選べ。解答番号は［6］。

① 銭思公と謝希深
② 銭思公と宋公垂
③ 宋公垂と謝希深
④ 銭思公と欧公
⑤ 宋公垂と欧公

(ii)　Y に入る最も適当なものを、次の①～⑤のうちから一つ選べ。解答番号は 7 。

① 儒学を学ぶ者が仏典をけがすようなことをするのはよろしくない
② 儒学を学ぶ者がみずからをけがすようなことになってはならない
③ 儒学を学ぶ者が仏典を読むときに香を焚かないのはよろしくない
④ 儒学を学ぶ者が書物をけがすようなことをするのはよろしくない
⑤ 儒学を学ぶ者が書物を読むときに香を焚かないのはよろしくない

(iii)　Z に入る最も適当なものを、次の①～⑤のうちから一つ選べ。解答番号は 8 。

① 欧公が「西洛」で詩文の構想を練ったのはさしつかえない
② 欧公が「史院」で詩文の構想を練ったのはさしつかえない
③ 欧公が「馬上」で詩文の構想を練ったのはさしつかえない
④ 欧公が「枕上」で詩文の構想を練ったのはさしつかえない
⑤ 欧公が「厠上」で詩文の構想を練ったのはさしつかえない

第２回
（80分）
実戦問題

第1問

次の【文章】は、永瀬節治《ながせせつじ》の「観光と景観」(二〇一六年)の一部である。また、【資料】は「景観を捉えるための基礎知識」(青森県庁ウェブサイト)の一部である。これらを読んで、後の問い(問1～6)に答えよ。なお、設問の都合で【文章】の本文の段落に 1 ～ 9 の番号を付してある。(配点 50)

【文章】

1 地域に観光客を呼び込むうえで、そこに広がる景観の質が問われるという認識は、景観法(注1)の成立が、国が「住んでよし、訪れてよし」のスローガンを掲げて観光立国政策を本格化させた時期と重なることにもあらわれている。また、情緒ある城下町・金沢、由布岳を望む温泉地・由布院、運河のある港町・小樽など、観光地として人気を集める地域のイメージは、地域を象徴する景観を保全する取り組みのうえに成立している事実がある。

2 しかし、いかに固有の景観が存在したとしても、それを実際に眺めることのできる場所がなければ人々に認識されない。日本の伝統的な景勝地や回遊式庭園(注2)では、その眺めを最もよくとらえることのできる場所が設定されている。景観工学の分野では、特定の眺めへの視点が存在する空間を「視点場」とよぶ。より一般的には、優れた眺望が得られる地点を「眺望点」とよぶことも多い。雄大な自然風景を望む展望台や、高所から市街地を俯瞰《ふかん》する城跡のような場所にくわえ、街路や橋、公園などからも、ランドマーク(注3)となる建造物や周囲の山、街並みなどへの眺めが得られる。特徴的な眺めが得られる視点場を「眺望点」として特定することで、そこからの眺めに対する保全策の必要性が認識されるとともに、情報発信を通じて観光の見所として定着させることも可能になる。

3 観光にともなう移動行為をふまえれば、固定的な視点場からの眺めをとらえるだけでは、豊かな体験は生まれないともいえる。視点の移動とともに継起的に変化する眺めは「シークエンス景観」(注4)とよばれる。京都を訪れるリピーターの多さは、社寺などの文化遺産の豊富さにくわえ、それらを取り巻く鴨川《かもがわ》や疏水《そすい》などの水辺、風情ある路地や花街、坂道と山並みなど、都市空間全体で体験されるシークエンス景観の豊かさとも無関係ではないだろう。「まち歩き」が都市観光のコンテンツとして着目されるのは、継起的な一連の体験を通じて、都市の奥深い魅力に触れたいという観光客のニーズのあらわれともいえる。

4　まちを歩きながらさまざまな景観に触れることは、都市の魅力を知る第一歩だが、景観のありようをより深く理解するためには、相応の「見方」が必要となる。地域に詳しいガイドの出番ともいえるが、たとえば歴史をたどるまち歩きであれば、古地図や古写真を手がかりに歩くことで、その景観の歴史的意味が、その土地の物語とともに理解される。また、普段は入る機会のない建物や庭など、街路から目にする景観の奥にまで踏み込んで、そのまちの生活文化の内実をとらえることができれば、都市の体験はより濃密なものとなる。

5　物語性のある多様なまち歩きを体験できる「長崎さるく(注5)」は二〇〇六年に博覧会として実施した企画が人気を呼んで通年化し、長崎観光に新たな風を吹き込んだ。市民みずからが地域資源を再発掘し、さまざまなコースを設定して細やかに案内することによって、地形の起伏と豊富な物語に(ア)イロドられた歴史都市の魅力を引き出すことに成功している。

6　通常とは異なる視線からまちを眺める体験も、景観に新鮮な印象を与える。開放感と(イ)ウルオいを備えた水辺の眺めは、古くから庶民に親しまれ、名所として絵に描かれた例も多い。近年は都市河川を再生する動きが活発化しているが、川からの眺めを楽しむ船の運航は、新たなまちの魅力や物語を引き出す仕掛けといえる。新たな視線が、一度はコウ(ウ)ハイした水辺の景観を向上させる地域の取り組みにつながることも期待される。

7　特定の「見方」による価値認識は、文化遺産の枠組みが広がるなかでも重要視されている。国際的な遺産保護の分野では、一九九〇年代以降、現代社会とは切り離された過去の遺産としてでなく、今日まで脈々と受け継がれ、生活環境の一部となっている「生きた遺産（living heritage）」を評価する視点が普及している。一九九二年の世界遺産委員会において、人間と自然が相互に作用して形成された「文化的景観（cultural landscape）」の概念が、上記の視点を取り込むかたちで提示され、日本では二〇〇四年に、現在も生活・生業が営まれる景観地としての「文化的景観(注6)」が文化財の種別に加えられた。

8　文化財保護法による「生きた遺産」の保全装置は、一九七五年の伝建地区制度にはじまり、一九九〇年代には日本の近代化を支えた建築物・土木構造物等を評価する「近代化遺産」の概念が生まれ、一九九六年には五〇年以上が経過した建造物などを「登録有形文化財」として保全する制度も設けられた。これらの(エ)シサクが普及するなかで、歴史性を備えながら現在も産業・生活に利活用される物件が広く評価されるようになった。地域の生活環境に溶けこんだ「生きた遺産」は、地域の営みを象徴する景観をかたちづくる。

9 地域の景観を観光に活かす取り組みは、本来的には、その地に住み継ぐことの質的豊かさを確認し、それを来訪者に伝える試みでもある。地域の自画像としての景観のありようが真に来訪者の(オ)キンセンに触れるならば、景観を手がかりとした観光は、地域の持続再生にも大きな力を与えるはずである。

(注) 1 景観法――良好な景観の形成を促進する目的で、二〇〇四年に公布された法律。

2 回遊式庭園――園内を回遊して鑑賞する庭園。

3 ランドマーク――目印や象徴となる対象物。

4 疏水――土地を切り開いて作った水路。

5 長崎さるく――長崎のまちを歩いて観光すること。「さるく」は長崎弁で、まちをぶらぶら歩くという意味。

6 伝建地区制度――伝統的建造物群保存地区の制度。城下町、宿場町、門前町など全国各地に残る歴史的な集落・町並みの保存を目的とする。

【資料】

② 「視点場と眺望」（視点場の種類と眺望の構造による景観の分類）

a．視点と視点場

視点場とは視点が位置する場所のことです。視点は景観を見る人間自体であり，視点場は視点である人間が位置する場所を指します。

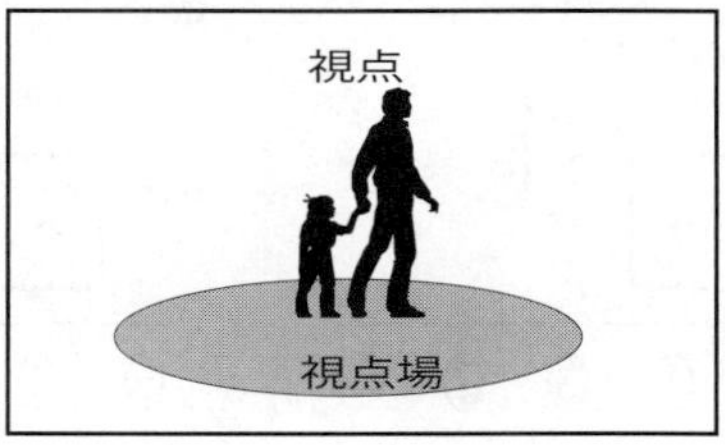

b．移動する視点場からの眺望

この視点場には，展望台のように固定したものもあれば，車両等の移動するものもあります。固定した視点場からの眺望には広がりを持つ眺望（パノラマ）や，強い方向性を持つ眺望（ビスタ）があり，移動する視点からの眺望は連続して変化する眺め（シークエンス）と言う特徴があります。

c．「見下ろす」眺望と「見上げる」眺望

眺望には上から下へ「見下ろす」眺めと，下から上へ「見上げる」眺めがあります。

一般的に「見下ろす」眺めには，眺める範囲の境界が不明瞭で区切ることが難しいという特徴があり，空間の広がりを強く認識することができます。

「見上げる」眺めには，背景となる空と対象物により明瞭な眺める範囲の境界が認識され，区切られた空間や眺望の対象物を強く認識することになります。また，「見上げる」角度がある程度以上になると圧迫感を感じるようになります。

■図ー「見下ろす」眺望と「見上げる」眺望の説明図

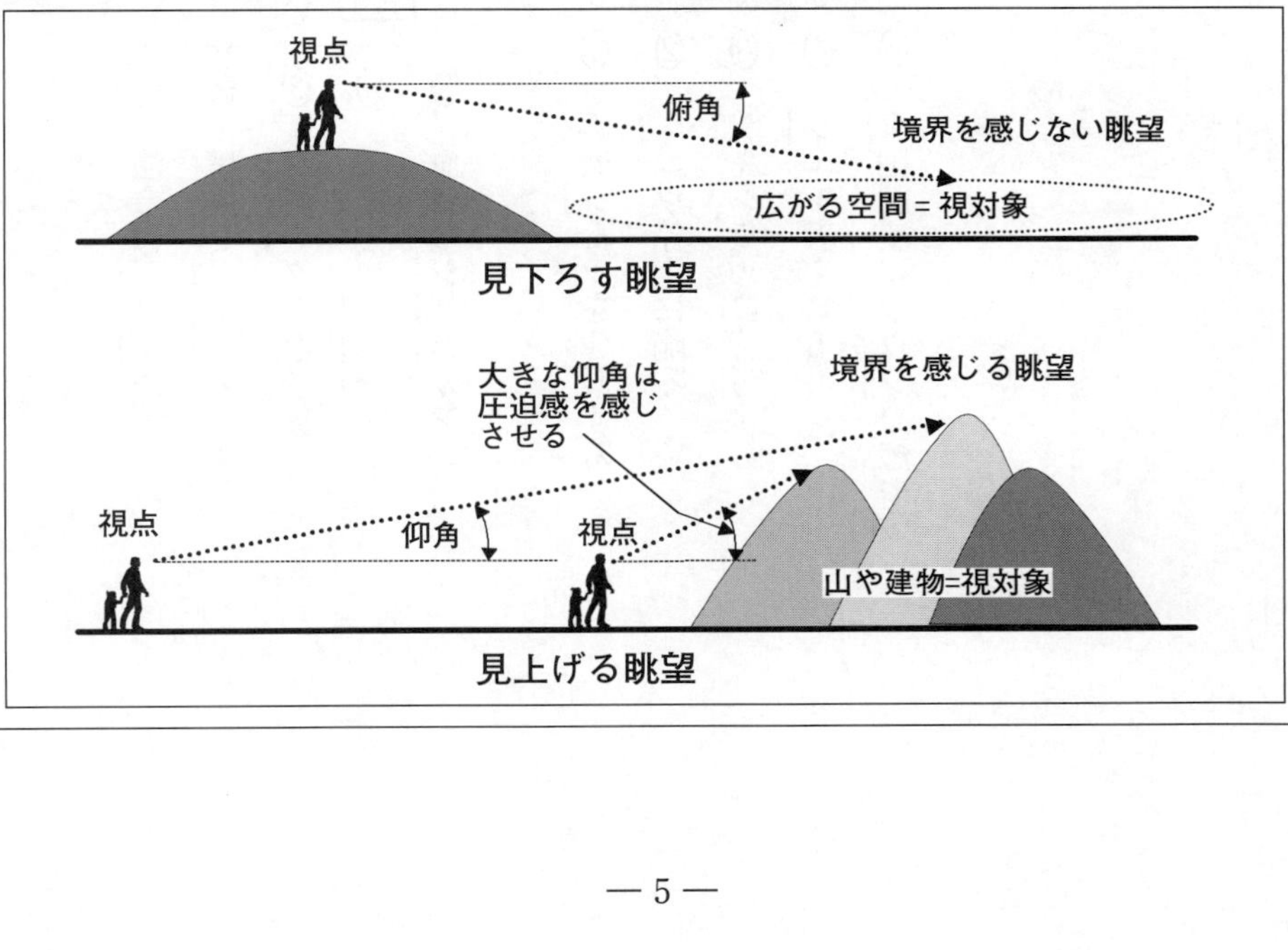

問1 傍線部(ア)〜(オ)に相当する漢字を含むものを、次の各群の①〜⑤のうちから、それぞれ一つずつ選べ。解答番号は [1] 〜 [5] 。

(ア) イロドられた [1]
① 樹木をバッサイする
② カッサイを浴びる
③ イサイを放つ才能
④ センサイな感覚
⑤ 無病ソクサイ

(イ) ウルオい [2]
① 法令にジュンキョする
② 構内をジュンカイする
③ ジュンタクな予算
④ 条約をヒジュンする
⑤ 血液のジュンカン

(ウ) コウハイ [3]
① 安全にハイリョする
② 輸出制限をテッパイする
③ 優れた人材をハイシュツする
④ 神前にサンパイする
⑤ カンパイの挨拶を頼まれる

(エ) シサク [4]
① 娯楽シセツを建設する
② シコウ停止に陥る
③ シキン集めに苦労する
④ シエン者を募る
⑤ 全国制覇にトウシを燃やす

(オ) キンセン [5]
① 事態がキンパクする
② 私語をキンシする
③ 市役所にキンムする
④ キンキョウを報告する
⑤ モッキンを演奏する

問２　【資料】の「a」では、視点と視点場が簡潔に説明されているが、「b」「c」はどのような内容であるか。その説明として最も適当なものを、次の①～⑤のうちから一つ選べ。解答番号は［6］。

① bでは、移動する視点場からの眺望を、パノラマ・ビスタ・シークエンスの三種類に分類し、cでは、眺める角度によって空間の広がり方や圧迫感が変わることを指摘している。

② bでは、眺望は固定した視点場からのものと、移動する視点場からのものに分けられることを示し、cでは、眺める角度によって眺める範囲や印象の強さが変わることを指摘している。

③ bでは、眺望を視点場の種類によってパノラマ・ビスタ・シークエンスの三種類に分類し、cでは、眺める角度によって、視点場と眺望の境界が変化することを指摘している。

④ bでは、眺望は視点場が固定されているものと移動するもので二種類に分けられることを示し、cでは、視点場が固定された場合、眺める角度によって眺望の様相が変わることを指摘している。

⑤ bでは、眺望は視点場の移動という観点で二種類に分けられることを示し、cでは、視点場が移動する場合、角度によって圧迫感を感じることがあることを指摘している。

問3　傍線部A「シークエンス景観」について、「シークエンス景観」を「体験」した例として最も適当なものを、次の①～⑤のうちから一つ選べ。解答番号は 7 。

① 社殿の奥にスカイツリーが見える寺で、友人と一緒に記念写真を撮った。
② 睡蓮《すいれん》の花が咲く池の前で、光によって刻々と姿を変える庭園の風景を楽しんだ。
③ 川沿いの道を歩きながら、高層ビル、橋、寺社など次々と変わる眺めを楽しんだ。
④ ガイド付きの街歩きツアーに参加し、ガイドの多彩な話に引き込まれた。
⑤ 美術館を訪れ、肖像画の前で、角度によって微妙に異なる表情を楽しんだ。

問4　次の文は、**【文章】**と**【資料】**を読んだ生徒たちが内容について感想を出し合った場面である。**【文章】**や**【資料】**の内容と**矛盾するものを**①〜⑤のうちから一つ選べ。解答番号は 8 。

①　生徒A――今まで、「景観」というと山とか湖のような自然の風景をイメージしていたけれど、歴史的な街並みとか、高層建築なども「景観」を構成する要素の一つなんだね。それに、観光客を呼ぼうと思ったら、景観を眺めるための場所をつくらないといけないし、思っていたよりも、人の関わる余地が大きいんだな。

②　生徒B――そうだね。去年の冬に由布院で露天風呂に入ったんだけど、青い空の中にくっきりと映える由布岳の眺めは忘れられないよ。今思えば、視点場とか視点の角度がしっかりと計算されていたんだなぁ。「ゆふいんまちあるきマップ」も役に立ったし、街の様々な魅力を味わえた気がするな。

③　生徒C――「視覚的な景観」は確かに大切だと思うけど、私たちの体験は「音」とか「匂い」とかも含めた、もっと全体的なものなんじゃないかな。B君も、由布院全体の「雰囲気」に惹かれたんだと思うし…。変な言葉だけど「音の視点場」みたいなことを考えてみるのも、面白いと思うな。

④　生徒D――確かに。もっと色々な角度から景観保護について考えてみることも必要かもね。その意味では、「生きた遺産」という考え方の普及は良いことだと思う。歴史の変化を生き抜いた重要な遺産なのだから、人間の都合で利用されてしまわないよう、しっかり守っていかないとね。

⑤　生徒E――いずれにせよ、景観保護には地域住民が主体的に関わる必要があるよね。住民しか気づけないその街の良さがあると思うし、地域が魅力的になるということは、住民にとって、日々の暮らしの場が豊かになるということだから。景観づくりが地域の活性化に果たす役割は大きいと思う。

問5 **【文章】**の表現に関する説明として**適当でないもの**を、次の①～⑤のうちから一つ選べ。解答番号は 9 。

① 第2段落第三文「『視点場』」、第3段落第二文「『シークエンス景観』」、第4段落第一文「『見方』」では、重要な用語に「 」を付して説明しており、段落が進むにつれて、景観に対する読者の認識が次第に深まるようになっている。

② 第2段落第四文「より一般的には」は、景観工学で使われる「視点場」という用語を、日常用いられることのある「眺望点」という言葉で言い換えることで、読者の理解を助けている。

③ 第6段落第一文「新鮮な印象」、第三文「新たなまちの魅力」、第四文「新たな視線」は、「新しい」という意味の言葉を繰り返すことで、日常とは異なる視点で景観を眺めることの楽しさを強調している。

④ 第7段落第二文「『生きた遺産（living heritage）』」、第三文「『文化的景観（cultural landscape）』」は、英語を併記することで、それらの景観を重視することが世界的な潮流であることを示唆している。

⑤ 第8段落第一文「一九七五年」「一九九〇年代」「一九九六年」と、年代を詳しく記述するのは、「生きた遺産」の保存活動が、日本だけ遅れていることを示すためである。

問6　次の【写真】A～Cは、本来【文章】の中に掲載されていたものである。各写真の説明として最も適当なものを、後の①～⑥のうちから、それぞれ一つずつ選べ。解答番号はAが 10 、Bが 11 、Cが 12 。

写真A

写真B

写真C

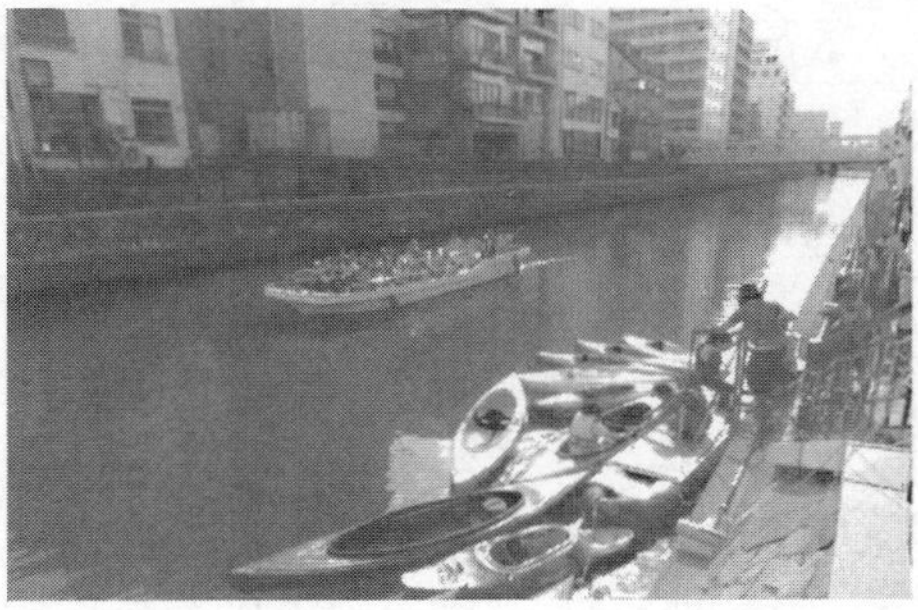

① 古地図や古写真を手に歩くことで、その景観の歴史的意味が理解される。
② 街歩きによって、地形の起伏が作り出す個性豊かな風景を体験できる。
③ 地域に詳しいガイドの話を聞くことで、都市の物語性を実感できる。
④ 生業が営まれる場所が、同時に景観地にもなっている。
⑤ 伝統的な建築と近代建築が並立し、美しい調和を見せている。
⑥ 通常とは異なる視点に立つことで、街の新たな魅力を捉えることができる。

第2問

次の文章は、吉田修一《よしだしゅういち》の小説「キャンセルされた街の案内」の一節である。「ぼく」は会社勤めをする傍ら、「なつせ」という二十四歳の青年を主人公にして自分の経験したことを題材とした小説を書いている。そんな「ぼく」のところに故郷の長崎から兄が転がり込んで来るが、兄は何をするでもなく毎日を過ごしている。これを読んで、後の問い（問1〜6）に答えよ。なお、設問の都合で本文の上に行数を付してある。（配点　50）

兄を起こして、今日は休みだから行きたい所があるなら案内するぞ、と誘ったのだが、行きたい所はない、と兄はそっけなかった。ぼくも他に予定はなく、いつものように（注1）『笑っていいとも！』を見ながら部屋でゴロゴロしていたのだが、狭い部屋だし、兄の足と自分の足が何度もぶつかるのに耐えられなくなって、午後から一人でパチンコへ出かけた。苛々《いらいら》している時は、決して当たりは来ない。財布の金を使い果たし、自転車に乗って近所をぶらぶら走り廻《まわ》った。当てどもなく走っていると、兄のことがだんだん腹立たしくなってきた。何もやりたがらず、ただ無為に時間を過ごしているだけの兄が、休みだからと言って慌てて遊ぼうとするぼくを馬鹿にしているような気になったのだ。部屋へ帰って、もう一度、無理やりにでも兄を連れ出してやろうか。首に縄でも縛りつけて、嫌がる兄を引き摺《ず》り廻せたら、どんなに気が晴れるだろう、と思えてくる。

妙な使命感に燃え、自転車の方向を変えてマンションへ向かった。なんなら羽田まで無理やり連れて行って、そのまま飛行機に押し込もうとさえ考えた。

勢い込んで部屋へ帰ると、なんと兄が、汚れた床に雑巾がけをしていた。これまで一度だって兄が掃除するところなど見たことはない。ぼくは慌てて、「な、なんや、やめてくれろ」と情けない声を出した。

「どうせ暇やし、ほら、こげん汚れとったぞ」

目の前に差し出されたヤニと埃《ほこり》で汚れた雑巾が、まるで自分のように見えた。兄はすぐに雑巾を折り返し、四つん這《ば》いになって床を擦《こす》った。

「なぁ、頼む、やめてくれろ。なんで、掃除なんかするとや？」

「なんでって、掃除するのに理由いるや？」

「そうけど……」

「なんや、泣きそうな顔して……気色悪かなぁ」

楽しそうな兄の床磨きが終わるまで、Aぼくは平静さを装って新聞を読むふりをした。ただ、紙面の文字がちゃんと読めるようになったのは、兄が雑巾を洗い、バケツの水を捨てたあとだった。

その夜、テレビを見ている兄に黙って、ぼくは近所の公園へ行き、小説の続きを書き始めた。

そう毎週、きっこの家へお邪魔しても迷惑だから、たまには自分の部屋で過ごそうと決心したのだが、『笑っていいとも！』を見ながら一人でゴロゴロしていても、一向に時間は過ぎない。耐えかねたなつせは、駅前のパチンコ屋へ行くことにした。欲のない時には出るもので、気分良く台に向かっていると、ポケットの携帯電話が震えた。電話はきっこのお母さんからで、これから銀座に出るからついて来い、と言う。ちょうどパチンコで勝ったことだし、きっことお母さんを誘って、寿司《すし》でも食いに行こうと考えていたところだった。電話口でお母さんが、「あんた、いっつも同じシャツ着てるから、新しいの買ってやろうと思ってさ」と言う。

「いいですよ、そんな」

「どうせ今だって、いつもの青いシャツ着てんだろ？」

(ア)図星だった。何度となく指摘はされていたのだが、ちゃんと洗っているから不潔ではないし、新しく買うのも面倒だったので、そのままにしておいたのだ。お母さんは、地下鉄の改札で待っているようにと言い、一方的に電話を切った。

きっこも来るものだとばかり思っていたが、待ち合わせ場所へ来たのはお母さん一人で、「あの馬鹿娘は、また出かけてんだよ」と嘆く。

「また、例の建築家と?」

「知るもんか」

「夜には、戻ってきますかねぇ?」

「なんで?」

「いや、パチンコで勝ったから、今夜は三人で寿司でも食いに行こうと思って」

「あんたもねぇ、人がいいんだか、馬鹿なんだか」

休日にもかかわらず、デパートはそれほど混んでいなかった。

丁寧に何度も断ったのだがお母さんは一歩も譲らず、なつせが自分で金を出して買うとしたら絶対に手にしないような、真っ赤なストライプのシャツを押しつけてきた。似合うはずがないと思いながら、一応鏡の前に立ってみると、案の定、自分のすべてを赤ペンで訂正されているように見える。

「ちょっと派手じゃないですか?」

「どうせ、碌《ろく》な顔してないんだから、何着たって一緒だよ」

毒舌のお母さんを無視して、同じ柄で地味な方へ伸ばしたなつせの手は、「そんな調子だから、女ひとりモノにできないんだよ、まったく」とはたかれた。

結局、買ってもらった赤いシャツを持ち、お母さんのあとをついて地下の食品売場を廻りながら、これは幸せなのか、それとも不幸なのか、となつせは考えてみた。好きな女が別の男とデートしている最中に、その母親と二人でデパートへ来て、シャツを買ってもらっている。

佃煮《つくだに》やパンやせんべいを買い込んだお母さんと二人、築地《つきじ》の寿司屋へ行った。きっこの携帯は何度かけても留守電だったが、お母さんと並んで食った寿司は、予想以上に美味《おい》しかった。パチンコで勝った金はすっかりなくなり、店を出て、「きっこが来てたら、大変でしたよ」となつせが笑うと、「だからあたしが出すって言ったじゃないか」とお母さんも笑う。

「いいですよ。いつもご馳走《ちそう》になってるし、シャツまで買ってもらって……」

「どうせ、パチンコで勝った金だしね、(イ)悪銭身につかずってことだよ」

結局その日、荷物をマンションまで運んでやると、泊まっていけ、というものだから、なつせは泊めてもらうことにした……

そこまで書いた時、ベンチの前に兄が立っているのに気づいた。(ウ)怪訝《けげん》な顔で、「お前、何しよるとや？」と、多少遠慮がちに聞く兄に、ぼくは咄嗟《とっさ》に、「あ、手紙。手紙を書きよった」と答えて、原稿用紙を背中に隠した。

「なんで、こげん所で書くとや？」

「なんでって、別に……兄ちゃんは、何しよると？」

「俺？　俺はサウナに行こうと思って」

「あ、ああ。また駅前の？」

「おう」

きっこのお母さんと銀座へ行き、シャツを買ってもらったり寿司を食ったりしている所に、いきなり兄が現れたような気がして、Bぼくは必要以上に動揺していた。急に落ち着きを失ったぼくを見て、兄は言葉を捜しているようだった。

軍艦島(注2)のインチキ(注3)ガイドをしていた時、一度だけ、実際に島で暮らしていた元炭坑夫だとは知らずに、いつもの調子で案内してしまったことがある。男は途中まで、「へぇ、そうなの」と他の客たちと変わらぬ反応を見せていたのだが、あまりにもいい加減なぼくのガイドに、とつぜん目の色を変えて怒り出し、胸倉を摑《つか》んだかと思うと壁に押しつけ、「おい、坊主！　たいがいにしとれよ、島を馬鹿にすん者は許さんぞ！」と怒鳴った。硬い拳が胸深くに食い込んだ。

しばらくの間、ぼくはただ呆然《ぼうぜん》としていたが、胸の痛みで我に返って、「すいませんでした」と謝った。しかし、男はそれでも力を弛《ゆる》めず、謝るぼくの顎をおもいきり殴った。顎の感覚が麻痺《まひ》したまま、それでもぼくは、「さいわい丸のおじさんに、無理やりやらされているんです」とX嘘《うそ》をついて許してもらおうとした。

ベンチの前に立ち尽くしていた兄は、自分が立ち去ってもいいものかどうか迷っているらしかった。ぼくが「サウナに行くとやろ、行けば」と言うのを、待っているらしいのだ。

「お、お前も、一緒に行くや？」

「いや、俺はよか」

「そうや。……じゃ、行くぞ」

電灯に照らされた兄の影が公園から出ていっても、まだ軍艦島で殴られた時の記憶が消えず、一人ベンチでおどおどしていた。公園には誰もいなかった。揺れていないブランコがあった。一方が地面についたシーソーがあった。C ぼくはふと、手に持った原稿用紙をシーソーの片方に置き、もう片方に自分が乗れば、うまくバランスがとれそうな、そんな気がした。たった一度、殴られたことを別にすれば、軍艦島のインチキガイドで、うまくバランスをとっていたように。

部屋へ戻ると、留守電に十一件もメッセージが入っていた。ここ数日、毎度のことだが、すべて母からの伝言で、「お兄ちゃんから連絡はないか？　あったらすぐに知らせろ」というものばかりだ。兄が毎晩サウナへ行くのは、狭い浴室が苦手だという理由だけではないわけだ。

今日、ぼくは会社帰りにスーパーへ寄って、「無香空間」という消臭剤を三つ買ってきた。兄がこの部屋へ来てから、ずっと気になっていたのだが、とつぜんそんなものを買ってくると兄も気分を害するだろうと思い、今日まで我慢していたのだ。兄の体が臭いわけではない。ただ、一日中この部屋に閉じ籠もっている兄に、自分の部屋の匂いを嗅がれているようで我慢できなかったのだ。スーパーで消臭剤を手にした時にはちゃんと説明しようと思っていたのだが、結局、兄がサウナに行った隙に見えない場所に隠して置いた。

まだきっことうまくいっていた頃、彼女も何度かこの部屋に来たことがある。ただ、あの時もぼくは、自分の部屋の匂いが気になって、どんなに寒い夜であろうと、窓を開けっ放しにしていた。

子供の頃、目をつぶって高く跳び上がれば、着地した時、別の場所に移動していることがあるんだ、と兄に騙《だま》され、何度も何度も目をつぶって跳び続けたことがある。別の場所というのが、どんな所なのか考えてもいなかったが、何回も、何十回も連続して跳び続けて気分が悪くなり、その場で吐いた。慌てたばあさんが抱き起こしてくれたのだが、目が廻って焦点が合わなかったその時、**D**多少意味合いは違ったが、たしかにいつもとは違う景色が見えた。

消臭剤をベッドの下やタンスの裏に隠したあと、ぼくは机の引出しから原稿用紙を取り出した。

（注）１　『笑っていいとも！』——平日の昼に放送されていたテレビの人気番組。

２　軍艦島——長崎半島の西方海上に位置する端島《はしま》のこと。かつて海底炭鉱として栄えた。

３　インチキガイド——「ぼく」は、軍艦島の生まれだと偽って、廃墟《はいきょ》と化している島を案内するアルバイトをしていたことがある。後出の「さいわい丸」は、そのとき観光客を島に渡していた船の名前である。

問1　傍線部(ア)～(ウ)の本文中における意味として最も適当なものを、次の各群の①～⑤のうちから、それぞれ一つずつ選べ。解答番号は［1］～［3］。

(ア)　図星だった［1］
① 当たらずとも遠くはなかった
② まったく見当ちがいだった
③ あたかも見ているようだった
④ たしかに急所をついていた
⑤ いつも言われていることだった

(イ)　悪銭身につかず［2］
① 偶然手にしたお金は無駄遣いしがちである
② お金は目的通りにはなかなか使えない
③ 不当に稼いだお金はすぐになくなる
④ 不正に手にしたお金は早く使った方がよい
⑤ 働く以外の手段で得たお金には執着しないに限る

(ウ)　怪訝な［3］
① 何か言いたそうな
② 疑い深そうな
③ 迷惑そうな
④ 気弱そうな
⑤ 不思議そうな

問2　傍線部A「ぼくは平静さを装って新聞を読むふりをした」とあるが、このときの「ぼく」について説明したものとして最も適当なものを、次の①～⑤のうちから一つ選べ。解答番号は［4］。

①　働きもせず毎日を無為に過ごす兄を外に連れ出してあげようとあれこれ計画して帰ったのに、のんきに掃除などしていたことで出鼻をくじかれ、自分のせっかくの好意が無駄に終わってしまい落胆した思いになっている。

②　勝手に転がり込んできて居座り続ける兄の自堕落な生活ぶりを腹立たしく思っていただけに、部屋の掃除をしていたところを見て、せめて家ではなく外で働いて稼いでくれればよいのにと情けない思いを耐えかねている。

③　何をするでもなく居座る兄をどうにかしてやろうと意気込んで帰宅したのに、兄が掃除をしていた上に部屋の汚れを指摘され、自分の方が情けない生活を送っているのを突きつけられた気がして、いたたまれない思いでいる。

④　普段は何もしない兄がいかにも楽しそうに掃除をしている様子を見て、自分が書き続けている小説の原稿を見つけ出して浮かれているのではないかと気がかりになり、そわそわと落ち着かない思いになっている。

⑤　居候するだけで何もしない兄が突然掃除を始めたことで、勝手に居座り続けた上に掃除にかこつけて生活領域までも侵してくることに腹を立て、自分の世界が奪われかけている気がして苛立ちを隠せないでいる。

問3　傍線部B「ぼくは必要以上に動揺していた」とあるが、「ぼく」がそのような状態になったのはなぜだと考えられるか。その説明として最も適当なものを、次の①～⑤のうちから一つ選べ。解答番号は 5 。

① 兄に紹介しないままだった人たちとの交際を小説を通して兄に知られてしまい、特にやましい関係であるわけではないものの兄に無言でとがめられているような気がして、どうしてよいかわからず困惑を覚えていたから。

② 手紙だとは言ったものの実際には小説であることを兄に見通されているのではないかと不安になるとともに、小説に描いている世界のこともすでに知られているのではないかと戸惑い、気が動転してしまったから。

③ 小説を書いていることは兄には普段内緒にしていたので原稿用紙を素早く背後に隠しはしたものの、兄が不審そうに問いかけてくるので、手紙の話でうまくごまかせたかどうか不安感をぬぐい去れないでいたから。

④ 別れた恋人との思い出を体験に基づいて描き懐かしい思いとともにその作品世界に浸っていたところだったのに、その世界に兄が無遠慮に踏み込んできたので、作品世界が汚されたことに苛立ちを抑えられなかったから。

⑤ 自らの経験を小説化し追体験する形でその作中世界に没入していたときに、兄が急に目の前に現れたので、自分だけの精神世界に現実の世界が割り込んできたような気がして混乱し心をおびやかされたように感じたから。

問４　傍線部Ｃ「ぼくはふと、手に持った原稿用紙をシーソーの片方に置き、もう片方に自分が乗れば、うまくバランスがとれそうな、そんな気がした」とあるが、このときの「ぼく」の思いについて説明したものとして最も適当なものを、次の①～⑤のうちから一つ選べ。解答番号は 6 。

① 別れた恋人に対する未練から「ぼく」は事実を小説として描くことで関係の修復を願ってきたが、それが実現不可能な願望でしかないことは十分に理解していた。それだけに、居候する兄との現実味のない生活と小説を書くという行為がともにむなしいものであることがいっそう身にしみて感じられ、情けない思いに襲われている。

② 小説の結末が決まらないままにただ書き続けているように、自らの将来も定まらないことに「ぼく」は不安な毎日を過ごしていた。しかし、無為のままに生きる兄の様子を目の当たりにしているうちに力んだ気持ちも薄れていき、何事に対してもうまくバランスを取って生きていくことが大切なのだと思いを新たにしている。

③ インチキなアルバイトをして客に殴られた記憶が今でも生々しくよみがえるので、「ぼく」は何とか正直に生きていこうと思いを新たにした。そして、自分の経験をありのままに小説化することがそれに値することであると思い、より事実に徹した小説を書こうと決意することで自分の人生に対する疑念をふり払おうとしている。

④ 恋人と別れた現実を受け止めきれないままに「ぼく」は事実を小説としてつづってきたが、それが現実の世界から目をそむけることでしかないことはわかっていた。しかし、ふとしたことで崩れかねないもろく頼りないものであるにせよ、そうした仮象の世界が現実を生きる上での支えになってくれるのではないかと考えている。

⑤ 渾身《こんしん》の思いで事実を書きつづった小説と比べたとき自分のいいかげんな生き方はそれに勝る重さをもちえないだろうと「ぼく」は自らを顧みてみた。しかし、たとえ事実をありのままにつづった小説であっても小説である限りは虚構の世界でしかないのだと考え、その重さにおいて優劣は決めがたいものであるはずだと思い直している。

問5　傍線部D「多少意味合いは違ったが、たしかにいつもとは違う景色が見えた」とあるが、このことを現在の「ぼく」はどのように感じていると考えられるか。その説明として最も適当なものを、次の①～⑤のうちから一つ選べ。解答番号は 7 。

① 生きることは先行きもわからずいきなり状況が好転することも期待できないものであり、本質的な解決にはならない自分をごまかすような生き方であっても、それによって少しでも自分にとっての現実を違ったものにしていくほかないのではないかと感じている。

② 生きてあるということはどこかで誰かに騙されているということであり、それは逃れようのない事実ではあるが、その事実を知っているかどうかが大切であり騙されていることを承知でそれなりに対処していけばおのずと新しい世界が開かれてくるはずだと感じている。

③ たとえ人から騙されてやり始めたことであっても、それを自らの主体的な問題として受け止めそこに積極的な意味を見いだすことができたならば、他の人には汲《く》み取ることのできなかった自分なりの独自の世界を切り開いていくことができるはずだと感じている。

④ 嘘を平気でついて騙された人が困っている様子を見ながら楽しんでいる人よりも、騙されたとはいえ相手のことを信じて生きていった人の方が結果的に人間としてのまっとうな生涯を送ったことになるのではないかと、自分の生き方を肯定できたように感じている。

⑤ どんなことでも達成するにはそれなりの努力が必要とされるものであり、そのことをいとわずに目標を追い続けた者のみが成果を残すことになるのだと、小説を書くという今までやってきた自分の行為が間違いではなかったと改めて納得できたように感じている。

問６　次の(ⅰ)・(ⅱ)の問いに答えよ。

(ⅰ)　この文章の表現に関する説明として適当なものを、次の①〜④のうちから一つ選べ。解答番号は 8 。

①　本文では「ぼく」と「兄」のやりとりが地方の言葉でつづられているが、作中の小説は標準語で叙述されており、「ぼく」が故郷を離れて何年も経過していることを暗示している。

②　本文は基本的に「ぼく」という一人称の主人公から見た世界として描かれているが、19行目「楽しそうな兄の床磨き」、89行目「兄も気分を害する」など、兄の視点からの描写も適宜交えて「ぼく」の思いを相対化している。

③　本文43・44行目「自分のすべてを赤ペンで訂正されているように見える」、66・67行目「いきなり兄が現れたような気がして」という比喩表現は、周囲の世界とうまく関係を結びたいと願う「ぼく」の思いを反語的に表現している。

④　本文最後で「消臭剤」を隠して置いたり、そのあと「原稿用紙」に向き合おうとしたりする様子には、自分の置かれた本当の現実を認めずそこから目をそらそうとする「ぼく」の生き方が象徴的に描き出されている。

(ii) 次の【文章Ⅰ】と【文章Ⅱ】は、本文の原典である「キャンセルされた街の案内」の別の箇所の文章で、【文章Ⅰ】は本文より前の部分、【文章Ⅱ】は本文より後の部分である。波線部a「作り話」・波線部b「嘘」・波線部c「嘘」のうち、本文74行目の二重傍線部X「嘘」と意味内容のうえで同じだと考えられるものはどれか。最も適当なものを、後の①～⑦のうちから一つ選べ。解答番号は 9 。

【文章Ⅰ】

ぼくが書いている小説は^{a}作り話ではない。実際にきっこたちは駅の反対側で暮らしているし、半年前に別れてからも、週末になると図々しく遊びに行った。小説に書かれてあることは全て事実だ。ただ、この小説には書かれていないことの方が多い。ぶどう狩りでもするみたいに、傷のない熟れた房だけを、ぼくはこれまで摘んできたのだ。だとしたら、書かれたことが全て事実であろうと、結局それは完全ではない。全ての瞬間が欠落なしに書かれなければ、結局それは嘘なのだ。ぼくがやっているのは、完全な現実からいくつか房を摘み取って、^{b}嘘として明日に残す作業なのかもしれない。

【文章Ⅱ】

ここで、ぼくは一心不乱に書き殴っていた原稿用紙を投げやった。全てが書かれていないことでこの小説が嘘になるなら、そこに^{c}嘘を加えてもいいのではないか……。

ぼくはもう一度原稿用紙を拾い集め、最後のページだけを破り捨て、熱くなったペンを握り直した。

①　a
②　b
③　c
④　a・b
⑤　a・c
⑥　b・c
⑦　a・b・c

第3問　次の文章は『狭衣物語《さごろも》』の一節である。主人公の狭衣大将は、いとこである源氏の宮（斎院）に対するかなわぬ恋心に長年苦しんでいた。その後、思いがけず、天皇の養子になり帝位につくことになる。以下は、大将が、即位前に、別れの挨拶をするために、源氏の宮のもとを訪れた場面である。これを読んで、後の問い（**問1～5**）に答えよ。（配点　50）

明らかならぬ空の気色《けしき》も、なほ心尽くしに見参らせ給《たま》へるを、桂男《かつらをとこ》(注1)も同じ心にあはれとや見奉るらむ、厚げにたち曇りたりつるむら雲晴れて、月影はなやかにさし出《い》でたるに、御几帳《みきちやう》(注2)にはづれて、けざやかに見えさせ給へる御髪《みぐし》のかかり、面《つら》つきなど、等覚《とうがく》(注3)の位に定まるとも、見奉らずなりなむことはくちをしかるべきを、まして、もとよりこの世の栄耀《えいよう》はことに好まずなりにし御心なれば、A いかでかなのめには思《おぼ》されむ。

あさましき(注4)御心のうちのかけかけしき方様《かたざま》をば、今はいかなりとも思し寄るべきならねど、水の白波《しらなみ》(注5)なる御有様なるを、雲の(注6)よそにのみ思ひやり聞こえさせ給はむには、「ながらへぬべからむ命の程なりとも、いかが」と思し続けて、B 月の顔のみながめさせ給ひけり。

X　めぐり逢《あ》はむ限りだになき別れかな空行く月の果てを知らねば

とて、押しあて給へる袖《そで》の気色も、限りある世の命(注7)ならぬは、「げに」とや思しめさるらむ、あまりにまばゆければ、御几帳を引き寄せさせ給ひて、(ア)やをら入《い》らせ給ふ紛《まぎ》らはしに、

Y　月だにもよそのむら雲隔てずは夜《よ》な夜な(注8)袖に宿しても見む

と、なほざりに言ひ捨てさせ給ふ慰めばかりも、げになかなかなるを、(イ)思ひ離れぬ絆《ほだし》ともなりぬべし。

候《さぶら》ふ人々などをも御覧ずることの絶え果てなむをあはれに思すに、とみにも出で給はず。はかなしごとも(ウ)なつかしう聞かまほしき御気配にて、あはれに心細げなることなどをのたまはすれば、見奉る人も、かう世(注9)にめづらしき御よろこびともおぼえず、袖も濡《ぬ》れわたりつつ、月も入《い》り方《がた》になりにけり。今はかう軽々しき御歩《あり》きもいとあるまじきことなれば、さのみ明《あ》かさせ給

はむもびんなくて、出でさせ給ふ御心、なほ C芹《せり》摘みし世の人にも問はまほしくぞ思されける。

（注）1 桂男――月の異称。

2 御几帳にはづれて、けざやかに見えさせ給へる御髪のかかり、面つきなど――源氏の宮の様子。

3 等覚の位に定まるとも――たとえ大将の出家の願いがかない、菩薩《ぼさつ》の最高の位に御身が定まるとしても。

4 あさましき御心のうちのかけかけしき方様――源氏の宮を求めてやまない大将の、心のうちの好色めいた方面。

5 水の白波なる御有様――寄せては返す白波のように繰り返し見たくなるご様子。斎院となった源氏の宮の美しい姿のことをいう。

6 雲のよそに――宮中から遠く。

7 限りある世の命ならぬは――現世で再会できる時がある命ではないからには。

8 袖に宿して――涙で濡れた袖に月を映して。

9 かう世にめづらしき御よろこび――大将が帝位につくことをいう。

問1 二重傍線部「なほ、心尽くしに見参らせ給へるを、桂男も同じ心にあはれとや見奉るらむ、」の説明として、最も適当なものを、次の①～⑤のうちから一つ選べ。解答番号は 1 。

① 「心尽くしに」は、「狭衣大将が気をもんで」という意味である。
② 「見参らせ給へる」の「せ」と「る」は、どちらも尊敬の助動詞である。
③ 「見奉る」には、桂男に対する敬意が示されている。
④ 「や」は、「あはれ」を強める詠嘆の助詞である。
⑤ 「らむ」は、助動詞「り」に助動詞「む」が付いたものである。

問2 傍線部**A**「いかでかなのめには思されむ」とあるが、誰のどのような気持ちか。その説明として最も適当なものを、次の①～⑤のうちから一つ選べ。解答番号は 2 。

① 源氏の宮の、大将が思いがけず帝位につくという話を耳にして、とても落ち着いてはいられないという気持ち。
② 源氏の宮の、大将が帝位につくことで今後気軽には会うことができなくなることを残念がり、とり乱す気持ち。
③ 大将の、帝位につくことで出家の望みを叶えることができなくなってしまい、残念で仕方がないという気持ち。
④ 大将の、出世には興味がなく、今後源氏の宮に会えなくなることが残念で心穏やかではいられないという気持ち。
⑤ 大将の、自分が帝位につくことを源氏の宮が好ましく思わなかったので、とてもやりきれないという気持ち。

問３　傍線部Ｂ「月の顔のみながめさせ給ひけり」とあるが、この時の大将の心情の説明として最も適当なものを、次の①～⑤のうちから一つ選べ。解答番号は［３］。

①　別れのつらさから源氏の宮の顔をまともに見られず、月を見て気をまぎらわそうとしている。
②　遠い宮中にいても長生きをしていれば、また必ず源氏の宮に再会できるだろうと期待している。
③　美しい源氏の宮に今後会えなくなるならば、たとえ長生きができても耐えられないと悲しんでいる。
④　源氏の宮の寿命がもう長くないことを知り、その現実を受け入れることができず苦しんでいる。
⑤　源氏の宮の上品な美しさを目にしたことで、やはり彼女を妻にするべきだったと後悔している。

問4　傍線部(ア)～(ウ)の解釈として最も適当なものを、次の各群の①～⑤のうちから、それぞれ一つずつ選べ。解答番号は 4 ～ 6 。

(ア)　やをら　4
① あわてて
② だんだんと
③ そっと
④ いきなり
⑤ やがて

(イ)　思ひ離れぬ絆ともなりぬべし　5
① 思いを断ち切れない運命になっているのだろう
② 思いを断ち切れない束縛ともなってしまうに違いない
③ 思いを断ち切れない理由が必要になるに違いない
④ 思いを断ち切れるほどの材料にはならないだろう
⑤ 思いを断ち切ってしまうきっかけとなるだろう

(ウ)　なつかしう聞かまほしき　6
① 確実に聞いておきたかった
② 思い出して聞いてほしい
③ 心ひかれて耳を傾けていたい
④ 熱心に聞いていてほしい
⑤ 上品に耳を傾けていたい

問5　次に掲げるのは、傍線部C「芹摘みし世の人にも問はまほしくぞ思されける」に関して、生徒と教師が交わした授業中の会話である。会話中にあらわれる古歌や、それを踏まえる傍線部Cの解釈として、会話の後に六人の生徒から出された発言①～⑥のうち、適当なものを二つ選べ。ただし、解答の順序は問わない。解答番号は **7** ・ **8** 。

生徒　先生、この「芹摘みし世の人にも問はまほしくぞ思されける」という部分の意味がよくわからないんですが、どう考えたらいいですか。

教師　まず、この部分は、

　芹摘みし昔の人もわがごとや心にものの叶《かな》はざりけむ

という古歌に基づく表現なんだ。古文には「引き歌」といって、有名な和歌の一部分を引用して、そこに歌全体の意味を暗示する技法があるんだよ。この歌を知らないとわかりにくかっただろうね。

また、「芹摘む」は平安時代の和歌によく用いられた表現で、『奥義抄《おうぎしょう》』という歌学書には、次のようにあるよ。

昔、大和国に猛者《まうざ》(注1)ありき。門守《かどまぼり》の嫗《おうな》の子なりける童《わらは》の、真福田丸《まふくたまろ》といへるありけり。池のほとりに至りて、芹を摘みける間、猛者のいつき姫君、出《い》でて遊びけるを見てより、この童、おおけなき心つきて病になりて、(中略)。姫君あはれがりて、(中略)「しのびて文など通はさむに、手書かざらむ、口惜し。手を習ふべし」。童悦《よろこ》びて、一日二日に習ひつ。また、いはく、「我が父母死なむこと近し。その後は何事も沙汰せさすべきに、文字《もんじ》知らざらむ悪《わろ》し。学問すべし」。童、また学問して、もの見明かすほどになりぬ。またいはく、「しのびて通はむに童は見苦し。法師になるべし」。すなはちなりぬ。(中略)またいはく、「なほいささか修行せよ。護身(注2)などするやうにて近づくべし」と言へば、また修行に出で立つ。姫君あはれびて、藤《ふぢ》の袴《はかま》を調じて取らす。片袴《かたばかま》をば自ら縫ひつ。これを着て修行しありくほどに、姫君隠れにければ、その由《よし》を聞きて道心を起こして、ひとへに極楽を願ひて、尊き聖にて失せぬ。

(注) 1　猛者――富裕な人。
　　 2　護身――護身法の略。密教で一切の障害を取り除き、仏道修行者の心身を守るために行う法。

生徒　そこまで分かると、傍線部の意味も理解できる気がします。

教師　それでは、古歌や『奥義抄』の話も踏まえた上で、傍線部がどういうことを言っているのか、みんなで意見を出し合ってごらん。

① 生徒A――『奥義抄』の記述から考えると、「芹摘む」という表現は「この世にもの思いを残したまま死ぬ」という意味になるよね。長い片思いの末、どうしても源氏の宮のことを忘れることができない狭衣大将が、この世に未練を残したまま死ぬことになる自分は、来世で極楽浄土に生まれ変わることはできそうもないという気持ちを表現しているんだと思う。

② 生徒B――そうかなあ。「芹摘む」という表現は、「自分の恋心が叶わない」という意味の表現じゃないのかなあ。古歌に「わがごとや」とあるから、源氏の宮と思いを交わすこともなく別れることになってしまう狭衣大将が、「芹摘みし世の人」と自分とを重ね合わせているんだと思う。

③ 生徒C――いや、AさんもBさんもどちらも違うと思うなあ。「芹摘む」という表現は、「叶わないことはきっぱりあきらめるべきだ」という意味だよ。相手の望み通りにしていたのに、自分の恋心がかなう前に相手が死んでしまった「芹摘みし世の人」のように、源氏の宮に対する思いがかなうことはもうないと感じた狭衣大将の、源氏の宮に対する諦めの気持ちが表現されているんだと思う。

④ 生徒D――傍線部に「問はまほしくぞ思されける」とあるのは、狭衣大将自身がこの世からいなくなるための方法を、誰かに教えてほしいと思っているということだよね。でも、古歌に「心にものの叶はざりけむ」とある通り、その願いは叶いそうもないという、この世に対する絶望の気持ちが表現されているんだと思う。

⑤ 生徒E――傍線部の「問はまほしくぞ思されける」は、芹を摘んだ昔の人に、その心境を尋ねたいと思わずにはいられないということだよ。古歌に「心にものの叶はざりけむ」とある通り、傍線部は、恋焦がれた人と望み通り結ばれ

ることができなかった狭衣大将の、どうにもできない苦悩が表現されているんだと思う。

⑥　生徒F――傍線部の「問はまほしくぞ思されける」は、自分の気持ちを聞いてもらいたいと思っているということでしょ。古歌に「わがごとや心にものの叶はざりけむ」とあるから、狭衣大将は「芹摘みし世の人」を自分と同じく願いが叶わない境遇にいた人だと感じているんだよ。傍線部は、同じ境遇の人に話を聞いてもらい、つらさを共有してほしいという願いが表現されているんだと思う。

第４問

次の【文章Ⅰ】は唐の詩人・杜甫（字は子美）が八人の酒好きを詠じた「飲中八仙歌」のうち、唐の宰相であった李適《りてき》之《し》と伝不明の焦遂《しょうすい》を歌った部分で、【文章Ⅱ】は宋の葉夢得《しょうぼうとく》がこの二人を論評した文章である。【文章Ⅰ】と【文章Ⅱ】を読んで、後の問い（問１～７）に答えよ。なお、設問の都合で返り点・送り仮名を省いたところがある。（配点 50）

【文章Ⅰ】

左相《ハ》日興費《ヤシ》二万銭《ヲ》一　　左丞相の李適之は日々の酒宴に万銭を費やし

飲《ムコト》如《シ》三長鯨《ノ》吸《フガ》二百川《ヲ》一　　その飲みっぷりはまるで巨大な鯨が百筋の川の水を飲み干すようだ

銜《ふくミ》レ杯《ヲ》楽《シミ》レ聖《ヲ》称《ス》レ避《クト》レ賢《ヲ》　　杯を口にして、聖人の教えを楽しみ賢人に地位を譲ると述べる

焦遂《ハ》五斗《ニシテ》方《はじメテ》卓然《タリ》　　焦遂は五斗の酒を飲んではじめて才能を発揮し

高談雄弁驚《カス》二四《し》筵《えんヲ》一　　高級な談論の雄弁さは宴席の人々を驚かせる

【文章Ⅱ】

適之《ハ》坐《シ》二李《り》（注1）林《りん》甫《ぽノ》譖《しんニ》一、求《メ》レ為《ランコトヲ》二散（注2）職《ト》一、乃《チ》以《テ》（注3）二太子少保《ヲ》一罷《やメントス》二政事《ヲ》一。(1)命下《ルニ》、A与親戚故人歓飲、賦《シテ》レ詩《ヲ》曰《ハク》、

避（注4）賢初罷相
楽（注5）聖且《しばらく》銜《ふくむ》杯
為問門前客
B今朝幾《いく》箇《ばくカ》□

可以見其超然無所芥《かい》（注6）蔕《たい》之意。適之以天（注7）宝五載罷相、即貶（注8）死袁州。而子美十載方《はじ》以献賦（注9）得官、疑非相与周（注10）旋者。C蓋但記能飲者耳。惟焦遂（注11）名跡不見他書。適之之去、自為得計、(2)而終不免于死、D不能遂《とグル》其詩意。乃知、棄宰相之重而求一杯之楽、有不能自謀者。欲碌（注12）碌求為焦遂、其可得乎。

（葉夢得『避暑録話』による）

（注）
1　李林甫譖——李林甫は唐代の政治家。玄宗に取り入り、政敵を激しく弾圧した。譖は讒言《ざんげん》。
2　散職——閑職。宰相であった李適之は、閑職に移ることで李林甫の弾圧を避けようとした。
3　以㆓太子少保㆒罷㆓政事㆒——太子少保は太子の教育係。それになって政治の実務から手を引く。
4　避㆑賢——賢人に官職を譲る。
5　楽㆑聖——聖賢の教えを楽しむ。
6　芥蔕——心にわだかまりを持つ。
7　天宝五載——天宝は玄宗の年号。載は年に同じ。天宝五載は西暦七四六年。
8　貶㆓死袁州㆒——左遷されて袁州（現在の江西省宜春市）で死去する。李適之は李林甫が自分を殺害しようとしていることを悟り、みずから命を絶った。
9　賦——長編の詩。
10　周旋——付き合い。
11　名跡——名前と事跡。
12　碌碌——平凡であること。

問1　傍線部(1)「命」・(2)「計」と同じ意味の「命」「計」を含む熟語として最も適当なものを、次の各群の①～⑤のうちから、それぞれ一つずつ選べ。解答番号は 1 ・ 2 。

(1)「命」 1
① 寿命
② 薄命
③ 生命
④ 任命
⑤ 命名

(2)「計」 2
① 計量
② 良計
③ 統計
④ 計器
⑤ 会計

問2 杜甫に関する説明として最も適当なものを、次の①～⑤のうちから一つ選べ。解答番号は 3 。

① 杜甫は四句からなる絶句にとりわけ優れ、超俗的な気質から「詩仙」と称された。
② 杜甫は四句からなる律詩にとりわけ優れ、社会を鋭く描写して「詩聖」と称された。
③ 杜甫は八句からなる絶句にとりわけ優れ、超俗的な気質から「詩仙」と称された。
④ 杜甫は八句からなる律詩にとりわけ優れ、社会を鋭く描写して「詩聖」と称された。
⑤ 杜甫は八句からなる絶句にとりわけ優れ、社会を鋭く描写して「詩聖」と称された。

問3 傍線部**A**「与親戚故人歓飲」の返り点の付け方とその読み方として最も適当なものを、次の①～⑤のうちから一つ選べ。解答番号は 4 。

① 与㆓親戚㆒故人歓飲　親戚に与へて故人は歓飲し
② 与㆓親戚故人㆒歓飲　親戚故人に与《あづか》りて歓飲せしめ
③ 与㆓親戚故人㆒歓飲　親戚故人と歓飲し
④ 与㆓親戚㆒故人歓飲　親戚に与へて故人も歓飲し
⑤ 与㆓親戚㆒故人歓飲　親戚と故人とは歓飲するも

問４　傍線部Ｂ「今朝幾箇□」について、(a)空欄に入る語と、(b)この句全体の解釈との組合せとして最も適当なものを、次の①～⑤のうちから一つ選べ。解答番号は 5 。

①　(a)　客　　(b)　宰相を辞めてしまった今日にも、大勢の客がいることだ。
②　(a)　来　　(b)　宰相を辞めてしまった今日は、いくたりの人が来ることか。
③　(a)　飲　　(b)　宰相を辞めてしまった今日は、どれほど飲んでもかまうまい。
④　(a)　宴　　(b)　宰相を辞めてしまった今日までに、何度宴会に出席しただろう。
⑤　(a)　害　　(b)　宰相を辞めてしまった今日までに、なんと大勢の人を傷つけたことだ。

問５　傍線部Ｃ「蓋但記二能飲者一耳」とあるが、**【文章Ⅱ】**の筆者がそのように述べる理由の説明として最も適当なものを、次の①～⑤のうちから一つ選べ。解答番号は 6 。

①　杜甫は年代的に李適之とは面識がなく、酒豪ぶりを知っていただけだと思われるから。
②　杜甫は李適之の宴席で詩を披露しており、杜甫自身も酒豪として記憶されているから。
③　杜甫は宰相であった李適之よりも無名の焦遂の方を高く評価していたと思われるから。
④　杜甫は自作の賦を李適之に献上しており、その酒豪ぶりも耳にしていたはずだから。
⑤　杜甫が詩に詠じた八人を考えると、焦遂にだけは酒豪だったという記録がないから。

問6　傍線部D「不レ能レ遂二其詩意一」とあるが、「其詩意」の内容の説明として最も適当なものを、次の①～⑤のうちから一つ選べ。解答番号は 7 。

① 李適之が自作の詩に詠じた、賢人や聖人を尊重する政治的抱負。
② 李適之が「飲中八仙歌」から学んだ、酒を愛する超俗の境地。
③ 李適之が自作の詩に詠じた、ひたすら酒を楽しむ享楽主義。
④ 李適之が焦遂の詩から学んだ、隠者としての穏やかな生き方。
⑤ 李適之が自作の詩に詠じた、世俗的なこだわりのない境地。

問７　【文章Ⅰ】【文章Ⅱ】の説明として最も適当なものを、次の①～⑤のうちから一つ選べ。解答番号は 8 。

① 【文章Ⅰ】が宰相の李適之と無名の焦遂との贅沢で乱脈なさまを詠じたのに対して、【文章Ⅱ】は李適之が脱俗の思いを抱きながら政争による死を免れなかったことを述べ、ひとたび地位を得れば、焦遂のように無名でありたくても、もはやできないのだと結んでいる。

② 【文章Ⅰ】が宰相の李適之と無名の焦遂との豪快で高尚なさまを詠じたのに対して、【文章Ⅱ】は李適之がその地位に固執したために政争による死を免れなかったことを述べ、ひとたび地位を得ると、焦遂のように無名であることには耐えられなくなるのだ結んでいる。

③ 【文章Ⅰ】が宰相の李適之と無名の焦遂との贅沢で乱脈なさまを詠じたのに対して、【文章Ⅱ】は李適之が脱俗の思いと宰相の地位とを両立していたことを述べ、焦遂とても決して無名でいたくはなかったのだが、地位が得られなかったのだと結んでいる。

④ 【文章Ⅰ】が宰相の李適之と無名の焦遂との豪快で高尚なさまを詠じたのに対して、【文章Ⅱ】は李適之が脱俗の思いを抱きながら政争による死を免れなかったことを述べ、ひとたび地位を得れば、焦遂のように無名でありたくても、もはやできないのだと結んでいる。

⑤ 【文章Ⅰ】が宰相の李適之と無名の焦遂との豪快で高尚なさまを詠じたのに対して、【文章Ⅱ】は李適之が脱俗の思いと宰相の地位を両立していたことを述べ、焦遂とても決して無名でいたくはなかったのだが、地位が得られなかったのだと結んでいる。

第３回

（80分）

実戦問題

第1問

次の【文章】は、竹下正哲《たけしたまさのり》『日本を救う未来の農業——イスラエルに学ぶICT農法』の一部であり、【資料】は同書の別の箇所に掲載されている図表の抜粋である。これらを読んで、後の問い（問1〜6）に答えよ。（配点　50）

【文章】

およそ400年前、初めて望遠鏡が発明されたときのショックを想像できるだろうか。それは、(ア)テンモンガクを揺るがす大事件だったに違いない。それまでは、星々がきらめく天上界には、まだ神々が住むといったような世界観が残っていたはずだ。しかし、望遠鏡が発明されると同時に、ありのままの星々が見えるようになってしまった。月とは、クレーターだらけの荒野であり、土星には輪があり、木星には無数の月がある、とはっきり観察されてしまった。それまで人類が何千年とかけて積み上げてきた宇宙の知識は、望遠鏡が生まれた後のたった10年間で、軽々と追い抜かされてしまうことになる。それほどまでに、望遠鏡の衝撃は大きかったはずだ。

今の時代も、それと同じことが起きている。AIの登場が、今まさに世界を恐怖と困惑に(イ)オトシイれようとしているが、農業の分野でもまた、大きな革命が次々と起きつつある。

イスラエルをはじめとする先進諸国の農業は、センサーや衛星画像を駆使して、そのデータをインターネット上のクラウド(注1)に上げて分析し、そして自動で灌水《かんすい》や施肥をする農業になっている。言ってみれば、今は「クラウド型農業の時代」ということになるだろう。しかし、それは農業の進化のほんのさわりに過ぎない。おそらく今後10年から20年のうちに、農業の形は激変していくと思われる。

そう聞くと、多くの人はやはり拒絶反応を示したくなるだろう。もうこれ以上の目まぐるしい変化は嫌だ。昔のままがいい。農業をビジネスにしてはいけない。農業とは、土に根ざして、自然の動植物と歩調を合わせてするもの。センサーとかクラウドとか、そんなハイテクは必要ない。そう考える人が多いのではないだろうか。

第３回　国語

正直私自身も、心情的にはそちら側の人間だ。昔ながらの栽培法が一番いいと感じている。石油に依存し、ハイテクを駆使した現代農業は根本がどこか間違っている。そう本気で考えている。でも、弱肉強食の国際競争の時代に突入してしまった。そこで大切なのは、「正しい農業」ではなく、「生き残れる農業」であろう。

そして生き残れる農業とは何か、と考えると、A生産効率を極限まで探求し、１haあたりの収穫量（収量）を上げ、作物の価格を安くし、なおかつ最高の品質と味、そして安全性を保証するもの、となっていくだろう。残念ながら、昔ながらの農法は、この条件を達成できていない。１９７０年代と同じ栽培法をしている日本の農業は、１haあたりの収穫量は50年前からまったく向上しておらず、そのため作物の値段は世界一高くなってしまっている。さらには、味はよいが、農薬は世界トップクラスであり、安全性に問題がある、という状態になっている。それでは、B国際競争力はゼロに等しい。

生き残っていくためには、農業の形を変えていかないといけない。日本の自動車産業のように、日々改良を重ねていかないと、世界との競争には勝てない。言い換えると、「生き残れる農業」とは、常に変化し続ける農業なのだろう。生物進化の歴史と同じだ。変化を拒んだ者は、滅びるしかない。

では、変化し続ける農業とはどのようなものなのか、20年後の近未来には、農業とはどのような形に変わっているのか、その流れについて行くため

【資料】

表1　イスラエルの果物・野菜輸出トップ10

順位	作物	輸出金額（億円）	輸出量（トン）	国内生産量（トン）	輸出率％（輸出量/生産量）
1	ナツメヤシ	154	86,890	43,200	201
2	ミカン	123	110,659	164,000	67
3	ピーマン	109	48,212	189,149	25
4	ジャガイモ	103	222,756	597,677	37
5	ニンジン	69	171,215	287,355	60
6	グレープフルーツ	64	56,454	176,000	32
7	アヴォカド	45	25,324	101,500	25
8	マンゴー	40	17,521	44,801	39
9	サツマイモ	10	8,580	38,319	22
10	柿	8	4,195	27,000	16

（FAOデータより著者作成）

表2　日本の果物・野菜輸出トップ10

順位	作物	輸出金額（億円）	輸出量（トン）	国内生産量（トン）	輸出率％（輸出量/生産量）
1	リンゴ	133	32,458	765,000	4.24
2	茶	118	4,251	80,200	5.30
3	コメ	35	26,721	10,055,000	0.27
4	ブドウ	23	1,147	179,200	0.64
5	モモ	12	1,308	127,300	1.03
6	イチゴ	11	526	159,000	0.33
7	タマネギ	9	20,764	1,243,000	1.67
8	サツマイモ	9	2,291	860,700	0.27
9	ナシ	8	1,472	278,100	0.53
10	ミカン	5	1,870	805,100	0.23

（FAOデータより著者作成）

表3　日本とイスラエルの生産量、収量の世界ランキングの比較

作物	日本 生産量(t)ランキング	日本 収量(t/ha)ランキング	イスラエル 生産量(t)ランキング	イスラエル 収量(t/ha)ランキング
ほうれんそう	3	40	54	20
ネギ	3	18	45	26
レタス	6	19	43	81
ナス	7	18	31	22
キャベツ	7	23	69	104
ミカン	8	25	24	33
キュウリ	10	30	38	22
栗	8	21	—	—
アスパラガス	8	16	45	7
柿	6	13	20	1
ニンジン	10	33	29	4
グレープフルーツ	—	—	10	1
ヒヨコ豆	—	—	17	1
ヒマワリ種(食用)	—	—	49	1
飼料用トウモロコシ	159	99	109	3
食用トウモロコシ	16	26	20	4
ピーナッツ	63	31	60	2
アーモンド	—	—	20	1
レモン	56	32	24	2
キウィフルーツ	11	17	14	5
マンゴー	65	63	40	3
スモモ	39	40	35	7
カボチャ	24	75	80	9
カリン	22	31	44	4
リンゴ	19	22	50	9
アプリコット	—	—	40	7
ゴマ	73	52	69	3
イチゴ	11	16	30	6
サクランボ	21	31	43	9
イチジク	14	7	31	5
ソルガム	—	—	52	6
綿花	—	—	44	5
バナナ	129	120	53	7
ベニバナ	—	—	20	9

（FAOSTATデータより著者作成）

には、今何をするべきなのか。

　おそらく鍵となってくるのは、3つの分野だと予想される。1つはAI（人工知能）、そして遺伝子操作技術、最後にナノテクノロジー（注2）だ。これらの最新技術は、まさに望遠鏡がもたらしたのと同じショックを我々に与えてくるだろう。農業の形を根本から変えてしまう。人類がこれまで何千年とかけて培ってきた農業の技術は、おそらく今後20年ほどの間に、軽々と凌駕《りょうが》されてしまうことになる。

　それは単に生産効率が上がるといった話ではない。みなさんが漠然と思っているC「農業とはこういうもの」という固定観念が、根底から覆されるのだ。ちょうど神々が暮らしていたはずの月のイメージが、望遠鏡によって単なるクレーターだらけの荒野へと変わってしまったのと同じように。それくらい大きな転換期に、今我々はいる。

　では、近未来農業の第1の柱、ＡＩから見ていこう。

　ＡＩ農業と聞くと、どうやら多くの人は「匠《たくみ》の技をデジタル変換すること」を思い浮かべるようだ。つまり、こういうことだ。日本には、農業の達人とも呼ぶべき匠がたくさんいる。彼らは土づくりの方法から、水やりの仕方、肥料の与え方、苗の育て方、整枝の仕方、収穫時期の見極め方にいたるまで、素人にはまねのできない極意を持っている。その極意は素晴らしいものなのだが、なかなか弟子たちに伝えることが難しい。そのため、日本では「水やり10年」とかの言葉をよく耳にする。水のあげ方だけでも、マスターするのに10年もかかるという意味だ。マニュアルは一切存在しておらず、すべての智恵は匠の勘に収められている。しかも厄介なことに、最近は農家の跡継ぎが減っていて、その匠の技が失伝してしまう危機に瀕している。

　そういった困難を解決すべく「匠の技のデジタル化」という試みが、２０１０年代にブームとなった。それは、数値化されていない匠の技をあえて数値化しようという試みで、水やりのタイミングや量、そして条件などをすべて精密に記録し、そこからある種の法則性を見つけ出すことで、それまで勘に頼っていた匠の技をしっかりデジタル化しようというものだ。そうすれば、匠の技を後世に保存することができるし、マニュアル化も可能になる。マニュアル化ができれば、素人でも匠と同じような技術を比較的早くマスターすることができるようになる。そういった考え方だ。

　こういった「D匠の技のデジタル化」自体はたいへん意義のある試みだと思うし、後世のためにも必要な作業だと思う。しかし、「ＡＩ農業」というものは、そのような「匠の技のデジタル化」とはまったく違う。というのも、匠の技をデジタル化したとしても、それは基本的に従来の農法と何ら変わることがないからだ。ただ匠の勘に頼っていた曖昧なものが、数値化されただけのことに過ぎない。ここでいうＡＩ農業とはそれとはまったく次元の異なるもので、これまでの人類の歴史で一度も登場したことのない、まったく新しい農業のことを指す。

　では、そのようなEＡＩ農業とは、具体的にどのようなものだろうか。それを考えるときに一番重要になってくるのが、様々なセンサーたちだ。土壌センサー、気象センサー、植物生長量センサー、温度センサー、肥料センサー(注3)（ＥＣセンサー）、pH(注4)センサー、照度センサー、風速センサーといった多様なセンサーがある。それらのセンサーは、イスラエルやヨーロッパなどの農場ではもうあたりまえに設置されているが、実のところ、そのセンサーたちの真の力はまだまったく発揮されていない。というのも、人間ではセンサーの機能を十分に使いこなせていないからだ。ＡＩが登場したとき、初めてセンサーたちの真の力が発揮されることになる。

どういうことかというと、農場に設置されているセンサーというものは、基本24時間休みなく働き続けている。設定にもよるが、たとえば1分おきに土壌の水分量、温度、電気伝導度、pHの値などを計測し、そのデータをインターネット上に飛ばしている。飛ばされたデータはクラウド上に(ウ)タクワえられ、農家の方たちはそのデータを自分のスマホで見ることができるようになっている。たいていは、時間を横軸とした折れ線グラフで表される。

しかし、このような折れ線グラフは、人間にとってはあまり意味がない場合がほとんどだ。多くの人は、グラフを見て「ふーん、土壌水分が時間によって変化しているね」と感じるだけで終わりだろう。もし極端にカン(エ)ソウしていたりするならば、「すぐに水をあげなくては」と慌てるかもしれないが、適正な範囲内であれば、折れ線の細かな変化にとくに意味を見いだせないであろう。一言で言ってしまうと、センサーたちが1分おきに上げてくる膨大なデータというものは、人間の頭には複雑すぎて、処理できる範囲を超えてしまっているのだ。だから、いくらセンサーの数を増やそうが、センサーをより精密にしようが、あまり意味はない。ただ解釈不能なデータが積み重なっていくだけだろう。

しかしＡＩならば、その膨大なデータを一瞬で処理することができてしまう。センサーたちが1分おきに上げてくるビッグ(注5)データから、有益な法則性を抽出することができてしまう。

具体的にはこういう流れになる。とくに重要になってくるのは、「植物生長量センサー」で、それは植物の生長をミクロン単位で精密に計測している。たとえばトマトの実が「今日の午前10時55分から10時57分までの間に50ミクロン肥大した」というような細かな情報が、続々とセンサーから送られてくる。もちろんそんな細かなデータを見ても、人間では何もわからないし、そこから有益な情報を引き出すことなんてできない。しかし、ＡＩなら何十種類ものセンサーから送られてくるビッグデータを、(オ)ユウキ的に結びつけることができる。土壌水分のデータ、土壌養分のデータ、日射量のデータ、光合成量のデータ、根の生長量のデータ、こういった様々なセンサーデータと、植物生長量センサーのデータを照らし合わせて、「土壌水分がこういう状態で、日射量でこういう条件が整えば、トマトは50ミクロン生長できる」とか、逆に「日射がこれしかなくて、土壌に水分がこれだけあると、トマトは水分過多になってしまい、生長量は落ちる」といったことをＡＩが診断できるようになる。

例えるなら、巨大な鍋のようなものだ。センサーたちはデータという名の膨大な具材を、どんどん鍋に放り込んでくる。すぐに鍋は雑多な具材であふれかえり、もうぐちゃぐちゃの状態になる。人間の手では、それをまともな料理にするなんてとてもできない。具材の種類も量も多すぎて、処理しきれないのだ。ところがＡＩなら、その混沌の中から、秩序を見いだすことができる。「この具材（データ）とこの具材は相性がいい」とか「この具材とこの具材が組み合わさると、毒が生まれる」とかの法則性を抽出することができる。そしてその法則性を巧みに使いこなすことで、膨大な具材を秩序立てて配置し、見た目も美しく、味もおいしいごちそう鍋に仕立てることができてしまう。それが、ＡＩ農業の基本的な考え方だ。

（注）　1　クラウド――インターネットをベースとし、コンピュータ資源をハードやソフトがなくても必要な時に必要な分だけ利用できる利用形態のこと。

2　ナノテクノロジー――物質をナノメートル（10億分の1メートル）のスケールで自在に制御する技術のこと。

3　肥料センサー（ＥＣセンサー）――肥料濃度の目安とされる物質中の電気伝導率を測定する電子機器。

4　pHセンサー――水溶液の水素イオン指数を測定するための電子機器。

5　ビッグデータ――一般的なデータ管理、処理ソフトウェアで扱うことが困難なほど巨大で複雑なデータの集合のこと。

問1 傍線部(ア)〜(オ)に相当する漢字を含むものを、次の各群の①〜⑤のうちから、それぞれ一つずつ選べ。解答番号は 1 〜 5 。

(ア) テンモンガク 1
① モンガイカンは口を出せない
② その件はモンドウムヨウだ
③ 戦国武将のカモンを調べる
④ 破産してイチモンなしになる
⑤ ゼンダイミモンの事件がおこる

(イ) オトシイれる 2
① 戦闘で首都がカンラクする
② 芸術作品のカンショウ
③ 工事がカンセイした
④ 初志カンテツする
⑤ カンサンとした街並み

(ウ) タクワえられ 3
① 英文をチクゴ訳する
② ガンチクのある話
③ ハチクの勢いで勝ち進む
④ 理論をコウチクする
⑤ ジンチク無害な人

(エ) カンソウ 4
① 企業のジョウソウ部
② ジョソウをつけて跳躍する
③ ショウソウ感にかられる
④ ジョウソウ教育を行う
⑤ 時期ショウソウである

(オ) ユウキ的 5
① キジョウの空論
② キショウ時間をはやめる
③ キジョウな性格
④ キショウ価値がある
⑤ キジョウの人となる

問２　傍線部Ａ「生産効率」と傍線部Ｂ「国際競争力」のそれぞれについて、**表１〜表３**を本文を踏まえて正しく読みとり考えたものとして最も適当なものを、次の①〜⑤のうちから一つ選べ。解答番号は **6** 。

① 日本のミカンの国内生産量はイスラエルのおよそ5倍であるが、輸出量では60分の1となってしまっている。これは、日本の１haあたりの収量がイスラエルを大きく上回ってしまっているため、国際競争力がほとんどゼロに等しいためだと思われる。

② 日本のニンジンの生産量は世界でも多い方だと言えるが、生産量が日本よりも少ないイスラエルの方が輸出量は上回っている。イスラエルのニンジンは１haあたりの収量が高いために価格が安く、国際競争力をもっていると考えられる。

③ １haあたりの収量がイスラエルを上回るキャベツやレタスのような日本の農産物は、農薬を一切用いないことで安全性が保証されている。このため、輸出量でもイスラエルを大きく上回っており、国際競争力の高い作物だと言うことができる。

④ 日本は国土が広い分、国土の小さいイスラエルよりも国内生産量が全品目において上回っている。にもかかわらず、輸出量では大きくイスラエルを下回っているのは、１haあたりの収量が少なく、価格の点で国際競争力が弱いためだと考えられる。

⑤ 生産量の世界ランキングでは柿がミカンを上回っているイスラエルではあるが、国内生産量では逆転してミカンが柿を上回っている。これは、１haあたりの収量が大きく異なるからであり、ミカンの国際競争力を高めることが課題だと言える。

問3　傍線部**C**「『農業とはこういうもの』という固定観念が、根底から覆されるのだ」とあるが、それはどのようなことだと述べられているか。その説明として最も適当なものを、次の ① ～ ⑤ のうちから一つ選べ。解答番号は 7 。

① 世界市場で競争力をつけて生き残るために導入されねばならない最新技術によって、何千年もの間に培われてきた自然で本来的だとされている農業のあり方が瞬く間に変容してしまうということ。

② グローバル化のためには農業もハイテク化されざるを得ないが、農業は人間が大地に根ざしながら徐々に育んできたものなので、新技術も身の丈を超えないように少しずつ導入されるべきだということ。

③ 望遠鏡が天体から神々を追放しクレーターだらけの荒野にしたのと同様に、ＡＩや遺伝子操作技術によって、太古より自然の動植物と歩調を合わせながら耕作されてきた農地が荒野と化してしまうということ。

④ グローバル化の時代とは言え、農業はハイテクなど用いずに昔ながらの自然な栽培法で行うのが一番正しいと思えるような人間にとって、今後の農業の激変は予測も理解もできないものだということ。

⑤ 世界市場でビジネスとして生き残るために、センサーやクラウドなどのハイテク技術が導入されることで農業が完全にＡＩ化され、これまでの農法とは一変して人間の関わる余地が一切なくなるということ。

問４　傍線部Ｄ「匠の技のデジタル化」とあるが、筆者はこれをどのようなものだと考えているか。その説明として最も適当なものを、次の①～⑤のうちから一つ選べ。解答番号は 8 。

① 農業の達人のさまざまな技を厳密に数値化しデジタル化することで、農家の後継者が減少しＡＩ化が進む将来においても、以前と変わらぬ農業の本質として脈々と受け継いでいくためのもの。

② 日本の農業が国際競争力を備えるために、今後農業がハイテク化されＡＩがその中心となっていくなか、農業の達人の身体感覚を伝承していくことで生身の人間としての感覚を保持させるもの。

③ 農業の世界市場化に伴い、ＡＩや遺伝子操作技術、ナノテクノロジーなどが今後農業に導入されたとしても、最終的にはデジタル化、マニュアル化し尽くすことができない名人の曖昧な勘のようなもの。

④ グローバル化が進む日本の農業において、ハイテク化のみならず名人の曖昧な勘や極意までもが精密に数値化されデジタル化されたことによって、それまでの農業観を根本的に変容させたもの。

⑤ 素人には真似のできない名人の曖昧な勘や身体感覚を精密に数値化しマニュアル化することで、農業の極意を後世に残そうという試みであるものの、その内実は従来の農業とさして変わらないもの。

問5 傍線部E「AI農業」の（衛星画像、インターネット上のクラウド、スマートフォン（スマホ）、センサー、各種装置（灌水、施肥）、作物に関する）仕組みについて、本文全体の内容を正確に図表化しているものとして最も適当なものを、次の①～⑤のうちから一つ選べ。解答番号は 9 。

①

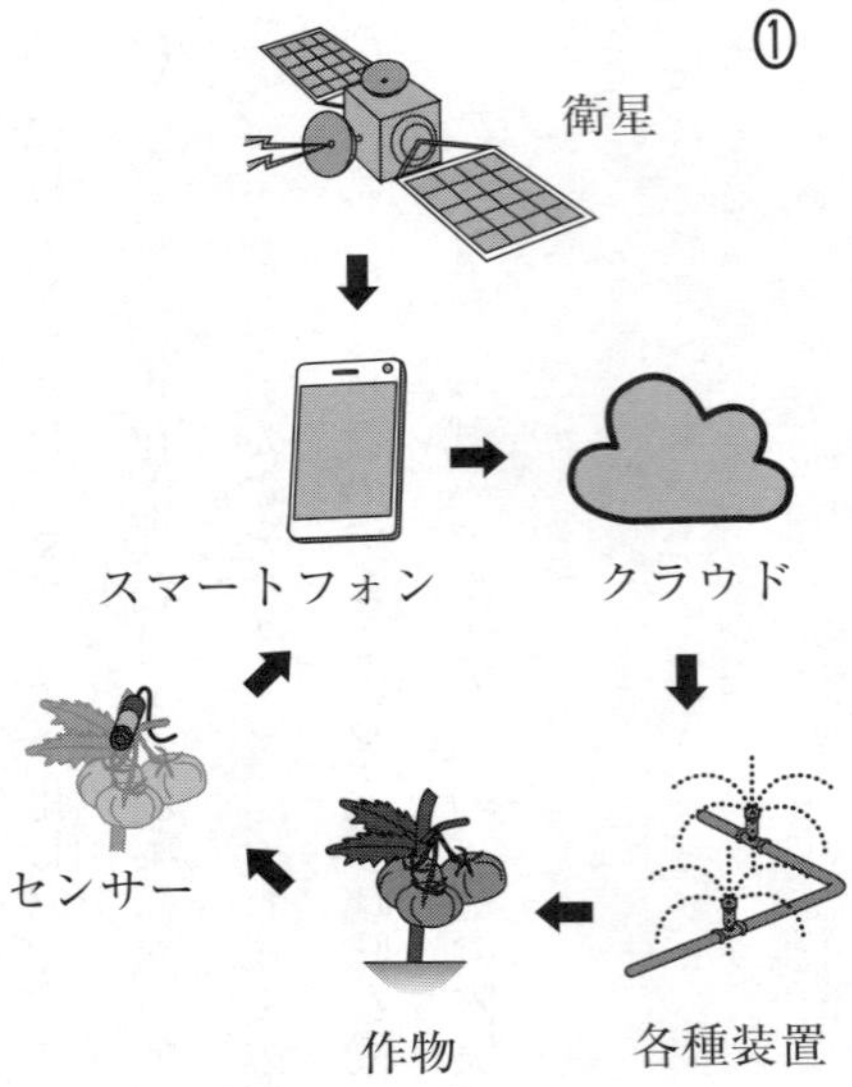

②

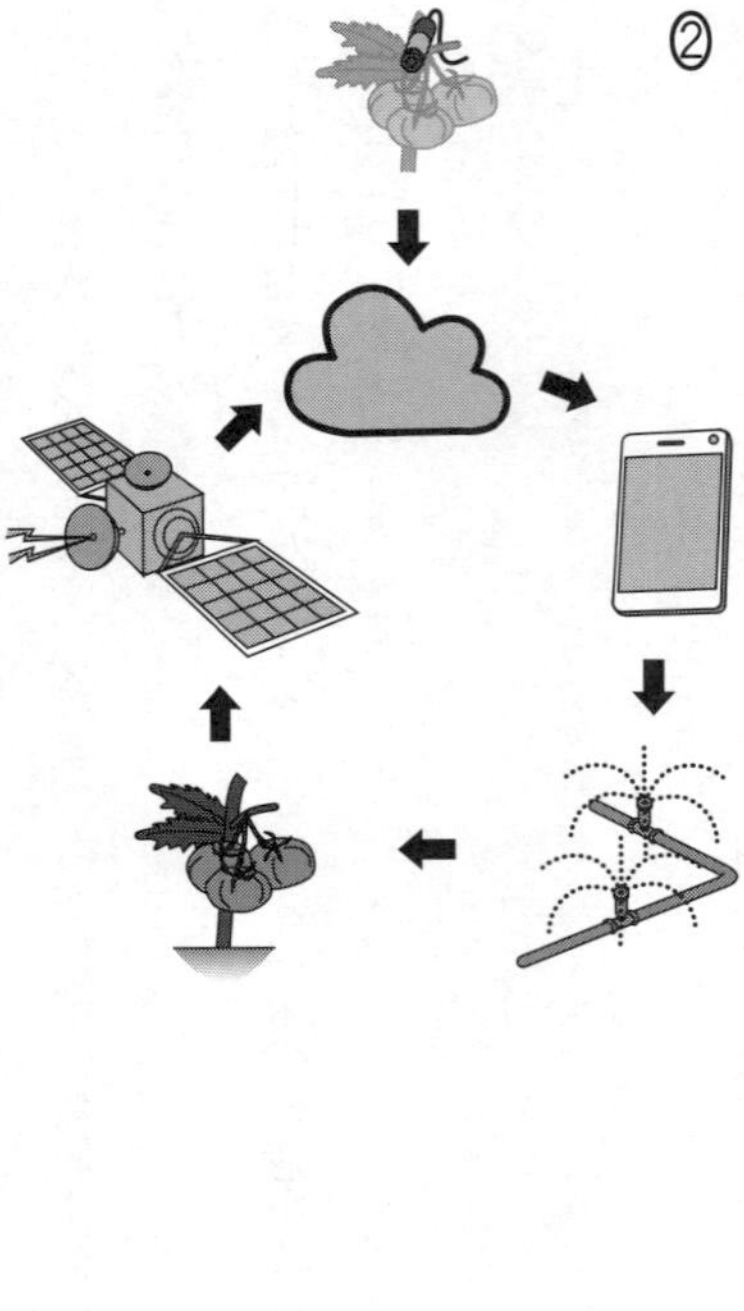

③

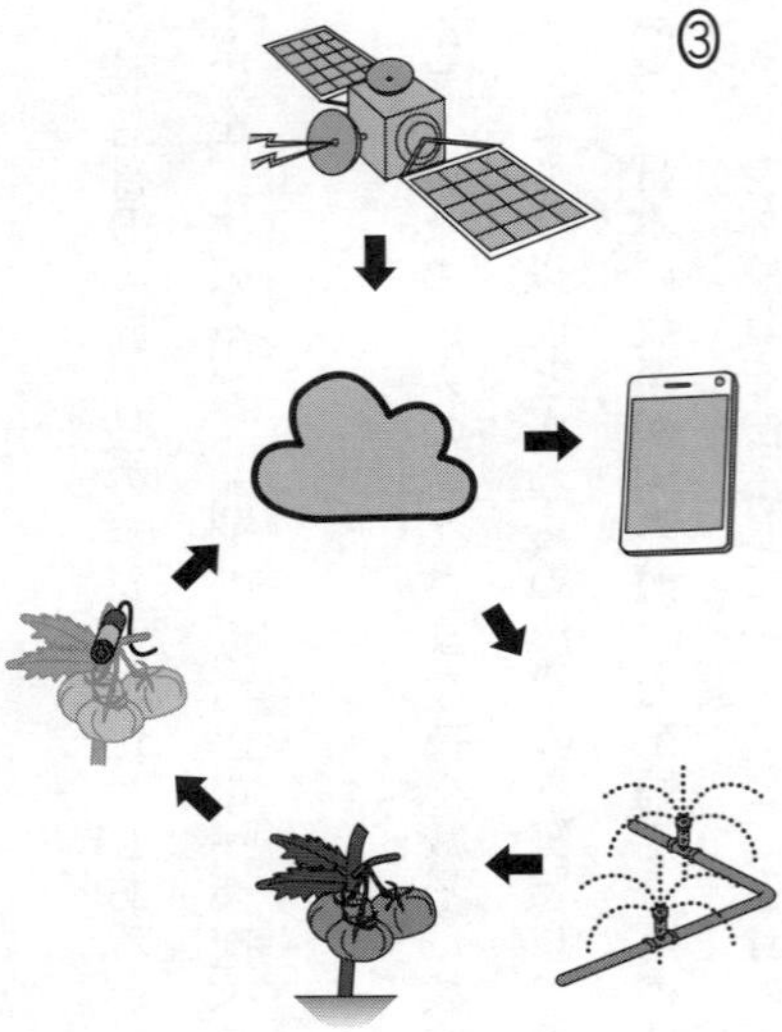

④

⑤

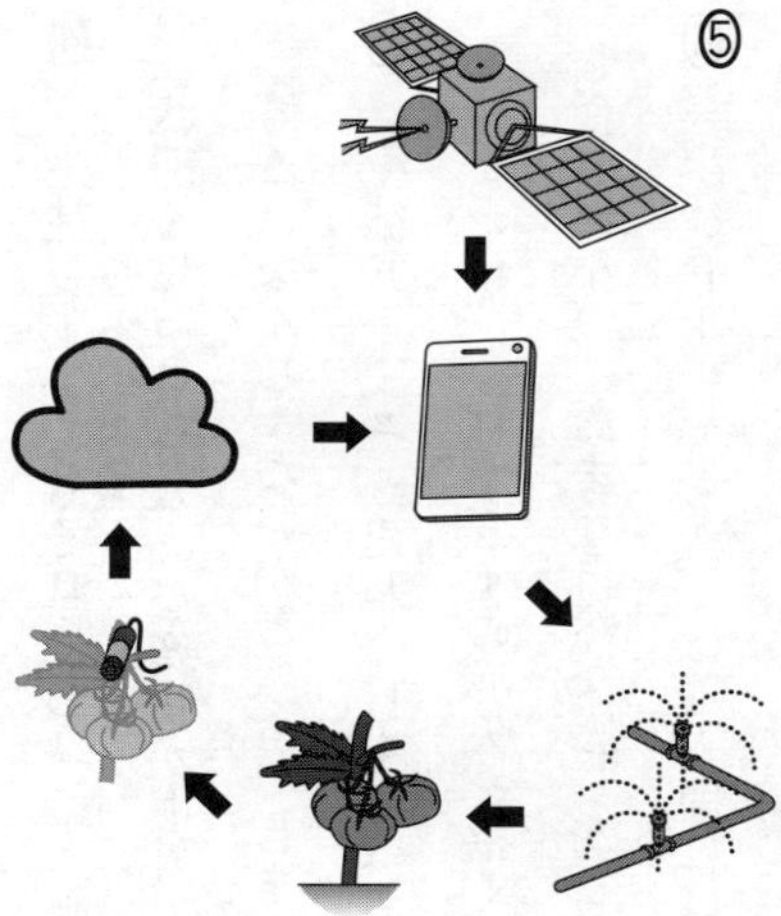

問6　次に掲げるのは、この文章を読んだ七人の生徒が、本文の内容に関して話し合っている場面である。本文の趣旨を正しく理解していると思われる発言を、次の①～⑦のうちから二つ選べ。ただし、解答の順序は問わない。解答番号は［10］・［11］。

① 生徒A――農業にセンサーやクラウドなどのＡＩ技術が導入されるなんてちょっと信じられないことだよね。人類はこれまでさまざまな変化を経て今日にいたっているはずなんだけど、こんなにドラスティックな変化は長い人類の歴史で初めてのことなんじゃないのかな。

② 生徒B――どうだろう。羅針盤や望遠鏡が発明されたときも同じように劇的な変化だったんじゃないのかな。でもどんなに大きな変化があろうと、人間が身体的存在であるかぎり、農業や食物において体現されている人間と自然との関係は全く変わらなかったんじゃないかという気はするね。

③ 生徒C――そうだね。具体的に日本の自然や土地に根ざしたわが国の農業は、自動車などの工業や他の産業と違って、たとえグローバル化が進んだとしてもいたずらに変える必要はないんじゃないのかな。みんな国産品が一番いいと思ってるはずなんだからね。

④ 生徒D――でもそれはちょっと難しいんじゃないかな。これだけ外国産の農産物が日本の市場に安価で出回ってる状態を見ると、日本の農産物が海外で同じくらいのシェアを持っていないなら、国際競争では負けていて将来が危ういってことなんじゃないかと考えてしまうよね。

⑤ 生徒E――そうだね。日本産はおそらく安価ではないから、シェアを伸ばすにはいろいろとコスト削減しないとならないね。それがＡＩの導入を招くんだろうけど、人間が丹精を込めて育てないと品質が落ちることが予想されるし、食べ物なのにあまり自然な感じがしないよね。

⑥ 生徒F――でもＡＩは、人間には感じとれない自然を感知し、人間にはそれまで未知だった自然の法則を見出せる

んだから、新たな自然の姿の現出を可能にするものだとも言えるんじゃないかな。それで農業も変化するんだから、単に不自然だとか劣化だとか言えないんじゃないかと思うけど。

⑦ 生徒Ｇ――うーん、でも食べ物という人間にとって最も基本的な領域にまでＡＩが入り込んでくるとなると、何だか人間がＡＩに支配されているみたいで、それが本当に人間らしいあり方とは思えないな。やはり、ＡＩに服従して人間本来のあり方が疎外されることのないようにしたいよね。

第2問

次の詩「父の音」（詩集『箱入豹《ひょう》』、二〇〇三年）とエッセイ「父の自転車」（『本の窓』、二〇〇五年）を読んで（ともに作者は井《い》坂《さか》洋《よう》子《こ》）、後の問い（問1〜6）に答えよ。なお、設問の都合でエッセイの本文の段落に 1 〜 18 の番号を付している。（配点　50）

父の音

父は万象に怒り、みなぎっていた
こころの基準値をはるかに超えて

わたしは、日々
顔が溶け

顔がうまれそうになると
みずからの、行いの物憂さで
また遠ざかる
A 石に刻まれた文字のような顔がほしい

肉が落ちた父の
鉤針《かぎばり》の肩が
木の戸をぬけていく
ガタンという、激しいあいさつを聞く

父の沈黙の上で
わたしは顔をしるした
溶けかかった
こんせきのような
水鏡に映る文字

時折、階下から
父のかける盤の
管楽器や弦楽器の黒々とした音色が
圧倒的になりひびいた

1

父の自転車

室生《むろう》犀星《さいせい》氏

室生犀星

みやこのはてはかぎりなけれど
わがゆくみちはいんいん（注1）たり
やつれてひたひあをかれど
われはかの室生犀星なり
脳はくさりてときならぬ牡丹《ぼたん》をつづり
あしもとはさだかならねど
みやこの午前
すてつきをもて生けるとしはなく
ねむりぐすりのねざめより
眼のゆくあなた緑けぶりぬと
午前をうれしみ辿《たど》り
うつとりとうつくしく
たとへばひとなみの生活をおくらむと
なみかぜ荒きかなたを歩むなり
されどもすでにああ四月となり

さくらしんじつに燃えれうらん（注2）たれど
れうらんの賑《にぎは》ひに交はらず
賑ひを怨ずることはなく唯うつとりと
すてつきをもて
つねにつねにただひとり
謹慎無二の坂の上
くだらむとするわれなり
ときにあしたより
とほくみやこのはてをさまよひ
ただひとりうつとりと
いき絶えむことを専念す
ああ四月となれど
桜を痛めまれなれどげに（注3）うすゆき降る
哀しみ深甚にして座られず
たちまちにしてかんげきす

『抒情《じょじょう》小曲集』に収められたこの詩は犀星が二十代のころのものだが、「ねむりぐすり」を飲んだ翌日、桜咲く下をステッキを持ってふらふら歩く男の姿は、中年にも見える。

2 「ひとなみの生活をおくらむ」として、社会に繰りだしていく気概が伝わってくるかと思えば、「ただひとりうつとりと／いき絶えむことを専念す」というように心の気色がくるくると変わる。一人の中で生き、活力に溢《あふ》れ、性格的な激しさやプライドの高さを捉えた肖像画は、あるいはどんな男性にも多少は通じていくのではないだろうか。

3 私の父もかんしゃく持ちで、小中学生のころは時々勉強などみてもらっていたが、頭上からびりびりと落ちてくる声は少しも頭に入らずに、そこかしこ破裂しているようだった。英語や哲学の教師だった父は、壇上という定点から私の頭脳の程度や、はっきりしない性格を見てとって、半ば諦めながらも(ア)業を煮やすところがあったのだろう。でもこっちにも意地がある。思春期のころから道で行き合わせても互いに声もかけないようになってしまった。

4 まったく顔を合わせないでも済むならそれでよいが、夕飯時には家族が揃《そろ》わなければならない。母の手伝いで魚など焼いていると、食卓に座って晩酌している父が背後から「ものに寄りかかって焼くな！」と、もうそこから嫌な食事時間がはじまっている。

5 こう書くと景気のよい一喝のように思えるだろうが、父のはそのあとも粘液質な嫌みったらしい文句が続くので、私ばかりでなく母もきょうだいたちも不快だったろうと思う。口答えは(イ)火に油なので黙っているしかない。

6 「ぼーっと突っ立ったままでいるな」「飯を一粒一粒食べるな」「雑巾でも縫え」などとしょっちゅう罵られた。「あとみよそわか」と父の露伴(注4)が娘幸田文《あや》に、女は必ずや後ろを振り返り自分のしたことを点検しなければならないと躾《しつけ》たことなど思いだす。そういうところも多少はあったのかもしれないが、父は私が陰気でデクノボーみたいで生理的に嫌だったのだ。そうとしか思えない。

7 結婚して一番うれしかったのは、もう口うるさく縛られることもないということと、B(アパートの)ドアを開ければもうすぐそこは街路ということだった。

8 しかしよその街で暮らしたのは一年半ばかりで、子供ができると夫とともに家に舞い戻った。二階を建て増ししてそこに住み、勤めの日は母に子供を預けて出かけた。父ともまたひとつの家の中で生活することになったが、玄関や食事や生活など別々なのでうまくすれ違うことができた。

9 二年前の秋。その朝私はついふらふらと電車に乗って四つめの、広い公園のある駅に降りた。並木道をだいぶ歩いて、落葉の絨毯《じゅうたん》の上に殻をこわすような音をたてて座り、目の前の誰もいない広いグラウンドを眺めていた。

10 金網が張られたグラウンドの外側の円周はサイクリングのコースになっている。時々自転車が走りぬける。無が詰まったような快晴の空。かたわらには誰もいない。つくづく一人だと感じた。もちろん私には家族も友人もいる。けれども人間は本来誰もが孤児だ。自分の時間を生きて、各々の円周上で死んでいくのである。

11 そんなことを思いながら、前を見ると、自転車に乗った父が通りすぎるではないか。お気に入りの軽いサイクリング車に乗って一周、二周、広い円を悠々と走らせる。その姿を目で追った。じつに奇妙な感じがした。

12 父もまたふらふらと外へ出て、自転車で同じ公園にやってきたのだ。サイクリングが趣味で浅草や神田まで遠出したりする。この公園にもよく出かけることは知っていたが、この偶然はきっと偶然ではない。C神サマはこんな片隅の父娘の上にすら目をとめているのだと思った。無宗教の私でも何ものにも寄らぬ信仰心は強くあって、ほとんどその畏れの一心から日々を手探りしているのである。

13 白髪に枯枝のように痩せた父は、そのころより一段と痩せていって、表情も乏しくなったと思う。もともと胸に小さな影があり、そのせいか左足が腫《は》れ、歩くのに難儀するようになった。

14 病院で検査を受けた数日後、検査結果を母と私で聞きにいくことになって、玄関で身支度をする母を待っていた。その時、奥の部屋で床に臥《ふ》せていた父が起きあがって、玄関に続く廊下の向こうに姿を現した。

15 「おい、よーこ」と呼ぶので何事かと思ったら「お願いします」と言ったのだ。

16 今、父は床の間に(注５)伎芸天《ぎげいてん》の写真を飾った奥の部屋で寝ている。サイクリングは勿論《もちろん》、毎朝の日課のように大きな音で(ウ)陶然と聞いていたクラシックも、サッカーや相撲を観ることも興味を失ってしまったらしい。

17 わずかな時間炬燵《こたつ》に座り、かろうじて新聞だけは読んでいる。私とはごく普通に喋るようになった。そのことを友人などに言うと、和解なのでしょうね、と言われる。和解――そうかもしれない。でもそんなにドラマチックなものでも何でもないのだ。私の中で、いつの間にか父とのしこりがとても小さくなっていたのに気づく。

18 ただ、今まで封印していたような父の記憶が自然に甦《よみがえ》ってくる。私が小さな時、庭で父が自転車のタイヤに空気を入れている。昔のポンプ式の空気入れだ。体を上下させながら父は、自分のや家族の自転車のタイヤを順々にふくらませていく。私はそれをしゃがんで見ている。D まだ若い父が、そこにいる。

（注）1 いんいんたり――薄暗く、寂しい。
2 れうらん――繚乱《りょうらん》。
3 げに――実に。本当に。
4 露伴――幸田露伴（一八六七～一九四七）、小説家。幸田文はその次女で、随筆家・小説家。なお、「あとみよそわか」は、「後見よ」に「蘇婆訶《そわか》」（密教の呪文の最後に付ける語）を続けたもので、露伴が娘に与える教訓を戯れて言ったもの。
5 伎芸天――福徳をつかさどる天女。

問1　傍線部(ア)〜(ウ)の本文中における意味として最も適当なものを、次の各群の①〜⑤のうちから、それぞれ一つずつ選べ。解答番号は 1 〜 3 。

(ア) 業を煮やす 1
① 心の底から落胆する
② 何とかしようと思案をめぐらす
③ 過大に期待をかける
④ 思うようにならずいらだつ
⑤ 諦めきれず悲嘆に暮れる

(イ) 火に油 2
① より絶望的な事態を招くこと
② 相手の思うつぼになること
③ さらに勢いをつけること
④ 矛盾以外の何ものでもないこと
⑤ 逆に隙を見せること

(ウ) 陶然と 3
① まったりと
② しっかりと
③ ゆったりと
④ しっくりと
⑤ うっとりと

問2　傍線部A「石に刻まれた文字のような顔がほしい」とあるが、これはどういうことを言おうとしていると考えられるか。その説明として最も適当なものを、次の①～⑤のうちから一つ選べ。解答番号は 4 。

① 誰からも認められるような謹厳実直な精神が欲しいということ。
② 自らのなすべきことから逃げない誠実な人格が欲しいということ。
③ 輪郭や目鼻立ちのはっきりした秀麗な容貌が欲しいということ。
④ そうと決まって変わることのない自己像が欲しいということ。
⑤ 人に誤解されようもないはっきりした性格が欲しいということ。

問3　傍線部B「（アパートの）ドアを開ければもうすぐそこは街路ということだった」とあるが、これはどういうことを言おうとしていると考えられるか。その説明として最も適当なものを、次の①～⑤のうちから一つ選べ。解答番号は 5 。

① 家族という人間関係にとらわれず、他人に目を向ける意欲がうまれたということ。
② どこにでもすぐに出かけることができて、生活が格段に便利になったということ。
③ 家の内と外という区別が希薄になり、世界が一気に広がった気がしたということ。
④ 新生活による環境の変化が刺激になって、生き生きした気分になれたということ。
⑤ 家というものの重苦しさから解放され、晴れ晴れした気持ちになれたということ。

問４　傍線部Ｃ「神サマはこんな片隅の父娘の上にすら目をとめているのだと思った。」とあるが、なぜそう思ったのか。その説明として最も適当なものを、次の①～⑤のうちから一つ選べ。解答番号は［６］。

① 父もふらふらと外に出て、偶然とはいえ自分と同じ公園にやって来たことを発見し、日頃は互いにすれ違いばかりの疎遠な仲ではあってもやはり根っこは似た者親子なのだと知ることができたから。

② 父は自分を生理的に嫌悪しているのだと思っていたが、自分の行き先に偶然を装ってやって来たことを発見し、本当は娘のことを気にかけてやまない父親なのだということに気づくことができたから。

③ 父も日常の人間関係や役割から離脱して、何ものでもない自分というものになりたいことがあるのだということを発見し、それまでの父には感じることがなかった親和感を抱くことができたから。

④ 父はもうかつてのように密接な存在ではないと思っていたが、まるで何者かが仕組んだかのように同じ公園に来合わせたのを発見し、もう一度より良い父娘関係を結び直そうと決意することができたから。

⑤ 父もときには父親という立場を離れて、子どものように無邪気に遊ぶといった面があるのだということを発見し、これまでとは違った優しい感情で父を見られそうな気持ちになることができたから。

問5　次に掲げるのは、詩「父の音」とエッセイ「父の自転車」を比較しつつ、傍線部**D**「まだ若い父が、そこにいる。」というエッセイの結びの一文について四人の生徒が話し合っている場面である。これを読んで、後の(i)・(ii)の問いに答えよ。

生徒a　詩の冒頭の「万象に怒り、みなぎっていた」という「父」の感じは、エッセイの方で言うと筆者に何かと腹を立てたり、罵ったりする父の姿に通じるね。少し引いてみると　X　、ということになるのだろうけれど、やはり家族にとってはなかなかやっかいな父親像が浮かんでくる。

生徒b　詩の方では、その父親は「肉が落ち」て「肩」も「鉤針」のようにとんがって痩せているということですが、それもエッセイの「枯枝のように痩せた父」に通じますね。同じ父親だから当たり前と言えば当たり前ですけど。

生徒c　つまり、aさんが指摘した父親像がエッセイの末尾で言う「若い父」ということになりそうだね。

生徒d　一方、bさんが指摘したのは〈年老いた父〉ですね。でも、詩とエッセイではその描かれ方に違いがあるように感じます。詩が示す「父の音」は、父の痩せた肩が木戸に当たって響いてくる「ガタンという、激しい」音であり、階下から「圧倒的になりひびい」てくる、父のレコードの「黒々とした音色」です。それに対して、エッセイの方の年老いた父が発するのは、「お願いします」という、それまでの父らしからぬ言葉であり、また、レコードに関しては「興味を失ってしまったらしい」とあって、要するに鳴り響くどころか、聞こえてもこないわけです。

生徒c　そうすると、詩の方の「父」は「わたし」にとっていつまでも自分を脅かしてくるような存在として描かれているのに対し、エッセイの方はそういう存在感がほぼなくなった「父」の姿を描き出していることになるのかな。

生徒b　エッセイの「私」は、その父の姿にある種の寂しさを感じているのかもしれませんね。最後の部分の「自転車」のタイヤを「順々にふくらませていく」「父」とそれを見ている幼い「私」の姿は、　Y　という父と自分との関係のあり方を浮かび上がらせているのかもしれません。

生徒ａ　「まだ若い父が、そこにいる」という一文には、そういうアンビバレントと言っていい心情が託されているということだね。

(i)　X に入る最も適当なものを、次の①～④のうちから一つ選べ。解答番号は 7 。

①　過剰なほどの活力に満ち溢れ、自分の中の感情を持て余しているかのような

②　怒りっぽく、何もかも自分の思った通りにしないと気が済まないかのような

③　あまりに誇り高く、周囲の人間を下に見てむやみに威張り散らすかのような

④　家の外で孤軍奮闘し、その鬱憤を家族にぶつけて憂さ晴らしするかのような

(ii)　Y に入る最も適当なものを、次の①～④のうちから一つ選べ。解答番号は 8 。

①　無理をして頑張っている姿を見ていたのに、それから眼を背けようとしていた

②　強圧的な存在ではあるが、その強さによってこそ守られていたのかもしれない

③　家族を支える強さと優しさを本当は知っていて、心の奥底では憧れ続けている

④　敬遠したい存在でありながら、それに依存して生きてこなければならなかった

問6 詩「父の音」とエッセイ「父の自転車」の表現と内容について、次の(i)・(ii)の問いに答えよ。

(i) 次の文は詩「父の音」の表現に関する説明である。文中の空欄 a ～ c に入る語句の組合わせとして最も適当なものを、後の①～④のうちから一つ選べ。解答番号は 9 。

> この詩のポイントの一つは「顔」というモチーフの使い方にあり、「顔が溶け」「顔をしるした」のような a や「石に刻まれた文字のような顔」といった b 表現を交叉《こうさ》させることで、一篇のテーマを c に浮かび上がらせようとしている。

① a―隠喩　b―直喩　c―具象的
② a―直喩　b―隠喩　c―暗示的
③ a―隠喩　b―直喩　c―象徴的
④ a―直喩　b―隠喩　c―写実的

(ii) エッセイ「父の自転車」の表現と内容に関する説明として最も適当なものを、次の①～④のうちから一つ選べ。解答番号は［10］。

① 冒頭に引用された詩「室生犀星氏」は、詩に描かれた「犀星」の姿を借りて、以降に語られる筆者の「父」の深層における像を暗示するものとなっている。

② 第［6］段落の「そうとしか思えない」という一文は、気持ちとは裏腹なことを言うことで、逆に自分の本当の気持ちを受け取ってもらうべく加えられたものである。

③ 第［9］段落の「落ち葉の絨毯の上に殻をこわすような音をたてて」という表現は、冬も近くなった季節のもの寂しい音によって、筆者の心のありようを浮かび上がらせようとしている。

④ 第［17］段落の「――」は、「父」との「和解」という意外な指摘に対する驚きによって、しばらく思考が停止したことを示すものとなっている。

第3問　次の文章は、『源平盛衰記《げんぺいじょうすいき》』の一節である。これを読んで、後の問い（問1～6）に答えよ。（配点　50）

この守長《もりなが》（注1）は、歌の道にはやさしき者にて、帝までも知ろし召したることなり。

一年《ひととせ》、一院（注2）、鳥羽《とば》（注3）の御所に御幸《ごかう》ありて、御遊《ぎよいう》ありき。ころは五月二十日余りのことなり。卿相《けいしやう》（注4）・雲客《うんかく》列参あり。重衡《しげひら》（注5）卿も出仕せんとて出《い》で立ち給《たま》ひけるが、卯《う》の花に時鳥《ほととぎす》書きたる扇紙を取り出でて、（ア）「きと張りて参らせよ」と、守長に賜《た》ぶ。守長、仰せ承つて、急ぎ張りけるほどに、分廻《ぶんまは》し（注6）を悪《あ》しざまに当てて、時鳥の中を切り、わづかに尾と羽先ばかりを残したり。過ちしぬと思へども、取り替ふべき扇もなければ、さながらこれをば参らする。

重衡卿、かくとも知らず出仕し給ひて、御前にて開きて使ひ給ひけるを、一院、叡覧《えいらん》ありて、重衡の扇を召されけり。三位中将、初めてこれを見給ひつつ、Aかしこまりてぞ候はれける。御諚《ごぢやう》（注7）再三になりければ、御前にてこれをさし置かれたり。一院、開き御覧じて、「無念にも、名鳥に疵《きず》をば付けられたるものかな。何者がしわざ**a**にてあるぞ」とて、うち笑はせ給ひければ、当座の公卿たちも、まことにをかしきことに思ひあはされたり。三位中将も、苦々しく恥ぢ恐れ給へる体《てい》なり。退出の後、守長を召して、深く勘当《かんだう》し給へり。守長、大い**b**に嘆き恐れて、一首を書き参らす。

X　五月闇《さつきやみ》（注8）くらはし山の時鳥姿を人に見するものかは

と。三位中将、この歌を捧《ささ》げて御前に参り、しかしかと奏聞《そうもん》し給ひたりければ、君、「さては、守長がこの歌詠まんとて、わざとのしわざにや」と叡感《えいかん》あり。

ためしなきにあらず。能因《のういん》（注9）入道が、

Y　都をば霞とともに出でしかど秋風の吹く白河の関

と詠みたりけるを、わが身は都にありながら、（イ）いかに無念にこの歌を出ださんとて、東《あづま》の修行に出でぬと披露《ひろう》して、人に知られず籠居《ろうきよ》して、照る日に身をまかせつつ、色を黒くあぶりなして後に、陸奥国《むつのくに》の方の修行のついでに詠み出だしたりとぞ言ひひ

ろめける。

また、待賢門院《たいけんもんゐん》（注10）の女房に、加賀《かが》（注11）といふ歌詠みありけり。

Z　かねてより思ひしことを伏《ふ》し柴《しば》のこるばかりなるなげきせんとは

といふ歌を詠みて、年ごろ持ちたりけるを、同じくは、(ウ)さるべき人に言ひむつびて、忘れられたらん時詠みたらば、勅撰《ちょくせん》なんどに入りたらん面《おもて》も優《いう》なるべしと思ひけり。さて、いかがしたりけん、花園《はなぞの》（注12）大臣に申しそめて、程経つかれがれになり c にけり。B 加賀、思ひのごとくにやありけん、この歌を奉らせたりければ、大臣いみじくあはれに思《おぼ》しけり。世の人、伏し柴の加賀とぞ言ひける。さて思ひのごとく千載集に入りにけり。

守長もかくしもやあらんとおぼつかなし。秀歌なりければ、鳥羽の御所の御念誦堂《ごねんじゅだう》（注13）の杉の障子（注14）に彫り付けられて今 d にあり。されば、かしこきも賤《いや》しきも、讃《ほ》むるも毀《そし》るもとりどりなるべしとぞ申しける。

（注）1　守長——後藤兵衛尉《ひょうえのじょう》守長。平重衡の家来。

2　一院——後白河法皇。

3　鳥羽の御所——鳥羽離宮。平安京の南に位置し、十二～十四世紀にかけて上皇の御所として使われた。

4　卿相・雲客——「卿相」は公卿《くぎょう》、「雲客」は殿上人《てんじょうびと》の別称。

5　重衡卿——平重衡。平家一門の武将。左近衛権中将ながら正三位に至る（三位中将）。

6　分廻し——紙などを円形に切るための道具。

7　御諚——貴人のご命令。

8　五月闇——五月雨《さみだれ》（＝梅雨）のころ、夜が暗いこと。

9　能因入道——平安中期の歌人。

10 待賢門院——鳥羽天皇の中宮藤原璋子《たまこ》。後白河法皇の母。

11 加賀——平安後期の歌人。

12 花園大臣——源有仁。後三条天皇の孫で、帝位に即《つ》く可能性もあった人物。諸芸に秀で、光源氏を思わせる貴公子といわれた。

13 御念誦堂——念仏を修するために建てた堂。

14 杉の障子——杉の板で作った戸。

問１　傍線部(ア)〜(ウ)の解釈として最も適当なものを、次の各群の①〜⑤のうちから、それぞれ一つずつ選べ。解答番号は［１］〜［３］。

(ア)　きと張りて参らせよ　［１］

① 確かに扇に張って参上せよ
② すぐに扇に張って献上いたせ
③ 即刻扇に張って持って来てください
④ きちんと扇に張って送ってください
⑤ 間違いなく扇に張らせて持って来させよ

(イ)　いかに無念にこの歌を出ださん　［２］

① なんとかして不意にこの歌を発表したいものだ
② なぜ人の失望も顧みずこの歌を公にしたのだろうか
③ なんとも残念なことにこの歌を詠んでしまったことよ
④ どうして何の考えもなくこの歌を披露することができよう
⑤ どんな間の抜けたやり方でこの歌を詠んだことにしようか

(ウ)　さるべき人に言ひむつびて　［３］

① 立派な人と深い間柄となって
② 自分を捨てそうな人と恋仲となって
③ 勅撰集の撰者となりそうな人を欺いて
④ 本当なら交際を避けるはずの人と交際して
⑤ 自分から去って行こうとする人に詠みかけて

問2　波線部a～dの文法的説明の組合せとして正しいものを、次の①～⑤のうちから一つ選べ。解答番号は 4 。

① a 格助詞の一部　b 形容動詞の一部　c 断定の助動詞　d 断定の助動詞

② a 格助詞の一部　b 格助詞　c 完了の助動詞　d 断定の助動詞

③ a 断定の助動詞　b 形容動詞の一部　c 完了の助動詞　d 格助詞

④ a 断定の助動詞　b 格助詞　c 断定の助動詞　d 格助詞

⑤ a 断定の助動詞　b 形容動詞の一部　c 完了の助動詞　d 断定の助動詞

問３　傍線部Ａ「かしこまりてぞ候はれける」とあるが、重衡がそうした理由として最も適当なものを、次の①～⑤のうちから一つ選べ。解答番号は［５］。

①　扇に描かれた意味ありげな時鳥の絵柄を見て、それに関して後白河法皇から和歌を詠むように命じられるのではないかと考え、にわかに緊張したから。

②　扇に描かれた奇妙な時鳥の絵柄を見て、守長が後白河法皇と結託して自分をおとしいれるためにしたことだと考え、これからどうなるか不安になったから。

③　扇に描かれた奥ゆかしい時鳥の絵柄を見て、自分が人々の注目を浴びるように守長がしてくれたことだと思い至り、感謝の念に堪えなかったから。

④　扇の時鳥の絵柄が切りぞこないであるのを見て、過失を犯した上に何も言わずにこれを自分に渡した守長に憤りを感じ、口をきく気にならなかったから。

⑤　扇の時鳥の絵柄が明らかに不自然なのを見て、気づかなかったとはいえ、そのようなものを人前で使ったことを恥じ入り、どうしたらよいか思い浮かばなかったから。

問４　Ｘ～Ｚの和歌の表現の説明として**適当でないもの**を、次の①～⑤のうちから一つ選べ。解答番号は 6 。

①　Ｘの和歌は、和歌が詠まれた季節にふさわしい「五月闇」という素材を見出したことで、自分の失敗を巧みに言いわけしている。

②　Ｘの和歌では、「くらはし山」に大和の国の歌枕「倉橋山」と「暗《くら》」を掛けることで、「五月闇」と「時鳥」という素材を巧みにつないでいる。

③　Ｙの和歌は、春の景物である「霞」「秋風」の語を配することで時の経過を暗示し、それとなく旅情を漂わせたところが表現の眼目である。

④　Ｚの和歌は、二句切れで倒置法が用いられており、予想に反して恋人に顧みられなくなった嘆きを強調的に表現している。

⑤　Ｚの和歌では、「樵《こ》る」と「懲《こ》る」、「投げ木」と「嘆き」の掛詞、「伏し柴」「樵る」「投げ木」の縁語などを用い、恋の思いを巧みに表現している。

問５　傍線部Ｂ「加賀、思ひのごとくにやありけん、この歌を奉らせたりければ、大臣いみじくあはれに思しけり。」についての説明として適当なものを、次の ①～⑤ のうちから一つ選べ。解答番号は 7 。

① 「思ひ」とは、源有仁の加賀の人間性に対する予想のことである。

② 「ごとく」には、周囲の心配どおりに事態が進行したことが示されている。

③ 「けん」には、加賀の行動の理由を作者が推測する気持ちが示されている。

④ 「奉らせ」は、源有仁が加賀に和歌を献上させたという意味である。

⑤ 「あはれに思しけり」は、加賀が源有仁に感謝したという意味である。

問6　次に掲げるのは、授業でこの文章を扱った後で、五人の生徒が話し合った会話である。本文の内容についての説明として最も適当な発言を、①～⑤のうちから一つ選べ。解答番号は 8 。

① 生徒A——能因入道も加賀も、それぞれ日に焼けたり失恋したりしたことをごまかそうとしているね。守長も主人から預かった大切な扇紙を台無しにしてしまい、その過失をごまかそうとしたんだよ。しかし、主人にそのごまかしが露見して叱られた。そこで、とっさに思い付いた「五月闇…」の和歌を差し出して後白河法皇を感動させ、後白河法皇にとりなしてもらったんだよ。すぐれた和歌には人を窮地から救う効能があるというよくある話だね。

② 生徒B——能因入道の話も加賀の話も、和歌を披露する状況を整えてからあらかじめ用意しておいた和歌を披露したという点に主眼がある話だよ。守長が和歌を前もって思い付いていたかどうかは分からないけど、後白河法皇が「さては、守長がこの歌詠まんとて、わざとのしわざにや」と想像したように、能因入道や加賀のように状況を整えた上でその和歌を披露したとしか思えないほど、「五月闇…」の和歌が当意即妙の歌だったということだよ。

③ 生徒C——加賀に関しては、勅撰和歌集に自分の和歌を入集《にっしゅう》させる意図があったと書かれているね。能因入道の和歌も『後撰和歌集』に載せられているよ。守長もせっかく思い付いた「五月闇…」の和歌を勅撰和歌集に入集させたかったんだよ。後白河法皇は歌人としても名高く、『新古今和歌集』の編纂を命じた人物だよ。守長は主人の重衡や扇職人の協力を得て一芝居打ち、後白河法皇の目に自分の和歌を印象づけるのに成功したという話だと思う。

④ 生徒D——守長はむしろ積極的に能因入道や加賀のやったことをまねたんだと思うな。守長は「五月闇…」の和歌を劇的に公にしようとした。ところが、功をあせってあまりにも演出にこりすぎ、それが能因入道や加賀のまねであることを英明な後白河法皇に見抜かれてしまった。「守長もかくしもやあらんとおぼつかなし」というのは、主人を犠牲にしてまで和歌の演出にこだわった守長の将来についての後白河法皇の心配を表していると思う。

⑤ 生徒E——私はもっと込み入った話だと思う。「さては、守長がこの歌詠まんとて、わざとのしわざにや」という後

白河法皇の発言は、後白河法皇もこの出来事に一役買っていることを示しているよ。武士である重衡は和歌が詠めない。守長は能因入道や加賀の例を参考に、後白河法皇の協力をもあおいでお膳立てをし、あらかじめ用意しておいた「五月闇…」の和歌を重衡に詠ませて主人に手柄を立てさせたんだ。主従関係の理想を示す美談なんだよ。

第4問

次の【文章Ⅰ】と【文章Ⅱ】は、いずれも「宋襄の仁」という成語のもとになった故事に関わるものである。【文章Ⅰ】は『韓非子』が伝える宋・楚の戦いの逸話とそれに対する法家の韓非子の評であり、【文章Ⅱ】は同じ戦いに対する儒家の孔子の評である。【文章Ⅰ】と【文章Ⅱ】を読んで後の問い（問1～5）に答えよ。なお、設問の都合で返り点・送り仮名を省いたところがある。（配点　50）

【文章Ⅰ】

A宋襄（注1）公与楚（注2）人戦於涿（注3）谷上。宋人既成列矣。楚人未及済《わた》。右《いう》（注4）司馬《しば》購（注5）強趨《はし》而諫(1)曰、「楚人衆而宋人寡。請使楚人半渉、未成列而撃之、必敗。」襄公曰、B「寡人聞、君子不推人於険、不迫人於阨《あい》（注6）、不鼓（注7）不成列。今楚未済《わた》而撃之、害義。請使楚人畢《ことごと》渉成陣、而《しかル》後鼓士進之。」楚人已成列撰《ととのフ》陣矣。公乃鼓之。C宋人大敗。

此乃慕自《みづからスルヲ》親仁義之禍《わざはひナリ》。夫必恃《たのマバ》人主之自親而後民聴

従フヲ一、是レ則チ将ニ下ルナリ令メテ二人主ヲシテ耕シテ以テ為《つくり》レ食ヲ、服(注8)シテレ戦ヒニ鴈《がん》行《かうせ》一、民乃チ(2)肯耕戦セント上。則チ人主ハ不二泰《はなはダ》危フカラ一乎。而シテD人臣不泰安乎。

（『韓非子』による）

【文章Ⅱ】

君(注9)子ハ大ナリトス下其ノ不レ鼓セ不ルニレ成サ列ヲ、臨ミテ二大事ニ一而不ルヲ上忘レ二大礼ヲ一。(注10)有ルモレ君而無シレ臣。以為ヘラク雖モ二文(注11)王之戦ヒト一、亦タ不ルレ過ギレ此ヲ也ト。

（『春秋公羊伝』による）

（注）
1　襄公——人名。宋国の君主。
2　楚——国名。
3　泓谷——地名。
4　右司馬——（左右両軍のうちの）右軍の司令官。
5　購強——人名。
6　阨——狭い所。窮地。
7　鼓——戦鼓を叩《たた》いて軍を進めること。
8　服レ戦鴈行——戦闘に参加すること。「鴈行」は陣立ての一つ。斜めに構えた陣形。
9　君子——孔子。
10　有レ君而無レ臣——有徳の明主はいたが、有能な臣下には恵まれなかった。
11　文王——孔子が理想として仰ぐ君主。

問1　傍線部(1)「諫」・(2)「肯」の意味として最も適当なものを、次の各群の①～⑤のうちから、それぞれ一つずつ選べ。
解答番号は 1 ・ 2 。

(1)「諫」 1
① たたえて
② 鼓舞して
③ 意見して
④ 大声を出して
⑤ 騒いで

(2)「肯」 2
① 強いて
② 協定して
③ 進んで
④ 無理やりに
⑤ ようやく

問２　傍線部**Ａ**「宋襄公与楚人戦於涿谷上」、傍線部**Ｄ**「人臣不泰安乎」の返り点の付け方と書き下し文との組合せとして最も適当なものを、次の各群の①～⑤のうちからそれぞれ一つずつ選べ。解答番号は［３］・［４］。

Ａ「宋襄公与楚人戦於涿谷上」［３］

① 宋襄公与㆓楚人㆒戦㆓於涿谷上㆒　宋の襄公楚人に与《くみ》して涿谷の上《ほとり》に戦ふ

② 宋襄公与㆓楚人㆒戦㆑於㆓涿谷上㆒　宋の襄公楚人に与《くみ》して涿谷の上《ほとり》に於いて戦ふ

③ 宋襄公与㆓楚人㆒戦於㆓涿谷上㆒　宋の襄公楚人に与《あづか》りて戦ふに涿谷の上《ほとり》に於いてす

④ 宋襄公与㆓楚人㆒戦㆓於涿谷上㆒　宋の襄公楚人と涿谷の上《ほとり》に戦ふ

⑤ 宋襄公与㆓楚人㆒戦㆑於㆓涿谷上㆒　宋の襄公楚人と涿谷の上《ほとり》に於いて戦ふ

Ｄ「人臣不泰安乎」［４］

① 人臣不㆓泰安㆒乎　人臣は泰《はなは》だ安からずや

② 人臣不㆓泰安㆒乎　人臣は泰だしくは安からざらんや

③ 人臣不㆑泰㆑安乎　人臣は安んずること泰だしからずや

④ 人臣不㆓泰安㆒乎　人臣は泰だしくは安んぜざるか

⑤ 人臣不㆑泰㆑安乎　人臣は安きこと泰だしからずや

問3　傍線部B「寡人聞レ之、君子不レ推二人於険一、不レ迫二人於阨一、不レ鼓レ不レ成レ列」とはどういうことか。その説明として最も適当なものを、次の①～⑤のうちから一つ選べ。解答番号は 5 。

① わずかな人間だけが、君主たるものは人の弱みに付け込んだりしないと聞いたことがあるということ。

② わずかな人間だけが、立派な人間たるものは人の弱みに付け込んだりしないと聞いたことがあるということ。

③ わずかな人間だけが、君主たるものは敵の隙《すき》をとらえて勝利をつかみに行くと聞いたことがあるということ。

④ 君主たるものは敵の隙をとらえて勝利をつかみに行くと襄公は教わってきたということ。

⑤ 立派な人間たるものは人の弱みに付け込んだりしないと襄公は教わってきたということ。

問4　傍線部C「宋人大敗」とあるが、なぜそうなったのか。その説明として最も適当なものを、次の①～⑤のうちから一つ選べ。解答番号は 6 。

① 臣下は数的不利を憂慮したが、楚軍は民衆から徴兵した烏合《うごう》の衆にすぎず、一方の宋軍は少数精鋭部隊であって、質的に楚軍よりも優れていたから。

② 楚軍と比べて規模の小さい宋軍に戦況は不利だったが、正義にこだわる襄公が敵の隙を突くべきだという臣下の意見を無視して堂々と戦ったから。

③ 楚軍は民衆から徴兵した烏合の衆で、宋軍は少数精鋭部隊であることから、油断した襄公が臣下と談笑しているうちに敵は陣形を整えてしまい、勝機を失ったから。

④ 楚軍と比べて規模の小さい宋軍に戦況は不利だったので、敵を恐れた襄公が臣下に意見を求めているうちに敵は陣形を整えてしまい、勝機を失ったから。

⑤ 楚軍と比べて規模の小さい宋軍に戦況は不利だったうえ、戦術をめぐって襄公と臣下が口論しているうちに敵は陣形を整えてしまい、勝機を失ったから。

問5　次に掲げるのは、授業の中で【文章Ⅰ】と【文章Ⅱ】について話し合った生徒の会話である。これを読んで、後の(i)〜(iii)の問いに答えよ。

生徒A　【文章Ⅰ】には、故事成語「宋襄の仁」のもとになったエピソードがあるね。

生徒B　「宋襄の仁」って、［X］という意味だっけ。

生徒C　そうそう。でも、【文章Ⅰ】では［Y］と言っているよね。

生徒B　故事成語と方向性は一緒だけど、ずいぶんと違うことを主張していると思った。

生徒A　【文章Ⅱ】を見ると、同じエピソードなのに、評価がまったく違うのが面白いね。

生徒B　そうだね。儒家は法家と対照的に［Z］と評価しているから、視点が正反対だ。

生徒C　【文章Ⅰ】も【文章Ⅱ】も、戦国時代に書かれたとされているのだけど、この時代は強国が弱国を次々と飲み込む弱肉強食の時代だったから、儒家の唱える理想論には説得力がなかったと思う。だから「宋襄の仁」は［X］という意味になったのだろうね。

(i)　［X］に入る故事成語「宋襄の仁」の意味として最も適当なものを、次の①〜⑤のうちから一つ選べ。解答番号は［7］。

① 無用の情け
② 意図しない無礼
③ 正々堂々とふるまう
④ 向こう見ず
⑤ いつでも礼儀を忘れるな

(ii) Y に入る最も適当なものを、次の ①～⑤ のうちから一つ選べ。解答番号は 8 。

① 戦闘の勝敗に関係なく正義を貫くことが大切であり、君主自らが道徳的模範を示すことで民衆は命に従うようになり、国家は安泰を得られる

② 臣下の言葉に左右されず初志を貫くことが大切であり、強いリーダーシップを発揮する君主が民衆の先頭に立ってこそ国家は安泰を得られる

③ 目的のためには手段を選ばない狡猾さが君主には必要であり、君主自ら民衆の先頭に立つ演技をすることで民衆にやる気を与えて統率できる

④ 戦場では自分だけを信じて他人の言葉に惑わされないことが大切であり、意思の強さこそが民衆を統率し国家を安定させるために重要である

⑤ 戦場という国家の命運を左右する場で道徳を追求するのは愚かであり、民衆に道徳的行為の実践を求めても、君主自らは率先してはいけない

(iii) Z に入るものとして最も適当なものを、次の ①～⑤ のうちから一つ選べ。解答番号は 9 。

① 大敗するとわかっていながら、相手が陣形を整えるのを待った宋の襄公の態度は、文王に匹敵するものだ

② 敵軍の渡河中は攻撃を加えずに機をうかがった巧みな戦術を踏まえて、宋の襄公は文王よりも戦上手だ

③ 宋の襄公は戦争中も礼を忘れなかったが、それでは文王ほどの戦上手であっても大敗を避けるのは難しかった

④ 圧倒的に不利な状況の中でも礼を守り、正々堂々と戦って散った宋の襄公は、滅びの美学の体現者だ

⑤ 常に礼を忘れないことを大事にした宋の襄公は、臣下にさえ恵まれていれば、文王を超える業績を残せたはずだ

第 4 回

（80分）

実 戦 問 題

第1問　次の【文章】を読んで、後の問い（問1～6）に答えよ。（配点 50）

【文章】

ナチスが積極的に関与し推進した「自発的労働奉仕」は、つまり(ア)イヤしまれた困難な肉体労働を、自発的に、自由意志で、主体的に引き受けるという精神を、若者たちに体得させる機会だったのである。そのボランティア精神は、彼らの立ち向かう仕事が困難であり、世人が厭《いと》うものであるがゆえに、輝きを発するのだ。――「ボランティア」とは、元来、そのような困難を自発的に引き受ける精神の持主なのである。

「ボランティア」（volunteer《ヴォランティーア》）という英語は、フランス語の〈volontaire《ヴォロンテール》〉、イタリア語の〈volontario《ヴォロンタリオ》〉などとともに、古典ラテン語にその起源を持っている。ドイツ語では、それとは別の独自の表現、〈Freiwilliger《フライヴィリガー》（男性形）Freiwillige《フライヴィリゲ》（女性形）〉が一般に用いられた。「自由意志で行《おこ》なう人」という意味である。だが、ひとまずそれを別として、ここでは、「ボランティア」という語の起源と語義を、**資料1**に即して確かめておこう。

「ボランティア」という語は、もともとはラテン語の動詞〈volo《ウォロー》〉から出たものである。この動詞は、英語の〈will《ウィル》〉やドイツ語の

資料1「ボランティア」の語源と意味

(v.) = 動詞、(adj.) = 形容詞、(n.) = 名詞、(pl.) = 複数形

古典ラテン語

volo(v.)：望む、欲する、したい、選ぶ

←印度ゲルマン祖語の uel〔ウエル〕から発している

voluntarius〔ウォルンターリウス〕(adj.)：自分の自由意志で行動するところの、自発的な

voluntas〔ウォルンタース〕(n.)：自由意志、自発性、欲求、選択

→派生的な意味

volo(n.)：志願兵、義勇兵

voluntarii(n.pl.)：志願兵・義勇兵たち

英語

voluntary〔ヴォランタリー〕(adj./n.)：自発的な、自由意志の／自発性、自由意志

volunteer〔ヴォランティーア〕(n.)：「ボランティア」、義勇兵

※ One volunteer is worth two pressed men.

（一人の volunteer は強制された人員二人分の値打ちがある）

※ volunteer ⇔ pressed man

〈wollen《ヴォレン》〉と同じように、印度ゲルマン祖語の(注1)〈uel〉を共通の語源とするもので、「望む、欲する、したい、選ぶ」などの主体的な意志と選択に関わる感情を表《あら》わす語だった。ラテン語の動詞〈volo〉から派生する形容詞、名詞は、それぞれ記したとおりである。

重要な点は、まずひとつには、この語が、「自発性」や「自由意志」を表わす言葉だったということである。強制された行為、不本意な行為、命令され指示に従ってする行為などは、この言葉の意味と矛盾し、この言葉の精神に反するのだ。

だが、もうひとつの重要な点は、歴史の進展のなかで、この言葉は別の意味を持つようになる、ということである。それは、紀元前二一八年から二〇一年にかけて、古代ローマ共和国が「第二ポエニ戦争」と呼ばれる地中海沿岸全域を巻き込む大戦争を行なったとき、始まった。敵国カルタゴの将軍ハンニバルにちなんで、「ハンニバル戦争」とも呼ばれるこの戦争で、ローマは、紀元前二一六年の「カンナエの戦い」に大敗を喫し、国家存亡の機に瀕《ひん》した。この敗北からの挽回を期して、ローマは新しい制度を(イ)ドウニュウする。それは、ローマ軍に志願して戦う奴隷は奴隷の身分から解放される、という制度だった。そして、この奴隷が、〈volo《ウォロー》〉と呼ばれたのである。複数形としては、形容詞が名詞化した形の〈voluntarii《ウォルンタリイー》〉（自由意志で行なう人びと）が用いられた。「ボランティア」が「義勇兵」「志願兵」を意味するようになった始まりは、古代ローマのこの制度だったのだ。そして、「ボランティア」という語に含まれるこの意味は、現在に至るまでなお生き続けることになる。

かつてのイギリス海軍の志願兵募集のキャッチフレーズは、「一人のvolunteerは強制された人員二人分の値打ちがある」というものだった。「ボランティア」は、強制された人員（pressed man）の反意語なのである。強制されてする行為ではないからこそ、ボランティアの行為には、そしてそれをするボランティアには、大きな意味と価値があるのだ。――だが、ボランティアである義勇兵が自由意志で身を投じた軍隊には、強制だけが、指示され命令されてする行為だけが、待っていた。

政権の座に就いたヒトラーが、(注2)ヴァイマル政府の「自発的労働奉仕」の制度を継承したとき、彼の思惑は的を射ていたのである。そのことを物語っているのが、この制度によって労働奉仕に従事した労働者の月別の人数、およびその労働日数の合計を表わす別掲の**資料2**である。データのうち「従事者数」は、その月にボランティアとして応募し労働に従事した労働者の人数であり、毎日の従事者数を合計した一ヵ月の延べ人数ではない。すべての従事者の従事日数の総計は、各月の「合計従事日数」（七月以降は概数）として示されている。多少の増減はあるものの、各人が一ヵ月に二〇日程度、従事していたことがわかるだろう。

当初は失業者だけに限定されていた「自発的労働奉仕」の参加資格は、制度開始の一年後、一九三二年七月一六日に改訂され、八月二日の施行規則によって、一八歳から二五歳までの青年であれば失業者以外でも参加できるようになった。データの数値は、その翌月の九月から参加者が急増したことを示している。八月には九万七〇〇〇人だった従事者数は、九月には一挙に約一・五倍の一四万四〇〇〇人となった。さらに、同じく八月段階との比較で、一〇月には二・六倍、一一月には三倍近くに増加する。それまでも漸増傾向にあったとはいえ、この急増は、失業者ではない青年たち、純然たるボランティアたちが、労働奉仕に加わった結果と考えて間違いないだろう。実質的には、失業者の二倍に相当するボランティアたちが、この制度を担うことになったのだ。

このボランティアたちを、ヒトラーは、待っていたのである。このボランティアたちを先駆けとして、自発的に、自由意志によって、進んで困難な労働に立ち向かう精神が、若者たちのなかに芽生え、次第に根を下ろし、拡大深化していくことを、彼は期待し、確信していた。

一九三三年五月一日、従来の「メーデー」を廃して新しい祝祭日とされた「国民的労働の日」の演説で、ヒトラーは、古い居

資料2「自発的労働奉仕」従事者の推移

年	月	従事者数	合計従事日数
1932	1	**A**	200,000
	2	18,800	344,000
	3	25,400	617,000
	4	38,000	636,000
	5	53,300	1,029,000
	6	70,400	1,452,000
	7	80,000	1,650,000
	8	97,000	2,000,000
	9	144,000	3,000,000
	10	253,000	**C**
	11	**B**	7,000,000
	12	241,7000	4,600,000

第4回　国語

住地域の再開発や建物の建て替えなどのプロジェクトによって個別の失業者に労働奉仕の機会を与え、自動車専用高速道路（アウトバーン）の建設工事という大規模公共事業に大量の労働力を投入して失業を減らすことを公約した。だが、首都ベルリン郊外のテンペルホーフ原野《フェルト》（現在は空港になっている）で、晩の八時から、光と闇の照明効果が十二分に発揮されるなか、数十万人の聴衆を前にして行なわれたその演説は、失業解消の公約以外にも、きわめて注目すべき内容を含んでいた。新生ドイツの四四歳の首相は、その同じ演説のなかで、労働と労働奉仕についての彼の信念と目標を、熱を込めて語ったのである。

「労働奉仕」（Arbeitsdienst《アルバイツディーンスト》）というドイツ語の後半部、「奉仕《ディーンスト》」というのは、職務なり任務なりに服務することを表わす語として一般的に用いられるが、元来は、「下僕《しもべ》として仕えること」という意味である。社会的な主従関係のなかでの従属者の働きを言い表わす場合（「御主人さまにお仕えする」など）や、宗教的な「神への奉仕」と、そのひとつのありかたとしての慈善活動を言う場合が、この意味を明白に含んでいる。ヨーロッパ中世のキリスト教、カトリック教団の修道女や修道僧たちは、毎日何度かの定時の礼拝を行なった。これが「神への奉仕」（gotesdienst《ゴテスディエンスト》）と呼ばれた。宗教改革を経てプロテスタント教会が生まれたのち、奉仕は神への奉仕だけでなく、(ウ)セゾク的な奉仕、この世を共に生きる人びとへの慈善活動にも重きが置かれることになる。この延長線上に、現代語において「お客さまへのサービス」という意味で「奉仕」という言葉が使われるケースもある。だが、この言葉が無意識のうちに単なる職務従事の意味で用いられる場合でも、じつは社会的な従属関係を内包していることが少なくない。上官から部下への命令にもとづく「軍隊の服務《ディーンスト》」などが、その一例だろう。「お客さまへのサービス《ディーンスト》」にも、客と商人との社会的・経済的な上下関係が想定されている。

このように、「奉仕」は、元来の意味では、いずれの場合にも、自分を下位に置くへりくだりや謙虚さの意味を含んだ語として用いられ、その意味では、私利私欲を捨て(エ)ガイを殺して謙虚に自分の力を他者のために提供するボランティアの精神に、ふさわしい語彙だと言えるだろう。

その精神の自発的な謙虚さを、すべてのドイツ国民に植え付けるために、ヒトラーは労働奉仕の義務化を実現しようとしたのだった。軽んじられ侮蔑され差別されてきた肉体労働を、すべてのドイツ人に体験させることで、肉体労働とそれに従事する肉体労働者に対する差別感情と自己の優越感を払拭し、私利私欲を満たすためではなく全体のために自発的に奉仕する精神を、奉仕労働の体験を通じて青年たちに体得させようとしたのである。他方では、肉体労働者が、劣等意識と物質的な不利益とから解放されることによって、「拳《こぶし》の労働者」(注3)と「額《ひたい》の労働者」が双方から歩み寄り、こうして労働をめぐる差別が社会から一掃されて、国民を分断する階級差別がなくなり、階級闘争がその前提を失うことを、そしてその結果、ナチズムにとって不倶戴天《ふぐたいてん》の敵であるマルクス主義の革命運動が消滅して、民族民衆が一体となって生きるひとつの共同体が生まれることを、ヒトラーは実現すべき目標として公言し、その目標の実現に向けて歩を踏み出したのである。

ボランティア労働は、ヒトラーのこのコウ(オ)ソウによって、大失業状況という国家社会の危機を救うための一手段から、新しい国家社会をナチズムの理念にもとづいて創出するための重要な原動力へと、大きな転換を遂げることになった。

(池田浩士《いけだひろし》『ボランティアとファシズム──自発性と社会貢献の近現代史』による)

(注) 1 印度ゲルマン祖語──ドイツ語、英語、ヒンディー語などの起源となったと考えられている祖先言語。

2 ヴァイマル政府──第一次世界大戦の後に成立したドイツの政府。ワイマール政府。

3 「拳の労働者」と「額の労働者」──ここでは、ブルーカラー(生産の現場で働く労働者・肉体労働者)とホワイトカラー(事務系の労働者・頭脳労働者)のこと。

問１　傍線部(ア)～(オ)に相当する漢字を含むものを、次の各群の①～⑤のうちから、それぞれ一つずつ選べ。解答番号は 1 ～ 5 。

(ア) イヤしまれた 1
① 洪水のヒガイを受ける
② 暑さ寒さもヒガンまで
③ 謝罪会見への出席をキヒする
④ 昨今の政策をヒハンする
⑤ ヒキンな例を挙げて説明する

(イ) ドウニュウ 2
① 初心者をシドウする
② ドウサツ力のすぐれた人
③ ゲンドウが物議をかもす
④ 空想と現実をコンドウする
⑤ 公衆ドウトクを守る

(ウ) セゾク 3
① シンゾク一同が集まる
② 伝統的なシュウゾクを学ぶ
③ 母校へのキゾク意識を持つ
④ カイゾク船から貨物船を守る
⑤ 小説のゾクヘンを書く

(エ) ガイ 4
① 植物がハツガする
② ガガクの演奏を聴いて楽しむ
③ 故郷のサンガが目に浮かぶ
④ 卒業のシュクガ会に参加する
⑤ 勉学に集中しボウガの境に入る

(オ) コウソウ 5
① アイソウを尽かす
② ヒソウな決意
③ ソウイクフウの末に完成した味
④ 和解工作がソウコウする
⑤ 文化のジュウソウ的な構造

問2 **資料1**を通して筆者はどのようなことを述べようとしていると考えられるか。その説明として最も適当なものを次の①～⑤のうちから一つ選べ。解答番号は 6 。

① 「ボランティア」の語源と意味の派生を確認することで、人々が、国家に貢献するための労働という一見自由からかけ離れた奉仕を自らの意志に基づいて引き受ける逆説的な事態を促したナチスの政策について、言語的な側面から説明しようとしている。

② 古典ラテン語に起源をもつ「ボランティア」とドイツ語で一般的に用いられる〈Freiwilliger〉の差異を確認することで、自発性に基づくはずの国民の労働奉仕が実は国家によって半ば強制されたものであるというドイツ特有の事態に、言語的な背景があることを説明しようとしている。

③ 「ボランティア」の語源がかつてのヨーロッパ共通語である古典ラテン語だということを確認することで、労働者が自発的に自由意思に基づいて国家のために困難な肉体労働を引き受ける精神を持っていたのは、ドイツに限らず、西欧圏においては一般的に見られた特徴だということを説明しようとしている。

④ 「ボランティア」という語のもともとの意味を語源からさかのぼって確認することで、ヒトラーが積極的に推進した、自発的な労働を制度化し実質的に国民を国家に従属させた政策について、その歴史的な意味や価値を説明しようとしている。

⑤ 「ボランティア」の語源と意味を歴史的に確認することで、国家によって制度化され、暗黙のうちに政府に従属することを求められるような労働奉仕の自発性は、実際にはボランティアの理念からは本質的にかけ離れたものであることを説明しようとしている。

問３　**資料２**の空欄Ａ～Ｃを埋める数値の組合せとして最も適当なものを、次の①～⑤のうちから一つ選べ。解答番号は 7 。

① Ａ 13200　Ｂ 285000　Ｃ 6000000
② Ａ 13200　Ｂ 260000　Ｃ 6000000
③ Ａ 13200　Ｂ 285000　Ｃ 5000000
④ Ａ 20200　Ｂ 260000　Ｃ 5000000
⑤ Ａ 20200　Ｂ 285000　Ｃ 6000000

問4 ヒトラーの率いるナチスと労働奉仕の関係について筆者はどのように考えているか。その説明として最も適当なものを次の①～⑤のうちから一つ選べ。解答番号は 8 。

① 私利私欲を排して自発的に全体のために奉仕しようとする精神を重んじ、奉仕労働を半ば強制的に体験させることにより民族民衆の一体感を育むことで、階級闘争を優位に推し進め、ナチズムに基づいた新しい国家社会の創出を革命的に推し進めた。

② ドイツ語において「ボランティア」に相当する語の背景には世人が厭う困難な肉体労働を自発的に行おうとする精神性があるという言語学的考察を国家統治のために利用するために、人々に自発的な労働奉仕をさせる制度を作り出し、ナチスのために人々が奉仕する全体主義的な社会を形成した。

③ ボランティアと奉仕の精神を結び付け、利己的な欲求のためではなく他者のために自己の力を提供する自発性を国家の統制に利用するために労働奉仕を義務化することで、職業上の優劣意識を排し、全国民が国家に従属する社会体制を生み出した。

④ 謙虚に神に奉仕しようとするキリスト教的な文化をもつドイツ国民の精神性を、ナチズムの理念に基づいた国家社会の創出のために利用することを目的として、ヒトラーを中心としたナチスを神聖化し崇拝の対象としたうえで、それに対する奉仕を強制化した。

⑤ 大失業状況におちいり国家社会の危機に瀕したドイツを救うため、自発的な労働の奉仕を制度化し失業者を減らすことで、階級の差を超えて民族民衆が一体となって生きようとする意識を人々にもたらし、国民の分断を解消するとともに経済的な復興をなしとげた。

問５　【文章】の表現・構成についての説明として最も適当なものを、次の①～⑤のうちから一つ選べ。解答番号は 9 。

① ナチスが推進したボランティアにまつわる政策について時系列順に説明することで、ドイツにおける社会福祉政策の変遷とそれらの政策の意義をわかりやすく説明している。

② 政治的な考察や言語学的な考察などさまざまな分野の観点から「ボランティア」について説明をすることで、ボランティアについて常識的な通念を超えた理解を導いている。

③ ナチスが行った政策や歴史的事象、「ボランティア」の語源などの具体的な説明の前に、必ずボランティアについての筆者の考えが抽象的な一般論として示されるという形で、演繹的な論証を繰り返す書き方をとって論を進めている。

④ ナチズムの理念に基づいて国家を創出するときに国民の自発性を利用したという結論に導く際、一見その論旨とは関係ない「奉仕」の語源といった言語学的な説明を挿入して、起承転結の構成法をとっている。

⑤ ナチスによる国家統治のための制度である「自発的労働奉仕」における「自発的労働」の概念が歴史的につくられたものであり、決して時代的にも空間的にも普遍的でないということを、古典ラテン語との比較によって効果的に示している。

問6 岡前高校は岡前市に存在する唯一の市立高校である。岡前市は近隣の市町村を合併してできた市であり、今年成立20周年を迎える。それに伴い、記念の式典や文化の展覧会（岡前市成立20周年記念行事）が市内の様々な場所で行われ、その運営ボランティアに岡前高校の高校2年生全員（約150名）が参加することになった。次に掲げるのは、「岡前市成立20周年記念行事ボランティア募集要項」（以下**［要項］**と表記する）である。

岡前市成立20周年記念行事ボランティア募集要項

■岡前市成立20周年記念行事について

岡前市成立20周年記念行事（以下記念行事という。）が、岡前市に住む人々の心を揺さぶり、歴史的な行事となるだけでなく、今後の岡前市の振興の契機となる行事となるためには、岡前市に住むすべての人々の協力が必要です。記念行事には岡前市に住む人々だけでなく、以前に岡前市に住んでいたことのある人など岡前市に縁のある人々や海外からの観光客の方々も多く訪れますし、この式典の様子が県内のテレビで中継されたり市発行の広報誌にも掲載されることを通じて、市外に住む人々にも岡前市の魅力を伝える機会となります。岡前市は成立20年とまだ新しい市ですが、今後の明るい未来を担う町として「多様性」をコンセプトに掲げています。そのため、年齢や性別、国籍、障がい等の有無にかかわらず様々な方に記念行事の担い手になっていただくことが記念行事の成功に必要不可欠だと考えます。また、記念行事の担い手として、多くの方々に行事に携わっていただくことを通して、すべての方々に岡前市の魅力をさらに感じ、岡前市に住むことについて誇りを感じていただきたく思います。

岡前市成立20周年記念行事実行委員会は、記念行事運営に携わる「行事ボランティア」を募集します。行事に関わる多くの人々と一丸となって、「記念行事を成功させたい」という熱意をお持ちの方、記念行事に参加することで岡前市民としての誇りを感じたい方、多くの人々に岡前市の魅力を伝えたい方の参加をお待ちしています。

（中略）

◆ 開催日程:20××年9月16日（月）～9月22日（日）
※記念の式典:20××年9月16日（月）、文化の展覧会: 20××年9月17日（火）～9月22日（日）

■募集人数 500人

■活動期間 行事期間及びその前日の準備日を合わせた8日間のうち3日を基本とします。
また、岡前高校2年生は8日間すべての参加を基本とします。

■活動時間 休憩･待機時間を含み、1日8時間程度

（中略）

■積極的に応募していただきたい方
- 岡前市成立20周年記念行事を成功させたい方
- 多様性を重んじる方
- 岡前市民であることを誇りに感じ、その魅力を多くの人に伝えたい方
- 岡前市に縁のある文化や自然に関心を持つ方
- ボランティアに対して知識や経験のある方
- 医療、看護、介護、保育、大型車両の運転などに関し、資格やスキルをお持ちの方
- 英語やその他言語、手話などに一定程度以上習熟している方

（中略）

■活動に当たりお渡しする物品等
- 活動中の飲食費 ・ボランティア活動期間中会場までの交通費相当として一定程度
- 岡前市成立20周年記念グッズ

（後略）

現代文の授業で【文章】を扱った生徒五人が、ボランティアに参加するにあたり、この［要項］を読んだ。以下の【会話】は、生徒たちがこれについて考察し議論している場面の一部である。これを読み、空欄X～Zに入る内容として最も適当なものを、後の各群の①～③のうちからそれぞれ一つずつ選べ。解答番号は［10］～［12］。

【会話】

生徒A――岡前市成立20周年記念行事が今度行われるみたいだけど、この行事のお手伝いに私たちも参加することになってるんだよね。ふだんこういう経験をすることは少ないから、楽しみだな。

生徒B――ただ、【文章】をもとに「ボランティア」についていろいろと考えた後だから、［要項］を読むと、けっこう気になる点もあるよね。記念行事に参加するメリットとして［　X　］ことが挙げられているけど、【文章】で論じられていたことからすると、それには危うい面もあるような気がする。

生徒C――うん。それに、「岡前高校２年生は８日間すべての参加を基本とします」とあるでしょ。ボランティアは自発的なものであるはずなのに、これだと強制になってしまっているような気がするんだけど。

生徒D――そうか。こういうことに慣れてしまうことで、人々が、［　Y　］危うさがある、というのが、【文章】で論じられていたことだったよね。

生徒E――そういう考え方が浸透すると、［要項］の記載について、例えば［　Z　］といった正当な主張が、「私利私欲」だとして攻撃される、といったことも起こりかねないね。それは問題だと思う。

〈X群〉 10

① ボランティアについての知識や技能を、実践を通じてしっかりと身に付けることができる

② 様々な人々と交流をすることによって、多様性を重んじる価値観を養うことができる

③ 行事に参加し貢献することで、岡前市の魅力を実感し、誇りを感じることができる

〈Y群〉 11

① 自分の存在は集団全体に従属し奉仕するためにあるというような考え方を、自ら進んでするようになってしまう

② 自由意志を抑圧されることに反発するあまり、社会に貢献する活動全体に拒絶反応を起こすようになってしまう

③ 自らの判断で行動することに不安を覚えるようになり、強制に従っている方が楽だと考えるようになってしまう

〈Z群〉 12

① 記念行事を単なる歴史の区切りに終わらせることなく、岡前市の振興に役立つものにすべきだ

② 医療などの専門性の高いスキルに対しては、ボランティアではなく適切な対価が支払われるべきだ

③ ボランティアとは言え、活動に必要な飲食費や交通費はある程度支給されるべきだ

（下書き用紙）

国語の試験問題は次に続く。

第2問 次の文章は、有島武郎《ありしまたけお》「卑怯者《ひきょうもの》」（一九二〇年発表）の全文である。これを読んで、後の問い（問1～6）に答えよ。なお、設問の都合で本文の上に行数を付してある。（配点 50）

青黄《あおぎい》ろく澄み渡った夕空の地平近い所に、一つ浮いた旗雲には、入り日の桃色が静かに照り映えていた。山の手町の秋のはじめ。

ひた急ぎに急ぐ彼には、往来を飛びまわる子供たちの群れが小うるさかった。夕餉《ゆうげ》前のわずかな時間を惜しんで、釣瓶《つるべ》落としに暮れてゆく日ざしの下を、彼らはわめきたてる蝙蝠《こうもり》の群れのように、ひらひらと通行人にかけかまいなく(注1)飛びちがえていた。まともに突っかかって来る勢いをはずすために、彼は急に歩行をとどめねばならなかったので、幾度も思わず上体を前に泳がせた。子供は、よけてもらったのを感じもしない風で、彼の方には見向きもせず、追って来る子供にばかり気を取られながら、彼の足許《あしもと》から遠ざかって行った。そのことごとく利己的な、自分よがりなわがままな仕打ちが、その時の彼にはことさら憎々しく思えた。彼はこうしたやんちゃ者の渦巻《うずまき》の間を、言葉どおりに縫うように歩きながら、しきりに急いだ。

眼《め》ざして来た家から一町(注2)ほどの手前まで来た時、彼はふと自分の周囲にもやもやとからみつくような子供たちの群れから、すかんと静かな所に歩み出たように思って、あたりを見廻《みまわ》してみた。そこにも子供たちは男女を合わせて二十人くらいもいるにはいたのだった。だがその二十人ほどは道側の生垣《いけがき》のほとりに一塊《ひとかたま》りになって、何かしゃべりながらも飛びまわることはしないでいたのだ。興味の深い静かな遊戯にふけっているのであろう、彼がそのそばをじろじろ見やりながら通って行っても、誰一人振り向いて彼に注意するような子供はなかった。彼はそれで少し救われたような心持ちになって、草履《ぞうり》の爪さきを、上皮《うわかわ》だけ播《まき》水《みず》でうんだ(注3)堅い道に突っかけ突っかけ先を急いだ。

子供たちの群れからはすかいにあたる向こう側の、格子戸立ての平家《ひらや》の軒さきに、牛乳の配達車が一台置いてあった。水色のペンキで塗りつぶした箱の横腹に、「精乳社」と毒々しい赤色で書いてあるのが眼を牽《ひ》いたので、彼は急ぎながらも、毒々しい箱の字を少し振り返り気味にまでなって読むほどの余裕をその車に与えた。その時車の梶棒《かじぼう》の間から後ろ向きに箱に倚《よ》りかかっているらしい子供の脚を見たように思った。

彼がしかしすぐに顔を前に戻して、眼ざしている家の方を見やりながら歩みを早めたのはむろんのことだった。そしてそこから(注４)四、五間も来たかと思うころ、がたんとかけがねのはずれるような音を聞いたので、急ぎながらももう一度後《うしろ》を振り返って見た。しかしそこに彼は不意な出来事を見いだして思わず足をとめてしまった。

その前後二、三分の間に(注５)まくし上がった騒ぎの一伍一什《いちぶしじゅう》を彼は一つも見落とさずに観察していたわけではなかったけれども、立ち停《どま》った瞬間からすぐにすべてが理解できた。配達車のそばを通り過ぎた時、梶棒の間に、前扉に倚りかかって、彼の眼に脚だけを見せていた子供は、ふだんから悪戯《いたずら》が激しいとか、愛嬌《あいきょう》がないとか、引っ込み思案であるとかで、ほかの子供たちから隔てをおかれていた子に違いない。その時もその子供だけは遊びの仲間からはずれて、配達車に身をもたせながら、つくねんと皆《み》んなが道の向こう側でおもしろそうに遊んでいるのを眺めていたのだろう。一人坊《ひとりぼ》っちになるとそろそろ腹のすいたのを感じだしでもしたか、その子供は何の気なしに車から尻を浮かして立ち上がろうとしたのだ。その拍子に牛乳箱の前扉のかけがねが折り悪《あ》しくもはずれたので、子供は背中から扉の重みで押さえつけられそうになった。驚いて振り返って、開きかかったその扉を押し戻そうと、小さな手を突っ張って力んでみたのだ。彼が足を停《と》めた時はちょうどその瞬間だった。ようよう六つぐらいの子供で、着物も垢《あか》じみて折り目のなくなった紺の単衣《ひとえ》で、それを薄寒そうに裾短《すそみじか》に着ていた。薄ぎたなくよごれた顔に充血させて、口を食いしばって、倚りかかるように前扉に凭《も》たれている様子が彼には(ア)笑止に見えた。彼は始めのうちは軽い好奇心にそそられてそれを眺めていた。

扉の後には牛乳の瓶《びん》がしこたましまってあって、抜きさしのできる三段の棚の上に乗せられたその瓶が、傾斜になった箱を一気にすべり落ちようとするので、扉はことのほかの重みに押されているらしい。それを押し返そうとする子供は本当に一生懸命だった。人に救いを求めることすらし得ないほど恐ろしいことがまくし上がったのを、誰も見ないうちに気がつかないうちに始末しなければならないと、気も心も顛倒《てんとう》しているらしかった。泣きだす前のようなその子供の顔、……こうした suspense の状態が物の三十秒も続けられたろうか。

けれども子供の力はとても扉の重みに打ち勝てるようなものではなかった。ああしているとやがておお事になると彼は思わずにはいられなくなった。単なる好奇心が少しぐらつきだして、後戻りしてその子供のために扉をしめる手伝いをしてやろうかとふと思ってみたが、あすこまで行くうちには牛乳瓶がもうごろごろと転げ出しているだろう。その音を聞きつけて、往来の子供たちはもとより、向こう三軒両隣の窓の中から人々が顔を突き出して何事が起こったかとこっちを見る時、あの子供と二人で皆んなの好奇的な眼でなぶられるのもありがたい役廻りではないと気づかったりして、思ったとおりを実行に移すにはまだ距離のある考えようをしていたが、その時分には扉はもう遠慮会釈もなく三、四寸（注6）がた開いてしまっていた。と思う間もなく牛乳のガラス瓶があとからあとから生き物のように隙《すきま》を眼がけてころげ出しはじめた。それが地面に響きを立てて落ちると、落ちた上に落ちて来るほかの瓶がまたからんからんと音を立てて、破れたり、はじけたり、転がったりした。子供は……それまでは自分の力にある自信を持って努力していたように見えていたが……こういうはめになるとかっとあわて始めて、突っ張っていた手にひときわ力をこめるために、体を前の方に持って行こうとした。しかしそれが失敗の因《もと》だった。そんなことをやったおかげで子供の姿勢はみじめにも崩れて、扉はたちまち半分がた開いてしまった。牛乳瓶は(イ)ここを先途《せんど》とこぼれ出た。そして子供の胸から下をめった打ちに打っては地面に落ちた。子供の上前《うわまえ》（注7）にも地面にも白い液体が流れ拡《ひろ》がった。

A こうなると彼の心持ちはまた変わっていた。子供の無援な立場を憐《あわれ》んでやる心もいつの間にか消え失《う》せて、牛乳瓶ががらりがらりととめどなく滝のように流れ落ちるのをただおもしろいものに眺めやった。実際そこに惹起《じゃっき》された運動といい、音響といい、ある悪魔的な痛快さを持っていた。破壊ということに対して人間の抱いている奇怪な興味。小さいながらその光景は、そうした興味をそそり立てるだけの力を持っていた。もっと激しく、ありったけの瓶が一度に地面に散らばり出て、ある限りが粉《こな》微塵《みじん》になりでもすれば……

はたしてそれが来た。前扉はぱくんと大きく口を開いてしまった。同時に、三段の棚が、吐き出された舌のように、長々と地面にずり出した。そしてそれらの棚の上にうんざりと積んであった牛乳瓶は、思ったよりもけたたましい音を立てて、壊れたり砕けたりしながら山盛りになって地面に散らばった。

その物音には彼もさすがにぎょっとしたくらいだった。子供はと見ると、もう車から七、八間のところを無二無三に駈《か》けていた。他人の耳にはこの恐ろしい物音が届かないうちに、自分の家に逃げ込んでしまおうと思い込んでいるようにその子供は走っていた。しかしそんなことのできるはずはない。彼が、突然地面の上に現《あら》われ出た瓶の山と乳の海とに眼を見張った瞬間に、道の向こう側の人垣を作ってわめき合っていた子供たちの群れは、一人残らず飛び上がらんばかりに驚いて、配達車の方を振り向いていた。逃げかけていた子供は、自分の後に聞こえたけたたましい物音に、すくみ上がったようになって立ち停った。もう逃げ隠れはできないと観念したのだろう。そしてもう一度なんとかして自分の失敗を(ウ)彌縫《びほう》する試みでもしようと思ったのか、小走りに車の手前まで駈けて来て、そこに黙ったまま立ち停った。そしてきょろきょろとほかの子供たちを見やってから、当惑し切ったように瓶の積み重なりを顧みた。取って返しはしたものの、どうしていいのかその子供には皆目見当がつかないのだ、と彼は思った。

群がり集まって来た子供たちは遠巻きにその一人の子供を取り巻いた。すべての子供の顔には子供に特有な無遠慮な残酷な表情が現われた。そしてややしばらく互いに何か言い交《かわ》していたが、その中の一人が、

「わーるいな、わるいな」

とさも人の非を鳴らすのだという調子で叫びだした。それに続いて、

「わーるいな、わるいな。誰かさんはわーるいな。おいらのせいじゃなーいよ」

という意地悪げな声がそこにいるすべての子供たちから一度に張り上げられた。しかもその糺問《きゅうもん》の声は調子づいてだんだん高められて、果ては何処《どこ》からともなくそわそわと物音のする夕暮れの町の空気が、この癇高《かんだか》な叫び声で埋められてしまうほどになった。

しばらく躊躇《ちゅうちょ》していたその子供は、やがて引きずられるように配達車の所までやって来た。もうどうしても遁《のが》れる途《みち》がないと覚悟をきめたものらしい。しょんぼりと泣きも得《え》せずに突っ立った(注8)そのまわりには、あらん限りの子供たちがぞろぞろと跟《つ》いて来て、皮肉な眼つきでその子供を鞭《むち》ちながら、その挙動の一つ一つを意地悪げに見やっていた。六つの子供にとって、これだ

けの過失は想像もできない大きなものであるに違いない。B子供は手の甲を知らず知らず眼の所に持って行ったが、そうしてもあまりの心の顚倒に矢張り涙は出て来なかった。

彼は心まで堅くなってじっとして立っていた。がもう黙ってはいられないような気分になってしまっていた。肩から手にかけて知らず知らず力がこもって、唾をのみこむとぐっと喉が鳴った。その時には近所合壁《がっぺき》(注9)から大人までが飛び出して来て、あきれた顔をして配達車とその憐な子供とを見比べていたけれども、誰一人として事件の善後を考えてやろうとするものはないらしく、かかわり合いになるのをめんどうくさがっているように見えた。そのていたらくを見せつけられると彼はますます焦立《いらだ》った。いきなり飛びこんで行って、そこにいる人間どもを手あたりしだいになぐりつけて、あっけにとられている大人子供を尻眼にかけながら、

「馬鹿野郎！　手前たちは木偶《でく》の棒だ。卑怯者だ。この子供がたとえばふだんいたずらをするからといって、今もいたずらをしたとでも思っているのか。こんないたずらがこの子にできるかできないか、考えてもみろ。可哀《かわい》そうに。はずみから出たあやまちなんだ。俺はさっきから一伍一什をここでちゃんと見ていたんだぞ。べらぼうめ！　配達屋を呼んで来い」

と存分に痰呵《たんか》を切ってやりたかった。C彼はいじいじしながら、もう飛び出そうかもう飛び出そうかと二の腕をふるわせながら青くなって突っ立っていた。

「えい、退《ど》きねえ」

といって、内職に配達をやっている書生(注10)とも思わしくない、純粋の労働者肌の男が……配達夫が、二、三人の子供を突き転ばすようにして人ごみの中に割りこんで来た。

彼はこれから気のつまるようないまいましい騒ぎがもちあがるんだと知った。あの男はおそらく本当に怒るだろう。あの泣きもし得ないでおろおろしている子供が、皆んなから手柄顔に名指されるだろう。配達夫は怒りにまかせて、何の抵抗力もないあの子の襟《えり》がみでも取ってこづきまわすだろう。あの子供は突然死にそうな声を出して泣きだす。まわりの人々はいい気持ちそうにその光景を見やっている。……彼は飛び込まなければならぬ。飛び込んでその子供のためになんとか配達夫を言いなだめなけ

ればならぬ。

ところがどうだ。その場の様子がものものしくなるにつれて、もう彼はそれ以上を見ていられなくなってきた。彼は思わず眼をそむけた。と同時に、自分でもどうすることもできない力に引っ張られて、すたすたと逃げるように行手《ゆくて》の道に歩きだした。しかも彼は胸の底で、手を合わすようにして「許してくれ許してくれ」と言い続けていた。自分の行くべき家は通り過ぎてしまったけれども気もつかなかった。ただわけもなくがむしゃらに歩いて行くのが、その子供を救い出すただ一つの手だてであるかのような気持ちがして、彼は息せき切って歩きに歩いた。そして無性に癇癪《かんしゃく》を起こし続けた。

「馬鹿野郎！　卑怯者！　それは手前のことだ。手前が男なら、今から取って返すがいい。あの子供の代わりに言い開きができるのは手前一人じゃないか。それに……帰ろうとはしないのか」

そう自分で自分をたしなめていた。それにもかかわらず彼は同じ方向に歩き続けていた。今ごろはあの子供の頭が大きな平手でぴしゃぴしゃはたき飛ばされているだろうと思うと、彼は知らず識《し》らず眼をつぶって歯を食いしばって苦い顔をした。人通りがあるかないかも気にとめなかった。噛《か》み合うように固く胸高に腕ぐみをして、上体をのめるほど前にかしげながら、泣かんばかりの気分になって、D彼はあのみじめな子供からどんどん行く手も定めず遠ざかって行った。

（注）
1　かけかまいなく――少しも気にかけることなく。
2　一町ほど――百メートルほど。一町は約一〇九メートル。
3　うんだ――柔らかくなった。
4　四、五間――十メートル弱。一間は約一・八二メートル。
5　まくし上がった――湧き起こった。
6　三、四寸――十センチほど。一寸は約三・〇三センチ。
7　上前――着物の前を合わせたとき、外側になる部分。
8　泣きも得せずに――泣くこともできずに。
9　近所合壁――近くの家々。
10　書生――学問を修めるために勉学している人。学生。

問1　傍線部(ア)〜(ウ)の本文中における意味として最も適当なものを、次の各群の①〜⑤のうちから、それぞれ一つずつ選べ。解答番号は 1 〜 3 。

(ア)　笑止に　1
① 奇怪に
② 大げさに
③ 滑稽に
④ 可哀想に
⑤ 下品に

(イ)　ここを先途と　2
① ここを通って
② ここぞとばかり
③ ここから先へと
④ ここをめがけて
⑤ ここに至って

(ウ)　彌縫する　3
① おわびする
② 取り消す
③ つぐなう
④ 確かめる
⑤ とりつくろう

問２　傍線部Ａ「こうなると彼の心持ちはまた変わっていた。」とあるが、「彼」の心持ちはどのように変わったのか。その説明として最も適当なものを、次の①～⑤のうちから一つ選べ。解答番号は［４］。

①　窮地に陥った子供がどうするだろうとちょっと面白がって見ていたが、次第に放っておけない気になった。しかし、周囲の目を気にしてそのまま傍観していたところ、いよいよ牛乳瓶が次々に落ちて割れ始め、すると、その光景に胸のすくような快感を覚えて、より大きな破局を期待するような気持ちになっていった。

②　子供が一人で困惑しているのを見て可哀そうに思っていたので、いざとなったら手伝おうと身構えていた。しかし、まだ大丈夫だろうと高をくくっていたところ、とうとう牛乳瓶が次々に落ちて割れ始め、すると、その光景に人の思いを超えた現実というものの爽快さを感じ、破壊ということへの奇怪な興味を呼び起こされた。

③　事態を収めようと一生懸命な子供に感心し見守っていたが、大人として助ける義務を感じ出した。しかし、自分も当事者だと思われては困ると腰が引けていたところ、いよいよ牛乳瓶が次々に落ちて割れ始め、すると、その光景に責任が一気に解除される心地良さを覚えて、より大いなる破砕を望むようになっていった。

④　さみしそうな子供が不運に襲われているのを気の毒に思っていたので、大事になる前に助けようと思い立った。しかし、もう間に合いそうにないと手をこまねいていたところ、とうとう牛乳瓶が次々に落ちて割れ始め、すると、その光景に嫌な現実が吹き飛ぶような痛快さを覚え、抗《あらが》いがたい破滅衝動を感じ始めた。

⑤　思わぬ事態に必死に対応する子供の様子を興味本位に眺めていたが、だんだん他人事《ひとごと》とは思えなくなってきた。しかし、余計なことをしてとばっちりを受けたくないと考えていたところ、いよいよ牛乳瓶が次々に落ちて割れ始め、すると、その光景に物事の決着がつく愉快を感じ、最後まで見届けたいという気持ちになっていった。

問3　傍線部B「子供は手の甲を知らず知らず眼の所に持って行ったが、そうしてもあまりの心の顚倒に矢張り涙は出て来なかった。」とあるが、このときの「子供」の説明として最も適当なものを、次の①～⑤のうちから一つ選べ。解答番号は 5 。

① わざとではないにしてもとんでもないことを引き起こしてしまい、もう逃げられないと自分でも観念しているのに、失敗につけ込んで容赦なく責め立ててくる他の子供たちに恐怖を感じ、自分のしたことにただただ動転している。

② とんでもないことを引き起こしはしたものの、正直に申し出れば許されると思ったのに、他の子供たちの無言のしつこい視線に責め立てられて感情すら凍りついてしまい、泣くこともできないまま事の重大さに圧倒されている。

③ ちょっとしたいたずらからとんでもないことになったものの、こういうときは仲間が自分を助けてくれると信じていたのに、ひたすら意地悪く責め立てるだけの他の子供たちに落胆し、ひどい失望の中でひたすら途方に暮れている。

④ ふとした弾みでとんでもないことを引き起こしてしまい、もはや自分ではどう対応していいのかわからないのに、他の子供たちは面白がって責め立ててくるばかりで、誰の助けもないまま事態の大変さで頭がいっぱいになっている。

⑤ ほんのいたずら心からとんでもないことになってしまい逃げ出したものの、責任を感じ引き返してきたのに、それを認めてくれるどころか責め立てるだけの他の子供たちにひどく傷つき、一人淋《さび》しく事の深刻さに打ちひしがれている。

問４　傍線部**C**・**D**について、次の(i)・(ii)の問いに答えよ。

(i)　傍線部**C**「彼はいじいじしながら、もう飛び出そうかもう飛び出そうかと二の腕をふるわせながら青くなって突っ立っていた。」とあるが、このときの「彼」の心情の説明として最も適当なものを、次の①～③のうちから一つ選べ。解答番号は 6 。

①　この過失を引き起こした子供は事態に必死に対応したのであり、しかも自分のせいとも言えないことに責任を感じて途方に暮れているというのに、いい大人たちまでもがその場に立ち会っていながら事態を収拾しようともせず、面倒くさがって無関心を装うのに白々しさを感じ、強い憤りと苛立《いらだ》ちを覚えている。

②　この過失を引き起こしたのはまだ年端もいかない子供であり、しかもそれは偶然によるものでこの子の責任とは言えないものであるのに、いい大人たちまでもがあきれているだけで手を貸そうともせず、他人事としてただ傍観しているということを情けなく思い、強い憤りと苛立ちを覚えている。

③　この過失を引き起こした子供は十分に責められて弱り切っており、しかもそれはいたずらではなく不運とも言うべきものであるのに、いい大人たちまでもがただあきれているばかりでそのことを理解しようともせず、正義漢ぶって見下しているということに偽善を感じ、強い憤りと苛立ちを覚えている。

(ii) 傍線部D「彼はあのみじめな子供からどんどん行く手も定めず遠ざかって行った」とあるが、このときの「彼」の心情の説明として最も適当なものを、次の ① ～ ③ のうちから一つ選べ。解答番号は 7 。

① 子供に代わって申し開きができるのは自分だけだとわかっていながら、配達夫が現れるとそれを面倒なことに感じ始め、その気持ちに打ち勝てずにその場から逃げ出してしまい、自分こそが一番の卑怯者だという思いにさいなまれつつも、とにかく責任から逃げきってしまいたい衝動に駆られている。

② 子供を弁護できるのは自分だけなのに、配達夫が姿を見せるとその勇気が出ず、その場の緊迫感とその後に展開されるだろう光景にいたたまれずにそこから逃げ出してしまい、自分こそが一番の卑怯者だという思いが募れば募るほど、その子供の責められる現場から遠く離れたい気持ちに駆られている。

③ 子供を窮地から救い出せるのは自分だけだというのに、配達夫が現れると途端に雰囲気が険悪になったことで、次第に恐ろしくなってその場から逃げ出してしまい、自分こそが一番の卑怯者だという思いから自分を責め立てるものの、その思いを振り払ってまでも恐ろしい光景から目をそむけたい衝動に駆られている。

問５　この文章の表現に関する説明として**適当でないもの**を、次の①～⑤のうちから一つ選べ。解答番号は［８］。

①　この物語には、「彼」という三人称の主人公が登場し、その動静を語り手が語っていくという形式がとられているが、その語りのほとんどは彼の気持ちに寄り添う形で展開するものとなっている。

②　15行目「水色のペンキで塗りつぶした箱の横腹に、『精乳社』と毒々しい赤色で書いてある」という描写は、出来事の要となる事物の色彩とそこに書かれた業者名を具体的に浮かび上がらせ、物語にくっきりとしたリアリティをもたらす働きをしている。

③　55行目「三段の棚が、吐き出された舌のように、長々と地面にずり出した」という比喩表現は、事物のイメージを鮮明に想起させると同時に、それがあまりありがたくない事態であるという印象をも与えるものとなっている。

④　86行目と104行目に「『馬鹿野郎！』」という同じ言葉が二度登場するが、主人公によってこの同一の台詞《せりふ》が繰り返されることで、この物語のテーマが陰影深く浮かび上がるようになっている。

⑤　３行目「ひた急ぎに急ぐ」歩きぶりが、102行目「ただわけもなくがむしゃらに歩いて行く」というふうに末尾部分で繰り返されるのは、主人公の感情が一巡して元に戻ったということを示唆するものである。

問6　次に示すのは、志賀直哉《しがなおや》「正義派」（一九一二年発表）の一部である。路面電車（市街地の道路内に敷かれた線路を走る電車）が女の子を轢《ひ》く事故が起き、現場検証で運転手が（鉄道会社の上役である「監督」の指示で）自分たちが不利にならないような証言をするのを聞いて、事故を目撃していた三人の鉄道工夫がそれは偽りだと声を上げ、警察で証言することを申し出る。以下の文章はこれに続く部分である。これを読んで、後の問いに答えよ。

　三人が警察署の門を出た時にはもう夜も九時に近かった。明るい夜の町へ出ると彼らは何がなし、晴れ晴れした心持《こころもち》になって、これという目的もなく自然急ぎ足で歩いた。そして彼らは何か知れぬ一種の愉快な興奮が互いの心に通い合っているのを感じた。彼らはなぜかいつもより巻舌《まきじた》で物を言いたかった。擦れ違いの人にも「俺たちを知らねえか！」こんなことでも言ってやりたいような気がした。

「ベラ棒め（注1）、いつまでいったって、悪い方は悪いんだ」

　年かさの丸い顔をした男が大声でこんなことを言った。

「監督の野郎途々《みちみち》寄って来て言いやがる――『ナア君、できた事は仕方がない。君らも会社の仕事で飯を食ってる人間だ』エエ？　俺《おら》、よっぽど警部の前で素っ破ぬいて（注2）やろうかと思ったっけ」

「それを素っ破抜かねえってことがあるもんかなあ……」と口惜《くや》しそうに瘤《こぶ》のある若者が言った。――しかし夜の町は常と少しも変《かわ》ったところはなかった。それが彼らには何となく物足らない感じがした。背後《うしろ》から来た俥《くるま》（注3）が突然叱声を残して行き過ぎる。そんなことでもその時の彼らには不当な侮辱ででもあるように感ぜられたのである。歩いている内に彼らはだんだんに愉快な興奮の褪《さ》めて行く不快を感じた。そしてそのかわりに報わるべきものの報われない不満を感じ始めた。彼らはしっきりなし（注4）に何かしゃべらずにはいられなかった。その内にいつか彼らは昼間仕事をしていた辺へ差しかかった。ちょうど女の児の轢き殺された場所へ来ると、そこが常と全く変らない、ただのその場所にいつか還《かえ》っていた。

それには彼らはむしろ異様な感じをしたのである。「あんまり空々しいじゃないか」三人は立留《たちどま》ると互いにこういう情ないような、腹立たしいような、不平を禁じられなかった。

彼らは橋詰《はしづめ》(注5)の交番の前へ来て、そこの赤い電球の下にもう先刻《さっき》のではない、イヤに生若い新米らしい巡査がツンと済まして立っているのを見た。「オイオイあの後《ご》はどうなったか警官に伺って見ようじゃねえか?」

「よせよせそんなことを訊《き》いたって今さら仕様があるもんか」

年かさの男がそれについて、

「串戯《じょうだん》じゃねえぜ、それより俺、腹が空《す》いて堪《たま》(注6)らねいやい」こう言いながら通り過ぎてちょっと巡査の方を振りかえって見た。その時若い巡査は怒ったような眼《め》で此方《こっち》を見送っていた。

「ハハハハ」年かさの男は不快からことさらに甲高く笑って、「悪くすりゃ明日《あした》ッから暫《しばら》くは食いはぐれもんだぜ」と言った。

「悪くすりゃどころか、それに決まってらあ」と瘤のある男でない若者が言った。こう言いながら若者は暗い家で自分を待っている年寄った母を想《おも》い浮《うか》べていた。

（注）1　ベラ棒め――べらぼうめ。
2　素っ破ぬいて――あばいて。暴露して。
3　俥――人力車のこと。
4　しっきりなしに――ひっきりなしに。絶え間なく。
5　橋詰――橋のたもと。
6　堪らねい――堪らねえ（堪らない）。

次に掲げるのは、本文（有島武郎「卑怯者」）と右の文章（志賀直哉「正義派」）を読んで、教師と五人の生徒がそれぞれの意見を述べた場面である。五人の生徒の発言のうち、本文および右の文章の理解として最も適当なものを、後の ①〜⑤ のうちから一つ選べ。解答番号は 9 。

教　師――二つの作品を読み比べてみると、「卑怯者」の「彼」は、真実を証言しなければならないと思いながら結局その場を去り、「正義派」の工夫たちは、似たような状況で実際に証言をした、ということになりますね。もちろん、事件の大きさや、一方は一人で他方は三人、といった違いもありますから、どちらが立派だ、といった単純な評価はできないでしょう。でも、いろいろなことを考えさせられますよね。みなさんはいかがですか。

① 生徒A――自分が同じような状況に出くわしたら、やっぱり「卑怯者」の「彼」のようになってしまう気がします。でも、「彼」が最後に「泣かんばかりの気分」になっているのに対して、「正義派」の工夫たちが「晴れ晴れした心持」でいることからすると、やっぱり勇気を出して「正義」を貫いた方がいいのかな、と思いますね。

② 生徒B――その工夫たちも、「口惜しそうに瘤のある若者が言った」とあるように、結局「監督」の不正は暴けなかったんですよね。だから、「歩いている内に」「褪めて行く」わけで……。「正義派」の工夫たちもやはり、自分たちの行為が十分に満足のいくものだとは感じていないような気がします。

③ 生徒C――「正義派」の中ほどに、「背後から来た俥が突然叱声を残して行き過ぎる」とあるように、工夫たちの行動は周囲からはむしろ反感を買っていますよね。この「報わるべきものの報われない」状況が、「卑怯者」の「彼」が勇気を出せなかった原因でもあるんじゃないでしょうか。

④ 生徒D――彼らは、「何となく物足らない」「あんまり空々しいじゃないか」と感じていますよね。「正義」に発するものであるはずの思いが、当人たちの中でも称賛や評価を求める気持ちに変わってしまう……。「正義派」で描かれて

いるのは、そういった人間の心理の難しさなんじゃないかという気がするんですけれども。

⑤　生徒E――「卑怯者」の「彼」が証言しなかったのも、自分も含めて人々の中にあるそうした傾向を危ぶんだからじゃないでしょうか。95行目の「手柄顔に名指されるだろう」という想像に表れているように、人はどうしても、他人のためと言いながら自尊心の満足のために振る舞ってしまいがちだ、ということですよね。

第3問　次の文章は、石川雅望《まさもち》『近江県物語《おうみあがたものがたり》』の一節である。医師橘 安世《たちばなのやすよ》の弟子梅丸《うめまろ》は、身分の低い家の出身であったが、学問・芸能に優れていたため、師匠安世の娘である薗生《そのお》の婿《むこ》になることが決まった。以下の文章は、それに続く場面である。これを読んで、後の問い（問1～5）に答えよ。（配点　50）

これより一年《ひととせ》ばかり先に、常人《つねんど》（注1）、薗生に心をかけゐけるが、むくつけ女一人語らひて、艶書《えんじょ》を梅の枝に付けて、贈りつかはしける。薗生心も付かで、うち開き読み見て、あさましきことに思ひて、やがて艶書をそのまま返しつかはすとて、梅に結びつけてやりける。

「中垣の隔ても分かで梅が香のなどここにしもにほひ来《き》ぬらん
うたてしや」とぞ書きたる。常人、こちなき心にも、(ア)この歌の心覚《さと》らざらんやは。うち見るより、「さは我をいとふにこそ」とて、その後は絶えて言ひ出《い》でもせざりける。

この頃、きと思ひつきて、「よしよし。(イ)すべきやうこそあれ」とて、またかのむくつけ女語らひて、「薗生が閨《ねや》に秘めある、梅丸が聘物《へいもつ》（注2）とて贈りたる袋物、盗みくれよ」と言ひける。この女、おぞきもの（注3）にて、やすくこと受けして、薗生が湯ひき（注4）をる隙《ひま》をうかがひて、かの一品を盗み出でて、懐《ふところ》に押し入れ、ひそかに常人に渡しける。常人、喜びて、中をだに開き見ず、紐《ひも》の結び目を紙縒《こよ》りして強く引き結ひて、またの日、梅丸がもとに行きて言ひけるは、「御辺《ごへん》（注5）、近きに薗生と婚姻し給《たま》ふこと、我らがよろこび、ますことなく覚え候《さうら》ふ。ただし苦々しきことの候ふを告げ参らせ候はずは、年ごろの親しみを失ふ道理なれば、うちうちひそかに告げ聞こゆるなり。その子細は、伯父なる人、御辺を婿と定めて候ふを、薗生いかなる所存にか、はなはだ恨み憤《ふつ》み候ひて、『夫婦の語らひは、親たちの御心にもまかすべきことかは。我にも語り給はで、妻となし給はんこと、あまりに心なき御はからひにこそ。たとひ父母のせめてのたまふとも、我は梅丸の妻とはならじ』とて、昼夜泣き沈みてこそ候ひしか。今朝のほど、おのれを呼び寄せて申し候ふは、『この一品は、梅丸が方よりしるしとて贈りたる物にて候ふ。見るもうたてく覚え候へば、とく返しやりたく候ふなり。確かにかれに渡して給ひa ね』とて取り出でて渡して候ふ。A さまざまこしらへすかして候へども、ことかなはず候へば、菌生が言ふままに御辺に参らするなり。よくよく思慮《しりよ》し給へかし」とて、袋物におのがはちぶかれ（注6）たる歌を添へて出だしける。

梅丸手に取りて見れば、覚えある菌生が筆にて、我が名の梅といふに添へていとひ思へるさまを述べたる歌なれば、Bしばしあきれていらへだにせざりけるが、ややためらひて言ひけるは、「この度の婚姻、それがし強ひて望みたることにては候はねどb、師なる人のさやうに(ウ)おもむけ給へることに候へば、かしこまり了承して候ふなり。しかれども、正身《さうじみ》（注7）の本意にかなはざること、余儀《よぎ》なきことにて候ふ。その由、師のもとへことわり申し候はんc」と言へば、常人、すり寄りて、「菌生が御辺を嫌ひつる由を告げ給ひては、かれいみじき呵責《かしやく》にあひぬべし。さては心苦しく存じ候ふ。そのこととなく、なだらかにことの収まらんずるやうをはからひて給へ」と言へば、梅丸、如法温柔《によほふおんじう》（注8）の生まれつきにてあれば、「その義につきては、御心を苦しめ給ふべからず。よくはからひてん」とて、常人を帰しやりて、ひそかに心に思ひけるは、「菌生が我を疎《うと》めるは、いやしきを嫌へるなるべし。師にこのことを申さば、我が身の恥のみならず、菌生がためいとほしからん。さりとて、うちはへ日を過ごしなば、婚姻の期近づきぬべし。いかにせばよからんd」とさまざま思ひめぐらしつつ、四五日を過ごしけるが、「とにかくに、我この所にありては、ことのさまむづかしかりぬべし。ひとまづここを立ち退《の》きて、ことのやうをもうかがふべく」と思ひ定めて、着替への衣服など包みにつつみ、返しおこせし袋物、腰に差し、C夜に隠れて惑ひ出でにけり。

（注）1　常人——梅丸の同門の弟子。安世の甥《おい》。
2　聘物——贈り物。梅丸は、婚約に際して、父の形見の袋を菌生に贈っていた。
3　おぞきもの——心根が恐ろしい者。
4　湯ひきをる——入浴している。
5　御辺——あなた。
6　はちぶかれたる——ここでは「求愛を断られた」の意。
7　正身——本人。
8　如法温柔——温和な性格。

問1　傍線部(ア)〜(ウ)の解釈として最も適当なものを、次の各群の①〜⑤のうちから、それぞれ一つずつ選べ。解答番号は 1 〜 3 。

(ア)　この歌の心覚らざらんやは　1
① この歌の意味は理解してもらいたい
② この歌の意味は理解できないはずだ
③ この歌の意味を理解しようとした
④ この歌の意味が理解できただろうか
⑤ この歌の意味は理解できるはずだ

(イ)　すべきやうこそあれ　2
① だましてしまおう
② 何とかできないか
③ たやすいことだ
④ よい考えがある
⑤ 手伝ってほしい

(ウ)　おもむけ給へる　3
① お勧めになった
② お決め申し上げた
③ お喜びになった
④ お望み申し上げた
⑤ お受け申し上げた

問２　波線部ａ～ｄの文法的説明の組合せとして正しいものを、次の①～⑤のうちから一つ選べ。解答番号は 4 。

① ａ 完了の助動詞　ｂ 打消の助動詞　ｃ 意志の助動詞　ｄ 推量の助動詞
② ａ 完了の助動詞　ｂ 完了の助動詞　ｃ 意志の助動詞　ｄ 意志の助動詞
③ ａ 打消の助動詞　ｂ 願望の終助詞　ｃ 推量の助動詞　ｄ 意志の助動詞
④ ａ 完了の助動詞　ｂ 打消の助動詞　ｃ 推量の助動詞　ｄ 推量の助動詞
⑤ ａ 打消の助動詞　ｂ 完了の助動詞　ｃ 婉曲《えんきょく》の助動詞　ｄ 意志の助動詞

問３　傍線部Ａ「さまざまこしらへすかして候へども、ことかなはず候へば」とあるが、その内容として最も適当なものを、次の①～⑤のうちから一つ選べ。解答番号は 5 。

① 薗生は梅丸ともう一度会う機会を作ってほしいと常人に懇願したが、常人は聞き入れず、二人が再び会うことはなかった。
② 薗生は盗まれた贈り物を返してほしいと常人に頼んだが、常人がとぼけたので、贈り物の所在は不明になってしまった。
③ 常人は一度梅丸と話し合うべきだと薗生を教え諭したが、かえって薗生の気持ちは梅丸から離れることになってしまった。
④ 常人は梅丸との婚約を破棄するのはよくないと薗生を説得したが、梅丸を嫌う薗生の気持ちは変わることがなかった。
⑤ 常人は薗生の気持ちを大切にするべきだと梅丸に忠告したが、梅丸は身分の低さを恥じて、薗生の前から姿を消した。

問4　傍線部B「しばしあきれていらへだにせざりけるが」は、梅丸が薗生の歌を見たときの反応である。次に挙げるのは、傍線部Bに至る経緯についての教師の説明を聞いて、生徒たちが授業中に述べた感想である。生徒の発言①〜⑥のうち**誤りを含まないもの**を二つ選べ。ただし、解答の順序は問わない。解答番号は 6 ・ 7 。

教師　「中垣の隔ても分かで梅が香のなどここにしもにほひ来ぬらん」は、もともとは薗生が常人に贈った歌だよね。常人は、この歌を悪用して、梅丸をだまそうとしたんだ。薗生が詠んだときと、常人が梅丸に渡したときとでは、歌の意味が違っている。その意味の違いについて、話し合ってみよう。

①　生徒A――薗生は常人から恋文を受け取ったとき、常人からの告白を断るためにこの歌を詠んだんじゃないかな。薗生が常人に渡した時点では、この歌に出てくる「梅が香」は梅丸を指しているんだ。だから、「中垣の隔ても分かで」は、梅丸にいつも逢いたいという気持ちを表しているんだよ。

②　生徒B――薗生が常人に対する断りの気持ちを表すためにこの歌を詠んだということはいいと思うけど、「梅が香」の指している内容は違うと思う。「梅が香」は、梅の枝に結ばれた常人の恋文を指していて、「中垣の隔ても分かで」は、薗生の気持ちを考えずに恋文を贈る常人の厚かましさを、やんわりとたしなめる表現だと思うよ。

③　生徒C――常人は薗生にふられたから、薗生に復讐《ふくしゆう》する機会をずっと狙っていた。その後、梅丸と薗生の結婚の話を聞いて、この歌を使って薗生に恥をかかせようと考えついたんだ。常人はこの歌を梅丸に渡すことで、自分と薗生が昔付き合っていたように思わせたんだ。ふられたことをずっと忘れない常人の執念は、少し怖い感じがするよね。

④　生徒D――常人は、薗生の父親の安世が持っていた婚約のしるしの袋を盗ませて、この袋に薗生の歌を結びつけて、梅丸に渡している。こうすることによって、安世は身分の低い梅丸のことを嫌っていると梅丸に思わせようとしたんだ。常人は、師匠の安世が自分より梅丸をかわいがっていることに嫉妬していたから、こんな卑劣なことをしたんだね。

⑤　生徒Ｅ――常人は、自分の誘いを断った薗生の歌を、うまく梅丸に対する断りの歌として使っている。「梅が香」はもともと梅の枝に結ばれた常人の恋文のことだったのに、梅の枝のことを知らないと、「梅が香」は梅丸を指していることになってしまう。本当にうまいと思うな。

⑥　生徒Ｆ――なるほど、常人にまんまと騙《だま》された梅丸は、薗生が本当に好きなのは常人なんだと信じ込んでしまって、しばらく返事もできなかったんだね。

問5　傍線部C「夜に隠れて惑ひ出でにけり」とあるが、それに至る経緯を説明したものとして最も適当なものを、次の①～⑤のうちから一つ選べ。解答番号は 8 。

① 梅丸は縁談を断ろうと考えたが、男から縁談を断れば女の菌生が恥をかくと常人に言われたので、自分が悪者となって姿を消すのがよいと考えた。

② 梅丸は縁談を断ろうと考えたが、師匠の了解は得られないだろうと常人に言われて、このままでは無理に結婚させられてしまうと不安に感じた。

③ 梅丸は縁談を断ろうと考えたが、断る理由を師匠に言えば菌生が叱責されると常人に言われて、思い悩んだ末に、しばらく様子を見ようと考えた。

④ 梅丸は縁談を断ろうと考えたが、どんなに嫌われていても菌生のことが忘れられず、自らの思いを断ち切るために、菌生の前から姿を消そうと考えた。

⑤ 梅丸は縁談を断ろうと考えたが、縁談を断ったら、隠していた自分の出自が明らかになると常人に指摘されて、秘密を隠すことは無理だと絶望した。

（下書き用紙）

国語の試験問題は次に続く。

第4問　次の文章を読んで、後の問い（問1〜7）に答えよ。なお、設問の都合で返り点・送り仮名を省いたところがある。（配点　50）

（注1）大《たい》雅《が》池《ち》翁《をう》、書画倶ニ高キモ、Ⅰ不レ入二時眼一。A至リテ二没後一ニ声名隆起シ、無ク二知ルト不ルト一レ知ラ、推シテ為ス二（注2）当時ノ第一手一ト矣。夫レ山ハ蔵シテ二美玉ヲ一草木沢《うるほ》ヒ焉、水ハ蓄ヘテ二明珠ヲ一沙《さ》石《せき》光ル焉。有ル二実者ノ一不ルレ可カラレ掩《おほ》フ也《や》如シレ此ノ。Ⅱ豈唯画哉。池翁自ラ鐫《ほ》リテ二一印ヲ一云フ、「前身ハ（注3）相馬ノ九《きう》方《はう》皐《かう》ト」。誤リテ作ルモ二方九皐一ニ、毎幅常ニ用ヒ、遂ニ不二改刻一セ。其ノ人（注4）胸《きよう》襟《きん》洒《しや》落《らく》ニシテ、B不為物所介、亦可見也。

（ア）京師ノ（注5）稲《たう》子《し》惠《けい》ノ家ニ、観ル二明《みん》人ノ（注6）便面書画ヲ一。計三十余、装シテ作《な》ス二屏《びやう》風《ぶ》ト一。（イ）並ビニ名家ノ真跡ニシテ、珠玉合輝シ、照二耀ス一堂ヲ一。最後ニ更ニ出ダス二一

屏。（注7）作風竹、（注8）竿大尺余、葉亦（注9）称《かなフ》之。廼《すなはチ》池翁筆也。狂雲倒奔、怒《ど》濤《たう》横《わう》捲《けん》、C観者（注10）爽然自失。蓋此翁胆力許大、圧大山、呑《のメバナリ》河海。覚前之所観便面書画、悉（注11）丘《きう》垤《てつ》行《かう》潦《らう》、D頓《とみニ》滅神彩矣。

（田能《たの》村竹田《むらちくでん》『山中人饒舌《さんちゅうじんじょうぜつ》』による）

（注）1　大雅池翁――江戸中期の書画家、池大雅《いけのたいが》。
2　当時――当代。
3　前身相馬九方皐――「前世は馬の鑑定家の九方皐だ」ということ。九方皐は、馬の鑑定の技を極め、ついには馬の雌雄や毛色も気に留めなくなったという人物。
4　胸襟洒落――気性がさっぱりしている。
5　稲子恵――人名。
6　便面書画――扇に描いた書画。
7　作風竹――風に吹かれる竹を描く。
8　竿――竹の幹。
9　称――釣り合っている。
10　爽然――茫然《ぼうぜん》。
11　丘垤行潦――丘と溝。

問1　二重傍線部(ア)「京師」・(イ)「並」のここでの意味として最も適当なものを、次の各群の①～⑤のうちから、それぞれ一つずつ選べ。解答番号は［1］・［2］。

(ア)「京師」［1］
① 名士の
② 都の
③ 将軍の
④ 里の
⑤ 師匠の

(イ)「並」［2］
① 平凡な
② とりわけ
③ 大量の
④ すべて
⑤ これこそ

問２　波線部Ⅰ「不㆑入㆓時眼㆒」・Ⅱ「豈唯画哉」の解釈として最も適当なものを、次の各群の①～⑤のうちから、それぞれ一つずつ選べ。解答番号は［3］・［4］。

Ⅰ「不㆑入㆓時眼㆒」［3］

① 時勢に従うことなど眼中になかった
② 時流を超えた着眼点を持っていた
③ 同時代の人々には注目されなかった
④ 常時脇目も振らずに画業に励んだ
⑤ 時として一目置かれる存在だった

Ⅱ「豈唯画哉」［4］

① 絵画ならではのことなのだ
② ただの絵画ではないのだ
③ 絵画には珍しいことなのだ
④ たかが絵画に過ぎないのだ
⑤ 絵画のことだけではないのだ

問3　傍線部**A**「山蔵二美玉一草木沢焉、水蓄二明珠一沙石光焉」とあるが、これはどのようなことを喩《たと》えたものか。最も適当なものを、次の①～⑤のうちから一つ選べ。解答番号は **5** 。

① 山水を描写することにこそ、絵画の真髄があるのだということ。
② 優れたものを秘めていると、それが外に表れるものだということ。
③ 事物の背後に存在する真実に、常に注意を払うべきだということ。
④ 自然は変わらないが、人の評価はしばしば変わるものだということ。
⑤ 表現しないことによって、かえって美が完成するのだということ。

問4　傍線部**B**「不為物所介、亦可見也」の返り点の付け方と書き下し文との組合せとして最も適当なものを、次の①～⑤のうちから一つ選べ。解答番号は **6** 。

① 不二為レ物所一レ介、亦可レ見也　　物の為《ため》に介する所ならずんば、亦た見《あらは》るべきなり
② 不レ為二物所一レ介、亦可レ見也　　物の介する所と為《な》らざること、亦た見《み》るべきなり
③ 不下為二物所一介、亦可上見也　　物の所なるが為に介すること、亦た見《み》るべからざるなり
④ 不レ為二物所一レ介、亦可レ見也　　物の介する所と為らずんば、亦た見《あらは》るべけんや
⑤ 不二為レ物所レ介、亦可一レ見也　　物の為に介する所も、亦た見《み》るべからざるなり

問５　傍線部**Ｃ**「観者爽然自失」とあるが、その理由の説明として最も適当なものを、次の①～⑤のうちから一つ選べ。解答番号は［７］。

①　稲子恵が自慢げに披露した絵画が、いずれも偽物に過ぎなかったから。
②　池大雅でさえ、明代の画家には及ばないことを思い知らされたから。
③　稲子恵が所蔵する絵画の豊富さに、さすがは名家だと感じ入ったから。
④　池大雅の絵画の筆さばきがあまりにも豪放で、完全に圧倒されたから。
⑤　明代の絵画の輝かしさに、目もくらむような思いをさせられたから。

問６　傍線部**Ｄ**「頓 滅二神 彩一」からうかがうことのできる筆者の感慨の説明として最も適当なものを、次の①～⑤のうちから一つ選べ。解答番号は［８］。

①　稲子恵の絵画収集の手法はまことに大胆なものだが、収蔵品は玉石混淆《こんこう》だということ。
②　池大雅の絵画の気宇壮大さの前にあっては、明代の名画もかすんでしまうということ。
③　池大雅の絵画は明代の山水画に比べると、華やかさに欠けている面があるということ。
④　明代の名画を見た後では、さしもの池大雅の絵画さえ平凡なものに見えるということ。
⑤　明代の名画も、池大雅の描く山水画が表現する深い精神性にはかなわないということ。

問7　日本における漢詩文の受容史に関する説明として最も適当なものを、次の①～⑤のうちから一つ選べ。解答番号は 9 。

① 日本人は古くから漢詩文に親しみ、優れた作品も生み出された。しかし江戸時代には漢詩文は流行せず、少数の作品が残っているに過ぎない。

② 日本人は古くから漢詩文に親しんできた。江戸時代になると日本人みずからが漢詩文を作ることもわずかながら行われるようになった。

③ 日本人が漢詩文に親しむようになったのは鎌倉時代からのことである。江戸時代になると盛んに漢詩文が作られるようになった。

④ 日本人が漢詩文に親しむようになったのは鎌倉時代からのことである。しかし江戸時代になると漢詩文は次第に顧みられなくなっていった。

⑤ 日本人は古くから漢詩文に親しみ、優れた作品も生み出された。江戸時代になると漢詩文を作ることが一般化し、多くの作品が著された。

第 5 回

（80分）

実 戦 問 題

第1問 以下は、大学の建築科の学生に対する講義を基にした文章である。これを読んで、後の問い（問1～6）に答えよ。なお、設問の都合で本文の段落に 1 ～ 16 の番号を付してある。（配点 50）

1 最近、建築では「スーパーフラット」（注1）というのが流行《はやり》言葉になっています。ある建築評論家が、情報化社会が無限にフラットな社会をつくっていくというゼロ年代の主張を、建築のフィールドに当てはめて主張したものです。スーパーフラットと言って、つまりなんでもかんでも平ら。要するに横に伸びていく。それを建築に置き換えると、モダニズム（注2）の発明品の一つである「均質空間」が無限に増殖していく、というイメージが(ア)カンキされるというわけです。「均質空間」ですから、それは近代社会のテーゼである「平等」や「グローバリゼーション」というイメージともシンクロしている。これはなかなか逆らいがたい主張のように見えます。と同時に、近代社会の空恐ろしいような側面も代弁しています。そのスーパーフラットな空間は、誰が与えるのか、ということです。それは、顔の見えない為政者ではないか。ジョージ・オーウェル（注3）の『１９８４年』のような社会が思い浮かびます。

2 わが国の建築系の学生諸君のオリジナリティの無さというのは恐るべきものがあります。いや、君たちのことではないですよ。君たちはこの授業を聴きにきているわけだから、そうとうユニークです（笑）。わたしがここ一〇年見ている限りでは、たとえば学生を中心にしたコンペティション（注4）があると、ほとんどがスーパーフラットを形にしたものばかりでした。平らな屋根で、壁が透明で、平面の構成でなにか面白いことをやる。そんなタイプが九割ぐらいのときもありました。確かに面白いですね。要するに間取り合戦みたいなものです。少し辛口のことを言いましたね。でも、みなさんには頑張って欲しいからあえて言ったのです。自分ではオリジナリティがあると思っていても、それは自分が思い込んでいるだけで、しっかりスーパーフラットの中での自由だった、なんて僕だったら耐えられませんね。

3 「スーパーフラット」って言い始めたゼロ年代の評論家たち。彼らの言葉というのは、ある種非常に分かり易い。ネット社会や情報化社会を先取りしている部分もある。みなさんがインターネットでつながっているとき、そこでの感じ方、それはフラットな感覚ですね。大学の図書館の奥の奥に行かないと触れられないような資料とかデータに、みなさんはフラットにアクセスすることができる。国会図書館の奥に行かないと手に入らないようなものも、みなさんはフラットに取り入れることができる。以前は考えられなかったことです。そう考えると、なかなか魅力的な言葉でもある。

4 それを建築に引き寄せて、フラットな空間が流行になっています。建築という分野は、いかにも腰が軽い。それがいいところでもあるし、悪いところでもある。建築の外で起きている流行を素早く取り入れる。そんなに安直でいいのか、とも思います。流行を追うだけでは、けっして現実の問題を解決することはできない。むしろ、A「どこにでもある場所」と、「どこにもいないわたし」を加速度的に増殖させているだけではないか。この傾向の建築は、そのことに明らかにカ(イ)タンしています。これに抗《あらが》うには、どうしたって土地の問題を論じないといけないと感じています。

図1

A

B

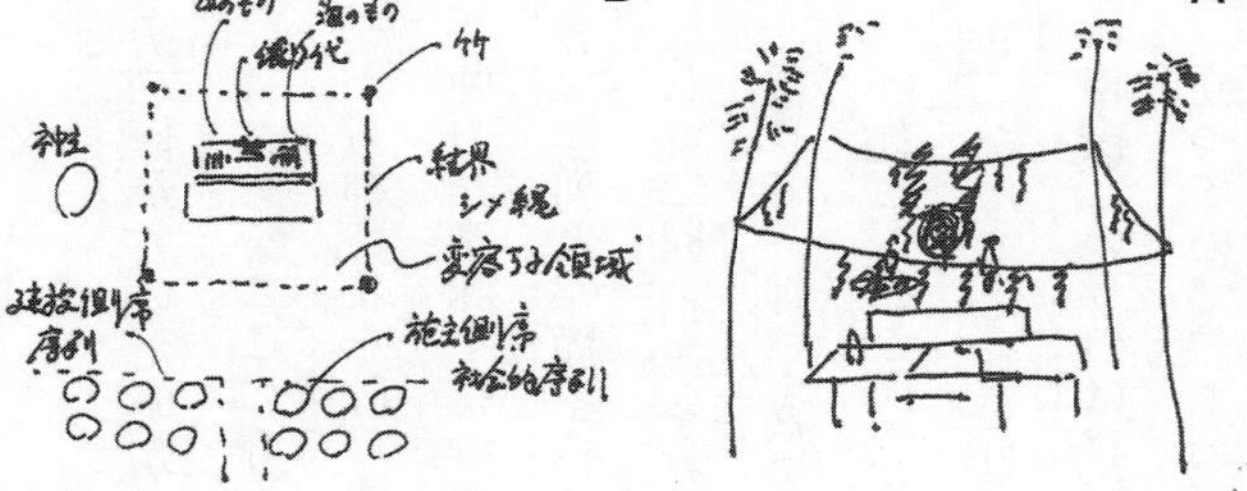

5 何年か前、地鎮祭というのは何かというのを書いてくれと言われて書いたことがあります。その時に、どうせ書くなら少し調べてみようと思って調べたら、どうも正体がはっきりしないんですね。一説には、歴史をずっと辿《たど》っていくと、藤原京の時に地鎮祭が行われたという記録が微《かす》かにあるぐらいで、おそらくそれ以前からあったらしい。太古からのフウ(ウ)シュウかも知れない。

6 地鎮祭というのは地面を鎮めるわけですね（**図1**）。(注5)ゲニウス・ロキに対する祈りです。地面を鎮めるお祭り。どういうことをやるのかと言うと、土地があり、そこに住宅を建てるとする。あるいはビルを建てるとする。超高層を建てるときも地鎮祭をやります。建てる前に(エ)セイチした段階で、その土地の一角にある領域をつくります。これにはだいたい竹が使われます。そんなに高くない二～三mの竹を四本、四隅に植えて、しめ縄で囲います。これで領域をつくるわけです。そしてその中に祭壇がきます。祭壇はどうなっているかというと、三段ぐらいになっていて、通常最上段には(注6)御幣と榊《さかき》があって、場合によっては鏡みたいなもの、それがご神体になっています。さらに神さまに献ずる御神酒《おみき》の小さな壺《つぼ》が二つある。二段目には両側にはお供え物がある。山から採れる物と海から採れる物、要するに海彦《うみひこ》・山彦《やまひこ》、海幸・山幸ですね。三段目は参拝者が榊を献ずる場所になっています。

7 何が言いたいかというと、この仕掛けというのは粗末なものですけど、ある種明確な領域を示しているということです。神さまをここに呼んでくるんだけど、呼んでくる以前はただの竹で囲まれた場所だし、ただの鏡でしかない。神主さんが、今から神さまを呼びますよと(オ)センゲンして、ウーとかいう唸《うな》り声を上げて神さまを呼んだ瞬間に、囲まれた領域がものすごく強力な意味を持つわけです。要するに、場が変容するわけです。

8 参列者が榊を捧げるのですが、その敷居、領域をまたぐ時は必ず一礼をしなければいけない。榊を捧げた後は、二回礼をして二回柏手《かしわで》を打つ。そういう一連の儀式があって、それが終わると今度は神主さんが、どうもありがとうございましたと言って、神さまに去ってもらう。去ってもらうとただの場所に戻る。つまり、しめ縄で囲うという非常に粗末な仕掛けなのだけれど、そこに意味を持たせ、場が変容する。こういうプロセスというのは、実は世界にありそうで、実はない。

9 なんでこれを日本の空間の原点だと僕が言っているかということに疑問を持つでしょう。みなさんは相撲を見ますか？相撲というのは、実はあれはスポーツではなく神事です。もともとは国技館でもなんでも、屋根の下に四本の柱が土俵の隅に立っていて、あの正方形の場所というのは、土俵入りを境にきわめて特別な場所になるわけです。一つの取り組みが終わると、丁寧に箒《ほうき》で祓《はら》いますよね。あれは土俵が神聖な場である名残です。

10 それから、能。能舞台は平面図を描くとこうなっています（**図2**）。能舞台は、客席から向かって左側に橋掛《はしがか》り(注7)があります。この橋掛りは後からできたもので、佐渡の能舞台なんて後ろから出てくるものもあるらしい。大事なのは、この能舞台が接している四隅の柱、これがとても重要な意味を持っています。能管が鳴り主役であるシテ方が登場すると、柱で囲まれた場所が神聖な場所に変わります。演目によって違いますが、多くは黄泉《よみ》の国を導き寄せる場となります。場の意味が日常から非日常へと変容します。異界の出現です。これが能の面白いところです。今はそんなことはないと思いますけど、かつてはあの場所というのは女人禁制で、僕が三〇代の前半に能舞台に関《かかわ》ったときは、女性は絶対に上がってはいけないことになっていました。ある種の神聖な場所だったわけです。

図2

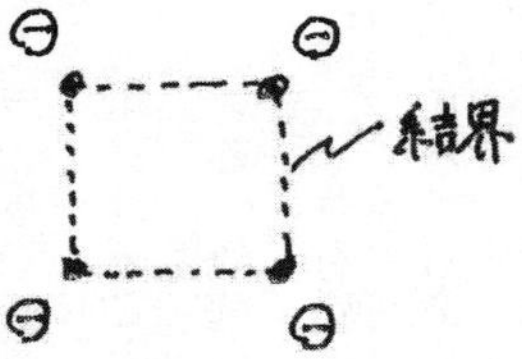

11 ですから、**B** もし地鎮祭をよく理解してから能を見ると、ものすごくよく理解できるようになります。大事なことは、「場が変容する」ということです。この空間の仕組みを使って、日本の建築空間というのはできているのだと僕は思っています。それは数寄屋（注8）においてもそうだし茶室においてもそうです。何の意味もないものに対して意味を与える。シンボリックな意味を与えることによって、場の意味を根底からひっくり返す。そういう空間のつくり方です。

12 わたしは学生の頃、祭りを研究の対象にして論文を書きました。その時思いついた構造があります。構造と言っても力学的な意味ではなくて、仕組みや空間構成の仕方です。領域をつくるには二つのやり方があるんじゃないかと考えていました。そこで仮説的な提示をしてみたわけです。たとえば、一つはヨーロッパ的な空間領域のつくり方（**図３**）。もう一つはヨーロッパ的ではない、アジアの空間領域と言ってもいいかも知れない空間のつくり方（**図４**）。というように考えてみたのです。事実、こう考えると分かり易くなることが多い。

図３

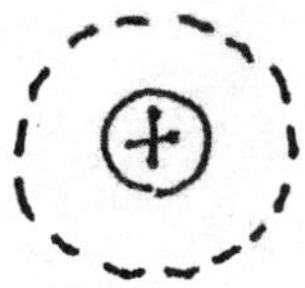

図４

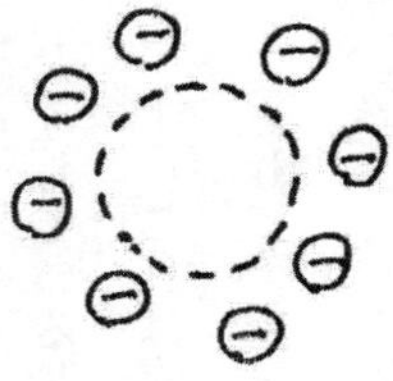

13 たとえば、ヨーロッパの田舎の街に行きます。イタリアの山岳都市でもどこでもいい。かならず街の真ん中にカテドラル（注9）がありその横には広場がある（注10）。カテドラルが街の中心であり、そこが街のヒエラルキーとして一番高い場所になっている。さらにカテドラルの中にもヒエラルキーがあって、教会に入ると、正面にアプス、つまり祭壇があり、そのアプスが一番ヒエラルキーとして高いという構成になっている。街の中ではカテドラルが中心、そのカテドラルの中ではアプスが中心という構成になっています。つまり、中心に近いほど価値が高いという空間構成の在り方です。それによってヨーロッパの都市、特に中世の都市というのは構成されています。見方を変えれば、ポジティブな価値が真ん中にあって、それで領域をつくっていると考えることができます。

14 一方で、アジア的な空間領域はどうか。ヨーロッパとは全く対照的な在り方です。柳田国男（注11）の『遠野物語』を読むと、山の中でであった怖い体験が物語として出てきます。のっぺらぼうに遭ったとか、鬼が住んでいるとか。つまりネガティブな神話で周辺領域を固めている。村の日常的な領域を出たら、何か怖いことがあるよと。そこに象徴される空間のつくり方というのがあるんじゃないか、そういう領域のつくり方があるんじゃないか、と思いついたわけです。ネガティブなものを周りに置くことによって、自分の領域、生活領域をつくり上げるというやり方です。

15 これはちょっと言い過ぎかも知れませんが、僕らが子どもを育てるとき、あるいは日本社会のやり方というのは、あれをやってはいけません、これをやってはいけません、他人に迷惑を掛けてはいけません、ということをよく言いませんか。君たちは、まだ子どもを育てたことがないから分からないかも知れないけど、そうやって育てられませんでしたか。だけど、ヨーロッパの人たちは、そうやって子どもを育てないと思うんですよ。こういうことをしたらいいですよ、と言って育てる。C これは言語の差ですよね。

16 日本人はよく結論を出さないとか、曖昧だとかと言われます。外国の人とディスカッションをしたり、あるいは政治的な交渉をしたりするときに、向こうはこうしたらどうかと言う。日本人は、いやそれはできませんと言う。ネガティブに言うことによって、自分の言いたいことを何となく分かってよ、というコミュニケーションの取り方をしますね。僕らも日常的にそうしているじゃないですか。「わたしはこれだ」とは、なかなか言わない。だけど、「わたしはそれではない」と言うわけです。これは実は、僕らの持っている言語構造と空間構造というのが、重なりあっているというふうにも言えると思います。つまり、否定を積み重ねることによって自らの領域、あるいは考えを明らかにしていく。そういう構造を空間的にも言語的にも持っているとも言えるのではないか。

（内藤《ないとう》廣《ひろし》『形態デザイン講義』による）

（注）1 ゼロ年代——西暦二〇〇〇年代（二〇〇〇年～二〇〇九年）を指す呼称。

2 モダニズム——ここでは「近代主義」の意。

3 ジョージ・オーウェル——イギリスの作家（一九〇三～一九五〇）。『１９８４年』は、権力が個々人の内部に浸透し意識自体を支配する未来社会を描いた逆ユートピア小説で、一九四九年に書かれた。

4　コンペティション――ここでは、建築における設計競技のこと。

5　ゲニウス・ロキ――ここでは「土地霊」の意。ラテン語のゲニウス（守護霊）とロキ（場所・土地）を合わせたもの。

6　御幣と榊――「御幣」は神道の祭具の一つ。「榊」は神前に供える木。

7　橋掛り――能舞台の一部で、舞台左手奥と本舞台とをつなぐ通路に当たる箇所。

8　数寄屋――庭園の中に建てられた茶室用の棟。

9　カテドラル――キリスト教の大聖堂。

10　ヒエラルキー――ピラミッド型に序列化された秩序。階層秩序。

11　柳田国男――民俗学者（一八七五～一九六二）。『遠野物語』は、岩手県遠野町の昔話・習俗などを聞き書きしまとめたもの。

問1 傍線部(ア)〜(オ)に相当する漢字を含むものを、次の各群の①〜⑤のうちから、それぞれ一つずつ選べ。解答番号は［1］〜［5］。

(ア) カンキ ［1］
① 部品をコウカンする
② 気配をカンチする
③ 友人の訪問をカンゲイする
④ 証人カンモンを行う
⑤ 優勝旗をヘンカンする

(イ) カタン ［2］
① 秘密をサグる
② 吉報に顔がホコロぶ
③ 体をキタえる
④ 道のハシに車を寄せる
⑤ 重い責任をニナう

(ウ) フウシュウ ［3］
① シュウトウに準備する
② 身に付いた長年のシュウセイ
③ 破損した箇所のシュウフク作業
④ 正当なホウシュウを得る
⑤ 事態をシュウシュウする

(エ) セイチ ［4］
① セイゼンと行進する
② ケイセイが逆転する
③ セイミツ検査を受ける
④ 教会でセイショの講義を受ける
⑤ 武力によってセイフクする

(オ) センゲン ［5］
① センサイな感性
② 思索にチンセンする
③ 商品をセンデンする
④ 候補者としてスイセンする
⑤ センレンされた趣味

問２　傍線部Ａ「『どこにでもある場所』と、『どこにもいないわたし』を加速度的に増殖させている」とあるが、それはどういうことか。その説明として最も適当なものを、次の①～⑤のうちから一つ選べ。解答番号は 6 。

①　情報化社会が無限にフラットな世界をつくっていくというゼロ年代の評論家たちの主張は、スーパーフラットと呼ばれる横に伸びていく建築を生み出したが、それは地上を離れ天へ向かおうとする垂直的指向を放棄し、「平等」や「グローバリゼーション」という形で水平方向への拡張を求めてきた近代社会の動向を加速させるものだ、ということ。

②　当初は建築用語だったスーパーフラットという言葉は、人々がインターネットで世界中とつながっているという現代的な感覚を象徴するイメージとして広く用いられるようになったが、そうした風潮は空間から個性を失わせ平凡で退屈なものとする一方で、他のどこにもいない独自の自己という観念にとらわれた人々を増殖させている、ということ。

③　建築界で流行しているフラットな空間への指向は、あらゆるものがインターネット上の情報としていつどこでも手軽にアクセス可能なものとなった現代社会のあり方に通ずるものだが、それは近代社会の特質である空間の均質化をいっそう推し進め、土地の固有性に根ざして生きる人間存在のあり方を解体していくことにつながる、ということ。

④　ゼロ年代の評論家たちが提唱したスーパーフラットという概念は、それまで入手困難だった情報にたやすくアクセスできるようになったネット社会の状況を先取りするものであったが、建築がその流行を安易に取り入れて物理的な空間をフラットにしていくことは、現実世界を生きる生身の肉体を軽視する風潮を促進させかねない、ということ。

⑤　インターネットで様々な情報を簡単に入手できるようになった現代社会のあり方を建築に取り入れ、フラットな空間構成によって移動や往来の効率性を高めようとする最近の風潮は、経済合理性を追うあまり都市空間からゆとりや豊かさを失わせ、テクノロジーの都合ばかりが優先される人間不在の空間を増殖させてしまっている、ということ。

問3　傍線部B「もし地鎮祭をよく理解してから能を見ると、ものすごくよく理解できるようになります」とあるが、それはなぜか。その理由の説明として最も適当なものを、次の①～⑤のうちから一つ選べ。解答番号は 7 。

① 能の舞台がしばしば黄泉の国を導き寄せる場となることは、地鎮祭によって鎮められた土地に宿る霊を呼び戻し、その力を借りて社会を活性化させたいという、人々の無意識的な願望の現れだと言えるから。

② 能の舞台は、土地の四隅を竹としめ縄で囲いその中に神を呼び寄せて土地に宿る霊を鎮める地鎮祭を行うことで、場の意味を大きく変容させ、単なる舞台であることを超えて神聖な場所となるから。

③ 能の中で場の意味が日常から非日常へと変容することは、神という非日常的な存在を儀式によってその場から去らせ、日常の空間を回復する地鎮祭の営みと、ちょうど対をなすものだと考えられるから。

④ 能における異界の出現は、物理的には何の変哲もない空間において、境界を作る仕掛けと特定の人間の行為により場の意味を大きく変容させる地鎮祭のあり方を、その原点とするものだから。

⑤ 能舞台がもつ空間の仕組みは、何の意味もないものに対して意味を与えるものである点で、数寄屋や茶室といった建築空間と同様に、地鎮祭を原点とする日本的な空間のあり方を根底からひっくり返すものだから。

問４　傍線部Ｃ「これは言語の差ですよね。」とあるが、このことについて筆者はどのように考えているか。その説明として最も適当なものを、次の ① 〜 ⑤ のうちから一つ選べ。解答番号は 8 。

① 言語的コミュニケーションにおいて、西欧人は肯定形を中心とし、日本人は否定形を中心とする傾向があるが、このことは、西欧の空間が中心に価値の高いものを置くことで自己の領域を構成していき、日本の空間が外部にネガティブなものを置くことで自己の領域を構成していくことと対応している。

② 社会生活を送るに当たって、西欧人は自分が何をしたいかを大切にし、日本人は他人に迷惑をかけないことを大切にする傾向があるが、このことは、西欧の言語が常に主語を明確にする構造をもち、日本の言語が必ずしも主語を必要とせず主体と客体とが明確に分離しない構造をもっていることと対応している。

③ 子どもを育てる際に、西欧人は何をなすべきかを教えることに重点を置き、日本人は何をしてはいけないかを教えることに重点を置く傾向があるが、このことは、西欧の言語がポジティブな表現による自己主張を本質としており、日本の言語がネガティブな表現による自己否定を本質としていることと対応している。

④ 他者と関係を持とうとするときに、西欧人は自分の意志を言語によって明確に伝えようとし、日本人は含みを持たせた言い方により相手との調和をはかろうとする傾向があるが、このことは、西欧人が空間的にも自他の領域の区別を明確にする志向をもち、日本人が両者の境界を曖昧にし共存していこうとする志向をもつことと対応している。

⑤ 他者とのディスカッションや交渉に際し、西欧人は実現の可能性を度外視して積極的に提案することを好み、日本人は実現可能性を考慮して消極的で慎重な言い回しを好む傾向があるが、このことは、西欧人が言語による思考と現実の空間における行為とを分けて考えており、日本人が両者を常に重ねて考えていることと対応している。

問5 この文章全体を踏まえ、「空間」についての筆者の考えを説明したものとして最も適当なものを、次の①～⑤のうちから一つ選べ。解答番号は **9** 。

① 最近流行している「スーパーフラット」は、現代の空間感覚を象徴する言葉とされるが、それはあくまでネット上の仮想空間でしかないのだから、現実の人間が生きている物理的空間の具体性や身体性を軽んじてはならない。

② 言語によって自らの考えを明らかにすることと空間的に自らの領域を明らかにすることとは構造的に重なりあっているのだから、日本人が主体的な言語使用を身につけるためには、まず日本的な空間のあり方を考え直さねばならない。

③ 空間をどのように捉え意味づけるかは、そこで生きる人々の生の様相や社会の特質と密接に関わることなのだから、空間の均質化が進む現代の傾向に抗い、各地域や個々の場所の固有性に根ざした空間のあり方を大切にすべきだ。

④ 西欧と日本との空間の違いが両者の言語や文化の違いと対応しているように、空間の構造と言語の構造は重なりあっているのだから、現代の空間のあり方が「スーパーフラット」という流行の言葉に影響されるのもやむを得ない。

⑤ 言語や社会関係、宗教的心性などは、人間の精神が生み出す観念的なものだと考えられがちだが、実はそれらが営まれる空間の構造を反映したものなのだから、建築や都市といった物理的実体が生み出す即物的なものだと言える。

問６　この文章の表現や図のはたらきについて、次の(i)・(ii)の問いに答えよ。

(i)　この文章の第［1］段落から第［7］段落の表現に関する説明として**適当でないもの**を、次の①～④のうちから一つ選べ。ただし、解答の順序は問わない。解答番号は［10］。

①　第［1］段落の前半で用いられている「流行言葉《はやり》」や「なんでもかんでも平ら」といった言い方は、そこで取り上げた概念について直接評価を下す段落後半の記述に先だって、筆者の立場をそれとなく示唆する表現となっている。

②　第［2］段落で「なにか面白いことをやる」「確かに面白いですね」と繰り返し述べるのは、その話題に関し筆者が肯定的に捉えている一面を確認しておいて、それ以外の面について批判を展開していくという論の流れを作るためである。

③　第［4］段落の末尾の文の「どうしたって～論じないといけない」という表現は、そこまでの論旨からすればやや唐突にも思える論点をあえて強く打ち出すことによって、次の段落への導入となるはたらきをしている。

④　第［7］段落では、最初に「何が言いたいかというと」と述べ、末尾の文で「要するに」という表現を用いるなどして、この段落が前段落の話題に関し考察を加え、この部分での中心的な論点を述べる箇所であることを示している。

(ii) この文章の**図1**(**A**・**B**)~**図4**のはたらきについて説明したものとして**適当でないもの**を、次の①~④のうちから一つ選べ。解答番号は **11** 。

① **図1A**は、言葉だけではわかりづらい第[6]段落の叙述を具体的にイメージしてもらうためのものであり、**図1B**は、そこで取り上げた対象に関し論旨のうえでどこに焦点があるのかをわかりやすくするために図式化したものである。

② **図2**は、第[10]段落で取り上げた対象について、それが意味論的にどのようなものであるかを端的に示すために要素をしぼって図式化し、**図1B**との関連が理解できるように説明を加えたものである。

③ **図3**と**図4**とは一組になっており、第[12]段落から第[14]段落で対比的に取り上げた事象について、**図1B**や**図2**と同様のやり方で図式化して示すことで、本文の論旨の理解を助けようとしたものである。

④ **図4**は**図2**と同様の記号や線を用いることで両者が同種の空間であることを表現するとともに、**図3**の事象を肯定的にとらえ**図4**の事象を否定的に評価する第[12]段落から第[16]段落の論旨を、図式化して提示したものである。

（下書き用紙）

国語の試験問題は次に続く。

第2問　次の文章は、長谷川四郎《はせがわしろう》の小説「脱走兵」の一部である。中国で戦う日本兵である西田一等兵（「彼」）は、兵営（軍隊の居住区）が攻撃されて部隊がちりぢりになる混乱の中で、一人野山を放浪し、やがて畑の見える場所にたどりつく。本文はこれに続く部分である。これを読んで、後の問い（問1～6）に答えよ。（配点　50）

畑の一角には一軒の小屋が立っていた。そして、そのかなたにはまた一つの岡がゆるやかな傾斜で高まっていたが、彼はもう遠方を見もしなかった。

――いいぞ、と彼は畑の方へ岡をくだりながら考えた、――ぼくはあそこで働かしてもらおう。百姓はやったことがないが、やってやれないことはあるまい……。

彼は急に空腹を感じた、――前の晩からなんにも食べていなかったのだ。その時の彼の眼《め》には、畑は、満々と水をたたえた貯水池が、咽喉《のど》のかわききった者の眼にうつるように、豊かな作物をたたえて見えた。

だが近付いてみると、その小屋はまことに貧弱なもので、おまけに人のいる気配が感ぜられなかった。それはまるで見捨てられた家のように、ひそまり返っていた。しかし、家の周囲にめぐらした、柳の枝で編んだ垣根のそばまで来た時、彼は泥で作ったその家の煙突からかすかに煙が立ち昇っているのを見た。それは明らかに炊煙にちがいなかった。彼の鼻は野良犬のそれのようにぴくついた。それは遠くから本能的に食物の匂いを嗅ぎつけて、はるばるやって来たようだった。

垣根の門は中庭に向かって開かれていた。A彼はそこから入ろうとして、その瞬間、立ち止まった。自分が完全武装していることに気づいたからである。それは彼が兵士としてではなく、いわば猟師のように身につけているつもりだったが、銃剣を携えて、この家の中へ入ってゆくことは、なんとしても(ア)気がひけた。そこで彼は垣根のそとでみずから武装を解除したのである。先《ま》ず、背嚢《はいのう》(注1)や雑嚢をはずして、きちんと地べたに置き、その上に銃と剣を横たえた。それから、この、兵隊服を着た、突然の、見知らぬ訪問者は、中庭を横切って、家の戸口へつかつかと進んでいった。

戸の前まで来て急に怖気《おじけ》づいた彼は、遠慮がちに扉をそっと叩《たた》いてみた。しかし内部から答えるものはなかった。彼は更に力強く叩いたが、なんの答えもなかったので、扉を開いて中へ入っていった。

明るい戸外から突然入っていった彼には、薄暗い室内の様子が最初は見分けがつかなかったが、一瞬の後、それは一部屋から出来た家で、どうやら普通の農家ではなく、苦力《クーリー》(注2)たちの寝泊《ねとま》りする仮小屋であることがわかった。彼の眼に先ず見えて来たのは、暗い片隅のかまどの中にちらちら燃えている火と、そして小さな汚れた窓ガラスからの光の中に立ったり坐《すわ》ったりしている数人の男たちの顔だった。女は一人もいなかった。明らかにそれは農業労働者たちで、日に焼けて、深い皺《しわ》のきざまれた、陰鬱に老いたる顔をしていた。先刻、岡の上から、あの豊かな畑を眺めて彼の感じた喜びは忽《たちま》ち消えてしまった。そこには暗い惨めな気配がただよっていた。彼らは一言も発しないで、一種恐怖した表情で彼を見守っていたが、その彼らの眼の色の中に烈《はげ》しい敵意を、彼は感ぜずにおれなかった。

——私は日本の兵隊です、と彼は中国語で言った。彼は我ながら発音がうまくいったと思った、そして次に言うべき言葉を準備したのである、——（私は餓《う》えた）と。既にして彼は、ここで働かしてもらおうという計画はとうてい不可能であることを知った。そして、何らかの代価を払って、ここで飯を食わしてもらい、更に道を続けなくてはなるまいと考えた。彼はポケットに入っている大きな時計の重みに気付いた。それは不寝番用の時計だった……。その時、傍らに日本語の声が聞こえたのである。

——貴様はどこの部隊か？

戸口の傍らの暗いところで、既に一人の日本兵が土間の上にあぐらをかき、剣付きの銃を膝にのせたまま、大きな鉢から何やらむさぼり食っているところだった。食べる手を休めずに、彼の方を眼だけ見上げている平べったい蒼黒《あおぐろ》い顔、ぎろぎろする眼。彼は思わず一瞥《いちべつ》して、その相手の襟章を眺め、それが兵長であり、且つは、胸に縫いつけた印から別の部隊の者であることを知った。相手は返事を待たず、飯をほおばりながら言った、——（一等兵だな）

彼は思い出した、——不寝番、一等兵……。それは遠い過去のことのように思われたが、実は今朝まで彼は兵営にいたのだった。相手はその時、彼の軍服に縫いつけられた布の名札を読んだ、——（西田か……。）彼はまたたく間に自分が軍隊に引きもどされ、一等兵に還元されるのを感じた。（そうです）と彼は言って、それがまるで別人の声のようにひびくのを聞いた。その時、かまどのかげからそれまで見えなかった一人の少年が現れて、大きな鉢に高粱《コーリヤン》(注3)の飯と大角豆《ささげ》の煮たのを入れ、彼に持って来てくれた。彼はそれを受け取って、一瞬躊躇《ちゅうちょ》した。かまどの上の大きな鍋はもう空っぽになっていた……。

――ⓐ早く食え、まるで自分のもののように兵長がこう言った。彼はこれに対しむらむらと反抗心の起きて来るのを感じた。そして兵長の方を見向きもせず、少年に一言、お礼を言って、その場に坐り、忽ち猛烈な食欲で食べ始めた。その時、既に食べおわった兵長は、相変わらず剣付きの銃を擬したまま立ち上がり、彼の食べるのを見ていたが、突然、気がついて言った。

――貴様、銃や剣をどうしたんだ？

――外において来たんです、と(イ)ぶっきらぼうに答えて、既に兵隊の意識になっていた彼は、――（貴様、武士の魂をなんと心得るか……云々《うんぬん》）と言うような説教を、この兵長の口から期待したのだったが、相手はⓑただ胡散《うさん》くさそうに黙って彼を眺め、あらためてその銃剣をかかえ直した。その時、彼は感じた、――この兵長はおそらく銃剣をつきつけてこの家に入り込んで来て、食事中の苦力たちからその飯を横取りしたのにちがいない、と。そしてB今や彼自身もその銃剣のおかげで、こうやって飯にありついているような気がした。

彼は大急ぎで飯を食ってしまうと、立ち上がってポケットから時計を取り出して少年に与えた。それから誰の顔をも見ないで、逃げるように先に立ってその家から出て来た。そして初めて気がついたが、家の前からは一本の道路が出て、野を越えて何処《どこ》かへ通じていた。西田一等兵は素早く再武装して、その道路を歩き出した。すると後から出て来た兵長が呼びとめた。

――それはジャライノールへ行く道だ。ジャライノールにはもう敵が入っているぞ。

敵と言う言葉を聞いて、西田一等兵はぴたりと停止した。彼は敵に対しなんらの敵意も感じていなかったが、しかし、この敵は彼に対しいきなり発砲するかもしれなかった。で、一瞬躊躇したのち、彼は黙って引き返して、この偶然落ち合った兵長と一緒に、再び道路のない草原を越えて歩いていった。

午後に入った太陽は非常に暑く、この二人の背後から照りつけた。西田一等兵はその筋ばったひょろ長い脚で、少しの精力も無駄にしないように規則正しく歩を運んでいったが、兵長の歩調はみだれ、非常にのろのろとしていた。二人の距離は徐々として大きくなった。兵長がうしろから叫んだ、――ⓒ(おい、もっとゆっくり歩かんか。)

西田一等兵は停止し、草の上に腰をおろして、その追いつくのを待った。二人はこのようにして、のろのろと進んで行ったが、野原は少しずつ登りになっていて、行く手は広大な高原のような岡をなして青空に高まっており、再び草の上には投げ出された背嚢がころがっていた、――それはこの兵長の属している部隊のものにちがいなかった。

二人がようやく岡の頂上についた時、急に眼前がひらけて、そこからは決定的に地形が変わっているのを見た。もう行く手には越えるべき岡はなく、南の方にあたって、平野がひろびろとひろがっていた。そして、その平野の上に遠く一群の人々が屯《たむ》ろしているのが見えた。その人々は休息しているようにも見え、或《あ》いは少しずつ前進しているようにも見えた。個々の人間の形は見えず、全体がこの風景の中の小さな斑点のように見えた。

――友軍だ、兵長はこう言って元気を恢復《かいふく》し、そっちの方へ岡をくだりかけた。その時、西田一等兵は北の方を眺めた。そこには最後の岡々が低く起伏しており、そして、その岡々の一つの中腹に、これまた一点の斑点がみとめられた。しかし、少し近視眼の西田一等兵にはそれが何であるか、見当がつかなかった。

――なにを見ているんだ？　と兵長はふり返ってきいた。

――あれは何ですか？　西田一等兵は眼をほそめて、その一点を見つめながら、急に気をとられた、ぼんやりな口調で言った。

兵長は頭をめぐらして、そちらの方を眺め、そして断定した。

――あれは敵のトラックだ。

再び敵という言葉をきいて、西田一等兵は今度は殆《ほと》んど反射的に反問した。

――いや、友軍のトラックでしょう。

実際言うと、彼にはその斑点が漠然とトラックらしい形に見えて来たが、敵のか味方のか判《わか》らなかった。彼はただ、それが敵のものであるかどうかを確かめようという気持ちから、このように反問したらしかった。

しかし兵長はそれに答えず、もう一つの斑点の方へ岡をくだっていった。ⓓつまずいてのめりそうになりながら、斜面のおかげで、殆んど走るように、その歩みは浮き足立って見えた。

西田一等兵はこの兵長のあわてぶりを滑稽なものに眺めた。そして一方、彼はこう考えた。――あれは敵のトラックかも知れないし、味方のトラックかも知れない、この距離ではいかに眼がよくても断定できないことだ、と。この不確定は正に彼の不決断な気持ちと一致していた。何故《なぜ》なら、味方の軍隊に入ることを恐れると同時に、敵につかまることをも彼は恐れたからである。しかし、このどちらにも発見されずに、うまく(ウ)逃げおおせることは、もはや不可能ではなかったろうか？　未知のトラックは彼に賭《かけ》をうながした。裏か表か、だ。C彼は突如非常な勢いで、兵長とは反対の方向へ走り出した。うしろから彼を呼びとめる声が聞こえた。彼はかまわず走りつづけ、浅い窪地《くぼち》におり、それから低い岡を斜めに登った。振りかえると、兵長も友軍も、もう見えなかった。そこで彼は平常の歩みを取りもどして、めざす未知のトラックの方へ進んでいった。

（注）1　背嚢や雑嚢――いずれも兵隊用の布製カバンで、「背嚢」は背中に背負うもの、「雑嚢」は肩からかけるもの。

2　苦力――中国人の肉体労働者。

3　高粱――中国産のもろこしの一種。

問１　傍線部(ア)〜(ウ)の本文中における意味として最も適当なものを、次の各群の①〜⑤のうちから、それぞれ一つずつ選べ。解答番号は［１］〜［３］。

(ア)　気がひけた［１］

① 気が晴れなかった
② 気が進まなかった
③ 気に障らなかった
④ 気に入らなかった
⑤ 気にならなかった

(イ)　ぶっきらぼうに［２］

① 率直に
② 慎重に
③ 無愛想に
④ いまいましげに
⑤ あきれたように

(ウ)　逃げおおせる［３］

① 最後まで逃げ切る
② 逃げるふりをする
③ 間をぬって逃げる
④ こっそりと逃げる
⑤ 逃げ出して隠れる

問2 傍線部**A**「彼はそこから入ろうとして、その瞬間、立ち止まった。」とあるが、この場面での「彼」の心理についての説明として最も適当なものを、次の①～⑤のうちから一つ選べ。解答番号は **4** 。

① 自分が武器や装備を身に着けたままであるのに気づき、軍隊を離れこの家の人々とともに働かせてもらおうと決めた以上、敵対する兵士としてではなく人間同士として顔を合わせたいと思い、自ら武装を解こうとしている。

② 自分が兵士の姿で家に入ろうとしていたのに気づき、今何よりも大事なのは食料を手に入れることであり、それには農民たちをいたずらに脅かすことなく穏やかに頼んだ方が得策だろうと考え、自ら武装を解こうとしている。

③ 自分が兵士ではなく猟師のように見えることに気づき、逃亡中の飢えた兵士であることを人々に理解させ同情を寄せてもらうためには、銃剣を持っていることがむしろ逆効果になると考え、自ら武装を解こうとしている。

④ 自分が銃剣を携えたままであることに気づき、いずれ軍隊に戻るとしてもしばらくの間はここで働くことになるのだから、同僚となる人々の印象をよくしておくに越したことはないと考え、自ら武装を解こうとしている。

⑤ 自分が完全武装の状態であることに気づき、突然の見知らぬ訪問者という立場の者が銃剣を身に帯びて家に入ってゆくことは、相手をひどく警戒しているようで礼を失することになると思い、自ら武装を解こうとしている。

問３　傍線部Ｂ「今や彼自身もその銃剣のおかげで、こうやって飯にありついているような気がした」とあるが、ここでの「彼」の気持ちの説明として最も適当なものを、次の①～⑤のうちから一つ選べ。解答番号は［５］。

① あたかも自分が食事を恵んでやったかのように振る舞う兵長の態度を不愉快だと思いながらも、銃剣を携えた相手に歯向かうことができない悔しさから、家に入る前に自分の武器を捨ててしまったことを今さらのように後悔している。

② 自分はもはや兵士ではないつもりだったが、兵長に銃剣で脅迫された人々の烈しい敵意と憎悪が自分にも向けられているように感じ、彼らにとって結局は自分も日本兵であることに変わりなかったのだと、やりきれない思いにとらわれている。

③ 兵営が攻撃された混乱の中で一人野山を放浪し、飢えに耐えかねて苦力たちの情けにすがろうとしたものの、今こうして食事を得られたのは銃剣に象徴される軍の威信のおかげなのだと思い返して、兵士としての誇りを取り戻している。

④ 軍隊を離れようやく自由になれたと思ったのもつかの間、兵長に会った途端に一等兵として卑屈な態度をとっている自分に気づき、やはり自分は軍隊の中で生きてゆくしかないのだろうと思って、あきらめにも似た感傷に沈んでいる。

⑤ 早まって武装を解いてしまい敵意に満ちた相手にどう対処しようかとうろたえたが、兵長のおかげで食事にありつくことができて安心するとともに、「武士の魂」たる銃剣を身から離してはならないという戒めを改めて心に刻んでいる。

問4　傍線部C「彼は突如非常な勢いで、兵長とは反対の方向へ走り出した。」とあるが、このときの「彼」の心理について説明したものとして明らかに**適当でないもの**を、次の①～⑥のうちから二つ選べ。ただし、解答の順序は問わない。解答番号は［6］・［7］。

①　このまま逃げ回っていたとしても、いずれは日本軍ないし敵軍のどちらかにつかまるだろう。

②　岡の下にいる友軍に合流するくらいなら、敵に出会って捕虜にされる方がましだ。

③　さっきは「敵」という言葉で躊躇したが、もうこれ以上兵長と行動をともにしたくはない。

④　冷静さを欠いた兵長の判断は信用できず、むしろその逆を行った方が成功する確率が高い。

⑤　トラックが自分の所属していた部隊のものなら、脱走の罪には問われず軍に戻れるかもしれない。

⑥　生きのびられるかどうかは不確かだが、軍隊の一員である状態から解放される可能性に賭けたい。

問５　この文章の叙述について、次の(i)・(ii)の問いに答えよ。

(i)　本文17ページ～19ページには、「(私は餓えた)」「(一等兵だな)」などの（　）を用いた表現が見られる。これらについての説明として最も適当なものを、次の①～④のうちから一つ選べ。解答番号は［８］。

①　それらの言葉が、「彼」の母語ではない中国語によってなされた会話の日本語訳であることを表している。
②　それらの言葉が、「彼」の心の中に浮かんだだけで実際には口に出されなかったものであることを表している。
③　それらの言葉が、「彼」の意識や存在にとって何らかの形で距離のあるものとして感じられていることを表している。
④　それらの言葉が、「彼」の志向する生き方を妨げる相手の言葉として反発や嫌悪をもたらしていることを表している。

(ii)　波線部ⓐ～ⓓの言葉や行動の描写についての説明として最も適当なものを、次の①～④のうちから一つ選べ。解答番号は［９］。

①　横柄な物言いのわりに意気地のない「兵長」の人物像を印象づけ、臆病で卑小な人物が階級や武力をたよりに威勢を張る軍隊という組織の特質を、戯画的に描き出している。
②　親しみやすいが上官としての威厳に欠ける「兵長」の人物像を印象づけ、日本軍が敗退した原因の一つが上官たちの指導力・統率力の不足にあったことを、暗示的に描き出している。
③　状況が変わるたびに右往左往する頼りない「兵長」の人物像を印象づけ、自己の主体性を持たずとかく周囲に流されがちな傾向がある日本人の特徴を、風刺的に描き出している。
④　餓えと恐怖で人間らしさを失っている「兵長」の人物像を印象づけ、善良な市民であった人々を次第に異常な精神状態へと追い込んでゆく戦争の恐ろしさを、写実的に描き出している。

問6 次に掲げるのは、「脱走兵」の作者長谷川四郎の詩「逃亡兵の歌」である。これを読んだうえで、「脱走兵」「逃亡兵の歌」についての説明として**適当でないもの**を、後の ① ～ ⑤ のうちから一つ選べ。解答番号は 10 。

逃亡兵の歌

お迎え(注1)はやがて
くるだろう、くるだろう
だがそれがくるまえに
彼は自分から
出ていった、出ていった
彼がさきに死ぬか
残ったものがさきに死ぬか
それはわからない、わからない
もしも彼が生きのびたなら
兄弟たちに告げるだろう
この地上で自由に生きること
ほかならぬこの地上で
自由に生きる
ただこれだけが
われわれの望みだったと

(注) 1 お迎え――人の死のこと。臨終の際に仏が人を浄土へ呼ぶために現れること。

① 両作には「脱走」「逃亡」する「彼」が登場するが、「脱走兵」は「彼」の視点に寄り添う語りによってその内面を描き、「逃亡兵の歌」は「彼」を対象化する語りによってそのあり方を普遍化する形で描いている。

② 「脱走兵」では状況や人物の姿、行動などの描写を通じて表現されている内容が、「逃亡兵の歌」では率直な言葉で直接的に述べられている。

③ 「逃亡兵の歌」の「彼がさきに死ぬか／残ったものがさきに死ぬか」という表現は、「脱走兵」の最終段落の「裏か表か」と同様に、自らの生死は運命に任せるほかないとする諦念めいた思いを表すものである。

④ 「脱走兵」の主人公は、地の文では「彼」「西田一等兵」の二通りの書き方で記されており、後者は、主人公が自分は軍隊の一員であると感じさせられている場面で用いられている。

⑤ 「逃亡兵の歌」の「くるだろう、くるだろう」といった繰り返しの部分は、大勢で合唱する歌の一節のような印象を与えることで、「逃亡兵」の心情が多くの兵に共有されるものであることを表現しようとしている。

第3問　次の【文章Ⅰ】は、鎌倉時代の説話集『宇治拾遺物語《うじしゅういものがたり》』の一節である。【文章Ⅱ】【文章Ⅲ】は、共に平安時代の説話集『今昔物語集《こんじゃくものがたりしゅう》』の一節で、【文章Ⅰ】と同じ話から一部分を抜粋したものである。【文章Ⅰ】～【文章Ⅲ】を読んで、後の問い（問1～6）に答えよ。なお、設問の都合で【文章Ⅰ】の段落に 1 ～ 4 の番号を付してある。（配点　50）

【文章Ⅰ】

1 今は昔、播磨《はりま》の守公行《かみきんゆき》が子に左大夫とて、五条わたりにありし者は、このころある顕宗《あきむね》といふ者の父なり。その左大夫は、阿波《あは》の守さとなりが供に阿波へ下りけるに、道にて死にけり。その左大夫は、河内《かはち》の前司《ぜんじ》といひし人の類《るい》にてぞありける。

2 その河内の前司がもとに、飴斑《あめまだら》（注1）なる牛ありけり。その牛を人の借りて、車掛けて淀《よど》へやりけるに、樋爪《ひづめ》（注2）の橋にて、牛飼《うしかひ》（注3）悪《あ》しくやりて、片輪を橋より落としたりけるに、引かれて車の橋より下に落ちけるを、車の落つると心得て、牛の踏み広ごりて立てりければ、鞅《むながい》（注4）切れて、車は落ちて砕けにけり。牛は一つ、橋の上にとどまりてぞありける。人も乗らぬ車なりければ、そこなはるる人もなかりけり。「えせ牛ならましかば、引かれて落ちて、牛もそこなはれまし。いみじき牛の力かな」とて、A その辺《へん》の人いひほめける。

3 かくて、この牛をいたはり飼ふほどに、この牛、いかにして失《う》せたるといふことなくて、失せにけり。「こは、いかなることぞ」と、求め騒げどなし。「離れて出《い》でたるか」と、近くより遠くまで、尋ね求めさすれどもなければ、「いみじかりつる牛を失ひつる」と嘆くほどに、B 河内の前司が夢に見るやう、この左大夫が来たりければ、これは海に落ち入りて死にけると聞く人は、いかに来たるにかと、思ひ思ひ出であひたりければ、左大夫がいふやう、「我はこの丑寅《うしとら》の隅にあり。それより日に一度、樋爪の橋のもとにまかりて、苦を受け侍《はべ》るなり。それに、おのれが罪の深くて、身のきはめて重く侍れば、乗物の耐へずして、（ア）かちよりまかるが苦しきに、この飴斑の御車牛《おほんくるまうし》の、力の強くて乗りて侍るに、いみじく求めさせ給《たま》へば、今五日ありて、六日と申さん巳《み》の時ばかりには返し奉らん。いたくな求め給ひそ」と見て、覚めにけり。「かかる夢をこそ見つれ」といひて過ぎぬ。

4　その夢見つるより六日といふ巳の時ばかりに、(イ)そぞろにこの牛歩み入りたりけるが、いみじく大事したりげにて、苦しげに、舌垂れ、汗水《あせみづ》にてぞ入りたりける。「この樋爪の橋にて車落ち入り、牛はとまりたりける折なんどに行きあひて、力強き牛かなと見て、借りて乗りてありきけるにやありけんと思ひけるも恐ろしかりける」と、河内の前司語りしなり。

【文章Ⅱ】

今は昔、播磨の守佐伯《さへき》の公行といふ人ありけり。それが子に、左大夫とて、四条と高倉とにありし者は、近来《このごろ》ある顕宗といふが父なり。その左大夫は、（注５）阿波の守藤原定成《さだなり》の朝臣《あそん》が供に阿波に下りける程に、その船にて守と共に海に入りて死にけり。その左大夫は、（注６）河内の禅師《ぜんじ》といひし者の類にてなむありける。

【文章Ⅲ】

その後、その牛を労《いたは》り飼ひける程に、いかにして失せたりともなくて、その牛失せにけり。河内の禅師、「こはいかなる事ぞ」とて求め騒ぎけれどもなければ、「離れて出でにけるか」とて近くより遠きまで尋ねさせけれども、遂《つひ》になければ、求め繚《あつか》ひてある程に、河内の禅師が夢に、彼《か》の失せにし左大夫が来たりければ、河内の禅師、「海に落ち入りて死にきと聞く者は、いかで来たるにかあらむ」と夢心地《ゆめごこち》にも、「怖《おそ》ろし」と思ふ思ふ出で会ひたりければ、左大夫がいはく、「己《おのれ》は死にて後、この丑寅の角《すみ》の方《かた》になむ侍るが、其《それ》より日に一度、（注７）樋集《ひづめ》の橋の許《もと》に行きて苦しびを受け侍るなり。其れに、己が罪の深くて極めて身の重く侍れば、乗る物の堪へずして、かちより罷《まか》り行くが極めて苦しく侍れば、この黄斑《あめまだら》の御車牛の力の強くて乗り侍るに堪へたれば、暫《しばら》く借り申して乗りて罷り行くを、いみじく求めさせ給へば、今五日ありて六日と申さむ巳の時ばかりに返し申してむとす。(ウ)あながちにな求め騒がせ給ひそ」といふ、と見る程に、夢覚めぬ。河内の禅師、「かかる怪しき夢をこそ見つれ」と、人に語りて止《や》みにけり。

その後、その夢に見えて六日と云ふ巳の時ばかりに、この牛、俄《には》かにいづこより来《きた》れりともなくて歩《あゆ》び入りたり。この牛、いみじく大事したる気《け》にてぞ来たりける。

しかれば、彼の樋集の橋にて、車は落ち入り牛は留《とど》まりけむを、彼の左大夫が霊《りやう》の、その時に行き会ひて、「力強き牛かな」と見て、借りて乗り行きけるにやありけむ。

これは河内の禅師が語りしなり。これ極めて怖ろしき事なり、となむ語り伝へたるとや。

（注）1 飴斑なる牛——毛色が暗黄色（飴色）でまだら模様のある牛。

2 樋爪の橋——京都府伏見区の桂川《かつらがわ》に架かる橋。

3 牛飼——牛車の牛を引いたり、その牛を世話する者。

4 鞅——牛馬に使用する道具の一つ。ここでは牛を車につなぐ太い紐《ひも》のこと。

5 阿波の守藤原定成——**【文章Ⅰ】**には「阿波の守さとなり」とある。

6 河内の禅師——**【文章Ⅰ】**には「河内の前司」とある。

7 樋集の橋——**【文章Ⅰ】**には「樋爪の橋」とある。

問１　傍線部(ア)～(ウ)の解釈として最も適当なものを、次の各群の①～⑤のうちから、それぞれ一つずつ選べ。解答番号は［1］～［3］。

(ア)　かちよりまかるが苦しきに　［1］
①　歩いて橋までまいりますのがつらいので
②　なかなか車が進まなくて困っていたので
③　徒歩で橋までお出《い》でになれないので
④　よい乗物が見つからず困っていたので
⑤　すぐに橋から戻ることができないので

(イ)　そぞろに　［2］
①　夢のとおりに
②　ただ一頭で
③　何事もなく
④　おもむろに
⑤　思いがけず

(ウ)　あながちにな求め騒がせ給ひそ　［3］
①　牛を探しても絶対に見つけられないでしょう
②　むやみに牛をお探しになって騒がないでください
③　無理に私を探そうとすると不幸な結果になりますよ
④　少しの間なので牛を探し回らないでいただきたい
⑤　慌てて私を探してお騒ぎにならないでください

問2 波線部「暫く借り申して乗りて罷り行くを、いみじく求めさせ給へば、今五日ありて六日と申さむ巳の時ばかりに返し申してむとす」に含まれる各語句の説明として**適当でないもの**を、次の①～⑤のうちから一つ選べ。解答番号は 4 。

① 「罷り行く」の主語は、左大夫である。

② 「求めさせ給へば」の「させ」は、使役の助動詞の連用形である。

③ 「巳の時」は、午前十時頃である。

④ 「返し申してむとす」の「申し」は、左大夫から河内の禅師に対する敬意を表す謙譲語である。

⑤ 「返し申してむとす」の「て」は、完了（強意）の助動詞の未然形である。

問３　傍線部Ａ「その辺の人いひほめける」とあるが、「その辺の人」はどのようなことに対して、どのようにほめたのか。その説明として最も適当なものを、次の ① ～ ⑤ のうちから一つ選べ。解答番号は 5 。

① 牛飼の過ちによって、車が橋から川へと転落したが、牛が車の転落を察知して川に引きずり込まれないように踏ん張ったことに対して、この牛だったから川に引き込まれず死なずにすんだのだと、牛の力が強いことをほめた。

② 左大夫の霊によって、車が橋から川へと引き込まれたが、車が川へと転落することを牛が察知して橋の上で抵抗したので命を取り留めたことに対して、他の牛ならば車ごと川に引きずり込まれて死んでいただろうと、牛の感覚の鋭さをほめた。

③ 左大夫の霊によって、車が橋から川へと引き込まれたが、河内の前司が災難をあらかじめ察知して力の強い牛を選んでいたので無事だったことに対して、この牛を選ばなかったら牛と共に死んでいただろうと、河内の前司の用心深さをほめた。

④ 橋の上で牛が暴れたことによって、車が橋から川へと転落したが、牛が車の転落を察知して橋の上で踏ん張ったので事故にならなかったことに対して、別の牛だったならば川に落ちて死んでいただろうと、牛の力の強さをほめた。

⑤ 牛飼の過ちによって、車が橋から川へと転落したが、牛が踏ん張ったときに鞅がたまたま切れて牛飼も牛も無事だったことに対して、この牛だったからこのような幸運に巡り会えて助かったのだと、牛の運の強さをほめた。

問4　傍線部B「河内の前司が夢に見るやう」とあるが、前司の見た夢とはどのようなものだったのか。その説明として最も適当なものを、次の①～⑤のうちから一つ選べ。解答番号は 6 。

① 夢の中に左大夫の霊が現れて、「自分は、生前の罪を償うために樋爪の橋まで車に乗って移動するつもりであったが、体が重くて車が壊れてしまった。そこで新しい車を引くのにふさわしい牛を探しているのだが、なかなか力の強い牛が見つからないので、これから六日間前司の牛を貸してほしいと頼みに来た」と言った。

② 夢の中に左大夫の霊が現れて、「自分は、生前の罪を償うために毎日樋爪の橋まで赴いて苦を受けねばならないのだが、罪が重くて体が重くなり苦労している。そこで前司の牛を借りて乗っていたのだが、その牛の持ち主の前司が懸命に探しているので、あと六日間だけ牛を貸してほしいと頼みに来た」と言った。

③ 夢の中に左大夫の霊が現れて、「自分は、生前の罪を償うために樋爪の橋へと引っ越したいと考えているが、罪が重くて体が重くなってしまったので、移動することができず困っている。そこで力の強い牛を探したところ、前司の牛がふさわしいことが分かったので、あと六日間だけ牛を貸してほしいと頼みに来た」と言った。

④ 夢の中に左大夫の霊が現れて、「自分は、生前に重い罪を犯したので毎日樋爪の橋に赴いて苦を受けねばならないのだが、罪が重いため体が重くなってつらい思いをしている。そこで力の強い牛を探したところ、前司の牛がふさわしいことが分かったので、これから六日間牛を貸してほしいと頼みに来た」と言った。

⑤ 夢の中に左大夫の霊が現れて、「自分は、生前の罪を償うために樋爪の橋まで車に乗って移動せねばならないのだが、体が重いために車が動かず困っている。そこで力の強い前司の牛を借りようと思うが、いなくなった牛を前司が探しているのは気の毒なので、移動が終わるまで牛を貸してほしいと頼みに来た」と言った。

問５　【文章Ⅰ】の構成・展開に関する説明として適当なものを、次の ①～⑤ のうちから一つ選べ。解答番号は 7 。

① 第 1 段落で左大夫が阿波への船旅の途中で事故死したことを記したうえで、第 3 段落で左大夫が夢に現れた話を語ることによって、左大夫の死と前司とが何らかの関係があることを暗示している。

② 第 1 段落で左大夫が阿波への旅の途中で死んだことを記したうえで、第 2 段落で樋爪の橋から車が川に落ちる事故を語ることによって、左大夫の死の原因が水と関連があったことを暗示している。

③ 第 2 段落で樋爪の橋の事故を記したうえで、第 3 段落で左大夫が夢に現れた話を載せることによって、樋爪の橋での事故は偶然ではなくて左大夫の霊が引き起こしたものであることを強調している。

④ 第 2 段落で樋爪の橋での事故の有り様を描くことを通して牛の力が強いことを示したうえで、第 4 段落で牛のひどく疲れた様を描くことによって、左大夫の罪がとても重かったことを強調している。

⑤ 第 3 段落で左大夫が河内の前司の夢に現れた話を語ったうえで、第 4 段落でその後前司が樋爪の橋で実際に体験した出来事を述べることを通して、第 3 段落の夢が未来の予言であったことを強調している。

問6　【文章Ⅰ】と【文章Ⅱ】【文章Ⅲ】との表現の違いに関する説明として**適当でないもの**を、次の①～⑤のうちから一つ選べ。解答番号は 8 。

① 【文章Ⅰ】【文章Ⅱ】では最初に登場人物の家族や住居の説明がなされているが、【文章Ⅰ】よりも【文章Ⅱ】のほうがより詳しく情報を記している。

② 左大夫の死因については、【文章Ⅰ】では最後まで明らかにされていないのに対して、【文章Ⅱ】では阿波の守と共に海に落ちて死んだことが記されている。

③ 牛を探したが見つからなかったときの前司（禅師）の様子を、【文章Ⅰ】は会話文を用いながら心情を描写しているが、【文章Ⅲ】は地の文で状況を客観的に説明している。

④ 牛が疲労している様子については、【文章Ⅰ】が具体的に詳しく描写しているのに対して、【文章Ⅲ】には具体的な描写がなく簡潔に記されている。

⑤ 飴斑（黄斑）の牛が左大夫に選ばれた理由についての説明は、【文章Ⅰ】では主語が明確に示されていないのに対して、【文章Ⅲ】では主語が明示されている。

（下書き用紙）

国語の試験問題は次に続く。

第4問

次の文章は、北宋の文人政治家蘇軾《そしょく》が政争に巻き込まれて逮捕された際、弟の蘇轍《そてつ》が皇帝に送った嘆願書の一節である。これを読んで、後の問い（**問1～7**）に答えよ。なお、設問の都合で返り点・送り仮名を省いたところがある。（配点　50）

軾（注1）之将ニ就カントレ逮ニ（注2）也、使メテレ謂ハレ臣ニ a 曰ハク、軾早ク衰ヘテ多シレ病。必ズ死セン二於牢獄ニ一。死ハ（ア）固分也。」I 然レドモ所ノレ恨ム者ハ、少キヨリ抱キテ二 A 有為之志ヲ一而遇ヘバ二不世出之主ニ一、雖モ三齟《そ》二齬《ご》スト於当年ニ一、終ニ欲スルモレ効《いた》サント二（注3）尺寸ヲ於晩節ニ一、今遇フ二此ノ禍《わざは》ヒニ一。」II 雖モレ欲スト三改メテレ過チヲ自ラ新タニシ、洗ヒテレ心ヲ以テ事ヘント二明主ニ一、其ノ道無シレ由。（イ）」III B 況ンヤ立チテレ朝ニ最モ孤ニシテ、左右親近、必ズ無キヲヤ二為ニ言フ者一。惟ダ兄弟（注4）之親、試ミニ求ムル二哀ヲ於陛下ニ一而已。」IV 臣窃カニ哀レミ二 b 其ノ志ヲ一、不レ勝ヘ二手（注5）足之情ニ一。故ニ為ニ冒シテレ死ヲ一言ス。」V 昔漢ノ淳（注6）于公得レ罪ヲ、c 其ノ女子緹《てい》縈《えい》請フ下没シテ為リテ二官《くわん》（注7）婢《ぴ》ト一、以テ贖《あがな》フヲ中其ノ父ヲ上。漢（注8）文因リテレ之ニ遂ニ罷《や》ム二肉（注9）刑ヲ一。今臣 C 螻《ろう》（注10）蟻《ぎ》之誠、雖モ二万（注11）万不レ及バ二緹縈ニ一、而レドモ陛下ノ聰明仁聖ハ過グルコト二於漢文ニ一遠ク甚ダシ。臣

欲《ス》レ乞《ハント》下（注12）納《メテ》二在《ルノ》レ身《ニ》官《ヲ》一以《テ》贖《フ》中兄軾《ヲ》上。D非敢望末（注13）滅其罪。但《ダ》得《バ》レ免《ルルヲ》二下《サレテ》レ獄《ニ》
死《スルヲ》一為《ス》レ幸《ヒト》。

（蘇轍「為二兄軾下レ獄上書」による）

（注）
1　軾――筆者の兄蘇軾。
2　就レ逮――逮捕される。
3　効二尺寸於晩節一――晩年にはわずかなりともご奉公する。
4　兄弟之親――血のつながる兄弟。
5　手足――兄弟。
6　淳于公――前漢の人。
7　官婢――官の女奴隷。
8　漢文――前漢の文帝。
9　肉刑――肉体を傷つける刑罰。
10　螻蟻――ケラとアリ。
11　万万――とてもとても。
12　納二在レ身官一――自分の官位をお返しして。
13　末減――軽減。

問1 傍線部(ア)「固」・(イ)「由」のここでの意味として最も適当なものを、次の各群の①～⑤のうちから、それぞれ一つずつ選べ。解答番号は 1 ・ 2 。

(ア)「固」 1

① 決まった
② 思うに
③ もちろん
④ 意外にも
⑤ とりあえず

(イ)「由」 2

① 理由
② 由緒
③ 意思
④ 方法
⑤ 天命

問2 波線部a「臣」・b「其」・c「其」の指す内容の組合せとして正しいものを、次の①～⑤のうちから一つ選べ。解答番号は 3 。

① a 蘇軾　b 蘇轍　c 淳于公
② a 蘇轍　b 蘇軾　c 淳于公
③ a 蘇轍　b 蘇轍　c 漢の文帝
④ a 蘇轍　b 陛下　c 淳于公
⑤ a 蘇軾　b 陛下　c 漢の文帝

問３　傍線部Ａ「有為之志」・Ｃ「螻蟻之誠」のここでの意味として最も適当なものを、次の各群の①～⑤のうちから、それぞれ一つずつ選べ。解答番号は［4］・［5］。

Ａ「有為之志」［4］
① 立身出世をはかろうという志
② 兄を補佐してゆこうという志
③ 国のために働こうという志
④ 一族を繁栄させようという志
⑤ 後世に名を残そうという志

Ｃ「螻蟻之誠」［5］
① とるにたらないものの真心
② 内に秘めたこの上ない誠意
③ 官位を持たないものの忠誠
④ 見過ごすことのできない真心
⑤ ありあまるばかりの誠意

問4 次に掲げるのは、傍線部B「況 立レ朝 最 孤、左 右 親 近、必 無二為 言 者一。」について教師と生徒が交わした授業中の会話である。会話文中の空欄 X ・ Y に入れるのに最も適当なものを、後の各群の①〜⑤のうちから、それぞれ一つずつ選べ。解答番号は 6 ・ 7 。

教　師　この一文には、とても漢文らしい表現が使われていますが、どこかわかりますか。

生徒A　「況」の部分ですね。

教　師　そうですね。何と読みますか。

生徒A　「いはんや」です。

教　師　もう一つ、この一文には現代日本語でも使うけれども、漢文では違う意味で使われることが多いので注意しなければならない語がありますが、どれかわかりますか。

生徒B　「左右」ですね。

教　師　そうです。この文ではどういう意味で使われていますか。

生徒B　 X という意味です。

教　師　そうですね。こうした語は漢文を現代語訳するときに注意しなければなりませんね。ところで、この文を書き下し文にしてみると「況んや朝に立ちて最も孤にして、左右親近、必ず為に言ふ者無きをや」となりますが、この部分を解釈すると、Cさん、どうなりますか。

生徒C　難しいですね。でも Y ということではないでしょうか。

教　師　そうです。そのとおりですね。よくできました。

X　6

① 近辺
② 先輩
③ 寵臣
④ 側近
⑤ 一族

Y　7

① どうして私がただ一人で朝廷に出仕した時に、陛下の一族に私のために弁護してくれる者がいないであろうか、きっといるはずである。
② まして私は朝廷に出仕しても誰からも孤立していて、陛下の側近には私のために弁護してくれる者などいないのだからなおさらなのだ。
③ どうにかして私が朝廷に出仕した時に孤立することなく、陛下の寵臣とも親しくでき、陛下の為に進言できるようになりたいものである。
④ まして朝早くに出仕しても誰からも相手にされず、親しくしてくれる先輩もおらず、私とともに正義のために発言する者などいないのは当然だ。
⑤ どうして私が早朝にただ一人で出仕した時に、陛下の近辺に近づくことができず、私のために口添えしてくれる者がいないのだろうか。

問5 傍線部**D**「非 敢 望 末 減 其 罪。」の返り点の付け方と書き下し文との組合せとして最も適当なものを、次の①～⑤のうちから一つ選べ。解答番号は **8** 。

① 非㆓敢 望㆒末‐減㆓其 罪㆒。
敢へて望むに非ずして其の罪を末減す。

② 非㆔敢 望㆓末 減 其 罪㆒。
敢へて末減する其の罪を望むに非ず。

③ 非㆔敢 望 末‐減㆓其 罪㆒。
敢へて望みて其の罪を末減するに非ず。

④ 非㆔敢 望㆓末 減 其 罪㆒。
敢へて末減して其の罪を望むに非ず。

⑤ 非㆕敢 望㆔末‐減㆓其 罪㆒。
敢へて其の罪を末減するを望むに非ず。

問6 二重傍線部「曰」の内容は本文中の」**Ⅰ**～」**Ⅴ**のどこまでか。最も適当なものを、次の①～⑤のうちから一つ選べ。
解答番号は **9** 。

① **Ⅰ**まで　② **Ⅱ**まで　③ **Ⅲ**まで　④ **Ⅳ**まで　⑤ **Ⅴ**まで

問7　蘇轍の嘆願の内容として最も適当なものを、次の①～⑤のうちから一つ選べ。解答番号は 10 。

① 自分の官位を返上するかわりに兄を減刑するとともに、前漢の文帝のように政敵に対する厳しい刑罰を廃止して欲しいと願っている。

② 前漢の文帝が娘緹縈の嘆願によって政敵である父親を釈放したのと同様、弟である自分が官位を返上することで兄を釈放して欲しいと願っている。

③ 身を売って奴隷となり父親の無実の罪を晴らした緹縈にならって、自分が官位を返上することで兄に対する冤罪《えんざい》を晴らして欲しいと願っている。

④ 身を売って奴隷となり父親の罪を償おうとした緹縈の故事にならって、自分の官位を返上することで兄を釈放して欲しいと願っている。

⑤ 緹縈のように奴隷となる訳にはいかないけれども、自分の官位を返上するので兄の罪を許しいくらかでも減刑して欲しいと願っている。

2021 ― 駿台《すんだい》　大学入《だいがくにゅう》試《し》完全対策《かんぜんたいさく》シリーズ
共通《きょうつう》テスト対策問題集《たいさくもんだいしゅう》　マーク式実戦問題編《しきじっせんもんだいへん》　国語《こくご》

2020 年 7 月 26 日　2021 年版発行

編　　者	全国入試模試センター
発 行 者	山　崎　良　子
印刷・製本	日経印刷株式会社
発 行 所	駿台文庫株式会社

〒 101-0062 東京都千代田区神田駿河台 1-7-4
小畑ビル内
TEL. 編集 03 (5259) 3302
販売 03 (5259) 3301
《共通テスト実戦・国語① 508pp.》

落丁・乱丁がございましたら，送料小社負担にて
お取り替えいたします。
ISBN978-4-7961-6354-5　Printed in Japan

駿台文庫 Web サイト
https://www.sundaibunko.jp

大学入学共通テスト 試行調査　国語解答用紙

マーク例

良い例	悪い例
●	⊙ ⊗ ◐ ○

受験番号を記入し，その下のマーク欄にマークしなさい。

受験番号欄

千位	百位	十位	一位	英字
－	⓪	⓪	⓪	Ⓐ
①	①	①	①	Ⓑ
②	②	②	②	Ⓒ
③	③	③	③	Ⓗ
④	④	④	④	Ⓚ
⑤	⑤	⑤	⑤	Ⓜ
⑥	⑥	⑥	⑥	Ⓡ
⑦	⑦	⑦	⑦	Ⓤ
⑧	⑧	⑧	⑧	Ⓧ
⑨	⑨	⑨	⑨	Ⓨ
－	－	－	－	Ⓩ

氏名・フリガナ，試験場コードを記入しなさい。

フリガナ						
氏　名						
試験場コード	十万位	万位	千位	百位	十位	一位

注意事項

1　訂正は，消しゴムできれいに消し，消しくずを残してはいけません。
2　所定欄以外にはマークしたり，記入したりしてはいけません。
3　汚したり，折りまげたりしてはいけません。

2

	1	2	3	4	5	6	7	8	9
1	①	②	③	④	⑤	⑥	⑦	⑧	⑨
2	①	②	③	④	⑤	⑥	⑦	⑧	⑨
3	①	②	③	④	⑤	⑥	⑦	⑧	⑨
4	①	②	③	④	⑤	⑥	⑦	⑧	⑨
5	①	②	③	④	⑤	⑥	⑦	⑧	⑨
6	①	②	③	④	⑤	⑥	⑦	⑧	⑨
7	①	②	③	④	⑤	⑥	⑦	⑧	⑨
8	①	②	③	④	⑤	⑥	⑦	⑧	⑨
9	①	②	③	④	⑤	⑥	⑦	⑧	⑨
10	①	②	③	④	⑤	⑥	⑦	⑧	⑨
11	①	②	③	④	⑤	⑥	⑦	⑧	⑨
12	①	②	③	④	⑤	⑥	⑦	⑧	⑨
13	①	②	③	④	⑤	⑥	⑦	⑧	⑨
14	①	②	③	④	⑤	⑥	⑦	⑧	⑨
15	①	②	③	④	⑤	⑥	⑦	⑧	⑨

3

	1	2	3	4	5	6	7	8	9
1	①	②	③	④	⑤	⑥	⑦	⑧	⑨
2	①	②	③	④	⑤	⑥	⑦	⑧	⑨
3	①	②	③	④	⑤	⑥	⑦	⑧	⑨
4	①	②	③	④	⑤	⑥	⑦	⑧	⑨
5	①	②	③	④	⑤	⑥	⑦	⑧	⑨
6	①	②	③	④	⑤	⑥	⑦	⑧	⑨
7	①	②	③	④	⑤	⑥	⑦	⑧	⑨
8	①	②	③	④	⑤	⑥	⑦	⑧	⑨
9	①	②	③	④	⑤	⑥	⑦	⑧	⑨
10	①	②	③	④	⑤	⑥	⑦	⑧	⑨
11	①	②	③	④	⑤	⑥	⑦	⑧	⑨
12	①	②	③	④	⑤	⑥	⑦	⑧	⑨
13	①	②	③	④	⑤	⑥	⑦	⑧	⑨
14	①	②	③	④	⑤	⑥	⑦	⑧	⑨
15	①	②	③	④	⑤	⑥	⑦	⑧	⑨

4

	1	2	3	4	5	6	7	8	9
1	①	②	③	④	⑤	⑥	⑦	⑧	⑨
2	①	②	③	④	⑤	⑥	⑦	⑧	⑨
3	①	②	③	④	⑤	⑥	⑦	⑧	⑨
4	①	②	③	④	⑤	⑥	⑦	⑧	⑨
5	①	②	③	④	⑤	⑥	⑦	⑧	⑨
6	①	②	③	④	⑤	⑥	⑦	⑧	⑨
7	①	②	③	④	⑤	⑥	⑦	⑧	⑨
8	①	②	③	④	⑤	⑥	⑦	⑧	⑨
9	①	②	③	④	⑤	⑥	⑦	⑧	⑨
10	①	②	③	④	⑤	⑥	⑦	⑧	⑨
11	①	②	③	④	⑤	⑥	⑦	⑧	⑨
12	①	②	③	④	⑤	⑥	⑦	⑧	⑨
13	①	②	③	④	⑤	⑥	⑦	⑧	⑨
14	①	②	③	④	⑤	⑥	⑦	⑧	⑨
15	①	②	③	④	⑤	⑥	⑦	⑧	⑨

5

	1	2	3	4	5	6	7	8	9
1	①	②	③	④	⑤	⑥	⑦	⑧	⑨
2	①	②	③	④	⑤	⑥	⑦	⑧	⑨
3	①	②	③	④	⑤	⑥	⑦	⑧	⑨
4	①	②	③	④	⑤	⑥	⑦	⑧	⑨
5	①	②	③	④	⑤	⑥	⑦	⑧	⑨
6	①	②	③	④	⑤	⑥	⑦	⑧	⑨
7	①	②	③	④	⑤	⑥	⑦	⑧	⑨
8	①	②	③	④	⑤	⑥	⑦	⑧	⑨
9	①	②	③	④	⑤	⑥	⑦	⑧	⑨
10	①	②	③	④	⑤	⑥	⑦	⑧	⑨
11	①	②	③	④	⑤	⑥	⑦	⑧	⑨
12	①	②	③	④	⑤	⑥	⑦	⑧	⑨
13	①	②	③	④	⑤	⑥	⑦	⑧	⑨
14	①	②	③	④	⑤	⑥	⑦	⑧	⑨
15	①	②	③	④	⑤	⑥	⑦	⑧	⑨

駿　台　文　庫

大学入学共通テスト　試行調査　国語解答用紙

マーク例

良い例	悪い例
●	⊙ ⓧ ◕ ○

注意事項

1　訂正は，消しゴムできれいに消し，消しくずを残してはいけません。
2　所定欄以外にはマークしたり，記入したりしてはいけません。
3　汚したり，折りまげたりしてはいけません。

受験番号を記入し，その下のマーク欄にマークしなさい。

受験番号欄

千位	百位	十位	一位	英字
−	⓪	⓪	⓪	Ⓐ
①	①	①	①	Ⓑ
②	②	②	②	Ⓒ
③	③	③	③	Ⓗ
④	④	④	④	Ⓚ
⑤	⑤	⑤	⑤	Ⓜ
⑥	⑥	⑥	⑥	Ⓡ
⑦	⑦	⑦	⑦	Ⓤ
⑧	⑧	⑧	⑧	Ⓧ
⑨	⑨	⑨	⑨	Ⓨ
−	−	−	−	Ⓩ

氏名・フリガナ，試験場コードを記入しなさい。

フリガナ						
氏　名						
試験場コード	十万位	万位	千位	百位	十位	一位

2

	解			答				欄	
	1	2	3	4	5	6	7	8	9
1	①	②	③	④	⑤	⑥	⑦	⑧	⑨
2	①	②	③	④	⑤	⑥	⑦	⑧	⑨
3	①	②	③	④	⑤	⑥	⑦	⑧	⑨
4	①	②	③	④	⑤	⑥	⑦	⑧	⑨
5	①	②	③	④	⑤	⑥	⑦	⑧	⑨
6	①	②	③	④	⑤	⑥	⑦	⑧	⑨
7	①	②	③	④	⑤	⑥	⑦	⑧	⑨
8	①	②	③	④	⑤	⑥	⑦	⑧	⑨
9	①	②	③	④	⑤	⑥	⑦	⑧	⑨
10	①	②	③	④	⑤	⑥	⑦	⑧	⑨
11	①	②	③	④	⑤	⑥	⑦	⑧	⑨
12	①	②	③	④	⑤	⑥	⑦	⑧	⑨
13	①	②	③	④	⑤	⑥	⑦	⑧	⑨
14	①	②	③	④	⑤	⑥	⑦	⑧	⑨
15	①	②	③	④	⑤	⑥	⑦	⑧	⑨

3

	解			答				欄	
	1	2	3	4	5	6	7	8	9
1	①	②	③	④	⑤	⑥	⑦	⑧	⑨
2	①	②	③	④	⑤	⑥	⑦	⑧	⑨
3	①	②	③	④	⑤	⑥	⑦	⑧	⑨
4	①	②	③	④	⑤	⑥	⑦	⑧	⑨
5	①	②	③	④	⑤	⑥	⑦	⑧	⑨
6	①	②	③	④	⑤	⑥	⑦	⑧	⑨
7	①	②	③	④	⑤	⑥	⑦	⑧	⑨
8	①	②	③	④	⑤	⑥	⑦	⑧	⑨
9	①	②	③	④	⑤	⑥	⑦	⑧	⑨
10	①	②	③	④	⑤	⑥	⑦	⑧	⑨
11	①	②	③	④	⑤	⑥	⑦	⑧	⑨
12	①	②	③	④	⑤	⑥	⑦	⑧	⑨
13	①	②	③	④	⑤	⑥	⑦	⑧	⑨
14	①	②	③	④	⑤	⑥	⑦	⑧	⑨
15	①	②	③	④	⑤	⑥	⑦	⑧	⑨

4

	解			答				欄	
	1	2	3	4	5	6	7	8	9
1	①	②	③	④	⑤	⑥	⑦	⑧	⑨
2	①	②	③	④	⑤	⑥	⑦	⑧	⑨
3	①	②	③	④	⑤	⑥	⑦	⑧	⑨
4	①	②	③	④	⑤	⑥	⑦	⑧	⑨
5	①	②	③	④	⑤	⑥	⑦	⑧	⑨
6	①	②	③	④	⑤	⑥	⑦	⑧	⑨
7	①	②	③	④	⑤	⑥	⑦	⑧	⑨
8	①	②	③	④	⑤	⑥	⑦	⑧	⑨
9	①	②	③	④	⑤	⑥	⑦	⑧	⑨
10	①	②	③	④	⑤	⑥	⑦	⑧	⑨
11	①	②	③	④	⑤	⑥	⑦	⑧	⑨
12	①	②	③	④	⑤	⑥	⑦	⑧	⑨
13	①	②	③	④	⑤	⑥	⑦	⑧	⑨
14	①	②	③	④	⑤	⑥	⑦	⑧	⑨
15	①	②	③	④	⑤	⑥	⑦	⑧	⑨

5

	解			答				欄	
	1	2	3	4	5	6	7	8	9
1	①	②	③	④	⑤	⑥	⑦	⑧	⑨
2	①	②	③	④	⑤	⑥	⑦	⑧	⑨
3	①	②	③	④	⑤	⑥	⑦	⑧	⑨
4	①	②	③	④	⑤	⑥	⑦	⑧	⑨
5	①	②	③	④	⑤	⑥	⑦	⑧	⑨
6	①	②	③	④	⑤	⑥	⑦	⑧	⑨
7	①	②	③	④	⑤	⑥	⑦	⑧	⑨
8	①	②	③	④	⑤	⑥	⑦	⑧	⑨
9	①	②	③	④	⑤	⑥	⑦	⑧	⑨
10	①	②	③	④	⑤	⑥	⑦	⑧	⑨
11	①	②	③	④	⑤	⑥	⑦	⑧	⑨
12	①	②	③	④	⑤	⑥	⑦	⑧	⑨
13	①	②	③	④	⑤	⑥	⑦	⑧	⑨
14	①	②	③	④	⑤	⑥	⑦	⑧	⑨
15	①	②	③	④	⑤	⑥	⑦	⑧	⑨

駿　台　文　庫

実戦問題　国語解答用紙

マーク例

良い例	悪い例
●	⊙ ⊗ ◕ ○

受験番号を記入し，その下のマーク欄にマークしなさい。

受験番号欄

千位	百位	十位	一位	英字
—	⓪	⓪	⓪	Ⓐ
①	①	①	①	Ⓑ
②	②	②	②	Ⓒ
③	③	③	③	Ⓗ
④	④	④	④	Ⓚ
⑤	⑤	⑤	⑤	Ⓜ
⑥	⑥	⑥	⑥	Ⓡ
⑦	⑦	⑦	⑦	Ⓤ
⑧	⑧	⑧	⑧	Ⓧ
⑨	⑨	⑨	⑨	Ⓨ
—	—	—	—	Ⓩ

氏名・フリガナ，試験場コードを記入しなさい。

フリガナ	
氏　名	

試験場コード	十万位	万位	千位	百位	十位	一位

駿　台　文　庫

注意事項

1　訂正は，消しゴムできれいに消し，消しくずを残してはいけません。
2　所定欄以外にはマークしたり，記入したりしてはいけません。
3　汚したり，折りまげたりしてはいけません。

1

	解			答				欄	
	1	2	3	4	5	6	7	8	9
1	①	②	③	④	⑤	⑥	⑦	⑧	⑨
2	①	②	③	④	⑤	⑥	⑦	⑧	⑨
3	①	②	③	④	⑤	⑥	⑦	⑧	⑨
4	①	②	③	④	⑤	⑥	⑦	⑧	⑨
5	①	②	③	④	⑤	⑥	⑦	⑧	⑨
6	①	②	③	④	⑤	⑥	⑦	⑧	⑨
7	①	②	③	④	⑤	⑥	⑦	⑧	⑨
8	①	②	③	④	⑤	⑥	⑦	⑧	⑨
9	①	②	③	④	⑤	⑥	⑦	⑧	⑨
10	①	②	③	④	⑤	⑥	⑦	⑧	⑨
11	①	②	③	④	⑤	⑥	⑦	⑧	⑨
12	①	②	③	④	⑤	⑥	⑦	⑧	⑨
13	①	②	③	④	⑤	⑥	⑦	⑧	⑨
14	①	②	③	④	⑤	⑥	⑦	⑧	⑨
15	①	②	③	④	⑤	⑥	⑦	⑧	⑨

2

	解			答				欄	
	1	2	3	4	5	6	7	8	9
1	①	②	③	④	⑤	⑥	⑦	⑧	⑨
2	①	②	③	④	⑤	⑥	⑦	⑧	⑨
3	①	②	③	④	⑤	⑥	⑦	⑧	⑨
4	①	②	③	④	⑤	⑥	⑦	⑧	⑨
5	①	②	③	④	⑤	⑥	⑦	⑧	⑨
6	①	②	③	④	⑤	⑥	⑦	⑧	⑨
7	①	②	③	④	⑤	⑥	⑦	⑧	⑨
8	①	②	③	④	⑤	⑥	⑦	⑧	⑨
9	①	②	③	④	⑤	⑥	⑦	⑧	⑨
10	①	②	③	④	⑤	⑥	⑦	⑧	⑨
11	①	②	③	④	⑤	⑥	⑦	⑧	⑨
12	①	②	③	④	⑤	⑥	⑦	⑧	⑨
13	①	②	③	④	⑤	⑥	⑦	⑧	⑨
14	①	②	③	④	⑤	⑥	⑦	⑧	⑨
15	①	②	③	④	⑤	⑥	⑦	⑧	⑨

3

	解			答				欄	
	1	2	3	4	5	6	7	8	9
1	①	②	③	④	⑤	⑥	⑦	⑧	⑨
2	①	②	③	④	⑤	⑥	⑦	⑧	⑨
3	①	②	③	④	⑤	⑥	⑦	⑧	⑨
4	①	②	③	④	⑤	⑥	⑦	⑧	⑨
5	①	②	③	④	⑤	⑥	⑦	⑧	⑨
6	①	②	③	④	⑤	⑥	⑦	⑧	⑨
7	①	②	③	④	⑤	⑥	⑦	⑧	⑨
8	①	②	③	④	⑤	⑥	⑦	⑧	⑨
9	①	②	③	④	⑤	⑥	⑦	⑧	⑨
10	①	②	③	④	⑤	⑥	⑦	⑧	⑨
11	①	②	③	④	⑤	⑥	⑦	⑧	⑨
12	①	②	③	④	⑤	⑥	⑦	⑧	⑨
13	①	②	③	④	⑤	⑥	⑦	⑧	⑨
14	①	②	③	④	⑤	⑥	⑦	⑧	⑨
15	①	②	③	④	⑤	⑥	⑦	⑧	⑨

4

	解			答				欄	
	1	2	3	4	5	6	7	8	9
1	①	②	③	④	⑤	⑥	⑦	⑧	⑨
2	①	②	③	④	⑤	⑥	⑦	⑧	⑨
3	①	②	③	④	⑤	⑥	⑦	⑧	⑨
4	①	②	③	④	⑤	⑥	⑦	⑧	⑨
5	①	②	③	④	⑤	⑥	⑦	⑧	⑨
6	①	②	③	④	⑤	⑥	⑦	⑧	⑨
7	①	②	③	④	⑤	⑥	⑦	⑧	⑨
8	①	②	③	④	⑤	⑥	⑦	⑧	⑨
9	①	②	③	④	⑤	⑥	⑦	⑧	⑨
10	①	②	③	④	⑤	⑥	⑦	⑧	⑨
11	①	②	③	④	⑤	⑥	⑦	⑧	⑨
12	①	②	③	④	⑤	⑥	⑦	⑧	⑨
13	①	②	③	④	⑤	⑥	⑦	⑧	⑨
14	①	②	③	④	⑤	⑥	⑦	⑧	⑨
15	①	②	③	④	⑤	⑥	⑦	⑧	⑨

実戦問題　国語解答用紙

マーク例

良い例	悪い例
●	⊙ ⓧ ◐ ○

注意事項

1　訂正は，消しゴムできれいに消し，消しくずを残してはいけません。
2　所定欄以外にはマークしたり，記入したりしてはいけません。
3　汚したり，折りまげたりしてはいけません。

受験番号を記入し，その下のマーク欄にマークしなさい。

受験番号欄

千位	百位	十位	一位	英字
−	⓪	⓪	⓪	Ⓐ
①	①	①	①	Ⓑ
②	②	②	②	Ⓒ
③	③	③	③	Ⓗ
④	④	④	④	Ⓚ
⑤	⑤	⑤	⑤	Ⓜ
⑥	⑥	⑥	⑥	Ⓡ
⑦	⑦	⑦	⑦	Ⓤ
⑧	⑧	⑧	⑧	Ⓧ
⑨	⑨	⑨	⑨	Ⓨ
−	−	−	−	Ⓩ

氏名・フリガナ，試験場コードを記入しなさい。

フリガナ	
氏　名	

試験場コード	十万位	万位	千位	百位	十位	一位

駿　台　文　庫

1

解答欄	1	2	3	4	5	6	7	8	9
1	①	②	③	④	⑤	⑥	⑦	⑧	⑨
2	①	②	③	④	⑤	⑥	⑦	⑧	⑨
3	①	②	③	④	⑤	⑥	⑦	⑧	⑨
4	①	②	③	④	⑤	⑥	⑦	⑧	⑨
5	①	②	③	④	⑤	⑥	⑦	⑧	⑨
6	①	②	③	④	⑤	⑥	⑦	⑧	⑨
7	①	②	③	④	⑤	⑥	⑦	⑧	⑨
8	①	②	③	④	⑤	⑥	⑦	⑧	⑨
9	①	②	③	④	⑤	⑥	⑦	⑧	⑨
10	①	②	③	④	⑤	⑥	⑦	⑧	⑨
11	①	②	③	④	⑤	⑥	⑦	⑧	⑨
12	①	②	③	④	⑤	⑥	⑦	⑧	⑨
13	①	②	③	④	⑤	⑥	⑦	⑧	⑨
14	①	②	③	④	⑤	⑥	⑦	⑧	⑨
15	①	②	③	④	⑤	⑥	⑦	⑧	⑨

2

解答欄	1	2	3	4	5	6	7	8	9
1	①	②	③	④	⑤	⑥	⑦	⑧	⑨
2	①	②	③	④	⑤	⑥	⑦	⑧	⑨
3	①	②	③	④	⑤	⑥	⑦	⑧	⑨
4	①	②	③	④	⑤	⑥	⑦	⑧	⑨
5	①	②	③	④	⑤	⑥	⑦	⑧	⑨
6	①	②	③	④	⑤	⑥	⑦	⑧	⑨
7	①	②	③	④	⑤	⑥	⑦	⑧	⑨
8	①	②	③	④	⑤	⑥	⑦	⑧	⑨
9	①	②	③	④	⑤	⑥	⑦	⑧	⑨
10	①	②	③	④	⑤	⑥	⑦	⑧	⑨
11	①	②	③	④	⑤	⑥	⑦	⑧	⑨
12	①	②	③	④	⑤	⑥	⑦	⑧	⑨
13	①	②	③	④	⑤	⑥	⑦	⑧	⑨
14	①	②	③	④	⑤	⑥	⑦	⑧	⑨
15	①	②	③	④	⑤	⑥	⑦	⑧	⑨

3

解答欄	1	2	3	4	5	6	7	8	9
1	①	②	③	④	⑤	⑥	⑦	⑧	⑨
2	①	②	③	④	⑤	⑥	⑦	⑧	⑨
3	①	②	③	④	⑤	⑥	⑦	⑧	⑨
4	①	②	③	④	⑤	⑥	⑦	⑧	⑨
5	①	②	③	④	⑤	⑥	⑦	⑧	⑨
6	①	②	③	④	⑤	⑥	⑦	⑧	⑨
7	①	②	③	④	⑤	⑥	⑦	⑧	⑨
8	①	②	③	④	⑤	⑥	⑦	⑧	⑨
9	①	②	③	④	⑤	⑥	⑦	⑧	⑨
10	①	②	③	④	⑤	⑥	⑦	⑧	⑨
11	①	②	③	④	⑤	⑥	⑦	⑧	⑨
12	①	②	③	④	⑤	⑥	⑦	⑧	⑨
13	①	②	③	④	⑤	⑥	⑦	⑧	⑨
14	①	②	③	④	⑤	⑥	⑦	⑧	⑨
15	①	②	③	④	⑤	⑥	⑦	⑧	⑨

4

解答欄	1	2	3	4	5	6	7	8	9
1	①	②	③	④	⑤	⑥	⑦	⑧	⑨
2	①	②	③	④	⑤	⑥	⑦	⑧	⑨
3	①	②	③	④	⑤	⑥	⑦	⑧	⑨
4	①	②	③	④	⑤	⑥	⑦	⑧	⑨
5	①	②	③	④	⑤	⑥	⑦	⑧	⑨
6	①	②	③	④	⑤	⑥	⑦	⑧	⑨
7	①	②	③	④	⑤	⑥	⑦	⑧	⑨
8	①	②	③	④	⑤	⑥	⑦	⑧	⑨
9	①	②	③	④	⑤	⑥	⑦	⑧	⑨
10	①	②	③	④	⑤	⑥	⑦	⑧	⑨
11	①	②	③	④	⑤	⑥	⑦	⑧	⑨
12	①	②	③	④	⑤	⑥	⑦	⑧	⑨
13	①	②	③	④	⑤	⑥	⑦	⑧	⑨
14	①	②	③	④	⑤	⑥	⑦	⑧	⑨
15	①	②	③	④	⑤	⑥	⑦	⑧	⑨

実戦問題　国語解答用紙

マーク例

良い例	悪い例
●	⊙ ⊗ ◐ ○

受験番号を記入し，その下のマーク欄にマークしなさい。

受験番号欄

千位	百位	十位	一位	英字
–	⓪	⓪	⓪	Ⓐ
①	①	①	①	Ⓑ
②	②	②	②	Ⓒ
③	③	③	③	Ⓗ
④	④	④	④	Ⓚ
⑤	⑤	⑤	⑤	Ⓜ
⑥	⑥	⑥	⑥	Ⓡ
⑦	⑦	⑦	⑦	Ⓤ
⑧	⑧	⑧	⑧	Ⓧ
⑨	⑨	⑨	⑨	Ⓨ
–	–	–	–	Ⓩ

氏名・フリガナ，試験場コードを記入しなさい。

フリガナ	
氏　名	

試験場コード	十万位	万位	千位	百位	十位	一位

駿　台　文　庫

注意事項

1　訂正は，消しゴムできれいに消し，消しくずを残してはいけません。

2　所定欄以外にはマークしたり，記入したりしてはいけません。

3　汚したり，折りまげたりしてはいけません。

1

	1	2	3	4	5	6	7	8	9
1	①	②	③	④	⑤	⑥	⑦	⑧	⑨
2	①	②	③	④	⑤	⑥	⑦	⑧	⑨
3	①	②	③	④	⑤	⑥	⑦	⑧	⑨
4	①	②	③	④	⑤	⑥	⑦	⑧	⑨
5	①	②	③	④	⑤	⑥	⑦	⑧	⑨
6	①	②	③	④	⑤	⑥	⑦	⑧	⑨
7	①	②	③	④	⑤	⑥	⑦	⑧	⑨
8	①	②	③	④	⑤	⑥	⑦	⑧	⑨
9	①	②	③	④	⑤	⑥	⑦	⑧	⑨
10	①	②	③	④	⑤	⑥	⑦	⑧	⑨
11	①	②	③	④	⑤	⑥	⑦	⑧	⑨
12	①	②	③	④	⑤	⑥	⑦	⑧	⑨
13	①	②	③	④	⑤	⑥	⑦	⑧	⑨
14	①	②	③	④	⑤	⑥	⑦	⑧	⑨
15	①	②	③	④	⑤	⑥	⑦	⑧	⑨

2

	1	2	3	4	5	6	7	8	9
1	①	②	③	④	⑤	⑥	⑦	⑧	⑨
2	①	②	③	④	⑤	⑥	⑦	⑧	⑨
3	①	②	③	④	⑤	⑥	⑦	⑧	⑨
4	①	②	③	④	⑤	⑥	⑦	⑧	⑨
5	①	②	③	④	⑤	⑥	⑦	⑧	⑨
6	①	②	③	④	⑤	⑥	⑦	⑧	⑨
7	①	②	③	④	⑤	⑥	⑦	⑧	⑨
8	①	②	③	④	⑤	⑥	⑦	⑧	⑨
9	①	②	③	④	⑤	⑥	⑦	⑧	⑨
10	①	②	③	④	⑤	⑥	⑦	⑧	⑨
11	①	②	③	④	⑤	⑥	⑦	⑧	⑨
12	①	②	③	④	⑤	⑥	⑦	⑧	⑨
13	①	②	③	④	⑤	⑥	⑦	⑧	⑨
14	①	②	③	④	⑤	⑥	⑦	⑧	⑨
15	①	②	③	④	⑤	⑥	⑦	⑧	⑨

3

	1	2	3	4	5	6	7	8	9
1	①	②	③	④	⑤	⑥	⑦	⑧	⑨
2	①	②	③	④	⑤	⑥	⑦	⑧	⑨
3	①	②	③	④	⑤	⑥	⑦	⑧	⑨
4	①	②	③	④	⑤	⑥	⑦	⑧	⑨
5	①	②	③	④	⑤	⑥	⑦	⑧	⑨
6	①	②	③	④	⑤	⑥	⑦	⑧	⑨
7	①	②	③	④	⑤	⑥	⑦	⑧	⑨
8	①	②	③	④	⑤	⑥	⑦	⑧	⑨
9	①	②	③	④	⑤	⑥	⑦	⑧	⑨
10	①	②	③	④	⑤	⑥	⑦	⑧	⑨
11	①	②	③	④	⑤	⑥	⑦	⑧	⑨
12	①	②	③	④	⑤	⑥	⑦	⑧	⑨
13	①	②	③	④	⑤	⑥	⑦	⑧	⑨
14	①	②	③	④	⑤	⑥	⑦	⑧	⑨
15	①	②	③	④	⑤	⑥	⑦	⑧	⑨

4

	1	2	3	4	5	6	7	8	9
1	①	②	③	④	⑤	⑥	⑦	⑧	⑨
2	①	②	③	④	⑤	⑥	⑦	⑧	⑨
3	①	②	③	④	⑤	⑥	⑦	⑧	⑨
4	①	②	③	④	⑤	⑥	⑦	⑧	⑨
5	①	②	③	④	⑤	⑥	⑦	⑧	⑨
6	①	②	③	④	⑤	⑥	⑦	⑧	⑨
7	①	②	③	④	⑤	⑥	⑦	⑧	⑨
8	①	②	③	④	⑤	⑥	⑦	⑧	⑨
9	①	②	③	④	⑤	⑥	⑦	⑧	⑨
10	①	②	③	④	⑤	⑥	⑦	⑧	⑨
11	①	②	③	④	⑤	⑥	⑦	⑧	⑨
12	①	②	③	④	⑤	⑥	⑦	⑧	⑨
13	①	②	③	④	⑤	⑥	⑦	⑧	⑨
14	①	②	③	④	⑤	⑥	⑦	⑧	⑨
15	①	②	③	④	⑤	⑥	⑦	⑧	⑨

実戦問題　国語解答用紙

マーク例

良い例	悪い例
●	⊙ ⊗ ◐ ○

受験番号を記入し，その下のマーク欄にマークしなさい。

受験番号欄

千位	百位	十位	一位	英字
−	⓪	⓪	⓪	Ⓐ
①	①	①	①	Ⓑ
②	②	②	②	Ⓒ
③	③	③	③	Ⓗ
④	④	④	④	Ⓚ
⑤	⑤	⑤	⑤	Ⓜ
⑥	⑥	⑥	⑥	Ⓡ
⑦	⑦	⑦	⑦	Ⓤ
⑧	⑧	⑧	⑧	Ⓧ
⑨	⑨	⑨	⑨	Ⓨ
−	−	−	−	Ⓩ

氏名・フリガナ，試験場コードを記入しなさい。

フリガナ						
氏　名						
試験場コード	十万位	万位	千位	百位	十位	一位

注意事項
1　訂正は，消しゴムできれいに消し，消しくずを残してはいけません。
2　所定欄以外にはマークしたり，記入したりしてはいけません。
3　汚したり，折りまげたりしてはいけません。

1

	解			答			欄		
	1	2	3	4	5	6	7	8	9
1	①	②	③	④	⑤	⑥	⑦	⑧	⑨
2	①	②	③	④	⑤	⑥	⑦	⑧	⑨
3	①	②	③	④	⑤	⑥	⑦	⑧	⑨
4	①	②	③	④	⑤	⑥	⑦	⑧	⑨
5	①	②	③	④	⑤	⑥	⑦	⑧	⑨
6	①	②	③	④	⑤	⑥	⑦	⑧	⑨
7	①	②	③	④	⑤	⑥	⑦	⑧	⑨
8	①	②	③	④	⑤	⑥	⑦	⑧	⑨
9	①	②	③	④	⑤	⑥	⑦	⑧	⑨
10	①	②	③	④	⑤	⑥	⑦	⑧	⑨
11	①	②	③	④	⑤	⑥	⑦	⑧	⑨
12	①	②	③	④	⑤	⑥	⑦	⑧	⑨
13	①	②	③	④	⑤	⑥	⑦	⑧	⑨
14	①	②	③	④	⑤	⑥	⑦	⑧	⑨
15	①	②	③	④	⑤	⑥	⑦	⑧	⑨

2

	解			答			欄		
	1	2	3	4	5	6	7	8	9
1	①	②	③	④	⑤	⑥	⑦	⑧	⑨
2	①	②	③	④	⑤	⑥	⑦	⑧	⑨
3	①	②	③	④	⑤	⑥	⑦	⑧	⑨
4	①	②	③	④	⑤	⑥	⑦	⑧	⑨
5	①	②	③	④	⑤	⑥	⑦	⑧	⑨
6	①	②	③	④	⑤	⑥	⑦	⑧	⑨
7	①	②	③	④	⑤	⑥	⑦	⑧	⑨
8	①	②	③	④	⑤	⑥	⑦	⑧	⑨
9	①	②	③	④	⑤	⑥	⑦	⑧	⑨
10	①	②	③	④	⑤	⑥	⑦	⑧	⑨
11	①	②	③	④	⑤	⑥	⑦	⑧	⑨
12	①	②	③	④	⑤	⑥	⑦	⑧	⑨
13	①	②	③	④	⑤	⑥	⑦	⑧	⑨
14	①	②	③	④	⑤	⑥	⑦	⑧	⑨
15	①	②	③	④	⑤	⑥	⑦	⑧	⑨

3

	解			答			欄		
	1	2	3	4	5	6	7	8	9
1	①	②	③	④	⑤	⑥	⑦	⑧	⑨
2	①	②	③	④	⑤	⑥	⑦	⑧	⑨
3	①	②	③	④	⑤	⑥	⑦	⑧	⑨
4	①	②	③	④	⑤	⑥	⑦	⑧	⑨
5	①	②	③	④	⑤	⑥	⑦	⑧	⑨
6	①	②	③	④	⑤	⑥	⑦	⑧	⑨
7	①	②	③	④	⑤	⑥	⑦	⑧	⑨
8	①	②	③	④	⑤	⑥	⑦	⑧	⑨
9	①	②	③	④	⑤	⑥	⑦	⑧	⑨
10	①	②	③	④	⑤	⑥	⑦	⑧	⑨
11	①	②	③	④	⑤	⑥	⑦	⑧	⑨
12	①	②	③	④	⑤	⑥	⑦	⑧	⑨
13	①	②	③	④	⑤	⑥	⑦	⑧	⑨
14	①	②	③	④	⑤	⑥	⑦	⑧	⑨
15	①	②	③	④	⑤	⑥	⑦	⑧	⑨

4

	解			答			欄		
	1	2	3	4	5	6	7	8	9
1	①	②	③	④	⑤	⑥	⑦	⑧	⑨
2	①	②	③	④	⑤	⑥	⑦	⑧	⑨
3	①	②	③	④	⑤	⑥	⑦	⑧	⑨
4	①	②	③	④	⑤	⑥	⑦	⑧	⑨
5	①	②	③	④	⑤	⑥	⑦	⑧	⑨
6	①	②	③	④	⑤	⑥	⑦	⑧	⑨
7	①	②	③	④	⑤	⑥	⑦	⑧	⑨
8	①	②	③	④	⑤	⑥	⑦	⑧	⑨
9	①	②	③	④	⑤	⑥	⑦	⑧	⑨
10	①	②	③	④	⑤	⑥	⑦	⑧	⑨
11	①	②	③	④	⑤	⑥	⑦	⑧	⑨
12	①	②	③	④	⑤	⑥	⑦	⑧	⑨
13	①	②	③	④	⑤	⑥	⑦	⑧	⑨
14	①	②	③	④	⑤	⑥	⑦	⑧	⑨
15	①	②	③	④	⑤	⑥	⑦	⑧	⑨

駿　台　文　庫

実戦問題　国語解答用紙

マーク例

良い例	悪い例
●	⊙ ⊗ ◕ ○

受験番号を記入し，その下のマーク欄にマークしなさい。

注意事項

1　訂正は，消しゴムできれいに消し，消しくずを残してはいけません。
2　所定欄以外にはマークしたり，記入したりしてはいけません。
3　汚したり，折りまげたりしてはいけません。

受験番号欄

千位	百位	十位	一位	英字
—	⓪	⓪	⓪	Ⓐ
①	①	①	①	Ⓑ
②	②	②	②	Ⓒ
③	③	③	③	Ⓗ
④	④	④	④	Ⓚ
⑤	⑤	⑤	⑤	Ⓜ
⑥	⑥	⑥	⑥	Ⓡ
⑦	⑦	⑦	⑦	Ⓤ
⑧	⑧	⑧	⑧	Ⓧ
⑨	⑨	⑨	⑨	Ⓨ
—	—	—	—	Ⓩ

氏名・フリガナ，試験場コードを記入しなさい。

フリガナ	
氏　名	

試験場コード	十万位	万位	千位	百位	十位	一位

1 解答欄

	1	2	3	4	5	6	7	8	9
1	①	②	③	④	⑤	⑥	⑦	⑧	⑨
2	①	②	③	④	⑤	⑥	⑦	⑧	⑨
3	①	②	③	④	⑤	⑥	⑦	⑧	⑨
4	①	②	③	④	⑤	⑥	⑦	⑧	⑨
5	①	②	③	④	⑤	⑥	⑦	⑧	⑨
6	①	②	③	④	⑤	⑥	⑦	⑧	⑨
7	①	②	③	④	⑤	⑥	⑦	⑧	⑨
8	①	②	③	④	⑤	⑥	⑦	⑧	⑨
9	①	②	③	④	⑤	⑥	⑦	⑧	⑨
10	①	②	③	④	⑤	⑥	⑦	⑧	⑨
11	①	②	③	④	⑤	⑥	⑦	⑧	⑨
12	①	②	③	④	⑤	⑥	⑦	⑧	⑨
13	①	②	③	④	⑤	⑥	⑦	⑧	⑨
14	①	②	③	④	⑤	⑥	⑦	⑧	⑨
15	①	②	③	④	⑤	⑥	⑦	⑧	⑨

2 解答欄

	1	2	3	4	5	6	7	8	9
1	①	②	③	④	⑤	⑥	⑦	⑧	⑨
2	①	②	③	④	⑤	⑥	⑦	⑧	⑨
3	①	②	③	④	⑤	⑥	⑦	⑧	⑨
4	①	②	③	④	⑤	⑥	⑦	⑧	⑨
5	①	②	③	④	⑤	⑥	⑦	⑧	⑨
6	①	②	③	④	⑤	⑥	⑦	⑧	⑨
7	①	②	③	④	⑤	⑥	⑦	⑧	⑨
8	①	②	③	④	⑤	⑥	⑦	⑧	⑨
9	①	②	③	④	⑤	⑥	⑦	⑧	⑨
10	①	②	③	④	⑤	⑥	⑦	⑧	⑨
11	①	②	③	④	⑤	⑥	⑦	⑧	⑨
12	①	②	③	④	⑤	⑥	⑦	⑧	⑨
13	①	②	③	④	⑤	⑥	⑦	⑧	⑨
14	①	②	③	④	⑤	⑥	⑦	⑧	⑨
15	①	②	③	④	⑤	⑥	⑦	⑧	⑨

3 解答欄

	1	2	3	4	5	6	7	8	9
1	①	②	③	④	⑤	⑥	⑦	⑧	⑨
2	①	②	③	④	⑤	⑥	⑦	⑧	⑨
3	①	②	③	④	⑤	⑥	⑦	⑧	⑨
4	①	②	③	④	⑤	⑥	⑦	⑧	⑨
5	①	②	③	④	⑤	⑥	⑦	⑧	⑨
6	①	②	③	④	⑤	⑥	⑦	⑧	⑨
7	①	②	③	④	⑤	⑥	⑦	⑧	⑨
8	①	②	③	④	⑤	⑥	⑦	⑧	⑨
9	①	②	③	④	⑤	⑥	⑦	⑧	⑨
10	①	②	③	④	⑤	⑥	⑦	⑧	⑨
11	①	②	③	④	⑤	⑥	⑦	⑧	⑨
12	①	②	③	④	⑤	⑥	⑦	⑧	⑨
13	①	②	③	④	⑤	⑥	⑦	⑧	⑨
14	①	②	③	④	⑤	⑥	⑦	⑧	⑨
15	①	②	③	④	⑤	⑥	⑦	⑧	⑨

4 解答欄

	1	2	3	4	5	6	7	8	9
1	①	②	③	④	⑤	⑥	⑦	⑧	⑨
2	①	②	③	④	⑤	⑥	⑦	⑧	⑨
3	①	②	③	④	⑤	⑥	⑦	⑧	⑨
4	①	②	③	④	⑤	⑥	⑦	⑧	⑨
5	①	②	③	④	⑤	⑥	⑦	⑧	⑨
6	①	②	③	④	⑤	⑥	⑦	⑧	⑨
7	①	②	③	④	⑤	⑥	⑦	⑧	⑨
8	①	②	③	④	⑤	⑥	⑦	⑧	⑨
9	①	②	③	④	⑤	⑥	⑦	⑧	⑨
10	①	②	③	④	⑤	⑥	⑦	⑧	⑨
11	①	②	③	④	⑤	⑥	⑦	⑧	⑨
12	①	②	③	④	⑤	⑥	⑦	⑧	⑨
13	①	②	③	④	⑤	⑥	⑦	⑧	⑨
14	①	②	③	④	⑤	⑥	⑦	⑧	⑨
15	①	②	③	④	⑤	⑥	⑦	⑧	⑨

駿　台　文　庫

実戦問題　国語解答用紙

マーク例

良い例	悪い例
●	⊙ ⊗ ◕ O

受験番号を記入し，その下のマーク欄にマークしなさい。

受験番号欄

千位	百位	十位	一位	英字
—	⓪	⓪	⓪	Ⓐ
①	①	①	①	Ⓑ
②	②	②	②	Ⓒ
③	③	③	③	Ⓗ
④	④	④	④	Ⓚ
⑤	⑤	⑤	⑤	Ⓜ
⑥	⑥	⑥	⑥	Ⓡ
⑦	⑦	⑦	⑦	Ⓤ
⑧	⑧	⑧	⑧	Ⓧ
⑨	⑨	⑨	⑨	Ⓨ
—	—	—	—	Ⓩ

氏名・フリガナ，試験場コードを記入しなさい。

フリガナ	
氏　名	

試験場コード	十万位	万位	千位	百位	十位	一位

注意事項

1　訂正は，消しゴムできれいに消し，消しくずを残してはいけません。
2　所定欄以外にはマークしたり，記入したりしてはいけません。
3　汚したり，折りまげたりしてはいけません。

1

	解			答			欄		
	1	2	3	4	5	6	7	8	9
1	①	②	③	④	⑤	⑥	⑦	⑧	⑨
2	①	②	③	④	⑤	⑥	⑦	⑧	⑨
3	①	②	③	④	⑤	⑥	⑦	⑧	⑨
4	①	②	③	④	⑤	⑥	⑦	⑧	⑨
5	①	②	③	④	⑤	⑥	⑦	⑧	⑨
6	①	②	③	④	⑤	⑥	⑦	⑧	⑨
7	①	②	③	④	⑤	⑥	⑦	⑧	⑨
8	①	②	③	④	⑤	⑥	⑦	⑧	⑨
9	①	②	③	④	⑤	⑥	⑦	⑧	⑨
10	①	②	③	④	⑤	⑥	⑦	⑧	⑨
11	①	②	③	④	⑤	⑥	⑦	⑧	⑨
12	①	②	③	④	⑤	⑥	⑦	⑧	⑨
13	①	②	③	④	⑤	⑥	⑦	⑧	⑨
14	①	②	③	④	⑤	⑥	⑦	⑧	⑨
15	①	②	③	④	⑤	⑥	⑦	⑧	⑨

2

	解			答			欄		
	1	2	3	4	5	6	7	8	9
1	①	②	③	④	⑤	⑥	⑦	⑧	⑨
2	①	②	③	④	⑤	⑥	⑦	⑧	⑨
3	①	②	③	④	⑤	⑥	⑦	⑧	⑨
4	①	②	③	④	⑤	⑥	⑦	⑧	⑨
5	①	②	③	④	⑤	⑥	⑦	⑧	⑨
6	①	②	③	④	⑤	⑥	⑦	⑧	⑨
7	①	②	③	④	⑤	⑥	⑦	⑧	⑨
8	①	②	③	④	⑤	⑥	⑦	⑧	⑨
9	①	②	③	④	⑤	⑥	⑦	⑧	⑨
10	①	②	③	④	⑤	⑥	⑦	⑧	⑨
11	①	②	③	④	⑤	⑥	⑦	⑧	⑨
12	①	②	③	④	⑤	⑥	⑦	⑧	⑨
13	①	②	③	④	⑤	⑥	⑦	⑧	⑨
14	①	②	③	④	⑤	⑥	⑦	⑧	⑨
15	①	②	③	④	⑤	⑥	⑦	⑧	⑨

3

	解			答			欄		
	1	2	3	4	5	6	7	8	9
1	①	②	③	④	⑤	⑥	⑦	⑧	⑨
2	①	②	③	④	⑤	⑥	⑦	⑧	⑨
3	①	②	③	④	⑤	⑥	⑦	⑧	⑨
4	①	②	③	④	⑤	⑥	⑦	⑧	⑨
5	①	②	③	④	⑤	⑥	⑦	⑧	⑨
6	①	②	③	④	⑤	⑥	⑦	⑧	⑨
7	①	②	③	④	⑤	⑥	⑦	⑧	⑨
8	①	②	③	④	⑤	⑥	⑦	⑧	⑨
9	①	②	③	④	⑤	⑥	⑦	⑧	⑨
10	①	②	③	④	⑤	⑥	⑦	⑧	⑨
11	①	②	③	④	⑤	⑥	⑦	⑧	⑨
12	①	②	③	④	⑤	⑥	⑦	⑧	⑨
13	①	②	③	④	⑤	⑥	⑦	⑧	⑨
14	①	②	③	④	⑤	⑥	⑦	⑧	⑨
15	①	②	③	④	⑤	⑥	⑦	⑧	⑨

4

	解			答			欄		
	1	2	3	4	5	6	7	8	9
1	①	②	③	④	⑤	⑥	⑦	⑧	⑨
2	①	②	③	④	⑤	⑥	⑦	⑧	⑨
3	①	②	③	④	⑤	⑥	⑦	⑧	⑨
4	①	②	③	④	⑤	⑥	⑦	⑧	⑨
5	①	②	③	④	⑤	⑥	⑦	⑧	⑨
6	①	②	③	④	⑤	⑥	⑦	⑧	⑨
7	①	②	③	④	⑤	⑥	⑦	⑧	⑨
8	①	②	③	④	⑤	⑥	⑦	⑧	⑨
9	①	②	③	④	⑤	⑥	⑦	⑧	⑨
10	①	②	③	④	⑤	⑥	⑦	⑧	⑨
11	①	②	③	④	⑤	⑥	⑦	⑧	⑨
12	①	②	③	④	⑤	⑥	⑦	⑧	⑨
13	①	②	③	④	⑤	⑥	⑦	⑧	⑨
14	①	②	③	④	⑤	⑥	⑦	⑧	⑨
15	①	②	③	④	⑤	⑥	⑦	⑧	⑨

2021 駿台 大学入試完全対策シリーズ

共通テスト対策問題集

マーク式実戦問題 編

国 語

【解答・解説編】

全国入試模試センター編

2018年度

大学入学共通テスト
試行調査

解答・解説

■ 2018 年度大学入学共通テスト試行調査「国語」平均点・得点別偏差値表

＊受検者数　67,745 人（高校３年生 14,677 人　高校２年生 53,068 人）

＊平均点　90.81 点（高校３年生のみ対象　102.74 点）

＊得点別偏差値表（大学入試センター公表の平均点と標準偏差をもとに作成したものです。）

平均点　90.81　　標準偏差　29.52　　　　受検者数　67,745

得　点	偏差値	得　点	偏差値	得　点	偏差値	得　点	偏差値
200	87.0	150	70.1	100	53.1	50	36.2
199	86.6	149	69.7	99	52.8	49	35.8
198	86.3	148	69.4	98	52.4	48	35.5
197	86.0	147	69.0	97	52.1	47	35.2
196	85.6	146	68.7	96	51.8	46	34.8
195	85.3	145	68.4	95	51.4	45	34.5
194	85.0	144	68.0	94	51.1	44	34.1
193	84.6	143	67.7	93	50.7	43	33.8
192	84.3	142	67.3	92	50.4	42	33.5
191	83.9	141	67.0	91	50.1	41	33.1
190	83.6	140	66.7	90	49.7	40	32.8
189	83.3	139	66.3	89	49.4	39	32.4
188	82.9	138	66.0	88	49.0	38	32.1
187	82.6	137	65.6	87	48.7	37	31.8
186	82.2	136	65.3	86	48.4	36	31.4
185	81.9	135	65.0	85	48.0	35	31.1
184	81.6	134	64.6	84	47.7	34	30.8
183	81.2	133	64.3	83	47.4	33	30.4
182	80.9	132	64.0	82	47.0	32	30.1
181	80.6	131	63.6	81	46.7	31	29.7
180	80.2	130	63.3	80	46.3	30	29.4
179	79.9	129	62.9	79	46.0	29	29.1
178	79.5	128	62.6	78	45.7	28	28.7
177	79.2	127	62.3	77	45.3	27	28.4
176	78.9	126	61.9	76	45.0	26	28.0
175	78.5	125	61.6	75	44.6	25	27.7
174	78.2	124	61.2	74	44.3	24	27.4
173	77.8	123	60.9	73	44.0	23	27.0
172	77.5	122	60.6	72	43.6	22	26.7
171	77.2	121	60.2	71	43.3	21	26.4
170	76.8	120	59.9	70	43.0	20	26.0
169	76.5	119	59.5	69	42.6	19	25.7
168	76.1	118	59.2	68	42.3	18	25.3
167	75.8	117	58.9	67	41.9	17	25.0
166	75.5	116	58.5	66	41.6	16	24.7
165	75.1	115	58.2	65	41.3	15	24.3
164	74.8	114	57.9	64	40.9	14	24.0
163	74.5	113	57.5	63	40.6	13	23.6
162	74.1	112	57.2	62	40.2	12	23.3
161	73.8	111	56.8	61	39.9	11	23.0
160	73.4	110	56.5	60	39.6	10	22.6
159	73.1	109	56.2	59	39.2	9	22.3
158	72.8	108	55.8	58	38.9	8	21.9
157	72.4	107	55.5	57	38.5	7	21.6
156	72.1	106	55.1	56	38.2	6	21.3
155	71.7	105	54.8	55	37.9	5	20.9
154	71.4	104	54.5	54	37.5	4	20.6
153	71.1	103	54.1	53	37.2	3	20.3
152	70.7	102	53.8	52	36.9	2	19.9
151	70.4	101	53.5	51	36.5	1	19.6
						0	19.2

〈大学入試センター公表〉

【国語】問題のねらい，主に問いたい資質・能力，小問の概要及び設問ごとの正答率等

第２問　問題のねらい

広報の文章（ポスター），法的な文章（条文），論理的な文章の構成や展開をとらえるなど，テクストの内容を的確に読み取る力を問うとともに，それらを互いに関連付けながら，設問中に示された条件に応じて考えを深め，適切に判断する力を問う。

実用的な文章と論理的な文章を題材としている。

	解答番号	高等学校学習指導要領の内容	主に問いたい資質・能力		小問の概要	配点（点）	設問平均点（点）	設問正答率（%）
			知識・技能	思考力・判断力・表現力				
問１	1	C　読むこと （１）イ　文章の内容を叙述に即して的確に読み取ったり，必要に応じて要約や詳述をしたりすること。 **伝統的な言語文化と国語の特質に関する事項** イ　言葉の特徴やきまりに関する事項 (ｲ) 文や文章の組立て，語句の意味，用法及び表記の仕方などを理解し，語彙を豊かにすること。	言葉の特徴や使い方に関する知識・技能 （語彙）	テクストにおける語句の意味や比喩等の内容を適切にとらえることができる。	テクストの中における語句について，文脈との関連において意味を理解し，適切な表記（適切な漢字）をとらえる。	2	1.7	83.4
	2					2	1.7	87.4
	3					2	1.5	74.7
	4					2	1.5	74.0
	5					2	1.0	50.0
問２	6	C　読むこと （１）ア　文章の内容や形態に応じた表現の特色に注意して読むこと。	言葉の特徴や使い方に関する知識・技能 （文や文章）	テクスト全体を通じて対比されている事項について考察し，共通点や相違点を整理することができる。	テクストに示された書き手の考えに合致する事例について，他のテクストを踏まえて，適切にとらえる。	6	2.5	41.9
問３	7	C　読むこと （１）イ　文章の内容を叙述に即して的確に読み取ったり，必要に応じて要約や詳述をしたりすること。	言葉の特徴や使い方に関する知識・技能 （文や文章）	目的等に応じて情報をとらえ，テクスト全体の要旨を把握することができる。	テクストに表現された事項について，文章との関連において適切にとらえる。	8	3.2	39.4
問４	8	C　読むこと （１）エ　文章の構成や展開を確かめ，内容や表現の仕方について評価したり，書き手の意図をとらえたりすること。	言葉の特徴や使い方に関する知識・技能 （文や文章）	テクスト全体を通じて対比されている事項について考察し，共通点や相違点を整理することができる。	テクストにある二つの表に示された事柄について，対比しながら適切に整理する。	9	2.8	31.1
問５	9	C　読むこと （１）ア　文章の内容や形態に応じた表現の特色に注意して読むこと。	言葉の特徴や使い方に関する知識・技能 （文や文章）	テクスト全体の構成や展開，表現の仕方等を評価することができる。	テクスト全体の内容と構成を踏まえ，文章の表現の効果を適切に示す。	8	1.4	17.1
問６	10 11 12	C　読むこと （１）オ　幅広く本や文章を読み，情報を得て用いたり，ものの見方，感じ方，考え方を豊かにしたりすること。	情報の扱い方に関する知識・技能	テクストを踏まえ，条件として示された目的等に応じて，必要な情報を比較したり関連付けたりして，テクストに対する考えを説明することができる。 テクストに含まれている情報を統合したり構造化したりして，内容を総合的に解釈し，テクストに対する考えを説明することができる。	テクスト全体の要旨を踏まえ，条件として示された場面設定（ポスターを作成すること）に応じて，情報を統合して掲載する内容を適切に判断する。（複数選択）	9 (各3)	6.3	全て正答 44.3 ------ 部分正答 46.5 内2つ正答 31.6 内1つ正答 14.9

＊「配点」とは，当該設問を正解した場合に与える得点である。

＊「設問平均点」とは，当該設問の受験者の得点の平均である。

＊「設問正答率」とは，当該設問を正答した受験者の割合である。なお，正答が複数ある場合は，上段に全て正答した受験者の割合を示し，下段に部分正答（部分点を与えたもの）した受験者の割合を示す。

第３問　問題のねらい

詩とエッセイの二つを関連付けながら，書き手の心情や意図，文学的な文章における構成や表現の工夫を読み取る力を問う。

文学的な文章として，同一の作者による詩とエッセイを題材としている。

	解答番号	高等学校学習指導要領の内容	主に問いたい資質・能力		小問の概要	配点（点）	設問平均点（点）	設問正答率（%）
			知識・技能	思考力・判断力・表現力				
問１	1	**C　読むこと** （1）イ　文章の内容を叙述に即して的確に読み取ったり，必要に応じて要約や詳述をしたりすること。 **伝統的な言語文化と国語の特質に関する事項** イ　言葉の特徴やきまりに関する事項 (ｲ) 文や文章の組立て，語句の意味，用法及び表記の仕方などを理解し，語彙を豊かにすること。	言葉の特徴や使い方に関する知識・技能 （語彙）	テクストにおける語句の意味や比喩等の内容を適切にとらえることができる。	テクストの文脈との関連において，語句の意味を適切にとらえる。	3	1.2	39.8
	2					3	1.2	39.4
	3					3	1.2	39.1
問２	4	**C　読むこと** （1）ウ　文章に描かれた人物，情景，心情などを表現に即して読み味わうこと。	言葉の特徴や使い方に関する知識・技能 （文や文章）	テクストを踏まえ，条件として示された目的等に応じて，必要な情報を比較したり関連付けたりして，テクストに対する考えを説明することができる。	テクスト全体の要旨を把握し，他のテクストの内容を踏まえて，書き手の心情を適切に判断する。	8	4.8	59.5
問３	5	**C　読むこと** （1）イ　文章の内容を叙述に即して的確に読み取ったり，必要に応じて要約や詳述をしたりすること。	言葉の特徴や使い方に関する知識・技能 （文や文章）	テクストの特定の場面における人物，情景，心情などを解釈することができる。	テクストの特定の場面における書き手の心情について，文脈を踏まえて適切に示す。	6	3.9	64.7
問４	6	**C　読むこと** （1）エ　文章の構成や展開を確かめ，内容や表現の仕方について評価したり，書き手の意図をとらえたりすること。	言葉の特徴や使い方に関する知識・技能 （文や文章）	テクスト全体の構成や展開，表現の仕方等を評価することができる。	テクストの表現の効果を把握し，テクスト全体の内容を適切に示す。	7	3.3	46.8
問５	7	**C　読むこと** （1）ウ　文章に描かれた人物，情景，心情などを表現に即して読み味わうこと。	言葉の特徴や使い方に関する知識・技能 （文や文章）	テクスト全体における人物相互の関係の変容や心情の変化を適切にとらえたり，言動の意味を解釈したりすることができる。	テクスト全体の内容をとらえ，書き手の心情の変化を適切に示す。	8	4.4	55.1
問６（ⅰ）（ⅱ）	8	**C　読むこと** （1）ア　文章の内容や形態に応じた表現の特色に注意して読むこと。 **伝統的な言語文化と国語の特質に関する事項** イ　言葉の特徴やきまりに関する事項 (ｱ) 国語における言葉の成り立ち，表現の特色及び言語の役割などを理解すること。	言葉の特徴や使い方に関する知識・技能 （表現の技法）	テクスト全体の構成や展開，表現の仕方等を評価することができる。	テクスト全体の内容を把握し，それぞれのテクストにおける表現の効果を適切に示す。	6	1.3	22.1
	9					6	2.0	33.7

第４問　問題のねらい

古文（物語）を題材として提示し，登場人物の心情や言動の意味をとらえるとともに，物語について話し合う生徒の言語活動の場面を想定し，和歌集との比較を通して，表現の工夫や登場人物の心情等をとらえ，古文を的確に理解する力を問う。

<table>
<tr><th rowspan="2"></th><th rowspan="2">解答番号</th><th rowspan="2">高等学校学習指導要領の内容</th><th colspan="2">主に問いたい資質・能力</th><th rowspan="2">小問の概要</th><th rowspan="2">配点（点）</th><th rowspan="2">設問平均点（点）</th><th rowspan="2">設問正答率（%）</th></tr>
<tr><th>知識・技能</th><th>思考力・判断力・表現力</th></tr>
<tr><td>問１</td><td>1</td><td>C　読むこと
（１）イ　文章の内容を叙述に即して的確に読み取ったり，必要に応じて要約や詳述をしたりすること。</td><td>言葉の特徴や使い方に関する知識・技能
（文や文章）</td><td>テクストの特定の場面における人物，情景，心情などを解釈することができる。</td><td>テクストの特定の場面における登場人物の心情について，文脈に即して適切に示す。</td><td>7</td><td>3.5</td><td>50.1</td></tr>
<tr><td rowspan="3">問２</td><td>2</td><td rowspan="3">C　読むこと
（１）イ　文章の内容を叙述に即して的確に読み取ったり，必要に応じて要約や詳述をしたりすること。
伝統的な言語文化と国語の特質に関する事項
イ　言葉の特徴やきまりに関する事項
（イ）文や文章の組立て，語句の意味，用法及び表記の仕方などを理解し，語彙を豊かにすること。</td><td rowspan="3">言葉の特徴や使い方に関する知識・技能
（語彙）</td><td rowspan="3">テクストにおける語句の意味や比喩等の内容を適切にとらえることができる。</td><td rowspan="3">テクストの文脈との関連において，語句の意味を適切にとらえる。</td><td>5</td><td>3.2</td><td>63.1</td></tr>
<tr><td>3</td><td>5</td><td>1.4</td><td>28.8</td></tr>
<tr><td>4</td><td>5</td><td>1.7</td><td>34.7</td></tr>
<tr><td>問３</td><td>5</td><td>C　読むこと
（１）ウ　文章に描かれた人物，情景，心情などを表現に即して読み味わうこと。</td><td>言葉の特徴や使い方に関する知識・技能
（文や文章）</td><td>テクスト全体における人物相互の関係の変容や心情の変化を適切にとらえたり，言動の意味を解釈したりすることができる。</td><td>テクスト全体における人物相互の関係を踏まえ，登場人物の言動の意味を適切に示す。</td><td>7</td><td>2.0</td><td>28.2</td></tr>
<tr><td>問４</td><td>6</td><td>C　読むこと
（１）ウ　文章に描かれた人物，情景，心情などを表現に即して読み味わうこと。
伝統的な言語文化と国語の特質に関する事項
ア　伝統的な言語文化に関する事項
（イ）文語のきまり，訓読のきまりなどを理解すること。</td><td>我が国の言語文化に関する知識・技能</td><td>テクスト全体における人物相互の関係の変容や心情の変化を適切にとらえたり，言動の意味を解釈したりすることができる。</td><td>登場人物の心情の変化を，文法や修辞，語の意味を通して適切に示す。</td><td>7</td><td>2.3</td><td>32.8</td></tr>
<tr><td>問５</td><td>7
8</td><td>C　読むこと
（１）エ　文章の構成や展開を確かめ，内容や表現の仕方について評価したり，書き手の意図をとらえたりすること。</td><td>言葉の特徴や使い方に関する知識・技能
（文や文章）</td><td>テクストを踏まえ，条件として示された目的等に応じて，必要な情報を比較したり関連付けたりして，テクストに対する考えを説明することができる。</td><td>テクスト全体の要旨を把握し，他のテクストとの相違点を踏まえ，書き手の意図を適切に判断する。（複数選択）</td><td>14
（各7）</td><td>7.3</td><td>全て正答
30.8
部分正答
42.8</td></tr>
</table>

第５問　問題のねらい

故事成語の出典となる文章（現代語訳）と漢文とを題材として提示し，テクストの比較を通して，登場人物の心情や言動の意味等をとらえ，漢文を的確に理解する力を問う。

<table>
<tr><th rowspan="2"></th><th rowspan="2">解答番号</th><th rowspan="2">高等学校学習指導要領の内容</th><th colspan="2">主に問いたい資質・能力</th><th rowspan="2">小問の概要</th><th rowspan="2">配点（点）</th><th rowspan="2">設問平均点（点）</th><th rowspan="2">設問正答率（%）</th></tr>
<tr><th>知識・技能</th><th>思考力・判断力・表現力</th></tr>
<tr><td rowspan="2">問１</td><td>1</td><td rowspan="2">C　読むこと
（１）イ　文章の内容を叙述に即して的確に読み取ったり，必要に応じて要約や詳述をしたりすること。
伝統的な言語文化と国語の特質に関する事項
イ　言葉の特徴やきまりに関する事項
(ｲ) 文や文章の組立て，語句の意味，用法及び表記の仕方などを理解し，語彙を豊かにすること。</td><td rowspan="2">言葉の特徴や使い方に関する知識・技能
（語彙）</td><td rowspan="2">テクストにおける語句の意味や比喩等の内容を適切にとらえることができる。</td><td rowspan="2">テクストの文脈との関連において，語句の読み方を適切にとらえる。</td><td>4</td><td>3.0</td><td>74.0</td></tr>
<tr><td>2</td><td>4</td><td>2.6</td><td>65.9</td></tr>
<tr><td>問２</td><td>3</td><td>C　読むこと
（１）イ　文章の内容を叙述に即して的確に読み取ったり，必要に応じて要約や詳述をしたりすること。
伝統的な言語文化と国語の特質に関する事項
ア　伝統的な言語文化に関する事項
(ｲ) 文語のきまり，訓読のきまりなどを理解すること。</td><td>我が国の言語文化に関する知識・技能</td><td>テクストにおける文や段落の内容を，接続の関係を踏まえて解釈することができる。</td><td>テクストの内容を踏まえて，文脈に即した適切な訓読を示す。</td><td>7</td><td>3.6</td><td>51.2</td></tr>
<tr><td>問３</td><td>4</td><td>C　読むこと
（１）イ　文章の内容を叙述に即して的確に読み取ったり，必要に応じて要約や詳述をしたりすること。
伝統的な言語文化と国語の特質に関する事項
ア　伝統的な言語文化に関する事項
(ｲ) 文語のきまり，訓読のきまりなどを理解すること。</td><td>我が国の言語文化に関する知識・技能</td><td>テクストの特定の場面における人物，情景，心情などを解釈することができる。</td><td>テクストの内容を踏まえて，文脈に即した適切な訓読と登場人物の言動に表れた心情を示す。</td><td>7</td><td>2.4</td><td>33.8</td></tr>
<tr><td>問４</td><td>5</td><td>C　読むこと
（１）ウ　文章に描かれた人物，情景，心情などを表現に即して読み味わうこと。</td><td>言葉の特徴や使い方に関する知識・技能
（文や文章）</td><td>テクスト全体における人物相互の関係の変容や心情の変化を適切にとらえたり，言動の意味を解釈したりすることができる。</td><td>テクストの文脈を踏まえて，登場人物の言動の意味を適切に示す。</td><td>7</td><td>2.3</td><td>32.9</td></tr>
<tr><td rowspan="3">問５
（ｉ）
（ii）
（iii）</td><td>6</td><td rowspan="3">C　読むこと
（１）ア　文章の内容や形態に応じた表現の特色に注意して読むこと。
伝統的な言語文化と国語の特質に関する事項
ア　伝統的な言語文化に関する事項
(ｱ) 言語文化の特質や我が国の文化と外国の文化との関係について気付き，伝統的な言語文化への興味・関心を広げること。</td><td rowspan="3">言葉の特徴や使い方に関する知識・技能
（文や文章）</td><td rowspan="3">テクストに含まれている情報を統合したり構造化したりして，内容を総合的に解釈し，テクストに対する考えを説明することができる。</td><td rowspan="3">テクスト全体の要旨を把握し，他のテクストとの相違点を踏まえ，書き手の意図を適切に判断する。</td><td>7</td><td>3.6</td><td>51.4</td></tr>
<tr><td>7</td><td>7</td><td>2.6</td><td>37.5</td></tr>
<tr><td>8</td><td>7</td><td>2.6</td><td>36.7</td></tr>
</table>

国　語　2018年度 試行調査（200点満点）

（解答・配点）

問題番号（配点）	設問	配点	解答番号	正解	自己採点欄
第2問（50）	1	(2)	1	①	
		(2)	2	②	
		(2)	3	⑤	
		(2)	4	④	
		(2)	5	①	
	2	(6)	6	④	
	3	(8)	7	⑤	
	4	(9)	8	④	
	5	(8)	9	①	
	6	各(3)	10 11 12	②-④-⑥	
小　計					
第3問（50）	1	(3)	1	⑤	
		(3)	2	④	
		(3)	3	③	
	2	(8)	4	②	
	3	(6)	5	④	
	4	(7)	6	②	
	5	(8)	7	④	
	6	(6)	8	②	
		(6)	9	①	
小　計					
第4問（50）	1	(7)	1	④	
	2	(5)	2	③	
		(5)	3	①	
		(5)	4	②	
	3	(7)	5	③	
	4	(7)	6	⑤	
	5	各(7)	7 8	②-⑥	
小　計					
第5問（50）	1	(4)	1	②	
		(4)	2	④	
	2	(7)	3	①	
	3	(7)	4	①	
	4	(7)	5	①	
	5	(7)	6	⑤	
		(7)	7	③	
		(7)	8	①	
小　計					
合　計					

（注）－（ハイフン）でつながれた正解は，順序を問わない。

＊記述式問題の導入見送りにともない、本書では第1問（記述式）を省略しています。

第2問

〈出典〉

【文章】は、名和小太郎（なわ　こたろう）『著作権2.0　ウェブ時代の文化発展をめざして』（二〇一〇年NTT出版刊）の〈第4章　著作権法――「著作権法は著作物ではない」〉の一節。原文の「抒情詩」を「叙情詩」とするなど、若干の表記の改変がある。

名和小太郎は一九三一年生まれ。東京大学理学部物理学科卒。工学博士。旭化成工業で研究・開発に携わり、主任研究員、取締役を歴任した後、新潟大学、関西大学などで情報通信制度を研究。現在、情報セキュリティ大学院大学特別研究員。著書に『技術標準対知的所有権』『情報の私有・共有・公有』『イノベーション　悪意なき嘘』など多数。なお、タイトルの「2.0」とは、コンピューターのソフトウェアがヴァージョンアップした際に〈××2.0〉といった名称となるのをもじった言い方で、『著作権2.0』は〈著作権という概念の新たな次元・段階〉といった意味。

【資料Ⅰ】は出題者作成のものと思われる。**【資料Ⅱ】**は「著作権法」（一九七〇年制定、二〇一六年改正）の一部。

〈問題文の解説〉

「大学入学共通テスト」の現代文2題のうち1題は、基本的には〈論理国語〉の出題であるが、場合によりそこに〈実用国語〉を組み合わせた形の出題がありえる。この問題は、**【文章】**（論理的文章）が**〈論理国語〉**、**【資料Ⅰ】**（ポスター）と**【資料Ⅱ】**（法律）が**〈実用国語〉**で、全体として三つのテクストが並べられた〈複合型テクスト〉となっている。

【資料Ⅰ】は、リード文（前書き）にあるように（広報用の）「ポスター」で、「著作権」について図示したものである。**大見出し・小見出しを見て、「著作権のイロハ**（＝基礎的な事項）**」に関し「著作物とは」「著作物の例」「著作権の例外規定」についてそれぞれまとめたものだ、という程度に概要を把握しておき、後で必要に応じて細かく見てみることにしよう。**

【資料Ⅱ】は、リード文および**【資料Ⅱ】**の見出しにあるように「著作権法」の「条文の一部」である。名称通り**「著作権」について規定した法律**であることをおさえておき、こちらも後で必要に応じて細かく見てみることにしよう。

【文章】は、図表を含む〈論理的文章〉である。タイトルが『著作権2.0』であることがリード文に示されている。**【資料Ⅰ】【資料Ⅱ】**と合わせ、**全体として「著作権」が話題になっていること**をおさえておいて、本文を追っていこう（各形式段落を[1]～[18]で示す）。

[1]は、「**作品**」が、（書物などなら）「紙」、（絵画なら）「カンバス」、（音楽などなら）「空気振動」、（CDやブルーレイディスクなどなら）「光ディスク」といった「**何らかの実体――記録メディア――」に載せられて「発表」される**こと、それを「**『原作品』――オリジナル**」と呼ぶことを述べる。[2]は、「この原作品のなかに存在する」「**記録メディアから剝がされた記号列**」としての「**エッセンス**（＝本質）」が「著作物」として「**著作権」の対象となる**ことを述べる。例えば、書物から「紙」を剝がした（除いた）もの、CDから「光ディスク」を剝がしたものなど、つまり**〈書物に書かれていることそのもの〉**〈CDに収録された**曲そのもの**〉といったものが、**「著作権」の対象となる「著作物」**だということである。とはいえ、「著作権法」の「コントロール」は「複製物などの」「物理的な実体」にも及ぶ（[3]）。あるいは、「原作品」が失われても、また不完全な形の実体の中にも、「著作物」は存在する（[4]）。[4]「現代のプラトニズム（プラトン主義）」とは、こうしたあり方を〈現実の個々の事物の根底に、それらを存在させる真の実在がある〉というプラトンの〈イデア論〉になぞらえたものである。

以上、[1]～[4]は**〈「著作権」の対象となる「著作物」とは原理的には〝作品のエッセンス〟のことだ〉**という趣旨だといえる。……**W**

[5]はまず「著作物」が「多様な姿、形をしている」ことを述べる。次に「表1の定義に……」とあるので「表1」を見ると、タイトルに「**著作物の定義**」とあり、縦の列の最上部に「**キーワード**」「**排除されるもの**」という軸が示されている。したがって、「排除されるもの」とは〈「**定義**」により「**著作物**」から「**排除されるもの**」〉の意だということになる。表には次のようにある。

・「**著作物**」から「**排除されるもの**」の特徴……外界にあるもの（事実、法則など）／ありふれたもの／発見、着想／実用のもの

ここから、「**キーワード**」はその逆で〈「**定義**」により「**著作物**」に**含まれるもの**〉の特徴を示す「キーワード」だとつかめる。表には次のようにある。

・「**著作物**」**に含まれるもの**の特徴……思想または感情／創作的／表現／文芸、学術、美術、音楽の範囲

これと[5]の「表1の定義に合致するもの……もっとも適合するものは**叙情詩**、逆に、定義になじみにくいものが**理工系論文**、あるいは**新聞記事**」とを重ねれば、

・「**ありふれたもの**」「**実用のもの**」「**外界にあるもの**（**事実、法則など**）」に**関わる**「**発見、着想**」など、「**著作物**」**から排除されるもの**……代表的なものが「**理工系論文**、あるいは**新聞記事**」

・「**思想または感情**」を「**創作的**」に「**表現**」する「**文芸、美術、音楽**」などの「**著作物**」……代表的なものが「**叙情詩**」

というのが、[5]の趣旨であることになる。[6]はこれを「**著作権法にいう著作物の定義は叙情詩をモデルにしたもの**」「**叙情詩モデル**」と繰り返し、[7]でいったん「著作権法は叙情詩モデルを尺度として使えば排除されてしまうようなものまで、著作物として認めてしまう」と、右の原則から外れたケースについて述べた上で、[8]で再び「**叙情詩モデルについて続ける**」と、元の話に戻る。

[8]に「表2」は「叙情詩モデル」の意味を確かめるために、「理工系論文」と対比しつつ、その「特性」を述べたものだ、とある。[9]には「表2は……表1を再構成したもの」とあるから、先に**表1と**[5]**の箇所でつかんだ内容を頭に置きつつ表2を見、**[9]**を読む**。表2の縦の行の最上部に示された軸は「叙情詩型」「理工系論文型」であり、その下の項目が[9]でその軸に沿ってまとめられている。

・**叙情詩型**の特徴……「**私**」が「**自分**」の価値として「**一回的**」な対象を「**主観的**」に「**表現**」として示したもの

・**理工系論文型**の特徴……「**誰**」かが「**万人**」の価値として「**普遍的**」な対象について「**客観的**」に「**着想**」や「**論理**」や「**事実**」を示すもの

以上、[5]〜[9]は、**叙情詩型のテキストは〈主観的〉〈個別的〉、理工系論文型のテキストは〈客観的〉〈普遍的〉といった対比について**繰り返し述べており、これが[5]〜[9]の趣旨だといえる。……**X**

[10]・[11]は、同じ対比について、次のように述べる。

・「太郎を眠らせ……」のような**叙情詩型のテキスト**……「**表現の希少性」が高い**ので「**その著作物性**——著作権の濃さ——**は高い**」

・「DNA配列」の「解読」などの**理工系論文型のテキスト**……〈対象が同じなら**誰でも同じ表現**になる〉ので、**著作物性は低い**　価値は**内容**にある

〈「**著作権**」**は、そのテキストの**「**内容**」**ではなく**〈**表現のしかたの独自性**〉**に価値を見いだし、その権利を保護しようとするものだ**〉というのである。

[12]は〈多くのテキストは「叙情詩」と「理工系論文」との間のどこかに位置づけられる〉と述べる。[13]・[14]は先の「**表現**」「**内容**」について「著作権法は、テキストの**表現の希少性……が際立っているものほど、そのテキストは濃い著作権をもつ、逆であれば薄い著作権をもつ**と判断するのである」（[14]）と繰り返す。

以上、[10]〜[14]は〈**著作権は、そのテキストの内容**（**理工系論文的なもの**）**よりも、表現の独自性**（**叙情詩的なもの**）**に重点を置く概念だ**〉と繰り返し述べており、これが[10]〜[14]の趣旨である。……**Y**

[15]〜[17]は、「著作物に対する操作」のうち、「**著作権に関係する**」操作を著作権の「**利用**」といい、表3のようなものがあること（[15]）、一方で、「**著作権法ははたらかない**」操作を著作物の「**使用**」といい（[16]）、「書物の閲覧、建築への居住、プログラムの実行など」がある（[17]）が、**両者の**「**判断基準は明らか**

でない」⑯と述べる（なお、表3は前者の「利用」に属するさまざまな行為について、「著作物」のタイプと「利用目的」という軸に沿って整理したものである）。

⑱も同様に、著作権法における「**利用／使用の二分法**」の意義を述べつつ、「現実には**利用と使用との区別が困難な場合もある**」としている。

以上、⑮～⑱は〈**著作物については、著作権法がはたらく（無断で行えば罰せられる）「利用」と、はたらかない「使用」とがあるが、両者の区別は必ずしも明確ではない**〉ということを繰り返し述べており、これが⑮～⑱の趣旨だといえる。……**Z**

全体を振り返ってみると、この【**文章**】は、「著作権」について右の**W**（①～④）・**X**（⑤～⑨）・**Y**（⑩～⑭）・**Z**（⑮～⑱）の四点を説明したものだ、と把握できる。以上のように、

> **〈論理的文章〉は、〈対比〉〈同内容〉の繰り返しなどに注意しつつ、〈話題〉と〈方向性〉に注意する形で各部分の〈論旨〉を整理しつつ読み、最後に〈全体〉を振り返って、文章全体の〈言いたいこと〉や〈構造〉をとらえる、という読み方をすることが必要である。**

〈設問解説〉

共通テストは〈思考力・判断力・表現力〉を問うテストである。これを踏まえてここでは、各設問で求められる学力の内容を、**知識・技能**・**探求・取り出し**・**統合・解釈**・**熟考・評価**・**構成・表現**の五つの項目で示した。

・〈思考力・判断力・表現力〉の前提となるのが**知識・技能**である。**漢字・語彙・文法・文学史**や、**グラフや図の読み取り方**など、**国語に関する知識・技能**のことで、漢字・語彙の記憶などの形でふだんから身につける努力をする必要がある**テクスト外**の力である。

・〈思考・判断〉のプロセスは、次のような三段階で捉えることができる。

①テクストからの情報の**探求・取り出し**。**テクスト内の特定の部分から目的に応じて情報を取り出す力**である。テクスト（文章や資料）の文言そのまま、あるいは若干の言い換え・単純な組み合わせでできている選択肢の設問、テクストの一箇所ないし狭い範囲の部分に依拠した設問などは、このレベルで解答可能なものである。

②テクストの情報の**統合・解釈**。**一つのテクストの全体、ないし複数のテクスト同士の関連を踏まえて、情報の統合・構造化・解釈を行う力**である。テクストの複数の箇所や広い範囲の部分をまとめる設問、本文全体の要約、さらに目的に応じて複数のテクストの情報を組み合わせまとめるような設問は、このレベルの力を必要とする。ただし、あくまで**テクスト内**の情報の処理にかかわる（従来の言い方でいえば〈本文に書かれてあること〉で解答できる）レベルである。

③テクストの情報に関する**熟考・評価**。**テクストの情報について、自らの思考力や経験・知識などを生かしてテクスト外からとらえ直していく力**である。テクストの情報に基づく推論や推定、経験や知識に基づくテクストの内容の補足や精緻化、特定の立場に基づくテクストの内容の評価、テクストに基づく新たな考えの形成などを求める問いがこれに当たる。例えば、〈本文に書かれていないこと〉を推論したり、独自の具体例を考えたり、何らかの意見や主張を特定の立場に立って評価したり、といった設問では、このレベルの力が必要とされる。

・以上のようなプロセスを経て得られた思考・判断は、他者に伝えるために〈表現〉される必要がある。解答に当たって特に表現に関する留意・工夫が求められる設問を、**構成・表現**とする。**文章の展開・構成のしかたや表現のはたらき・技法などを問うもの**がこれに当たる。ふだんから筋道を立てて文章を書いたり話したりする、**テクスト外**での言語活動によってつちかわれる力だといえる。

問1 [1]——正解① [2]——正解② [3]——正解⑤
[4]——正解④ [5]——正解①

【漢字】に関する **知識・技能**

(ア)〈ぴったり合う・一致する〉意の「合致」。①致命②報知③稚拙④緻密⑤余地で、正解は①。

(イ)〈条件や状況、事情にあてはまる〉意の「適合」。①匹敵②適度③水滴④警笛⑤摘発で、正解は②。

(ウ)〈両方のはじの部分〉の意の「両端」。①丹精(丹誠)②担架③破綻④落胆⑤端的で、正解は⑤。

(エ)〈書物や資料などを調べたり見たりする〉意の「閲覧」。①欄干②出藍③乱世④一覧⑤累卵で、正解は④。②〈出藍の誉れ〉は〈弟子が師よりもすぐれている(出藍)という名声〉。⑤〈累卵の危うきにある〉とは〈卵をいくつも積み重ねた(累卵)ように、きわめて危険な状態にある〉意。

(オ)〈適切な分量や程度を超えている〉意の「過剰」。①剰余②冗長③醸造④施錠⑤常備で、正解は①。

問2 [6]——正解④

本文の複数の箇所を合成してその趣旨を推論的に考え、それを他の資料の内容に置き換える **統合・解釈**

〈問題文の解説〉の**【文章】**の項の[1]~[4]を参照。傍線部Aをうけて直後に「著作権が対象とするものは原作品ではなく、この記号列(=傍線部A)としての**著作物である**」とある。**【資料Ⅰ】**の「著作物とは」の項で、「**『思想または感情』**を表現したもの」以下「思想または感情」という言葉が繰り返されており、**【資料Ⅱ】**の第二条の一でも、「著作物　**思想又は感情**を**創作的に表現したもの**であつて、文芸、学術、美術又は**音楽**の範囲に属するものをいう」という「定義」がなされている。以上の内容に合致する④が正解である。——が、これだけでは〈他の選択肢も「文芸、学術、美術又は音楽の範囲」であり「思想または感情」を表現したものでありうる〉と考えて、迷ってしまうかもしれない。もう少し考えてみよう。

傍線部A「記録メディア」については、[1]に「作品」が「載せ」られた「実体——記録メディア」とあり、その例として「紙」「カンバス」「光ディスク」などが挙げられている。そうしたものから「……剝がされた記号列」というのだから、それは例えば〈書物から「紙」という**実体**を除いたもの=**書かれていることそのもの**〉、「原作品のなかに存在するエッセンス……とは何か。……記号列になる」とある「**エッセンス(本質)**」である。④は「思想や感情」そのものだから、「実体」を剝がした「エッセンス」だといえる。一方、他の選択肢はすべて、物質的な「実体」を含むもので、それが「剝がされた」ものには当たらない([1]に「空気振動」も「実体」だとある。つまり、音楽などの①「実演」⑤「歌唱」も、「実体」としての「空気振動」を伴うものだ、ということである)。以上から④以外は誤り、と確定できる。

問2は、①**本文の記述を基に推論して内容を考え**、②**本文とは別のテクスト(資料や文章)の内容に置き換えて答える設問である点**で、**共通テストの特徴が典型的に現れたもの**だといえる。

> **①設問で問われたことに関する本文中の複数の記述を論理的に総合・解釈して答えを導く**
> **②異なるテクスト間で、〈直接的に同じ表現でなくても、内容的に共通点をもっている事柄〉の対応関係に気づく**
> といった思考法に慣れていこう。

問3 [7]——正解⑤

文章中の広い範囲で説明されている事柄に関する説明の適否を判断する **統合・解釈**

> 共通テストでは、**いわゆる〈傍線部〉なしに、設問で指定された事柄について解答する設問**が少なからず出題される。
> ①**読解の段階で本文の大筋をつかみ、**
> ②**設問文から〈何が問われているのか〉を的確におさえ、**

③〈本文の大筋〉のうちでその問いの解答内容に当たる事柄を考えつつ選択肢を吟味し、
④それ以上細かい内容に関しては、改めて本文を確認するという手順で考えていきたい。

〈問題文の解説〉の【文章】の項でつかんでおいた〈本文の大筋〉（WXYZ）をもとに、選択肢を見ていこう。①は「利用」を「著作者の了解を得ることなく行うことができる」としているのがZに反する（[15]「著作権に関係するもの……前者を著作権の『利用』と言う」[16]「『使用』……に対して著作権法ははたらかない」と逆である）。③は「叙情詩型」と「理工系論文型」への「分類」を「二分法」としているのがおかしく（[12]「スペクトル」の「両端」である）、また③「……明確な判断を下すことができている」がZ（特に[16]末、[18]末）に反する。④「DNA……保護できる」はY（特に[11]・[14]）に反する。

②・⑤はどちらも（大筋としては）Yに合致するので、少し細かく見ていこう。②については[5]末を確認。「理工系論文、新聞記事には、表1から排除される要素を多く含んでいる」という言い方になっている。したがって、②「……除外される」と言い切ってしまうのは誤り。[7]にも「無方式主義」によって「……排除されてしまうようなものまで、著作物として認めてしまう」とある。⑤は[13]に合致するので、これが正解である。

問4 [8] ── **正解④**

表の読み方に関する **知識・技能** **と、二つの表を〈比較〉してはたらきの違いを考える** **統合・解釈**

共通テストでは、従来型の〈文章の読解〉に加え、図や表のはたらきを問う設問が出題される。

文中の〈図表〉は基本的には、**本文の〈論旨〉を説明するために付されているもの**だから、本文の〈話題〉〈論旨〉の的確な把握を前提として、①**〈図表〉の〈タイトル〉などで〈何についての図表か〉をとらえ、また本文中の〈図表××を見てほしい〉といった叙述にも注意して、②〈図表〉の内容と本文の該当箇所の〈論旨〉とを重ねて理解する**ことが必要である。

表1はタイトル「著作物の**定義**」について、縦の列の最上部にあるように「キーワード」と「**排除**されるもの」の例を挙げたもの。つまり、あるものが〈**著作物である**〉と**認められる**ための「**定義**」の「キーワード」と、〈**著作物ではない**〉と「**排除される**」場合の要素とを挙げたものである。また、表2は「表1を再構成したもの」（傍線部B）で、タイトル「テキストの型」（＝縦の列の最上部「叙情詩型」「理工系論文型」）について、横の行の左端の項目ごとに特徴を整理したものである（それぞれの特徴は〈「叙情詩型」の「特色」＝「表現」〉〈「理工系論文型」の「記述法」＝「客観的」〉のように、**〈縦の列の最上部（甲）と横の行の左端（乙）の各項目の交点の事項が、甲乙それぞれの項目の特徴をあわせもつものだ〉というふうに把握する**）。それぞれの表の意味するところの詳細については、本文の〈論旨〉と重ねる形で**〈問題文の解説〉**の**【文章】**の項の[5]〜[9]で述べているので、これも参照のこと。

選択肢を見ていこう。①は、表1に比べ表2が「排除されるもの」の方を強調しているように述べている点で誤り。②は「『排除されるもの』……**を含むものを著作物とする**」が誤り（表1の右側は「著作物」**から**「排除されるもの」である。**〈問題文の解説〉**の**XY**参照）。③は、表1が「著作物の多様な類型を網羅（＝**もれなく集める**）」しているとまではいえないので、誤り。⑤「叙情詩型と理工系論文型との類似性」ではなく、むしろ両者の〈対照性〉が示されているのだから、⑤は誤り（**〈問題文の解説〉**の**XY**参照）。

④はまず「……著作物**から**排除されるものとを整理している**表1**」「**表2**では、叙情詩型と理工系論文型の特性の**違いを比べ**」が先に②⑤で見た通り正しい。そして④「叙情詩モデルの特徴」は[5]の「表1の定義に……もっとも適合するものは叙情詩」に合致、④「著作物性の濃淡を説明している」は[10]や[14]に合致する。これが正解。

問5 [9] ——正解①

本文中の〈論旨〉と表現のはたらきとの関連を問う 統合・解釈 構成・表現

共通テストの前身である「大学入試センター試験」でも頻出だった表現についての設問。**本文の〈論旨〉の理解を前提としつつ、各選択肢で取り上げられた表現の箇所をそれぞれ確認し、適否を判断していこう。**

「**適当でないもの**」を選ぶ設問であることに注意。①で取り上げられた「——」は、いずれも直前の語句について直後で（言い換えたり（[1]）例を挙げる（[3]）などして）説明を加えているだけで、①「強調」するものだとはいえない。また、語句の具体的内容を説明しているだけで、①「筆者の主張に注釈を加え」ているわけでもない。①が「適当でないもの」つまり正解。

②で取り上げられた表現はいずれも他の文章に比べれば〈しゃべり言葉〉的な言い方だから、②「口語的」といえるし、いずれも説明を加え、「話」を「続ける」ところだから、②「いっそうの理解を促す」も「適当」。

③の「プラトニズム」とは〈プラトン（古代ギリシャの哲学者）主義〉のことで、③「哲学……の概念」といえる。③「ソシュール」については（注5）から「言語学者」だとわかる。これらは筆者の意見と同方向のものとして挙げられており、③「援用して……」も妥当な説明である。③も「適当」。

④で取り上げられたものはいずれも「対比的」なものであり、違いを明確にする形で④「それぞれの特質を明らかにするため」といえるから、④も「適当」。

⑤で取り上げられた表現のうち一つ目、三つ目、四つ目は、それぞれ「**著作権法**ははたらかない」「**著作権**は関知しない」「**著作権**とは関係がない」だから、⑤「**著作権法**の及ばない領域を明らかにし」に当たる。また二つ目は「その**判断基準は明らかでない**」だから、⑤「現実的な運用の**複雑さ**を示唆している」に当たる。⑤も「適当」。

問6 [10] [11] [12] ——正解②・④・⑥

複数の実用的なテクストを関連させ、条件に即して必要な情報をとらえる 統合・解釈 **を踏まえて具体例を考える** 熟考・評価

実際の社会で触れるテクストを想定した〈実用国語〉の出題である点、および〈複数テクスト〉を関連させて考える問題である点において、共通テストの特徴が典型的に現れた設問である。次のような手順で考えていこう。

①設問の〈要求〉〈条件〉を的確に把握し、
②①を念頭に置きつつ、様々な要素の入り混じった〈実用的テクスト〉（資料）を見渡して、
③適切な情報を把握し、要求・条件に即した形になるようとらえ直す。

【資料Ⅰ】の空欄**a**の上には「著作権の例外規定（権利者の了解を得ずに著作物を**利用できる**）」「〈例〉市民楽団が市民ホールで行う演奏会」「例外となるための条件」とある。本来ならば**著作権に触れる「利用」**（**【文章】**の[15]参照）に当たる「演奏」（**【文章】**の表3参照）について、「例外」として「権利者の了解を得ずに」行うことができる「条件」が、空欄**a**に入るものだというのである。

このことに関係ありそうな条文を**【資料Ⅱ】**から探そう。「第一条」は法律の「目的」であり、「利用」という語は出てくるが、その「条件」について述べたものではない。また「第二条」は「用語」の「定義」であり、やはり「利用」の「条件」に関するものとはいえない。「第三十条の四」以降がこの問いに関連するものだと判断できる。これをもとに選択肢を見ていこう。

まず、第三十八条「営利を目的とせず、かつ、聴衆又は観衆から料金……を受けない場合には、公に……演奏……することができる」に当たるのが②④で、これが正解。さらに、第三十八条に「演奏……できる。ただし……報酬が支払われる場合は、この限りでない（演奏できない）」とあるのを裏返せば〈報酬が支払われなければ演奏できる〉となるから、これに当たる⑥も正解である。

①③に関しては「権利者の了解を得ずに著作物を利用できる」かどうかの根拠が**【文章】【資料】**中にない。⑤「文化の発展」は**【資料Ⅱ】**の第一条に「著作者等の権利の保護を図り、もつて文化の発展に寄与」とあるように、「権利者の了解を得ずに著作物を利用できる」「条件」ではない。

第3問

〈出典〉

吉原幸子（よしはら　さちこ）「紙」（『オンディーヌ』（一九七二年思潮社刊）所収）、「永遠の百合」（『花を食べる』（一九七七年思潮社刊）所収）。

吉原幸子は一九三二年生まれの詩人。東京大学文学部仏文科卒。一九六四年、第一詩集『幼年連祷《れんとう》』を自費出版し、翌六五年同詩集で第四回室生犀星詩人賞を受賞。七四年、『オンディーヌ』『昼顔』で第四回高見順賞受賞。九五年、『発光』で第三回萩原朔太郎賞受賞。二〇〇二年、逝去。その他の主な詩集に『夏の墓』『夢　あるひは』『夜間飛行』など、随筆に『人形嫌い』『ちどりあ詩』などがある。

〈問題文の解説〉

本文は同一の著者による詩（「紙」）とエッセイ（「永遠の百合」）が並置されたものとなっている。センター試験における文学的文章は専ら小説からの出題となっていたが、共通テストにおいては**詩歌やエッセイなどを含む複数の文章**からの出題も予想される。**様々なジャンルの文章に対し、共通点・相違点など文章相互の連関を意識しながら解釈を行っていくことができるような読解力**が求められると言える。また、このような複数テクストの問題においては、一つのテクストを細かく理解すること以上にそれぞれのテクスト（ここでは文章）の全体をおおまかに把握することが重要となる。

以下それぞれの文章について見ていこう。

【詩】「紙」

前半（第一連～第四連）では、「いのち」はいつか「ほろび」消えていくが、その「いのち」が何かしらのことばを「書きしるす」「紙片」は「しらじらしく」「ありつづける」。筆者はその「不思議」を「いぶかる」。そして、「一枚の紙よりほろびやすい」「いのち」が「何百枚の紙に」ことばを「書きしる」し、それらを残すこと、この行為を筆者は「不遜」だと述べるのである。

後半（第五連・第六連）では、いのちをもたない「紙」のように生きれば、ずっと消えることなくありつづける存在として、何かを失うこともないだろう。しかし、それは「いのち」ではない。筆者は皮肉を込めて、「いのちでないもの」に「乾杯」と言うのである。

【エッセイ】「永遠の百合」

まず第一意味段落（1～3）において筆者は自らの体験を語る。去年の夏、筆者は旧友から「アート・フラワー」の「百合の花束」をもらった。「匂わない」人工の花たちである。そしてその友人はこの花束を筆者に贈る際、「秋になったら捨てて頂戴ね」という言葉を添えたのだという。不可解な言葉である。造花であるこの百合たちは秋になったところで枯れるわけではないのだから、わざわざ捨てる必要などないはずだ。にもかかわらず友人はこの百合たちを秋になったら捨ててくれと言ったのである。筆者はこの言葉に驚き、そして考え込んでしまう。これは「いのち」をもった本物の百合よりも長生きすることを打ち消そうとする「謙虚」を表しているのであろうか、それとも本物の百合と同じように「いのち」をもった存在であろうとする「傲慢」を示しているのであろうか。本物の「百合そっくりのつもり」でいるような「思い上がり」と「そうでないことを恥じている」ような「いじらしさ」という二つの対照的な態度を思いながら、「自然を真似」て「にせものを造る」という行為とはいったいどういうことであろうかと筆者は思案する。

続く第二意味段落（4・5）において、筆者は「つくるということ」に対する自身の考えを明かしていく。筆者は「枯れないものは花ではない。それを知りつつ枯れない花を造る」こと、それが「つくるということ」だと言う。すなわち、〈「いのち」をもたないにせものであると自覚しつつ、「いのち」をもった本物をどこかで超えるものをつくること〉、これこそが筆者の考える「つくるということ」なのである。そして、「つくるということ」がそのような行為であろうとするときのみ、「つくるという、真似るという、不遜な行為は許されるのだ」と筆者は言う。いずれ滅び消えるほかない「いのち」をもったものを真似しながら、永遠の「いのち」をもつものをつくろうとすることの「不遜」

は、にせものであるという自覚のもとで本物をこえようとする意識により初めて許されるのである。

さらに第三意味段落（⑥・⑦）において、筆者は「絵画」においても、そして「ことば」においてもそれは同じことであると述べる。詩人である筆者はことばを紡ぐことを生業としている。筆者はそれを「一瞬を永遠のなかに定着する作業」だと言う。「在るという重み」をもつ生きた現実の一瞬を永遠の枯れない花にするように、筆者もまたことばを紡ぎ表現しているのである。

しかし⑦において筆者は、自らの「永遠」、すなわち筆者自身のことばによる表現は「三十年」も残ればよいのだと言う。筆者は自身の「古風な感性」は三十年もすれば通用しなくなると考えている。そして何よりも筆者は「死なないものはいのちではない」と考え、むしろ自らのことばによる表現が「いのち」あるものとして、消えていくことを望んでいるのである。

最後に第四意味段落（⑧）では、結局筆者がにせものの百合を捨てなかったことが述べられる。百合たちは本物の百合のように消えることができず「うしろめたく蒼ざめながら」、今も自分の部屋に残されてあるのだと言う。

〈設問解説〉

問1 [1]――**正解⑤**　[2]――**正解④**　[3]――**正解③**

語句の意味内容を説明する **知識・技能**

(ア)「いぶかる」は〈様子・事情・結果について変だと思う。不審がる〉の意。正解は⑤「疑わしく思う」。他の選択肢はいずれも語義から外れる。

(イ)「手すさび」は〈退屈を紛らすためにする手先の仕事。手慰み〉の意。本文では趣味としての「アート・フラワー」がその例として挙がっているので、ここでは④「必要に迫られたものではない遊び」が最も近いものと言え、これが正解となる。

(ウ)「いじらしさ」は〈（か弱い者の懸命な様子が）痛々しくかわいそうであること。可憐であること〉の意。③「けなげで同情を誘う様子」が正解。

語意の設問は**基本的には知識を問う**ものであり、〈本来その語句がもつ意味ではないが〉当てはめると通じるだけの選択肢は正解にならない。あくまでも**〈辞書的意味〉**を解答の軸としたうえで、設問文にある「本文中における意味として」を考慮し、時に**〈辞書的意味＋文脈上の意味内容〉**で解答を探る。

問2 [4]――**正解②**

複数の文章を関連させて考えたうえで、文中の表現の理由を説明する **統合・解釈**

傍線部A「何百枚の紙に　書きしるす　不遜」について、「書きしるす」ことが「不遜」と言える理由を説明する。

設問文に「エッセイの内容を踏まえて」とあることに着目し、まずはエッセイのなかで述べられる「不遜」を確認する。エッセイでは「つくる」「真似る」行為が「不遜」と言われている（⑤）。「死なないものはいのちではない」（⑦）ように「いのち」あるものは必ず死ぬ。にもかかわらずその**「いのち」あるものである人間が自らのはかない一瞬を造花や絵画やことばなどに表現し「永遠のなかに定着する」**（⑥）こと、「つくる」「真似る」とはそのような行為であり、これを筆者は「不遜」だと言うのである。

次に詩の表現に目を向ける。傍線部の二行前に「いのち　といふ不遜」とある。ここでは**「一枚の紙よりほろびやすいもの」**である**「いのち」（＝人間）**が、**「こころより長もちする」「いのちをもたぬ」「紙片」**に何かしらを**「書きしるす」**ことを「不遜」だと言っている。

したがって、エッセイと詩の内容を統合して傍線部を解釈すると、「不遜」であることの理由は〈**いずれ死を迎えるほかないいのちある人間が、自らのはかない一瞬の経験を紙の上に何かを書きしるすことによって、永遠のものにしようとするから**〉といったものになる。正解は②である。

①・③・④は〈滅ぶ〉〈死ぬ〉といった内容に触れておらず、「いのち　といふ不遜」という表現の核心を説明できていない点で誤りである。さらに①は「表現」を「繰り返すことで」、「不可能なこと」を「実現が可能なように偽る」と

いう内容が、③は「心の中にわだかまることから……解放される」という内容が、④は「空想でしかあり得ないはずのものを……実体として捉えたかのように見せかける」という内容が、それぞれ右に見た詩やエッセイの内容と無関係なものとなっており、不適切である。⑤は「滅びるものの美しさに目を向けず……永遠の存在に価値を置く」が間違っている。4初めの「それを知りつつ」や6初めの「一瞬を永遠のなかに」などからわかるように、むしろ「滅びるものの美しさ」に目を向けるからこそ、それを「永遠の存在」にしようとするのである。「滅びるもの」を無視して「永遠の存在」をつくりだすということではない。

> 複数の文章を関連させる設問では、**同内容関係や対比関係に注意しながら、両者がどのように関連しているか読み取ること**が大切である。複数の文章を比較し、それぞれを統合しながら、内容の解釈を行う訓練を積んでいきたい。

問3 5 ——正解④

傍線部の内容を本文の記述に基づいて説明する **探求・取り出し**

傍線部B「つくるということ」について説明する。傍線部の主語として、直前に「枯れないものは花ではない。それを知りつつ枯れない花を造る」という表現が見られる。**自然の花は枯れるものであり、枯れない人工の花はほんものの花ではないが、それを知ったうえで、ほんものを超える永遠の花を造ること**を意味している。これについては5でも、「どこかで花を超えるもの」、すなわち「ひと夏の百合を超える永遠の百合」を目指すとき、「つくる」という行為は「許される」と述べられている。したがってここでの「つくるということ」とは、より抽象化して言えば、**〈対象を超えるものを生み出すこと〉**といった意味を表していることになる。正解は④である。選択肢の言葉が本文の記述に比べ、抽象度の高い表現になっており、本文中の具体的な記述を抽象化してとらえる力が試される設問だと言える。

①は「あるがままに引き写し」「対象と同一化できる」が右に見てきた〈対象を超える〉という点をおさえられていない。②は「対象を真似てはならない」が本文の論旨に反する。「つくるということ」はほんものを真似ながら、ほんものを超えようとすることである。③は「類似するものを生み出そうとする」が①同様〈対象を超える〉点をおさえられていない。⑤は「個性を発揮し、新奇な特性を追求したものを生み出そうとする」が、右に見てきた内容と無関係なものとなっている。

> 共通テストの特徴のひとつとして、**〈具体〉と〈抽象〉を往還する力**を求めるといった点が挙げられる。**文中の具体的な記述を自ら抽象化してとらえる、あるいは文中の抽象的な表現を具体的な内容として理解することができるような思考力・表現力**を養うことが重要になる。

問4 6 ——正解②

本文の記述に基づいて傍線部の表現を解釈する **統合・解釈**

傍線部C「在るという重み」について説明する。傍線部の主語にあたる「それ」は「**ひとつの生きた花**」を指しており、これは「**個人の見、嗅いだもの**」の比喩である。傍線部を含む文の次の文では、この「個人の見、嗅いだもの」について「それを花を超える何かに変える」と述べているが、これは同じ段落の末尾で「**私の一瞬**を枯れない花にする」と言い換えられてもいる。したがって、傍線部の主語に当たる「それ」は「ひとつの生きた」ものであり、「個人の見、嗅いだもの」であり、「私の一瞬」であるということになる。これをまとめると〈**個人が瞬間瞬間において感じ取るひとつひとつの生きた事物**〉といったものになるだろう。傍線部「在るという重み」はこうした事物がもつものであるから、正解は②「実物そのものに備わるかけがえのなさ」ということになる。選択肢の表現は本文に直接には出てこないものであり、傍線部の表現を本文の記述と重ね合わせてとらえ直す力が求められる設問だと言える。ここにもまた共通テストの特徴があると言えよう。

①は「時間的な経過」「喪失感」が傍線部の説明としては出てこない内容である。③は「個性の独特さ」が、④は「印象の強さ」が、⑤は「衝撃の大きさ」

が、それぞれ焦点のズレた把握となっている。

問5 [7] ―― 正解④

本文全体の展開を踏まえ、傍線部の理由を説明する 熟考・評価

傍線部D「私はさめる」と筆者が述べる理由を説明する。まずここでの「さめる」は[5]の「昂奮」からの変化を示していると考えられる。つまり筆者は、「つくるということ」（[4]）において「一瞬を永遠のなかに定着する」（[6]）高揚を感じていたのだが、その「昂奮」から「さめる」のである。

傍線部直後の「秋になったら……の発想」とは[2]にある「秋になったら捨てて頂戴ね」を指すが、この「発想」を「少し理解する」とは、自らがつくるもの（＝ことば・作品）が「永遠」に残るのではなく、いずれ消えゆくことを受けいれるということを意味する。「たかだかあと三十年……でよい」とはその思いを表したものと解することができる。

この「三十年」は「私のような古風な感性の絶滅するまでの短い期間」（[7]）と表現されているが、筆者は**自身の感性など時間の流れのなかで古び通用しなくなっていくものであり「永遠」に残ることなどありえない**と思っているのである。そしてまた、「死なないものはいのちではない」（[7]）とも述べているように、筆者は**自らのことば・作品を「いのち」あるものと見る限り、いずれ消え去っていくことは避けられないだろう**と考えているのである。

このように、まず[2]〜[7]の全体の展開を把握したうえで、そこから傍線内容を熟考・評価することが求められる。

したがって、傍線部「私はさめる」の理由は〈**自らの感性は時代とともに古び打ち捨てられていくものであり、作品がいのちあるものである限り、永遠に存在し続けることはありえないと考えるから**〉といったものになる。正解は④である。

①は「造花も本物の花も同等の存在感をもつ」が本文からは読み取れない内容である。②は「創作することの意義」について「永久に残し続けること」と述べている点が本文の趣旨と逆方向であるし、「日常の営み」に限定している点もズレている。③は「ありのままに表現しよう」や「完全を期することはできない」が本文内容とは無関係である。⑤は「友人からの厚意を理解もせずに、身勝手な思いを巡らせている」が本文からは出てこない解釈である。

> 文章全体の論旨展開を把握したうえで、細部の内容を正確に理解することは読解の基本である。共通テストでは（特に文学的文章において）必ずしも文中に明示されていない内容を推定し、判断する思考力が求められる。そのような思考力を働かせ、正しい推定を行うためにも、全体の論旨展開の把握は欠かせない。

問6 [8] ―― 正解② [9] ―― 正解①

表現技法や表現形式を説明する 知識・技能 **、およびそれらに基づき本文をとらえ直す** 統合・解釈 構成・表現

(i) まず選択肢に並んだ表現技法や表現形式について確認しておく。

a 「擬態語」……状態や感情などの音を発しないものを感覚的な言語音で表した語。

「倒置法」……通常の語順を変更することで、特定の語句を強調する表現技法。

「反復法」……同一または類似の語句を繰り返す表現技法。

「擬人法」……人間以外のものを人間にたとえる比喩の一種。

b 「演繹」……一般的・普遍的な前提から個別的・特殊的な帰結を導く推論の一種。

「反語」……①話し手が自分の考えを強調するために、言いたいことと逆の内容を疑問の形で述べる表現技法。②実際とは反対のことを言って、暗に本当の気持ちを表現する言い方。

「帰納」……個別的・具体的な事例から一般的・普遍的な法則を導く推論の一種。

「構造」……物事を成り立たせる要素の組み合わせ方、あるいはその全体。

次に詩「紙」の表現を見ていこう。第一連と第二連は「愛ののこした紙片」が「ありつづける」ことと、それを「書いた　ひとりの肉体」が「いまはない」ことが対比的に表現されている。そして通常の語順では〈書いた　ひとりの肉体」が「いまはないのに」、「愛ののこした紙片」が「ありつづける」〉となるところが、ここではその**順序が逆になっている**。また、第五連においても通常の語順では「この紙のやうに　生きれば」「何も失はないですむだらうか」となるところが、ここではその**順序が逆になっている**。したがって「**倒置法**」が用いられていると言える。

　また、第一連では「愛ののこした紙片」が「ありつづけること」を「いぶかる」と否定的にとらえ、第五連では「この紙のやうに　生きれば」「何も失はないですむだらうか（いや、そんなことはない）」と述べていたものが、第六連では「のこされた紙片」に「乾杯」と肯定的なとらえ方に転じている。前後には「ほろびやすい愛のために／乾杯」「いのちが……（いのちでないものに近づくまで）／乾杯！」とあり、これらは単純に文字通りの祝福を表す意味ではなく、その逆を示す「反語的」な表現であると言える。

　以上より正解は②ということになる。

　①は「擬態語」が詩のなかに見られず、また「演繹的」な論じ方がされているとも言えないため不適。③は「乾杯」の繰り返しが「反復法」だと言えるが、「帰納的」な展開を取るわけではないため誤り。④は「擬人法」が用いられているとは言えず、「構造的」も②の「反語的」に比べると詩の展開をとらえる語として曖昧なものであり適切とは言えないため誤り。

(ii)　各選択肢の内容を確認していく。

　①は「造花」について述べた箇所を取り出しているが、「枯れること」が「できない」と否定的にとらえた点を「枯れないこと」が「できる」と肯定的に捉え直していると考えられるため、正解である。

　②は「つくるということ」[4]の意味を語るなかでの筆者自身の「昂奮」を表現した箇所を取り出しているが、ここで筆者は自らの思いを表現しているのだから「第三者的な観点を用いて」は明確な誤りである。また、この「昂奮」は「混乱し揺れ動く意識」といったものでもない。

　③は「――（ダッシュ）」の働きについて述べたものであるが、ここでの「――」は〈言い換え〉を導くものとして用いられている。筆者は直前の「変える」を「もどす」という語に言い換えることで「描くという行為」[6]の意味をより正確に表現しようとしているのである。「『私』の考えや思い」に「余韻」を与えているわけではない。

　④は「『私の』永遠」の「私の」に用いられた「　」の働きについて述べたものである。[7]は筆者が自身の作品の「永遠」について「あと三十年」でよいと語る箇所であり、ここでの「私の」につけられた「　」は〈私個人にとっての〉という意味を強調する程度のものであると考えられる。したがって、「永遠」を「恣意的に解釈しようとする」意図があるとは読めない。

共通テストでは、従来のセンター試験でも問われていたような**表現の特徴**や**はたらき**を問う設問に加えて、**表現技法**や**表現形式**に関する設問も出題される。**修辞法に関する知識を身につけるとともに、本文と選択肢を照らし合わせて、表現の特徴や機能の説明の適否を正しく判断できるような力を養う**ことが必要になる。

第4問

〈出典〉

『源氏物語』「手習」

『源氏物語』は平安時代中期（十一世紀初頭）に紫式部《むらさきしきぶ》（生没年未詳）が著した、五十四帖からなる長編の作り物語。「手習」巻はその第三部――光源氏の子孫たちの動静を、愛欲ゆえの迷いとそこからの救済という観点から描いている――に含まれている。問題文として採用された箇所は、薫《かおる》と匂宮《におうみや》という二人の貴公子から愛されてその板挟みとなり、入水して身の精算を試みた浮舟が、横川《よかわ》の僧都《そうず》に救い出されてその妹尼のもとに身を寄せたものの、そこでさらに女の身の生きがたさについての確信を深め、とうとう出家に踏み切ろうとする、その心理を克明にたどった箇所である。

〈現代語訳〉

（浮舟は）嘆かわしくも台無しにしてしまった（自分の）身の上について考え続けていくと、「宮（＝匂宮）を、少しでも愛しいとお思い申し上げたような料簡が実に不届きだ。ただこの人（＝匂宮）とのご縁で（私は）定めなき身となってしまったのだと思うと、（匂宮が）小島の色を引き合いにして（変わらぬ愛を）誓って下さったのを、なんで素敵だとお思い申し上げたのだろうかと格段に嫌気がさす気がする。最初から、（私への愛情が）薄いながらも落ち着いていらっしゃった人（＝薫）は、「この折は…あの折は…」などと、思い出すにつけ格別であったよ。（私が）こうして生きながらえていたと（薫に）聞きつけられ申し上げるような恥ずかしさは、きっと人一倍であるにちがいない。そうはいうものの、現世においては、（私は）以前の（薫の）ご様子を、よそながらでさえも、何時見ることができようかと、ふと思うのは、やはりよくない心がけだよ、このようにさえ思わないようにしよう」などと、自分だけの心の内で思い直す。

（浮舟は）やっとのことで鶏が鳴くのを聞いて、実に嬉しい。母の声を聞いたとしたら、ましてどんなにか嬉しいだろうと思って夜を明かして、具合も実に悪い。供として（自室に）渡るはずの人もすぐには来ないので、（浮舟が）依然として横になっていらっしゃると、鼾《いびき》の人（＝母尼）はとても早く起きて、粥《かゆ》などむさ苦しいものをご馳走のように扱って、「そなたも、早くお食べなさい」などと近寄って言うけれども、（浮舟は）給仕の仕方も実に気にくわず、嫌で見たこともない気がして、「具合が悪くて…」と、それとなくおっしゃるのを、無理強いして言うのも実に気が利かない。いかにも下衆《げす》といった感じの法師どもなどが大勢やって来て、「僧都が、今日下山なさるはずだ」、「どうして急に…」と尋ねるようだが、「一品の宮が物の怪にお苦しみになっていたのを、比叡山の座主が加持祈禱《かじきとう》して差し上げなさるけれども、やはり僧都が参上なさらなくては効き目がないということで、昨日二度、お呼び出しがありました。右大臣殿の四位少将が、昨夜、夜が更けて（比叡山に）登っておみえになって、后の宮からのお手紙などがありましたので、（僧都は）下山なさるそうです」などと、ことさら実に誇らしげに言う。（浮舟は）「恥ずかしくても、（僧都と）面会して、『尼にしてしまって下さい』と言おう。お節介な人が少なくてちょうどよい折である」と思うので、起きて、「ひたすら具合がとても悪うございますので、僧都が下山なさったようなのに、戒律を授けてもらいましょうと思いますが、そのように（僧都に）申し上げて下さい」とご相談なさると、（母尼は）いかにもぼんやりしたようすで頷く。

（浮舟は）いつもの部屋にいらっしゃって、髪は尼君（＝妹尼）だけが梳《と》かしなさるので、他の人に手を触れさせるようなのも嫌だと思われるが、自分の手では、また、できないことなので、ほんの少し梳かして、親にもう一度このままの（＝出家していないままの）姿を見せないままにおわってしまうようなのは、自分のせいで実に悲しい。ひどく病気を患っていたせいであろうか、髪も少し抜け細ってしまっている気がするけれども、たいして衰えず、（髪の分量が）とても多くて、六尺ほどである髪のすそなどが美しかった。毛筋なども、実に細やかで美しい様子である。（浮舟は）「かかれとてしも」と独り言を言っていらっしゃる。

問5に引用された『遍昭集』

あれこれと、あちこちで和歌を詠んでいたうちに、お仕え申し上げていた深草の帝がお亡くなりになって、うって変わったような世の中を目にするようなのも、堪えがたく悲しい。蔵人の頭の中将などと称して、日夜（深草の帝に）親しくお仕え申し上げて、「その名残りもないような世の中で宮仕えすまい」と思って、急に、家人にも知らせないで、比叡山に上って、出家剃髪いたしまして、あれこれ考えましたにつけ、そうはいうもののやはり、親などのことは、気に掛かったのでしょうか。

たらちねは……（私の親は、こうなってもかまわない（＝私が出家してもかまわない）と思って私の黒髪を撫でたりはしなかっただろうか）

〈設問解説〉

問１ [1] ―― 正解④

心情説明の問題

心情説明型の問題はセンター試験では頻出の設問で、傍線部とその心情を具体化した箇所を解釈し、それを選択肢と照合していくというのが基本的な解き方であった。まず、基本的な解き方に従って考えてみる。

傍線部を解釈すると、「自分だけの心の内で思い直す」などとなる。「かへさふ」は、動詞「返《かへ》す」の未然形「返さ」に反復・継続を表す接尾語「ふ」が付いてできた動詞で、「繰り返し言う・問いただす・思い直す」などの意を表す。この「思い直す」の内容を具体化したのが傍線部の直前の、「さすがに、……なほわろの心や、かくだに思はじ」の部分で、「現世においては、以前の薫のご様子を、よそながらでさえも、何時見ることができようかと、ふと思うのは、やはりよくない心がけだよ、このようにさえ思わないようにしよう」などと解釈することができる（「なほわろの心や、かくだに思はじ」という心の動きが「かへさふ」に対応している）。傍線部とその直前の解釈に対応しているのは選択肢⑤であるが、この選択肢は「薫との再会を期待して気持ちを奮い立たせている」の部分が不適切である。リード文にあるとおり浮舟は出家を考えている。薫について想起することさえ煩悩であり、仏教的な罪障となる。したがって、「かくだに思はじ」は「薫のことさえ考えないようにしよう」などと取らなければならない。

あらためて選択肢を見渡してみると、この問題は、冒頭から傍線部に至るまでの浮舟の心理をたどりなおすように作られている。選択肢を一つ一つ対応箇所と照合しながら吟味してみよう。

①「匂宮に対して薄情だった自分を責める」の部分が不適切である。対応する「宮を、すこしもあはれと思ひ聞こえけむ心ぞいとけしからぬ」の箇所は、「匂宮に少しでも愛情を感じた自分の心が不届きだ」ぐらいの意味である。

②「不思議なほどに匂宮への愛情を覚え満ち足りた気分になっている」の部分が不適切である。対応する「などてをかしと思ひ聞こえけむとこよなく飽きにたる心地す」の箇所は、「なんで匂宮などを素敵だと思ったのかと嫌気がさす気がする」ぐらいの意味である。

③「（薫は）時には匂宮以上に情熱的に愛情を注いでくれたことを忘れかねている」の部分が不適切である。対応する「この折かの折など、思ひ出づるぞこよなかりける」の箇所は、「色々な折の薫の様子を思い出すにつけ匂宮より格段にすばらしかった」ぐらいの意味だが、「こよなかりける」は、愛情が情熱的かどうかを問題にしているわけではない。

④「かくてこそありけれと聞きつけられ奉らむ恥づかしさは、人よりまさりぬべし」の箇所と対応しており、不適切な部分はない。

以上から、正解は④となる。

センター試験の説明型の問題には、参照箇所が比較的短く、参照箇所の解釈に最も近いものが正解となるタイプと、参照箇所が比較的長く、それぞれの選択肢を対応箇所と照合し不適切なものを消去していくタイプとがあったが、この問題は後者のタイプ（「部分内容合致」と称することにする）だったことになる。この設問の作りから見て、共通テストでは、部分内容合致型の問題が増えることになるかもしれない。

問２ [2] ―― 正解③　[3] ―― 正解①　[4] ―― 正解②

解釈の問題

解釈といっても基本的に語句解釈の問題で、センター試験の問1に相当する。センター試験の問1には重要古語や文法・語法の知識を問うタイプ（知識型）と、文脈から語句の意味を決定する力を問うタイプ（文脈型）とがあったが、共通テストになっても設問の作りはそれほど変わらないと推測される。

(ア) 知識型＋文脈型である。「聞こしめす」（「聞こし召せ」はその命令形）は、「聞く」の尊敬語で「お聞きになる」と訳すのが基本、その他、「治む」の尊敬語として「お治めになる」、「飲む・食ふ」の尊敬語として「召し上がる」などと訳す用法もある。直前の部分で「粥」という食べ物が話題となっているので、ここは、「飲む・食ふ」の尊敬語として用いられていると考えられる。正解は③である。

(イ) 知識型である。「こちなし」は、もと「骨《こつ》＋なし（接尾語）」で、「不作法だ・無風流だ・無粋だ・気が利かない」などと訳す形容詞である。形容詞「こちなし」の語義に合うものは①しかなく、これが正解である。浮舟が、給仕された粥に食欲がわかず、「なやましくなむ（具合が悪くて…）」と婉曲に断ったのに、浮舟の気も知らずに無理に勧める尼を評した言葉である。

(ウ) 知識型＋文脈型である。「さかしら人」のもとになった「賢《さか》しらなり」は、「利口ぶっている・小賢しい・差し出がましい」などと訳す形容動詞、「さかしら人」で「利口ぶった人・お節介な人」の意となる。その語義に近いのは①・②である。傍線部を含む部分は、「僧都と面会して、『私を尼にしてしまって下さい』と言おう。「さかしら人」が少なくてちょうどよい折である」などと解釈できる。浮舟のような若い女性が出家しようとすれば、周囲から反対され、止められるのが普通である。「さかしら人」が少ないから出家を願い出るのにちょうどよい折だというのだから、「さかしら人」は浮舟の出家をとめるような人＝浮舟の行動に口出しする人のことだと判断できる。正解は②である。

問3 [5] ——正解③

登場人物説明の問題

登場人物説明の問題やそれに近い問題はセンター試験でもたまに出題されていたが、基本的に内容合致型の問題であった。この設問は、選択肢で取り上げられている人物から見て、第二段落の内容合致の問題（→部分内容合致である）となっていると考えられるので、それぞれの選択肢を、第二段落の中の該当する箇所と照合し、正誤を吟味していく。

① 「思ひ明かして、心地もいとあし。～ことなしび給ふを」の部分と対応しているが、「ここちあし」は「（病気で）具合が悪い」の意、「まかなひ」は「食事などの世話・給仕」の意、「心づきなし」は「好感が持てない・気にくわない」の意で、該当箇所と矛盾する内容は含まれていない。

② 「下衆下衆しき法師ばらなどあまた来て、～いとはなやかに言ひなす」の部分と対応している。「なほ僧都参り給はでは験なし」という発言が、「一品の宮」の関係者（＝高貴な人）が、物の怪を調伏し病気を治す僧都の修法の霊験に期待を寄せていることを表しており、「いとはなやかに言ひなす」が「ことさら実に誇らしげに言う」と解釈できることに注意する。やはり、該当箇所と矛盾する内容は含まれていない。

なお、「一品の宮」とは今上帝の娘の女一の宮のことで、母は「后の宮」（明石中宮）、また、「右大臣殿の四位少将」とは「后の宮」の兄夕霧（右大臣）の子息を指す。

③ 「右大臣殿の四位少将、～后の宮の御文など侍りければ下りさせ給ふなり」の部分と対応しているが、「一品の宮」の祈禱を依頼したとみられる「后の宮」の手紙があったから、僧都が下山なさる、というのだから、「浮舟の出家のために急遽下山することになった」というのは、該当箇所と矛盾している。したがって、これが正解である。

④ 該当箇所は③と同じである。「右大臣殿の四位少将」は「后の宮」の関係者とみられ、文のつながりから考えて、この人物が「后の宮」の手紙を僧都にもたらした使者と判断できる。該当箇所と矛盾する内容は含まれていない。

⑤ 「『心地のいとあしうのみ侍るを、～』と語らひ給へば、ほけほけしううなづく」の部分と対応している。「忌むこと受け侍らむとなむ思ひ侍るを、さやうに聞こえ給へ（戒律を授けてもらいましょうと思いますが、そのように僧都に申し上げて下さい）」というのは、つまり「出家したいので、僧都に戒師となってくれるよう伝えてほしい」ということで、結局は、『僧都』を呼んでほしい」という意味になる。「ほけほけし」は「いかにもぼんやりしている」という意味である。やはり、該当箇所と矛盾する内容は含まれていない。

問4 [6] ——正解⑤

内容吟味の問題

　選択肢を眺めわたしてみると、文法・語法や語句・表現に一つ一つ着目しながら、傍線部の内容を吟味させることを意図した設問だと判断できる。二〇一七年度の試行調査の問4もこれに近い出題であった。共通テストで出題される可能性のある設問のタイプとして注意しておきたい。

　第三段落は、浮舟が出家する準備として髪を整えているところである。出家に際しては、僧侶が自分の髪に手を触れることになるので、見苦しくないよう手入れをしておこうというのである。髪は女性の美しさの象徴であり、それを削ぎ捨てるのは、女性が俗人としての幸福を断念したことを意味する。なによりも子供の幸福を願う親なら、髪を削いだ娘の姿など想像したくもないものである。浮舟としては、自分を大切にしてくれた母親にそんな姿を見せて悲しませたくはないはずである。以上の理解を前提として、一つ一つ選択肢を吟味していく。

　①「かうながらのさま」は、自分の髪をあらためて見た浮舟の心情に寄り添った表現で、「このままの様子・姿」などと解釈することができる。出家すれば髪を削ぐ（「尼削ぎ」といって、髪を肩の辺りで切り揃える）ことになり、髪が長い今のままの自分の姿を二度と母親に見せられなくなる、それが悲しいというのである。「容貌の衰えた今の浮舟の姿」が誤りである。

　②「見えずなりなむ」は、「見せないままにおわってしまうようなの（は）」などと解釈することができる。「なむ」が「な（強意の助動詞「ぬ」の未然形）＋む（婉曲の助動詞「む」の連体形）」であることに注意する。この部分を「見られないように姿を隠したい」と解釈することはできない。

　③係助詞「こそ」が強調しているのは、その直前の、「〜見えずなりなむ」の部分で、「他人である尼君の世話を受けざるを得ない浮舟の苦境」は関係がない。

　④「人やりならず」は、他人から強制されたのではなく、自分のせいでこうなったのだという意をあらわす熟語であり、むしろ、ここでは浮舟は自分を責めている。

　⑤「『……悲しけれ』と思ひ給ふ」ではなく「悲しけれ」となっているのは、物語の語り手が浮舟の心情に寄り添い、浮舟と一体化していることを表しているが、このような表現には、読者を登場人物の内面に近づける効果がある。「浮舟の心情を読者に強く訴えかける効果」というのは誤りではない。

　以上の分析から正解は⑤である。

　なお、⑤の選択肢では物語の表現の仕組みが問題となっているわけだが、このようなテーマも共通テストで問題となっていく可能性が高いものとして注意しておきたい。

問5 [7] [8] ——正解②・⑥

複数テクストを分析・統合・評価する問題

　引き歌表現（古歌の一節を引用し、その古歌の引用された以外の部分や全体の内容を暗示的に述べる表現）の効果を考えさせる問題だが、『源氏物語』の本文の内容を、『遍昭集』の内容と比較しながら考えていくという、複数テクストの分析・統合・評価の問題となっている。

　二重傍線部を含む第三段落の内容については問4の解説ですでに考えてあるので、まず、教師によって示された『遍昭集』の内容について考えてみる。

　『遍昭集《へんじょうしゅう》』は、六歌仙《ろっかせん》の一人にも数えられる歌人僧正《そうじょう》遍昭（八一六〜八九〇、俗名は良岑宗貞《よしみねのむねさだ》）の和歌を集めた私家集（個人の和歌を集めた家集）である。引き歌となった「たらちねは……」は、詞書《ことばがき》（和歌の詠まれた事情を説明した和歌の前書きで、和歌の右側に書かれる）によれば、蔵人《くろうど》の頭《とう》（蔵人所の実質的な長官で、天皇の側近中の側近）として日頃から親しく仕えていた深草の帝（仁明天皇）が崩御し、世をはかなんだ遍昭は、急に思い立って出家したが、その際に、親のことが気に掛かって遍昭が詠んだものである。その和歌は、「私の親は、私が出家してもかまわないと思って私の黒髪を撫でたりはしなかっただろうか」などと解釈することができる。「かかれ」は「かく（副詞）＋あり（動詞）」が変化してできたラ変動詞「かかり」の命令形で、その命令形が放任法（「〜してもかまわない」などと訳す）で用いられていること、また、「なでず」の「ず」（打消の助動詞「ず」の連用形）が、「かかれとて」と「我が黒髪をなでで」とが両立することを否定していることに注意する。遍昭の親は、少なくとも息子の遍昭が出家してもかまわないと思って遍昭の髪を撫でたことはなかっただろうというのである。

出家に際して親のことが気にかかり、剃ったりそぎ落としたりする髪を親と自分との絆《きずな》の象徴として想起している点が、浮舟と共通している。浮舟も、「私の母親も、私が出家してもかまわないと思って私の髪を撫でたりはしなかっただろう」という想いを、この引き歌で表現しているのだと考えられる。

以上の考察を手がかりに選択肢を吟味してみると、①は、遍昭の和歌を、『たらちね』、つまりお母さんのことを思って『母はこのように私が出家することを願って私の髪をなでたに違いない』と詠んだ」と解し、「遍昭の親は以前から息子に出家してほしいと思っていた」と推測している点が誤っている。③・④も、遍昭の和歌の解釈について生徒Aに同意している時点で誤りである。

②の「この和歌は『母は私がこのように出家することを願って私の髪をなでたはずがない』という意味だと思う」というのは、遍昭の和歌の解釈として誤りではなく、それ以外の説明にも誤りは見られないので、これが正解の一つである。遍昭が、仁明天皇が崩御して急に出家したというのは、次の天皇に仕えるのをよしとしないということなので、仁明天皇への忠義の表れと考えてよいことに注意する。

⑤は、「過去を清算するためには出家以外に道はないとわりきった」の部分が誤りである、親のことを想起するのは、俗世に対する執着を捨て切れていないことの表れであり、本来ならばむしろ出家を妨げる大きな要因（＝「絆《ほだし》」）である。引き歌によって表現された浮舟の心境の説明としては、⑥の「出家に踏み切るだけの心の整理を、浮舟はまだできていない」の方が正しい。

以上の分析から、正解は②・⑥となる。

引き歌表現の問題は、センター試験でもしばしば出題されていたが、選択肢が引き歌そのものの解釈と引き歌が表現する人物の心境の説明の組み合わせとなっており、情報処理が複雑で設問全体もかなり重くなっている印象である。複数テクストの分析・統合・評価の問題は、共通テストの柱であるが、中味のある問題を作ろうとすれば、この程度の難易度にはなると考えられるので、準備を怠らないようにしなければならない。

第5問

〈出典〉

【文章Ⅰ】『荘子』（現代語訳）

『荘子』は戦国時代の思想家・荘周の著とされる書。人為をしりぞけ、人間の相対的判断を否定する思想が語られ、『老子』とならんで道家の基本的典籍とされる。また、多くの寓話を含み、問題文となっている「朝三暮四」をはじめとして、「井の中の蛙」「胡蝶の夢」「ひそみにならう」など、多数の故事成語の出典となっている。

【文章Ⅱ】劉基『郁離子』

劉基（一三一一～七五）は元末明初の政治家。朱元璋の軍師となって明朝を成立させた功臣であり、その活躍は早くから小説や講談としてフィクション化された。『郁離子』はその著で、寓話によってその思想を語った書である。

※二度の試行調査はいずれも二つのテクストの組み合わせによる出題がなされており、共通テストの重要な新傾向だと予想される。両者の同異を意識して読解しよう。

〈問題文の解説〉

【文章Ⅰ】

猿飼いが猿たちにトチの実を与えるのに、「朝は三つ、晩は四つやろう」と言うと猿たちは怒ったが、「朝は四つ、晩は三つやろう」というと喜んだという、「朝三暮四」として知られる故事。本来は、本質を見失って喜怒哀楽する人間の愚かしさを説いた寓話である。

【文章Ⅱ】

猿飼いから搾取されていた猿たちが、ある事件をきっかけに隷属している必要など無いことを悟って逃げだし、猿飼いは飢え死にしたというできごとを通して、道に外れたやり方で民衆を搾取する為政者はやがて行き詰まることを説いた寓話である。

※【文章Ⅰ】、【文章Ⅱ】いずれも猿飼いと猿たちの寓話だが、その結末は大きく異なっており、それが設問ともなっている。前述のように、複数テクストの同異を意識しよう。

〈読み方〉（音読みはカタカナ・現代仮名遣いで、訓読みはひらがな・歴史的仮名遣いで示す）

【文章Ⅱ】

楚《ソ》に狙《ソ》を養《やしな》ひて以《もつ》て生《セイ》を為《な》す者有《ものあ》り。楚人之《ソひとこれ》を狙公《ソコウ》と謂《い》ふ。旦日必《タンジツかなら》ず衆狙《シュウソ》を庭《には》に部分《ブブン》して、老狙《ロウソ》をして率《ひき》ゐて以《もつ》て山中《サンチュウ》に之《ゆ》き、草木《ソウモク》の実《み》を求《もと》めしむ。什《ジュウ》の一《イチ》を賦《フ》して以《もつ》て自《みづか》ら奉《ホウ》ず。或《ある》いは給《キュウ》せずんば、則《すなは》ち鞭箠《ベンスイ》を加《くは》ふ。群狙皆《グンソみな》畏《おそ》れて之《これ》に苦《くる》しむも、敢《あ》へて違《たが》はざるなり。一日《イチジツ》、小狙有《ショウソあ》りて衆狙《シュウソ》に謂《い》ひて曰《い》はく、「山《やま》の果《カ》は、公《コウ》の樹《う》うる所《ところ》か」と。曰《い》はく、「否《しから》ざるなり。天《テン》の生《ショウ》ずるなり」と。曰《い》はく、「公《コウ》に非《あら》ずんば得《え》て取《と》らざるか」と。曰《い》はく、「否《しから》ざるなり。皆得《みなえ》て取《と》るなり」と。曰《い》はく、「然《しか》らば則《すなは》ち吾何《われなん》ぞ彼《かれ》に仮《か》りて之《これ》が役《エキ》を為《な》すか」と。言未《ゲンいま》だ既《つ》きざるに、衆狙皆寤《シュウソみなさ》む。其《そ》の夕《セキ》、相《あ》ひ与《とも》に狙公《ソコウ》の寝《い》ぬるを伺《うかが》ひ、柵《サク》を破《やぶ》り柙《をり》を毀《こぼ》ち、其《そ》の積《セキ》を取《と》り、相《あ》ひ携《たづさ》へて林中《リンチュウ》に入《い》り、復《ま》た帰《かへ》らず。狙公卒《ソコウつひ》に餒《う》ゑて死《シ》す。

郁離子《イクリシ》曰《い》はく、「世《よ》に術《ジュツ》を以《もつ》て民《たみ》を使《つか》ひて道揆無《ドウキな》き者有《ものあ》るは、其《そ》れ狙公《ソコウ》のごときか。惟《た》だ其《そ》の昏《くら》くして未《いま》だ覚《さと》らざるのみなり。一旦之《イッタンこれ》を開《ひら》くこと有《あ》らば、其《そ》の術窮《ジュツキュウ》せん」と。

〈現代語訳〉

【文章Ⅱ】

楚の国に猿を飼って生計を営んでいる者がいた。楚の人々は彼を狙公と呼んでいた。（狙公は）朝、決まって猿たちを庭で隊に分け、年輩の猿に引率して山中に行き、草木の実を探させた。（採ってくると）十分の一を取り立てて自分の生活に充てた。差し出さないことがあると鞭で打った。猿たちはみな狙公を恐れて苦しんでいたが、逆らおうとはしなかった。ある日のこと、子猿がいて猿たちに向かって言った。「山の果実は、狙公が植えたものなのですか。」猿たちは言った。「そうではない。天然に生じたものだ。」子猿は言った。「狙公でなければ採ることができないのですか。」猿たちは言った。「そうではない。誰でも採ることができるのだ。」子猿は言った。「そうであれば、我々はどうして彼に利用されて彼の仕事をしているのですか。」その言葉が終わらないうちに、猿たちはみなはっと気付いた。その夜、皆で狙公が寝入ったのを伺い、柵を壊し檻を破って、狙公が蓄えておいたものを奪い、協力し合って林に入り、二度と帰ってこなかった。狙公はとうとう飢えて死んでしまった。

私・郁離子はこう考える。「世に手練手管によって民を酷使し、道義のない者がいるのは、狙公と同じではあるまいか。それはただ民衆が疎くてまだ悟っていないからにすぎない。ある時彼らを覚醒させる者があれば、その手練手管は行き詰まるのだ。」

〈設問解説〉

問1　文字の意味の設問　[1]――正解②　[2]――正解④

(1)「生」は「うむ・うまれる」「生命」「生活」「生計」などの意味を表す。そこで文脈を追ってゆくと、傍線部の後で狙公が猿たちに草木の実を集めさせ、その一部を取り上げて暮らしていることがわかる。よって、選択肢②「生計」が正解。

(2)「積」は「つむ」「てがら」「たくわえ」などの意味を表す。ここでも文脈を追うと、傍線部の前に「取其」とある。「其」は漢文では人称代名詞として働くことが多く、「彼（ら）」「彼女（ら）」の意を表す。ここでは「彼」、つまり狙公を指している。よって、「取其積」は「狙公の蓄えを奪い取った」の意だと考えられる。よって「蓄積」とある選択肢④が正解。

※文字や語句の文脈における読みや意味を問う設問はセンター試験で頻出であったが、共通テストに引き継がれる傾向だと考えられる。常に文脈を意識して文字の読みや意味を考えよう。

問2 3 ― 正解①

書き下しの設問

「**使**二名詞一動詞一」は、「名詞**をして**動詞**しむ**」と読み、「名詞に動詞させる」の意を表す基本的な句形。よって傍線部では「老狙をして」と読んでいる選択肢①③が正解の候補となる。さらに確認すると、①は「率ゐて以て山中に之き、草木の実を求めしむ」と、「使」を最後まで掛けて読み、③は「率へしめて」と、「使」が掛かるのを「率」までとして読んでいる。読みとしてはいずれも可能なので、それぞれの選択肢を解釈すると、①は「老狙に（猿たちを）引率して山中に行き、草木の実を求めさせた」、③は「老狙にとらえさせて山中に行き、草木の実を求めた」となって、文脈に当てはまるのは①であることがわかる。

※解釈を踏まえて最終的に読みを決定する書き下しの設問は最近のセンター試験で頻出であったが、共通テストに引き継がれる傾向だと考えられる。句形や重要語の読みだけでなく、解釈を意識しよう。

問3 4 ― 正解①

書き下しと解釈の設問

「**与**」は多義語で、「**あたふ**（与える）」「**あづかる**（関わる）」「**くみす**（仲間になる・賛同する）」、「**と**（～と）」、「**ともに**（一緒に）」などの働きをする。また、文末に置かれると「**か。**」と読み、「～なのか。」の意を表す。傍線部ではこの働きだと考えられる。よって、「与ふ」と読んでいる選択肢③⑤は誤り。さらに確認すると「**所**」は名詞「ところ」であることもあるが、多くは「**所**レ動詞」の形で用い、「～ところ」と読んで「～すること・もの」の意を表す。よって「樹うる所」と読んでいる①が正解である可能性が高いが、「樹」を名詞とした②の読みも不可能ではない。なお、④「公の所に樹う」は「樹公所」の語順でなければいけないので誤りである。①か②かの判断は前問同様解釈から決定する。解釈はすでに示されているが、傍線部の質問に対して他の猿たちは「否也。天生也（そうではない。天然に生えたのだ）」と答えている。よって、「猿飼いの親方が植えたものか」と解釈している①が正解。

※前述のように解釈を踏まえて最終的に読みを決定する書き下しの設問は共通テストでも継承される傾向だと考えられる。傍線部の文脈における解釈を意識しよう。

問4 5 ― 正解①

解釈の設問

「其」は前述のように「彼（ら）」「彼女（ら）」の意を表すことが多い。ここでは「民」を指していると考えられる。「昏」は「昏睡」、「覚」は「覚醒」で、対比的な表現が用いられている。傍線部を訳すと「ただ民衆は眠っていてまだ目覚めていないだけだ」となり、「ただ民たちが疎くてこれまで気付かなかっただけである」とある選択肢①が正解だと判断できる。

問5 6 ― 正解⑤　7 ― 正解③　8 ― 正解①

会話文による設問

※会話文による設問は従来のセンター試験では頻出ではなかったが、共通テストでは積極的に出題されると予想できる。ただし問われる内容は、語彙・内容説明・解釈など、従来の設問と大差ない。外観に惑わされずに設問に取り組もう。

※会話においては**【文章Ⅰ】**と**【文章Ⅱ】**との差異が話題になっている。前述のように複数テクストの同異を意識して読解しよう。

(i) **【文章Ⅰ】**は「朝三暮四」の故事で、目先の違いにこだわって、同じであるのに気付かないこと、あるいは、口先でごまかすことの意に用いられる。よって選択肢⑤が正解。

※二〇一七年の試行調査でも故事成語が問われており、共通テストの新傾向だと考えられる。意識して故事成語の語彙力を身につけよう。

(ii) 状況の転換点についての設問。状況は、時間・場所・新たな人物などで転換する。**【文章Ⅱ】**の内容を確認すると、「一日、有小狙」とあって、時間が変化し、新たな人物（猿だが）が登場していることがわかる。さらに確認すると、これに続く「小狙」と「衆狙」との対話を通じて猿たちが狙公に反旗を翻したことがわかる。よって、ここが転換点で、「小猿が猿たちに素朴な問いを投げかけたこと」とある選択肢③が正解。

(iii) 郁離子の「世有下以レ術使レ民而無二道揆一者上、其如二狙公一乎」という言葉の解釈が問われている。直訳すると、「世間に術によって民衆を使役して道揆がない者がいるのは、狙公のようではないだろうか」ということ。よって「世の中には「術」によって民を使うばかりで、「道揆」に合うかを考えない猿飼いの親方のような者がいる」とある選択肢①が正解だと判断できる。

2017年度

大学入学共通テスト
試行調査

解答・解説

【国語】問題のねらい，主に問いたい資質・能力及び小問正答率等

第２問　問題のねらい

図表や写真が含まれた論理的な文章を題材としている。図表や写真と文章とを関連付けながら，構成や展開をとらえるなど，テクストを的確に読み取る力を問うとともに，設問中に示された条件に応じて考えを深め，テクストの内容と結び付く情報とそれらの適切な論理の展開を判断する力を問う。

	解答番号	高等学校学習指導要領の内容	主に問いたい資質・能力		小問の概要	正答率（%）
			知識・技能	思考力・判断力・表現力		
問１	1	C　読むこと （1）イ　文章の内容を叙述に即して的確に読み取ったり，必要に応じて要約や詳述をしたりすること。	言葉の特徴や使い方に関する知識・技能（文や文章）	目的等に応じて情報をとらえ，テクスト全体の要旨を把握することができる。	テクストの中における語句の意味を文脈に即して適切にとらえる。	53.6
	2					32.0
問２	3		言葉の特徴や使い方に関する知識・技能（文や文章）	テクスト全体を通じて対比されている事項について考察し，共通点や相違点を整理することができる。	図の内容を踏まえ，テクストの中で言及されている二つの事柄を対比しながら適切に整理する。	61.8
問３	4		言葉の特徴や使い方に関する知識・技能（文や文章）	目的等に応じて情報をとらえ，テクスト全体の要旨を把握することができる。	テクストに示されている図の内容について，文章との関連において適切にとらえる。	19.2
問４	5	C　読むこと （1）エ　文章の構成や展開を確かめ，内容や表現の仕方について評価したり，書き手の意図をとらえたりすること。	言葉の特徴や使い方に関する知識・技能（文や文章）	テクスト全体を通じて対比されている事項について考察し，共通点や相違点を整理することができる。	テクストに表現された事柄について，文章全体に即して適切に整理する。	35.8
問５	6		情報の扱い方に関する知識・技能	テクストを踏まえ，推論による情報の補足や，既有知識や経験による情報の整理を行って，テクストに対する考えを説明することができる。 テクストに含まれている情報を統合したり構造化したりして，内容を総合的に解釈し，テクストに対する考えを説明することができる。	テクスト全体の要旨を踏まえ，条件として示された場面設定（異なる視点を加えて議論すること）に応じて，情報を統合して論じることができる内容を適切に判断する。	44.8

第３問　問題のねらい

文学作品（「幸福な王子」）を踏まえて創られた小説を題材としている。本文に即して登場人物の心情や言動の意味をとらえるなど，テクストを的確に読み取る力を問うとともに，文章に示された原作のあらすじと創作された内容との比較を通して，文学的な文章における構成や表現の工夫を読み取る力を問う。

	解答番号	高等学校学習指導要領の内容	主に問いたい資質・能力		小問の概要	正答率（%）
			知識・技能	思考力・判断力・表現力		
問１	1	**C 読むこと** （１）イ　文章の内容を叙述に即して的確に読み取ったり，必要に応じて要約や詳述をしたりすること。 **伝統的な言語文化と国語の特質に関する事項** イ　言葉の特徴やきまりに関する事項 （イ）文や文章の組立て，語句の意味，用法及び表記の仕方などを理解し，語彙を豊かにすること。	言葉の特徴や使い方に関する知識・技能（語彙）	テクストにおける語句の意味や比喩等の内容を適切にとらえることができる。	テクストの中における語句について，文脈との関連において意味を理解し，適切な表記（適切な漢字）をとらえる。	66.6
	2					58.2
	3					43.2
問２	4	**C 読むこと** （１）ウ　文章に描かれた人物，情景，心情などを表現に即して読み味わうこと。	言葉の特徴や使い方に関する知識・技能（文や文章）	テクストの特定の場面における人物，情景，心情などを解釈することができる。	テクストの特定の場面における登場人物の特徴について，本文の中から適切な情報を示す。	80.8
問３	5･6		言葉の特徴や使い方に関する知識・技能（文や文章）	テクスト全体における人物相互の関係の変容や心情の変化を適切にとらえたり，言動の意味を解釈したりすることができる。	テクストの中の会話に着目し，文脈を踏まえて登場人物の心情を適切に示す。	24.8
問４	7	**C 読むこと** （１）エ　文章の構成や展開を確かめ，内容や表現の仕方について評価したり，書き手の意図をとらえたりすること。	言葉の特徴や使い方に関する知識・技能（文や文章）	テクストを踏まえ，条件として示された目的等に応じて，必要な情報を比較したり関連付けたりして，テクストに対する考えを説明することができる。	テクスト全体の内容を把握し，冒頭の原作のあらすじとその後のテクストとの関係を比較したり関連付けたりして適切に判断する。	19.0
問５	8	**C 読むこと** （１）ア　文章の内容や形態に応じた表現の特色に注意して読むこと。	言葉の特徴や使い方に関する知識・技能（文や文章）	テクスト全体の構成や展開，表現の仕方等を評価することができる。	テクスト全体の内容を把握し，観点として示された構成や表現の効果を適切に示す。	42.5
	9					36.9
	10					50.3

第４問　問題のねらい

一つの古文のみを提示するのではなく，表記の異なる二つの古文（二つの書写本）とそれらに関係する注釈書を題材とすることで，複数のテクストを比較することを通して，登場人物の心情や言動の意味，表現の工夫をとらえ，古文を的確に理解する力を問う。

<table>
<tr><th rowspan="2"></th><th rowspan="2">解答番号</th><th rowspan="2">高等学校学習指導要領の内容</th><th colspan="2">主に問いたい資質・能力</th><th rowspan="2">小問の概要</th><th rowspan="2">正答率（%）</th></tr>
<tr><th>知識・技能</th><th>思考力・判断力・表現力</th></tr>
<tr><td>問１</td><td>1</td><td>C　読むこと
（１）イ　文章の内容を叙述に即して的確に読み取ったり，必要に応じて要約や詳述をしたりすること。</td><td>言葉の特徴や使い方に関する知識・技能（語彙）</td><td>テクストにおける語句の意味や比喩等の内容を適切にとらえることができる。</td><td>テクストの文脈との関連において，補いうる語句を適切にとらえる。</td><td>46.3</td></tr>
<tr><td>問２</td><td>2</td><td>C　読むこと
（１）ア　文章の内容や形態に応じた表現の特色に注意して読むこと。

伝統的な言語文化と国語の特質に関する事項
ア　伝統的な言語文化に関する事項
（イ）文語のきまり，訓読のきまりなどを理解すること。</td><td>我が国の言語文化に関する知識・技能</td><td>テクストにおける語句の意味や比喩等の内容を適切にとらえることができる。</td><td>テクストの中における和歌について，文法や修辞，語の意味を通して内容を適切にとらえる。</td><td>22.6</td></tr>
<tr><td>問３</td><td>3</td><td>C　読むこと
（１）ウ　文章に描かれた人物，情景，心情などを表現に即して読み味わうこと。</td><td>言葉の特徴や使い方に関する知識・技能（文や文章）</td><td>テクスト全体における人物相互の関係の変容や心情の変化を適切にとらえたり，言動の意味を解釈したりすることができる。</td><td>テクストの中の会話に着目して，文脈を踏まえて登場人物の言動の意味を適切に示す。</td><td>30.5</td></tr>
<tr><td>問４</td><td>4</td><td>C　読むこと
（１）イ　文章の内容を叙述に即して的確に読み取ったり，必要に応じて要約や詳述をしたりすること。</td><td>言葉の特徴や使い方に関する知識・技能（文や文章）</td><td>目的等に応じて情報をとらえ，テクスト全体の要旨を把握することができる。</td><td>テクストに表現された出来事について，文脈に即して内容を適切にとらえる。</td><td>20.5</td></tr>
<tr><td>問５</td><td>5</td><td rowspan="2">C　読むこと
（１）エ　文章の構成や展開を確かめ，内容や表現の仕方について評価したり，書き手の意図をとらえたりすること。</td><td>言葉の特徴や使い方に関する知識・技能（表現の技法）</td><td>テクスト全体の構成や展開，表現の仕方等を評価することができる。</td><td>複数のテクスト（二つの古文：書写本）を比較して，相違点を吟味し，表現の効果を適切に示す。</td><td>22.7</td></tr>
<tr><td>問６</td><td>6</td><td>言葉の特徴や使い方に関する知識・技能（文や文章）</td><td>テクストを踏まえ，条件として示された目的等に応じて，必要な情報を比較したり関連付けたりして，テクストに対する考えを説明することができる。</td><td>テクスト全体の要旨を把握し，他の複数のテクスト（二つの古文：書写本）の相違点を踏まえ，書き手の意図を適切に判断する。</td><td>29.1</td></tr>
</table>

第５問　問題のねらい

漢文を題材として提示するだけでなく，生徒の言語活動の場面を想定し，関連する漢詩やその説明などからなる文章を題材とすることで，複数のテクストを比較することを通して，登場人物の心情や言動の意味等をとらえ，漢文を的確に理解する力を問う。

<table>
<tr><th rowspan="2"></th><th rowspan="2">解答番号</th><th rowspan="2">高等学校学習指導要領の内容</th><th colspan="2">主に問いたい資質・能力</th><th rowspan="2">小問の概要</th><th rowspan="2">正答率（%）</th></tr>
<tr><th>知識・技能</th><th>思考力・判断力・表現力</th></tr>
<tr><td rowspan="2">問１</td><td>1</td><td rowspan="4">C　読むこと
（１）イ　文章の内容を叙述に即して的確に読み取ったり，必要に応じて要約や詳述をしたりすること。

伝統的な言語文化と国語の特質に関する事項
イ　言葉の特徴やきまりに関する事項
（イ）文や文章の組立て，語句の意味，用法及び表記の仕方などを理解し，語彙を豊かにすること。</td><td rowspan="2">言葉の特徴や使い方に関する知識・技能（語彙）</td><td rowspan="2">テクストにおける語句の意味や比喩等の内容を適切にとらえることができる。</td><td rowspan="2">テクストの文脈との関連において，語句の読み方を適切にとらえる。</td><td>77.0</td></tr>
<tr><td>2</td><td>64.6</td></tr>
<tr><td rowspan="2">問２</td><td>3</td><td rowspan="2">言葉の特徴や使い方に関する知識・技能（語彙）</td><td rowspan="2">テクストにおける語句の意味や比喩等の内容を適切にとらえることができる。</td><td rowspan="2">テクストの文脈との関連において，語句の意味を適切にとらえる。</td><td>12.6</td></tr>
<tr><td>4</td><td>26.1</td></tr>
<tr><td>問３</td><td>5</td><td>C　読むこと
（１）イ　文章の内容を叙述に即して的確に読み取ったり，必要に応じて要約や詳述をしたりすること。

伝統的な言語文化と国語の特質に関する事項
ア　伝統的な言語文化に関する事項
（イ）文語のきまり，訓読のきまりなどを理解すること。</td><td>我が国の言語文化に関する知識・技能</td><td>テクストにおける文や段落の内容を，接続の関係を踏まえて解釈することができる。</td><td>テクストの内容を踏まえて，文脈に即した適切な訓読を示す。</td><td>30.3</td></tr>
<tr><td>問４</td><td>6</td><td>C　読むこと
（１）ウ　文章に描かれた人物，情景，心情などを表現に即して読み味わうこと。</td><td>言葉の特徴や使い方に関する知識・技能（文や文章）</td><td>テクスト全体における人物相互の関係の変容や心情の変化を適切にとらえたり，言動の意味を解釈したりすることができる。</td><td>テクストの中の会話に着目して，文脈を踏まえて登場人物の言動の意味を適切に示す。</td><td>41.5</td></tr>
<tr><td>問５</td><td>7</td><td>C　読むこと
（１）ア　文章の内容や形態に応じた表現の特色に注意して読むこと。

伝統的な言語文化と国語の特質に関する事項
ア　伝統的な言語文化に関する事項
（ア）言語文化の特質や我が国の文化と外国の文化との関係について気付き，伝統的な言語文化への興味・関心を広げること。</td><td>我が国の言語文化に関する知識・技能</td><td>テクストに含まれている情報を統合したり構造化したりして，内容を総合的に解釈し，テクストに対する考えを説明することができる。</td><td>テクスト全体の内容を踏まえて，漢詩の形式と我が国の言語文化における漢詩文の位置を適切に判断する。（当てはまる選択肢を全て選択させる問題）</td><td>14.7</td></tr>
<tr><td>問６</td><td>8･9</td><td>C　読むこと
（１）イ　文章の内容を叙述に即して的確に読み取ったり，必要に応じて要約や詳述をしたりすること。</td><td>言葉の特徴や使い方に関する知識・技能（文や文章）</td><td>テクスト全体を通じて対比されている事項について考察し，共通点や相違点を整理することができる。</td><td>複数のテクスト（文章Ⅰと文章Ⅱ）を比較し，相違点を理解し，適切な情報を整理する。</td><td>22.5</td></tr>
<tr><td>問７</td><td>10</td><td>C　読むこと
（１）エ　文章の構成や展開を確かめ，内容や表現の仕方について評価したり，書き手の意図をとらえたりすること。</td><td>言葉の特徴や使い方に関する知識・技能（文や文章）</td><td>テクストを踏まえ，条件として示された目的等に応じて，必要な情報を比較したり関連付けたりして，テクストに対する考えを説明することができる。</td><td>テクスト全体の要旨を把握し，複数のテクスト（文章Ⅰと文章Ⅱ）の相違点を踏まえ，漢詩が表現しようとした内容を適切に判断する。</td><td>33.0</td></tr>
</table>

国　語　　2017年度 試行調査

（解答）

問題番号	設問	解答番号	正解	自己採点欄
第2問	1	1	②	
		2	①	
	2	3	②	
	3	4	③	
	4 ＊1	5	②，⑥	
	5	6	③	
第3問	1	1	⑤	
		2	④	
		3	⑤	
	2	4	③	
	3 ＊2	5	②	
		6	③	
	4 ＊1	7	②，⑥	
	5	8	④	
		9	②	
		10	⑤	

問題番号	設問	解答番号	正解	自己採点欄
第4問	1	1	①	
	2	2	④	
	3	3	①	
	4	4	⑤	
	5	5	③	
	6	6	③	
第5問	1	1	①	
		2	⑤	
	2	3	②	
		4	④	
	3	5	⑤	
	4	6	③	
	5 ＊3	7	①，⑥	
	6 ＊2	8	③	
		9	⑤	
	7	10	⑤	

（注）

＊1は，過不足なくマークしている場合に正解とする。正解のいずれかをマークしている場合に部分点を与えるかどうかは，本調査の分析結果を踏まえ，検討する予定。

＊2は，両方を正しくマークしている場合のみ正解とする。

＊3は，過不足なくマークしている場合のみ正解とする。

＊記述式問題の導入見送りにともない、本書では第1問（記述式）を省略しています。

第2問

〈出典〉

宇杉和夫（うすぎ　かずお）「路地がまちの記憶をつなぐ」（宇杉和夫・青木仁・井関和朗・岡本哲志編著『まち路地再生のデザイン　路地に学ぶ生活空間の再生術』（二〇一〇年彰国社刊）所収）の一節。

宇杉和夫は一九四六年生まれの建築学者。日本大学理工学部建築学科卒、同大学院理工学研究科建築学専攻修士課程修了。二〇一二年まで日本大学理工学部建築学科准教授。専門は都市計画・建築計画。著書に『日本住宅の空間学』『日本の空間認識と景観構成』『場所の空間学』など。

〈問題文の解説〉

本文は約三五〇〇字の評論で、表が2点、図が5点（うち4点は写真）も付されている。**共通テストの特徴の一つである、図表などを含む〈混成型テクスト〉**からの出題である。また、全体が大きく二つに分かれているが、それぞれに「近代空間システムと路地空間システム」「路地の形成とは記憶・持続である」と、**原著にある見出しがそのまま示されている**のも目新しい（センター試験をはじめ従来型の入試現代文では、原著に見出しがあっても省略されることが多い）。**連続的（線状的）な文章テキストだけでなく、図表や見出しなどの非連続的な情報を含めて内容を読み取る力を試すことが、共通テストの方針の一つ**である。（ただし、二〇一八年試行調査の評論では、図表は含まれているが原著の見出しは省略されているので、出題のあり方によりケースバイケースであるとは思われる。）

もちろん今回のように見出しが示されている場合は、文中の二つの見出しを先に見て、前半部が「近代空間システムと路地空間システム」、後半部が「路地の形成とは記憶・持続である」について書かれていることをチェックしておいた方がよい。

本文の展開に沿って見ていこう。なお各形式段落を[1]～[11]で示す。

前半部（[1]～[3]）には「**近代空間システムと路地空間システム**」と**見出しが付されているので、これを念頭において読んでいく**。[1]には「西欧の路地は……管理され……路地と内部空間との結びつきは……単純である」「日本の路地は……多様で複雑である」とあり、[2]初めにも「日本の路地空間には西欧の路地にはない自然性がある」とある。[2]前半はこの「自然性」についての説明であり、[2]後半は「路地空間」が「**通行空間**」でありながら「**生活境域**としてのまとまり」「近隣**コミュニティ**……相関的秩序」を持ち、さらに「**通行者**もそれに対応できている」ことを述べる。[3]も「近代」の「日本」に「欧米から移入され」た空間システムについて述べ、（見出しに掲げられていた）「路地空間・路地的空間システム」と「近代の空間システム」とが「対照的」「異なる」ものであることが繰り返し指摘される。以上の論旨に、表1に掲げられた「近代道路空間計画システム」と「路地空間システム（近代以前空間システム）」との対比も合わせて、[1]～[3]の内容を大きくつかめば、

近代空間システム……近代西欧・人工・合理的機能・産業

↔

路地空間システム……近代以前の日本・自然・人間交流・生活境域

という対比について述べたものだととらえることができる。

> 〈見出し〉や〈図表〉は、**本文の内容を整理したり補足したりする形で理解を助けるためのものだから、それらを本文と関連させつつ読み進めていくよう心がけよう。**

後半部（[4]～[11]）には「**路地の形成とは記憶・持続である**」という見出しが付されている。[4]・[5]は「環境としての住宅と都市」のあり方について、「都市は神の秩序」であるとする「西欧」の考え方（[4]）と対比して、「日本とアジア」は「**自然信仰**」的で「ムラとマチは……環境としての**自然と一体的**」だと述べ、「路地は**地形に深く結びついて**継承されてきた」と指摘し、そうした空間のあり方の「**記憶の継承と……持続**」が重要だと述べる（[5]）。見出しの「記憶・持続」が何についてのものであるかが、ここで示されたことになる。

[6]は「**ローマから拡大延長された**西欧の道路空間」「西欧の**グリッド（注2・格子）形式、放射形式**の道路」と「日本の道空間は異なる」とし、後者は「目的到着点をもつ**参道型空間**が基本」「参道型路地、クルドサック（注3・**袋小路**型」だとする（図2の「参道型」を参照。図中央の道を（図の下から上へと）進んでいくと、最後は（「パッケージ型」のように向こう側へと抜けることができず）**行き止まりになっていて戻って来る形**になる。このあり方を、神社などの参道が、進んでいって神社に達し、そこから戻って来る形になることにたとえて「参道型」と呼んでいるのである）。「地域内の参道空間から折れ曲がって分かれ、より広域の次の参道空間に結びつく形式」が日本の空間の特徴だという。この「参道型」と区別される「パッケージ型路地」（図2参照）は「計画的区域にある」「同様のものが繰り返し連続する」路地である（表2も両者の違いを述べたもの）。[7]も西欧の「グリッド街路」とは異なる「アジアの源流」について述べ、日本の路地は両者の「重複的形式」の中にも「**自然尊重**の立場」を基盤にしていると述べる。

[8]～[10]はまず、「江東区」（図3・4）の「**江戸から継承された街区**」は「**掘割とともに**」「**水路**に沿った」形で形成されたことが述べられる。その「方形形式」は「震災（関東大震災）復興」「戦災後の復興」でも継続されたが、それは「**近代**の、整形を基本とする市街地整備の典型」であったとする。筆者は、そこに江戸の「**成果・持続**が確認できるであろうか」[8]と問い、本来「**水面水路**との計画的な配慮が必要だった」のに、実際にはそうしたかつての空間のあり方を「**合理的空間基準**」によって「**機能的・経済的**」に「**変革**」することがよしとされ[9]、「**地域の継承空間システム……原風景**」は「**欧米空間への追随**」を目指す「**計画**」によって「**変革**すべき対象」とされてしまった[10]と述べる。つまり、**近代の空間形成**が、見出しに示されていた「**記憶・持続**」**を無視してきた**ことを、筆者は**批判している**のである。

そうした「新区画街区」や「超高層マンション」[9]に対して、これらと異なる「**自然形成**農道等からなる**地域継承**空間システム」が「向島地区の路地的空間」（図5）である[10]。今後の「**再開発**」は、「地区を全面的に変革するものではなく」、そうした「**路地的空間との関係**こそが計画のテーマとなる」[10]ようなものとすべきだ、というのが、[10]・[11]における筆者の主張である。「路地的空間をもつ低層居住地区にするか、外部開放空間をもつ高層居住区にするかといった二者択一ではなく、**地域・地区の中で両空間モデルが補完・混成**して成立するシステム」、「**近代空間計画地の再生**にあたって」「**家並みと路地と共同空間からなる村とまちの原風景**」の「**可能性を検討すべき**」だ[11]ともある。つまり、**これからは**（見出しに示されていた）「**記憶・持続**」**を生かした街づくりを大切にしていくべきだ、と筆者は提案している**のである。

以上から、後半部（[4]～[11]）の論旨は、前半部（[1]～[3]）で述べられていた〈西欧近代←→前近代の日本〉という対比をもとに、

近代の日本においては、西欧近代的な機能的・経済的な都市計画のもとで、本来の日本的な路地空間が変革すべきものとみなされ、その記憶の持続・継承がなされないできた

↓

今後の都市には、近代的な空間計画の中に、日本的な路地空間のあり方の記憶を持続・継承するような工夫が必要だ

といったものであることになる。

> **〈論理的文章〉**の読解においては、**〈対比〉**や**〈同内容の繰り返し〉**などを意識して**本文の内容を整理**しつつ読み、また筆者の**〈否定（批判・反省）していること〉〈肯定（主張・提案）していること〉**はそれぞれ何か、といったことにも注意して、論旨をつかむ。

〈設問解説〉

問1　[1]——正解②　[2]——正解①

図表中の（本文には出てこない）語句の意味内容について、表と本文をもとに推論する　熟考・評価

（知識・技能・探求・取り出し・統合・解釈・熟考・評価・構成・表現の説明については二〇一八年度共通テスト試行調査第2問の〈設問解説〉の冒頭を参照。）

A　傍線部A「機縁物語性」という語句自体は本文中には出てこない。したがって、**表および本文の趣旨から内容を推測することを求めている設問**だということになる。**推論などを含む応用的思考力を問う共通テストの特徴が典型的に表れた設問**である。

表1は、最上部からわかるように「**近代道路空間計画システム**」（**a**）と「路地空間システム（**近代以前空間システム**）」（**b**）それぞれの特徴を**対比**してまとめたものである。**〈問題文の解説〉**で見た本文中の言葉のうち、表1内の言葉と対応するものを探ってみると、**a**「**欧米近代志向**」→本文[3]・[10]など、**a**「機能・合理性」→本文[9]など、**b**「**自然性**」→[2]・[5]・[7]・[9]など、といったところである。つまり、**a**が〈**西欧近代側**〉、傍線部Aを含む**b**は〈**日本側**〉ということである。この対比を頭に置いて、選択肢を見てみよう。

①は、「通行空間に緑を配置し」は[2]などの〈日本側〉の説明に合致するが、「環境に優しい」が本文の論旨からズレている。[2]「自然性」とは、「砂や石や土と緑」といった「物質としての自然」の要素を有していること、[10]「自然（に）形成（された）農道」といった[2]「形成過程としての自然」の側面のことをいったものであって、①「環境に優しい」（環境に悪影響を及ぼさない）といったことに焦点は置かれていない。また①では傍線部A「機縁物語性」とつながる内容にもなっていない。さらに（②と見比べるとより明確になるが）、「日本の路地空間」は①「通行空間」であるだけでなく「居住集合のウチの空間」でもあるというのが本文の趣旨である。

②は、[2]の「路地空間……は通行空間であるが居住集合のウチの空間であり、その場所は生活境域としてのまとまりがある」「ソトの空間から区切られているが通行空間としてつながる」「近隣コミュニティの中に相関的秩序があり、通行者もそれに対応できている」に合致する。また、表1の「路地空間システム」の最下段「**人間ふれあい性**」と[2]の論旨をもとに、例えば〈**通行人**も「路地」を歩くことでそこに居住している（**コミュニティの**）**人たちとふれあうきっかけがある**〉と考えれば、傍線部A「機縁**物語性**」とのつながりもあると推測することが可能である。正解は②である。

③は前半はよいが、「外部と**遮断された**」が右に見た〈通行人にも開かれている〉という趣旨に反する。

④「ウチとソトの空間に応じて人間関係が**変容する**」では〈ウチとソトとで違った人間関係になる〉という趣旨になり、ウチ（コミュニティの居住者）もソト（通行人）もゆるやかにつながっている、という方向の本文の趣旨とは逆である。

⑤は後半はよいが、「**通行空間から切り離す**」が先に見た[2]「ソトの空間から区切られているが**通行空間としてつながる**」と逆である。

B　傍線部B「広域空間システム」は〈西欧近代側〉であることを踏まえて選択肢を見ていこう。①「中心都市を基点として拡大延長された」は[6]「すべての道はローマに通ず」「ローマから拡大延長された」「放射形式」に合致し、①「合理的」は表1の「近代道路空間計画システム」の「構造」の項や[9]「合理的空間基準」などに合致する。正解は①である。

②「原風景」は[10]・[11]などで、③「アジア的空間と融合した」は[3]で、それぞれ〈日本側〉の説明として用いられている内容であり、傍線部Bとは逆方向である。④「地形を平らに整備した」は本文の内容と無関係（「均質」とはそういう意味ではなく、この本文では[1]「多様で複雑」な様相がない、という意味である）。⑤「居住空間を減らして」も本文では述べられていないことである。

問1は、**〈本文にない語句について答える〉設問**である点で難度は高い。このように、共通テストでは、〈**本文にない語句について、本文の論旨をもとに推論する**〉**設問**が出題されうる。右のように〈**対比などを軸として本文の論旨の大筋を把握しておき、その理解の中に問われた語句を位置付けて考える**〉ようにしよう。

問2 [3] ──正解②

図と本文とを対応させつつ、図に示された対比的な事項についてそれぞれ意味内容を説明する 統合・解釈

図と本文の説明を関連させながら考えていこう。「パッケージ型路地」については、[6]に「**計画的区画**にある（a）……**同様のものが繰り返し連続する**（b）パッケージ型路地」とある。一方、「参道型路地」については[6]に「西欧の道路空間と……異なる」「**目的到着点をもつ**（c）参道型空間……地域内の参道空間から**折れ曲がって分かれ、より広域の次の参道空間に結びつく**（d）形式……これは**城下町にも組み込まれて**（e）……」「参道型路地、クルドサック（注3・袋小路＝**行き止まり**（c）になっている路地）型路地」とある。以上の説明をおさえて図2を見ると、「パッケージ型路地」の図が〈中央に（下から上へ）通り抜けできる道がある〉様子を、「参道型路地」の図が〈中央に（下から上に）進んでいくと行き止まりになる＝通り抜けできない道がある〉様子を、それぞれ示すものであることがつかめるだろう。以上a～eに合致する②「パッケージ型の路地とは、区画整理された路地（a）が反復的に拡張された路地（b）のことであり、参道型の路地とは、通り抜けできない目的到着点をもち（c）、折れ曲がって持続的に広がる（d）、城下町にあるような（e）路地を指す」が正解である。

①は、「路地」なのだからそもそも①「車優先」とはいえないし、①「手つかずの自然を残した原始的な」もおかしい（例えば[2]には「軒や縁や緑の重なった通行空間」と、人間の営みと緑（自然）とが交じり合った場であることが述べられている）。

③は、「ローマのような中心都市から拡大延長され一元化された」が[6]「西欧の道路空間」の説明であり、「路地」の説明としてはふさわしくなく、図2にも合わない。また、③「独自性を競い合う」も本文で述べられていないことである。

④「同心円状」は図2に合わない。④「秩序を失った」も本文で述べられていないこと。

⑤は「パッケージ型路地」を「通り抜けできない路地」としている点が図2およびその左側の「月島の**通り抜け**路地は典型的なパッケージ型路地である」という記述に反する。⑤「迷路のような」もおかしい。

問1に比べれば本文の対応箇所が探しやすく、比較的易しい設問である。**本文をもとに図を理解し、図を参照しつつ本文を理解する**、という読解のしかたを意識しよう。

問3 [4] ──正解③

図（写真）と本文とを対応させつつ、図に示された風景についてその特徴を説明する 統合・解釈

「江東区」の「整備」については、[8]・[9]に複数の説明があり、**選択肢の多くはそのいずれかに合致している**。ここからまず、この設問は〈**本文に書かれているか書かれていないかを確かめる**〉だけでは答えられない→〈**本文に書かれていることの中で、設問要求に沿ったものを答える**〉設問だ、と意識する必要がある。

図3の左側には「自動車交通、駐車スペースにならずガランとした通りもある」とある。ここから、図3は**筆者が批判的に述べている**〈**マイナスの状態**〉**を示すもの**だとつかむことができる。**本文で筆者が何をどのように批判しているか**をおさえよう。[9]「水面水路との計画的な配慮」「体験されてきた空間を誇りをもって継承する」ことが「必要だった」のに、「これらを合理的空間基準が変革対象としてきた」、[10]「計画とはあくまで欧米空間への追随であった」といった点を、筆者は批判している。これに合致する③が正解。③「江戸から継承された水路を埋め立て」は（注4）に合致する。③「自動車交通に配慮した機能的な近代の空間に整備」は、[9]「計画が機能的・経済的に短絡され

て」や、表1の「近代道路空間計画システム」に、「クルマ・交通」が「主体」だとあること、「機能」を重んじた「構造」だとあることに合致する（図3は「路地」ではないから、問2①とは異なり、「自動車交通に配慮」とするのも問題はない）。

⑤はプラス方向（つまり、[8]「掘割とともに形成された」「水面に沿った路地と接して形成されてきた」とある〈かつての街区のあり方〉の方）だから、図3とは逆。①「江戸の歴史的な町並みを残しつつ」②「歴史的な蓄積を生かし……記憶とその継承を重視して」もプラス方向で、右に見た通り筆者が批判している図3のあり方とは逆である。④「オープンスペースと眺望・景観を売りものにして整備された」は[9]「超高層マンション」などについての説明で、図3の風景自体に合わない（図3はどちらかといえば[9]「街区中層マンション」の側である）。

〈設問要求が本文の複数の記述のうちどこに該当するのかを見定める〉〈注の記述を利用する〉〈本文前半（表1）の趣旨とつなげて考える〉など、さまざまな要素を含んだ設問である。このように、

> 共通テストでは、**多くの要素を複合的・総合的にとらえて考えることを求める設問**が出題されうる。意識して練習を重ねたい。

問4 [5] ——正解②・⑥

本文中の概念について、本文全体を踏まえて説明する 統合・解釈

〈問題文の解説〉の項を参照。まず、⑥「土地の記憶を保持している」は[4]～[11]で筆者が肯定的にとらえているもの（問3で見た、筆者が批判している「江東区」の「整備」の反対側）であるから、「路地（的）空間」の説明に当たるものとして正解となる、と判断できる。また、これも問3で見たように、③「景観を一望できる」は[9]「超高層マンション」に当たるものであって、「路地」の説明とは考えられないから、③が×であることもすぐに判断がつく。④は「自然豊かな」は許容としても、「都市とは異なる」が、（路地は城下町[6]江戸・東京[8]や[10]の「向島地区の路地的空間」などのものでもあるのだから）おかしい。⑤「通行者の**安全性**」は本文で特に焦点の当てられていないことだから、これも正解にはならない。

残る①②はやや慎重に吟味する必要がある。①「**自然発生**的」は[2]「**形成過程としての自然**」や[10]「向島地区の路地的空間は……**自然形成**農道等から成る……」などに合致する。しかし、①「**区画化**された」は例えば[7]「計画的な**区画**整形の中にあっても、そこに**自然**尊重の立場が基本にあり」など、「自然」とは逆方向のものとして述べられており、また[6]には「日本の道空間の原型・原風景は**区画**された街区にはない」とも述べられている。つまりこの本文では「計画的区画にある路地」[6]も存在はするが、「区画され」ているという特徴が筆者の考える「日本の道空間の原型・原風景」としての「路地的空間」の本質的特徴というわけではない、という論じ方がなされているのである。したがって、①「区画化された」は設問要求「『路地空間』・『路地的空間』はどのような生活空間と捉えられるか。文章全体に即したまとめとして適当なもの」の答えとして最適のものではない。

②「地形に基づいて形成された生活空間」は、[5]末「路地は地形に深く結びついて継承されてきた」をはじめとして、[8]前半・[10]初めなどに合致する。

正解は②および⑥である。

⑥は選びやすいが、①と②の判別が難しかったのではないかと思われる。

> 単に〈本文に書いてあるかどうか〉を確かめるだけでは解答の定まらない設問においては、
> ①**設問要求に対する適切な答えとなっているか**
> ②**本文の論旨の焦点・中心点をとらえたものになっているか**
> といった視点で選択肢を吟味しよう。

問5 [6] ——正解③

本文には直接出てこない話題について、本文をもとに推論を行う 熟考・評価

設問文「緊急時や災害時の対応」については、本文で直接述べられてはいない。つまりこの設問は、**本文の論旨を、本文とは別の話題に適用して考える、**

応用的思考を求める設問である。

まず本文の論旨を踏まえた適否を確認しよう。**〈問題文の解説〉**の項を参照のこと。

①「路地的空間……密なコミュニティ……そうした生活境域としてのまとまり（a）は……近代的な計画（b）に基づいて**再現することが難しい**」や⑤「路地的空間（a）は……欧米近代志向の開放高層居住空間（b）のコミュニティとは……**共存できない**」は、[11]で筆者が「路地的空間をもつ低層居住地区（a）にするか、外部開放空間をもつ高層居住地区（b）にするかといった二者択一ではなく、地域・地区の中で**両空間モデルが補完・混成して成立**するシステムが**残っている**」「家並みと路地と共同空間からなる村とまちの原風景は……近代空間計画地（b）の**再生**にあたって、**可能性を検討すべき**」と提案していることと逆方向になってしまう。

②「路地的空間は……居住空間と通行空間が連続的に広がらず」は、問1Aで見た[2]後半の論旨と逆である。

④「機能的な道・道路」とは、表1の「近代道路空間計画システム」が、「機能」を重んじた「構造」だとあることや、[9]「計画が機能的・経済的に短絡されて」などにあるように、筆者が**否定的**に述べている〈西欧近代〉側に属するもの。したがって、筆者が**肯定的**に述べている④「路地的空間」について「機能的な道・道路である」というのは、**対比を混同**した誤りである。

③「豊かな自然」は[2]・[7]末などに、「懐かしい風景」は[5]「記憶、原風景」や[11]「ふれあいと場所の原風景」などに合致。③「持続的に住みたいと思わせる」は[10]「居住者の持続的居住欲求によって……」などに、③「相互扶助のコミュニティ」は[2]末などに、③「計画的な区画整理がなされていない」は[6]「区画された街区にはない」「計画的区画にある路地は……参道型路地……と区分できる」（問4で見た通り筆者が肯定的に取り上げているのは「参道型路地」の方であって、「計画的区画にある路地」に論の焦点を置いてはいない）などに、それぞれ合致。③「緊急車両の進入を妨げたり住民の避難を困難にしたり」は本文で直接述べられていることではないが、直前「計画的な区画整理がなされていない」をもとにすれば、設問文「**文章……を踏まえて成り立つ意見**」つまり**〈妥当な推論〉**ではあるので、○。正解は③となる。

この大問では、本文中に設定された傍線部はなく（傍線部A・Bは表1内）、問1に「文章全体の内容に照らした場合」、問4に「文章全体に即したまとめとして」、問5に「文章全体を踏まえて成り立つ意見」とある。また、問2・問3は〈「図」について設問要求に該当する本文の説明箇所を把握する〉設問であり、問1・5は〈本文に直接出てこない語句や話題について、推論したり応用的に思考したりする設問〉である。

以上を踏まえ、共通テストで求められる力についてまとめておこう。

〈共通テストで求められる力〉

①文章全体の論旨を大筋でつかむ力

②設問要求に応じて文章や図表などの中から必要な情報を取り出す力

③（問3で見たように）複数の情報を統合し、解釈し直す力

④本文で直接述べられていないことを、推論したり応用的に思考したりする力

第3問

〈出典〉

光原百合（みつはら　ゆり）「ツバメたち」（二〇一五年文藝春秋刊『アンソロジー　捨てる』のち文春文庫所収）。

光原百合は一九六四年広島県生まれ。ファンタジー、ミステリー、童話など幅広く執筆。『星月夜の夢がたり』『最後の願い』『イオニアの風』などの著書がある。

〈問題文の解説〉

【リード文（前書き）】

ここでは「『捨てる』という題の作品集に収録されている」と書かれているため、問題文を読む際に「捨てる」ということに関わる内容は、注意して読んでいく必要がある。

また、「ツバメたち」というタイトルの小説の「全文」とあるため、タイトルについても、全文の内容やモティーフ（創作の動機）が示されている可能性が高いので、注意しておく必要がある（もし「全文」ではなく「一部」とある場合には、それほどヒントにはならない場合もあると考えてよい）。

さらに、今回の問題文は冒頭部の「オスカー・ワイルド作『幸福な王子』より」（7行目）と記された箇所を含んだ〈混成型テクスト〉（別の文章や図表などが埋め込まれたテクスト）であり、またその後に続く箇所は、24行目・35行目・55行目の空白行によって四つの部分に分けられている。

> 共通テストでは、まず先に**全体の構成・構造を見渡しておくことが重要と**なることが多い。

〈第一の部分〉（1〜7行目）

問題文全体のタイトルであるという「ツバメたち」の中に埋め込まれた「幸福な王子」のあらすじの箇所である。

まず「一羽のツバメ」が「『幸福な王子』と呼ばれる像」と「仲良くなった」（1行目）ことが語られ、「王子」が「貧しい人々」に「自分の体から宝石や金箔を外して配るように頼む」（1・2行目）が、その「願いを果たすためにこその町にとどまっていたツバメ」が「凍え死んでしまった」（3行目）と記される。次に「それを知った王子の心臓は張り裂け」（3行目）てしまい、「金箔をはがされて」しまった「王子の像」も「溶かされてしまう」が、「張り裂けた」「心臓だけはどうしても溶けなかった」（3・4行目）と言われる。そして「ツバメの死骸と王子の心臓」は、「ともに」「ゴミ捨て場に捨てられた」（4・5行目）ことが語られる。この部分で「捨てられた」とあることに注意が必要である。リード文に「『捨てる』という題の作品集に収録されている」と記述されていたからである。

この部分で「町」の「人々」（1行目）が「捨てる」対象は「ツバメの死骸と王子の心臓」であることをしっかりと意識しておいてほしい。

そしてこの箇所の最終部分では、「神に命じられた天使が……ツバメと王子の心臓を抱き、天国へと持ち帰った」（5・6行目）とされているのだから、小タイトルの示すとおり全体は「幸福な王子」の物語、すなわち「王子」（と「ツバメ」）が天国に至るという「幸福」を描いた物語であると言える。

〈第二の部分〉（9〜23行目）

「若者」（9行目）と「あたし」（11行目）が登場するが、「南の国にわたる」（10行目）「翼の力をたくわえているあたしたちの群れ」（10・11行目）などとあるところから、この両者が本文のタイトルの「ツバメたち」（リード文）であると把握できる。

まずは「彼」（11行目）と呼ばれる「若者」の「風変わり」（9行目）なところが中心として語られる。

特に「遠くを見る（ような）まなざし」（13・15行目）については、繰り返して記述されることで強調されながらも、「〜など必要ない」（15行目）とされている。「彼」の「風変わり」さは、「あたし」の視点で「必要ない」ものと否定的に扱われたわけである。

そして「そんな彼」が「通っていたのが、丘の上に立つ像」＝「王子」の「像」（18・19行目）であったという。この内容については、〈第一の部分〉で語られていた内容であるから、この先の物語の展開を予測できるわけだが、この部分では別の「ツバメ」である「あたし」という一人称の視点から語られているところに大きな特徴がある。

　ここでは「ツバメ」＝「あたし」の視点で、「人間たちはこの像をひどく大切にして……列を作って歩くやら歌うやら踊るやら、仰々しく騒いでいた」（21・22行目）と冷ややかに語られている。すでに〈第一の部分〉で、人間たちによって「王子の像は溶かされてしまう」（4行目）ということを読んでいるわけだから、読者にとって「ツバメ」のこの視点は、結果的に「人間たち」の行為への皮肉として効いていることになる。結局、「人間たち」が「大切に」思っていたのは「王子」その人でもなければ、「王子」の「像」そのものでもなく、「金」や「宝石」に過ぎなかったということになる。

　それに対して「ツバメ」の「彼」だけは、「王子」その人と「あれこれとおしゃべりするのが好きなようだった」（23行目）のである。「彼」はツバメとして「風変わり」であり「必要ない」「まなざし」をもっているけれど、「人間たち」よりも「王子」その人を見つめる「まなざし」を持っていると、「あたし」は「彼」の魅力を語ったことになる。

〈第三の部分〉（25～34行目）

　「彼」が「王子」と話す様子に興味をもった「あたし」は、「何を、あんなに楽しそうに話しているの？」（25行目）と「彼にそう聞いてみた」（26行目）のである。

　それに対して「彼」は、「よその土地」（28行目）という「遠くを見るまなざし」（15行目）でとらえた話題であると返答し、さらに「あの方」（27行目）＝「王子」が「遠い場所の話を聞けるのが、とても嬉しいと言ってくださってる」（28・29行目）と話す。しかしそうした話は「あたしたちには」（31行目）＝「ツバメたち」には「興味のない遠い土地の話」（31行目）なので、「あたし」は「そりゃよかったわね」（30行目）と言って皮肉な態度を見せ、生きる上で「必要ない」（15行目）ことに関わる内容を「誇らしげに話す彼の様子」を見て「腹立たしく」（31・32行目）なったと語っている。

　さらに「彼」は「王子と話すだけでなく」「町のあちこちに飛んでいく姿をよく見かけるようになった」（33・34行目）と、「あたし」は語る。

　ここでは、「彼」が何をしているのかという内容以上に、「腹立たしく」なったにもかかわらず、それでも「あたし」が「彼」の行動を目で追っていることに注目することが大切である。つまり「あたし」の「彼」への興味は維持されているのである。「あたしには不思議でならなかった」（34行目）と続くが、「不思議」と思うのは「彼」に興味をもっていることの証《あかし》である。

〈第四の部分〉（36～54行目）

　「風は日増しに冷たくなっていた」（36行目）と始まる。このことは、直前の〈第三の部分〉の終わりに「南への旅立ちも近い」（34行目）とあったのだから、「ツバメたち」が「旅立ち」をしなければならない日が迫っていることを示している。このまま「旅立ち」をしなければ死を迎えるしかないのだ。当然「彼」もまた、ここを「旅立ち」、「王子」と別れるかどうかの選択を迫られていることになるが、「彼は、自分は行かない、と答えたらしい」（36・37行目）とある。「彼」は「王子」の元に留まるという選択をしたのだ。

　「仲間たちは皆、彼のことは放っておけと言ったが、あたしは気になった」（38行目）とあり、「あたし」が「彼」のことを強く気にかけていると読むことができる。

　「いよいよ明日は渡りに発つという日」（38行目）となる。もし「明日」、一緒に「渡り」に発たなければ、「彼」はここで死ぬこととなる。「厳しい渡りの旅をともにする仲間は多いに越したことはない」（16行目）とあったことからもわかるように、とても一羽だけで「渡り」を行うことはできない。「渡り」はそれほど危険なものなのだ。

　「あたし」は「仲間たち」の助言にもかかわらず、「彼のこと」を「放っておく」ことができず、「彼をつかまえ、逃げられないよう足を踏んづけておいてから聞いた」（39行目）とある。「あたし」の「彼」への執着がとても強いものであると理解できる。

「あたし」は「ここで何をしているのか、なにをするつもりなのか」（39行目）と問うているが、その答えをわれわれ読者の側はすでに**〈第一の部分〉**から推理できるという構造になっていた。そして「彼」の答えが読み手に容易に予測できるからこそ、読み手の関心は、そのように問いかける「あたし」の内面へと向かう。もちろんそこに「あたし」の「彼」への愛情を読み取ることができるだろう。

〈第五の部分〉（56～70行目）

冒頭には「長い長い渡りの旅」（56行目）という危険なもの（**〈第四の部分〉**の38行目の説明）を「終え、あたしたちは南の海辺の町に着いた」（56行目）とある。ひとりでは簡単にできるような「渡りの旅」ではない。**〈第四の部分〉**の冒頭では「風は日増しに冷たくなっていた」（36行目）とあったが、これはこのまま「旅立ち」（34行目）をしなければ死を迎えるしかない、ということを意味していた。そして今やっと暖かな「南の海辺の町」に「着いた」のだ。「あたしたち」は安全な地に到達できたわけである。ところが「あたし」は「数日の間、海を見下ろす木の枝にとまって、沖のほうを眺めていた。彼が遅れて飛んで来はしないかと思ったのだ」（56・57行目）と続く。

〈第四の部分〉の末尾で「彼」を自分が深く関わることのできない相手として見限ったようだった「あたし」は、「渡りの旅を終え」た今になって、「沖のほうを眺め」るという「彼」と同じような「遠くを見るまなざし」（15行目）を浮かべている。そして「彼が飛んで来はしないかと思ったのだ」と「彼」が来るのを待ちわびたことを告白している。「彼」と「王子」の間に立ち入る余地がなくてもなお、「あたし」は「彼」を見限ることはできなかったのである。

しかし、「彼が現れることはなく、やがて嵐がやって来て、数日の間海を閉ざした」（57・58行目）。「あたし」の心もまた、今は「嵐」のように激しく動揺している。「彼」を「あたし」から決定的に隔てる「嵐」は、当然「あたし」の心の中でも吹き荒れているのだ。

「北の町はもう、あたしたちには生きていけない寒さになったはずだ」と、経験ある「年かさのツバメたちが話していた」ことが引用され、「彼もきっと、もう死んでしまっているだろう」（59～61行目）という「あたし」の思いが述べられる。

この思いを述べる一文は改行されて一行一文のみの独立の形式段落を形成している。したがって、重要な一行一文として受け止めるべきである。作者はこの内容を読者がゆっくりと一つひとつ読解することを期待しているのである。「きっと」の直後に「読点（「、」）」があるのも、同様に「もう死んでしまっているだろう」の部分を（一度間を置くことで）強調する効果を上げている。

もちろんこの部分には、直接的に語られることのない、死んだであろう「彼」を思う「あたし」の切ない気持ちが表出している。

「あたし」は心の中で、「もう死んでしまっているだろう」「彼」が、なぜ死ぬことになったのかということについて自問自答を始める。自問自答を通して、「あたし」の考えてきたことが明らかにされるのだ。

「あたし」が「彼」の死について考えるのは、かつて「敏捷な身のこなし」（10行目）をしており、元気な「実に見た目のいい若者だった」（10行目）「彼」の「死」に納得がいかないからである。そこにはもちろん、死なないでほしかったという「彼」への愛情（**〈第四の部分〉**の説明）が表出しているのである。

「彼はなぜ、あの町に残ったのだろうか」（62行目）と自分に問いかけ、それに対して「本当のところは、大好きな王子の喜ぶ顔を見たかっただけではないか」（63行目）と「あたし」は心の中で答える。つまり「貧しい人たちを救うため」（62行目）という「尊さ」（52行目）による行為ではなく、「大好きな王子の喜ぶ顔を見たかっただけ」、〈自分はこの人のお役に立てているんだ〉という「彼」の「王子」への一方的な愛情が原因であったと語っているのだ。

もちろん「あたしなどには……わからないのだ」（62・63行目）の部分は、**〈第四の部分〉**の別れの場面で「彼」に言われた「君なんかには……わからないさ」（52行目）という言葉を受けてのものである。「死んでしまっているだろう」「彼」が「あたし」に告げた最後の言葉でもある。「彼」のことを思い続ける「あたし」の中に響き続けている言葉であることは間違いない。「彼」は「王子」＝「身分の高いお方」（31行目）への一方的な感情（**〈第四の部分〉**の説明）を、「貧しい人たちを救うため」＝「僕らのやっていることの尊さ」（52行目）という一種の「宝石や金箔」（44行目）で飾っていたに過ぎないと「あたし」は語っているのだ。「あたしたちには金も宝石も用はない」（20行目）という表現が、ここでは「彼」の語った「尊さ」を否定するという別の意味をもって響いてくる。

「彼」の立場からすれば、「あたし」とは「彼」の心の「飾っている宝石を外して……金箔をはがして」（41行目）くる存在であり、だからこそ「彼」は**〈第四の部分〉**で、「馬鹿にしたような目で……あたしを見」て「君なんかには……わからないさ」と突き放すようなことを言ったのである。心を「飾っている」ものをはがされることには、だれにとっても痛みが伴う。「彼」はそれを避けようとしていたのだ。

一方、「あたし」の側からすれば、「あの方（＝王子）」の「宝石を外して……金箔をはが」すことを語った「僕」（41行目）の言葉の運動性によって、このような思いが「あたし」の中に誘発されたと言えるだろう。

しかし、ここにはまた、「あたし」の別の感情の表出もあると読める。「でも、本当のところは、大好きな王子の喜ぶ顔を見たかっただけではないか」と心の中の「彼」に語ることのなかに、「あたし」の隠れた心情が透けて見えている。すでに「沖のほうを眺め」ることで「彼」のような「遠くを見るまなざし」をもった「あたし」は、今ここで「必要ない」（15行目）自問自答をも続けることにより、「でも、本当のところは」自分があなた（＝「彼」）の「喜ぶ顔を見たかっただけ」なのだという「彼」への愛情を無意識のうちに反芻《すう》（＝くり返し考え、よく味わう）しているのである。

「あたし」は「彼」のことに続けて、今度は「王子」のことについても自問する。「そうして王子はなぜ、彼に使いを頼んだのだろう」（64行目）と。この問いに対しても、先ほどと同様に「貧しい人たちを救うため、自分ではそう思っていただろう。でも……。」（64行目）と、「王子」の「尊さ」に対して疑問を抱くが、「……」の直後には「まあいい。どうせあたしにはわからない」（65行目）という言葉が続く。

所詮は「あの町に残った」（62行目）「彼」と「王子」との間のことであり、かつて「君なんかには……わからないさ」という言葉を残して「彼ははばたいて丘の上（＝「王子」のいるところ）へと飛んで行った」（53行目）のであり、「あたしはそれをただ見送った」（53・54行目）のである。どうしても二人の間には自分の立ち入ることのできない面があることを事実として「あたし」は認めているのだ。

次には「どうでもいいことだ」（65行目）という、これまでの自問自答を自分で打ち切るような言葉が続く。そして「春になれば……彼のような遠くを見るまなざしなど持たず……子どもたちを一緒に育ててくれる若者と所帯を持つことだろう」（65〜67行目）と未来が語られる。明らかに「彼」のことを忘れ、未来へと気持ちを切り替えようという発言である。もちろん切り替えようという言葉を語る心には未練がある。「彼のような……など持たず」という表現には、どうしても「彼」のことを前提に考えてしまう「彼」への強い未練が表出している。

ここで登場する「遠くを見るまなざし」（66行目）という表現は、**〈第二の部分〉**にも登場していた。「遠くを見るようなまなざしで語るばかりだったから、みんなそのうち興味をなくしてしまった」（13行目）、また「子どもを育てる連れ合いには……遠くを見るまなざしなど必要ない」（14・15行目）とあった。

「遠くを見るまなざし」とは、まさに他の「ツバメたち」と「彼」を差別化する「彼」の有する固有性、「彼」らしさの中心にあるものだ。したがって「あたし」は「死んでしまっているだろう」「彼」のまさに「彼」らしさに執着する感情を、ここで再び「必要ない」ものとして切り捨てようとしているのだ。もちろん切り捨てようという思いが、逆にここでは執着あるいは愛情の存在を示していると言えるだろう。私たちは「必要」だから愛するわけではなく、「必要ない」ものであっても、相手のもつ固有性をこそ愛するからだ。

その後は「もしまた」（68行目）と続き、確かに「あたし」は未来へと気持ちを切り替えようともしているのだが、結局は「あの町に寄って『幸福な王子』の像を見たら、聞いてしまうかもしれない」（68行目）というように、未練を断ち切ることができていない。彼女は心の中の「王子」に向けて自分の思いを語り始める。

まずは「あなた（＝「王子」）はただ、自分がまとっていた重いものを、捨てたかっただけではありませんか」（69行目）と。この部分で「捨てたかった」とあることに注意が必要である。〈**第一の部分**〉に登場した「捨てられた」（5行目）のときと同様に）リード文に『捨てる』という題の作品集に収録されている」と書かれていたからである。

次に「そして、命を捨てても自分の傍にいたいと思う者がただひとり、いてくれればいいと思ったのではありませんか」（69・70行目）と、この部分でも「捨てても」とあることに注意が必要である。つまり「あたし」は「あなた（＝「王子」）」が「貧しい人たちを救うため」ではなく、実は「自分がまとっていた重いもの」を捨てて解放されたいという自分の都合と、さらに「命を捨てても自分の傍にいたいと思う者がただひとり、いてくれればいい」という自己満足ゆえに「彼に使いを頼んだのだろう」と心の中の「王子」に問うている。ここでも「あたし」は「彼」に問いかけたときと同じように、「王子」もまた自分の都合と自己満足を、「貧しい人たちを救うため」という一種の「宝石や金箔」（44行目）で飾っていたに過ぎないと語っているのだ。

もちろん「あたし」の心の中心にあるのは、「彼」＝「命を捨てても自分の傍にいたいと思う者」のことである。「王子」への非難が中心にあるのではない。「彼」は「王子」に利用された結果として、死んでしまったのではないか。もしそうでなかったら、自分と一緒に今ここにいられたのではないかという、切ない思いが表出されているのである。

リード文には、わざわざ『捨てる』という題の作品集に収録されている」と記述されていた。そして〈**第一の部分**〉にも、〈**第五の部分**〉にも、「捨てる」ものが登場する。しかし、その対象はまったく異なっていた。

今回の〈混成型テクスト〉の場合、〈**第一の部分**〉は、「捨てる」対象＝「ツバメの死骸と王子の心臓」（4・5行目）であり、捨てられた結果として両者は「天使が……天国へと持ち帰った」のであるから、物語としてハッピー・エンドを迎えている。一方、〈**第五の部分**〉は、「捨てる」対象＝「自分（＝「王子」）」がまとっていたもの」と「彼（ツバメ）」の「命」であるとされているが、しかしそれはすべて「彼」に対して一方的な愛情をもった「あたし」の思いに過ぎず、「あたし」の主観の中での決着に過ぎない。

〈**第五の部分**〉では、「もしまた渡りの前に町に寄って『幸福な王子』の像を見たら」と語られていたが、〈**第一の部分**〉では、「金箔をはがされてみすぼらしい姿になった王子の像は溶かされてしまう」（3・4行目）と書かれていた。「あたし」は「王子の像」もまた「溶かされてしまう」ということについて、まったく想像できていないのである。

このことを通して、〈**第二〜五の部分**〉の部分で語り手となっていた「あたし」にも、知り得ず理解しがたいものがあり、この部分の語りはあくまで個人的で主観的な「あたし」の視点によるものであるということが、〈**第一の部分**〉によって明らかにされているわけである。

まさに問題文となった小説全体が、〈混成型テクスト〉の形式を見事に生かしたものとなっていたと言えるだろう。

〈設問解説〉

問1 1 ——**正解⑤** 2 ——**正解④** 3 ——**正解⑤**

【漢字・語彙力】に関する 知識・技能

(ア)〈もったいぶっておおげさに〉の意の「仰々（仰）しく」。①業績（＝事業・研究などで成し遂げた実績）、②苦行（＝苦しい修行）、③凝縮（＝密度が高い）、④異形（＝普通とは異なった怪しい姿・形をしていること）、⑤仰天（＝（天を仰ぐほど）非常に驚くこと）。したがって正解は⑤。比較的易しかったと思われる。

(イ)〈時期・時節がやって来ること〉の意の「到来」。①奮闘（＝力を奮《ふる》って敵と戦う）、②転倒（＝逆さになる・する）、③当意（＝その場にふさわしいように考えたり工夫したりすること）、④周到（＝よく行き届いて整っていること）、⑤不党（＝一方だけの仲間にならない・党派をつくらないこと）。したがって正解は④。これも比較的易しかった。

(ウ)〈結婚して家庭をもつ〉という意の**【慣用句】**「所帯をもつ」。①悪態（＝憎まれ口）、②台頭（＝（頭をもたげるように）勢力を増して進出してくること）、③怠慢（＝すべきことを怠《おこた》ること）、④安泰（＝穏やかで無事なこと）、⑤帯同（＝一緒に仕事をする者として連れて行くこと）。

したがって正解は⑤。標準的なレベルの漢字ではあるが、「所帯を持つ」受験生や「秘書を帯同する」人は少ないので、馴染《なじ》みが薄く解きにくかったと思われる。

> **漢字・語彙力は共通テストが問う《思考力・判断力・表現力》の基本**である。苦手な人はしっかりと学習しよう。

問2　4　——正解③

因果関係を示す情報の 探求・取り出し

大学入試センターの公表した〈主に問いたい資質・能力〉の項目には、《言葉の特徴や使い方に関する知識・技能（文や文章）》《テクストの特定の場面における人物、情景、心情などを解釈することができる》力となっている。さらに、問2の〈小問の概要〉として《テクストの特定の場面における登場人物の特徴について、本文の中から適切な情報を示す》と書かれている。

今回の設問文には、「『若者』の『風変わり』な点について説明する場合……どの文を根拠にするべきか」とある。したがって、「若者」が「風変わり」であるという判断の「根拠」と言える文を 探求・取り出し することが求められている。

> 共通テストで問われる力の一つは**〈論理的思考力〉**であり、単に選択肢の内容の正誤にとどまらず、**〈根拠・理由として成立するかどうか〉を判断する力**が求められる。

「風変わり」の意味は〈様子・性質などが普通と変わっていること〉である。選択肢①〜④のうち、〈普通〉の「ツバメたち」（リード文）と〈変わっている〉様子について述べているのは、③だけである。③には「いつも夢のようなことばかり語るものだから……遠くを見るようなまなざしで語るばかりだったから、みんなそのうち興味をなくしてしまった」と書かれていて、「遠くを見るまなざしなど必要ない」（15行目）ような他の「ツバメたち」と異なる様子、すなわち「若者」が〈普通と変わっている〉と判断できる「根拠」が示されていた。

①については、「問題なく受け入れられた」と書かれており、この記述はむしろ「若者」が「風変わり」ではない方向性をもっているため、間違いとなる。

②については、「彼に興味を示すものは何羽もいた」と書かれており、この記述もまた、彼が「見た目のいい若者」であることの結果、つまり、むしろ「風変わり」ではない方向性を示すものとして書かれているため、間違いとなる。

④については、「嫌われるほどのことではない」「あたしたちとそのまま一緒に過ごしていた」と書かれており、この記述もまた、むしろ「風変わり」ではない方向性をもっているため、間違いとなる。

問3　5　——正解②　6　——正解③

同一テクスト内の二つの場面における関連する表現の 統合・解釈

大学入試センターの公表した〈主に問いたい資質・能力〉の項目には、問2と同様に《言葉の特徴や使い方に関する知識・技能（文や文章）》とあるが、問2と違って《テクスト全体における人物相互の関係の変容や心情の変化を適切にとらえたり、言動の意味を解釈したりすることができる》力を問うと書かれている。

傍線部の言葉はいずれも、目の前や心の中の相手に向けて語られる言葉である。傍線部B「わからないさ」は現実の「彼（＝若者）」から現実の「あたし」に向けての言葉であり、傍線部C「わからない」は「あたし」の心の中での自問自答であるが、現実の「あたし」から「あたし」の心の中の「彼（＝若者）」に向けての言葉であるとも解釈できる。当然ながら、《テクスト全体》に登場する「あたし」と「彼（＝若者）」の「関係の変容や心情の変化を適切にとらえ」たうえで、言葉の「意味を解釈」することが求められる。

またここでは、傍線部Bと傍線部Cに関する内容が、問3という一つの設問においてセットで聞かれているのだから、解答する際にも、両者をセットでとらえる必要がある。

まず傍線部B「わからないさ」は、**〈第四の部分〉**の末尾近くにあり、別れる前の「彼（＝若者）」が「あたし」に言った最後の言葉である。それに対して、傍線部C「わからない」は、**〈第五の部分〉**にあり、別れた後の「あたし」が心の中で「彼（＝若者）」と「王子」に向けて自問自答をしている箇所の一部であり、〈問題文の解説〉の〈第五の部分〉で解説したように、傍線部Cを含む部分「どうせあたしにはわからない」（65行目）は、傍線部Bを含む「君なんかには……わからないさ」（52行目）を受けての言葉である。

したがって、この二つの傍線部の言葉は、同じ「あたし」の語りによる物語の要素として、互いに響き合っている言葉である。このことをしっかり理解することによって、出題者の求める《テクスト全体における人物相互の関係の変容や心情の変化を適切にとらえたり、言動の意味を解釈したりすることができる》ようになる。

傍線部B「わからないさ」と「彼（＝若者）」が「あたし」に言っているのは、「僕らのやっていることの尊さ」（52行目）であるが、いくら自分たちが良いことをやっているという自負があったとしても、自分で自分たちの「やっていること」を、目の前の「あたし」に向けて「君なんかには」「わからない」「尊さ」と表現することは、かなり異様である。

ましてこの場面は、「明日は渡りに発つという日」（38行目）のことであり、「なぜあなたがしなければならないの？　ここにいたのでは、長く生きられないわよ」（49・50行目）と自分のことを心配してくれている相手に対して、「馬鹿にしたような目」（51行目）をして「わからないさ」と発言するのは、過剰反応であると言える。何かそこには秘密があるはずである。

そこで今度は、傍線部C「わからない」について考えてみよう。ここで「あたし」が「わからない」と言っているのは、「彼はなぜ、あの町に残ったのだろうか」（62行目）と「王子はなぜ、彼に使いを頼んだのだろう」（64行目）という問いの答えに関して、である。ここで問題となっている「彼」のことに関して言えば、〈第四の部分〉で「彼」が言った「僕が宝石や金箔を届けたら、おなかをすかせた若者がパンを、凍える子どもが薪を、病気の年寄りが薬を買うことができるんだ」（44行目・45行目）という説明や「君なんかには……わからないさ」という言葉を踏まえたうえで、「貧しい人たちを救うため、自分ではそう思っていただろう。あたしなどにはそんな志はわからないのだと」（62・63行目）と述べた後で、実は「でも本当のところは、大好きな王子の喜ぶ顔を見たかっただけではないか」（63行目）と、「あたし」は「彼」の行動をとらえている。

この言葉は、〈問題文の解説〉の〈第五の部分〉で解説したように、「あたし」の「彼」への一方的な愛情から出た表現でもあるが、傍線部B「わからないさ」と言っている「彼」にとって、「ここにいたのでは、長く生きられない」のに、「なぜあなたがそれをしなければならないの？」と問う「あたし」は、「貧しい人たちを救うため」という一種の「宝石や金箔」を「彼」の内面から剝ぎ取ろうとする存在である。したがって、自分たちの「やっていること」を「尊さ」の表れと考えず、自分の思いに酔っているだけの行為ではないかと非難されているように、「彼」には感じられたであろう。最終的に「でも本当のところは……」という考えに帰結する「あたし」の疑念、〈貧しい人たちのため〉というだけで自分の命を犠牲にできるものだろうか、本当の動機は別にあるのではないかという疑念を、「彼」は「あたし」の言葉に感じ取ったのである。傍線部Bに見られる「彼」の過剰反応は、自分の内面にこれ以上関わられたくないということの意思表示である。

したがって、傍線部Bの「説明として最も適当なもの」は【Ⅰ群】の②となる。

①については、「救われようと『王子』の像にすがる町の人々の悲痛な思いを理解しない……」が間違い。傍線部Bは、「王子」や「彼」のやっていることの「尊さ」が「あたし」には「わからない」ということであって、「人々の……思い」が「あたし」には「わからない」と「彼」は非難しているのではない。また、「町の人々の悲痛な思い」とあるが、「こんな悲しいことを黙って見ていることはできない」（43行目）という「悲痛な思い」をもつのは、「町の人々」ではなく「あの方（＝王子）」（42行目）であるから、この箇所も間違っている。

③については、「群れの足並みを乱させまいと……する」が間違い。「あたし」がこだわっているのは「群れ」についてのことではない。「どうしてあなたが」（47行目）「だけど、どうしてあなたが、その『誰か』なの？」（49行目）と、繰り返し「あなた」という〈個〉にこそ、強くこだわっているのである。また、傍線部Bの直前には「僕らのやっていること」と書かれていたので、「『王子』

の行い」となっているのも間違い。さらに、「裏切られた」という表現もおかしい。「裏切られた」と表現する場合には、味方であるという思いや、信頼、期待、予想が前提として存在していなければならない。だが「彼」は「あたし」に対してそのような感情を抱いていないので、間違った説明である。

傍線部Cについて。

「あたし」が「どうせあたしにはわからない」（傍線部Cを含む65行目）と自問自答する場面は、「君なんかには、僕らのやっていることの尊さはわからないさ」と、「彼」に言い放たれた別れの場面を受けていた。「あたし」が今さら「必要ない」（15行目）自問自答を続けるのは、「彼」が「君なんかには……わからないさ」と会話を打ち切ってしまったからである。「あたし」が「僕らのやっていること」の意味について「彼」に関わることを許されなかったことが原因となり、「彼」を好きであるがゆえの執着に根差す、わだかまりや苛《いら》立ちの感情が「あたし」の心の中で消えないのだろう。

また、傍線部Cの前では、「彼はなぜ、あの町に残ったのだろうか」という自問に対して、「本当のところは、大好きな王子の喜ぶ顔を見たかっただけではないか」（63行目）と自答していた。

以上のことから、傍線部Cの「説明として最も適当なもの」は【Ⅱ群】の③となる。

①については、「『王子』の像を金や宝石によって飾り、祭り上げる人間の態度は」とあるが、ここで〈話題〉になっているのは、「人間」のことではなく「彼（＝若者のツバメ）」のことであるから、間違いである。また、「理解しがたく感じている」とあるが、「本当のところは」以下で、自分の考えを明示しているのだから、この箇所も間違いである。

②については、「悔い」とあるが、直後に「どうでもいいことだ」（65行目）と語っているので、間違いである。「悔い」とは、「どうでもいいことだ」とできない感情のことである。また、「これから先の生活にもその後悔がついて回ることを恐れている」の箇所も、傍線部Cと同じ形式段落内の「春になれば……子どもたちを一緒に育ててくれる若者と所帯を持つことだろう」（65〜67行目）という表現に合わないため、間違いである。

この設問は完全正答でのみ、得点が与えられるという採点方式だったので、かなりの難問と言っていいだろう。しかし、傍線部Bと傍線部Cの言葉の関係を見比べ、二つの場面を**統合・解釈**することが求められている設問であるため、適切な採点形式であろう。

共通テストでは、二つの場面を統合して解釈したり、二つの視点から場面を複数に解釈したりする設問が出題される。

問4 7 ―― 正解②・⑥

異なる二つのテクストを〈比較〉し、作者の意図を推測する 熟考・評価

この設問では、「オスカー・ワイルド『幸福な王子』のあらすじ」である**〈第一の部分〉**を「**X**」とし、「その後の文章」である**〈第二〜五の部分〉**を「**Y**」として、両者の「関係はどのようなものか」と、テクストの全体について**熟考・評価**を行うことを求めている。

共通テストでは、文学的文章でも、複数のテクストを比較して、共通点や相違点をとらえる設問が出題される。

大学入試センターが公表した問4で問う〈高等学校学習指導要領の内容〉の欄には《文章の構成や展開を確かめ、内容や表現の仕方について評価したり、書き手の意図をとらえたりすること》とあり、また問4の〈小問の概要〉には《テクスト全体の内容を把握し、冒頭の原作のあらすじとその後のテクストとの関係を比較したり関連付けたりして適切に判断する》と書かれている。

「**X**」とされた「オスカー・ワイルド『幸福な王子』のあらすじ」（1〜7行目）と、「**Y**」とされた「その後の文章」（9〜70行目）を比較したとき、形式の面において最も違っているのは、「**X**」が三人称を用いて客観的に語られているのに対して、「**Y**」が「あたし」という一人称を用いて、視点人物＝主人公により主観的に語られているということである。このことをしっかりと踏まえた適切な説明になっているのは、選択肢の②だけである。したがって、②が「二つ」のうちの一つの正解であろうと見当をつけることができる。その上で、選択肢の内容を細かく見ていこう。

②の「X」についての説明である「『王子』と『一羽のツバメ』の自己犠牲は、人々からは認められなかった」の部分は、「ツバメの死骸と王子の心臓は、ともにゴミ捨て場に捨てられた」（4・5行目）に該当する。また、「最終的には神によってその崇高さを保証される」の部分は、「『あの町からもっとも尊いものを二つ持ってきなさい』と神に命じられた天使が降りてきて、ツバメと王子の心臓を抱き、天国へと持ち帰ったのだった」（5・6行目）に該当する。

②の「Y」についての説明である「献身的な『王子』」の部分は、自分を「飾っている宝石を外して……体に貼ってある金箔をはがして、貧しい人たちに持って」（41行目）行くように頼んでいることに該当し、「『彼』が命を捨てて仕えただろうことが暗示される」の部分は、「彼ははばたいて丘の上（＝王子の像の立つところ）へと飛んで行った」（53行目）「彼が現れることはなく、やがて嵐がやって来て、数日の間海を閉ざした」（57・58行目）「彼もきっと、もう死んでしまっているだろう」（61行目）などから推測できる。また、「その理由はいずれも、『あたし』によって、個人的な願望に基づくものへと読み替えられている」の部分は、「でも本当のところは、大好きな王子の喜ぶ顔を見たかっただけではないか」（63行目）と「自分がまとっていた重いものを、捨てたかっただけではありませんか。そして、命を捨てても自分の傍にいたいと思う者がただひとり、いてくれればいいと思ったのではありませんか」（69・70行目）から推測できる。

では、もう一つの正解の選択肢を探そう。

今度は、先ほどのように形式の面からではなく、内容の面から「X」と「Y」を比較したときの最も大きな違いについて考えてみよう。まずこの問題では、**〈問題文の解説〉**の**【リード文（前書き）】**で説明したように、リード文に「『捨てる』という題の作品集に収録されている」と書かれていたため、問題文を読む際に「捨てる」ということに関わる内容は、注意して読んでいく必要があった。「X」で「捨てられた」のは「ツバメの死骸と王子の心臓」であったのに対して、「Y」で捨てられたのは「自分（＝王子）がまとっていた重いもの」と「彼（＝若者）」の「命」であった。

まず、「X」で「捨てられた」「ツバメの死骸と王子の心臓」に関しては、「天使が降りてきて、ツバメと王子の心臓を抱き、天国へと持ち帰ったのだった」と物語られていることから、「自分の体から宝石や金箔を外して配るよう頼む」（2行目）「王子」も、「冬が近づいても王子の願いを果たすためにその町にとどまっていたツバメ」（2・3行目）も、共に尊い存在として讃美されたということになる。

次に、「Y」で捨てられた「自分（＝王子）がまとっていた重いもの」とは、直接的には「金」「宝石」のことであるが、それらは「あたしたち（＝ツバメたち）には……用はない」（20行目）ものであるのに対して、「人間たち」（21行目）にとってはそうではない。「王子」の「像」は「全身に金が貼ってあって、たいそう高価な宝石も使われている」（19・20行目）せいで、「人間たちは……何かといえばその（＝王子の像の）まわりに集まって、列を作って歩くやら歌うやら踊るやら、仰々しく騒いでいた」（21・22行目）のである。**〈問題文の解説〉**の**〈第二の部分〉**で説明したように、「ツバメ」＝「あたし」の視点によって、このように冷ややかに語られることにより、読者はこれらを「人間たち」の行為への皮肉として読むことになる。結局、「人間たち」が「大切に」（21行目）思っていたのは「王子」その人でもなければ、「王子」の「像」そのものでもなく、「金」「宝石」に過ぎなかったのである。したがって、「王子」が「金」「宝石」を「捨てたかった」のは、このような「何かといえばそのまわりに集まって……仰々しく騒」ぐ際の神輿《みこし》的な役目を負わされることから降りたいためだと考えられる。もう一度確認しておくと、「Y」で捨てられたのは、「自分（＝王子）がまとっていた重いもの」＝「金」「宝石」を身に付けさせられていること＝〈神輿的な役目を負わされること〉と、「彼（＝若者）」の「命」であったが、両者は共に「王子」の願望に基づいて捨てられたことになるのである。

「X」において「捨てられた」のは、すべて人間によってであり、「捨てられた」ものは「天使」によって「天国へと持ち」帰られた。一方、「Y」において捨てられたのは、すべて王子の願望に基づいたものであり、直接的に人間は関わっていない。

このように、リード文にあった題名である『捨てる』という言葉の意味が、「X」

と「Y」では大きく異なっていたのである。このことをしっかりと踏まえて適切な説明を行っているのは、選択肢の⑥だけである。したがって、⑥が「二つ」のうちのもう一つの正解となる。その上で、選択肢の内容を細かく見ていこう。

⑥の「X」についての説明である「貧しい人々に分け与えるために宝石や金箔を外すという『王子』の自己犠牲的な行為」の部分は、「自分の体から宝石や金箔を外して配るよう」頼んだ結果として「みすぼらしい姿になった王子の像は溶かされてしまう」(4行目)と書かれていたので、適切である。また、「『一羽のツバメ』の献身とともに賞賛されている」の部分は、「冬が近づいても王子の願いを果たすためにその町にとどまっていたツバメは、ついに凍え死んでしまった」(2・3行目)とあり、さらに「天使が降りてきて、ツバメと王子の心臓を抱き、天国へと持ち帰ったのだった」と書かれていたので、適切である。

⑥の「Y」についての説明である「『王子』が命を捧げるように『彼』に求めの部分は、「あなたは……命を捨てても自分の傍にいたいと思う者がただひとり、いてくればいいと思ったのではありませんか」と書かれているので、適切である。また、「自らは社会的な役割から逃れたいと望んでいる」の部分は、先ほど説明したように、「自分(=王子)がまとっていた重いもの」=「金」「宝石」を身に付けさせられていること=〈神輿的な役目を負わされること〉であることから、推論できる。「捨てるという行為の意味が読み替えられている」の部分も、先ほど説明したように、「捨てる」ことが「X」における人間たちの行為ではなく、「あたし」が語る「王子」の願望に基づくものとなっていることから、適切であると言える。

正解の②は、主に表現形式の面への注目から、正解の⑥は、主に表現内容の面への注目から導き出すことができた。

①は、「普遍的」(=すべてに・時代や場所を問わず、当てはまる様子)「博愛」(=すべての人を等しく愛すること)という部分が、「X」の全体像の説明になっていない。「Y」の説明については、「ツバメたちの視点」となっているのが、「あたし」という一羽のツバメの視点とすべきであり、間違いである。また、「強調されているのは、『彼』と『王子』のすれ違い」ではなく、「彼」と「あたし」とのすれ違いであるので、これも間違いである。さらに、「神」については、「X」には「神」が登場し、「Y」には登場しない、というだけであって、「X」は「神の視点から……語られ」、「Y」は「神の存在を否定」しているというわけではない。

③は、「Y」の説明において「感情的な女性のツバメ」と「理性的な『彼』」と対比してとらえられている点が間違っている。「仲間たち」と共に「明日は渡りに発つという日」(38行目)に「彼」のことを心配して話をしに行く「女性のツバメ」を「感情的」と言うのは不適切であり、また逆に、「南へ」(34行目)「自分は行かない」(36・37行目)と決意して死を選び、心配する相手に「君なんかには、僕らのやっていることの尊さはわからないさ」(52行目)と告げる「彼」を「理性的」と言うのは不適切である。また、「救いのない悲惨な結末」とあるが、「王子」と「彼」のあり方が「救いのない悲惨な結末」と言えるかどうかは確定的でなく、「あたし」の自問自答で終わっているので、この部分も不適切である。

④は、「悲劇的に終わるX」となっているが、「X」の終わりは「天使が降りてきて、ツバメと王子の心臓を抱き、天国へと持ち帰ったのだった」となっているので、間違いである。また、「『彼』と家庭を持ちたいという『あたし』の思いの成就を暗示する」とあるが、「成就」(=できあがる・成しとげる)するどころか、「彼もきっと、もう死んでしまっているだろう」(61行目)と語っているのだから、「成就」することはないので、間違いである。

⑤は、「愚かな人間たちによって捨てられた」とあるが、「『一羽のツバメ』の死骸」を捨てること自体を「愚か」と言うのは、不適切である。また、「Y」の説明として「仲間によって見捨てられた『彼』」とあるが、「彼」は「自分は行かない、と答えたらしい」とあるのだから、この説明は間違いである。さらに「自己犠牲として救済される」という説明も間違っている。むしろ〈自己満足として批判される〉とすべきであるから、逆方向になっていると言える。

問5 [8]――正解④ [9]――正解② [10]――正解⑤

テクスト全体の構成の中で個々の表現のはたらきを考える **熟考・評価** **および** **構成・表現**

大学入試センターが公表した問5で問う〈高等学校学習指導要領の内容〉の欄には《文章の内容や形態に応じた表現の特色に注意して読むこと》とあり、また問5の〈小問の概要〉には《テクスト全体の内容を把握し、観点として示された構成や表現の効果を適切に示す》と書かれている。

「**【Ⅰ群】**のa～c」の「説明として最も適当なもの」を「**【Ⅱ群】**の①～⑥のうちから」選ぶわけであるが、問われていることが多岐に渡る。

「a 1～7行目のオスカー・ワイルド作『幸福な王子』の記載」の箇所は、**〈問題文の解説〉**の**〈第一の部分〉**の全体であり、先ほどの問4で「**X**」として考えた箇所にぴったりと合致している。したがって、問4のときのように、その後の文章「**Y**」との比較を通して「**X**」と「**Y**」の関連付けを行えるかを問うのが、出題意図だろうと推理できる。その観点に立てれば、④が正解とわかるだろう。

④にある「『王子』の像も人々に見捨てられる」に関しては、「王子の像は溶かされてしまう」(4行目)「王子の心臓は……捨てられた」(4・5行目)とあるので適切であり、また、それらが『あたし』にも想像できなかった展開と述べられていることに関しても、「**Y**」において「あたし」は、「もしまた渡りの前にあの町に寄って『幸福な王子』の像を見たら」(68行目)と語っているので、適切な説明である。

「b 12行目『彼がいつも夢のようなことばかり語るものだから――』の『――』」とは、文中にある接続・言い換えの記号である〈ダッシュ〉のことである。ダッシュ「――」の前後のつながりをしっかりと把握できているかを問うのが出題意図であると推理できる。つまり「彼がいつも夢のようなことばかり語るものだから」(12行目)と「今まで見てきた北の土地について、これから飛んでいく南の国について、遠くを見るようなまなざしで語るばかりだったから、みんなそのうち興味をなくしてしまった」(12～13行目)とのつながりについてである。前者の文には「彼がいつも……ばかり語る」とあるので、ここには「彼」の特徴が示されていたと言える。後者の文には「今まで見てきた北の土地について、これから飛んでいく南の国について」とより具体的な内容が示され、「遠くを見るようなまなざしで語るばかりだったから、みんなそのうち興味をなくしてしまった」と、「彼」の特徴である「いつも……ばかり語る」ことについての説明を加えている。ダッシュ「――」の後の文にある「遠くを見るようなまなざしで語るばかり」の部分は、ダッシュ「――」の前の文にある「夢のようなことばかり語る」の部分と内容的に重なっていると言える。

このことから、bの正解は②となる。②の「『彼』の性質を端的に示した」は、ダッシュ「――」の前にある「彼がいつも……ばかり語る」に該当し、「具体的な例が重ねられ」が、ダッシュ「――」の後に来る「今まで見てきた北の土地について、これから飛んでいく南の国について」に該当し、「その性質に注釈が加えられている」が、「今まで……遠くを見るようなまなざしで語るばかりだったから」に該当する。

③をbの解答として選んだ人もいただろうが、「断定的な表現を避け」が間違いである。「あたし」は、「彼がいつも……ばかり語るものだから」「語るばかりだったから、みんなそのうち興味をなくしてしまった」と「彼」について断定的な判断をしている。

「c 56行目以降の『あたし』のモノローグ(独白)」とは、**〈問題文の解説〉**の**〈第五の部分〉**の全体に相当する。つまり、「彼」と別れた後の「長い長い渡りの旅を終え」た「あたし」が、「沖のほうを眺めて」「彼が遅れて飛んで来はしないかと」(56・57行目)気を揉《も》んだ後で、「彼もきっと、もう死んでしまっているだろう」(61行目)と考えながら、「彼はなぜ、あの町に残ったのだろうか」(62行目)「王子はなぜ、彼に使いを頼んだのだろう」(64行目)といった形で、「彼」や「王子」の行為や思いについて自問自答を繰り返す場面の全体ということになる。

このように**〈第五の部分〉**の全体を大きくとらえることができれば、cの正解は⑤とわかる。⑤の「『あたし』の」の後にある読点「、」には注意が必要である。「『あたし』の」の部分は、直後の言葉ではなく、「揺れる複雑な心情が示唆されている」につながっている。「揺れる複雑な心情」とは、「彼」への愛情、悔しさ、無力感、わだかまり、苛立ち、願い、切ない思い、「王子」への非難の気持ち、また未来へ向ける気持ちなどを指していると考えられるので、適切である。詳しくは**〈問題文の解説〉**の**〈第五の部分〉**を再読してほしい。

①は、「最終場面」について言及されていることから、cの解答として選んだ人もいただろうが、ここでの「物語の出来事」とは、「南の海辺の町」（56行目）での出来事とそこでの「あたし」の自問自答であり、最終場面はそれらを〈回想〉される〈過去〉としてではなく、「現在時」における「あたし」の意識の流れとして（現在形止めを多用して）叙述している。つまり、「物語の出来事の時間」と「現在時」とはほぼ一致しているので、①「ずれが強調されている」は間違いである。

⑥をcの解答として選んだ人もいただろうが、「成長」が間違いである。「c 56行目以降の『あたし』のモノローグ（独白）」の場面において、「あたし」は、「数日の間……沖のほうを眺め」る（56・57行目）という「遠くを見るまなざし」を持ちながらも、結局は「彼のような遠くを見るまなざしなど持たず……子どもたちを一緒に育ててくれる若者と所帯を持つことだろう」（66・67行目）と、最初の**〈第二の部分〉**（14・15行目）と変わらぬ価値観の中にいるのであり、また、「必要ない」（15行目）自問自答を続け、「あなた（＝「王子」）はただ……命を捨てても自分の傍にいたいと思う者（＝「彼」）がただひとり、いてくれればいいと思ったのではありませんか」（69・70行目）と、「あなた」のために「命」を「捨て」てしまった「彼」への執着を裏に秘めた言葉を口にしている。そしてここで問題文が終わっている以上、「成長」があったと読むことはできないので、不適切である。

> 共通テストはセンター試験と同様に「構成や表題に関する説明」を要求するが、内容が多岐にわたり難易度もさまざまである。ふだんから**「構成」「表現」に気をつけて学習してほしい。**

第4問

〈出典〉

【文章Ⅰ】【文章Ⅱ】『源氏物語』「桐壺」

『源氏物語』は平安時代中期（十一世紀初頭）に紫式部《むらさきしきぶ》（生没年未詳）が著した、五十四帖からなる長編の作り物語。「桐壺《きりつぼ》」巻は、その第一部――主人公である光源氏の出生から三十九歳で太上《だいじょう》天皇に準じられるまでの栄華と罪の人生を、女性遍歴を中心に描く――の最初に位置し、光源氏の生い立ちについて語った巻である。問題文として採用されたのは、光源氏の父親である帝が、野分《のわき》（台風のこと）の夜、母親である故桐壺の更衣の里にいる幼い光源氏のことを心配して使者を送り、帰参した使者から故桐壺の更衣の形見の品を示され、更衣のことを思い出している場面である。なお、【文章Ⅰ】は、現在広く流布している所謂「青表紙本」、【文章Ⅱ】はそれとは別系統に属する所謂「河内本《かわちぼん》」の本文である。『源氏物語』の紫式部の書いた原本は失われており（『紫式部日記』によれば、そもそも原本そのものにいくつかのバリエーションがあった可能性が高い）、書写が繰り返されるうちに本文に多くの異同が生じていったと考えられる。そのような、古典文学作品の本文のあり方についての理解、つまり「古典文学についてのリテラシー」がないと、問題の出題意図がうまく読めなくなる可能性がある。共通テストでは注意すべきテーマである。

【文章Ⅲ】『原中最秘抄』

『原中最秘抄』は、南北朝時代に「河内方《かわちがた》」――鎌倉時代に歌壇や源氏学の分野で大きな影響力を持った一派。祖である源光行《みつゆき》・親行《ちかゆき》がいずれも河内守であったことからそう呼ばれる――によって著された『源氏物語』の注釈書。源親行によって著された『源氏物語』の注釈書『水原抄《すいげんしょう》』を、親行の子の義行《よしゆき》（聖覚）、孫の行阿《ぎょうあ》が加筆・増補し、正平《しょうへい》十九年（一三六四）に行阿によってまとめられた。秘伝書という形態をとっており、書名は、『水原抄』の中でも最も秘すべき部分を抄録して諸家の説を加えたことに由来する。問題文として採用されたのは、源光行が、『源氏物語』「桐壺」巻の本文の異同についての疑義を解決するために、息子の親行を藤原俊成のもとに遣わして教えを乞うたことを述べた、『原中最秘抄』の中でも比較的有名な箇所である。

〈現代語訳〉

【文章Ⅰ】

（使者が帝に）例の贈りもの（＝故桐壺の更衣の形見の品々）をお目にかける。（帝は）「（道士が）亡き人（＝楊貴妃）の住み処を探し出したとかいう、その証拠の釵であったならば（よかったのに）」とお思いになるのも、まったくかいのないことである。

尋ねゆく……（捜しに行く道士がいればなあ。人づてであっても（故桐壺の更衣の）魂のありかをそこと知ることができるように）

絵に描いた楊貴妃の顔形は、どんなに優れた絵師といっても、画力に限度があったので、まったく生き生きとした美しさに乏しい。（長恨歌で譬《たと》えに持ち出された）太液池の芙蓉、未央宮の柳も、なるほど似通っていた（楊貴妃の）顔形であるが、中国風の装いは美麗であっただろうけれども、（故桐壺の更衣がそれに比べて）親しみやすく可憐であったのを思い出しなさるにつけ、花の色にも鳥の声にも、比べられそうな点がない。

【文章Ⅱ】

（使者が帝に）例の贈りもの（＝故桐壺の更衣の形見の品々）をお目にかける。（帝は）「（道士が）亡き人（＝楊貴妃）の住み処を探し出したとかいう、その証拠の釵であったならば（よかったのに）」とお思いになるのも、まったくかいのないことである。

尋ねゆく……（捜しに行く道士がいればなあ。人づてであっても（故桐壺の更衣の）魂のありかをそこと知ることができるように）

絵に描いた楊貴妃の顔形は、どんなに優れた絵師といっても、画力に限度があったので、まったく生き生きとした美しさに乏しい。（長恨歌で譬《たと》えに持ち出された）太液池の芙蓉も、なるほど似通っていた（楊貴妃の）顔形・色合い、中国風であったような装いは美麗で、清らかで美しかっただろうけれども、親しみやすく可憐であった（故桐壺の更衣の）様子は、女郎花が風になびいているのよりもなよなよとし、撫子が露に濡れているのよりも可憐で、親しみやすかった顔形・物腰を思い出しなさるにつけ、花の色にも鳥の声にも、比べられそうな点がない。

【文章Ⅲ】

亡き父光行が、昔、五条三品（＝藤原俊成）にこの物語の不審の箇所箇所について問い合わせ申し上げました中で、この巻（＝桐壺の巻）に、「絵に描ける楊貴妃の形は、いみじき絵師と言へども、筆限りあれば、匂ひ少なし。太液の芙蓉、未央の柳も」と書いて、「未央の柳」という一句を「見せ消ち」にしてある。このために（父光行が）私親行を使者として、

「楊貴妃を芙蓉と柳とにたとえ、更衣を女郎花と撫子とにたとえるのは、両方二句ずつで釣り合いがよく思われますが、（あなた様の）御本で、未央の柳を「見せ消ち」になさっているのは、どのようなわけがあるのでしょうか」

と申し上げたところ、

（藤原俊成が）「私はどうして好き勝手なことをするはずがありましょうか、いや、するはずがありません。行成卿の自筆本に、この一句を「見せ消ち」になさった。（藤原行成は）紫式部と同時代の人ですから、（そう）申し合わせる事情があるのでしょう、と思って墨は付けましたけれども、不審なので（『源氏物語』を）何度も見ていましたうちに、若菜の巻で納得して、面白いと見なしているのです」

と言われましたが、私親行が、このことを（父光行に）語ると、

（父光行が）「（藤原俊成は）若菜の巻には、どこに同類があると言われましたか」

と言うので、

（私親行が）「そこまではお尋ねいたしませんでした」

と答えましたのを、（父光行が）さまざまに戒めお叱りになりましたので、私親行が引き籠もって、若菜の巻を何度か開いて見てみると、その意味が分かりました。六条院の女試楽の時、女三の宮について、「人よりちいさくうつくし

げにて、……（他の人より小柄でかわいらしい様子で、ただお召し物だけがある気がする。つややかな美しさという点では劣って、実に気品があって優美な様子で、二月の中の十日ごろの青柳が枝垂れ始めたような気がして）」と書いてある。柳を人の顔にたとえることが何度にもなるために、「見せ消ち」にしなさったのでしょう。三品（＝藤原俊成）がわが国の文学についての学識が人に抜きん出ている中で、この物語の奥義までも極めていらっしゃいましたのは、滅多にないほど優れたことです。ところが、京極中納言入道（＝藤原定家）の家の本に「未央の柳」とお書きになっていることもあるでしょうか。（そのことについて）また、俊成卿の女に問い合わせ申し上げましたところ、

「この事は繰り返しの書写の誤りで書き入れたのでしょうか、あまりに対句めかしく好ましくない点があるでしょうか」

ということです。よって自分の本にはこれを採用しません。

〈設問解説〉

問1　1 ――正解①

省略の補いの問題

古文の文章の省略を補わせる問題は、センター試験には見られなかったが、解釈の問題や内容説明の問題などでは、省略を補って考えることはしばしば要求されていた。この設問も、解釈型・内容説明型の問題の変形と考えてよい。すなわち、選択肢の表現を一つ一つ補って解釈してみて、文脈にあてはまるものがあれば、それが正解である。

傍線部(ア)に含まれる「ましかば」が、反実仮想の仮定条件節として用いられる形であることに注意する。反実仮想とは、事実に反する事柄を想定し、そこから導かれる帰結を述べる構文のことで、「―ましかば、―まし」「―せば、―まし」などの形で、「もし〜する（した）ならば、〜する（した）だろうに」などと訳す。事実に対して残念に思ったり、幸運だと思ったりする気持ちを表す表現で、意味をはっきりさせるためには、事実（「実際は〜しない（しなかった）ので、〜しない（しなかった）」の形となる）を確認してみるとよい。

こころみに、①「いかにうれしからまし」を補って傍線部を解釈してみると、「もし『しるしの釵』であったならば、さぞかし嬉しかっただろうに」などとなる。事実は、「実際は『しるしの釵』ではないので、嬉しくはない」となる。届けられた故桐壺の更衣の形見の品が、道士が楊貴妃の魂のありかを求め、楊貴妃に会った証拠として持ち帰った釵（注1を参照）のように、故桐壺の更衣の魂のありかを示すものではないので、嬉しい気持ちになれず残念だというのである。続く和歌に示されているとおり、故桐壺の更衣を哀惜する帝は、更衣の魂の在処を探し当てたいと思っており、この解釈はそのような帝の心情と整合している。したがって、①が正解である。

②〜⑤を補って傍線部を解釈すると、それぞれ②「さぞかし感じがよかっただろうに」、③「さぞかし残念だっただろうに」、④「さぞかし面白かっただろうに」、⑤「さぞかしつまらなかっただろうに」などとなるが、全て文脈に適合しない。

問2　2 ――正解④

和歌の表現・内容を吟味する問題

センター試験でも和歌の表現や内容を問う問題はかなりの頻度で出題されていたが、共通テストでも和歌の問題は外してこないと予想される。和歌の読解の基本は身に付けておかなければならない。

問題の和歌を音数律にしたがって区切ると、「尋ねゆく ― 幻もがな ― つてにても ― 魂のありかを ― そこと知るべく」となる。この区切りのうち、句点（「。」）が打てるのは第二句の末尾しかない（「もがな」は願望を表す終助詞である）。したがって、この和歌は二句切れの和歌ということになる。また、結句の末尾の「べく」は可能の助動詞「べし」の連用形で、この和歌は結句で切れていないことになる。その場合は倒置法となるのが普通である（「そこと知るべく」は「幻もがな」に係っていく）。以上の分析から、②・③は適切な説明だということがわかる。

つぎに、問題の和歌を解釈してみると、「捜しに行く道士がいればなあ。人づてであっても、故桐壺の更衣の魂のありかをそこと知ることができるように」などとなる。終助詞「もがな」は、実現困難な事柄の存在を願望する意を表す。

また、帝は、帝―玄宗皇帝、桐壺の更衣―楊貴妃という対応を考えており、「幻もがな」は、「玄宗皇帝の代わりに楊貴妃の魂の在処を探した道士のように、自分の代わりに桐壺の更衣の魂のありかを探す道士がいればなあ」という内容だと考えられる。⑤は適切だが④は不適切なことが明らかである。正解は④である。

この和歌に掛詞や縁語が用いられていないかどうかは、受験生には容易には判断できないが、すでに④が正解であることが明白である以上、深追いする必要はない。

なお、選択肢がセンター試験のそれとはかなり趣が異なることが注意される。複数のテクストの分析・統合・評価に手間がかかる分、選択肢を短くせざるをえず、そのため選択肢の抽象度が上がっているのである。これが、共通テストの一つの特徴となるかもしれない。

問3 3 ――**正解①**

解釈の問題

解釈の問題は基本的に現代語訳の問題で、傍線部を直訳・逐語訳した上で、それを文脈を考慮して整えることが要求されるのが普通である。センター試験でも問1（どちらかといえば語句解釈がメインとなる）を中心に、しばしば出題されていた。この設問は、傍線部の長さからいって、語句解釈に近いと考えられる。

傍線部(ウ)を品詞分解すると、「いかで（副詞）＋か（助詞）＋自由（形容動詞）＋の（助詞）＋事（名詞）＋を（助詞）＋ば（助詞）＋しる（動詞）＋べき（助動詞）」となる（「ば」は係助詞の「は」が変化した形である）。「自由の事をばしる」は簡単に訳を決められないので、まず「いかでか～べき」の訳を考えてみる。「いかで」には、①意志・願望表現と呼応して「なんとかして～しよう・したい」などと訳す用法、②反語文を作って「どうして～するか、いや～しない」などと訳す用法、③疑問文を作って「どうして・どのように～するか」などと訳す用法がある。ここは、係助詞「か」を伴って文末を連体形で結んでいるので、②・③の用法で用いられている可能性が高いが、疑問か反語かで迷った場合には、まず反語で考えてみるとよい。その場合、傍線部は「どうして『自由の事をばしる』はずがあるか、いやするはずがない」などと訳せることになる。つぎに文脈を確認すると、ここは、父光行の命を受けた親行の「御本、～いかなる子細の侍るやらむ（あなた様の御本で、未央の柳を「見せ消ち」になさっているのは、どのようなわけがあるのでしょうか）」という質問に対して、藤原俊成が、「行成卿の自筆本に、この一句を「見せ消ち」にしなさった、そのとおりにしたのだ」と答えている部分である。「自由の事をばしる」を「勝手なことをする」と取れば、傍線部は、「どうして勝手なことをするはずがあるか、いや、するはずがない」となって文脈に適合する。したがって、正解はこの線に沿っている①である。

問4 4 ――**正解⑤**

内容吟味の問題

選択肢を眺めわたしてみると、文法・語法に一つ一つ着目しながら、傍線部の内容を吟味させることを意図した設問だと判断できる。センター試験の内容説明型の問題にコンセプトは近いが、内容を吟味した結果ではなく、吟味する過程が問題になっているところが、大きな違いとなっている。

傍線部(エ)は、品詞分解すると「見せ消ち（名詞）＋に（助詞）＋せ（動詞）＋られ（助動詞）＋侍り（動詞）＋し（助動詞）＋に（助動詞）＋こそ（助詞）」となり、「『見せ消ち』にしなさったのでしょう」などと訳すことができる。続く一文で、藤原俊成の『源氏物語』についての理解の深さを高く評価していることから考えて、主語は藤原俊成である。

① 今考えたとおり、主語は藤原俊成で、紫式部ではないので、この選択肢は不適切である。

② 傍線部に含まれる敬語は、「られ」と「侍り」で、「られ」は尊敬の助動詞で主語である藤原俊成への敬意、「侍り」は丁寧語の補助動詞で対者である読者への敬意をそれぞれ表している。行成への敬意を示す敬語は見当たらず、この選択肢も不適切である。

③ 句点（「。」）の上に「に（断定の助動詞「なり」の連用形）＋こそ（強

意の係助詞)」の形が来た場合、「あれ・あらめ」などの結びが省略されていると考えるのが普通である。さらに、先に確認したように、ここは藤原俊成を高く評価する部分である。文末の省略に不満がこめられているとは認められず、やはり不適切である。

④【文章Ⅲ】の冒頭で、光行が「亡父光行」と言われていることに注意する。この文章が書かれた時、すでに光行は亡くなっており、亡くなった人物を読み手として文章を書くことはふつうないので、やはりこの選択肢も不適切である。

⑤②の解説で述べたとおり「られ」が俊成に対する敬意を表しており、これが正解である。

問5　表現説明の問題　5 ——正解③

複数テクストの分析・統合・評価の問題に見せかけてはいるが、実際には【文章Ⅱ】の二重傍線部の表現説明の問題で、設問を解くのに【文章Ⅰ】は関係がない。表現説明の問題は、センター試験でもしばしば出題されていたが、表現の効果を考察することが問われたことはなく、表現について考える前提となる内容の説明や事実認定の正誤を判定することが問われていた。この設問も、その方針にしたがって解いてみる。

①「けむ」は過去推量(ここは過去の伝聞の用法で、「～したとかいう」などと訳す)の助動詞「けむ」の連体形である。亡くなって間もない桐壺の更衣に対して楊貴妃が過去の歴史的な存在であることをはっきりさせていると考えられ、不適切な内容は見いだせない。

②「けうらに」は「清らかで美しい」という意味を表す形容動詞「けうらなり」の連用形である。やはり、この選択肢に不適切な点は見いだせない。

③「女郎花」は、「なつかしうらうたげなりし(親しみやすく可憐であった)」様子の桐壺の更衣が「なよび(なよなよとした様子をし)」ていたことのたとえに用いられている。それを、「更衣が幸薄く薄命な女性であったことを暗示している」とするのは不適切である。

④「撫子」は、親しみやすく可憐な様子の桐壺の更衣が「らうたく(いじらしく可憐で)」あったことのたとえに用いられており、この選択肢に不適切な点はない。

⑤　二つの「～よりも～」はそれぞれ「女郎花よりも桐壺の更衣の方が」「撫子よりも桐壺の更衣の方が」となっており、いずれも自然物より桐壺の更衣の方が魅力が上であることを表している。やはり不適切な内容は見いだせない。

以上の検討から、正解は③となる。

なお、選択肢だけを取り上げれば、複数テクストの分析・統合・評価の問題としては物足りない作りとなっているが、この試行調査の問題は、そもそもそれぞれのテクストをどういう方向で読んでいけばいいのかが定まらない問題となっている。その中で、何を読み取り何を考えればいいのかを見定めることが問題となっていると言えるかもしれない。

問6　内容合致の問題　6 ——正解③

【文章Ⅲ】の内容合致の問題であるが、【文章Ⅲ】の内容を読み取るには、【文章Ⅰ】【文章Ⅱ】の内容がわかっていなければならない。その意味で、複数テクストの分析・統合・評価の問題と言ってよいかもしれない。

内容合致の問題は、センター試験では頻出の設問であった。それぞれの選択肢を問題文中の対応箇所と照合し、間違い探しの消去法で解いていくのが基本である。

①　親行が「未央の柳」をどうしたかは、【文章Ⅲ】の末尾の「よりて愚本にこれを用いず」の部分に示されている。「愚本」は親行自身の本で、「これ」＝「京極中納言入道の家の本に『未央の柳』と書かれたる事」を採用しなかったというのだが、その理由は、柳を人の顔にたとえる事が何度にもなるのが不適切だと考えた藤原俊成の判断を尊重したからである。親行が、「女郎花と撫子が秋の景物であるのに対して、柳は春の景物であり、桐壺の巻の場面である秋の季節に使う表現としてはふさわしくないと判断した」からではない。

②　俊成の女が何をしたかは、「俊成卿の女に尋ね申し侍りしかば、～と云々」の部分に述べられているが、ここには、俊成の女が『未央の柳』の文

言は、書写を繰り返すうちに誤って書き入れられたものらしく、対句めかしくて好ましくない」という趣旨のことを述べたことしか書かれていない。藤原行成は「三蹟」の一人に数えられる能書家で、「行成自筆本の該当部分を墨で塗りつぶし」などということを、俊成の女がそもそもするはずがない。

③ 光行が、俊成所持の『源氏物語』の不審について親行に命じて質問させた話は、【文章Ⅲ】の最初に出てくる。「みな二句づつにてよく聞こえ侍る」の部分が、選択肢の「光行は、整った対句になっているほうがよいと考えた」という説明に対応している。この選択肢に不適切な内容は見当たらない。

④ 親行が、「未央の柳」を見せ消ち（写本などで、もとの文字が見えるように、訂正する字句の上に線を引いたり傍点を施したりして誤りであることを示すこと）とした理由を俊成に尋ね、十分な答えを引き出さずに帰って来て光行から叱られたということは問題文の半ば辺りに述べられているが、光行からは「若菜の巻を読むように」という指示はなされていない。

⑤ 俊成が、「息子の定家には『未央の柳』をはっきり残すように指示していた」という内容は問題文に書かれていない。

以上の分析から、正解は③とわかる。

第5問

〈出典〉

【文章Ⅰ】　司馬遷『史記』

司馬遷（前一四五？～前八六？）は前漢の歴史家。匈奴に降伏した将軍・李陵を弁護して武帝の怒りに触れ、宮刑に処せられたことに発憤し、父の遺志を継いで『史記』を完成させた。『史記』は上古から漢の武帝までの歴史を記した書であり、天子の事績を記した「本紀」と、個人の伝記である「列伝」の二本立てで歴史を叙述する形式は、紀伝体と呼ばれ、これ以後の中国の歴史書の模範となった。

【文章Ⅱ】　佐藤一斎「太公垂釣図」

佐藤一斎（一七七二～一八五九）は江戸時代後期の儒学者。名は坦、一斎は号で、別号に愛日楼がある（【文章Ⅱ】で高校名となっている）。朱子学を主として陽明学も学び、幕府が設けた昌平坂学問所の教授となり、佐久間象山・渡辺崋山ら多くの弟子を養成した。著書に『言志四録』などがある。

※中国の歴史書と日本の漢詩という二つのテキストの組合せとなっている。二〇一八年の試行調査でも二つのテクストが出題されており、複数のテクストを読み合わせるのは共通テストの重要な新傾向だと予想される。両者の同異を意識して読解しよう。

〈問題文の解説〉

【文章Ⅰ】

釣りをしていて周の文王に見いだされ、やがて文王の息子の武王を補佐して天下を取らせた呂尚の伝記。彼の称号である「太公望」はやがて釣り人の代名詞となったが、そのことも設問となっている。

【文章Ⅱ】

呂尚の心情を筆者が推量した内容の漢詩。現代語訳と解説・コラムが付され、それが設問となっている。

※【文章Ⅰ】では貧窮の中、文王の知遇を求めた呂尚の出世物語が語られ、【文章Ⅱ】では出世後の呂尚の思いが詠じられている。二つのテクストが表現する呂尚像には差異があり、それが設問となっている。前述のように、複数テクストの内容の同異を意識しよう。

〈読み方〉（音読みはカタカナ・現代仮名遣いで、訓読みはひらがな・歴史的仮名遣いで示す）

【文章Ⅰ】

呂尚《リョショウ》は蓋《けだ》し嘗《かつ》て窮困《キュウコン》し、年老《としお》いたり。漁釣《ギョチョウ》を以《もっ》て周《シュウ》の西伯《セイハク》に奸《もと》む。西伯《セイハク》将《まさ》に出《い》でて猟《か》りせんとし、之《これ》を卜《うらな》ふ。曰《い》はく、「獲《う》る所《ところ》は龍《リュウ》に非《あら》ず、彲《みづち》に非《あら》ず、虎《とら》に非《あら》ず、羆《ひぐま》に非《あら》ず、獲《う》る所《ところ》は覇王《ハオウ》の輔《たす》けなり」と。是《ここ》に於《お》いて周《シュウ》の西伯《セイハク》猟《か》りす。果《は》たして太公《タイコウ》に渭《イ》の陽《きた》に遇《あ》ふ。与《とも》に語《かた》りて大《おほ》いに説《よろこ》びて曰《い》はく、「吾《わ》が先君太公《センクンタイコウ》より曰《い》はく、『当《まさ》に聖人《セイジン》有《あ》りて周《シュウ》に適《ゆ》くべし。周以《シュウもっ》て興《おこ》らん』と。子《シ》は真《まこと》に是《こ》れなるか。吾《わ》が太公《タイコウ》子《シ》を望《のぞ》むこと久《ひさ》し」と。故《ゆゑ》に之《これ》を号《ゴウ》して太公望《タイコウボウ》と曰《い》ふ。載《の》せて与《とも》倶に帰《かへ》り、立《た》てて師《シ》と為《な》す。

【文章Ⅱ】

謬《あやま》りて文王《ブンオウ》に載《の》せ得《え》て帰《かへ》られ
一竿《イッカン》の風月心《フウゲツこころ》と違《たが》ふ
想《おも》ふ君《きみ》が牧野《ボクヤ》鷹揚《ヨウヨウ》の後《のち》
夢《ゆめ》は磻渓《ハンケイ》の旧釣磯《キュウチョウキ》に在《あ》らん

〈現代語訳〉

【文章Ⅰ】

呂尚は思うに以前困窮し、老境となった。釣りにかこつけて周の西伯の知遇を得ようとした。西伯は猟に出ようとして占いをしたところ、「獲物は龍でもなく、みづちでもなく、虎でもなく、ヒグマでもない。獲物は覇王の補佐である」ということだった。そこで周の西伯は出猟したが、占い通り太公に渭水の北岸で出会った。西伯は彼と語り合って大変喜び、「吾が亡父の太公以来、『聖人が現れて周にやってきて、周はそこで興隆するだろう』と言われている。あなたはまさにその人ではないか。吾が亡父の太公は長い間あなたを待ち望んでいたのだ」と言った。そこで呂尚を称して太公望と呼ぶ。西伯は呂尚を車に乗せてともに帰城し、位を与えて軍師とした。

〈設問解説〉

問1 [1] ――正解① [2] ――正解⑤

文字の読みの設問

(1) 「**嘗**」は「なむ（味わう）」「こころみる（試す）」の働きもあるが、入試で問われるのは「**かつて**（以前）」の読みと意味だけである。波線部でも「以前」の意であると判断できる。

(2) 「**与**」は多義語で、次のような働きをする。

①接続詞
A与ト レB　**AとBと**（AとB）

②前置詞（日本語には前置詞は存在しないので、他の品詞に置き換えて読む）
与レC [述語]　**Cと** [述語]（Cと…する）
与ニ [述語]　**ともに** [述語]（一緒に…する）
与リハ二其ノ [名詞] 一　**その** [名詞] **よりは**（…よりも）

③疑問詞
[述語] **与。**　**…か。**（…だろうか）

④動詞
与フ　**あたふ**（与える）
与ル　**あづかる**（関わる）
与ス　**くみす**（仲間になる・賛同する）

入試でよく問われるのは②の「～と」「ともに」の働きである。直後に動詞が存在する場合はこの働きだと判断してよい。波線部も直後に動詞「語」があるので、「ともに」の働きだと判断できる。

問2 [3] ――**正解②** [4] ――**正解④**

文字の意味の設問

(ア)「果」は「はたして」と読み、「思った通り」「結局」の意を表す。よって「案の定」とある選択肢②が正解。

(イ)「当」は多義語で、動詞「あたる（相当する、担当する）」の働きをし、また、「**当ㇾ動詞**」は再読文字として「**まさに〜べし**」と読み、「〜しなければいけない」「きっと〜だろう」の意を表す。二重傍線部では次の文に「周以興（周はそこで興隆するだろう）」とあるので、「きっと〜だろう」の意であると判断できる。

※多義語の文脈における読みや意味を問う設問はセンター試験で頻出であったが、共通テストに引き継がれる傾向だと考えられる。常に文脈を意識して文字の読みや意味を考えよう。

問3 [5] ――**正解⑤**

書き下しの設問

「将」も多義語で、名詞「ショウ（将軍）」、動詞「ひきゐる（統率する）」、疑問詞「はた（いったい）」の働きをし、また、「**将ㇾ動詞**」は再読文字として「**まさに〜んとす**」と読み、「〜しようとする」の意を表す。入試で最も問われるのは再読文字としての働きなので、選択肢を確認すると、選択肢⑤が「まさに〜んとす」の読みに従っている。これが正解の可能性が高いが、他の選択肢を確認すると、①は「将」を「まさに〜べし」と読んでいるので明らかに誤っているが、②の「しょう」、③の「はた」、④の「ひきゐて」の読みはいずれも可能である。よって、最終的には各選択肢の解釈から決定する。解釈を考えると、②は「西伯の将軍が出かけて狩猟をしてこれを占った」、③は「西伯はいったい狩猟に出てこれを占ったのであろうか」、④は「西伯は狩猟に出かけるのを統率してこれを占った」、⑤は「西伯は出かけて狩猟をしようとしてこれを占った」となり、傍線部に続く、占いの結果を聞いて西伯が狩猟に出たという文脈に合致するのは⑤であることがわかる。

※解釈を踏まえて最終的に読みを決定する書き下しの設問は最近のセンター試験で頻出であったが、共通テストに引き継がれる傾向だと考えられる。句形や重要語の読みだけでなく、解釈を意識しよう。

問4 [6] ――**正解③**

解釈の設問

「子」は会話文では「シ」と読み「あなた」の意を表すことが普通。傍線部も西伯が呂尚を呼んでいることがわかる。よって「あなた」と訳している選択肢②③が正解の候補となる。さらに確認すると②は反語、③は疑問として解釈している。文末の「邪。」は疑問・反語のいずれも表現するが、疑問では「か。」、反語では「んや。」と結ぶのが原則。傍線部の送りがなから疑問としていることがわかる。よって③が正解。

問5 [7] ――**正解①・⑥**

漢詩の規則と文学史の設問

正しいものを「すべて」選ぶことに注意。正解がいくつあるかわからないので慎重に確認する。

選択肢①から③までは漢詩の規則が問われている。規則としては、以下のことをおぼえておけばよい。

形式

出題された詩が

四句 → 絶句

八句 → 律詩

それ以外 → 古詩

韻＝末尾の母音が共通する文字

いずれの詩も偶数句末に韻字を置く

七言詩は第一句末にも韻字を置くのが原則

対句

律詩の第三句と第四句、第五句と第六句は必ず対句

問題文の漢詩は四句からなるので絶句。一句当たり七文字なので七言絶句で

ある。韻字は偶数句末に加えて第一句末にも置かれている。念のために「帰〈キ〉」「違〈イ〉」「磯〈キ〉」がいずれも「イ」の母音で終わっていることを確認しておこう。以上から、選択肢①が正解、②③は誤りであることがわかる。

選択肢④以降は文学史の設問で、日本における漢詩・漢文の受容史が問われている。日本人は古くから漢詩文に親しみ、奈良時代にはすでに漢詩文集『懐風藻』が編纂されている。平安時代にも勅撰の漢詩集が編まれ、鎌倉時代末期から室町時代には禅僧を中心とした五山文学が栄えた。江戸時代に入ると漢詩文の制作が一般化し、多くの優れた作品が著された。よって、「漢詩は日本人の創作活動の一つにはならなかった」とある④、「日本人は江戸時代末期から漢詩を作るようになった」とある⑤は誤り。「古くから日本人が漢詩文に親しみ、自らの教養の基礎としてきた」とある⑥が正解である。

※センター試験の本試験では二〇一〇年度以来漢詩は出題されていなかったが、二〇二〇年度の本試験で出題されている。今後の共通テストでも漢詩が積極的に出題されることが予想される。

※文学史に関わる設問は従来のセンター試験ではほとんど出題されていないが、共通テストでは積極的に出題されることが予想される。特に日本語や日本文化と漢詩文との関わりを意識して文学史の基本を確認しておこう。

問6 [8]——正解③ [9]——正解⑤

故事成語と内容一致の設問

「**誤った箇所**」をまず選び、「**正しく改めたもの**」を選択する設問。呂尚が釣りをしていて文王（西伯）に見いだされたことから、「太公望」は故事成語として釣り人の異称として用いられる。よってA群の選択肢①②は正しい。「西伯が望んだ人物」とある③が誤りで、これが解答。正しくは西伯の先君太公が望んだ人物なので、B群の選択肢は⑤が正解。

※二〇一八年の試行調査でも故事成語が問われており、共通テストの新傾向だと考えられる。意識して故事成語の語彙力を身につけよう。

問7 [10]——正解⑤

複数テキストと内容一致の設問

設問にもあるように、**【文章Ⅰ】**と**【文章Ⅱ】**の漢詩の太公望の姿は異なっている。**【文章Ⅰ】**では「以漁釣奸周西伯」とあるように、呂尚はみずから西伯の知遇を求め、望み通り軍師に出世するが、漢詩では、「謬」とあり「与心違」とあるように、出世は呂尚が必ずしも望んだことではなく、出世の後には「夢在二磻渓旧釣磯一」とあるように、出世前の釣りを楽しむ境遇を懐かしんでいただろうと推量していることがわかる。よって選択肢⑤が正解。

※前述のように複数のテクストを関連させて読解するのは共通テストの重要な新傾向だと考えられる。テクストの同異を意識して読解しよう。

第1回　実戦問題　解答・解説

●設問別正答率表

解答番号	1.[1]	[2]	[3]	[4]	[5]	[6]	[7]	[8]	[9]	[10]
配　点	2点	2点	2点	2点	2点	6点	5点	5点	6点	3点
正答率(%)	70.4	84.5	74.2	83.9	75.4	95.7	75.8	44.7	37.0	92.6
解答番号	[11]	[12]	2.[1]	[2]	[3]	[4]	[5]	[6]	[7]	[8]
配　点	6点	9点	3点	3点	3点	8点	6点	7点	8点	6点
正答率(%)	46.1	24.3	19.9	93.4	53.6	63.0	61.1	46.0	57.1	76.3
解答番号	[9]	3.[1]	[2]	[3]	[4]	[5]	[6]	[7]-[8]	[7]-[8]	4.[1]
配　点	6点	5点	5点	5点	7点	7点	7点	7点	7点	4点
正答率(%)	64.2	63.8	48.5	70.9	32.1	45.7	66.8	64.8	20.9	79.8
解答番号	[2]	[3]	[4]	[5]	[6]	[7]	[8]			
配　点	4点	7点	7点	7点	7点	7点	7点			
正答率(%)	35.3	62.5	71.7	55.4	64.8	36.7	64.0			

●設問別平均点表

平均点：全体 114.2　　標準偏差：29.2

設問	設　問　内　容	配点	全　体	標準偏差
1	現：評論と実用的な文章の読解	50	29.5	8.6
2	現：詩とエッセイの読解	50	29.9	10.0
3	古：日記文学の読解	50	25.3	10.2
4	漢：随筆の読解	50	29.5	12.3

●第１回　得点別偏差値・順位表

得　点	偏差値	順　位	得　点	偏差値	順　位	得　点	偏差値	順　位	得　点	偏差値	順　位
200	79.4		150	62.3	1264	100	45.1	9159	50	28.0	12824
199	79.0		149	61.9	1376	99	44.8	9307	49	27.7	12843
198	78.7		148	61.6	1479	98	44.5	9429	48	27.3	12864
197	78.4		147	61.2	1602	97	44.1	9571	47	27.0	12880
196	78.0		146	60.9	1717	96	43.8	9723	46	26.7	12910
195	77.7		145	60.5	1831	95	43.4	9849	45	26.3	12937
194	77.3		144	60.2	1959	94	43.1	9969	44	26.0	12956
193	77.0		143	59.9	2078	93	42.7	10075	43	25.6	12971
192	76.6		142	59.5	2236	92	42.4	10217	42	25.3	12978
191	76.3		141	59.2	2367	91	42.1	10350	41	24.9	12994
190	76.0		140	58.8	2511	90	41.7	10453	40	24.6	13003
189	75.6		139	58.5	2628	89	41.4	10579	39	24.3	13014
188	75.3	1	138	58.2	2783	88	41.0	10670	38	23.9	13026
187	74.9	2	137	57.8	2944	87	40.7	10762	37	23.6	13035
186	74.6	3	136	57.5	3103	86	40.4	10849	36	23.2	13043
185	74.2	5	135	57.1	3258	85	40.0	10935	35	22.9	13051
184	73.9	8	134	56.8	3432	84	39.7	11018	34	22.5	13057
183	73.6	13	133	56.4	3586	83	39.3	11106	33	22.2	13072
182	73.2	18	132	56.1	3761	82	39.0	11197	32	21.9	13081
181	72.9	22	131	55.8	3942	81	38.6	11280	31	21.5	13087
180	72.5	24	130	55.4	4125	80	38.3	11352	30	21.2	13092
179	72.2	30	129	55.1	4291	79	38.0	11424	29	20.8	13095
178	71.8	35	128	54.7	4471	78	37.6	11506	28	20.5	13100
177	71.5	48	127	54.4	4658	77	37.3	11576	27	20.1	13105
176	71.2	57	126	54.0	4848	76	36.9	11662	26	19.8	13107
175	70.8	67	125	53.7	5019	75	36.6	11737	25	19.5	13112
174	70.5	78	124	53.4	5175	74	36.2	11810	24	19.1	13116
173	70.1	96	123	53.0	5367	73	35.9	11885	23	18.8	13117
172	69.8	114	122	52.7	5547	72	35.6	11948	22	18.4	
171	69.5	137	121	52.3	5729	71	35.2	11997	21	18.1	13128
170	69.1	160	120	52.0	5898	70	34.9	12046	20	17.7	13131
169	68.8	183	119	51.6	6069	69	34.5	12097	19	17.4	13134
168	68.4	209	118	51.3	6272	68	34.2	12145	18	17.1	
167	68.1	237	117	51.0	6464	67	33.8	12193	17	16.7	
166	67.7	271	116	50.6	6652	66	33.5	12241	16	16.4	13136
165	67.4	306	115	50.3	6828	65	33.2	12288	15	16.0	13137
164	67.1	336	114	49.9	6989	64	32.8	12332	14	15.7	13138
163	66.7	381	113	49.6	7173	63	32.5	12365	13	15.4	13139
162	66.4	416	112	49.3	7352	62	32.1	12413	12	15.0	
161	66.0	475	111	48.9	7506	61	31.8	12462	11	14.7	
160	65.7	519	110	48.6	7648	60	31.4	12502	10	14.3	13141
159	65.3	571	109	48.2	7812	59	31.1	12532	9	14.0	13143
158	65.0	645	108	47.9	7953	58	30.8	12566	8	13.6	
157	64.7	707	107	47.5	8106	57	30.4	12615	7	13.3	
156	64.3	759	106	47.2	8267	56	30.1	12658	6	13.0	13144
155	64.0	836	105	46.9	8442	55	29.7	12694	5	12.6	
154	63.6	909	104	46.5	8606	54	29.4	12725	4	12.3	
153	63.3	990	103	46.2	8744	53	29.1	12751	3	11.9	13145
152	62.9	1079	102	45.8	8872	52	28.7	12781	2	11.6	
151	62.6	1170	101	45.5	9016	51	28.4	12806	1	11.2	
									0	10.9	13146

国　語　　第１回（200点満点）

（解答・配点）

問題番号（配点）	設問	（配点）	解答番号	正解	自己採点欄
第１問（50）	1	(2)	1	②	
		(2)	2	③	
		(2)	3	⑤	
		(2)	4	①	
		(2)	5	④	
	2	(6)	6	①	
	3	(5)	7	③	
		(5)	8	⑤	
	4	(6)	9	④	
	5	(3)	10	②	
		(6)	11	④	
	6	(9)	12	⑤	
小計					
第２問（50）	1	(3)	1	②	
		(3)	2	①	
		(3)	3	⑤	
	2	(8)	4	②	
	3	(6)	5	③	
	4	(7)	6	④	
	5	(8)	7	④	
	6	(6)	8	③	
		(6)	9	①	
小計					

問題番号（配点）	設問	（配点）	解答番号	正解	自己採点欄
第３問（50）	1	(5)	1	⑤	
		(5)	2	④	
		(5)	3	②	
	2	(7)	4	②	
	3	(7)	5	⑤	
	4	(7)	6	②	
	5	(各7)	7 － 8	① － ⑤	
小計					
第４問（50）	1	(4)	1	②	
		(4)	2	③	
	2	(7)	3	④	
	3	(7)	4	⑤	
	4	(7)	5	②	
	5	(7)	6	②	
		(7)	7	④	
		(7)	8	⑤	
小計					
合計					

（注）－（ハイフン）でつながれた正解は，順序を問わない。

第1問

〈出典〉　一川誠（いちかわ　まこと）『ヒューマンエラーの心理学』（二〇一九年　ちくま新書）の〈第七章　機械への依存とジレンマ〉の一節。出題に際しやむを得ない事情により、若干の省略・改変がある。

一川誠は一九六五年宮崎県生まれ。大阪市立大学文学部人間関係学科卒。同大学大学院文学研究科後期博士課程修了。現在、千葉大学大学院人文科学研究院教授。専門は実験心理学。著書に『大人の時間はなぜ短いのか』『錯覚学——知覚の謎を解く』など。

二〇二一年から行われる大学入学共通テストの現代文では、実用的な文章、応用的、発展的思考力を必要とする設問など、従来の現代文とは趣を異にする出題がなされるが、とりわけ第1問（論理的文章（＋実用的文章・資料））では、図表を含む文章が出題され、それらの読み取りや、文章と図表との関連、すなわちメインのテクスト（本文）と関連するサブのテクスト（他の文章や図表）との関連が問われる可能性がある。以上を踏まえ本問では、「囚人のジレンマ」に関して二つの事例を挙げながら論じた本文を素材とし、文中の図表と本文との関連を問う設問や、さらには本文には挙げられていない他の事例を本文を踏まえて理解するという応用的・発展的な思考力を問う設問などを出題することとした。

〈問題文の解説〉

本文全体を、形式段落ごとに要点をおさえながら、さらに大きく三つの意味段落に分けて、筆者の主張を読みとっていこう（1～38で各形式段落を示す）。

《意味段落1》「囚人のジレンマ」事例1　囚人同士のかけひき

1　合理的な判断が必ずしも最適な結果を生まないことを示すたとえ話として「囚人のジレンマ」がある。拘束されている2人の犯罪者の刑期をめぐる話である。

2　共謀して犯罪を行った2人組が、別々の独房に入れられ連絡を取り合えないとする。

3　2人とも黙秘（捜査機関の取り調べに対し何にも言わずにいること）を続けており、このまま黙秘を通せば双方とも懲役1年となる見通しである。

4　取調官は2人に対して別々に司法取引（被疑者や被告人が捜査機関に情報提供などの協力行為を行うことにより、自らの犯罪の量刑を軽くする取引）を持ちかける。

5　それは〈2人のうちどちらかが自白し、片方が自白しなければ、前者はその場で釈放、後者が懲役3年。もし双方とも自白したら、規則通り懲役2年〉というものである（つまり、もともとは〈自白したら懲役2年、黙秘したら（懲役2年の強盗の罪の立証ができず、より軽微な罪の）懲役1年〉のところ、〈相手が黙秘している（捜査に協力していない）状態で、自分だけが自白すれば（捜査に協力すれば）、検察が罪を立証できるのと引きかえに、自分は釈放してもらえる〉という取引である）。

6　2人は黙秘し続けるべきか、それとも相手を裏切って自白すべきかの選択に立たされる。

7　以上が囚人のジレンマである。

8　以上の内容を図表で説明したものが**表1**である。

9　双方ともに自分の利益のことだけを考えて相手を裏切って自白した場合、懲役2年になるが、双方とも相手と協調して黙秘を続けた場合は懲役1年であるため、後者の方がマシだといえる。

10　それぞれの観点から判断の意味を整理しよう。

11　まず、相手が黙秘した場合。自分も相手と協調して黙秘を続けたとき（互いに懲役1年）と、黙秘を続ける相手を裏切って自分は自白したとき（自分のみ釈放、懲役0年）とでは、後者の方が得になる。

12　次に、相手が自分を裏切って自白した場合。自分は相手と協調するつもりで黙秘したが、相手が自分を裏切って自白したとき（自分のみ懲役3年）と、相手が自分を裏切るつもりで自白し、自分も相手を裏切るつもりで自白したとき（ともに懲役2年）とでは、やはり裏切った方が得になる。

13　つまり、相手が黙秘した場合も自白した場合も、自分は自白した方が得になる。であれば、（相手が黙秘していた場合には相手を裏切ることになるが、それを承知で）自白した方がよい、というのが合理的判断である（相手が裏切らない（黙秘する）とわかっていれば自分もそれに合わせる（黙秘する）のが双方にとってよい道なのだが、連絡を取り合うことができず[2]、相手が裏切るかどうかわからないので、〈もし自分が相手を信じて黙秘したとしても、相手が自分を裏切って自白したら、相手が釈放され自分だけが懲役3年になってしまう〉というおそれを消すことができないため、その道をとることができないのである）。

[14] それは相手の立場からも同じであり、裏切って自白するという選択をすることが合理的である。

[15] このように双方ともに合理的判断に基づく選択をする（裏切る）ことによって、双方が自白して懲役2年を受けるという結果になる。しかしそれは、双方が相手を信じて黙秘を続けた場合の懲役1年よりも重い刑になってしまう。

[16] つまり、双方が合理的判断をしたにもかかわらず（したことによってこそ）、双方とも1年よけいに損をしてしまう。さらには、全体としての損失（2人の懲役の合計年数）も大きくなってしまうのである。

[17] 次の2点が重要である。

[18] まず両者の判断が感情や信頼によるものではなく、損得勘定だけの理詰めの判断による合理的なものだということ。

[19] 次に、互いに非合理な判断（相手を信じて協調すること）をした方が、合理的な判断をした場合よりも刑が軽く済んだはずだ、ということ。

[20] つまりこの場合、それぞれが理詰めで判断すると全体的によい結果にはならない、ということなのである。

[21] 以上のように、合理的な判断をすると全体的に最適の結果にはならないというジレンマが生じる。

＊以上について、本文の内容を整理すると次のようになる。

① 双方ともに協調、黙秘→双方ともに懲役1年、双方にとって③（懲役0年）よりは損だが②（懲役3年）・④（懲役2年）よりは得

② 自分が協調、黙秘／相手が裏切り、自白→自分が懲役3年、自分にとって最大の損／相手が懲役0年、相手にとって最大の得

③ 相手が協調、黙秘／自分が裏切り、自白→相手が懲役3年、相手にとって最大の損／自分が懲役0年、自分にとって最大の得

④ 双方ともに自白、裏切り→双方ともに懲役2年、双方にとって②（懲役3年）よりは得だが①（懲役1年）よりは損

＊双方ともに、②を恐れるあまりそのリスクヘッジとして、あるいは一攫千《いっかく》金？ のチャンスとして③を狙うあまり、①の可能性を捨てて、相手を裏切るという判断をする。相手の出方によって最善の③が得られなかったとしても、②よりはマシな④に落ち着くまでのことである、というように理詰めで損得勘定をするのが合理的判断である。しかし、双方がそのように合理的に判断すると、①に比べれば損をする④にしかならないのである。

＊「ジレンマ」とは一般に〈相反する二つの事柄の間で板ばさみになる〉ことを言う。ここでは、「2人の犯罪者は黙秘し通すべきでしょうか。あるいは、共犯者を裏切って、自白すべきでしょうか？／これが『囚人のジレンマ』の典型的な設定です」[6]・[7] とあるように、〈「黙秘」と「自白」の間で板ばさみになる〉という「ジレンマ」であり、また、「合理的判断をしたにもかかわらず、2人にとって最適の結果をもたらさないという『ジレンマ』」[21] とあるように、〈合理的判断をすれば、ともに〝相手を裏切って自白する〟ことになる〉が、〈ともに〝相手を裏切って自白する〟ことは、2人にとって最適の結果にはならない〉という「ジレンマ」である。

《意味段落2》「囚人のジレンマ」事例2　ゲームにおけるかけひき

[22] 登場人物が「囚人」だという設定や、相手を「裏切る」という表現によって、このジレンマは読者にとって自分を重ねにくいものになっているかもしれない。

[23] そこで、このジレンマの一般的重要性をより理解しやすくするために、道徳的評価の伴わないあるゲームに置き換えてみよう。

[24] ゲームの参加者は2人で、相手からは見えないスイッチで二択の選択をし、成績に応じて現金が得られる。

[25] キーは「同調」と「対抗」で、2人とも「同調」なら200円、2人とも「対抗」なら100円、そして片方が「対抗」でもう片方が「同調」なら、

前者が300円、後者が0円。2人は打ち合わせなしの一回勝負。

26 これは道徳的な負い目のない純粋なゲームだが、どのような選択が一番よいといえるのか。

27 これは（《意味段落1》の）囚人のジレンマと同じ構造を持つ。

28 すなわち、合理的な判断をすれば双方とも「対抗」を選び100円を得るが、もしそれほど合理的でなければ双方とも「同調」を選びその倍の200円を手にすることもできた。

29 すなわち、双方とも合理的判断の結果、ともに「対抗」を選び、損をするということになる。

＊以上の内容をまとめると、次のようになる。

① 双方ともに「同調」→双方ともに200円、双方にとって③（300円）よりは損だが、②（0円）・④（100円）よりは得

② 自分が「同調」／相手が「対抗」→自分は0円、自分にとって最大の損／相手が300円、相手にとって最大の得

③ 自分が「対抗」／相手が「同調」→自分は300円、自分にとって最大の得／相手が0円、相手にとって最大の損

④ 双方ともに「対抗」→双方ともに100円、双方にとって②（0円）よりは得だが、①（200円）よりは損

＊双方ともに③のチャンスを狙い②をおそれるあまり①を導くことができない。結局④に落ち着くケースとなり、それほど得にはならない。

＊こちらの事例も、理詰めの損得勘定すなわち合理的判断が、必ずしもよい結果をもたらさないことを表している。

《意味段落3》「囚人のジレンマ」の一般性

30 こうした「囚人のジレンマ」は、人間社会における、諸々の競合的状況に共通する本質的問題をはらんでいる。

31 それは認知心理学をはじめ認知科学、計算機科学など、様々な研究領域における重要な研究テーマになっている。

32 それは個人間の競合関係のみならず、企業間や国家間の様々な競合的関係におけるジレンマを表す。

33 このジレンマにおかれている場合、どのような判断が有効であるかが問題となる。

34 たとえば商品売買は、売買によって売り手も買い手もともに利益を得ようとするものだが、双方とも相手を騙《だま》す（「対抗する」）ことでより多く利益を得られるとなれば、「裏切り」が生じうることになる。

35 公正な取引のためには、裏切りを回避する仕組みが必要となる。

36 「囚人のジレンマ」はまた、国際的な安全保障における核武装論などにも当てはまる。

37 つまり、相手国に対する支配力を持つために核兵器を製造・保有するのが〈対抗、裏切り〉であり、核を保有しないことが〈協調〉であるが、双方とも核を保有すれば、結局は他国への支配力における優越は確保できないことになる。

38 核兵器の維持には多大なコストがかかるため、そのように支配力を持ち得ないなら〈他国と協調して核を保有しない〉ことが望ましいが、（「囚人のジレンマ」で〈〝自分は協調するつもりでも、相手が裏切ったら自分の一方的な損になる〟ことをおそれて、双方が〝相手を裏切る〟ことを選択する〉ことが「合理的判断」となるように）自分だけが核兵器を持たずに被支配的な立場に陥ることを避けるために、核開発に至ることが「合理性がある」ことになってしまうのである。

＊以上、これまで二つの事例を通じて述べられてきた「囚人のジレンマ」を他の事例に応用し、その一般性と本質について述べたのが、最後の意味段落である。

＊35に「ちゃんとした取引が成立するためには、お互いの裏切りを回避する仕組みが必要となります」とある。問題文として採った箇所にはこれ以上の説明はない（ので、以下の説明は設問解答に直接関係はしない）が、原著のこれに続く箇所には「通常、商取引などにおいては、裏切りを回避する仕組みは取引の繰り返しによって確保されると考えられます。つまり、取引相手が裏切ったら将来の取引をやめるという脅しをかけ合うことで相

手の裏切りを阻止することになります」とあり、こうしたことを踏まえて「終わらない競合の仕組みを作ることは、持続可能な社会の基礎として必要なことです」と筆者は述べている。本問の解説はここまでにとどめるが、原著にはさまざまな研究・理論が紹介されている。興味のある方は一読されたい。

〈設問解説〉

問1　文脈に適した漢字を考える設問。

以下のレベルの漢字は音訓ともに読めて書けるようにしておきたい。またそれぞれの意味も同時に覚えていき語彙力をつけよう。

(ア)「独房」。①暴利②官房③帽子④防災⑤感冒（＝風邪）。正解は②。

(イ)「司法」。①行使②終始③上司④志望⑤試行錯誤。正解は③。

(ウ)「国際的な安全ホショウ」なので、「保障」（＝ある状態や地位などを守ること）であり、〈保証〉（＝確かであると請け合うこと）ではない。①証言②賞与③承認④消耗⑤支障。正解は⑤。

(エ)「核武装」。①装い②奏でる③掃く④操る⑤葬る。正解は①。

(オ)「相殺」（＝互いに影響し合って効果を失うこと）。①細かい②砕く③載せる④殺し⑤塞ぐ。正解は④。④が〈殺す〉だということは自明であるとして、〈相殺〉が思い浮かぶか（自分の語彙の中にあるか）を問う設問である。

問2　図表内の空欄補充。図表を読み取り、本文と図表との関連をとらえる設問。

表1は**〈問題文の解説〉**の項でも見た通り、「囚人のジレンマ」の事例1を図表化したものである。それは〈お互いに合理的判断、すなわち損得勘定を理詰めで行った結果、双方にとって最適の結果からすれば損になってしまう選択をすることになる（感情や信用にもとづく合理的ではない判断をしていれば、むしろ得をしたであろう）〉という事態を表すものであった。

表1の下には「各セルはそれぞれ2人の囚人による判断を示し」とある。「判断」とは〈「自白（裏切り）」か「黙秘（協調）」か〉を指すのだから、「セル」とはそれらの組み合わせによる4つのマス目のことだと見当がつくだろう。すなわち、囚人Aと囚人Bの「判断」の組み合わせとして、

A自白（裏切り）、B自白（裏切り）……空欄イ

A自白（裏切り）、B黙秘（協調）……空欄ロ

A黙秘（協調）、B自白（裏切り）……空欄ハ

A黙秘（協調）、B黙秘（協調）……空欄ニ

ということである。そして、**表1**の下には「各セル中の左側と右側の数字は、それぞれその判断の結果生じる囚人Aと囚人Bの懲役年数を示す」とあるから、例えばA3年、B0年の場合には〈3、0〉のように表記されている、ということになる。これが問2の選択肢の数値に当たる。

本文と表とを比較・照合し、わかりやすいものから考えていこう。空欄ニ（A黙秘（協調）、B黙秘（協調））の場合について、本文には次のように述べられている。「2人とも黙秘を続けており、このままでは……2人ともに1年の懲役を科される見通しです」[3]、「どちらも黙秘し続けて（つまりは、相手と協調して）1年の懲役刑を受ける方がマシということになります」[9]、「ともに相手と協調する『非合理的』な判断をした場合は懲役1年で済む」[19]。したがって、双方ともに黙秘、協調した場合を表す空欄ニが双方ともに1年になっているものが正解である。すなわち選択肢の①か②が正解となるはずである。

さらに①と②の違いを検討しよう。まず空欄イが双方とも2年になっているか、あるいは0年と3年になっているかの違いがある。空欄イ（A自白（裏切り）、B自白（裏切り））のケースについて本文を再度確認すると、「もし、2人とも自白したら、それは規則通り懲役2年になってしまいます」[5]、「2人の犯罪者が互いに相手を裏切った場合、2人とも2年の懲役を受けることになります」とある[9]。したがって、空欄イが双方とも2年になっている①が正解となる。①のロ（A自白（裏切り）、B黙秘（協調））、ハ（A黙秘（協調）、B自白（裏切り））についても、本文に「どちらか1人だけが自白したら、その場で釈放（＝懲役0年）としよう。でも、自白しなかった方は懲役3年だ」[5]とあることから、ロ

が〈0年、3年〉、ハが〈3年、0年〉で正しい。他の選択肢に関しては、上述のように双方とも1年になるはずの空欄ニが、④・⑤は3年と0年、③はともに2年となっている点だけ見ても、誤りだと判断できる。

なお、③と誤答してしまった人は、数値の組み合わせが**表2**と似ているということでうっかり選んでしまったのではないかと思われる。しかし、与えられるものが**表1**では「懲役刑」（マイナスのもの）、**表2**では「現金」（プラスのもの）であるから、**表1**と**表2**とは、構造的には同じでも数値自体は逆になるのである。――図表に関する設問は共通テストの大きな特徴の一つである。図表と本文とを正確に照合させてその内容を理解することが重要だということを意識してほしい。

問3　傍線部の内容把握。文中の語句について、本文の記述を把握した上で推論をまじえて内容を考える設問。

まず、傍線部**A**「合理的な判断」についての本文中の説明をおさえよう。11～15に、「(囚人）Aにとっては、(囚人）Bが自分と協調して黙秘し続けた場合……Bを裏切って自白した方が得」「Bが自分（A）を裏切って……自白した場合……も、AはBを裏切って自白した方が得」、すなわち「Bがどのような判断をした場合も、Bを裏切って自白した方が得……Bを裏切るのが合理的判断ということになります」とあり、さらに「Bの立場からもまったく同様」「結局はAもBも相手を裏切ることになるのが合理的な選択ということになりそうです」とあって、18には「感情や相手に対する信頼度などにもとづいてなされるのではなく、損得勘定だけで理詰めで判断した結果、相手を裏切ることが合理的な判断になる」とある。また、16には「合理的な判断をしたはずなのに、どちらも損をしてしまう……」とあり、20・21には「理詰めで損得を考慮したにもかかわらず、結果として……最善の結果……にならない」「合理的に判断する者がいると、全体では結局、損をしてしまう……2人にとって最適の結果をもたらさない」とある。以上のように、「合理的判断」については〈「損得勘定」の結果、相手が黙秘した場合でも裏切った場合でも、自分は相手を裏切って自白する方が得だと考えてそれを選ぶが、そのことで結局、損をしてしまう（最適な結果を得られない）〉という趣旨のことが述べられている。

一方、傍線部**B**「『非合理的』な判断」に関しては、直接的には「ともに相手と協調する『非合理的』な判断をした場合は懲役1年で済む」(19)としか述べられていない。が、18「損得勘定だけで理詰めで判断」するのが「合理的な判断」だと言うのだから、その逆の18「感情や相手に対する信頼度などにもとづい」た判断が「『非合理的』な判断」だと見当をつけることができるだろう。すなわち、相手を出し抜いて自分だけ得をするために自白するのではなく、あるいは相手も自分と同様に損得勘定によって自分を裏切って自白するだろうと合理的に推測するのではなく、むしろ「感情や相手に対する信頼度などにもとづいて」、相手と協調し黙秘することを選択することである。相手が自分同様に協調、黙秘してくれるとする合理的な根拠はどこにもないが、にもかかわらず相手を信じるという選択がこれであり、それによって（問2で見た通り）双方ともに自白した場合よりは軽い刑（「2人とも相手と協調して、懲役1年」という「全体にとって最善の結果」(20)）で済む、というものである。このように考えると、

A「合理的な判断」が、「相手を裏切って自白した方が」相手がどう出ても「刑が軽くなる、と損得勘定にもとづいた判断をする」とする③

B「『非合理的』な判断」が、「双方ともに」「相手がどうであれ自分は相手を裏切りたくないという思い（＝18「感情」）や、相手が自分を裏切らないだろうという根拠なき信（＝18「信頼」）」にもとづく「判断をする」ことで「最終的には全体にとって最適の結果を得る」とする⑤

ということになる。正解は、**A**が③、**B**が⑤である。――⑤が言うような「思い」「信」の内実は本文で直接述べられていることではないが、〈相手が協調した場合、自分は裏切った方が得〉〈相手が裏切った場合、自分も裏切った方が得〉と順を追って考え〈だから自分は裏切る〉と選択する「合理的な判断」の反対なのだから、〈かりに相手に裏切られたとしても自分は裏切りたくない〉という「感情」であり、また〈相手が裏切る可能性があるのだから、それを計算に入れて損得を考える〉ような「合理的な判断」の反対なのだから、〈相手が裏切る可能性はある（裏切らないという根拠はない）が、相手を信じよう〉という〈信頼〉だ、と考えるのは妥当

性のある推測だと判断できる。

①は、「……理詰めの判断として」までがA、「お互いに相手を裏切ることなく黙秘を続ける」がBだから、全体をAだと考えれば後半が、Bだと考えれば前半が、それぞれ誤りとなる。

②は、「黙秘を続ける」はBだが、「利益を得られる道を考え、相手に裏切られ……るのを避ける」が「損得勘定」のAであり、ABどちらとしても一貫しない。「損得勘定」の上での判断として「黙秘」を選ぶことは、〈互いに連絡を取り合い相談する〉ことが可能でなければ成り立たないものであり、設定自体が「囚人のジレンマ」とは異なる。

④は、「感情に流されることなく……冷静に計算」が「損得勘定」でAだが、「黙秘を続け」「他人を信じ」はBで、ABどちらとしても一貫しない。Bは〈最悪の事態を回避しようと損得を計算し、結果的に他人を信じる〉のではなく〈損得ぬきに他人を信じた結果、最悪の事態が回避される〉ような判断である。

⑥は、「自分の利益を最優先に考え……かえって全体としての損失を大きくしてしまう」がAだが、Aの場合「相手が裏切らないことを前提と」することはできないのだから、誤りである。

共通テストは〈思考力・判断力・表現力〉が問われる試験である。問3では、⑤で先に見たような〈推論〉が求められる点で〈思考力〉が問われ、「合理的な判断」「『非合理的』な判断」という相反する内容を共通の選択肢群から選ぶ点、および、①〜③は〈双方ともに……〉の場合の〈最終的な損得〉にまで触れておらず、④〜⑥はそれにまで触れている、という〈性質の異なる〉選択肢群の中から二つのものを選ぶことが求められる点で、様々に視点を変えながら物事を検討していく〈判断力〉が問われている。従来の出題とは異質なこの種の問題にも慣れてゆきたい。

問4　傍線部の理由説明。《意味段落1》と《意味段落2》の内容を総合してとらえる設問。

傍線部C「合理的な参加者は、ともに『対抗』を選ぶことで、自分たちの首を締めるという構図になっています」は問2・3で問われたタイプの「囚人のジレンマ」（すなわち〈黙秘、協調〉か〈自白、裏切り〉か）のみならず、次の「ジレンマ」の例、すなわちゲームでより高い金額を得るために「協調」か「対抗」かの選択をする事例をも含めて、裏切りや対抗が最適な結果を生まないことを示したものである。囚人同士の場合は、本文にも「結局はAもBも相手を裏切ることになるのが合理的な選択ということになりそうです。その結果として……2人ともそれよりも重い懲役2年ということになってしまうのです」（[15]）、「合理的な判断をしたはずなのに、どちらも損をしてしまうだけではなく、全体的な損失（2人の懲役の合計年数）も大きくなってしまうのです」（[16]）、「個々が理詰めで損得を考慮したにもかかわらず、結果として、全体にとって最善の結果（この場合、2人とも相手と協調して、懲役1年）にならないのです」（[20]）とある。ゲームの場合に関してもこれと同様に（表2参照）、相手が「同調」の場合には自分が「対抗」を選んで〈相手0円／自分300円〉とするのが自分の最大の利益、逆に相手が「対抗」の場合には、自分が「同調」を選べば〈相手300円／自分0円〉と相手が最大の利益を得る（自分は最大の損失をこうむる）ことになってしまうので、これを避けるには自分も「対抗」で〈相手100円／自分100円〉とする方を選ぶべき、ということになる。したがって、「2名がともに合理的に判断したのであれば、ともに『対抗』を選び、100円を手に」する（[28]）が、それはともに「同調」を選んだ場合の〈相手200円／自分200円〉に比べて損をする結果になる。これを傍線部Cで「合理的な参加者は、ともに『対抗』を選ぶことで、自分たちの首を締めるという構図になっています」と述べているのである。したがって正解は「『同調』を選ぶ相手を出し抜いて自分が最大の利益（＝300円）を獲得（一方のみにとっての最適）しようとし、かつ『同調』を選ぶ自分が出し抜かれて相手が最大の利益（＝300円）を得る（一方のみにとっての最適）事態を回避しようとする」ために、結果として「双方にとっての最適（＝ともに200円）となる選択に到達しえない（＝ともに100円に終わる）」としている④となる。

①は「相手に対する不合理なまでの不信感と敵意」という点が、傍線部Cが「合理的」な損得勘定にもとづいた判断であるという趣旨と異なる。

また、「最低金額」は0円であるから「双方ともに最低金額しか得られない」も誤りである（正しくは〈双方が等しい場合の低い方の金額〉である）。

②は「相手の気持ちが理解できなくなり」「相手も自分同様に最高金額を得ようとして『対抗』を選ぶということを予測できず」としている点が、傍線部Cが相手も自分同様に対抗してくるであろうことを合理的に理詰めで推測した上での選択であることと食い違う。また、「相手も自分同様に最高金額を得ようとして『対抗』を選ぶということ」は「予測」のうちに入っているのだから「予測できず」が誤りであるし、「最低金額」も①同様誤りである。

③は「互いに信頼し尊重し合う……道徳的な精神よりも……」と、「信頼」「道徳的な精神」の有無に関わるゲームだとしている点が、このゲームの説明としては誤りである。本文には、ゲームでのかけひきに関して「囚人のジレンマの一般的重要性を理解するためには、それを道徳的評価の伴わないゲームとして書き直したほうがいいかもしれません」(23)とある。つまり、〈道徳的精神か、損得勘定か〉という「ゲーム」なのではなく、最初から〈道徳的精神〉とは無関係なゲームなのである。また、「自分だけが最高金額を得ようとして」だけでは足りない〈自分が出し抜かれて相手が最大の利益を得る事態をおそれる、という要素も必要である〉。

⑤は、「自己犠牲的で利他的な感情」が「道徳的評価の伴わないゲーム」だとする論旨に反し、また自分がいったん「相手に『同調』しようとし」て「出し抜かれ多額の損害を被」ったことが前提とされている点が、それを〈想定〉して判断するということでの内容に反する。さらに「傷つけられたと感じ、その報復として」裏切ることが続く、としている点も誤りである。

問5 事例に適する図表を考える設問、および本文の趣旨を踏まえて本文以外の事例について考える設問。囚人のジレンマの一般性と本質に関する発展的な思考を求めるものであり、共通テストの特徴を踏まえ、本文の内容を〈実用国語〉分野の事例に適用する問いとして作問した。

傍線部**D**「さまざまな領域における競合的関係においてジレンマを認めることができます」について、(i)(ii)の二問が問われているのが問5であるが、それぞれが本文で述べられている「囚人のジレンマ」の発展的な事例であり、これまでの二つの事例が「個人間の競合関係」であったのに対して、ここで問われているのは、企業間の競合関係(i)と国家間のそれ(ii)である。

(i) 「表」の各セルを表1の空欄イ～ニに当たるものと考えれば、「企業間の商品の価格設定」について、A社とB社の「利益」が、

1 互いに値下げをしない（現状維持）ならば500億円ずつ→〈ともに協調〉(**a**)

2 一方だけが値下げした場合、値下げしなかった方を600億円上回る→〈一方のみ裏切り〉(**b**)

3 双方とも値下げをすれば400億円ずつ→〈ともに裏切り〉(**c**)

という形で、これまでに見てきた「囚人のジレンマ」同様のパターンになっていることが理解できるだろう。

aに当たる〈現状維持／現状維持〉のセルが双方ともに500になっているのは②と④である。さらに両者の他の三つのセルを検討してみると、A社とB社が〈A 値下げをしている／B 現状維持〉の関係である場合を表すセルが、前者が後者を600億円上回ることを表す「700／100」であり、〈A 現状維持／B 値下げをしている〉の場合を表すセルが「100／700」となっており（ともに**b**に当たる）、さらに〈双方とも値下げ〉の場合を表す（**c**に当たる）セルも「400／400」となっているのは、②である。正解は②となる。

(ii) 端的に言えば、貿易をする二国が相互に関税を上げ下げし合うことで、互いの収益が増減する関係になっている。これまでの「囚人のジレンマ」等と同様に、双方とも関税を下げれば（事例1・2における双方ともに協調（同調）のケース同様）、いわゆるウィンウィンの〈双方に利益がある〉関係になり得るのであるが、一方だけが関税を上げ他方が下げる場合収益差が最大になり、双方ともに関税を上げれば、どちらか一方だけの大損も大儲けもない、という状況である。

この設問に即して具体的に見てみよう。まず「自国の産業の強い分野の産品を外国に輸出し、弱い分野の産品を外国から輸入することによって、自国の経済に全体としてよい効果がある」という前提が示され、一方で「自

国の産業の弱い分野を保護するためには、輸入品に高い関税を課すことで、外国からの輸入を抑制する必要がある」とある。

関税を高くする（上げる）→外国からの輸入を減らせる→自国の産業の弱い部分が（外国からの輸入品に市場を奪われないので）保護できる

のだが、それは、〈自国の産業の弱い部分がそのまま残ってしまう〉ことでもある。すなわち、

関税を高くする（上げる）→〈自国の弱い分野の産品を外国から輸入することで自国の経済に全体としてよい効果をもたらす〉ことができなくなる

ということにもなる。

一方、関税を低くするのはその逆で、

関税を低くする（下げる）→〈外国からの輸入を増やせる〉→〈自国の弱い分野の産品を外国から輸入することで自国の経済に全体としてよい効果をもたらす〉ことができる

ということになる。

ケースごとに整理してみよう。

a　自国関税下げ／相手国関税上げ→相手国からの輸入は増え、自国の弱い産業は保護できない／相手国は輸出を増やし、弱い産業も保護できる→自国の大負け／相手国の大勝ち

b　自国関税上げ／相手国関税下げ→自国は相手国への輸出を増やし、自国の弱い産業も保護できる／相手国は輸出を減らし、自国の弱い産業は保護できない→自国の大勝ち／相手国の大負け

c　自国関税下げ／相手国関税下げ→（対等な条件のもと、弱い産業は競争に負け、強い産業は競争に勝つので）両国ともに自国の弱い産業の産品は（保護できないが）相手国から輸入でき、自国の強い産業の産品は相手国に輸出できる→両国ともに（bのような一方的な勝ちではないが）「自国の経済に全体としてよい効果がある」

d　自国関税上げ、相手国関税上げ→両国ともに（自国の弱い産業は保護できるが）「自国の経済に全体としてよい効果」はもたらせない→両国ともに、aほどの大負けはないが、cの「効果」も得られない

この状況で、設問にあるように「囚人のジレンマ」的な状況が成立しているとすれば〈自分は協調するつもりでも、相手は裏切るのではないか〉という疑心がぬぐえない、ということがその前提なので、

・〈相手国関税下げ〉のbcを想定すると、cよりbの〈自国の大勝ち〉の方がよいから、bの〈自国関税上げ〉を選択

・〈相手国関税上げ〉のadを想定すると、aの〈自国の大負け〉よりdの方がよいから、dの〈自国関税上げ〉を選択

つまり、〈合理的に考えれば、いずれにせよ〝自国関税上げ〟を選択すべきだ〉と〈両国とも考える（dの事態となる）〉ということになる。つまり、❹「合理的には判断できない」のではなく、〈合理的には〝自国関税上げ〟と判断することになる〉のが「『囚人のジレンマ』的な状況」における判断なのだから、「適当でないもの」つまり正解は❹である。

❶はcに該当し（両国ともに「よい効果がある」のだから、もちろん「自国の経済に……よい効果がある」と言える）、❷はaに、❸はdに、それぞれ該当する。いずれも「適当」なものである。

問6　本文に関する会話について考える設問。本文の論旨に基づいて応用的思考を展開することを求める問いである。共通テストでは、学習指導要領の学習項目の一つである〈言語活動の充実〉を踏まえた会話・討議形式の設問の出題も予想されており、本問はこれを想定した設問である。

本文の内容に関して七人の生徒が話し合っている場面である。もう一度本文の要旨を確認した上で、それぞれの生徒の発言に即して考えてみよう。

①　本文では〈損得勘定をもとに合理的に相手を〈裏切るのではないか〉というふうに疑っても最適な結果を生まない〉ということが述べられていた。❶の生徒Aの、疑いが「必ずしもよい結果を生まない」という発言、❷の生徒Bの「ますます疑心暗鬼にかられてかえって悪循環になる」という発言は、これに沿ったものである。

②　本文では〈異なる立場同士の腹の探り合いが（[32]以降の「国家間の環

境問題」「軍縮」「商品売買の契約」のケースのように、仮に話し合いの場が設けられた場合ですら、もし相手を信じきれないのなら、相手が自分を出し抜いて自分を裏切るという万が一のケースへの疑いを最終的には払拭しきれないため〉ジレンマを生み、最適の結果を遠ざけてしまう〉ということも述べられていた。③の生徒Cの「労働者と雇用者」が「双方から様々な駆け引き」を繰り広げるという発言、④の生徒Dの「国際関係における熾烈な覇権争いのために核開発がエスカレート」に関する発言は、これに沿ったものである。

③　本文中に挙げられた様々なジレンマは〈感情や信頼にもとづかない、理詰めで合理的な損得勘定をもとにした判断がもたらす〉ものであり、つまりは〈人間の理性は諸々の誤謬《ごびゅう》や困難を、ときに感性（感情、信頼）よりも甚大なそれらをもたらす〉ということが本文の趣旨であった。⑥の生徒Fの「合理性が間違いの元凶になりかねない」、⑦の生徒Gの「感覚や感情も誤りをもたらすんだろうけど、合理性のみに偏することはより大きな間違いや損失を生じさせかねない」という発言は、これに沿ったものである。

以上の発言に対して⑤の生徒Eの「根本が騙し合いなんだから、いくらシステムや制度を作っても限界がある」という発言は、本文［35］の「ちゃんとした取引が成立するためには、お互いの裏切りを回避する仕組みが必要となります」すなわち〈裏切りを回避する仕組みがあれば、ちゃんとした取引は成立しうるはずだ〉という趣旨に反する。「本文の趣旨の理解に誤りがある」もの、つまり正解は⑤である。

⑤以外の選択肢にも〈本文に直接書かれていないこと〉を含むものはあるが、それらは⑤に比べれば本文の論旨の方向性から逸脱しない範囲のものだと判断できる。共通テストの特徴の一つであるこの種の〈応用的・発展的思考〉に関わる設問では、以上のように、〈本文の論旨から論理的に導き出しうる推論か否か〉〈本文の論旨の方向性に沿った（と矛盾しない）事例か否か〉といった観点から、選択肢の妥当性を判断する力が求められることになる。

第2問

〈出典〉　長田弘（おさだ　ひろし）「聴くという一つの動詞」（『世界はうつくしいと』（みすず書房　二〇〇九年刊）所収）、「ひそやかな音に耳澄ます」（『幼年の色、人生の色』（みすず書房　二〇一六年刊）所収）の全文。出題に際しやむを得ない事情によりルビを加えた箇所がある。

長田弘は、一九三九年生まれの詩人、児童文学作家、文芸評論家、随筆家、翻訳家。一九六三年、早稲田大学第一文学部ドイツ文学専修卒。一九六五年、詩集『われら新鮮な旅人』でデビュー。一九八二年『私の二十世紀書店』で毎日出版文化賞、一九九八年『記憶のつくり方』で桑原武夫学芸賞、二〇〇〇年『森の絵本』で講談社出版文化賞、二〇一〇年『世界はうつくしいと』で三好達治賞、二〇一四年『奇跡　ミラクル』で毎日芸術賞をそれぞれ受賞。その他の主な著書に、『深呼吸の必要』『死者の贈り物』『人はかつて樹だった』などがある。二〇一五年没。

〈問題文の解説〉

二〇一八年度の試行調査の文学的文章の問題では、詩とエッセイを並べてその関連性を問う複数テクストの問題が出題された。今回の問題もその形式にならって作成されている。小説や詩、エッセイといった〈文学国語〉の複数テクストの問題にどうアプローチしていくか、今回の問題をその理解への一助として今後の勉強に取り組んでいってほしい。

関連するテーマを扱った詩とエッセイであれば、一般的には、詩の方がより凝縮された表現であり、エッセイの方が比較的かみくだいた表現になっていると言えるだろう。したがって、まずはエッセイ「ひそやかな音に耳澄ます」の内容から見ていこう。

本文を展開に沿って四つの意味段落に分けて説明を進めていく。

第一意味段落（［1］）

本文の冒頭、筆者はまず「微かな音」について語る。「静けさ」とは完全な無音状態のことではない。そこに人は「沈黙の音としかいえない」ような「微かな音」を聴きだすことができる。その静まりに耳を澄ますとき、「微かな音」は「心音のように亢まり」、「空気がふっと濃くなってくる」ような感覚をもたらすのだと筆者は言う。①

タイトルからもうかがえるように、筆者は本文全体を通して、意識しなければ聴くことのできない「ひそやかな音に耳澄ます」ことの意味を語っている。ここではまず、その「ひそやかな音」がどのようなものであるかが述べられているのだと言えよう。

第二意味段落（②〜④）

続いて筆者はわれわれの日常を構成する「さまざまな音」をとらえる。（②）

そしてこれら「さまざまな音」が、われわれの「日常のバランスの感覚」を支えていることを言う。好ましい音や好ましくない音、知った音や知らない音、こうした日常にあふれる「さまざまな音」をみずから聴き分けるなかで人はそれぞれの「心の景色」をつくりだし、精神の微妙な調和を保ちながら生きているのである。（③・④）

第三意味段落（⑤〜⑭）

ところがいま、これまでの日常をかたちづくってきた音の数々が失われていっている。もともとはなかった多くの音が新たにつくりだされ、それらの音に蔽われてしりぞけられてしまった音がたくさんあるのである。⑤

ことさら多く失われたのが「小さな音」（＝「微かな音」（①））である。大きな音ばかりが幅をきかせるようになり、小さな音を愛でる感性は失われ、むしろ小さな音は不快な音として扱われるようにさえなった。「日々の表情をつたえる音」であったそれら「ひそやかな音」へ耳を傾けることに人々は喜びを見いださなくなってしまったのである。⑥

たとえば夏目漱石は『永日小品』に彼が生きた時代のさまざまな「日々の音」を書きとめている。音は日々のなかにあり、その時代の社会や生活の様子をうかがわせるものである。しかし、漱石が書きとめた「日々の音」のほとんどは、いまではもう聴くことがかなわなくなっている。新しい「時代のもつ文明の音」がそれらの音をしりぞけてしまったのである。⑦〜⑩

また広津和郎も『動物小品集』に、中国南部から入り込んだ青松虫の甲高く鋭い声が日本の秋の虫たちの鳴き声を圧倒し、「日本の秋の静けさ」をかきみだしてしまったことを記している。それは単に日本の虫の声が失われたということにとどまらない。広津は、彼の子どもたちが「虫の声」にも、「身近な自然」にも無関心になっていることを言う。かつて「街のなかに自然が溢れていた」時代には、人々の「心のなかにも自然が溢れていた」。しかし、いま若い人たちの心に「自然は単純な自然のままではもう生きていない」のである。広津がこれを記したのは「太平洋戦争」の直前であった。日本が意気揚々と戦争へ向かう時代のかまびすしさが、自然の静けさを、ひいては自然そのものを人々の心から奪い去ったのである。⑪〜⑭

第四意味段落（⑮）

最後に筆者は「静けさに聴き入ること」について再度語る。「日々に音をつくりだす」のが「文明」であるとすれば、「静けさに聴き入ること」は「文化」であると筆者は言う。「文化」とは一般に、ある社会の成員が共有する生活様式のことである。それは日常的な日々のあり方だ。⑥で言われていたように、そのようなささやかな「日々の表情」は文明がつくりだす騒がしい音ではなく、静けさのなかにある「ひそやかな音」にこそ表れる。この「静けさに聴き入る」ことで、世界を感受し、みずからの「心の景色」（④）をつくりだしていくところに、人間の日常的な生があるのである。それは「もっとも単純なこと」だ。しかし、この「もっとも単純なことが、いまはもっともむずかしい」ことになってしまっている。筆者は、現代の文明が多くの騒がしい音をつくりだし、小さな音、微かな音、ひそやかな音を世界から追い出している状況を憂慮し、人々にもう一度「静けさに聴き入る」ことの意味を振り返ってもらいたいと訴えているのである。

次に右の内容を踏まえて、詩「聴くという一つの動詞」を見てみよう。

詩人は「早春の、雨のむこうに」、「真っ白」な「コブシの花々を目にした」ことを「コブシの花々の声を聴いた」と言う。また「何もない浜辺で」、「遠くから走ってくる波を眺める」ことを、「波の光がはこぶ海の声を聴く」と言う。「見ることは、聴くこと」であり、「眺めることは、聴くこと」なのだ。詩人は、この世界の感受は、積極的で能動的な視覚によってではなく、より謙虚で受動的な聴覚によってなされるものだと言っているようである。そして詩人は「聴く、という一つの動詞」が「人生のすべてなのではないのだろうか」と問う。「木の家に住むこと」も、「窓を開けること」も、「街を歩くこと」も、「考えること」も、すべて「聴くこと」である。「聴くこと」は「愛すること」である。この世界に耳を澄まし、そのありようを慈しむ。そのようにして人間は生きているのである。

　詩人は「夜、古い物語の本を読む」（「——私の考えでは、神さまと自然とは一つのものでございます」はドストエフスキー『悪霊』からの引用）。「読むこと」もまた「聴くこと」である。それは「本にのこされた沈黙」、すなわち明示的に書かれてはいないものへ注意深く心を向け、それを感じ取ることである。エッセイ「ひそやかな音に耳澄ます」でも言われていたように、微かなもの、意識しなければ感受することのかなわないものへと心を傾けることが大切である。騒々しいだけの「無闇なことば」は「人を幸福にしない」のである。

〈設問解説〉

問1　語句の意味。語彙力を問う設問。

(ア)「稠密な」は〈一つのところに多く集まっている〉という意味を表す。よって正解は②「ぎっしりと詰まった」である。文脈だけを頼りに考えると①「小さく繊細な」を選んでしまうことになるのではないだろうか。語句の意味を問う設問は（原則的に）、その語のもつ辞書的な意味に基づいて出題される。前後の文脈との通りがよくても、辞書的な意味から明らかに外れる選択肢を正解にすることはできない。

(イ)「耳ざわりな」は〈聞いていて気にさわったり、不快に感じたりする〉という意味を表す。正解は①「聞いていて不快に感じる」である。

(ウ)「俚言」は〈(1)俗間に用いられる言葉。里人の言葉。(2)その土地特有の単語や言い回し〉という意味を表す。ここでは(1)の意味で用いられている。正解は⑤「俗な言い回し」である。

問2　傍線部の理由説明。詩とエッセイの関連性をとらえる設問。

　傍線部**A**「聴く、という一つの動詞が、もしかしたら、人の人生のすべてなのではないのだろうか？」と述べる理由について、エッセイの内容を踏まえて説明する。

　「聴く」ということについては詩とエッセイの両方において話題にされている。ここではそれが「人の人生のすべて」だと言われているので、エッセイのなかで「聴く」ことと〈生きる〉ことのかかわりについて述べている箇所に目を向ける。

　[3]・[4]において、人間が「周囲のさまざまな音」を「聴き分ける」ことにより、「心の景色」を作り出し、「日常のバランスの感覚」をたもっていることが述べられている。世界にはさまざまな音があふれており、その音へと耳を傾けながら人間はみずからの心のありようを形づくり、日々の暮らしに調和をもたらしているのである。そして[1]や[5]・[6]にあるように、とりわけ大切なのは「ひそやかな音に耳澄ます」(6)ことである。日々を生きることとは、世界に対しそのような接し方をすることなのである。これを詩の内容に重ねれば、前半の「見ること」から末尾の「読むこと」にいたる多様な生の営みにおいて、周囲のさまざまなものごとに〈耳を澄ます〉ような注意深さをもって接し、それらを細やかに感受することが大切だ、ということになる。つまり、「聴くこと」がつちかうような感受のありようが「生きること」の根幹をなすということであり、だからこそ筆者は「聴く、という一つの動詞」は「人生のすべて」ではないかと述べるのである。正解は以上の内容を「日々のささやかな音に耳を傾けるといったありようにおいて、自らの生を形づくっていく」と説明している②である。共通テストではこのように、複数の文章の内容の共通点をおさえ、両者を重ねて理解するような設問が出題される。意識して練習しておきたい。

　①は「現代」の「人間」が「騒がしい音」や「かまびすしさ」のなか

に「生きることになる」ことを理由としているが、傍線部の「聴く」は必ずしも「騒がしい音」や「かまびすしさ」に耳を向けることを言っているわけではない（「コブシの花々の声」などは耳を澄まさねば聴こえない小さな音だろう）。もちろんエッセイの3・4に挙がっている「さまざまな音」も「騒がしい音」ばかりではない。

③は「原初的な生活を送る」という内容が詩からもエッセイからも出てこない解釈となっている。「自然」の「微かな音」に「耳を澄ま」すことは、詩とエッセイの双方において、人間の「本来的な生のあり方」と考えられていると言えるが、それは「原初的な生活を送る」こととイコールなのではない。

④は「日々新たな音を聴きとりながら生きていく」が不適当である。人間が「聴く」ものは「新たな音」に限定することができない。これでは人生の日々が常に「新たな音」で構成されたものになってしまう。これまであった音も新しい音もさまざまに聴くなかで人間は心のありようを形づくり、日々を生きるのである。

⑤は、「表面的な視覚情報に翻弄されがち」が「エッセイの内容」に即した説明とは言えず、また「音を聴くことでしか自らが生きる世界の本質を感受することができない」がエッセイおよび詩の内容を単純にとりすぎた解釈となっている。筆者は〈注意深く音を聴くこと〉が形づくる感受のあり方が「見ること」から「読むこと」に至る生の営みを細やかなものにする、と考えているのであって、実際に「音を聴くことでしか……」と言っているのではない。

問3　傍線部の内容説明。意味段落内の内容をとらえる設問。

傍線部B「沈黙の音としかいえない音」の内容をとらえる。**〈問題文の解説〉**の第一意味段落の項も参照してもらいたい。

「沈黙」については傍線部を含む1で説明がなされている。一般に「沈黙」あるいは「静けさ」は「何の音もしない」ことと考えられているが、筆者は「違う」と述べる。そこには「静けさよりももっと静かな、もっとも微かな音」を聴きとることができるのである。「すべて静まりかえったなかに」ある「しーんという音」、「遠くの音のようで、すぐ耳元に聴こえる音」、「とても稠密な音」である。このような〈静けさのなかに聴きとることのできる微かな音〉を、筆者は「沈黙の音としかいえない音」と表現している。したがって、正解は③である。

①は「人間の聴力では聴きとれない」が誤りである。筆者は「微かな音」を「聴きとれる」と言っている。

②は「はるか彼方から届けられる」が誤りである。本文に「遠くの音のようで、すぐ耳元に聴こえる音」とあるが、これは遠くから聴こえるような小さな音ではあるが、身近なところで鳴っている音であることを表現したものである。

④は「自らの身体内部から響く鼓動」が誤りである。「鼓動」とは心臓の音のことであるが、静けさのなかに聴こえる音は必ずしもこれを指すわけではない。1中の「心音のように亢まってくる」は、「微かな音」に耳を澄ますことで、その音が自らの内部に響くように感じられることを言ったものであろう。

⑤は「現実には存在しない心象」が誤りである。「心象」とは意識のなかに現れるイメージのことだが、ここで言われている「微かな音」は実際に聴きとることのできる音である。

問4　傍線部の内容説明。意味段落内の内容をとらえる設問。

傍線部C「音は日々のなかにある時代の音だ」の内容を説明する。**〈問題文の解説〉**の第三意味段落の項も参照してもらいたい。

傍線部は、「大きな音ばかりが世にはばかるようになって、日々の表情をつたえる音が少なくなった」（6）という筆者の主張に対応する具体例である夏目漱石の話のなかに置かれている。ここでは漱石が『永日小品』に書きとめた「日々の音」のほとんどが「いまではなくなった」（10）ことが言われている。8・9に挙げられた多くの音は、漱石が生きた時代の日常を感じさせるものであるが、そうした「日々の表情をつたえる音」が時代の移り変わりのなかで失われていったのである。

ここで音は〈その時代ごとの日常のありようを表すもの〉としてとらえ

られている。筆者はそれを「日々のなかにある時代の音」と表現しているのである。したがって正解は④となる。

①は「音」について「時代を超えて日々受け継がれていく」と述べている点で誤りである。「日々の表情をつたえる音が少なくなった」という論旨と矛盾する。

②は「音」が「世相を作り出す」としている点が不適当である。ここで言われているのは「音」が「日々の表情をつたえる」こと、すなわち「世相」を表すことであり、「世相を作り出す」といったことではない。

③は「日々のなかにある時代の音」について「その時代の日々の記憶を鮮明に残す」ものとしている点が、傍線部の説明としては適切でない。傍線部の三文後にある通り結果的に「記憶」になるにせよ、傍線部は「音」がその時代のその時の日常を表すこと自体を述べているのであり、「記憶」となることを言っているわけではない。

⑤は「音」が「時代の移り変わりとともに失われていく」としている点が傍線部の把握としてはズレている。たしかに、時代が移り変わり新たな音が作り出されれば、失われていく音もあるだろうが、傍線部は〈それぞれの時代の音がある〉ことを述べているのであって、それが〈失われる〉ことに焦点を当てているのではない。

問5　筆者の考えの説明。詩とエッセイの関連性をとらえる設問。

詩「聴くという一つの動詞」とエッセイ「ひそやかな音に耳澄ます」に共通する筆者の考えをとらえる。

エッセイ「ひそやかな音に耳澄ます」では、文明が「日々に音をつくりだ」し[15]、「大きな音ばかりが世にはばかる（＝幅をきかせる、のさばる）ようになって」、「ひそやかな音に耳澄ますということが、心を楽しますものと思われなくなった」[6]ことが言われている。ここで筆者は、「静けさに聴き入る」[15]ことで、そこに表れる「日々の表情」[6]を感じ取るというあたりまえの単純なふるまいが失われていっていることを憂慮していると言えるだろう。

一方、詩「聴くという一つの動詞」においても、「聴く」ことの意味が語られる。筆者は「コブシの花々の声」や「波の光がはこぶ海の声」を「聴く」と言う。また、「本にのこされた沈黙」を「聴く」と言う。そのようなひそやかなものごとに心を傾け、細やかに感受していくこと、それが「人の人生のすべてなのではないのだろうか」と筆者は考えるのである。さらに、詩の最後には「無闇なことばは、人を幸福にしない」という一文が置かれている。ここでも筆者は静けさに耳を傾けることを阻むような騒がしいことばに対する憂慮を隠そうとしない。現代はこのような「無闇なことば」にあふれている。それは人が「沈黙」に耳を傾け、世界を感受することを妨げるものとなっているだろう。

以上より、詩とエッセイに共通する筆者の考えは、〈現代の文明がつくりだす騒がしい音や無闇なことばにより、人々は静けさを通して世界を感受する心を失っている〉といったものになる。正解は④である。

①は「人々が文明世界にあふれる大きな音や過度な言葉を不快に感じるようになった」が誤りである。[6]で言われていたように、むしろ人はいま「小さな音」の方を「耳ざわり」だと感じるようになっている。また「音や言葉を受けとめること自体を無意識に拒絶するようになった」とも言われていない。

②は「多忙」であるために「心のゆとりを失ってしまっている」としている点が間違いである。人が「微かな音」へ耳を澄ますことがなくなったのは「多忙」であるためではなく、文明がつくりだす大きな音により小さな音がしりぞけられているためである。また「ひかえめな表現」といったものは詩やエッセイから読み取れない。詩のなかで言われている「沈黙」は明確には表現されていないがひそかに言葉が伝えているものといった意味であろう。

③は「文明化」の影響を「環境が改変されていったこと」ととらえている点が正しくない。先にも触れたが、文明は新たな音をつくりだすことで小さな音を覆いつくしていったのである。また「風雅な表現」も人が感受すべき「本にのこされた沈黙」を正確にとらえられていない。

⑤は「高度な文明」により「世界」が「深く感じ取るべき数多くの音や言葉にみたされることになった」が誤りである。エッセイにおいて「文

明」がつくりだした「音や言葉」は「感じ取るべき」ものとして扱われていない。また[15]において「文化というのは静けさに聴き入ることだ」と言われていることから、「豊饒な文化」により「世界」が「音や言葉にみたされることになった」とするのも間違いである。

問6 詩とエッセイの表現についての説明。表現技法についての設問と、表現のはたらきについてとらえる設問。

(i) 詩の修辞法について問う設問である。修辞法に関する設問は、二〇一八年度の試行調査でも出題されている。

まずは選択肢に挙げられた修辞法についてそれぞれ確認しておこう。

・「倒置法」……文における通常の語順を変更することで、特定の語（句）を強調する表現技法。

（例）「絶対にあきらめない、勝つまでは」

・「擬態語」……状態や感情などを感覚的な言語音で表した語。

（例）「寒さでぶるぶる震える」、「緊張で胸がドキドキする」

・「反語」……言いたいことを強調して伝えるために、あえて反対の内容を疑問のかたちで述べる表現。また、実際と反対のことを言って、暗に本当の気持ちを示す表現技法。

（例）「誰がそんなことをするだろうか」（誰もしない）

（嘘をついた人に）「この正直者め」

・「直喩法」……「ようだ」「みたいだ」「ごとし」などの表現を用い、比喩であることを明示しながらたとえを行う表現技法。

（例）「雪のように白い肌」「動かざること山のごとし」

・「擬人法」……人間以外のものを人間にたとえる表現技法。

（例）「鳥が歌う」「風がささやく」

・「反復法」……同一または類似の語句を繰り返す表現技法。

（例）「前へ、前へ、進んでいく」「松島やああ松島や松島や」

・「体言止め」……文を体言で終えることで、強調を行ったり余韻を残したりする表現技法。

（例）「古池や蛙飛びこむ水の音」

・「隠喩法」……比喩であることを明示せずにたとえを行う表現技法。

（例）「彼は歩く辞書だ」「人生は一編の小説だ」

詩「聴くという一つの動詞」ではまず「早春の、雨のむこうに」「真っ白に咲きこぼれる」「何もない浜辺で」「何もしない時間を手に」「聴くことである」などの表現がそれぞれ複数回繰り返されているため、「反復法」が用いられていると言える。また、「コブシの花々の声」「遠くから走ってくる波」「波の光がはこぶ海の声」など、「コブシの花々」「波」「光」「海」といった人間ではないものを「声」「走ってくる」「はこぶ」などの語を用いて人間に見立てて表現していることから、「擬人法」が用いられていると言える。したがって正解は③である。④は、「隠喩法」はともかく、「体言止め」が詩中に見当たらない。

(ii) 各選択肢の内容を確認していく。

①について。「聴こえている。しかし、聴いていない音」を「ひそやかな音を聴きとることに対する筆者自身の消極的な姿勢を……みずから批判的にとらえている」ものとしている点で誤りである。この「聴いていない音」は、[4]の「意識して、あるいは意識しないままに」につながるもので、日々の暮らしの中で〈耳に入ってきている〉（「聴こえている」）音を人々は必ずしも意識してはいない（「聴いて」はいない）ということを述べたものであり、これ自体は、人々の「日常のバランスの感覚を……ささえている」（[3]）「ひとの心の秤」を「微妙にたも」つ（[4]）とされるものである。筆者が現代人のあり方について①「批判的」に述べるのは、「つくりだされた音が多すぎる」（[5]）、「ひそやかな音に耳澄ます」ことが少なくなった（[6]）とする[5]以降である。また、そもそも筆者は、そうした人々のあり方を憂慮しているのであるから、①のように「ひそやかな音を聴きとることに対する筆者自身の消極的な姿勢を……みずから批判的にとらえている」とするのもおかしい。①が「適当でないもの」つまり正解である。

②について。「室内で聴く音」と「路上で聴く音」、また「一人で聴く音」と「雑踏のなかで聴く音」がそれぞれ「対句的な表現」となっている。さらに[4]は「周囲のさまざまな音」を聴き分けることで人間が心のバランス

をとっていることを述べている段落であるため、（そうした趣旨を印象づける意図で）筆者がここで挙げられている音により「日常生活のさまざまな局面に多様な音があふれている」ことを「強調」しようとしているとするのも妥当な解釈である。

③について。「がらりと」「がらがら」「かんかん」が「擬音語」として、「描き出された音」を「感覚的なイメージを伴ってありありと」伝えていると述べており、正しい把握である。「擬音語」はものが発する音を言語音で表した語であり、これによって「感覚的なイメージ」が喚起され、「描き出された音」が「ありありと」伝わることになると言える。

④について。[14]末尾の一文において広津和郎が記した「今」が「太平洋戦争」の「直前」の「今」であったことが言われているが、これは日本が戦争に向かう騒がしい時代にあったことを印象づけ、そのなかで自然のひそやかな音がしりぞけられ、人々が自然そのものに対し無関心になっていったことを伝えている。したがって、「自然の静けさをむしばみ戦争へ進んでいった時代の危うさを「今」を用いて印象づけ」ているという指摘は正しい。また、そもそもこの広津和郎の具体例は、[15]に「静けさに聴き入ること……もっとも単純なこと……が、いまはもっともむずかしい」とあるように、[5]・[6]で言われていた、現代（＝私たちが生きている「今」）の文明がつくりだす多くの音がとりわけ「小さな音」を排除し、ひそやかな音に耳を澄ます心を人々から奪っているという内容につながるものとして挙がっているのだから、「その時点において既に現代に通ずる事態が兆していたという思いを伝えようとしている」も適切であると判断できる。

第3問

〈出典〉『蜻蛉《かげろう》日記』からの出題。

『蜻蛉日記』は平安時代の女流日記文学で、作者は藤原道綱母《みちつなのはは》と呼ばれる。天暦八年（九五四）から天延二年（九七四）までの作者周辺の出来事が、批評的な視点から描き出されている。石山詣でや初瀬詣での出来事や、息子道綱の成長や結婚などが描かれるが、記述の中心は、夫であり権力者へと登りつめて行く藤原兼家との夫婦関係にあり、兼家のもう一人の妻である時姫に対する対抗心や、時を追って兼家が関係する他の妻妾《さいしょう》への思いなどが綴《つづ》られている。出題の箇所は、すでに兼家の訪れも稀となった頃の一場面であり、作者はすでに諦念にも似た思いを抱くようになっている。

〈出題のねらい〉

『蜻蛉日記』は、作者の揺れ動く微妙な心情が綴られ、文体的にも省略や引歌の技法などが多く見られて、平安時代の作品の中でも読解の難易度が高い作品である。そのような本格的な平安朝日記文学の文章に触れ、読解力を高めることをねらいとした。

基本的な古語の知識を問う問題、文脈把握に重点を置いた解釈問題、文法的な知識を伴いつつ解釈の総合的な力を問う問題、やや専門的な領域に踏み込みつつ、論理的な思考と読解力を問う問題を出題した。

大学入学共通テストの試行調査の設問形式に対応した問題としては、問3と問5が試行調査において新たに出題された設問形式に準拠した設問となっている。問3では、従来の単純に文法の知識を問う問題とは異なり、文法的な知識のみならず、文脈把握による主体の理解など、傍線部の解釈についての総合的な読解力を問う問題となっている。問5は、近年のアクティブ・ラーニング重視の傾向に即した設問形式であり、これまでの大学入試センター試験が要求してきた高校古文の知識よりも、さらに一歩専門的な領域に踏み込んだところにおいて、設問文に示される解説をヒントとして考えさせる設問の形式となっている。

〈現代語訳〉

夜半まで起きていた時に、兼家から珍しく心こまやかな手紙が来る。二十日以上も経っていて本当に稀《まれ》なことであった。あきれたことにも慣れてしまっているので、今さら何を言っても甲斐がなくて、何でもない様子をしていながらも、あの人がこのような手紙をよこすのは気落ちしているからのように思えるよと、一方では思うので、ひどく気の毒になって、いつも以上に急いで返事をする。

そのころ、地方官を歴任している父の家がなくなってしまったので、親族の人たちが私の家に移ってきて、家には親族が多く、何かと騒がしく日々を過ごすにつけても、人はどのように見ているだろうかと心配になるほどまで兼家からは音沙汰もない。

七月十日過ぎになって、客人たち（父の家の人たち）が帰ってしまうと、うって変わって、ひっそりとして所在なく、お盆のお供えのことなどどうしようと、あれこれと心を悩ませる侍女たちのため息を聞くにつけても、しみじみと心痛む思いもし、心安らかでもない。十四日、例年のように兼家がお盆の供物を調え、政所の送り状を添えてある。せめてこのようなことだけでもいつまでしてもらえるのだろうかと、口には出さず心ひそかに思う。

そのまま八月になった。ついたちの日、一日中雨が降り続く。時雨のような雨で、午後二時頃に晴れて、ツクツクボウシが、実にうるさいほどまで鳴くのを聞くにつけても、「われだにものは…」という歌を思わず口にしてしまう。どうしたことであろうか、不思議なほど心細く、涙が浮かぶ日である。次の月にはきっと死ぬであろうというお告げも先月あったので、「この月に死ぬのか」とも思う。相撲の節会の後に行われる饗応などと世間で大騒ぎしているのも、自分には関わりのないこととして聞く。

十一日になって、「まったく思いがけない夢を見た。ともかく、そちらに行って（お話ししよう）」など、いつものように本当とは思えないことも多く記されているが（兼家が訪れてくれた）。私が何も言うことができずにいると、「どうして何も言われないのだ」と兼家が言う。「何を申し上げることがありましょう（何も申し上げることはありません）」と答えたところ、『「どうして訪ねて来てくれないの。憎らしい。ひどい』と言って、私を打つなりつねるなりしなさいよ」と引き続いて言われたので、「申し上げようと思っていたことはすべてあなたがおっしゃってくれたようなので、もう何も申し上げることはありません」と言ってそのままになってしまった。翌朝、「そのうち、この相撲の還饗の準備を終えてから参上しよう」と言って帰る。

十七日には、相撲の還饗が行われたと聞く。

月末にもなってしまうと、兼家が（準備が終わったら来ようと）約束した相撲の還饗のための準備をはるかに過ぎてしまったけれども、もう今となっては何とも思われない。（死ぬかも知れないので）身を慎めと言われた八月の終わりも近くなったことを、ただもうしみじみと感じながら日々を送る。

〈設問解説〉

問１　比較的短い箇所の解釈を問う問題。

基本的な古語についての知識や文法事項が決め手となることが多いが、前後の文脈を把握して整合的に読み解いてゆく目も必要となる。

(ア)　基本古語の意味が理解できているかどうかを問う問題である。ここでは形容詞「あさまし」の意味が問われている。「あさまし」は動詞「あさむ」が形容詞化した語であり、善悪を問わず、意外なことに驚きあきれる気持ちを表した。「情けない・卑しい」等の意味の現代語「あさましい」との違いに注意が必要なのだが、このように現代語にも見られるが意味が異なる古語は入試においては頻出語である。リード文からは、夫兼家からの手紙が久しく来ていなかったことが知られ、久しぶりに手紙をよこした兼家に対して、あきれた心情を表しているのである。正解は⑤。

(イ)　傍線部中の重要古語としては、「人目」と「音」を挙げることができよう。「人目」は「他人の目」の意味で、恋の歌などでは、二人の関係を邪魔するものとして詠まれることもある。傍線部の直前には、父親の家が一時的に居住できなくなって、親戚が多く作者の家に身を寄せていることが述べられており、その親戚たちの目を意味している。「音」はもちろん物音や声の意味でも用いられるが、男女の恋愛の文脈においては、訪れや便りの意味で用いられることがある。この問題文の全体が、夫兼家との冷めつつある関係を主題としていることを勘案すると、「音なし」は兼家の訪れも、兼家からの連絡もないことを意味することが知られる。折しも父親の家から親戚が多く来ている時であり、その人たちが作者と兼家との関係をどのように見ているか心配する心情が、「人目いかにと思ふ心」ということになる。以上を踏まえて選択肢を吟味すれば、④が正解となる。

(ウ) 動詞「ののしる」も(ア)の「あさまし」同様、現代語と古語とで意味が異なる代表格の語であり、入試にも頻出する。現代語では罵倒する意味で用いられるが、古語の「ののしる」は大きな声や音をたてることが原義で、「大きな音を立てる・大騒ぎをする」の意、さらに「世間で騒いでいる」の意味で「評判になる」といった意で用いられる。また、他動詞として用いられた場合は、現代語に近い「大声で非難する」という意味で用いられる。この箇所では、「相撲の還饗」（七月七日の相撲の節会の後に行われる饗応）という年中行事にかかわって「ののしる」と用いられているので、②の「世間で大騒ぎしている」が正解となる。①は文脈的には当てはまりそうだが、「ののしる」の意味としては不適当。③も「ののしる」の意味としては不適当。④・⑤は「ののしる」の意味だけから見ると当てはまるが、文脈的に見て不適当である。正解は②。

問2 理由説明の問題。

古文の理由説明は、傍線部の正しい解釈と前後の文脈、特に前に記されている条件句等が正しく理解できているかどうかを問う問題であることが多い。本問では傍線部の意味は設問文で「作者が兼家の手紙に対して普段よりも早く返事をした」と、その意味が与えられているのだが、傍線部Aの理解から解説しよう。「ありし」は動詞「あり」に過去の助動詞「き」の連体形が付いた形だが、連語の慣用表現として「例の・以前の・昔の」という意味で用いられる。「けに」は、形容動詞「異《け》なり」の連用形が副詞化したもので、多く「…よりけに」と用いられて、「…よりもより一層…」という意味となる。兼家からの手紙が久しぶりに来たという文脈を踏まえると、「これまで手紙が来た折よりも、より一層返事を急ぐ」と解釈できる。さて、傍線部Aをそのように理解した上で、その理由であるが、本問の場合も、直前に記されている内容を正しく理解することが重要となる。そこに記されている作者の心情は複雑であるが、それを読み解くカギとなるのが、「かつ思へば」という表現である。「かつ思へば」の「かつ」は「一方では」という意味であり、ここには兼家の手紙を受け取った作者の、二つの思いが述べられている。その一つは、「あさましきことと目慣れにたれば、いふかひなくて、何心なきさまにもてなす」に表れている心情、すなわち、兼家がしばらく手紙もよこさなかったかと思えば、突然手紙を送ってくることにも、あきれながらも慣れてしまった思いである。しかしその一方で、「わびぬればなめりかしと、…いみじうなむあはれに」という心情を抱いているのである。「わぶ」は落胆する意であり、助動詞「めり」は目で見て推定する意であるから、「わびぬればなめりかし」は「（手紙を見ると）兼家が気落ちしているから（手紙を送ってきた）のように思えるよ」の意となる。それを「いみじうなむあはれに」思っているのである。そうした二つの思いのうち、普段よりも一層急いで返事を返す理由となるのは後者の心情であることは言うまでもない。以上のように傍線部Aとその前の文脈をおさえると、正解が②であることがわかる。選択肢①は「兼家との関係を途絶えさせてはいけない」が不可。選択肢③は「夫の愛情を確認できたことがうれしかった」が不可。選択肢④は「返答によっては二人の関係が修復できるかもしれないと期待を抱いた」が不可。選択肢⑤は「逆に兼家との仲が冷めていることをつらく思っているのだろうと周囲に思われるのではないかと考えた」が不可となる。正解は②。

問3 大学入学共通テストに向けた試行調査で出題された新しい設問形式に準拠した問題。

これまでの文法問題とは異なり、語に関する知識や文脈把握等も組み合わせて、傍線部についての選択肢の正誤を判断させる形式ゆえ、同時に様々な要素についての判断が要求される。

まずは傍線部を正しく理解することが求められる。傍線部Bの箇所の前に述べられている状況を確認すると、注8の付されているところで兼家が作者のもとに来るのだが、作者が何も言わないでいると、兼家は「どうして何も言われないのか」と問いかける。作者が「何を申し上げることがありましょう（何も申し上げることはありません）」と答えると、兼家は『どうして訪ねて来てくれないの。憎らしい。ひどい』と言って、私を打つなりつねるなりしなさいよ」と言う。その兼家の発言を受けて作者が答える箇所である。それを確認すると、「兼家の発話である」となっている選択肢①は誤りであるとわかる。続いて傍線部Bの解釈を、選択肢の内容にも注意しながら見ていこう。「聞こゆ」は「言ふ」の謙譲語であり、作者が兼家に「申し上げる」という意味である。したがって「聞く」の謙譲語となっている選択肢②は誤りである。助動詞「べき（終止形「べし」）」は意志の意味で取るのがよい。「のたまふ」は「言ふ」の尊敬語であり、その主体は兼家である。よって「その主体は作者である」となっている選択肢③は誤りとわかる。「めれ」は助動詞「めり」の已然形であり（「未然形」とする選択肢④は誤り）、眼前の兼家の様子を見て「〜ようだ」と推定する意味である。ここまでを文法事項や主体に注意しながら現代語訳すると、「私が申し上げようと思っていたことのかぎりをあなた（兼家）がおっしゃってくれたようなので、」となる。直前の兼家の発話の中の、「などか来ぬ。訪はぬ。憎し。あからし」を指して言っているのである。最後の「なにかは」は直前の「なにごとをかは」と同じく、下に「聞こえむ」などが省略されており、「何を申し上げることがありましょう（何も申し上げることはありません）」の意となる。よって選択肢⑤は正しい。

問4　問題文全体の趣旨をしっかりと押さえて、前後の文脈も考えながら傍線部の内容を捉えることが肝要となる問題。

　傍線部C冒頭の「契りし」は「約束した」という意味であるが、傍線部Cの前の段落の最後に、兼家は「そのうち、この相撲の還饗の準備を終えてから（またあなたのもとに）参上しよう」と言い残して帰っている（注および現代語訳参照）。その兼家の約束を指している。そして八月の十七日に相撲の還饗は行われた。傍線部Cの含まれる段落冒頭の「つごもり」は月末のことで、兼家が「準備を終えて…」と約束した相撲の還饗の行事も終わって二週間ほどが過ぎてしまった。それが傍線部Cの「多く過ぎぬれど」である。また兼家は約束を違《たが》えたのであるが、この文章の冒頭以来、作者はそのような兼家の行いには、もう慣れてしまっていることが述べられている。「今は何事もおぼえず」の「おぼゆ」は、心に思われることを意味する動詞であり、作者は兼家が約束を違えて訪れてくれなくても、もう何も感じなくなってしまっているのである。

　選択肢①は「兼家からはいつまで経っても誘いの連絡が来ない」が、「何事もおぼえず」の内容として不可。選択肢③は「どのような行事であったか全く記憶に残っていない」が「おぼえず」にひっかけた誤りである。選択肢④の「たくさん通り過ぎるけれど」は「過ぎぬれど」の意味を誤解することを想定しての誤りであり、「行列を楽しむ気持ちがまったく起こってこない」は「何事もおぼえず」の内容を取り違えている。選択肢⑤は「契りし経営多く過ぎぬれど」の解釈に全く合っていない。正解は②。

問5　大学入学共通テストの新しい出題形式を意識した出題。

二〇一八年の試行調査においては「教師」と「生徒」との会話の形をとって解説を加え、通常の大学入試の範囲よりも一歩専門的な領域に踏み込んで考えさせる形式の問題が出題された。その設問形式にならって出題した設問である。

　二重傍線部の「われだにものは」は、それだけで見ると意味の取りにくい箇所であるが、設問の会話文で教師が解説しているように、「引歌《ひきうた》」と呼ばれる技法が用いられている箇所である。「引歌」というのは、すでに存在する有名な歌の一部を引用することによって、その歌が表現している意味の全体（または一部）をそこに込める技法である。二重傍線部の「われだにものは」は、設問の会話文中にあるように、

　　かしがまし草葉にかかる虫の音よわれだにものは言はでこそ思へ

という歌の一部（右の傍線部）を引用したものだが、そこに右の歌の意味合いを引き込んでくることとなる。

　選択肢の作りとして、生徒Aと生徒Bが先生が提示した古歌の解釈をそれぞれ述べ、生徒Cと生徒Dが生徒Bの古歌の解釈に賛成して、生徒Eと生徒Fが生徒Aの古歌の解釈に賛成しての発言となっている。そのような選択肢のあり方から、まずは古歌の解釈について、生徒Aと生徒Bのどち

らが正しいのかを判断した上で、それに賛成している二人のうちのどちらの発言が正しいのかを吟味する運びとなる。

古歌の解釈に関わる生徒Aと生徒Bの発言において検討のカギとなるのは、「言はでこそ思へ」の理解である。係助詞「こそ」が用いられているので、末尾の「思へ」は命令形ではなく已然形で「こそ」の結びとなっている。つまり「言はでこそ思へ」は、「言はで思ふ」を強調した形であり、「言葉に出して言わないで心の中だけで思うことだ」という意味となる。草葉に鳴いている虫をうるさく感じながら、せめて私だけは（副助詞「だに」の用法にも注意）言葉に出さずに思うのだ、という心情を歌った歌である。すなわち、古歌の解釈は生徒Aの発言が正しいこととなり、正解の一つは①となる。

次に、生徒Aの古歌の解釈に賛成している生徒E・Fの発言のいずれが正しいかの吟味となる。生徒Eは、六月に久しぶりに兼家から手紙が来た場面からすでに、作者が兼家の不実に慣れてしまっていることを指摘し、二重傍線部の次の段落において、兼家が作者のもとを訪れても、作者が何も言おうとしない（「ものも言はれねば」）ことと関わらせて捉えている。二重傍線部の前の段落の末尾にも、「いつまでかうだにと、ものは言はで思ふ」とあり、この頃の作者は、もはや兼家に対する不満を口に出すことも空しいほどの諦念を抱いていると判断できる。よって生徒Eの発言は正しいと判断できる。対して生徒Fの発言においては、古歌の「かしがまし」を「相撲の還饗」と関連づけて捉えているが、「相撲の還饗」は二重傍線部の後に述べられている話題でもあり、直前の「くつくつぼうし、いとかしがましきまで鳴くを聞くにも」を受けて二重傍線部があることも勘案すると、うるさく鳴くツクツクボウシの声を聞いて、うるさいほどに鳴く虫の音と、何も言わずに物思いをする自らとを対比的に捉えた箇所と判断することができるだろう。よって正解は①と⑤である。

第４問

〈出典〉

【文章Ⅰ】　欧陽脩《おうようしゅう》『帰田録』

欧陽脩（一〇〇七～七二）は北宋の政治家・文人。秦漢以前に範を取った「古文」と呼ばれる散文の文体を提唱し、唐宋八大家の一人に数えられる。『帰田録』は自身が見聞した人物の逸話や官界の出来事を記した随筆集である。

【文章Ⅱ】　陸容『菽園雑記《しゅくえんざっき》』

陸容（一四三六～九四）は明代の人。若くして文才を知られ、明朝に仕えた。『菽園雑記』は見聞や感慨・学説などを記した随筆集である。

〈問題文の解説〉

大学入学共通テストの試行調査では二〇一七年度、二〇一八年度とも、二つの素材によって問題文が構成されている。そのため、**【文章Ⅰ】【文章Ⅱ】**の組み合わせによる設問を作成した。

【文章Ⅰ】は、トイレにまで書物を持参した読書家の逸話を紹介し、自分が詩文の構想を練るのに都合がよいと感じられる場所を語った文章である。**【文章Ⅱ】**は**【文章Ⅰ】**を読んでの感想を記した文章で、**【文章Ⅰ】**に対する批判と共感が語られている。

〈読み方〉（漢字の振り仮名は、音はカタカナ・現代仮名遣いで、訓は平仮名・歴史的仮名遣いで示してある。）

【文章Ⅰ】

銭思公《センシコウ》は富貴《フウキ》に生長《セイチョウ》すと雖《いへど》も、而《しか》れども嗜好《シコウ》する所《ところ》少《すく》なし。西洛《セイラク》に在《あ》るの時《とき》、嘗《かつ》て僚属《リョウゾク》に語《かた》りて言《い》ふ、「平生《ヘイゼイ》惟《た》だ書《ショ》を読《よ》むを好《この》み、坐《ザ》せば則《すなは》ち経史《ケイシ》を読《よ》み、臥《ガ》せば則《すなは》ち小説《ショウセツ》を読《よ》み、廁《シ》に上《のぼ》らば則《すなは》ち小辞《ショウジ》を閲《み》る」と。蓋《けだ》し未《いま》だ嘗《かつ》て頃刻《ケイコク》も巻《カン》を釈《お》かざるなり。謝希深《シャキシン》亦《ま》た言《い》ふ、「宋公垂《ソウコウスイ》同《とも》に史院《シイン》に在《あ》るに、廁《シ》に走《はし》る毎《ごと》に必《かなら》ず書《ショ》を挟《わきばさ》みて以《もっ》て往《ゆ》き、諷誦《フウショウ》の声《こゑ》琅然《ロウゼン》として遠近《エンキン》に聞《き》こゆ。其《そ》の学《ガク》に篤《あつ》きこと此《か》くのごとし」と。余《ヨ》因《よ》りて希深《キシン》に謂《い》ひて曰《い》はく、

「余《ヨ》の平生《ヘイゼイ》作《つく》る所《ところ》の文章《ブンショウ》は、多《おほ》く三上《サンジョウ》に在《あ》り。乃《すなは》ち馬上《バジョウ》・枕上《チンジョウ》・廁上《シジョウ》なり。蓋《けだ》し惟《た》だ此《こ》れのみ尤《もっと》も以《もつ》て属思《ショクシ》すべきのみ」と。

【文章Ⅱ】

此《こ》れ以《もつ》て二公《ニコウ》の学《ガク》に篤《あつ》きを見《み》るに足《た》ると雖《いへど》も、然《しか》れども圂廁《コンシ》は穢地《ワイチ》。已《や》むを得《え》ずして一《ひと》たび往《ゆ》くも、豈《あ》に書《ショ》を読《よ》むの所《ところ》ならんや。仏老《ブツロウ》の徒《ト》は其《そ》の所謂《いはゆる》経《ケイ》に於《お》いて、香《コウ》を焚《た》かずんば誦《ショウ》せざるなり。而《しか》るに吾《わ》が儒《ジュ》の乃《すなは》ち自《みづか》ら其《そ》の業《ギョウ》とする所《ところ》を褻《けが》すこと此《か》くのごときは、可《カ》ならんや。欧公《オウコウ》の此《ここ》に於《お》いて詩文《シブン》を構思《コウシ》するがごときは、則《すなは》ち義《ギ》を害《ガイ》する無《な》きなり。

〈現代語訳〉

【文章Ⅰ】

銭思公は富貴の環境に生まれ育ったが、好むものは少なかった。洛陽にいた時、かつて部下に語ってこう言った。「平素からただ読書が好きで、座っていれば経典や史書を読み、横になれば随筆を読み、廁《かわや》に行けば詩を読む」。思うに片時も書物を手放したことがなかったのだ。謝希深も言った。「宋公垂は一緒に史院にいた時、廁に行くたびに必ず書物を小脇に抱えてゆき、朗読する声が響いて遠近に聞こえた。彼が熱心に学問をしたのはこの通りだ」。私はそこで希深に言った。「私が平素作る文章は、多くは『三上』で作ったのだ。つまり馬上（馬に乗って）・枕上（床の中で）・廁上（廁に入って）だ。思うにこれらの場所こそ特に考えを練ることができるのだ」。

【文章Ⅱ】

この逸話は銭思公と宋公垂の二公が熱心に学んだことを示すのに足りはするが、しかし廁は汚らわしい場所である。やむをえずちょっと行きはしても、読書にふさわしい場所ではない。仏教や道教の信徒は彼らの言う「経」を、香を焚かないで読むことはしない。それなのに我々儒学を学ぶ者がなんと学んでいる書物をみずからこのようにけがすのはよろしくない。（ただし、）欧公がここ（廁上）で詩文の構想を練ったのは、大義を損なうことではない。

〈設問解説〉

問1　文字の読みの設問

(1)　「**惟**」には「ただ（～だけ）」「おもふ（おもう）」「これ（これ）」などの働きがあるが、問われるのは「ただ」の働きだけである。傍線部(1)も「ただ書物を読むことを好んだ」の意であると判断できる。正解は②。

(2)　「**已**」には「すでに（もう～した）」「やむ（やむ・やめる）」「のみ（～なのだ・～だけだ）」などの働きがあるが、「不レ得」に返読しているので、「やむ」の働きであると判断できる。正解は③。「不レ得レ已」は「やむをえず」と読む慣用表現で、文字通り「やむをえない」の意を表す。

従来の大学入試センター試験では複数の働きをする文字の読みや意味が問われることが多かったが、試行調査でも同様の設問が出題されており、傾向が踏襲されていることがわかる。意識して多義語をおぼえよう。

問2　返り点と書き下しの設問

まず読み方が決まっているものに着目して選択肢を絞ってゆく。「**未**二**嘗** **動詞** 二」は「いまだかつて～ず」と読み、「これまで～したことはない」の意を表す。この読みに従っているのは、選択肢①と④であるが、いずれも読みとしては可能なので、それぞれの選択肢を解釈して文脈に当てはまるものを選ぶ。すると、①「未だ嘗て頃刻ならずして巻を釈くなり」は「これまでわずかな時間にしたことはなくて書物を手放す」、④「未だ嘗て頃刻も巻を釈かざるなり」は「これまでわずかな時間も書物を手放したことはない」となって、傍線部Aの前にある「坐則読二経史一、臥則読二小説一、上レ廁則閲二小辞一」という表現に繋《つな》がるのは④であることがわかる。

最終的に解釈から判断する書き下しの設問は、従来の大学入試センター試験で頻出であったが、試行調査でも同様の設問が出題されており、傾向が踏襲されていることがわかる。書き下しの設問でも解釈を意識しよう。

問3　理由説明の設問

理由は傍線部Bの前後にある。傍線部Bの前を確認すると、「毎レ走レ廁必挟レ書以往」とあって、銭思公と同様、宋公垂も廁で書物を読んだことがわかる。これが「篤レ学」と評価している理由で、「厠にまで書物を持ち込んで読んでいるから」とある選択肢⑤が正解。

理由説明の設問は試行調査では出題されていないが、本番では当然出題されるものと思われる。傍線部の前後に着目しよう。

問4 解釈の設問

「**豈〜哉**」は「あに〜んや」と読んで反語を表現する。漢文の反語は原則として打ち消しを強調するために疑問の形にしたもので、「〜ではない」の意を表す。「豈読レ書之所哉」は、「読書の場所ではない」の意となって、「厠は読書するのにふさわしい場所ではない」とある選択肢②が正解だと判断できる。厠で書物を読むことについて、**【文章Ⅱ】**の筆者が批判的であることを押さえておこう。

解釈の設問は当然試行調査でも問われている。句形の知識を確実なものにするとともに、指示語の内容など、文脈を意識した解釈ができるように練習しよう。

問5 二つの文章の関係と全体要旨に関する設問

(i) **【文章Ⅱ】**の「二公」の前後を確認すると、「此雖レ足三以見二二公之篤一レ学、然圂廁穢地（この逸話は二公が熱心に学んだことを示すのに足りはするが、しかし厠は汚らわしい場所である）」とあって、問4でも確認したように、**【文章Ⅱ】**の筆者が、厠で書物を読むことを批判していることがわかる。問3で確認したように、**【文章Ⅰ】**において厠で書物を読んでいた銭思公と宋公垂が「二公」であると判断できる。正解は②。

(ii) 各選択肢に「儒学を学ぶ者が」とあるので、**【文章Ⅱ】**の「吾儒乃自褻二其所レ業如レ此、可乎」の解釈が問われていることがわかる。「所レ[動詞]」は「〜ところ」と読み、「〜すること・もの」の意を表す。「業」はここでは「学業」の意で、「所レ業」は「学業とするもの」、すなわち「学んでいる書物」の意を表す。「乎」は疑問・反語を表現する文字で、疑問であれば「〜か」、反語であれば「〜んや」と結ぶ。本文では送りがなから反語であることがわかる。「可」は「できる」「してよい」の意を表すが、前述のように反語は打ち消しを表現するので、「可乎」は、「できない」「してはいけない」の意を表している。全体として、「我々儒学を学ぶ者が、学んでいる書物をみずからこのようにけがすのは、よろしくない」の意となって、「儒学を学ぶ者が書物をけがすようなことをするのはよろしくない」とある選択肢④が正解だと判断できる。

(iii) **【文章Ⅱ】**の最後を確認すると「若三欧公於レ此構二思詩文一、則無レ害二於義一也（欧公がここで詩文の構想を練ったのは、大義を損なうことではない）」とある。**【文章Ⅰ】**において筆者の欧陽脩が詩文の構想を練ったのは、設問の会話の冒頭にある「三上」であるが、**【文章Ⅱ】**のこれまでの議論の流れから、ここでは特に「厠上」を指していると考えられる。よって、「欧公が『厠上』で詩文の構想を練ったのはさしつかえない」とある選択肢⑤が正解である。

複数の素材を組み合わせた出題は、従来の大学入試センター試験とは大きく異なる、大学入学共通テストの新傾向である。二つのテクストを読み合わせ、その共通点や相違点を読み取る練習をしよう。また、会話による設問は大学入試センター試験では極めて珍しかったが、二〇一八年度の試行調査で出題されており、今後積極的に採用されるものと思われる。

第２回　実戦問題　解答・解説

国　語　　**第2回**（200点満点）

（解答・配点）

問題番号（配点）	設問	（配点）	解答番号	正解	自己採点欄
第1問（50）	1	(2)	1	③	
		(2)	2	③	
		(2)	3	②	
		(2)	4	①	
		(2)	5	⑤	
	2	(8)	6	②	
	3	(7)	7	③	
	4	(8)	8	④	
	5	(8)	9	⑤	
	6	(各3)	10	④	
			11	②	
			12	⑥	
小　計					
第2問（50）	1	(3)	1	④	
		(3)	2	③	
		(3)	3	⑤	
	2	(7)	4	③	
	3	(8)	5	⑤	
	4	(8)	6	④	
	5	(8)	7	①	
	6	(5)	8	④	
		(5)	9	⑤	
小　計					
第3問（50）	1	(7)	1	①	
	2	(7)	2	④	
	3	(7)	3	③	
	4	(5)	4	③	
		(5)	5	②	
		(5)	6	③	
	5	(各7)	7 − 8	② − ⑤	
小　計					
第4問（50）	1	(5)	1	④	
		(5)	2	②	
	2	(6)	3	④	
	3	(6)	4	③	
	4	(6)	5	②	
	5	(7)	6	①	
	6	(7)	7	⑤	
	7	(8)	8	④	
小　計					
合　計					

（注）－（ハイフン）でつながれた正解は，順序を問わない。

第1問

〈出典〉【文章】永瀬節治（ながせ　せつじ）「観光と景観」（大橋昭一・山田良治・神田孝治編『ここからはじめる観光学　楽しさから知的好奇心へ』（二〇一六年ナカニシヤ出版刊）所収）の一部。出題に際しルビの追加や表記の改変を施した箇所がある。

永瀬節治は、和歌山大学観光学部観光学科准教授。研究内容は「地域に応じて多様な空間、景観、歴史、生業や生活文化を把握しながら、それらの地域資源の活用、さらに生活と観光が共存・融合した持続可能なまちづくり・地域づくりの仕組みや手法について（の研究）」（和歌山大学HPより）である。今回引用した箇所でも、景観に関する多様な視点を提示しつつ、生活と観光の共存について論じている。著書は他に『まちを読み解く―景観・歴史・地域づくり―』『図説　都市空間の構想力』など。

【資料】「景観を捉えるための基礎知識」（青森県庁ウェブサイト）の一部。

〈問題文の解説〉

【文章】（「観光と景観」）

Ⅰ　観光における景観の重要性（[1]）

[1]には「地域に観光客を呼び込むうえで、そこに広がる景観の質が問われる」「観光地として人気を集める地域のイメージは、地域を象徴する景観を保全する取り組みのうえに成立」とあり、その具体例として、由布院・小樽が挙げられている。私たちが普段目にする観光案内（旅行情報誌やPR広告など）にも、美しい景観の写真が掲載されていることが多い。観光において景観がいかに重要な役割を担っているかが理解できるだろう。【文章】の出典が「観光と景観」であることからも、今回のテーマが、〈観光における景観の重要性〉であると推測できる。

Ⅱ　景観と眺望点（[2]）

[2]は冒頭「しかし」で始まり、「固有の景観が存在したとしても、それを実際に眺めることのできる場所がなければ人々に認識されない」として、優れた眺望が得られる場所としての「眺望点」の重要性が指摘される。例えば、いくら街の全景を眺め得る標高の山が存在しても、頂上が木で覆われていたりして見晴らしが悪ければ、観光客は訪れないだろう。景観が単に存在するだけでは不十分であり、良い眺めを得られる場所を整備する必要があるのだ。景観には人の関わる余地が大きいということである。また、眺望点は、展望台や城跡などの一部の特徴的な場所に限定されるわけではない。街路や橋、公園からでも、美しい眺めが得られることはある。そのような場所を「眺望点」と特定することで、「そこからの眺めに対する保全策の必要性が認識されるとともに、情報発信を通じて観光の見所として定着させることも可能になる」のである。例えば、富士山の美しい眺めが得られる坂道を〈富士見坂〉と名づけ、近くに公園・地域特産品の販売店・トイレ等を整備すれば、その場所が観光スポットになることが期待できる。

Ⅲ　シークエンス景観と様々な見方（[3]～[6]）

[3]では、「視点の移動」という観点が示される。「京都を訪れるリピーターの多さは、社寺などの文化遺産の豊富さにくわえ、それらを取り巻く鴨川や疏水などの水辺、風情ある路地や花街、坂道と山並みなど、都市空間全体で体験されるシークエンス景観の豊かさとも無関係ではない」という例が示す通り、観光客は、個々の名所旧跡を楽しむだけでなく、移動する際に感じる連続的な景観の変化、都市空間全体の雰囲気に魅かれるのである。例えば、毎年二月に開催される東京マラソンは、ランナーからの人気が高いが、その理由の一つは、走りながら東京の様々な観光名所を眺められることだろう。観光地としての魅力を生むには、視点の移動とともに継起的に変化する眺め（＝シークエンス景観）という観点も重要なのだ。そして、連続的な景観、都市全体の雰囲気を楽しむためには、「見方」が重要になる。資料などを手引きに景観の歴史的意味を理解したり、普段は入る機会のない建物や庭に入りまちの生活文化に触れたりすることで、都市の体験は一層濃密なものとなる（[4]）。例えば、「長崎さるく」は、「市民みずからが地域資源を再発掘し、さまざまなコースを設定して細やかに案内する」取り組みであり、長崎の多様な魅力を引き出すことに成功している（[5]）。また、通常とは異なる視線

からまちを眺める体験も重要だ（6）。例えば、「川からの眺めを楽しむ船運航」は、シークエンス景観をいつもとは違う視点から眺められる仕掛けであると同時に、その視線が「一度は荒廃した水辺の景観を向上させる地域の取り組みにつながる」可能性もあるのだ。他にも、例えば、人力車や二階建てバスに乗って街を回るといったことも「通常とは異なる視線からまちを眺める体験」と言えるだろう。

Ⅳ　生きた遺産（7・8）

一九九〇年代以降、「国際的な遺産保護の分野では、現代社会とは切り離された過去の遺産としてでなく、今日まで脈々と受け継がれ、生活環境の一部となっている『生きた遺産（living heritage）』を評価する視点が普及」しており、一九九二年の世界遺産委員会では、「文化的景観（cultural landscape）」の概念が、そうした視点を取り込む形で提示された。また、日本でも「生きた遺産」を積極的に評価する方向で制度が整えられつつある。左に整理しよう。

【日本国内の遺産保護の流れ】
・一九七五年…伝建地区制度（注6参照、城下町、宿場町、門前町など全国各地に残る歴史的な集落・町並みの保存を目的として作られた制度）の制定。
・一九九〇年代…日本の近代化を支えた建築物・土木建造物等を評価する「近代化遺産」の概念が生まれる。
・一九九六年…五〇年以上経過した建造物などを「登録有形文化財」として保全する制度が作られる。
・二〇〇四年…現在も生活・生業が営まれる景勝地としての「文化的景観」が文化財の種別に加えられる。

Ⅴ　観光・景観と地域活性化（9）

景観を手がかりとして観光地としての魅力を高めようとする取り組みは、地域住民が、自分達が暮らす街の「質的豊かさを確認し、それを来訪者に伝える試み」でもある。地域住民は、その地域の魅力に気づいていないことが多い（自分の魅力に自分では気づけないことに似ている）。観光地としての魅力を高めようとすれば、自分が暮らす地域を他者の眼から見返す必要があり、今まで自明視していた地域の特徴に気づかされることがあるのだ。つまり、観光について考えることは、自分が暮らす街の魅力に気づき、自分達の生活環境をより豊かにしていく試みなのである。観光地としての魅力を高めることは、地域の持続再生にも大きな力となるだろう。

【資料】（「景観を捉えるための基礎知識」）

【資料】は、見出しや太字部分など、資料作成者が強調している箇所を先に読んで内容の大枠をつかみ、設問を解く際に必要に応じて細部をチェックするとよい。今回の資料では「**②『視点場と眺望』**（**視点場の種類と眺望の構造による景観の分類**）」「**a. 視点と視点場**」「**b. 移動する視点場からの眺望**」「**c. 『見下ろす』眺望と『見上げる』眺望**」「**図一『見下ろす』眺望と『見上げる』眺望**」を先に読み、まずは、**視点と眺望について整理された資料だな**という大まかなイメージをつかんでおきたい。細部まで目を通すのは、**【資料】**の読解が要求されている問2・問4を解くときでよいだろう。細かな内容は以下の通りである。

a. 視点と視点場…視点場とは視点が位置する場所である。

b. 移動する視点場からの眺望…視点場の種類によって眺望は三種類に分類できる。
(i) パノラマ…固定した視点場からの、広がりを持つ眺望。
(ii) ビスタ…固定した視点場からの、強い方向性を持つ眺望。
(iii) シークエンス…移動する視点からの、変化する眺望。

c. 『見下ろす』眺望と『見上げる』眺望…見る方向の上下によって眺望は二種類に分類できる。
(i) 見下ろす眺望…眺望の範囲が不明瞭。空間の広がりが強く意識される。
(ii) 見上げる眺望…眺望の範囲が明瞭。対象物が強く意識され、一定の角度を超えると圧迫感を感じる。

図一『見下ろす』眺望と『見上げる』眺望の説明図…「c」を図示したもの。

〈**設問解説**〉

問1 文脈に適した漢字を選択する設問。

漢字（熟語）は、意味まで覚えていないと想起しづらい。漢字の練習をするときには、必ずその意味も理解するように心がけてほしい。以下、傍線部と選択肢の漢字を示す。

(ア) 彩(る)　①伐採　②喝采　③異彩　④繊細　⑤息災
(イ) 潤い　①準拠　②巡回　③潤沢　④批准　⑤循環
(ウ) 荒廃　①配慮　②撤廃　③輩出　④参拝　⑤乾杯
(エ) 施策　①施設　②思考　③資金　④支援　⑤闘志
(オ) 琴線　①緊迫　②禁止　③勤務　④近況　⑤木琴

右の中で意味がやや難しい語句の意味を示しておく。

・「息災」…何事もなく無事なこと。健康で元気なこと。
・「準拠」…あるものを基準としてそれに従うこと。
・「潤沢」…ものが豊富にあること。うるおいがあること。
・「批准」…条約に対する国家の最終的な確認の手続きをすること。
・「琴線」…物事に感動し共鳴する心情。

問2 **【資料】**の内容説明の設問。

〈**問題文の解説**〉**【資料】**から、b・cについて説明した部分を再掲する。

> **b．移動する視点場からの眺望**…視点場の種類によって眺望は三種類に分類できる。
> (i) パノラマ…固定した視点場からの、広がりを持つ眺望。
> (ii) ビスタ…固定した視点場からの、強い方向性を持つ眺望。
> (iii) シークエンス…移動する視点からの、変化する眺望。
>
> **c．『見下ろす』眺望と『見上げる』眺望**…見る方向の上下によって眺望は二種類に分類できる。
> (i) 見下ろす眺望…眺望の範囲が不明瞭。空間の広がりが強く意識される。
> (ii) 見上げる眺望…眺望の範囲が明瞭。対象物が強く意識され、一定の角度を超えると圧迫感を感じる。

bは、眺望には固定した視点場からのもの（パノラマ・ビスタ）と、移動する視点場からのもの（シークエンス）の二種類あることを指摘している（さらに、パノラマとビスタを分ければ三種類になる）。また、cは、眺める角度によって眺望の範囲が変わり、角度が一定以上になると圧迫感を与えることが指摘されている。以上の内容を適切に説明している②が正解。

①は、「bでは、移動する視点場からの眺望を、パノラマ・ビスタ・シークエンスの3種類に分類」が誤り。パノラマ・ビスタは固定された視点場からの眺めである。

③は、「cでは、眺める角度によって、視点場と眺望の境界が変化する」が誤り。眺める角度によって、眺望の境界は変化する（例えば、スカイツリーを見上げるときは、スカイツリーという対象が強く意識され、スカイツリーという眺望とその周辺の空間の境界が強く意識されるが、山頂から街を見下ろすときは、街全体の広がりが意識され、眺望の境界を感じにくい）というのが**【資料】**の内容である。ここでいう「眺望の境界」とは、「視点場と眺望の境界」のことではない。

④は、「cでは、視点場が固定された場合、眺める角度によって眺望の様相が変わる」が誤り。視点場が移動する場合も、眺める角度によって眺望の様相は変化するので、「視点場が固定された場合」という限定はおかしい。

⑤は、「cでは、視点場が移動する場合、角度によって圧迫感を感じることがある」が誤り。視点場が固定されている場合も、角度によって圧迫感を感じることがあるので、「視点場が移動する場合」という限定はおかしい。

問3　傍線部の具体説明の設問。

傍線部**A**「シークエンス景観」の話が始まるのは[3]である。本文によると、「シークエンス景観」とは、「視点の移動とともに継起的に変化する眺め」であり、具体例として京都の景観が挙げられている。「社寺などの文化遺産の豊富さにくわえ、それらを取り巻く鴨川や疏水などの水辺、風情ある路地や花街、坂道と山並みなど、都市空間全体で体験されるシークエンス景観」とあるように、観光客が徒歩やバスなどで移動する（＝視点が移動する）のに伴って様々に現れる、連続的な眺めのことである。選択肢③は、「川沿いの道を歩きながら」（すなわち視点が移動しながら）、「次々と変わる眺めを楽しん」でおり、具体例として適切。

①は、立ちどまって写真を撮るという状況であり、「視点の移動」がない。

②は、眺望は多様な姿を見せているが、「視点の移動」がない。余談だが、クロード・モネ（一八四〇―一九二六）は、自宅の庭の池の睡蓮が光によって刻々と姿を変える様子を、二〇〇点を超える絵画に残した。

④は、「多彩な話に引き込まれた」話であり、眺望の話になっていない。

⑤は、角度によって肖像画の見え方が変わるという話であり、これも（観光客が歩いたりすることによる）「視点の移動」による「眺望」の変化の話とは言えない。

問4　内容合致の設問。

形式は生徒の会話文となっているが、実質的には**【文章】**と**【資料】**に関する内容合致問題である。「……内容と**矛盾するもの**」を選ぶ問いであることに注意。一つずつ正否をチェックしていこう。

①について。[4]で「歴史をたどるまち歩き」について述べられ、[2]で「ランドマークとなる建造物……、街並みなどへの眺め」が優れた眺望の一つとして挙げられているので、選択肢前半の「歴史的な街並みとか、高層建築なども『景観』を構成する要素の一つ」は正しい。また、[2]に「固有の景観が存在したとしても、それを実際に眺めることのできる場所がなければ人々に認識されない」とあり、「特徴的な眺めが得られる視点場を『眺望点』として特定すること」の重要性が指摘されているので、選択肢後半の「観光客を呼ぼうと思ったら、景観を眺めるための場所をつくらないといけない」も、正しい。

②について。選択肢前半の「去年の冬に由布院で露天風呂に入ったんだけど、青い空の中にくっきりと映える由布岳の眺めは忘れられない」は、[1]の「由布岳を望む温泉地・由布院」の体験談である。選択肢後半の「視点場とか視点の角度がしっかりと計算されていた」「『ゆふいんまちあるきマップ』も役に立った」は、本文中に直接的な記述があるわけではないが、[1]に「観光地として人気を集める地域のイメージは、地域を象徴する景観を保全する取り組みのうえに成立している」とあり、その成功例として「由布院」が挙げられていること、および選択肢前半の体験談が、**【資料】**の「視点場と眺望」の**b**や**c**を踏まえたものだと言えることから、**【文章】【資料】**に沿う内容と言える。

③について。選択肢前半の「『視覚的な景観』は確かに大切だと思うけど、私たちの体験は『音』とか『匂い』とかも含めた、もっと全体的なもの」は本文中には書かれていない内容だが、「矛盾」する内容でもない。生徒Ｃも指摘している通り、観光客は、街全体の雰囲気を感じるのであり、その中には当然「音の体験」「匂いの体験」なども含まれるだろう。従って、選択肢後半の「『音の視点場』みたいなことを考えてみるのも、面白い」という意見も本文と矛盾してはいない。

④について。選択肢前半の「もっと色々な角度から景観保護について考えてみることも必要」は問題ないが、後半の「（生きた遺産が）人間の都合で利用されてしまわないよう」が誤り。[7]に「生活環境の一部となっている『生きた遺産（living heritage）』」、[8]に「歴史性を備えながら現在も産業・生活に利活用される物件」「地域の生活環境に溶け込んだ」とあるように、「生きた遺産」とは人間の生活に密着したものであり、「人間の都合」と不可分である。さらに、筆者はこれらを「観光に活かす」（[9]）と言っており、そうした形で「人間の都合で利用」することをむしろ肯定している。④が**【文章】**と「矛盾するもの」つまり正解である。

⑤について。[9]に「地域の景観を観光に活かす取り組みは、本来的に

は、その地に住み継ぐことの質的豊かさを確認し、それを来訪者に伝える試み」とあり、その主体は当然「地域住民」なのだから、選択肢前半～中盤の「景観保護には地域住民が主体的に関わる必要がある」「住民しか気づけないその街の良さがある」「地域が魅力的になる」は正しい。住民にとって、日々の暮らしの場が豊かになるということは、選択肢終盤の「景観づくりが地域の活性化に果たす役割は大きいと思う」は、[9]の「景観を手がかりとした観光は、地域の持続再生にも大きな力を与える」と対応している。

問5　表現に関する設問。

ここでも「**適当でないもの**」を選ぶ設問であることに注意しよう。

①について。〈**問題文の解説**〉でも示したように、[2]では、眺望における「視点場」の重要性を示し、[3]では、移動する視点場からの眺めである「シークエンス景観」という観点を紹介、[4]では、視点場の移動だけでなく「見方」が大事であることを指摘している。「視点場」「シークエンス景観」「見方」というキーワードに「 」を付して注意を喚起し、眺望に対する読者の理解が深まるように書かれているので、選択肢の指摘は正しい。

②について。[2]に「景観工学の分野では、特定の眺めへの視点が存在する空間を『視点場』とよぶ。より一般的には、優れた眺望が得られる地点を『眺望点』とよぶことも多い」とあるように、「視点場」よりも「眺望点」の方が、一般的な言葉である（少なくとも筆者はそう考えている）ので、選択肢の指摘は正しい。

③について。〈**問題文の解説**〉でも示したように、[6]では、「通常とは異なる視線からまちを眺める体験」の重要性が説明されている（そしてその具体例が「川からの眺めを楽しむ船の運航」である）。いつもと異なる「新しい」視線が大事だという内容の段落なので、選択肢の指摘は正しい。

④について。[7]に「国際的な遺産保護の分野では、……『生きた遺産(living heritage)』を評価する視点が普及」「一九九二年の世界遺産委員会において、……『文化的景観（cultural landscape）』の概念が、上記の視点を取り込むかたちで提示」とあるように、生活に溶け込んだ文化遺産を評価する認識が世界的に広まっていることが[7]では述べられている。（ ）内の英語表記はそのことを示唆する表現と言えるので、選択肢の指摘は正しい。

⑤について。〈**問題文の解説**〉でも示したように、日本では「一九七五年」に「伝建地区制度」がはじまっている（[8]）。国際的な遺産保護の分野で「生きた遺産」の視点が普及したのは「一九九〇年代」とあり（[7]）、少なくとも本文の説明を読む限りでは、「日本だけ遅れている」とは言えない。これが「**適当でないもの**」つまり正解である。

問6　資料の説明の設問。写真や図などと本文とを関連させる設問は、〈写真や図だけ見るとよさそうだが、本文に即していない〉という誤答がある一方、〈本文のある箇所に即してはいるが、その写真や図が示している内容ではない〉というタイプの誤答にも注意する必要がある。写真や図と本文とを重ね合わせて考えることが大切である。

写真Aについて。美しく広がる田んぼの風景を写したもの。左後方には、人の住居のような建物が見える。稲作という「生業」が営まれる場所が、「景観地」にもなっているので、[7]「生活環境の一部となっている……」や[8]「生活環境に溶けこんだ……」を踏まえた④「生業が営まれる場所が、同時に景観地にもなっている」を選べばよい。

写真Bについて。細い路地を写したもの。坂道（階段の道）となっており、奥の眺望には、空間の広がりが感じられる。細い道なので、「街歩き」によってしか体験できないし、坂道が[5]「地形の起伏」を作っているので、②「街歩きによって、地形の起伏が作り出す個性豊かな風景を体験できる」を選べばよい。

写真Cについて。小型の船が水路を航行する様子を写したもの。[6]にある通り、水路からの視点は普段は体験できない新たな視線なので、⑥「通常とは異なる視点に立つことで、街の新たな魅力を捉えることができる」を選べばよい。

①について。[4]を踏まえた選択肢ではあるが、**写真A・B・C**とも「古

地図や古写真を手にして歩いている人が写っていない以上、写真の説明としては不適切。もちろん、「古地図や古写真を手に歩く」様子を写したものとはいえない。もちろん、「古地図や古写真を手に歩く」ことによって、**写真A・B・C**に写された景観の「歴史的意味が理解」されることはあるだろうが、古地図・古写真を手にして歩いている人が写っていない以上、写真の説明としては不適切。

③について。4を踏まえた選択肢だが、①同様、いずれの写真も「地域に詳しいガイドの話を聞く」様子を写したものとはいえない。もちろん、「地域に詳しいガイドの話を聞く」ことによって、**写真A・B・C**に写された景観の「物語性を実感できる」ことはあるだろうが、ガイドの話を聞いている人が写っていない以上、写真の説明としては不適切。

⑤について。**【文章】**に直接対応する箇所はないが、強いて言えば8を踏まえたものであろう。しかし、**写真B**は「伝統的な建築」と見えなくもないが、「近代建築」が写っていないので、Bの説明とはならない。また、**写真C**は後方のビルが「近代建築」と一応言えるが、「伝統的な建築」が写っていないので、Cの説明にもならない。

第2問

〈出典〉

吉田修一（よしだ　しゅういち）「キャンセルされた街の案内」（新潮文庫『キャンセルされた街の案内』所収）の一節。出題にあたり、やむを得ない事情により省略した箇所がある。

吉田修一は、一九六八年長崎県生まれ。法政大学経営学部卒業。アルバイト経験を経て、一九九七年「最後の息子」で小説家としてデビュー。二〇〇二年「パークライフ」で芥川賞受賞。著書に、『パレード』『悪人』『さよなら渓谷』『横道世之介』『路』『逃亡小説集』などがある。

〈問題文の解説〉

共通テストの特徴の一つは、例えば二〇一七年度試行調査で〈原典とそれを基にした創作〉が一編の小説となっている作品が出題されたように、〈複数テクスト〉による出題がなされる点にある。そこで本問は、〈作中小説（ここでは登場人物の書いている小説）を含む小説〉という形で〈複数テクスト〉になっている作品を題材とした。また、問6で同じ小説の別の箇所を引用する形の作問を行い、ここでも〈複数テクスト〉化を試みた。

本文は一行空きによって四つの部分に書き分けられているので、それに従って内容を確認しておく。

〈前書きからわかること〉

・「ぼく」が主人公で、一人称の視点による物語である。
・「ぼく」は会社勤めの傍ら、二十四歳の青年を主人公にして、自らの実体験に基づいた小説を書いている。
・故郷の長崎から兄が出てきて居候しているが、兄は何をするわけでもなく毎日を過ごしている。

▼「前書き」も問題文のうちなので、背景となる情報をしっかりと読み取っておこう。

〈第一の場面〉兄との関係

・まずは「ぼく」にとって兄が、「何もやりたがらず、ただ無為に時間を過ごしているだけの兄」と認識されていることに着目しよう。兄を外に誘っても応じないので「ぼく」は家にいる気にもなれず外に出るが、「苛々」はおさまらない。パチンコでも負け、兄のことが「だんだん腹立たしく」なってくる。そして、何もしないでいる兄が、休みだからとばかりに遊ぼうとする（遊ばなければならないと思っている）自分のことを馬鹿にしているように思えてくる。そこで「ぼく」は、兄を無理やり外に連れ出して引き摺り廻してやろうかという「妙な使命感」にとらわれさえする。そう勢い込んで部屋に帰る。すると……。

・当の兄が、これまで一度だって掃除などしたことがなかったのに、雑巾がけをしていた。慌てふためく「ぼく」。兄が見せたヤニと埃で汚れた雑巾は、「まるで自分のよう」だった。泣きそうになる「ぼく」を前に兄は楽しそうに床磨きをする。その間「ぼく」は「平静さを装って」新聞を読むふりをしていた。

・その夜、「ぼく」は近所の公園へ行き、小説の続きを書き始めた。

ポイント1

「ぼく」は居候を続け、「何もやりたがらず、ただ無為に時間を過ごしているだけの兄」に苛々する。そんな兄に自分の部屋を掃除されて「ぼく」は慌てる。床をふいた「ヤニと埃で汚れた雑巾」が、「まるで自分のように見えた」。つまりは、何もしないでいる兄に対して（とりあえず働いているということで）優位な思いでいたのに、逆に、自分の生きている現実を見せつけられたように感じて慌てふためいたということであろう。このときの「ぼく」の心理的な動揺を読み取っておこう。

〈第二の場面〉作中において「ぼく」が書いている小説

・主人公のなつせは、シャツを買ってくれるというきっこ（現実の「ぼく」の別れた女性（93行目）と同名である）の母親に誘われて銀座に出る。きっこは他の男性と出かけているらしく母親と二人でデパートに行くと、母親が赤いストライプのシャツを押しつけてくる。「自分のすべてを赤ペンで訂正されているように見える」シャツを買ってもらったなつせは、好きな女性が別の男性とデートしている最中にその母親とデパートに来てシャツを買ってもらっている自分のことを考える。そしてまた、マンションに泊めてもらったりする。

ポイント2

「ぼく」は、自分の経験を書いた小説の中で、別の男性とデートしている女性のことをいまだに思い続ける青年なつせの姿を描いている。「ぼく」はかつての自分の気持ちについて、小説を書くことで思いをめぐらしているのだと考えられる。

〈第三の場面〉「ぼく」にとっての小説を書くことの意味

・公園で小説を書いているところに兄が突然現れる。「ぼく」は咄嗟《とっさ》に手紙を書いていたとごまかすが、きっこの母親と連れ立っているところへいきなり兄が現れたような気がして必要以上に動揺してしまう。

・そして、軍艦島でインチキガイドをしていたときのことを回想する。島で暮らしていた元炭坑夫だとは知らずに調子に乗ってガイドしていた「ぼく」は、その男に詰め寄られ、嘘をついてその場を逃れたことがあった。

・兄が去った後も「ぼく」はその記憶にとらわれ、落ち着かない。そして、シーソーの片方に原稿用紙を置き、もう片方に自分が乗れば、うまくバランスがとれそうだという思いになる。男に殴られたことを別にすれば、軍艦島でのインチキガイドでうまくバランスをとっていたように。

・部屋に戻ると、母からの〈兄からの連絡があったらすぐ知らせろ〉という留守番電話が何件も入っていた。どうも兄の外出は母からの電話を避けるためでもあるらしかった。

ポイント3

「ぼく」が公園で小説を書こうとするのは兄に知られたくないためであろう。ところが、当の兄がそこに突然現れる。「ぼく」は、自分だけの小説世界の中にいきなり兄が登場したような錯覚に陥り、動揺してしまう。その小説は「ぼく」にとって、シーソーで自分の現実の人生とバランスがとれるほどの貴重な私的世界である。そこに突然兄が割り込んできたかのように思われおびやかされた気持ちになったということである。

また、シーソーの片方に原稿用紙を置き、もう片方に自分が乗れば、うまくバランスがとれそうな気になっていることにも着目。そのことが「軍艦島のインチキガイドで、うまくバランスをとっていた」ことに比せられている。ここでいう「インチキガイド」が〈小説を書いていること〉に重ねられているわけである。ということは、「ぼく」は自分が小説を書いていることをどこかで「インチキ」だと思っているということになる。別れた女性に対する思いを体験に即して書いているだけなのだから、何かの解決が得られるというものでもなく言ってみれば追認、追体験ということでしかない。「インチキガイド」と比せられるゆえんであろう。**〈第一の場面〉**と関連づけるならば、兄が見せた汚れた雑巾に自分の現実を改めて見せつけられたような気がして動揺したことでわかるように、「ぼく」はふだんは自分の置かれた現実を直視しないようにして生きているわけである。小説を書く行為もそれに準じるものだと捉えることができる。過去の未練を引きずるままで、今の現実を直視しないということである。しかし、そうした現実逃避的な行為であっても小説を書くという行為、またそこに描かれた世界は自分だけの精神世界にかかわるものであり、たとえはかないものではあっても自分の生きている実人生と見合った重さをもっているのだと、シーソーのバランスを取り得るものだと、そう思おうとしているということである。

〈第四の場面〉 書くことと「ぼく」の生き方

・「ぼく」は消臭剤を三つ買ってくる。兄に「自分の部屋の匂いを嗅がれているようで我慢できなかった」からである。自分の部屋の匂いが気になって嗅がせたくないと思ったのは、恋人とうまくいっていたときも同じだった。そして、子供の頃の話が挿入される。

・子供の頃、目をつぶって高く跳び上がれば別の場所に移動できると兄に騙され、何度も跳び続けて、気分が悪くなり吐いたことがあった。ばあさんが抱き起こしてくれたが、目が廻って焦点が合わない視野の中で、「多少意味合いは違ったが、たしかにいつもとは違う景色が見えた」という経験をしたことがある、というエピソードである。その回想を挟んで、「ぼく」は消臭剤を隠し、机の引き出しから原稿用紙を取り出す。

ポイント4

「ぼく」は「自分の部屋の匂い」を人には嗅がせたくない、つまりは自分だけの世界を他人には見せたくないと考えるタイプであるらしい。その自分だけの世界は小説世界に反映していると考えられるが、原稿用紙を取り出す前に子供の頃のエピソードが差し挟まれていることに着目しよう。兄に騙されて跳び上がっても別の場所には行けなかったのだから、それは「インチキ」だったということになろう。そう捉えれば、軍艦島のインチキガイドや小説を書いていることのインチキ意識に通じることになる。しかしこのエピソードに見るように、インチキではあっても「ぼく」には「多少意味合いは違ったが、たしかにいつもとは違う景色が見えた」というのである。小説を書いたからといって何の解決にもならないであろうし、別の世界に行けるわけでもないが、そしてまた現実を直視することからの逃避でしかないのかもしれないが、「たしかにいつもとは違う景色が見えた」ということを期待して書き続けるしかない、という思いにつながるものだと読んでよいであろう。そこで、「ぼく」は原稿用紙を取り出して小説を書き継ごうとするのである。

▼この物語は四つの部分に分かれ、さらにいくつかのエピソードが回想として差し挟まれているが、それらは何の関連もなくただバラバラに並べられているわけではない。評論における意見や主張が論理的なつながりをもって展開されていくように、小説の展開においても根本を支えているのは論理的なつながりである。それぞれの部分を場面の文脈の中に位置づけてその意味を読み取っていくことが重要である。

〈設問解説〉

問1　語句の意味を問う設問。

設問に「本文中における意味」とはあっても、本来の辞書的な意味を踏まえていないものは正解とはならない。全く知らない語句ならば文脈から推理するしかないが、その場合でも単に機械的に代入してよさそうなものをフィーリングで選ぶというのではなく、語句そのもののもつ意味をよく考えてアプローチしよう。

(ア)「図星だった」は、〈たしかにそのとおりだった〉という意味。「図星」は〈的の中の黒い部分、点〉のことで、〈核心、急所〉の意味をもち、〈図星を指す（核心を指摘する）〉という言い方もなされる。きっこの母親の言うことが的を射ていたという文脈である。正解は④。他の選択肢は語本来の意味を踏まえていない。

(イ)「悪銭身につかず」は、〈不正な方法で得たお金は無駄遣いしがちですぐになくなってしまう〉ということ。働いて得たお金ではなくパチンコで稼いだお金なのですぐになくなってしまうんだよと、きっこの母親に言われている場面である。正解は③。①「偶然」、②「目的通りには」、④「不正に……早く使った方が」、⑤「執着しないに限る」がそれぞれ間違い。

(ウ)「怪訝な」は、〈不思議がる様子。いぶかるさま〉を表すことば。公園のベンチで何か書いている「ぼく」を見て、兄が何をしているのかと不審に思い問いかける場面である。正解は⑤。「怪訝な」＝〈いぶかしい〉は、〈疑わしい〉と境界を共有する言葉だが、②「疑い深そうな」としては間違い。これでは何らかの明確な疑念を抱いて探りを入れているようなニュアンスになり、「怪訝」の語意としてもズレてしまうし、兄の性格からしても、そこまで物事を詮索するタイプだとは読めない。

問2　「ぼく」と兄との関係および「ぼく」の思いを問う設問。

〈第一の場面〉および**ポイント1**参照。「苛々している時」、「だんだん腹立たしくなってきた」、「何もやりたがらず、ただ無為に時間を過ごしているだけの兄」といった表現から、兄のことを「ぼく」が迷惑に思っていることは明らかであろう。そこで、「そのまま飛行機に押し込もう」とまで考えて勢い込んで部屋に帰ると、これまで一度だって掃除などしたことのない兄が雑巾がけをしていた。「ぼく」は慌てふためく。そして、兄が見せたヤニと埃で汚れた雑巾に、「まるで自分のように見えた」と自分を重ね見て動揺している。自分の生きている現実を見せつけられたように感じて慌てふためいたということである。だから「ぼく」は「平静さを装って」新聞を読むふりをしたのである。正解は③。

①は、「連れ出してあげよう」と思って帰ったわけではないので、不適。また、その「好意」の流れで説明している後半も筋違いである。②は「せめて……外で働いて稼いでくれればよい」が「ぼく」の〈動揺〉とは全く方向違いの説明になっている。④は「小説の原稿を見つけ出して浮かれている」が間違い。公園の場面に見るように兄は「ぼく」が小説を書いていることを知らなかったのだと読める。⑤は「掃除にかこつけて生活領域までも侵してくる」「自分の世界が奪われかけている」「苛立ち」がズレた把握になっている。「ぼく」はそう感じ取っているわけではなく、自分の現実、「自分の部屋の匂い」（**〈第四の場面〉**）が暴かれると慌てふためいているのである。

問3　「ぼく」の心情を理由説明の形で問う設問。

〈第三の場面〉および**ポイント3**参照。「ぼく」が公園まで行って小説を書こうとするのは、兄に知られたくないためであろう。ところが、そこに兄が突然現れる。直前に「きっこのお母さんと銀座へ行き、シャツを買ってもらったり寿司を食ったりしている所に、いきなり兄が現れたような気がして」とあるように、「ぼく」は、自分が書いている小説世界の中にいきなり兄が登場したような錯覚に陥り、動揺したということである。その小説は、（後文の「シーソー」のくだりに見られるように）自分の現実の人生とバランスがとれるほどの、「ぼく」にとっては貴重な私的世界である。そこに突然兄が割り込んできたかのように思われ脅かされた気持ちになったということで、正解は⑤。

①は「交際を……兄に知られてしまい……無言でとがめられて」など、見当違いの把握になっている。②は、書いているのが小説でありその内容も知られているのではないかという角度からの説明であり、本文の内容とは異なる。③は「手紙の話でうまくごまかせたかどうか不安」ということに焦点化しており、先に見たようなここでの「動揺」の内実を説明したものになっていない。④は「懐かしい思いとともに」が、間違い。「ぼく」は「懐かしい思い」として小説をつづっているわけではない。もっと自分の生き方にかかわる切実なものとして小説を書いている。また、「作

品世界が汚された」「苛立ち」というのではなく、〈自分の精神世界に兄が割り込んできた〉〈動揺〉である。

問4　「ぼく」の心情を文脈に即して問う設問。

〈第三の場面〉および**ポイント3**参照。兄との応対の中で「ぼく」は軍艦島での「インチキガイド」のことを思い起こし、兄が去った後もその記憶にとらわれて気分が落ち着かない。そして、シーソーの片方に原稿用紙を置き、もう片方に自分が乗れば、うまくバランスがとれそうだという思いになる。どういうことか。傍線部直後の「軍艦島のインチキガイドで、うまくバランスをとっていたように」に着目しよう。インチキガイドでバランスをとっていたことが、シーソーでのバランスに比せられているのだから、「原稿用紙をシーソーの片方に」／「もう片方に自分」という関係が〈片方にインチキガイド〉／〈片方に自分〉という関係に重ねられていることがわかる。つまり、「インチキガイド」＝〈小説を書いていること〉ということになり、「ぼく」は自分が小説を書いていることをどこかで「インチキ」だと思っているということになる。きっこへの思いを体験に即して書いているだけなのだから、何かの解決が得られるというものでもなく追認、追体験ということでしかない。そのことが「インチキ」意識をもたらしているわけである。しかし、そうした現実逃避的な行為であっても小説を書くという行為、またそこに描かれた世界は自分だけの精神世界にかかわるものであり、たとえ「インチキ」であったとしても（そして、「インチキガイド」が「一度だけ」見破られたように、ふとしたことで崩れかねない危うさをはらんだものであるにしても）自分の生きている実人生と見合った重さをもっているもの、シーソーのバランスを取り得るものだと、そう思いたいということである。正解は④。

①は、「関係の修復を願ってきた」が本文からは判断できないこと。また、「むなしい……情けない」という単なる否定的な感情として説明している点も間違い。②は「小説の結末が……」がかかわりのないこと。また後半の、兄を見習い力んだ気持ちを捨ててバランスをとって生きていくという方向の説明も間違っている。③単純に「正直に生きていこう」と思ったわけではないので間違い。また、小説をより正直に事実に即して書いていこうという説明も的外れなものになっている。⑤は、小説を「インチキ」だと思っているのだから、（現実の）生き方が小説に「勝る重さをもちえない」というのでは間違い。したがって後半の、虚構だから云々という説明も成り立たない。

問5　「ぼく」の思いを文脈に即して問う設問。

〈第四の場面〉および**ポイント4**参照。「ぼく」は消臭剤を三つ買ってくるが、それは兄に「自分の部屋の匂いを嗅がれているようで我慢できなかった」からである。恋人とうまくいっていたときも同じだったというのだから、「ぼく」は自分だけの世界を他人には見せたくないと考えるタイプだと考えてよいであろう。そこに、子供の頃の話が挿入されている。別の場所に移動できると兄に騙されて何度も跳び続け、気分が悪くなり吐いてしまったわけだが、目が廻って焦点が合わない視野の中で、「多少意味合いは違ったが、たしかにいつもとは違う景色が見えた」とある。別の場所には行けなかったのだから、それは「インチキ」だったということになり、そう捉えれば、軍艦島のインチキガイドや小説を書いていることのインチキ意識に通じることになる。しかし、インチキではあっても「多少意味合いは違ったが、たしかにいつもとは違う景色が見えた」というのである。このことを小説を書くことにつなげれば、小説を書いたからといって何の解決にもならないであろうし別の世界に行けるわけでもない、また現実からの逃避でしかないのかもしれない、そういう意味でインチキかもしれないが、しかし、「いつもとは違う景色が見えた」ということはあるのではないか、そう期待して書き続けるしかない、という思いになるはずである。そこで、「ぼく」は原稿用紙を取り出すのである。正解はこれらの事情を踏まえている①。

②は、騙されていることを承知してそれなりに対処して生きるという方向の説明になっており、論点がズレている。③は、騙されてもそこに積極的な意味を見いだせれば独自の世界が開けるという方向の説明になっており、これも論点がズレている。別の「世界」は「開け」ないにせよ、「見え」

方が違ってくるかもしれない、ということである。④は、騙す人間と騙される人間との対比に焦点化して説明している点が間違い。⑤は、努力をした者のみが成果を手にするということに焦点化しており、間違いである。

問6　表現の設問および複数のテクストを横断する内容把握の設問。前問までが本文に内在して読解する問いであるのに対し、本問は(i)(ii)ともに本文を外側の視点から評価したり捉え直したりする問いだと言えるが、いずれにせよ本文の正確な読解が前提であり、その上で各設問の要求に応じて考えていくことになる。

(i)　本文の表現と内容について問う設問。

文章全体を通して読み取れるテーマ、訴えていることの中心を把握するよう心がけ、それを踏まえて妥当と言えるものを選んでいこう。本文のテーマを一言でいえば〈「ぼく」は仕事の傍ら小説を書いているが、たとえそれが現実逃避的なインチキであったとしても、その世界は現実の実人生と同様の重きをなすものであり、書き続けることで少しは世界が変わって見えるかもしれないと期待を抱こうとしている〉というものである。物語の全体像やあらすじを大きく思い描くとともに、こうしたテーマに肉薄することが重要である。以下、順次検討しておく。

①は不適当。「ぼく」と兄とのやりとりと、作中小説の言葉遣いが異なるのはその通りだが、単に「ぼく」が故郷を離れて時間がたっていることを示すためだとは考えられない（その点では現実の「ぼく」も作中小説の人物も同じなのだから）。時間がたっているのは確かだとしても、中心は作中小説が「ぼく」の精神世界として描かれているというところにある。「ぼく」は自分の生きる姿勢として小説世界と向き合っているということである。

②は不適当。本文は一貫して「ぼく」という一人称から見られた世界として描かれている。引用箇所も「ぼく」から見た兄の様子であって、「兄の視点からの描写」ではない。

③は不適当。「ぼく」は「自分の部屋の匂い」を嗅がれたくないと思っている人物であり、「周囲の世界とうまく関係を結びたい」と思っていると取るには無理がある。「いきなり兄が……」の意味するところについては問3を参照のこと。

④は適当。消臭剤を置くのは「自分の部屋の匂い」を嗅がれて兄に指摘されることを恐れてのことであるし、原稿用紙に向かうのはそこに何かしらの可能性を見てはいるもののその根底には現実逃避というインチキ意識が横たわっている。「ぼく」には現実から目をそらそうとする傾向があると取っても妥当と言えるであろう。

(ii)　本文の内容と原典の別の箇所の記述とを関連づけ、「嘘」「作り話」という表現の多義的な意味内容を考える設問。共通テストの特徴の一つである〈複数テクスト〉型の設問であり、また二〇一七年度試行調査で出題された〈類似した表現の文脈上での異なる意味内容を読み分ける〉タイプの設問でもある。

問6(ii)の設問文から、**【文章Ⅰ】**は原典である「キャンセルされた街の案内」の本文より前の一節、**【文章Ⅱ】**は原典の本文より後の一節であることがつかめる。つまり、**【文章Ⅰ】**は本文の箇所に先立って「ぼく」が作中小説をどのように書いているかを説明している箇所、**【文章Ⅱ】**は「ぼく」が作中小説を本文よりも書き進めた段階で感じたことを述べた箇所、ということになる。

それぞれの内容を見てみよう。**【文章Ⅰ】**にはまず「ぼくが書いている小説はa作り話ではない……小説に書かれてあることは全て**事実だ**」とある。裏返していえば、波線部a「作り話」は〈**事実では**ない話〉という意味だということになる。続いて**【文章Ⅰ】**は「ただ、この小説には**書かれていないこと**の方が多い……**傷のない**熟れた房**だけを**、ぼくはこれまで摘んできたのだ」、「書かれたこと」は「全て事実」だが、「完全ではない」と述べる。つまり、〈事実でないことは書いていない〉が、〈無数にあった事実のうち、自分が**傷つかない**ようなこと**だけを選んで**書いている〉というのである。「ぼく」はこれを「ぼくがやっているのは、完全な**現実から****いくつか房を摘み取って**、b嘘として明日に残す作業なのかもしれない」と述べている。以上から波線部bは〈事実でないことは書いていないが〉**事実のすべてを書いているわけでもない話**〉〈**事実の中から都合のいい部**

分だけを選んで書いた物語〉という意味での「嘘」、だということになる（93行目に「まだきっことうまくいっていた頃」とあるのを裏返せば、その後には〈うまくいかなくなった〉ということになる（別れたのだろうということが現在の「ぼく」の暮らしぶりから見当がつく）のだから、つらい出来事もたくさんあったはずなのだが、〈あまりにもつらく感じられるような出来事は書かずにいる〉というのである）。

【文章Ⅱ】を見よう。「**全てが書かれていない**ことでこの小説が嘘になるなら」とあるから、この「嘘」は波線部**b**と同じ「嘘」である。これに「そこ（＝波線部**b**と同じ嘘）に嘘を加えてもいいのではないか」と続くのだから、**波線部c の「嘘」**は波線部**b**よりも度合いの強い「嘘」＝これまでは〈書いていなかった〉「嘘」＝〈事実ではない話〉＝**波線部a「作り話」**に当たるのだろう、と見当がつく（直後に「ぼくはもう一度原稿用紙を拾い集め、最後のページだけを破り捨て、熱くなったペンを握り直した」とあるように、それまで〈きっことの思い出の中で、自分が決定的に傷つくことはないような事実だけを選んで物語とし、（やや単純化していうと）自分をなぐさめていた〉「ぼく」が、さらに〈実際の出来事を事実とは違うものに書き換えてしまう〉段階にまで踏みこもうと考えて、小説を書き直そうとしている、という箇所である。「ぼく」はそのようにしてまで（問5で見たように）何とか自分を支えて生きようとしている人間なのである）。

以上をもとに、二重傍線部Xの「嘘」との関連を考えよう。「軍艦島のインチキガイド」をしていた頃の回想を述べた箇所である。（注3）には、「ぼく」は軍艦島の生まれだと**偽って**ガイドをしていた、とある。その「ぼく」が「いい加減な」ガイドぶりを「**実際に島で暮らしていた**元炭鉱夫」に怒られ、「『さいわい丸（注3参照）のおじさんに、無理やりやらされているんです』と嘘をついて許してもらおうとした」とあるのが二重傍線部Xの箇所である。先に見たようにそもそも出自を「**偽って**」やっているガイドであり、内容的にも〈怒られて、言い逃れの言葉を思わず口にした〉というところだから、先に見た〈事実の中から都合のいい部分だけを選んで書いた物語〉としての「嘘」（波線部**b**）というような一連の叙述ではなく、単に〈**事実ではない言葉**〉である。つまり、先の波線部**a**・波線部**c**と同じものであり、正解は⑤だということになる。

〈問題文の解説〉末尾で述べたように、この物語では、「嘘」「インチキ」＝〈事実・現実とは異なるもの〉という共通点をもつエピソードが並べられ、それらは**〈問題文の解説〉** **ポイント4** や問5の解説で示したような「ぼく」の生き方を表現する役割を果たしている。作中の「小説」（＝現実ではない世界）もそうした一連の「嘘」「インチキ」の一要素である——という読み取りができていれば、「インチキガイドをしていた時」の「嘘」（二重傍線部X）と、作中小説に関する言及の中の「嘘」とが、先のようなこの小説の構造において重なりうるものだということも理解できたのではないだろうか。複数のエピソードが並べられる小説では、それらの間の関連性を考えて全体の主題をつかむことが設問解答の基盤になる。このことを意識して練習を重ねてほしい。

第3問

〈出典〉『狭衣物語《さごろもものがたり》』

『狭衣物語』は、平安時代後期成立の物語。作者は、後朱雀院《ごすざくいん》の皇女である六条斎院禖子《ばいし》内親王の宣旨《せんじ》の源頼国《よりくに》の女《むすめ》と言われる。主人公狭衣大将の、いとこである源氏の宮に対する叶《かな》わぬ恋の苦悩と様々な女性遍歴が描かれている。『源氏物語』の影響を受けた後期物語の代表作とされる。

〈現代語訳〉

明るくならない〔＝曇りがちな〕空の様子をも、（大将は）やはり気をもんで見申し上げなさっているが、月も同じ気持ちでしみじみと（大将を）見申し上げているのであろうか、厚ぼったく立ち込めていた群雲も晴れて、月の光が美しく差し込んでいる時に、御几帳からはずれて、はっきりとお見えになっていた（源氏の宮の）御髪のかかり具合、お顔つきなどは、たとえ大将の出家の願いが叶い、菩薩の最高の位に御身が定まるとしても、（源氏の宮を）見申し上げなくなってしまうようなこと〔＝（源氏の宮に）お目にかかれなくなってしまうようなこと〕は残念であるはずだが、まして、（大将は）元来この世の中の栄耀は特に好まずじまいになってしまった〔＝関心がなくなってしまった〕御心であるので、どうして平穏な気持ちでいらっしゃれようか（いや、いらっしゃれない）。

あきれた（大将の）御心の中の（源氏の宮を求めてやまない）好色めいた方面を、今はどうあろうともお心にかけなさるべきではないが、寄せては返す白波のように繰り返し見たくなる（源氏の宮の）ご様子であるのを、宮中から遠く想像し申し上げなさるようなことには、「長生きできそうな寿命であっても、どうであろうか」と思い続けなさって、月ばかりを物思いにふけって見なさっていた。

めぐり逢はむ……（二度と）めぐり逢うような機会さえない別れだなあ。空を行く月の行く果てを知らないので、

と言って、（顔を）押し当てなさっている（大将の）袖の様子も、現世で再会できる時がある命ではないからにはと思う点では、「なるほど」と（源氏の宮は）お思いにならずにはいられないのだろうか、あまりにも（月が）まぶしいので、御几帳をお引き寄せになって、そっと（中に）お入りになる紛らわしに、

月だにも……せめて月なりともよその群雲が隔てないならば、毎夜（月を）涙で濡れた袖に映して見よう。

と、何気なくお詠み捨てになる、その慰めだけでも、なるほど（大将には）かえって、（源氏の宮に対する）思いを断ち切れない束縛ともなってしまうに違いない。

（大将は、源氏の宮の側に）お仕えする女房などをも御覧になることがなくなってしまうようなことをしみじみとお思いになると、すぐにも（その場から）お帰りになることもない。とりとめのないことなども、心ひかれて耳を傾けていたいというご様子で、しみじみと心細げなことをおっしゃるので、見申し上げる女房たちも、（大将が帝位につくことを）このように世に珍しい御慶事だとも思われず、袖も（涙で）濡れまさり濡れまさりしているうちに、月も入り方になってしまった。今後はこのように軽々しいお歩きは決してあるはずのないことであるので、このように斎院で夜を明かしなさるのも不都合で、退出なさるお気持ちは、やはり芹を摘んだ人〔＝高貴な女性に恋心を尽くしても報いられずに終わった人〕にも尋ねたいと思わないではいらっしゃれなかった。

＊問5の和歌

芹を摘んだ昔の人も、私のように、思い通りにはならなかったのだろうか。

＊問5『奥義抄』の引用部分

昔、大和の国に猛者〔＝富裕な人〕がいた。門番の老婆の子であった童で、真福田丸といった者がいた。池のほとりに着いて、芹を摘んでいた時、猛者の大切に育てる姫君が、出て遊んでいたのを見てから、この童〔＝真福田丸〕は、分不相応の心がついて、恋の病になって、（中略）。姫君はあわれがって、「こっそりと手紙などを行き来させるような時に、文字を書けないようなことは、残念だ。文字を習いなさい」。童は喜んで一、二日と習った。

また、（姫君が）言うことは、「私の父母はもうすぐ亡くなるだろう。その後は何事も（あなたに）処理をさせたいと思うのに、学問がわからないようなことはよくない。学問をしなさい」。童は、また学問をして、物事を見てはっきり説明できるほどになった。また（姫君が）言うことは、「こっそりと（私の所に）通うような時に、童では見苦しい。法師になりなさい」。（童は）すぐになった。（中略）また、（姫君が）言うことは、「やはり少し修行しなさい。護身法などをするような状態になって戻りなさい」と言うので、（童は）また修行に出発する。姫君はあわれんで、藤の袴を調達して与える。片袴は自ら縫った。（童は）これを着て修行をしてまわるうちに、姫君が亡くなってしまったので、そのことを聞いて、仏教を深く信仰する心を起こして、ひたすら極楽往生を願って、尊い聖として亡くなった。

〈設問解説〉

問1　表現と文法の問題。

なほ｜心尽くし｜に｜見｜参らせ｜給へ｜る｜を、｜桂男｜も｜同じ｜心｜に｜あはれ｜と｜や｜見｜奉る｜らむ、｜

①は、正しい。「心尽くし」は、考えられる限り思いを巡らすことで、「さまざまに物思いをする」などの意。主体が書かれていないが、第一文で動作主体が書かれていない場合、まず前書きの主体を入れて考えてみる。ここも前書きの主体である「狭衣大将」を主体として読んで問題がない。

②「せ」は、サ行下二段活用の補助動詞「参らす」の未然形「参らせ」の活用語尾。「る」は、完了・存続の助動詞「り」の連体形である。助動詞「り」の接続は、サ行変格活用の動詞の未然形か四段活用の動詞の已然形（命令形）となっている。サ変の未然形は「せ」で、母音は「エ」。四段動詞の已然形（命令形）は「e」で、やはり「エ」となるので、エ段音につく「る」は助動詞「り」の活用したものと説明できる。ここも「給へ」と、エ段音についている。

③補助動詞の「奉る」は、必ず謙譲語になる。謙譲語は、動作の受け手（＝客体）への敬意を表す。「桂男」は主体なので、「奉る」の敬意の対象ではない。ここは、「（狭衣大将を）見奉る」という文脈であり、敬意の対象は、「狭衣大将」である。

④「や」は、詠嘆ではなく疑問を表す係助詞。「や～らむ」で係り結びになっている。

⑤「らむ」は、「奉る」と、活用語の終止形に接続しているので、一語の助動詞である。ウ段音につく「らむ」は、一語の助動詞となる。ここも「奉る｜らむ」と、ウ段音についている。

問2　傍線部の直前をまとめる問題。

まずは、傍線部Aを解釈してみる。傍線部Aを単語に分けると、「いかで｜か｜なのめに｜は｜思さ｜れ｜む」となる。

「いかで」は、「何とかして・どうにかして」という願望の意と「どうして～か、いや、～ない」という疑問・反語の意を持つ副詞であるが、「いかでか・いかでかは～む」の場合は、多く反語となる。「なのめに」は、ナリ活用の形容動詞「なのめなり」の連用形。「斜めなり」と書く。「斜め」は水平でも垂直でもないことから、「中途半端だ・いい加減だ」、さらに「平凡である・並み一通りだ」などの意味を表すようになった。「思さ」は、サ行四段活用の動詞「思す」の未然形。「思ふ」の尊敬語で、「（お）思いなさる・お思いになる」の意。「れ」は、「思さ」と、ア段音についているので助動詞「る」の活用したもの。助動詞「む」が下接しているので未然形である。助動詞「る」には、受身・尊敬・可能・自発の四つの意味があるが、ここは上に「思す」と、心情に関する語があるので、自発（自然と～される・～せずにはいられない・つい～てしまう）の意が適切である。「む」は助動詞で、係助詞「か」の結びで連体形になっている。ここは、推量（～だろう）の意が適切。全体の解釈としては、「どうして並み一通りには自然とお思いになられるだろうか、いや、並み一通りにはお思いにはなられないだろう」などとなる。この傍線部は、「大将が、並み一通りには思われない」、つまり、「大将が、普通の気持ちではいらっしゃれない」ということが書かれているのである（この文の主語が大将であることは、注3を利用すれば、容易にわかる）。

では、これはどういうことなのであろうか。傍線部Aの直前を見ると、「御心なれば」と、「已然形＋ば」がある（断定の助動詞「なり」の已然形＋接続助詞「ば」）。「已然形＋ば」の直後の文に設問がしかけられた際に大切なことは、「已然形＋ば」が「因果関係」を構成する表現になることが多いということである。例えば、「雨降りければ、外に行かざりけり。」という文の構造を分析してみる。

原因【雨降りければ（＝雨が降ったので）、】
（已然形＋ば）
↓
結果【外に行かざりけり。】

「已然形＋ば」が含まれている部分が「原因」、直後の文が「結果」となる。「原因と結果のつながり」を「因果関係」と言う。「原因」と「結果」は、常にセットで考えるものである。

つまり、「已然形＋ば」の直後の文に設問がしかけられている場合は、傍線部の吟味はもちろんのこと、「已然形＋ば」を含む直前の文もきちんと検討することが大切なのである。

原因の部分を見ると、「御几帳にはづれて、けざやかに見えさせ給へる（姫君の）御髪のかかり、面つきなど、等覚の位に定まるとも、見奉らずなりなむことはくちをしかるべきを、まして、もとよりこの世の栄耀はことに好まずなりにし御心なれば」とあり、大将は「姫君を見なくなってしまうことが残念だ」「この世の栄耀は特に好まなくなってしまった気持ちだ」ということが書かれている。このことが原因で、その結果、「大将は、普通の気持ちではいらっしゃれない」という因果関係である。

選択肢を検討すると、①・②は、主語が「源氏の宮」となっているので、不適切。③は、「出家の望みを叶えることができなくなってしまい」という原因の記述が不適切。⑤も、「自分が帝位につくことを源氏の宮が好ましく思わなかったので」という原因の記述が不適切。④が正解である。直前の原因の部分に書かれている記述とも合致する。

問3　傍線部の前の段落をまとめる問題。

まずは、傍線部Bを解釈してみる。傍線部Bを単語に分けると、「月｜の｜顔｜のみ｜ながめ｜させ｜給ひ｜けり」となる。

「顔」は、「表面」の意。「のみ」は、程度や限定の意を表す副助詞。名詞に付く「のみ」は限定の意になるのが原則である。「ながむ」は、「物思いにふけりながら遠くを見る」という意の「眺む」と「詩歌を吟唱する」という意の「詠む」があるが、後者では「月の顔のみ」と意味的につながらないので、前者の意と判断できる。「させ」は、助動詞「さす」の連用形。ここは、下の補助動詞「給ふ」と「させ給ふ」の形で、二重尊敬語になっている。「させ給ふ」で「（お）～なさる・お～になる」の意。「けり」は、過去（～た）の助動詞。全体の解釈としては、「月の表面ばかりを物思いにふけりながら見なさっていた」などとなる。

では、これは大将のどのような心情を表しているのであろうか。傍線部Bは、一文の途中なので、この一文の最初から押さえて、一文全体の内容を確認してみる。

「あさましき御心のうちのかけかけしき方様をば、今はいかなりとも思し寄るべきならねど、水の白波なる御有様なるを、雲のよそにのみ思ひやり聞こえさせ給はむには、『ながらへぬべからむ命の程なりとも、いかが』と思し続けて、」

（あきれた（大将の）御心の中の（源氏の宮を求めてやまない）好色めいた方面を、今はどうあろうともお心にかけなさるべきではないが、寄せては返す白波のように繰り返し見たくなる（源氏の宮の）ご様子であるのを、宮中から遠く想像し申し上げなさるようなことには、『長生きできそうな寿命であっても、どうであろうか』と思い続けなさって、）

傍線部Bの直前には、大将が「源氏の宮の美しい様子を宮中から遠く見るならば、長生きできても意味がない」と思っていることが書かれているのである。

選択肢を検討すると、①は、「源氏の宮の顔をまともに見られず、月を見て気をまぎらわそうとしている」が不適切。②は、「長生きをしていれば、また必ず源氏の宮に再会できるだろうと期待している」が不適切。③は、直前に書かれている内容と合致する。これが正解である。④は、「源氏の宮の寿命がもう長くないことを知り、その現実を受け入れることができず」が不適切。⑤は、「やはり彼女を妻にするべきだったと後悔している」が不適切である。

問4 解釈の問題。

解釈の問題で大切なことは、しっかり単語に分け、その中に重要語句や重要文法などが含まれていないかを確認することである。

(ア) やをら

「やをら」は、物音をたてないように静かに動作する様子を表し、「そっと・静かに」などと訳す。「やはら」とも言う。「突然・いきなり」という意味はないので注意したい。正解は③。

(イ) 思ひ離れ｜ぬ｜絆《ほだし》｜と｜も｜なり｜ぬ｜べし

「思ひ離れぬ」の「ぬ」は、下に「絆」と、名詞があるので連体形とわかる。連体形が「ぬ」となるのは、打消の助動詞「ず」である。「絆」は、人の身を拘束するものを表し、「束縛・係累《けいるい》」などの意。出家の際の妨げとなる妻子・恋人・財産などを表すことが多い。「なりぬべし」の「ぬ」は、助動詞「べし」を下接しており終止形なので、完了・強意の助動詞「ぬ」である。助動詞「べし」は、ここは当然（～はずだ・～に違いない）の意が適切である。全体の解釈としては、「思いを断ち切れない束縛ともなってしまうに違いない」などとなる。

選択肢を検討してみると、④と⑤は、「思ひ離れぬ」の訳出が不適切。①と③は、「絆ともなりぬべし」の訳出が不適切である。正解は②。

(ウ) なつかしう｜聞か｜まほしき

「なつかしう」は、シク活用の形容詞「なつかし」の連用形「なつかしく」がウ音便化したもの。「なつかし」は、動詞「なつく」からできた語と言われ、慣れ親しみたい気持ちを表し、「親しみやすい・心ひかれる」などの意。「まほしき」は、願望（希望）の助動詞「まほし」の連体形。「～したい」の意。全体の解釈としては、「心ひかれ聞きたい」などとなる。

選択肢を検討してみると、①「確実に」、②「思い出して」、④「熱心に」、⑤「上品に」は、「なつかしう」の訳出が不適切。正解は③。

ちなみに、「まほし」を「～してほしい」と訳出するのは、原則として上にラ変動詞「あり」が接続する「あらまほし」の場合である。『徒然草』第五十二段の、「仁和寺にある法師」の「少しのことにも、先達はあらまほしきことなり（＝ちょっとしたことにも、案内人はいてほしいことである）」などが該当する。

問5 複数のテクストを分析する問題。

教師と生徒の対話型の設問は、共通テストでの出題が予想される形式なので、練習を積み慣れておきたい。

教師の発言を見ると、この設問は「引き歌」の技法を問うているとわかる。「引き歌」とは、対話中にもある通り、古歌の一部を引用し、引用していない部分の意味をも込める技法である。よって、「引き歌」の問題は、引用されている和歌の解釈が重要となる。

まず、対話文の中で引用されている古歌を解釈してみる。「し」は、「摘み」と、活用語の連用形に接続しているので、過去の助動詞「き」の連体形。「ごと」は、比況（～ようだ）の助動詞「ごとし」の語幹。「けむ」は、過去推量（～ただろう）の助動詞。上の係助詞「や」の結びで連体形になっている。和歌全体の解釈としては、「芹を摘んだ昔の人も私のように心にものは叶わなかったのだろうか」などとなる。「私のように」とあることから、狭衣大将が、自身と、同じ境遇であった「芹摘みし世の人」とを重ね合わせていることがわかる。

また、「芹摘む」という表現であるが、引用されている『奥義抄』は、芹を摘んだのは真福田丸という童で、恋が完全に成就する前に恋する姫君が亡くなってしまい、それをきっかけに極楽往生を願い、尊い聖として亡くなったという話である。この段階で、選択肢を検討してみると、「芹摘む」を正しく説明している②が正解となり、①と③が不適切だとわかる。

次に、残った選択肢④～⑥を見ると、「問はまほしくぞ思されける」の解釈が問題になっていることがわかる。「まほしく」は、願望（希望）の助動詞「まほし」の連用形。問4の(ウ)で解説した通り、「〜したい」と訳す。「思され」の「れ」は、問2で解説済みである。助動詞「る」の連用形で、上に「思す」と、心情に関する語があるので、自発（自然と〜される・〜せずにはいられない・つい〜してしまう）の意が適切である。全体の解釈としては、「尋ねたいと思わないではいらっしゃれなかった」などとなる。

これまでのことをまとめると、傍線部「芹摘みし世の人にも問はまほしくぞ思されける」には、姫君への恋が成就しなかった大将が、同じく恋が成就することがなかった「芹摘みし世の人」と自身とを重ね合わせ、同じ境遇であった彼にその心境を尋ねたいと思わずにはいられなかったということが書かれていると判断できる。残った選択肢を検討してみると、④と⑥が不適切だとわかる。正解は、②・⑤。

第4問

〈出典〉

【文章Ⅰ】　杜甫「飲中八仙歌」

杜甫（七一二〜七七〇）は盛唐の詩人。「飲中八仙歌」は八人の酒豪のありさまを詠じた詩である。

【文章Ⅱ】　葉夢得《しょうぼうとく》『避暑録話』

葉夢得（一〇七七〜一一四八）は北宋末から南宋初の学者。詩文と宋代に流行した詞（長短の句を織り交ぜる詩の形式）に優れた。『避暑録話』はその随筆集である。なお、出題に当たって、本文の一部を省略した。

〈問題文の解説〉

唐の大詩人・杜甫の詩と、その詩に詠じられた李適之《りてきし》が政敵に迫害され、宰相の地位をみずから捨てて、超俗の思いを詩に詠じたが、結局は死に追い込まれたことを述べ、ひとたび高官につけば自由を得ようとしてもままならないことを述べた随筆との組み合わせである。**【文章Ⅱ】**の後半の部分では、杜甫が詠じた八人の中で唯一無名の人である焦遂《しょうすい》と、宰相であった李適之が対比されていることを理解しよう。

※漢詩と、それを読んでの別の筆者の感慨の組み合わせとなっている。二度の試行調査はいずれも複数のテキストを読み合わせて理解することが求められており、共通テストの重要な新傾向だと考えられる。

センター試験の本試験では最近漢詩の出題は少なかったが、二〇一七年度の試行調査では漢詩が出題されており、最後のセンター試験となる二〇二〇年度にも漢詩が出題された。共通テストでは積極的に漢詩が出題されることが予想される。漢詩の規則を確認しておこう。

〈**読み方**〉（漢字の振り仮名は、音はカタカナ・現代仮名遣いで、訓は平仮名・歴史的仮名遣いで示してある。）

【文章Ⅰ】

左相《サショウ》は日興《ニッキョウ》万銭《バンゼン》を費《つひ》やし
飲《の》むこと長鯨《チョウゲイ》の百川《ヒャクセン》を吸《す》ふがごとし
杯《ハイ》を銜《ふく》み聖《セイ》を楽《たの》しみ賢《ケン》を避《さ》くと称《ショウ》す

焦遂《ショウスイ》は五斗《ゴト》にして方《はじ》めて卓然《タクゼン》たり
高談雄弁《コウダンユウベン》四筵《シエン》を驚《おどろ》かす

【文章Ⅱ】

適之《テキシ》は李林甫《リリンポ》の譖《シン》に坐《ザ》し、散職《サンショク》と為《な》らんことを求《もと》め、乃《すなは》ち太子少保《タイシショウホ》を以《もつ》て政事《セイジ》を罷《や》めんとす。命下《メイくだ》るに、親戚故人《シンセキコジン》と歓飲《カンイン》し、詩《シ》を賦《フ》して曰《い》はく、

賢《ケン》を避《さ》けて初《はじ》めて相《ショウ》を罷《や》め
聖《セイ》を楽《たの》しみて且《しばら》く杯《ハイ》を銜《ふく》む
為《ため》に問《と》ふ門前《モンゼン》の客《カク》
今朝《コンチョウ》は幾箇《いくばく》か来《きた》る

以《もつ》て其《そ》の超然《チョウゼン》として芥蔕《カイタイ》する所《ところ》無《な》きの意《イ》を見《み》るべし。適之《テキシ》は天宝五載《テンポウゴサイ》を以《もつ》て相《ショウ》を罷《や》め、即《すなは》ち貶《ヘン》せられて袁州《エンシュウ》に死《シ》す。而《しか》して子美《シビ》は十載《ジッサイ》にして方《はじ》めて賦《フ》を献《ケン》ずるを以《もつ》て官《カン》を得《え》たれば、疑《うたが》ふらくは相与《あひとも》に周旋《シュウセン》する者《もの》に非《あら》ず。蓋《けだ》し但《た》だ能《よ》く飲《の》む者《もの》を記《しる》すのみ。惟《た》だ焦遂《ショウスイ》のみは名跡他書《メイセキタショ》に見《み》えず。適之《テキシ》の去《さ》るは、自《みづか》ら計《ケイ》を得《え》たりと為《な》すも、終《つひ》に死《シ》を免《まぬか》れず、其《そ》の詩《シ》の意《イ》を遂《と》ぐる能《あた》はず。乃《すなは》ち知《し》る、宰相《サイショウ》の重《ジュウ》を棄《す》てて一杯《イッパイ》の楽《ラク》を求《もと》めんとするも、自《みづか》ら謀《はか》る能《あた》はざる者《もの》有《あ》るを。碌碌《ロクロク》として焦遂《ショウスイ》と為《な》るを求《もと》めんと欲《ほっ》するも、其《そ》れ得《う》べけんや。

〈**現代語訳**〉

【文章Ⅱ】

李適之は李林甫の讒言に関わり、（宰相をやめて）閑職につくことを求め、そこで太子少保となって政治の実務に関わらないようにした。（少保となる）命が下った時、親戚や旧友たちと喜びの宴を開き、詩を作って次のように言った、

賢人に官位を譲って宰相を辞職したばかり
聖人の教えを楽しんで　ひとまず杯を口にしよう
※濁り酒を「賢」、澄んだ酒を「聖」と呼んだ故事を利用し、「濁り酒は避けて、澄んだ酒を楽しむ」の意を兼ねている。杜甫の詩はこれを踏まえたもの。
そこで尋ねてみる　門前の来客は
今日は何人来るだろう（宰相をやめたので、来る人も稀《まれ》であるに違いない）と

彼の（世俗の地位や名誉に）超然として少しも拘《こだわ》ることのない気持ちを見て取ることができる。適之は天宝五年に宰相を辞職し、まもなく左遷されて袁州で亡くなった。一方、杜甫は（天宝）十年になってはじめて、賦を献上したことで官職を得ているのだから、恐らく（二人は）ともに付き合いがあったのではあるまい。思うに、（杜甫は）ただ優れた酒豪（として適之のこと）を詩に記したのであろう。（「飲中八仙歌」の中で）ただ焦遂だけはその名や事跡が他の書物に見えない。適之が宰相の地位を去ったのは、自分では良い計画だと考えたのだが、結局死を逃れることはできず、その詩に詠じた（超然とした）心を実現することはできなかった。そこでわかるのだが、宰相の重職を棄てて、一杯の酒を飲む楽しみを求めたいと思っても、自分ではどうにもできないことがあるのだ。平凡に焦遂のようになりたいと思っても、できはしないのである。

〈**設問解説**〉

問1　熟語を選ぶ設問

(1)　「命」は、漢文では主に「命令」「運命」の意に用いられ、また、「なづける」の意を表す。単独で「いのち」の意に用いることは少ない。傍線部では直前に太子少保の職を求めたことが述べられているので、その職に就く命令が下ったことがわかる。選択肢を確認すると、①「寿命」③「生命」の「命」は「いのち」の意、②「薄命」の「命」は「運命」もしく

は「生命」の意、⑤「命名」の「命」は「なづける」の意で、④「任命」の「命」が「命令」の意を表している。これが正解。

(2)

「計」は「かぞえる」「(分量を)はかる」「計画する」「はかりごと」などの意を表す。傍線部では李適之が宰相の職を去って「計」を得たと考えたことが述べられているから、「はかりごと」の意である。ここで選択肢を確認すると、①「計量」④「計器」の「計」は「(分量を)はかる」の意、③「統計」⑤「会計」の「計」は「かぞえる」の意で、②「良計」の「計」が「はかりごと」の意を表している。これが正解。

問2 漢詩の規則と文学史の設問

選択肢の前半を確認すると、詩の形式に関する規則が問われている。共通テストにおいて問われる詩の形式は次の三種類であり、その見分け方は次のように考えてよい。

絶句 ↑ 四句で構成

律詩 ↑ 八句で構成

古詩 ↑ 四、八句以外(実際は四句・八句の古詩も存在するが共通テストでは問われない)

したがって、「四句からなる絶句」とある①、「八句からなる律詩」とある④が、まずは正解の候補となる。

さらに選択肢の後半を確認すると、①は「『詩仙』と称された」とあるが、その超俗的な性格から詩仙と称されたのは李白で、杜甫はその鋭い社会批判から「詩聖」と称された。よって正解は④。

※センター試験では文学史に関わる設問の出題は稀であったが、二〇一七年度の試行調査では日本における漢詩文の受容史が問われており、共通テストでは出題される可能性が高い。日中の文学史の基礎を確認しておこう。

問3 白文の書き下しの設問

ポイントは「**与**」。次のように複数の品詞として働く。

接続詞 名詞ト**与**レ名詞 **~と…と**(~と…)

前置詞 **与**レ名詞 動詞 **~と**[動詞](~と)

与ニレ名詞 [名詞]**とともに**(いっしょに)

動詞 **与**フ **あたふ**(与える)

与ル **あづかる**(関わる)

与ス **くみす**(仲間になる、賛成する)

他に比較を表す働き、文末に置かれて疑問を表現する働きがある。ここで注意したいのは、「与名詞」の後に動詞が存在する場合は、原則として「~と」として働くことである。傍線部では「与親戚故人」の下に動詞「歓飲」があるから、「~と」でなければならない。ここで選択肢を確認すると、①と④は「与へて」、②は「与りて」と読んでいるからいずれも誤り。⑤は「親戚と故人と」と読んでいるが、これは接続詞として「親戚与故人」となっている場合の読みで誤り。③が正解である。

※解釈を意識する必要のある書き下しの設問はセンター試験で頻出であったが、試行調査でも同様の設問が出題されており、傾向が踏襲されていることがわかる。書き下しの設問でも解釈を意識しよう。

問4 漢詩の押韻の設問

前述のように、試験に出題される漢詩には絶句・律詩・古詩の形式があるが、いずれも偶数句末に韻字を置く。なお、七言絶句と七言律詩は第一句末にも韻字を置くが、省略されることも多い。空欄は第四句の末なので、韻字であることがわかる。韻字は末尾の母音が共通する文字である。ここで問題文の詩を確認すると、もう一つの韻字である第二句の末は「杯」で、音読みをローマ字表記すると「hai」であるから、空欄の文字も「ai」で終わることがわかる。漢字の本来の発音には二重母音があるので、例外はあるが母音が重なるときは重なりで考えることに注意。

選択肢を確認すると、①「客(kyaku,kaku)」、②「来(rai)」、③「飲(in)」、④「宴(en)」、⑤「害(gai)」で、②と⑤が正解の候補となる。そこで最終的に傍線部の解釈から決定する。傍線部の「幾箇」は「幾」「幾何」と同じ。「どのくらい」の意を表し、反語化すると「わずか」の意を表す。ここで選択肢を確認すると、②は「いくたりの人が」と、「幾箇」

を正しく解釈している。一方⑤は「なんと大勢の」と解釈していて誤り。

②が正解である。

問5　理由説明の設問

理由は傍線部の前後にある。ここでは直前の「適之以二天宝五載一～非二相与周旋者一」が理由。「適之以二天宝五載一罷レ相」と「子美十載方以レ献レ賦得レ官」が対比的な表現になっていることに注意しよう。李適之は天宝五年に宰相をやめ、一方、杜甫は天宝十年に初めて官職を得たというのである。そのため、「非二相与周旋者一」すなわち、両者に直接の付き合いはなかったはずだというのだ。以上を正しく表現しているのは、①である。

②は「杜甫は李適之の宴席で詩を披露しており」が誤り。「杜甫自身も酒豪として記憶されている」もおかしい。③は「杜甫は宰相であった李適之よりも無名の焦遂の方を高く評価している」が誤り。そのような表現は文中に見えない。④は「杜甫は自作の賦を李適之に献上」が誤り。両者に直接の接点はない。⑤は「焦遂にだけは酒豪だったという記録がない」が誤り。そのような表現は文中に見えない。

問6　詩の解釈の設問

詩の内容に関する設問が出題された場合は、詩の前後の文章にその内容や主題に関する言及があり、それが正しく読解できれば正解が導けるのが普通である。そこで詩の前後を確認すると、詩の直前からこの詩は李適之が宴席で作った詩であることがわかり、詩の直後の「可下以見中其超然無レ所二芥蔕一之意上」という表現から、この詩が李適之の世俗に超然としてこだわらない心を詠じたものであることがわかる。したがって、「李適之が自作の詩に詠じた、世俗的なこだわりのない境地」とある⑤が正解。

①は「賢人や聖人を尊重する政治的抱負」が誤り。②は「李適之が『飲中八仙歌』から学んだ」が誤り。③は「ひたすら酒を楽しむ享楽主義」が誤り。④は「李適之が焦遂の詩から学んだ」が誤り。

問7　複数テクストの全体要旨の設問

【文章Ⅰ】を確認すると、李適之は「如三長鯨吸二百川一」とあり、焦遂は「五斗方卓然」とあって、いずれも世間離れした酒豪であったことが詠じられている。ただし二人は酒を飲んで乱れたわけではなく、「楽レ聖称レ避レ賢」とあり、「高談雄弁」とあるように、聖人の道を慕い、高級な談論を語る高尚さを持っていたことがわかる。よって「豪快で高尚なさまを詠じた」とある選択肢②④⑤が正解の候補だと考えられる。①③には「贅沢で乱脈なさま」とあるが、李適之について「費二万銭一」とあるのは贅沢と考えることができるものの、焦遂が贅沢をしたとは読み取れないので、やはり誤りだと判断できる。②④⑤の後半を確認すると、②には「李適之がその地位に固執した」とあるが、宰相の地位を捨てようとしたのだから誤り。④は「李適之が脱俗の思いを抱きながら政争による死を免れなかった」とあって、**【文章Ⅱ】**の内容に合致する。⑤には「李適之が脱俗の思いと宰相の地位を両立していた」とあるが、政敵から逃れるために宰相の地位を捨てようとしたのだから誤り。④をさらに確認すると、「ひとたび地位を得れば、焦遂のように無名でありたくても、もはやできない」という表現が、**【文章Ⅱ】**の末尾の「欲二碌碌求レ為二焦遂一、其可レ得乎」に合致する。よって④が正解。

※前述のように複数テクストを読み合わせて理解するのは共通テストの重要な新傾向だと考えられる。意識して練習しよう。

第３回　実戦問題　解答・解説

国　語　第３回（200点満点）

（解答・配点）

問題番号（配点）	設問	（配点）	解答番号	正　解	自己採点欄
第１問（50）	1	(2)	1	④	
		(2)	2	①	
		(2)	3	②	
		(2)	4	③	
		(2)	5	⑤	
	2	(8)	6	②	
	3	(8)	7	①	
	4	(8)	8	⑤	
	5	(8)	9	③	
	6	(各4)	10 － 11	④－⑥	
	小　計				
第２問（50）	1	(3)	1	④	
		(3)	2	③	
		(3)	3	⑤	
	2	(7)	4	④	
	3	(7)	5	⑤	
	4	(7)	6	③	
	5	(4)	7	①	
		(4)	8	②	
	6	(6)	9	③	
		(6)	10	①	
	小　計				
第３問（50）	1	(5)	1	②	
		(5)	2	④	
		(5)	3	①	
	2	(5)	4	③	
	3	(7)	5	⑤	
	4	(8)	6	④	
	5	(7)	7	③	
	6	(8)	8	②	
	小　計				
第４問（50）	1	(4)	1	③	
		(4)	2	③	
	2	(5)	3	④	
		(5)	4	①	
	3	(7)	5	⑤	
	4	(7)	6	②	
	5	(4)	7	①	
		(7)	8	⑤	
		(7)	9	①	
	小　計				
合　計					

（注）－（ハイフン）でつながれた正解は，順序を問わない。

第1問

〈出典〉竹下正哲（たけした まさのり）『日本を救う未来の農業——イスラエルに学ぶICT農法』（ちくま新書 二〇一九年）の〈第5章 近未来の農業の形〉の一節による。出題に際しやむを得ない事情により、省略・改変した箇所がある。

竹下正哲は一九七〇年千葉県生まれ。北海道大学大学院農学研究科博士課程在学中に小説『最後の歌を越えて』（筆名、冴桐由）で第一五回太宰治賞受賞。青年海外協力隊、シンクタンク、環境防災NPO、日本福祉大学講師などを経て、現在は拓殖大学国際学部教授。

先日、約五〇年ぶりの山手線の新駅、高輪ゲートウェイ駅にAI駅員が導入されたことが話題になったが、今後様々なビジネスや暮らしの現場にAI（人工知能）が用いられ、かつての機械化やIT化同様産業構造そのものに大きな変化がもたらされ、それに対する賛否の議論がかまびすしくなるであろうことは想像に難くない。しかし、農業のようなジャンルにおいてこそAIに対する拒絶反応が最もあらわになるのではなかろうか。おそらく文明の原初以来何千年もの間培われてきた、人類にとって最も伝統的で根源的な分野だと言えるからだろうが、本文中にもあるように、このようなドラスティックな（徹底的で激烈な）パラダイム転換はこれまでにも度々あったはずである。その際にはそれまで人類が自然だとして自明視してきた世界観や人間観が懐疑にさらされるわけだが、AIを非人間的だとして安直に心情的に断罪して済ますよりも、そもそも人間とは何か、自然とは何かを根源的に問い直す良い機会として捉えるのも悪くないだろう。

〈問題文の解説〉

本文全体を、形式段落（1～21で示す）ごとに要点をおさえながら、さらに大きく二つの意味段落に分けて、筆者の考えを読みとっていこう。

第一意味段落　変化を強いられる日本の農業

1・2 約400年前、望遠鏡が発明された時、それまで人類が何千年と積み上げてきた宇宙観がたった10年ほどで塗り替えられてしまった。

3 現代のAIが、とりわけ農業の分野において同様の役割を果たそうとしている。

4 イスラエル等では、センサーや衛星画像を通じて得られたデータがインターネット上のクラウドに上げられて分析され、そこから自動的に灌水（水やり）や施肥（肥料を与えること）がなされる、というクラウド農業の時代が到来しているが、農業は今後10～20年のうちにさらに激変するだろう。（表1→イスラエルの農産物の輸出量の多さを示すもの。なお、「FAO」は〈国際連合食糧農業機関〉〈Food and Agriculture Organization〉のこと。）

5 このような農業の変化に対して、農業は昔ながらの自然なままのものがよい、と拒絶反応を示す人は少なくない。

6 筆者も心情的にはその立場であるが、それでも国際競争の時代にあって生き残れる農業こそが大切だと考える。

7 生き残れる農業となるためには、生産効率を上げて作物を安価にする（そのことによって内外の市場において競争力を上げる）ことが必要である。しかし日本の農業は1ha（ヘクタール）あたりの収穫量が50年間変わらず低いままであるため作物の値段が極めて高く、なおかつ農薬を多用するため安全性に問題があるので、国際競争力が極めて低い。（表2→日本の農産物の輸出量の少なさ、表3→イスラエルと比較した上での日本の農業生産量の多さと生産効率の低さを示すもの。なお、「FAOSTAT」の「STAT」は〈statics（統計）〉の略。）

8 「生き残れる農業」とは日々変化するものであるはずだ。

9 その変化する農業とはいかなるものか。

10 AI、遺伝子操作技術、ナノテクノロジーの三つがその鍵となるだろう。

11 これは単に生産効率の問題だけではなく、農業というものの既成概念が根底から覆されることを意味する。かつて望遠鏡が宇宙についてそうした認識の転換を生じさせたように。

これまでのまとめ

＊日本の農業は生産効率が低く作物を安価にできないため国際競争力が弱い。

＊国際競争力をつけるためには変化しなければならない。（理由はどうあれ、人類はこれまでに望遠鏡発明などの様々な変革を経てきた。）

＊その際の鍵となるのがＡＩである。

第二意味段落　ＡＩ農業とはいかなるものか

12・13　ＡＩ農業は「匠の技」、すなわち素人が容易には真似できない農業の達人の極意、失伝の恐れのある勘のようなもののデジタル化だと、一般的には思われがちである。

14　「匠の技のデジタル化」とはそのような匠の技をあえて数値化し、そこにある種の法則性を見出してマニュアル化し、後世への保存と素人への伝承を可能にするものである。

15　しかしそれでは基本的に従来の農法となんら変わることはない。人類史上未曾有のものと言えるＡＩ農業は、それとは次元を異にするものである。

16　ＡＩ農業において重要となるのは（「極意」や「勘」のような、良くも悪くも人間的なものとは根本的に異なる、ある意味でそれらを凌駕した）様々な「センサー」の機能である。人間ではそれらを使いこなせない。センサーが集める情報を使いこなすためにはＡＩが必要なのである。

17　センサーは24時間稼働し、インターネット上に飛ばされた諸々のデータはクラウドに蓄えられる。農家の人たちはそのデータを自分のスマホで確認することができる。

18　しかし、センサーが捉える膨大なデータは人間が処理する範囲を大きく超える（人間の感性や知覚、さらには分析・判断の能力を超える）ものであり、人間の知性はそれらのデータ（の微細な差異と変化、および諸データの間の複雑な連関）を有効に解釈できない。

19　しかしＡＩはそれらを瞬時に処理し、そこから有益な法則性を抽出できる。

20　ＡＩは何十種類ものセンサーから送られてくる（例えば水分、養分、日射量、光合成量、根の生長量などに関する）諸々のデータを有機的に連関させ、適切に診断する（そしてそれに基づき、適切な灌水や施肥の量やタイミングを判断し自動的に実施する）。

21　ＡＩは人間の感性や知覚、および処理能力を超えた膨大なデータの混沌において秩序を見出す、すなわちあるデータと別のデータの間に適切な連関性を見出すことによって法則を打ち立て、データを巧みに処理することができる。

これまでのまとめ

＊ＡＩ農業と匠の技のデジタル化は根本的に異なる。後者は従来の農業のコツを数値化、マニュアル化したものにすぎず、農業の本質的な変化にはつながらない。

＊ＡＩ農業こそがまったく新しい農業である。それは、センサーによってもたらされる質量ともに人間の感性・知覚を超えたデータを、人間の知性を超えた機能によって処理し、それに応じた処置を自動的に施す。

農業という題材や図表入りの文章である点で、従来の現代文の評論とは趣を異にするものであり、読みづらさを感じた人もいることだろう。しかし、「大学入学共通テスト」の現代文では、実用的な分野の文章も取り上げられることが示されており、本問はそれを踏まえて作題したものである。この種の〈見慣れない〉問題文については、筆者の叙述を丹念に追ってその論旨を捉えていくという基本的な読解姿勢が一層求められることになる。そうした意識をもって練習を重ねていきたい。

〈設問解説〉

問１　漢字の設問。

以下のレベルの漢字は音訓ともに読めて書けるようにしておきたい（共通テストのような選択式の漢字設問であっても、自分で書けるようにしておくことが最大の対策である）。またそれぞれの意味も同時に覚えていき語彙力をつけよう。

(ア)「天文学」。①門外漢②問答無用③家紋④一文⑤前代未聞。正解は④。

(イ)「陥（れる）」。①陥落②鑑賞③完成④貫徹⑤閑散。正解は①。

(ウ)「蓄（える）」。①逐語②含蓄③破竹④構築⑤人畜。正解は②。

(エ)「乾燥」。①上層②助走③焦燥④情操⑤尚早。正解は③。

(オ)「有機」。①机上②起床③気丈④希（稀）少⑤機上。正解は⑤。⑤〈機上の人となる〉は〈飛行機に乗る〉意。

問2 傍線部に関する論旨の把握。本文と表とを関連させて読み取る力が求められている点で、共通テスト型の設問である。

傍線部**A**「生産効率」と傍線部**B**「国際競争力」が意味するものは、日本の農業が変革を迫られＡＩ導入を余儀なくされている理由であるが、そのことが述べられている[7]には、「生き残れる農業」であるために「生産効率を極限まで探求し、１haあたりの収穫量（収量）を上げ、作物の価格を安くし、なおかつ最高の品質と味、そして安全性を保証するもの」となる必要性が説かれている。しかし「日本の農業は、１haあたりの収穫量は50年前からまったく向上しておらず、そのため作物の値段は世界一高くなってしまっている」「農薬は世界トップクラスであり、安全性に問題がある」と続く。

以上、本文の記述を整理すると以下の通りになる。

＊国際競争力を上げるには、作物の価格を安価にしなければならない。

＊そのためには、生産効率、すなわち１haあたりの収穫量を上げ、コストパフォーマンスをよくしなければならない。

＊しかし日本の農業の現状は生産効率が低いために作物の値段が高く、国際競争力が低い。

＊加えて農薬を過度に用いているため安全性に問題がある。

さらに問２では、日本とイスラエルの農業事情を比較した**表1**、**2**、**3**をふまえて解答することが要求されているため、上記の本文の要点と関連性を持つ、表から読みとれる内容を挙げてみると、以下のようになる。

① **表1**と**2**より

＊日本は輸出率が極めて低く、イスラエルは輸出率が高い。

＊日本はイスラエルより国内生産量が高いが輸出量は低い。

以上の内容により、日本はイスラエルより国際競争力が低いと言える。

② **表3**より

＊日本の生産量は世界的に見ても多い方であり、イスラエルのそれをはるかに上回っている。

＊イスラエルの１haあたりの収量は世界的に見ても多い方であり、日本のそれをはるかに上回っている。

以上の内容により、日本はイスラエルより生産効率が低いと言える。

それでは選択肢を検討してみよう。

①はミカンに関して日本とイスラエルを比較し、「日本のミカンの国内生産量はイスラエルのおよそ5倍であるが、輸出量では60分の1となってしまっている。」とあり、**表1**、**2**、**3**とほぼ合致する（**表1**、**2**より、国内生産量は日本805,100トンに対しイスラエル164,000トンと「5倍」、輸出量は日本1,870トンに対しイスラエル110,659トンと「60分の1」）。「日本の１haあたりの収量がイスラエルを大きく上回ってしまっている」（**表3**より日本は25位、イスラエル33位と、確かに「大きく」とは言えないまでも「上回って」はいる）が、「国際競争力がほとんどゼロに等しい」理由を「１haあたりの収量がイスラエルを大きく上回ってしまっているため」としている点が極めて不適切である。先に見た[7]の論旨によれば、〈１haあたりの収量が多い〉ことは「価格」が「安く」なって「国際競争力」が上がる要因であり、したがって日本の輸出量が少ないのは別の要因によるはずである。

②はニンジンに関して日本とイスラエルを比較し、(1)「日本のニンジンの生産量は世界でも多い方だ」(2)「生産量が日本よりも少ないイスラエルの方が輸出量は上回っている」(3)「イスラエルのニンジンは１haあたりの収量が高い」と述べているが、これらは**表1**～**3**のデータと全て一致し（(1)**表3**より日本は世界10位、(2)**表3**よりイスラエルの生産量は（世界29位だから、10位の）日本よりは少なく、**表1**よりイスラエルの輸出量171,215トンは**表2**にある日本の輸出量上位のうち大半の作物の量を上回っている（のだから、**表**に出てこない、すなわちそれらより下位の日本のニンジンを下回っているとは考えにくい）、(3)**表3**より１haあたりの収量は日本は33位、イスラエルは4位）、さらに、その結果を「価格が安く、国際競争力をもっている」と（[7]の論旨に即して）正しく判断しているた

めに、これが正解となる（②に若干の推定を含むが、他の選択肢は明らかな誤りを含んでいるので、それらに比べ最も妥当なものだと言える）。

③はキャベツやレタスに関して日本とイスラエルを比較している。日本の「1haあたりの収量がイスラエルを上回る」としている点は**表3**から読みとれるが（キャベツは日本23位、イスラエル104位、レタスは日本19位、イスラエル81位）「輸出量でもイスラエルを大きく上回って」いることはいずれの表からも読みとれず、さらに「日本の農産物は、農薬を一切用いないことで安全性が保証されている」という点が本文の記述とは大きく異なるため、不適切だと言える。

④は日本が「イスラエルよりも国内生産量が全品目において上回っている」という点が、**表3**を見れば不適切であると言える（レモン、マンゴー、ゴマなどに関して、日本の方が「生産量ランキング」の下位である）。

⑤はイスラエルの柿とミカンに関して「生産量の世界ランキングでは柿がミカンを上回っている」が、「国内生産量では逆転してミカンが柿を上回っている」と、同一作物の生産量の世界ランキングと二つの作物の国内での生産量の上下という本来無関係なものを単純に比較し、「1haあたりの収量が大きく異なるから」という誤った理由づけをしている点（〈ミカンに比べ柿の生産量は少ないのに生産量ランキングは柿の方が高い〉ことの理由を強いて考えれば、〈世界全体での柿の生産量がミカンより少ないから（イスラエルの柿の生産量自体がそれほど多くなくても、他の国はもっと少ないから、イスラエルのランキングは高くなる）〉であろう）と、「ミカンの国際競争力を高めることが課題だ」という誤った判断をしている点が、極めて不適切だと言える。

問3　傍線部の内容説明。

問3も問2に続き、日本の農業が国際競争力を上げるために抜本的な変化を受け入れざるを得ないことに関する設問であるが、それに関して本文では「おそらく今後10年から20年のうちに、農業の形は激変していくと思われる」［4］、いくら「昔のままがいい」「農業とは、土に根ざして、自然の動植物と歩調を合わせてするもの」［5］と言おうと、「生き残っていくためには、農業の形を変えていかないといけない」［8］、「人類がこれまで何千年とかけて培ってきた農業の技術は、おそらく今後20年ほどの間に、軽々と凌駕されてしまうことになる」［10］と述べられている。

ここで強調されていることは、この20年ほどで（何千年と続いてきたものが）激変する、という点であろう。

したがって正解は「世界市場で競争力をつけて」「生き残るため」の「最新技術」によって、これまでの農業が「瞬く間に変容してしまう」としている①となる。

これとは対照的に「新技術」は「身の丈を超えないように」「少しずつ導入されるべき」としている②は誤りである。

また③は望遠鏡が天体を「クレーターだらけの荒野」にしたように、AIや遺伝子操作技術によって「農地が荒野と化してしまう」と述べているが、たしかに傍線部C直後には「ちょうど神々が暮らしていたはずの月のイメージが、望遠鏡によって単なるクレーターだらけの荒野へと変わってしまったのと同じように」とあるが、これはあくまでも〈農業に起こる変化、激変〉を〈月に関する「知識」の変化〉にたとえた比喩であるため（すなわち、文字通りの意味で〈土地が荒れる〉と言っているのではないため）不適切だと言える。

また④にある「農業はハイテクなど用いずに昔ながらの自然な栽培法で行うのが一番正しいと思えるような人間」の中には「正直私自身も……昔ながらの栽培法が一番いいと感じている。石油に依存し、ハイテクを駆使した現代農業は根本がどこか間違っている」［6］とする筆者その人も含まれ、ひたすら「今後の農業の激変」を説き続けている筆者自身がそれを「予測も理解もできない」とするのは誤りである。またそもそも、④では〈どのように「覆される」のか〉〈どのように「激変」するのか〉の中身の説明がなく、解答として「最も適当なもの」とは言えない。

さらに⑤は、いくら新技術が導入されるからといって「人間の関わる余地が一切なくなる」とまでいうのは極論である（本文もそこまでは言っていない）ため、不適切である。

問4　傍線部に関する論旨の把握。

問4ではいわば農業のAI化以前の2010年代の試みであり、AI化と混同されがちだが、それとは似て非なる「匠の技のデジタル化」について問われている。本文では次のように述べられている。「匠の技のデジタル化」とは「農業の達人とも呼ぶべき匠」による「土づくりの方法から、水やりの仕方、肥料の与え方、苗の育て方、整枝の仕方、収穫時期の見極め方」などの「素人にはまねのできない極意」のようなもの⑬を、「あえて数値化」し「ある種の法則性を見つけ出すことで、それまで勘に頼っていた匠の技をしっかりデジタル化し」「マニュアル化」し⑭、「失伝してしまう危機に瀕している」技術⑬を素人でも「マスターすることができるよう」にすること⑭であるが、そのように「匠の技をデジタル化したとしても」「ただ匠の勘に頼っていた曖昧なものが、数値化されただけのこと」で「基本的に従来の農法と何ら変わることがない」ため「AI農業」とは全く異なるものである⑮とある。

以上の内容を整理すると次のようになる。

＊匠の技のデジタル化とは名人の極意や勘を数値化し、マニュアル化するものである。

＊それによって失伝を回避し、素人にも習得できるようにするものである。

＊しかし本文において述べられているAI農業にはつながっていかない、内容的には旧来の農業と同様のものである。

したがって正解は、名人の勘を「数値化しマニュアル化」し、「後世に残そうという試みである」が実際は「従来の農業とさして変わらない」とする⑤となる。

①は匠の技のデジタル化が「AI化が進む将来においても」「以前と変わらぬ農業の本質として」受け継がれていくとしている点が（本文では今後「『農業とはこういうもの』という固定観念が、根底から覆される」とされているため）不適切であり、

②も今後「AIがその中心となっていくなか」「農業の達人の身体感覚を伝承していくことで生身の人間としての感覚を保持させる」としている点が（本文ではむしろ生身の人間の身体感覚を超えたセンサーが今後の主役となるとされているため）不適切であり、

③はそれを「最終的にはデジタル化、マニュアル化し尽くすことができない」としている点が、（本文では数値化、デジタル化、マニュアル化するとされているため）不適切であり、

④はそれが「それまでの農業観を根本的に変容させたもの」としている点が（本文では従来の農業とさして変わらないとされているため）不適切である。

問5　本文の記述の図表化。図表の出題を特徴の一つとする共通テストで出題されうる形式を想定して作問した。

問5で問われているのは、本文全体に渡って述べられている、衛星画像、インターネット上のクラウド（注1参照）、スマートフォン、センサー、各種装置（灌水、施肥）、作物、といったものを連関させるAI農業の仕組みに関してである。

本文中には次のようにある。

「……先進諸国の農業は、センサーや衛星画像を駆使して、そのデータをインターネット上のクラウドに上げて分析し、そして自動で灌水や施肥をする農業になっている。言ってみれば、今は『クラウド型農業の時代』ということになるだろう」④、「……一番重要になってくるのが、様々なセンサーたちだ。土壌センサー、気象センサー、植物生長量センサー、温度センサー、肥料センサー（ECセンサー）、pHセンサー、照度センサー、風速センサーといった多様なセンサーがある」⑯、「農場に設置されているセンサーというものは……そのデータをインターネット上に飛ばしている。飛ばされたデータはクラウド上に蓄えられ、農家の方たちはそのデータを自分のスマホで見ることができるようになっている」⑰。

以上の内容を整理しよう。

＊作物、および土壌等には様々なセンサーが取り付けられており、データをインターネット上のクラウドに飛ばしている。

＊上空からは衛星画像が撮影され、クラウドに送られる。

＊それらのデータの分析の結果をもとに、自動的に灌水や施肥が行われる。

＊クラウド上のデータをスマートフォンで見ることができる。

以上の内容を最も正確に図式化している③が正解となる。図中の「各種装置」は「灌水」や「施肥」を自動的に行う装置である。

選択肢の①はセンサーと衛星からの（クラウドへと送られるはずの）データがスマートフォンへと直接送られている点が、また⑤も衛星からのデータがスマートフォンへと直接送られ、スマートフォンから（灌水、施肥などの）装置へと（クラウドを通して「自動」的に出されるはずの）指令が直接出されている点が不適切である。

②はセンサーが作物へと接続しておらず、逆に衛星が作物に接続している点が不適切であり、

また④は作物が直接スマートフォンへと接続している点があまりに不適切である。

問6　対話形式による本文の趣旨の評価・発展的思考。対話形式である点、および本文をもとに応用的思考を展開する点で共通テスト型の設問として作問した。

問6では本文全体の内容が生徒たちの会話を通じて問われている。これまでに問2〜問5によって問われてこなかった内容がここで問われる可能性もあるので、生徒の発言と本文とをよく照らし合わせて解答しよう。

まず①の生徒Aの発言だが、AI農業に関して「こんなにドラスティックな（徹底的で激烈な）変化は長い人類の歴史で初めてのこと」と述べている点が、本文で「望遠鏡」の発明がもたらした「衝撃」も同様であったとされている点（[1]〜[3]）と食い違い、

②の生徒Bも同様に「人間と自然との関係は全く変わらなかった」という発言が、本文にある「神々が住む」とされていた天上界の星々が「クレーターだらけの荒野」とされてしまったという「宇宙の知識」の転換「衝撃」が述べられていること（[1]・[2]）を考慮に入れていないようである。また、先にも見たように、本文ではそのことと農業における「AIの登場」とが「同じこと」だと述べられており、「自然の動植物と歩調を合わせ」る「昔のまま」の農業（[5]）ではいられない、と述べられている（問3の項参照）。この点から見ても②は不適切である。

③の生徒Cの発言は農業が「自動車などの工業や他の産業」と異なり「グローバル化」に合わせて「いたずらに変える必要はない」と述べている点が、「生き残っていくためには、農業の形を変えていかないといけない。日本の自動車産業のように、日々改良を重ねていかないと、世界との競争には勝てない」（[8]）という本文の趣旨とは大きく食い違う。

一方、④の生徒Dは安価な外国産の農産物に対して、日本の農産物が「国際競争では負けていて将来が危うい」という状況（[7]・[8]参照）を正しく指摘しているために、正解だと言える。

⑤の生徒Eの発言は、「AIの導入」によって「品質が落ち」「食べ物なのにあまり自然な感じがしない」と、AI農業を否定的に評価している点が、

同様に⑦の生徒Gも、「何だか人間がAIに支配されているみたいで、それが本当に人間らしいあり方とは思えない」「人間本来のあり方が疎外される」とAI農業を否定的にのみ捉えている点が、筆者の捉え方とは異なると言えるだろう。

それに対して⑥の生徒Fは、諸々のセンサーの働きを「人間には感じとれない自然を感知」するものだとし、それらを分析して法則性を抽出するAIの機能を「人間にはそれまで未知だった自然の法則を見出せる」ものだと捉え（[18]〜[21]参照）、望遠鏡などと同様、「新たな自然の姿の現出を可能にするもの」（[1]・[2]参照）と肯定的な着眼点をもって捉えている点で正しいと言えるだろう。

以上から、正解は④・⑥となる。

第2問

〈出典〉 井坂洋子「父の音」（詩集『箱入豹』所収、二〇〇三年）の全篇、及び「父の自転車」（『本の窓』所収、二〇〇五年）の全篇。本文は両者とも『現代詩文庫　続・井坂洋子詩集』から転載した。

井坂洋子（いさか　ようこ）は、一九四九年、東京都生まれの詩人。上智大学文学部国文科卒業後、一九八五年まで自由学園女子部で国語教師を勤める。八〇年代の女性詩ムーブメントの立役者の一人。詩集に『朝礼』『GI』『地上がまんべんなく明るんで』『箱入豹』『嵐の前』『七月のひと房』など、エッセイに『話は逆』『〈詩〉の誘惑』『はじめの穴　終わりの口』『詩の目　詩の耳』などがある。

〈問題文の解説〉

【詩】

この詩は空白行によって六連（Ⅰ〜Ⅵ）に分かれている。一連ずつ解説して行くことにする。

Ⅰ　父は万象に怒り、みなぎっていた
　　こころの基準値をはるかに超えて

「万象」は〈あらゆるもの〉。〈みなぎる〉はここでは〈力や感情などが溢れるばかりにいっぱいになる〉。つまり、「父」の内側は、はけ口を見いだせないエネルギーや感情で溢れんばかりになっていて、それが目に入ったものへの怒りという形で発散されるのである。こういう「怒り」にはさしたる意味はない。有り余ったエネルギーや感情の発散にすぎないからである。そして、こういうエネルギーや感情のみなぎりは自分でもコントロールできない。自分でも持て余すほどに（「こころの基準値をはるかに超えて」）、自分の中から力やエネルギーや感情が湧き上がってくるのだ。

つまり、ここでの「父」は圧倒的な力感を持ち、周囲の者にとっては、理屈抜きに、強圧的な存在である。

Ⅱ　わたしは、日々
　　顔が溶け

一方、「わたし」は日々「顔が溶け」る。もちろん、隠喩（暗喩）である。直前で描かれた「父」とは対照的とも言える。「みなぎ」る「父」と「顔が溶け」る「わたし」。この構図をまとめるとこうなる。「父」の溢れるばかりのエネルギーや力感、その圧倒的な存在の前で、「わたし」はしっかりした形を保つことができない。もっと言えば〈自己像〉をうまく結べない。「顔」は〈自己像〉の隠喩と見ることができる。

Ⅲ　顔がうまれそうになると
　　みずからの、行いの物憂さで
　　また遠ざかる
　　石に刻まれた文字のような顔がほしい

なにかの加減で「顔がうまれそうになる」、すなわち、自分というものが定まりそうになることがあっても、それをやり遂げるだけの精神力を持続しきれずに、「顔」から遠ざかる。なんとか、そうと定まって変わることのないような〈自己像〉が欲しい。

Ⅳ　肉が落ちた父の
　　鉤針の肩が
　　木の戸をぬけていく
　　ガタンという、激しいあいさつを聞く

この連で再び「父」が登場するが、ここでの「父」は一連目の「父」とは少し変化がある。たぶん時が経過している。「肉が落ちた」「鉤針の肩」というのは、もちろん「父」が痩せたことを物語るものである。おそらく歳をとって痩せ、足下がいくらかおぼつかなくなって、木戸をぬけるとき、戸にぶつかるのである。しかし、そういう「父」であっても、その存在がたてる音は「ガタンという、激しい」音なのである。「あいさつ」というのは、「わたし」はそれを自分に向けたものであるかのように感じるということである。

Ⅴ　父の沈黙の上で
　わたしは顔をしるした
　溶けかかった
　こんせきのような
　水鏡に映る文字

　その「父」の音（声や何かしている音）が聞こえないことがある。すると、「わたし」は自分の「顔」をしるすことができる。つまり、やはり「わたし」は「父」の圧倒的な存在を前にするとき、自分をうまく定めることができず、「父」の仮の不在によってかろうじて「父」から自立した〈自己像〉を得ることができるのである。といっても、その〈自己像〉は「溶けかかった／こんせきのような／水鏡に映る文字」同然のものである。水に描いた文字はすぐに消える。この〈自己像〉は仮象であるにすぎない。

Ⅵ　時折、階下から
　父のかける盤の
　管楽器や弦楽器の黒々とした音色が
　圧倒的になりひびいた

　「父」は「万象に怒り、みなぎっていた」かつてのように、常に強圧的な存在として、その「音」をたてるわけではない。しかし、今でも、時折、階下の父の部屋から父の好む管楽器や弦楽器のレコードの音が聞こえてくる。そして、その「音」はやはり「わたし」には依然として、「黒々とした」「圧倒的」なものに聞こえるのである。

【エッセイ】

　問題文は、冒頭の詩を除いて、十八の形式段落（1～18）から成っている。それを内容の展開に沿って、1～6（Ⅰ）、7～12（Ⅱ）、13～18（Ⅲ）の三つに分け、それぞれの趣旨を確認していくことにする。

　冒頭の詩は幾分文語的であるので、各節に分けて簡単に意訳しておく。

みやこのはてはかぎりなけれど
わがゆくみちはいんいんたり
やつれてひたひあをかれど
われはかの室生犀星なり
〈都会は果てもないように広いけれども／私の行く道は薄暗く、寂しい／痩せ衰えて額も青く見る影もないけれども／私はあの室生犀星である〉

脳はくさりてときならぬ牡丹をつづり
あしもとはさだかならねど
みやこの午前
すてつきをもて生けるとしはなく
ねむりぐすりのねざめより
眼のゆくあなた緑けぶりぬと
午前をうれしみ辿り
うつとりとうつくしく
たとへばひとなみの生活をおくらむと
なみかぜ荒きかなたを歩むなり
〈頭は朦朧として季節外れの牡丹が咲くように不意に痛み／足下もおぼつかないけれども／都会の午前に／ステッキを持って生きているとも言えないような／睡眠薬から目覚めた状態で／目に映る限りずっと新緑だと／午前の街を心楽しく辿り／うっとりするような良い気分で／たとえば人並みの生活を送れるようになろうと考えなどしながら／波風の荒いこの世の街をずっと歩くのである〉

されどもすでにああ四月となり
さくらしんじつに燃えれうらんたれど
れうらんの賑ひに交はらず
賑ひを怨ずることはなく唯うつとりと
すてつきをもて
つねにつねにただひとり
謹慎無二の坂の上
くだらむとするわれなり
〈しかしながら、ああもう四月となり／桜は実際に繚乱と咲き満ちているけれども／その繚乱の賑わいに交わることもなく／その賑わいを恨みに思うこともなく、ただうっとりと／ステッキを持って／いつもいつもたった一人／ひたすら身を慎みつつ、坂の上に立ち／下っていこうとする私である〉

ときにあしたより
とほくみやこのはてをさまよひ
ただひとりうつとりと
いき絶えむことを専念す
〈ときには朝から／遠くまで続く都会の果てをさまよい／たった一人でうっとりと／息絶えていくことばかり空想することもあるのである〉

ああ四月となれど
桜を痛めまれなれどげにうすゆき降る
哀しみ深甚にして座られず
たちまちにしてかんげきす
〈ああ四月となったけれど／桜を散らす、この時期には珍しいことなのだが本当に薄雪が降っている／哀しみが深く湧き上がってきてじっとしていられない／不意に心が騒ぎ立つ〉

Ⅰ〈私の父〉

まだ若い頃の「父」のありようが語られている。

このエッセイは、一篇の詩を取り上げ、そこから連想するように自らの体験や思いを展開していくという形式で書かれたシリーズものの一つなのだが、この文も、取り上げた犀星の詩を軽くなぞるところから始めている。

それは、この詩は犀星が二十代のころ書いたものでありながら、そこに描かれた姿は中年にも見えるというものであり①、さらに「一人の中で生き、活力に溢れ、性格的な激しさやプライドの高さを捉えた肖像画は、あるいはどんな男性にも多少は通じていくのではないだろうか」とまとめている②。つまり、冒頭の詩に描かれている犀星の姿に「男性」、とりわけ中年の男性に通底する姿を見出しているわけだが、③冒頭ですぐにわかるように、ここで筆者が犀星の姿と二重写しにしているのは、中年の頃の自分の「父」の姿である。

つまり、「一人の中で生き、活力に溢れ、性格的な激しさやプライドの高さ」を抱えて格闘している男というのは、筆者がこのエッセイを書く時点で捉え得ている、かつての「父」の肖像ということになる。

「私の父」は「かんしゃく持ち」で、何かというと「頭上からびりびりと」怒鳴り声を落としてくる③。しかも、それは「粘着質な嫌みったらしい文句」を延々と続けるというありようで、言われている私ばかりでなく、それを聞いている母やきょうだいたちも不快になるというものだが、口答えをするとさらに怒りに拍車がかかってしまうので、黙っているしかない⑤。しかし、「私」にも「意地があ」り、「思春期のころから道で行き合わせても互いに声もかけない」ようになった③。

なぜ、「私」は父にそのように始終口うるさく怒られたのかを憶測すると、英語や哲学の教師だった父は、「教師」という立場を娘を見る眼にも持ち込んで、娘の「頭脳の程度や、はっきりしない性格を見てとって、半ば諦めながらも業を煮やすところがあった」のではないか③、さらに「父は私が陰気でデクノボーみたいで生理的に嫌だった」に違いないとさえ思えてくる⑥。

つまり、その頃の「父」は「私」にとって強迫的な存在、さらに言えば「私」を根本から否定してくる存在としてあった、ということになる。これは、詩「父の音」の「わたし」の「顔」を溶かす存在としての「父」に完全に通じるものである。

Ⅱ〈広い公園での父〉

「私」は結婚して、一年半ほど父母の家を離れて暮らす。そのとき「一番うれしかったのは、もう口うるさく縛られることもないということと、（アパートの）ドアを開ければもうすぐそこは街路ということだった」と言う。「もう口うるさく縛られることもない」というのは「父」と暮らしていないのであるから当然である。では「（アパートの）ドアを開ければもうすぐそこは街路ということ」とは何を意味するのか。物理的にいえば、家の内と外との境がドア一枚だということだが、それが「うれしかった」のは当然、それまでの「私」の暮らしとの対照によるものであろう。それまで「私」は父母の一戸建ての家に住んでいた。一戸建ての家というのは、一般に門や玄関や塀といったものによって外の他人の世界と分厚く仕切られた内側の世界を構成する。そして、「私」にとってその内側の世界＝〈家〉は窮屈で重苦しいものであった。その家を離れて移り住んだアパートという住居の簡素な構造は、その〈家〉のいわば分厚さから「私」の気持ちを解放したのである⑦。

その後、子供が生まれて、再び父母の家に舞い戻るが、今度は二階に建て増ししてそこに住み、玄関や食事や生活などが別々だったので、父ともうまくすれ違うことができた⑧。

二年前の秋の朝、「私」は「ついふらふらと」電車に乗って広い公園のある駅に降り、そこからだいぶ歩いて公園にたどり着き、落ち葉の上に座り、広いグラウンドを眺めていた⑨。「無が詰まったような快晴の空」の下にいて、「私」は「つくづく、一人だと感じた。」この「一人」というのは、家族や友人がいるじゃないかとかいうこととは関係がない。だからたとえば孤独というようなことではもちろんない。意味を持たない大きな空と直接向き合うとき、その自分も意味を失い、ただの一個の存在となる。その〈自分〉からは家族とか友人とかなんとか、そういう関係的な意味が剝離している（「人間は本来誰もが孤児だ」）。この存在の位相から人間の生涯を顧みれば、人は誰もが「自分の時間を生きて、各々の円周上で死んでいく」ことになる⑩。

これはいわば究極的な解放である。そして、すぐにまた関係性の世界に帰還しなくてはならない一瞬の解放であり、一瞬の究極の〈自己〉である。このあり方は詩「父の音」の「こんせきのような／水鏡に映る文字」としての「わたし」の「顔」に通じる。

そんな「私」の前に自転車を「悠々と走らせる」「父」の姿が飛び込んでくる⑪。「私」は「父もまたふらふらと外へ出て、自転車で同じ公園にやってきたのだ」と直感する。つまり、自分と同じような気分でここにやって来たと。とすれば、「父」がこの広い公園に来るに当たって、心のどこかで求めていたものも「私」と同じだということになる。つまり、目の前で自転車を「悠々と走らせる」「父」も、このとき自分から家族やらなんやらという関係性を剝離させて、「一人」の〈自分〉になっている。「父」はひたすらに「父」なわけではない。その前に「自分の時間を生きて」いる「一人」の人間である。

こう感受したとき、「私」は「父」を娘である自分から解放し、それによって自分も「父」から解放されたのである。そのとき、そこに見えている「父」は、それまでの煙ったい「父」ではなく、自分と同じように「自分の時間を生き」る「一人」の存在であり、その意味で自分と同等のものとして親和感を抱きうる姿となっている。

心の底に「父」との深い確執を抱いていた「私」には、これが単なる「偶然」とは思えない。「神サマはこんな片隅の父娘の上にすら目をとめているのだと思った」。すなわち、一種の恩寵のように感じられるのである（以上、⑫）。

②の「一人の中で生き、活力に溢れ、性格的な激しさやプライドの高さ」を抱えて格闘している男という「父」への客観的な認識は、このとき以降の「私」の位置からなされたものと言えそうである。

Ⅲ〈和解〉

その「父」も今は年老いて来ている。「枯れ枝のように痩せた父」というのは詩「父の音」の「肉が落ちた父の／鉤針の肩」という描写に通じる⑬。が、この文に描かれた「父」は詩の「父」のように「激しいあいさつ」のような音をたてたり、音楽の「黒々とした音色」を「圧倒的になりひび」かせたりはしない。その口から出てくる言葉はかつての「父」らしくもなく「お願いします」であり⑮、「毎朝の日課のように大きな音で陶然と聞いていたクラシック」に対しても興味が失われている。つまり、かつての「父」らしい「父の音」はもう聞こえてこない⑯。

そんな「父」と「私」は「ごく普通に喋るようになっ」ている。友人たちはこれを「和解」と言い、そう言えるかもしれないが、「私」からすると「いつの間にか父とのしこりがとても小さくなっていたのに気づく」といった感じである⑰。が、この「いつの間にか」の経過がこのエッセイでは辿られていたといってよかろう。それは、結婚後、「父」が直接的に強圧的な存在ではなくなり、さらに、あの公園での「父」の姿を目撃したことがあり、そして、歳をとった「父」の存在の変化があり、といったものである。

これはやはり「私」の心の中で徐々になされていった「父」との「和解」と言ってよかろうが、こうして、「父」なるものの強圧から解放されきったとき、それまで自分の心が拒否し、抑圧（「封印」）していたかつての「父の記憶が自然に甦ってくる」。それは「父」が自転車のタイヤに空気を入れている場面で、「体を上下させながら父は、自分のや家族の自転車のタイヤを順々にふくらませていく。私はそれをしゃがんで見ている」というものである。ここにいる「父」は自分を精一杯生き、家族を精一杯生かし支える「父」である。「私」はその「父」を見上げている。このポンプを押し下げる「父」を見上げる姿勢には「父」の強圧を感じる「私」の姿がオーバーラップされている。が、また同時に、それは、そういう「父」を頼もしいものとして仰ぐ、幼い日の「私」の姿でもある。これは、「父」に嫌われていると思い、「父」を疎んでいた「私」が、自分の底に長い間眠らせていた自分の姿である。「まだ若い父が、そこにいる」という末尾の一文には、自分が見上げたそういうかつての「父」をもはや追懐する気持ちが含まれている。

〈設問解説〉

この問題は、「大学入学共通テスト」の文学的文章問題の出題形式、及び、内容に沿う形で作られたものである。

問1 語句の本文中における意味を問う設問。

「本文中における意味」といっても、辞書で説明されている原義をまったく離れた意味が、文脈によって生じるわけではない。あくまで、根本は原義である。それを念頭に選ぶことが肝要である。

(ア)「業を煮やす」は〈思うように事が運ばずいらだつ〉の意。正解は原義通りと言える④である。感情としては〈苛立ち、腹立ち〉ということになるが、他の選択肢はいずれもそのようなものではない。

(イ)「火に油」は省略なく言えば〈火に油を注ぐ〉であり、〈勢いの盛んなものにさらに勢いを加えるようなことをするたとえ〉である。この原義に沿い、かつ本文の文脈にあてはまるのは③「さらに勢いをつけること」である。②④⑤はまったく意味がずれているが、①の「絶望的な事態」という限定も（「火に油」はそうした状況だけで用いるものではないので）語意の説明として不適切である。

(ウ)「陶然と」は〈うっとりとよい気持ちになる様子〉を意味する。正解はそのまま⑤である。

問2 詩における表現の内容を読み取る設問。

〈問題文の解説〉【詩】のⅡ・Ⅲで解説したように「顔」は〈自己像〉の隠喩と見ることができる（この「顔」は**【詩】**Ⅰの「父」の姿とセットになっており、それに通じる姿がエッセイの[2]で「肖像画」と述べられていることも、この箇所が父と「私」それぞれの〈人間像〉を表現しているとみる解釈の助けになるだろう）。「わたし」にあっては、その「顔が溶け」る、すなわち〈自己像〉がうまく結べないのであり、そうであるがゆえに「石に刻まれた文字のような顔がほしい」、つまり〈そうと定まって変わることのないような〈自己像〉が欲しい〉のである。正解は④である。

「石に刻まれた」の意味を、①「誰からも認められる」、②「自らのなすべきことから逃げない」、⑤「人に誤解されようもない」と解釈する根拠はない。また「文字のような顔」を、①「謹厳実直な精神」、②「誠実な人格」と解釈する根拠もない。⑤「はっきりした性格」はエッセイ3「はっきりしない性格」との対比のみで解したもので、私の〈自己像〉の一部でしかなく、詩の内容からもエッセイの内容からも、捉え方として狭すぎる、ということになろう。これらはすべて、詩の文脈から逸脱した恣意的な解釈というほかない。③は「顔」をそのまま「顔」と取っていて、そもそもそれが隠喩であることに気づいていない。

問3　傍線部の表現内容を読み取る設問。

〈問題文の解説〉　**【エッセイ】**のⅡで詳しく解説した。繰り返しになるが、それを以下に再録する。

「私」は結婚して、一年半ほど父母の家を離れて暮らす。そのとき「一番うれしかったのは、もう口うるさく縛られることもないということと、（アパートの）ドアを開ければもうすぐそこは街路ということだった」と言う。「もう口うるさく縛られることもない」というのは「父」と暮らしていないのであるから当然である。では「（アパートの）ドアを開ければもうすぐそこは街路ということ」とは何を意味するのか。物理的にいえば、家の内と外との境がドア一枚だということだが、それが「うれしかった」のは当然、それまでの「私」の暮らしとの対照によるものであろう。それまで「私」は父母の一戸建ての家に住んでいた。一戸建ての家というのは、一般に門や玄関や塀といったものによって外の他人の世界と分厚く仕切られた内側の世界を構成する。そして、「私」にとってその内側の世界＝〈家〉は窮屈で重苦しいものであった。その家を離れて移り住んだアパートという住居の簡素な構造は、その〈家〉のいわば分厚さから「私」の気持ちを解放したのである。

正解は⑤である。

①「家族という人間関係にとらわれず」は悪くないが、「他人に目を向ける意欲がうまれた」ということではない。②「生活」の「便利」さを言う文脈ではない。③「世界が一気に広がった気がした」も解釈として的を射ていない。前部との対比から見て、〈家〉というものからの解放こそがここでの的であり、それが言えていなければ正解にはなりえない。④「生き生きした気分になれた」も同様である。

問4　傍線部に表れた筆者の心情を読み取る設問。

〈問題文の解説〉　**【エッセイ】**のⅡで詳しく解説した。簡単に整理すると次のようになる。

まず、「私」は「ついふらふらと」やって来た広い公園の落ち葉の上に座り、「無が詰まったような快晴の空」の下にいて「つくづく一人だと感じ」る。これは、家族とか友人といったものとの関係と、その意味とが自分から剝離し、ただ一個の存在として〈自分〉を感じるといったものである。

そんな「私」の前に自転車を「悠々と走らせる」「父」の姿が飛び込んでくる。「私」は自分と同じように「父もまたふらふらと外へ出て、自転車で同じ公園にやってきたのだ」と直感する。すなわち、「父」も「私」が「ふらふらと」この広い公園に来たのと同じような気分で「ふらふらと」ここにやって来たのだと。つまり、「父」も「私」と同じように、今、自分から家族やらなんやらという関係性を剝離させて、「一人」の何ものでもない〈自分〉になっている。このとき「父」は、それまでの煙ったい「父」ではなく、「私」と同じように「自分の時間を生き」る「一人」の存在として、その意味で「私」と同等の存在として親和感を抱きうるものとなっているのである。

心の底に「父」との深い確執を抱いていた「私」には、この出来事が単なる「偶然」とは思えない。「神サマはこんな片隅の父娘の上にすら目をとめているのだと思った」。すなわち、一種の恩寵のように感じられたのである。

正解は③である。

①「根っこは似た者親子なのだと知ることができた」では、先に見たような、ここでの「私」が感じていることの本質が言えていない。むしろ「親子」という関係から脱した「自分」として、ということである。②

「私」は「父」がここに来たのを「偶然を装って」のものとも、ましてや「本当は娘のことを気にかけてやまない父親」だからだとも思っている節はない。まったくの恣意的な解釈である。④「もう一度より良い父娘関係を結び直そうと決意することができた」とまでは言えない。そう解釈する根拠もない。また、そもそも、ここまで「私」は「父」との関係が良かったことがあるとは言っていないのであるから、「もう一度より良い父娘関係を」というのはおかしい。⑤「子どものように無邪気に遊ぶ」はさすがに少々行き過ぎた表現である。また「これまでとは違った優しい感情で父を見られそうな気持ちになる」も解釈が行き過ぎている。これまでとは違った③「親和感を抱く」とは言いうるが、そこから「優しい感情で父を見られそう」と思っているとまでは解釈できない。

問5　詩とエッセイの内容を関連させ、そこから何を読み取りうるかを考える設問。

(i)　生徒aが指摘しているのは詩とエッセイの両者に共通する〈まだ若い父〉のありようである。それは「かんしゃく持ち」で、何かというと「頭上からびりびりと」怒鳴り声を落としてくるような「父」の姿ということになるが、これは〈**問題文の解説**〉**【エッセイ】**のⅠで解説したように、「少し引いてみると」（客観的には）、犀星の詩をあげて取り出した「一人の中で生き、活力に溢れ、性格的な激しさやプライドの高さ」を抱えて格闘している男の姿と見ることができる。［X］の答えは①である。

②「何もかも自分の思った通りにしないと気が済まない」、③「周囲の人間を下に見てむやみに威張り散らす」、④「家の外で孤軍奮闘し、その鬱憤を家族にぶつけて憂さ晴らしする」はいずれも本文からそこまで言えるかは疑問である。特に④はそうである。また、方向性としても、②③は「少し引いてみ」た姿というには表面に現れた姿そのままますぎる。④も、空欄**X**の後の「家族にとってはなかなかやっかいな父親像」の方に当たり、「……けれど」とこれに逆接する（すなわち、これとは別の方向の見方であるはずの）空欄**X**にはふさわしくない。

(ii)　生徒bが指摘しているのは、詩とエッセイの前述とは別の共通点で、それは生徒aとは逆に〈年老いた父〉の姿である。この点について生徒dは細部に目を配った鋭い分析を展開している。それは、同じ〈年老いた父〉であっても、詩とエッセイでは対照的で、前者の「父」が「わたし」を脅かすような「激し」く「圧倒的」な音を響かせる父であるのに対して、後者の「父」はむしろ謙虚で、ほとんど音をたてない父だという分析である。生徒cがそれを簡潔にまとめたのを受けて、生徒bは、エッセイの「私」は後者の「父」の姿に「ある種の寂しさを感じているのかもしれ」ないという感想を抱いている。そして、そうだとすれば、「私」が封印していたというエッセイ末尾の「父」と「私」の姿は［Y］というような二人の関係のあり方を浮かび上がらせているのではないかというのである。それを生徒aは「アンビバレント（相反する二つの感情を持つこと）と言っていい心情」と受け取っている。

この点については〈**問題文の解説**〉**【エッセイ】**のⅢの末尾で詳しく説明したので、再読してほしい。簡単に結論だけ言えば、「自転車」のタイヤを「順々にふくらませていく」「父」の姿は、自分を精一杯に生き、家族を精一杯に生かし支える「父」の姿であり、それを見上げる「私」にとって強圧的な姿であると同時に至極頼もしい姿でもある。それは、強圧的であるから強く頼もしく感じられるとも言え、また、忌避と信頼とのアンビバレントな心情が同居しているとも言える。正解は②である。

①「無理をして頑張っている姿」から「眼を背けようとしていた」という解釈はどこからも出て来ない。③「心の奥底では憧れ続けている」という方向だけを言っていて、「アンビバレント」な心情の説明になっていない。④「依存して生きてこなければならなかった」は肯定的な感情の説明とは言えない。つまり、この選択肢には「敬遠」という否定的な方向の心情しかなく、やはりここでの「アンビバレント」の内容をおさえたものとは言えない。

問6

(i)　詩における表現の理解を問う設問。

「隠喩」（暗喩）とは比喩の一つで、〈氷の微笑〉（氷のような微笑）〈彼女は天使だ〉〈彼女は天使のようだ〉のように、〈〜のよう〉という比喩であることを直接表す言葉を用いずに行う喩えである。この詩では**〈問題文の解説〉【詩】**のⅡで解説したように、〈自己像〉がうまく結べなかったりかろうじて結べたりすることを「顔が溶け」「顔をしるした」と表現したり、父の痩せた肩の様子を「鉤針の肩」と表現したりするのがそれに当たる。

それに対して、「直喩」（明喩）は〈〜よう〉や〈まるで〉といった比喩であることを直接表す言葉を用いる形で行う比喩である。「石に刻まれた文字のような顔がほしい」の「顔」の部分は隠喩だが、「文字のような顔」の部分が直喩に当たる。

この詩はこれらの比喩表現を交叉させながら、〈父の存在ゆえに自己像の安定が得られないわたし〉といったテーマを浮かび上がらせるわけだが、これは「顔が溶け……」といった（現実の情景ではない）表現を通して示されるのだから、「具象的」でも「写実的」でもなく、「暗示的」もしくは「象徴的」に読み取れるものである。**a・b・c**すべてが適切と言えるのは、「隠喩」「直喩」「象徴的」の**③**。**②**は「直喩」「隠喩」が逆である。

(ii) エッセイにおける表現の理解を問う設問。

選択肢の**①**から順に検討していくことにする。

① 詩「室生犀星氏」の引用の意味については、**〈問題文の解説〉【エッセイ】**のⅠの冒頭で次のように説明しておいた。

この詩は犀星が二十代のころ書いたものでありながら、そこに描かれた姿は中年にも見えるというものであり[1]、さらに「一人の中で生き、活力に溢れ、性格的な激しさやプライドの高さを捉えた肖像画は、あるいはどんな男性にも多少は通じていくのではないだろうか」とまとめている[2]。つまり、冒頭の詩に描かれている犀星の姿に「男性」、とりわけ中年の男性に通底する姿を見出しているわけだが、[3]冒頭ですぐにわかるように、ここで筆者が犀星の姿と二重写しにしているのは、中年の頃の自分の「父」の姿である。**①**が正解。「深層における像」とは、問5(i)でも見たように、〈表面的には単に〝家族にとって厄介な父〟とも見えようが、どこかで詩中の犀星に「通じて」いるものがある〉ということである。

②「そうとしか思えない」内容は「父は私が陰気でデクノボーみたいで生理的に嫌だったのだ」というものだが、これは「私」が本気でそう思っていたことである。だからこそ、「父」との接触をできる限り避け続けた。したがって「気持ちとは裏腹なことを言う」ためのものであろうはずがなく、むしろ、できればそうであってほしくないが、そうだと思わざるを得ないという感情を強く訴える表現である。

③は致命的に間違っている。この部分にある「つくづく一人だと感じた」というあり方は、**〈問題文の解説〉【エッセイ】**のⅡで説明したように、孤独で寂しいというようなことではない。この部分に流れている感情は一貫して晴れ晴れとしたものである。したがって「落ち葉の絨毯の上に殻をこわすような音をたてて」も「もの寂しい音」として描かれているものではあるまい。

④「そうかもしれない」へと続くこの「――」は〈ちょっと考えて納得するまでの間〉を意味すると考えられる。「和解」と友人に言われて、自分では「そんなにドラマチックなものでも何でもない」と感じている筆者は、一瞬、そうなのかなと考えたのである。したがって「驚き」は大げさであるし、「しばらく思考が停止した」はむしろ逆である。

第3問

〈出典〉『源平盛衰記《げんぺいじょうすいき》』（巻第三十七「一谷落城並重衡卿虜《いけど》り附守長主を捨つ並秀歌の事」）

『源平盛衰記』は、四十八巻から成る軍記物語で、作者、成立年ともに未詳。『平家物語』の異本の一つで、読み本系統（琵琶《びわ》法師が語り伝えた「語り本系統」に対して、読み物として増補された系統のもの）に属するとされる。平安時代末期の源平の合戦を中心として、源平二氏の興亡盛衰を精細に叙述するが、特に源頼朝の挙兵関連の記事に詳しいなど、源氏寄りの姿勢がうかがえる。宣旨などの歴史資料的な素材が豊富に載せられ、時には本筋を逸脱する多量の挿話（歴史余話、和漢の故事、先例・由来談、寺社縁起など）が盛り込まれる一方、文章には装飾的技巧が凝らされ、情景描写にも劇的効果を狙った工夫がなされているが、冗長で流麗さに欠け、文学的価値は『平家物語』に及ばないとされる。しかし、その説話の豊富さから、後世の文芸へ与えた影響は大きい。

出題箇所は、一ノ谷の合戦（一一八四年）で、長年仕えた主君である平重衡を見捨てて敗走した後藤兵衛尉守長の、和歌についての逸話を記した部分である。なお、平重衡は一ノ谷の合戦で捕虜となって鎌倉に護送され、平家滅亡後、南都焼き打ち（一一八一年）の責めを負って斬首された。

〈現代語訳〉

この守長（＝後藤兵衛尉守長）は、歌道においては殊勝な者であって、（守長の歌才については）帝までもが知っていらっしゃることである。

先年、一院（＝後白河法皇）が、鳥羽の御所にお出かけになって、詩歌管絃の催しをなさった。頃は五月二十日過ぎのことである。公卿・殿上人が連れ立って参上する。重衡卿（＝平重衡）も出仕しようとして身支度をなさったが、卯の花に時鳥を書いてある扇紙を取り出して、「すぐに扇（の骨）に張って（私に）献上いたせ」と言って、守長にお与えになる。守長は、ご命令をお引き受けして、急いで扇に張ったが、分廻しを当ててそこなって、時鳥を途中から切り、僅かに尾と羽先だけを残した。（守長は）しくじりをしてしまったと思うけれども、取り替えられそうな扇もないので、そのままこれを（重衡卿に）献上する。

重衡卿が、こんなこととも知らずにご出仕なさって、（一院の）御前で（扇を）開いてお使いになったのを、一院がご覧になって、重衡の扇をお取り寄せになった。三位中将（＝平重衡）は、初めてこれをご覧になって、恐縮してお控え申し上げた。（扇を差し出すようにとの一院の）ご命令が度々になったので、（平重衡は）（一院の）御前にこれをお置きになった。一院が、開いてご覧になって、「残念なことに、名高い鳥に疵をお付けになったものだなあ。何者のしわざなのか」と言って、お笑いになったところ、その場にいた公卿たちも、本当に滑稽なことだと思い合わせなさった。三位中将も、苦々しく思い、恥じて恐れ入りなさっている様子である。（重衡卿は）退出して後、守長をお呼び付けになって、強くお咎《とが》めになった。守長は、たいそう嘆き恐れて、一首の和歌を書いて差し上げる。

五月闇…五月闇で暗いころ、倉橋山の時鳥が人に姿を見せるものか、いや、見せるものではない。

と。三位中将が、この和歌をささげ持って（一院の）御前に参上し、こうこうと奏上しなさったところ、君（＝一院）は、「さては、守長がこの和歌を詠もうと思って、故意にしたことであろうか」とご感心なさった。

先例がないわけではない。能因入道が、

都をば…都を霞が立つのと同時に（春に）出発したけれども、（道のりが遠くて）秋風が吹く白河の関（を見ることとなったよ）。

と詠んでいたが、自分の身は都にいながら、どうして何の考えもなくこの歌を披露することができようか、いや、できないだろうと思って、東国の修行に出てしまったと（人々に）知らせて、人知れず家に籠もって、日光に身をさらしては、色を黒く日焼けさせて後に、陸奥国の方での修行の際に詠んだと言い広めた。

また、待賢門院（＝藤原璋子）の女房に、加賀という歌人がいた。

かねてより…かねてから予想していたことなのになあ。（あなたが冷淡になって）懲《こ》り懲りするほどの嘆きをすることになるだろうとは。

という歌を詠んで、何年もの間（発表しないまま）持っていたが、どうせなら、立派な人と深い仲になって、（その後）忘れられたような時に詠んだならば、勅撰和歌集などに入集したような時の体面もすばらしいにちがいないと思った。そうして、どのようにしたのだろうか、（加賀は）花園大臣（＝源有仁）と契りを結び始め申し上げて、時間が経って（花園大臣との関係が）途絶えがちになってしまった。加賀が、（花園大臣が冷淡になるのは）期待していたとおりであったのだろうか、この和歌を差し上げたところ、大臣は並々でなく感慨深いことだとお思いになった。世間の人は、（加賀のことを）「伏し柴の加賀」と称し（て称賛し）た。そうして、（「かねてより…」の和歌は）思いどおり『千載和歌集』に入集してしまった。

守長もこう（＝能因入道や加賀と同様）でもあろうかと気にかかる。秀歌だったので、鳥羽の御所の御念誦堂の杉の障子に彫り付けられて、今まで残っている。というわけで、高貴な者も卑しい者も、誉めるのもけなすのもさまざまであるにちがいないと（ある人が）申しました。

〈設問解説〉

問１　解釈の問題。

解釈型の問題は、古文を読解する上でその基本となる現代語訳の力を問うのが狙いである。安易に文脈から傍線部の内容を推測して選択肢を選ぶのではなく、傍線部の訳がどうなるかを考えた上で、それに合うような選択肢を選んでいかなければならない。

㋐　傍線部を単語に分けると、「きと（副詞）＋張り（動詞）＋て（助詞）＋参らせよ（動詞）」となる。

第一のポイントは「きと」の訳である。「きと」は、動作の俊敏なさま、確実なさまを表す副詞で、「すぐに・さっと・ちょっと・確かに・必ず」などと訳す。重衡のこの傍線部の発言に応じて、次の守長の「仰せ承つて、急ぎ張りけるほどに」という行動が導かれているが、「きと張りて」と「急ぎ張りける」が対応しているのは明らかであるから、この「きと」は「すぐに」などと訳す用法である。この段階で、正解は②、③に絞られる。

第二のポイントは「参らせよ」の訳である。敬語の訳は解釈のポイントになりやすいので、普段からきちんと調べて訳す習慣をつけること。「参らす」は、

ａ、参らす（謙譲語の本動詞）
＝差し上げる・献上する
ｂ、参らす（謙譲語の補助動詞）
＝お～申し上げる・～差し上げる
ｃ、参ら（謙譲語の本動詞）＋す（使役の助動詞）
＝参上させる・うかがわせる
ｄ、参ら（謙譲語の本動詞）＋す（尊敬の補助動詞）
＝（「参らせ給ふ」などの形で）参上しなさる

などの可能性があるが、いずれにしても謙譲語を含んでおり、謙譲の意が表れていない③の「持って来てください」は不適切である（この場合は、「参らす」で一語の謙譲語の本動詞＝右の**ａ**である）。よって、②が正解である。尊大なもの言いである。

㋑　傍線部を単語に分けると、「いかに（副詞）＋無念に（形容動詞）＋こ（代名詞）＋の（助詞）＋歌（名詞）＋を（助詞）＋出ださ（動詞）＋ん（助動詞）」となる。

第一のポイントは、「出ださん」の「ん」である。解釈型の問題では付属語の細かい訳が問題になっている場合もあるので、助動詞などの訳はしっかり点検するようにしたい。「ん（む）」は、主に未来の事柄に対して、それを不確実であるとする判断を表す助動詞で、用いられる文脈に応じて、推量〈～だろう〉、意志・希望〈～よう・～たい〉、適当・勧誘〈～のがよい・～てくれ〉、婉曲・仮定〈～ような・～としたら〉などを表すが、いずれにせよ、これを「～たのだろう」「～てしまった」「～たことにしよう」などと訳すことはできない。したがって、②・③・⑤は消去することができる。

第二のポイントは、「いかに」の解釈である。「いかに」は形容動詞「いかなり」の連用形で、状態・性質・方法・理由などを疑い問う意を表し、「どのように（～か）・どうして（～か）」などと訳す。副詞化して「さぞかし（～だろう）」「なんとも（～だなあ）」「どんなに（～ても）」などと訳したり、感動詞化して呼びかけに用いたりする用法も派生するが、「い

かで」のように意志・願望表現と呼応して「なんとかして〜よう・たい」と訳す用法はないので、①も消去できる（この場合は、「どうして」と訳す用法で、反語文を作るのに用いられている）。よって④が正解である。

一応文脈を確認しておくと、④の解釈は、東国の修行に出かけたと見せかけて、その途中で詠んだものと偽って「都をば…」の歌を発表したという、後に続く能因入道の行動を導く判断（＝都にいたまま、何の考えもなく「都をば…」の歌を披露することはできないとする）の一部としてもふさわしいので、正解は④で問題ない。

(ウ) 傍線部を単語に分けると、「さるべき（連語）＋人（名詞）＋に（助詞）＋言ひむつび（動詞）＋て（助詞）」となる。

最大のポイントは連語「さるべき」の解釈である。「さるべき」は、「さ（副詞）＋あり（ラ変動詞）」が変化した「さり」の連体形「さる」に、助動詞「べし」の連体形が付いてできた語で、

①「そうするのがふさわしい・適当な」

②「そうなるはずの」（下に「宿世、契り」などの名詞が来ることが多い）

③「相当な・立派な」（下に「人」などの名詞が来ることが多い）

などと訳す用法がある。この場合、下に「人」が来ているから、③の用法と考えられ、正解は①と見当をつけることができる。

文脈を確認すると、加賀は、長年発表しないでおいた秀歌＝「かねてより…」を持ち出す機会をうかがっていたが、勅撰和歌集などに入集した時の体面を考慮して、「さるべき人に言ひむつびて」、その人から顧みられなくなった時に詠み出そうと考え、交際する相手として選ばれたのが一流の貴公子である花園大臣（注参照）であったという。「さるべき人」＝「立派な人」という解釈は、勅撰和歌集などに入集した時の体面（立派な人と交際があったということで歌人として箔《はく》がつくし、相手が冷淡になることを予想していたという和歌の内容にも真実味が増す）という点からも、交際相手として実際に選ばれたのが一流の貴公子であったという点からも、文脈と矛盾しない。したがって、正解は①である。

なお、③・⑤は「言ひむつぶ」（(男女が) 深い仲になる）という意味の解釈を誤っている。また、②・④は「さるべき」の「さる」を動詞「去る・避る」と取っているが、その解釈では今分析した文脈に合わないので誤りである。

問2 文法識別の問題。

文法識別の問題を解く時には、まず接続を確認し、必要に応じて活用や意味などを考慮していく。付属語で「に」の語形となるものを整理しておくと、

①完了の助動詞「ぬ」の連用形

→活用語の連用形に接続する。下に過去・完了系の助動詞を伴って、「にき・にけり・にけむ・にたり」の形で用いることが多い。

②断定の助動詞「なり」の連用形

→体言や体言相当語句（活用語の連体形など）に接続する。「に＋（助詞）＋あり（おはす・おはします・侍り・候ふ）」「に＋係助詞（結びの省略）。」「にて・にして」などの形で用いられることが多い。

③格助詞「に」

→体言や体言相当語句（活用語の連体形など）に接続する。動作の行われる時・場所、動作の対象、原因・理由、目的などを表す。

④接続助詞「に」

→活用語の連体形に接続する。順接、逆接、偶然条件を表す。

の四つがある。その他にも、ナリ活用の形容動詞の連用形活用語尾、ナ変動詞の連用形活用語尾など、種々の語の一部として「に」が出てくるので、注意しなければならない。

aは、体言＝「しわざ」に接続しており、「に＋（助詞）＋あり」の形になっているので、断定の助動詞「なり」の連用形である。**b**は、「大いに」で下の「嘆き恐れ」という動作の程度が甚だしい意を表していると考えられるから、物事の性状を表す形容動詞（活用の種類はナリ活用）の連用形活用語尾である。**c**は、連用形に接続しており（上接する「なり」はラ行四段活用の動詞「なる」の連用形である）、下に過去の助動詞「けり」（活用形は終止形）を伴っているので、完了の助動詞「ぬ」の連用形である。**d**は、体言＝「今」に接続しており、「に＋（助詞）＋あり」の形に

はなっているが、「～である」と訳すことはできず、動作の行われる時を表していると考えられるから、格助詞の「に」である。以上の分析から、正解は③とわかる。

問3　理由説明型の問題。

理由説明型の問題は、文中に理由を具体化した箇所があり、その解釈にもとづいて正解の選択肢が作られることが多いので、問題となる箇所を解釈した上でその理由にふさわしい箇所を探し、その部分の解釈と選択肢を照合してみる、という方向で考えていく。

まず傍線部Aを解釈すると、「重衡は恐縮して後白河法皇の御前にお控え申し上げた」などとなる。③の「（守長への）感謝の念に堪えなかった」、④の「守長に憤りを感じ、口をきく気にならなかった」というのは、傍線部の重衡の行動に結びつくものではないので、この時点で③・④は消去することができる。

次に、傍線部の理由を具体化した箇所を探すことになるが、直前の「重衡卿、かくとも知らず出仕し給ひて、…初めてこれを見給ひつつ」の部分が傍線部の行動の直接の契機となっているのは明らかなので、この部分を解釈してみると、「重衡が、こんなことも知らずにご出仕なさって、後白河法皇の御前で扇を開いてお使いになったのを、後白河法皇がご覧になって、重衡の扇をお取り寄せになった。重衡は、初めてこれをご覧になって」などとなる。「かく」は、前の段落の内容＝守長が切りそこなった絵をそのまま張った扇を重衡に黙って渡したことを指す。また、傍線部の後を見ると、問題の扇を取り寄せて見た後白河法皇が、「無念にも、名鳥に疵をば付けられたるものかな」と言って笑い、重衡が、苦々しく思って恥じ入ったことが述べられており、切りそこなった絵を張ったその扇は、人前で使うのがはばかられる恥ずかしいものであったことがわかる。したがって、傍線部の理由は、「重衡は、守長から渡された扇の絵柄が不自然なのを知らずにそれを後白河法皇たちの前で使い、それに気づいて恥ずかしくなったから」ぐらいになる。これに近い⑤が正解である。

なお、重衡がその場で和歌を詠もうとしたことや、守長が後白河法皇と結託していたことは文中からうかがえないから、①は、「後白河法皇から和歌を詠むように命じられるのではないかと考え」の部分が、②は、「守長が後白河法皇と結託して」の部分がそれぞれ誤りである。

問4　和歌の内容、修辞を問う問題。

和歌関連の設問は、受験生にとっては難しいものもあるが、内容の読み取り方、修辞についての考え方の基本が身についていれば、明らかに正しい、または誤っている選択肢は見つけ出せるように作ってある。見かけの難しさに惑わされないで、しっかり基本に沿って考えるようにしてほしい。

先に設問の答えを出しておく。和歌の内容をつかむ場合にまずすべきなのは、5／7／5／7／7と、句に分け、その切れ目のいずれかに「。」が打てないか（→句切れ）を探すことである。句切れの直前が和歌全体の内容の中心になっていることが多いので、そこをきちんと訳しておくと和歌の内容が理解しやすくなる。

Zの和歌を5／7／5／7／7に分けると「かねてより／思ひしことを／伏し柴の／こるばかりなる／なげきせんとは」となるが、「。」が打てるのは第二句の後だけである（「を」は間投助詞を文末で終助詞的に用いたもので、逆接の意を含んだ詠嘆〈～のになあ〉を表す）。こころみに、その直前の「かねてより思ひしことを」の部分だけ訳してみると、「かねてから予想していたことなのになあ」などとなる。以上のように分析しただけでも、④の「予想に反して恋人に顧みられなくなった嘆き」の部分が誤りであることが容易にわかる。正解は④である。

なお、途中に句切れがあり、結句で切れていない場合は、倒置になっていることが多い。**Z**の和歌を本来の語順に直すと、「伏し柴の／こるばかりなる／なげきせんとは／かねてより／思ひしことを」となる。この和歌は、男性に顧みられなくなった危機的な状況の中で女性が詠みかける歌の典型（通常女性が自分から積極的に男性に歌を詠みかけることはない）で、全体を解釈すると、「いずれ顧みられなくなって、懲り懲りするほどの嘆きをするだろうとは、かねてから予想していたことなのになあ。こんな恋などするのではなかった…」などとなる。また、**Z**の和歌に含まれる「伏し柴」は「柴」（＝薪などにする雑木）に同じで、和歌の内容とは直接関係がないが、このように、和歌の内容とは直接関係がない物象が含まれている場合、主題となる人事・心情の文脈とは別に物象の文脈ができることが多い。「こる」は人事・心情の文脈では「懲る」だが、物象の文脈では「樵《こ》る」（＝木を切る）、「なげき」は人事・心情の文脈では「嘆き」だが、物象の文脈では「投げ木」ととることができ（→掛詞）、「伏し柴」「樵る」「投げ木」の語が物象の世界を形作っている（→縁語）のである。和歌の修辞の説明では、掛詞は人事・心情の世界に関わる語と、物象の世界に関わる語が掛けられているという形の説明に、縁語は物象の世界に関わる語が脈絡を持っているという形の説明になりやすいことを知っておくとよい。以上の分析から、**Z**の和歌に関わる選択肢④の前半部分、⑤には他には誤った説明は含まれていないことがわかる。

Xの和歌は、守長が、扇紙を切りそこなうという自分の失態を言いわけし、状況を逆転しようとして持ち出した歌である。時鳥は夏の到来を告げる鳥（陰暦四月頃に南方から渡ってくる）で、夜に鳴く声が珍重された。「五月闇」は、注に示したとおり五月雨《さみだれ》のころの月が出ていない闇夜のこと。この語が、「ころは五月二十日余りのことなり」という時の提示と対応していることに注意する。和歌の世界では、「折」《をり》（＝節目となる時のことで、行動を起こしたりするタイミングとなる）が重んじられる。守長は、その「折」を捉えて「五月闇」の語を持ち出し、闇夜なのだから時鳥が「姿を人に見するものかは」（＝姿を見せないのは当然だ）と、「わづかに尾と羽先ばかり」しか見えない扇の絵を、むしろ季節感に合ったものだと言いわけしたのである。「くらはし山」は大和国の歌枕（＝和歌によく詠み込まれる諸国の名所）「倉橋山」で、「五月闇」とのつながりで「暗」《くら》が掛けられているが、「五月闇くらはし山の時鳥おぼつかなくも鳴きわたるかな」（『拾遺和歌集』夏・藤原実方）という歌があり、「時鳥」とも関連を持っている。**X**の和歌について説明した①・②の選択肢に誤った点は認められない。

Yの和歌を含む記述は、能因入道の「すき（好き・数奇）」（＝風流の道に徹する態度）についての有名な逸話である。**Y**の和歌に含まれる「白河の関」は陸奥国の歌枕（現在の福島県白河市にあった関所）で、都人にとっては僻遠の地、「霞」は春の景物、「秋風」は秋の景物であるが、春から秋という半年間の時間の流れ、僻遠の地までの旅の苦労を直接に表現せず、読み手の想像にゆだねたところが表現の眼目である。古典和歌では、直接的な表現よりも、間接的で、屈折した表現が好まれることを知っておくこと。③の選択肢にも誤った点は見られない。なお、この和歌は、『後拾遺和歌集』では「都をば霞とともに立ちしかど秋風ぞ吹く白河の関」の形で載せられており、その場合には、「立ち」が「霞」の縁語で、「霞が立つ」と「旅に立つ」の掛詞ということになる。

問5　内容説明の問題。

内容説明の問題は、傍線部を解釈した上で、不明確な部分（動作の主体・客体、指示語・省略など）を明確化していくというのが基本的な解き方であるが、この設問は、内容説明の問題を解くときの途中経過を選択肢化したものである。共通テストではこのタイプの問題が出題されることが予想されるので注意しておいてほしい。

ポイントとなるのは、「思ひのごとくにやありけん」という挿入句の分析である。挿入句とは、話者（書き手・読み手）の補足的なコメントを文中に挟み込んだものである。完結した文が「、」に挟まれて文中に割り込む形になるので、「、」の上に切れる形（＝「。」が打てる形）が来ている場合に挿入句を疑うとよい（「―や・か―む・けむ」や「―にや・にか」の形が挿入句となりやすいことを知っておくと見つけやすい）。なお、挿入句は後続の部分に対するコメントとなるので、後続の部分との関わりに注意してどういうコメントなのかを考えなければならないことに注意する。

まず、「思ひのごとくにやありけん」を訳してみると、「期待していたとおりであったのだろうか」などとなる。それが、後続の「この歌を奉らせたりければ（加賀が源有仁にこの和歌を差し上げたところ）」の部分に対するコメントとなるわけであるから、「思ひ」は加賀の「思ひ」ととらなければうまく後続の部分とつながらない。この時点で、「源有仁の…予想」「周囲の心配」としている①・②は消去できる。次に、この挿入句が、直前の「程経つつかれがれになりにけり（時間が経って源有仁との関係が途絶えがちになってしまった）」という状況を受けたものであり、その状況が、加賀の「さるべき人に言ひむつびて、忘れられたらん時詠みたらば（立派な人と深い仲になって、忘れられたような時に詠んだならば）」という思惑どおりであることに注意する。挿入句と後続の部分は、（状況が加賀の期待通りだった（理由）→加賀は源有仁に和歌を詠みかけた（結果））という関係になるだろう。だとすれば、挿入句の末尾の「けん」（過去推量の助動詞の連体形）は、加賀の行動の理由についての作者の推量を表していると考えてよい。③には誤った点は含まれず、これが正解である。

一応残りの選択肢を検討しておくと、④は「奉らせ」の「せ」を使役とって解釈している点が誤っている。加賀が源有仁に問題の和歌を詠みかけたことに、有仁の意志は介在していない。この「せ」は敬語動詞「奉らす」（「奉る」より敬意が高い謙譲語）の一部である。⑤は「思し」の動作の主体を加賀としている点が誤っている。「思し」は尊敬語なので、動作の主体は敬意対象者である源有仁と考えなければならない。④・⑤ともに正解とはならない。

問6 複数テクストの統合・評価の問題。

素材となっている文章は一つだが、文中に含まれる能因入道、加賀についての逸話はさまざまな作品に載せられており、独立した説話と見なすことができる。この設問は、能因入道、加賀についての逸話と比較しながら、主筋となる守長の話を評価させることを狙ったものである。

能因入道と加賀の逸話の内容を整理しておくと、能因入道は、先に思い付いていた「都をば…」の秀歌を効果的に持ち出すために、東国の修行に出かけたと見せかけて故意に状況を整えた上で、陸奥国で詠んだ歌として「都をば…」の歌を披露した。加賀は、先に思い付いていた「かねてより…」の秀歌を効果的に持ち出すために、立派な人物と見込んだ源有仁と故意に交際し、源有仁から冷淡にされた時に詠んだ歌として「かねてより…」の歌を披露した。どちらの例も、先に思い付いていた秀歌を効果的に持ち出すために、それを持ち出すにふさわしい状況を故意に整え、その上で問題の和歌を発表している。

「守長もかくしもやあらんとおぼつかなし」（守長もこう（＝能因入道や加賀と同様）でもあろうかと気にかかる）といわれているとおり、最終的な判断は保留されているが、守長の逸話もこれらと同様だとすれば、守長も「五月闇…」の秀歌を先に思い付いており、それを効果的に持ち出すにふさわしい状況を故意に作ったのだということになる。

以上の分析の上に立って選択肢を吟味すると、❷は分析したとおりの内容となっており、これが正解である。「当意即妙」とは、状況に応じてとっさに巧みな対応をするさまを表し、秀歌を評価するときによく用いられる言葉である。問4の選択肢からも、守長の歌は当意即妙の歌と評価してよいだろう。

①「能因入道も加賀も、それぞれ日に焼けたり失恋したりしたことをごまかそうとしている」「後白河法皇にとりなしてもらった」という内容がそれぞれ文中になく、誤りである。

③「後白河法皇は…『新古今和歌集』の編纂を命じた人物」が誤りである。後白河法皇はむしろ今様《いまよう》（平安時代中期以降に流行した歌謡）の名手として名高く、今様を収集した『梁塵秘抄《りょうじんひしょう》』の撰者として有名である。晩年には和歌にも興味を持ち、勅撰和歌集の編纂を藤原俊成《しゅんぜい》に命じたが、それは『千載和歌集』のことである。「守長は主人の重衡や扇職人の協力を得て」というのも事実に反している。

④「功をあせってあまりにも演出にこりすぎ、それが能因入道や加賀のまねであることを英明な後白河法皇に見抜かれてしまった」というのも拡大解釈のしすぎであるが、「守長もかくしもやあらんとおぼつかなし」に含まれる形容詞「おぼつかなし」はここは「はっきりしない」ぐらいの意味で、筆者の判断を表しているので、『守長もかくしもやあらんとおぼつかなし』というのは、主人を犠牲にしてまで和歌の演出にこだわった守長の将来についての後白河法皇の心配を表している」というのは誤りである。

⑤「さては、守長がこの歌詠まんとて、わざとのしわざにや」（さては、守長がこの和歌を詠もうと思って、故意にしたことであろうか）という発言から、後白河法皇のこの出来事への関与を読み取ることはできない。

第4問

〈出典〉

【文章Ⅰ】『韓非子』外儲説《がいちょぜい》篇左上

著者とされる韓非は、戦国時代末期の諸子百家〈＝思想家〉の一人。法家に分類される。君主と人民の利害は対立するとしたうえで、徹底して君主側の立場から、人民を法術でいかに統制すべきかを述べる。愚かで、諸々と法のみに従い、農耕・戦闘だけに従事する人民が理想だとし、道徳や知識を敵視する。

【文章Ⅱ】『春秋公羊伝』

『春秋』とは、孔子が添削を施したとされる魯国の年代記であり、『公羊伝』はその『春秋』の注釈である。『春秋』の注釈には、『公羊伝』のほか『左氏伝』『穀梁伝』もあり、これらを「春秋三伝」と総称する。公羊伝はそのなかで特に重んじられたもの。

〈問題文の解説〉

【文章Ⅰ】

宋の襄公が会戦中であっても仁義を大切にし、敵軍に不意打ちを食らわさなかったという故事に対して、法家の韓非子が「君主自ら仁義を実践するのは誤りだ」と批判したもの。

【文章Ⅱ】

同じ宋の襄公の故事に対して、儒家の孔子が「戦争という重大事にあっても大礼を忘れなかった」と評価したもの。「宋襄の仁」については、現在は「無用の情け」という否定的な評価に定まっているが、もともとは賛否両論あったこと、また出典となった『韓非子』と『春秋公羊伝』とは評価のポイントが異なっていることを読み取ってほしい。

※二つの漢文の文章を読んで、その関連を分析し、共通性や相違性を理解することを主に、試行調査にあった故事成語・四字熟語の知識をたずねる問題、生徒同士の会話形式の問題を用意した。

〈読み方〉（漢字の振り仮名は、音はカタカナ・現代仮名遣いで、訓は平仮名・歴史的仮名遣いで示してある。）

【文章Ⅰ】

宋《ソウ》の襄公《ジョウコウ》楚人《ソひと》と涿谷《タクコク》の上《ほとり》に戦《たたか》ふ。宋人《ソウひと》既《すで》に列《レツ》を成《な》す。楚人《ソひと》未《いま》だ済《わた》るに及《をよ》ばず。右司馬《ユウシバ》購強《コウキョウ》趨《はし》りて諫《いさ》めて曰《い》はく、「楚人《ソひと》は衆《おほ》くして宋人《ソウひと》は寡《すく》なし。請《こ》ふ楚人《ソひと》をして半《なか》ば渉《わた》らしめ、未《いま》だ列《レツ》を成《な》さざるに之《これ》を撃《う》たば、必《かなら》ず敗《やぶ》らん」と。襄公《ジョウコウ》曰《い》はく、「寡人《カジン》之《これ》を聞《き》く、君子《クンシ》は人《ひと》を険《ケン》に推《お》さず、人《ひと》に阨《アイ》に迫《せま》らず、列《レツ》を成《な》さざるに鼓《コ》せずと。今《いま》楚《ソ》未《いま》だ済《わた》らずして之《これ》を撃《う》たば、義《ギ》を害《ガイ》せん。請《こ》ふ楚人《ソひと》をして畢《ことごと》く渉《わた》りて陣《ジン》を成《な》さしめ、而《しか》る後《のち》に士《シ》に鼓《コ》して之《これ》を進《すす》めん」と。楚人《ソひと》已《すで》に列《レツ》を成《な》して陣《ジン》を撰《ととの》ふ。公《コウ》乃《すなは》ち之《これ》に鼓《コ》す。宋人《ソウひと》大《おほ》いに敗《やぶ》る。

此《こ》れ乃《すなは》ち仁義《ジンギ》を自《みづか》親らするを慕《した》ふの禍《わざはひ》なり。夫《そ》れ必《かなら》ず人主《ジンシュ》の自《みづか》親らして而《しか》る後《のち》に民《たみ》の聴《き》き従《したが》ふを恃《たの》まば、是《こ》れ則《すなは》ち将《まさ》に人主《ジンシュ》をして耕《たがや》して以《もつ》て食《ショク》を為《つく》り、戦《たたか》ひに服《フク》して鴈行《ガンコウ》せしめて、民《たみ》乃《すなは》ち肯《あ》へて耕戦《コウセン》せんとするなり。則《すなは》ち人主《ジンシュ》は泰《はなは》だ危《あや》ふからずや。而《しか》して人臣《ジンシン》は泰《はなは》だ安《やす》からずや。

【文章Ⅱ】

君子《クンシ》は其《そ》の列《レツ》を成《な》さざるに鼓《コ》せず、大事《ダイジ》に臨《のぞ》みて大礼《タイレイ》を忘《わす》れざるを大《ダイ》なりとす。君《きみ》有《あ》るも臣《シン》無《な》し。以為《おも》へらく文王《ブンオウ》の戦《たたか》ひと雖《いへど》も、亦《ま》た此《これ》を過《す》ぎざるなりと。

〈現代語訳〉

【文章Ⅰ】

宋の襄公が楚の軍と涿谷のほとりで戦った。宋の軍はすでに（戦場に到着して）陣列を整えていた。楚の軍はまだ川を渡っていなかった。右司馬の購強が走り出て（襄公に）意見した、「楚は大軍で、わが宋の軍勢はわずかです。楚軍に半ば川を渡らせて、陣列がまだ整えられないうちにこれを攻撃すれば、必ず打ち破れるでしょう」と。すると襄公は答えた、「私はこう聞いている、『君子たるものは危地にいる人間を更に押し込んだりもしないし、窮地にいる人間を追い詰めたりもしないし、陣列を整えていない敵軍に進撃したりもしない（つまり人の弱みに付けこまない）』と。今、楚軍が川を渡り切っていないうちにこれを攻撃すれば、正義を損なうだろう。楚軍に（手を出さず）全員川を渡らせて陣形を整えさせ、その後、わが兵士たちに戦鼓を叩《たた》いて進撃しよう」と。楚軍は軍列を整えて陣形を作り終えた。襄公はそこで戦鼓を叩いてこれに進撃し（堂々と戦っ）た。（数的に不利な）宋軍は大敗した。

　これこそ君主が自ら仁義を実践したがるところから生じた災禍である。そもそも何事も必ず君主が率先して行い、そうしてようやく民衆が君主の命に聴き従うようになるというやり方に頼るならば、君主がまず汗水流して農耕して食物を作り、戦闘に参加して兵士と並んで戦ってみせて、そこでようやく民衆は耕したり戦ったりすることを承知するようになるだろう。それでは君主はあまりにも危険ではないか。臣下はあまりにも安楽ではないか。

【文章Ⅱ】

　君子〈＝孔子〉は、（宋の襄公が）敵の陣列が整っていないうちは進軍の太鼓を鳴らさず、（戦争という）大事に当たっても大礼を忘れなかったことを偉大なことだとみなした。宋には（襄公のような）立派な君主はいたのに、ろくな臣下がいなかったのだ。思うに、文王の戦争でも、やはりこれ以上ではないだろう。

〈設問解説〉

問1　語彙に関する設問

(1)「諫」は読解の鍵となる重要単語。目上の人の不正や過ちを正すために意見することを言う。したがって正解は③。

(2)「肯」は副詞としては「あへて」と読み、「進んで」の意。また動詞としては「がへんず」と読み、「うなずく」「承知する」の意。傍線部は「肯」＋「耕戦す」の形なので、「肯《がへん》じて耕戦す」ではなく、「肯《あ》へて耕戦す」。正解は③。

問2　書き下しの設問

A　ポイントは「与」と「於」。まず「与」は、①「与二名詞一用言」の形で「名詞**と**用言す」「名詞**とともに**用言す」と読む前置詞で with 的な用法と、②「名詞与二名詞一」の形で「名詞**と**名詞**と**」と読む接続詞で and 的な用法とを持つ。傍線部は「宋の襄公＋与＋楚人＋戦ふ」の形なので、①「宋の襄公楚人**と**（**ともに**）戦ふ」か、②「宋の襄公**と**楚人**と**戦ふ」のどちらかが適切である。いずれにせよ「楚人と」とある④と⑤が正解候補。

　次に「於」は、①「用言二於名詞一」の形で「名詞に（を・より）用言す」と読む用法と、②「他動詞二目的語於名詞一」の形で「目的語を名詞に他動詞す」と読む用法とを持つ。傍線部は「戦ふ＋於＋涿谷の上」の形なので、「涿谷の上《ほとり》に戦ふ」が正解。正解は④。

D　ポイントは「不…乎」のみ。「泰」は「はなはだ」、「安」は「やすし」「やすんず」と素直に解釈する。

　まず「不…乎」は、①詠嘆「…ずや」〈＝…ではないか〉、②反語「…ざらんや」〈＝…しないことがあろうか〉、③疑問「…ざるか」〈＝…しないのか〉の用法を持つ。中でも「…ずや」の用例が最も多いが、最終的には文脈で判断する。

　次に「泰」「安」。「泰」が副詞「はなはだ」〈＝とても〉で、「安」が形容詞「やすし」あるいは動詞「やすんず」。「泰→安」の語順なら素直に「泰《はなは》だ安し」「泰だ安んず」と読む。ちなみに「安→泰」の語順なら「安きこと泰だし」「安んずること泰だし」と読む。したがって③と⑤は不適。

　あとは文脈で判断する。①は「臣下はあまりにも安楽ではないか」、②は「臣下はそれほど安楽ではないことがあろうか＝それほど安楽ではないことはない」、④は「臣下はものすごくは安心しないのか」となる。傍線部の前から見ると、「君主が率先して農耕・戦役に従事してようやく民も耕戦に従事することになる。これでは君主はとても危…。臣下はとても安…」とある。つまり「君主が農耕・戦役の先頭に立てば、君主は危険で、臣下は安楽だ」という文脈である。したがって正解は①。

　なお、傍線部直前の句「人主は泰だ危ふからずや」と対になっていると気づけば、①をすぐ選べる。

問3　内容説明の設問

ポイントは「寡人」と「君子」。まず「寡人」は「(徳) 寡《すく》なき人」〈=徳に乏しい者〉を意味し、王や諸侯だけが使える一人称代名詞である。したがって「寡人之を聞く」の訳は「私〈=襄公〉は聞いている」となる。ここで「寡人」を「わずかな人間」と訳している①・②・③は不適。

次に「君子」は「立派な人物」を意味するので、これを「君主たるもの」と訳している④は不適。正解は⑤。

問4　理由説明の設問

ポイントは右司馬の言葉にある「楚人衆而宋人寡」〈=楚人は衆《おほ》くして宋人は寡《すく》なし〉の解釈である。「衆寡敵せず」〈=少人数は大人数にはかなわない〉という言葉もあるように、ここは「楚軍は大軍であり、宋軍はわずかである」と素直に解釈する。したがって、楚軍=烏合の衆、宋軍=少数精鋭と解釈している①と③は不適。

次は右司馬と襄公のやり取りを整理する。数的不利を重視した右司馬は「楚軍が半ば渡河したところ、つまり敵軍が陣形を整える前に攻撃を加えるべきだ」と主張した。それに対して襄公は「君子たるものは敵の弱みに付け込まない。楚の全軍が渡河を終え、彼らが陣形を整えるのを待って攻撃する」と宣言し、その言葉どおりに堂々と戦って敗北した。世に「宋襄の仁〈=無用の情け〉」として知られる逸話である。したがって、数的不利にあるにもかかわらず「臣下の意見を無視して堂々と戦ったから」とある②が正解。

問5　会話形式の設問

(i)　故事成語の意味を答える設問

「宋襄の仁」は「無用の情け」を意味する。正解は①。**【文章Ⅰ】**の逸話を読めば、劣勢にもかかわらず、宋の襄公が「義を害せん〈=道義を損なってしまう〉」ことを恐れて、敵軍が陣列を整えるのを待ち、そして大敗したとある。道義を気にして、みすみす勝機を逃したわけである。**【文章Ⅱ】**によれば、これを儒家(孔子/春秋公羊伝)は、敗北よりも礼を優先したとして、むしろ高く評価した。しかし**生徒C**の「この時代は強国が弱国を次々と飲み込む弱肉強食の時代だったから、儒家の唱える理想論には説得力がなかったと思う。だから……」という発言を踏まえれば、「宋襄の仁」は**【文章Ⅰ】**のような否定的な意味で使われているとわかる。そこからも、①「無用の情け」が正解だと判断できるだろう。

なお②「意図しない無礼」、④「向こう見ず」は、道義・礼を優先して敗北したという宋の襄公の逸話と合わないので不適。③「正々堂々とふるまう」、⑤「いつでも礼儀を忘れるな」は、否定的評価に結びつかないので不適である。

(ii)　**【文章Ⅰ】**の内容を読み取る設問

「此乃慕……泰安乎」を読み解ければ答えは出る。詳しくは**〈現代語訳〉**を見てほしいが、要するに「君主は自分から仁義を実践しようとするな。君主が自ら実行してはじめて民衆が命に聴き従うようになると考えてはいけない」である。だからこそ、仁義を君主自ら実践して大敗した宋の襄公は愚か者なのだ。

ここに、国家の治安維持・富国強兵を至上の目的とする法家の特徴がある。

したがって、①は「戦闘の勝敗に関係なく正義を貫くことが大切」、②は「臣下の言葉に左右されず初志を貫くことが大切」、④は「戦場では自分だけを信じて他人の言葉に惑わされないことが大切」と述べて宋の襄公を肯定するので不適。

残りは③・⑤だが、③は全体的に本文を踏まえておらず、特に「君主自ら民衆の先頭に立つ演技をする」という点が不適。先頭に立つなと提言するだけであり、演技は求めていない。

正解は⑤である。

(iii)　**【文章Ⅱ】**の内容を読み取る設問

単純に**【文章Ⅱ】**から、儒家(孔子)が「宋襄の仁」をどう評価したのかを読み取ればよい。こちらも詳しくは**〈現代語訳〉**を見てほしいが、楚軍が陣列を整えないうちは進撃の太鼓を鳴らさなかったことを「大事に臨みて大礼を忘れず」と評し、古代の聖王である文王の戦いも宋の襄公以上ではない（言い換えれば、襄公はあの文王に匹敵する）と絶賛している。したがって①が正解。

②は「攻撃を加えずに機をうかがった巧みな戦術」が不適。宋は大敗しているので、少しも巧みではないし、「大礼を忘れず」というポイントを忘れている。

③は「文王ほどの戦上手であっても大敗を避けるのは難しかった」が不適。孔子が宋の襄公を高く評価している点を踏まえれば、誤りだとわかる。「此れを過ぎざるなり」を「大敗を避ける」と解釈する点も不適である。

④は「滅びの美学の体現者」が不適。そのような評価は本文から読み取れない。敵の不備を突くという卑怯な手で勝つよりも、たとえ敗れて死ぬとしても礼を忘れなかったという点を孔子は評価している。

⑤は「文王を超える業績を残せたはずだ」が不適。戦争については文王も襄公を超えていないと評価している。

第 4 回　実戦問題　解答・解説

国　語　第4回（200点満点）

（解答・配点）

問題番号（配点）	設問	（配点）	解答番号	正解	自己採点欄
第1問（50）	1	(2)	1	⑤	
		(2)	2	①	
		(2)	3	②	
		(2)	4	⑤	
		(2)	5	①	
	2	(8)	6	①	
	3	(7)	7	③	
	4	(8)	8	③	
	5	(8)	9	②	
	6	（各3）	10	③	
			11	①	
			12	②	
小計					
第2問（50）	1	(3)	1	③	
		(3)	2	②	
		(3)	3	⑤	
	2	(8)	4	①	
	3	(7)	5	④	
	4	(5)	6	②	
		(5)	7	②	
	5	(8)	8	⑤	
	6	(8)	9	④	
小計					

問題番号（配点）	設問	（配点）	解答番号	正解	自己採点欄
第3問（50）	1	(5)	1	⑤	
		(5)	2	④	
		(5)	3	①	
	2	(5)	4	①	
	3	(8)	5	④	
	4	（各7）	6 － 7	② － ⑤	
	5	(8)	8	③	
小計					
第4問（50）	1	(4)	1	②	
		(4)	2	④	
	2	(4)	3	③	
		(4)	4	⑤	
	3	(6)	5	②	
	4	(7)	6	②	
	5	(7)	7	④	
	6	(7)	8	②	
	7	(7)	9	⑤	
小計					
合計					

（注）－（ハイフン）でつながれた正解は，順序を問わない。

第1問

〈出典〉

池田浩士（いけだ　ひろし）『ボランティアとファシズム――自発性と社会貢献の近現代史』（二〇一九年人文書院刊）の〈Ⅲ　ヒトラー・ドイツの「労働奉仕」――日本が学んだボランティア政策〉の一節。出題に際しやむを得ない事情により、本文の省略等を行った箇所がある。

池田浩士は一九四〇年生まれ。慶應義塾大学大学院博士課程修了。京都大学名誉教授。現代文明論、ファシズム文化研究を専門とする。著書に『虚構のナチズム――「第三帝国」と表現文化』『ヴァイマル憲法とヒトラー――戦後民主主義からファシズムへ』などがある。

〈問題文の解説〉

問題文は、ナチスの推進した政策である「自発的労働奉仕」の考察を通して、自発的であるはずの奉仕には全体主義的な国家や社会の創出の契機があるという逆説性について論じた文章。本文は一四個の形式段落からなり（以下、1～14で示す）、テーマ（話題）とメッセージ（主張の方向性）の観点から大きく三つのまとまり（意味段落）に分けて考えることができる。

第Ⅰ意味段落（1～6）

ナチスが推進した「自発的労働奉仕」は卑しまれた困難な労働を自発的に引き受ける精神を体得させるものだったが、そのような精神は「困難を自発的に引き受ける」ボランティアの「元来」の精神に根差している（1）。筆者はそれを「ボランティア」の語源に遡って説明する（**資料1**）（2）。「ボランティア」という語は「主体的な意志と選択に関わる感情」を表わす語から出たものである（3）から、「ボランティア」についてのひとつの重要な理解として、「ボランティア」は「自発性」や「自由意志」を表す語であり、強制された行為、不本意な行為とは言葉の意味と矛盾するものだ、ということがある（したがって、〈体得させる〉といった一種の強制は本来「ボランティア」の精神にそぐわないはずである）と筆者は述べる（4）。しかし、その意味だけにとどまらず、歴史的な進展の中で「ボランティア」という語は別の意味ももつようになったことも、もうひとつの重要な点だと筆者は述べる。第二ポエニ戦争下で国家存亡の危機に瀕していた古代ローマ共和国が、ローマ軍に志願して戦う奴隷は奴隷の身分から解放されるという制度を導入したことから、「ボランティア」に「義勇兵」「志願兵」といった意味が出てくるようになった（5）。もちろん、強制された行為ではなく、自発的な行為であることにボランティアの意味と価値はあるのだが、自由意志で身を投じた軍隊には自発性とは対極の強制が横行し、もっと言えば有無を言わさず、国家社会への貢献を余儀なくされたのだ、と筆者は論じる（6）。

自発的であるはずの奉仕には全体主義的な国家や社会の創出の契機があるという「自発的労働奉仕」がもつ逆説的性質を、「ボランティア」という語についての考察を通して論じたのがこの意味段落の中心的な論旨である。

第Ⅱ意味段落（7～9）

政権の座に就いたヒトラーが、ヴァイマル政府の「自発的労働奉仕」の制度を継承したとき、彼の思惑は的を射ていたと筆者は述べ、それを物語っているのは「自発的労働奉仕」従事者と合計従事日数を示した【**資料2**】であると説明する。なおこの表によると、各人は一ヵ月におおむね二〇日程度労働に従事している（7）。当初は参加資格が失業者だけに限定され、失業者対策として行われた「自発的労働奉仕」政策であったが、制度が変更され、参加資格が拡大し、失業者以外でも参加できるようになると、労働に従事する者が急増することになる。具体的には八月比で、九月は約一・五倍、一〇月は二・六倍、一一月は三倍近くに増加している。つまり、失業者でない純然たるボランティアが労働奉仕に加わったのである（8）。この状況をヒトラーは期待しており（だから、「『自発的労働奉仕』の制度を継承したとき、彼の思惑は的を射ていた」といえる）、この労働に従事するボランティアたちを先駆けに、自発的に困難な労働に従事する精神が国民の中に浸透していくことを確信していたのだと筆者は述べる（9）。

ヒトラーが継承した「自発的労働奉仕」の展開と影響が資料に基づいて語られるとともに、第Ⅲ意味段落で述べるヒトラーの思惑についての予告的な役割を第Ⅱ意味段落が果たしている。

第Ⅲ意味段落（⑩〜⑭）

新たな祝祭日として制定された「国民的労働の日」に行った演説でヒトラーは、失業解消の公約以外に、労働と労働奉仕についての信念を熱く語った。このことから、「自発的労働奉仕」が単なる失業対策以上の意味を持っていたことが読み取れるだろうし、さらに「新生ドイツの……首相」とわざわざ傍点で強調しているのは、この「自発的労働奉仕」の精神を利用して新たな国家社会を作っていこうとするヒトラーの思惑を強調するためであることも理解できるだろう（⑩）。そもそも、（ドイツ語の）「奉仕」という語は職務なり任務なりに服務することを表わす語として一般的に用いられているが、元来は「下僕として仕えること」という意味であり（⑪）、自分を下位に置くへりくだりや謙虚さを表わす点で、私利私欲を捨て我意を殺して謙虚に自分の力を他者のために提供するボランティアの精神と親和性の高い語である（⑫）。ヒトラーはこのような精神の自発的な謙虚さをもって「全体」に貢献しようとする精神を国民全体に植え付けるために、労働奉仕を義務化しようとした。つまり、従来卑しまれてきた肉体労働にすべてのドイツ人を従事させることで、労働をめぐる優劣の意識や差別の意識を一掃し、国民を分断した階級差別を喪失させて民衆が一体となって「全体」のために生きる一つの共同体が生み出されることを目標とし、実現しようとしたのである（⑬）。ヒトラーのこの構想の下で、ボランティア労働は単なる失業対策から新しい国家社会をナチズムの理念にもとづいて創出するための重要な原動力へ転換したと筆者は結論付けている（⑭）。

　ヒトラーは「自発的労働奉仕」を通して、国民全体に自発的に謙虚に国家のために奉仕しようとする精神を植え付け、階級闘争を消失させることで、国民が一体となって「全体」のために貢献する全体主義的な国家を創出しようとした、というのがこの意味段落の主たる論旨である。

〈設問解説〉

　設問を解くといっても、安易に小手先のテクニックに頼ってはならない。そもそも設問は本文の内容や構造が理解できているかを測るためのものであるのだから、読解のなかに位置づけることで設問を考えていかなければならない。さらに、出題者の要求をきちんと理解することも大切である。共通テストにおいては、傍線部が設けられていない設問も出題される可能性があるが、傍線部が存在しないのだから、傍線部の前後だけを読んで答えを探すといった姑息《こそく》な手段は通用しない。設問文をよく読み、出題者が問いかけようとしていることを適切に把握したうえで、それを本文の理解と関連付けて解答を出していかなければならない。本文とは別の資料などが示される場合でも同じことで、本文の理解と設問要求を頭に置いて、必要な内容を資料から探っていくことになる。

問1　漢字の知識・語彙力を問う設問。

　共通テストでの漢字の出題においては、決して難解なものが出題されるわけではないが、文脈から適切な言葉を判断する点で確かな語彙力が求められる。したがって〈漢字の学習〉においては、読み書きはもちろんのこと、意味もふくめた学習を進めてほしい。

(ア)　〈さげすむ・見下す〉の意味の「卑（しむ）」。①被害②彼岸③忌避④批判⑤卑近で、答えは⑤。

(イ)　〈導き入れること・取り入れること〉の意味の「導入」。①指導②洞察③言動④混同⑤道徳で、答えは①。

(ウ)　〈世のなか・俗世間〉の意味の「世俗」。①親族②習俗③帰属④海賊⑤続編で、答えは②。

(エ)　〈自分の思うままにしようとする心持ち〉という意味の「我意」。カタカナだけ見ると思いつきにくい語かもしれないが、前の「自分を下位に置く……」や「私利私欲を捨て……」などから見当を付けたいところである。①発芽②雅楽③山河④祝賀⑤忘我で、答えは⑤。

(オ)　〈これからしようとすることについて組み立てられた考え〉という意味の「構想」。①愛想②悲壮③創意工夫④奏功⑤重層で、答えは①。「奏功」

は〈功を奏する〉つまり〈目的通りになしとげて成果を得る〉こと。

問2　本文（第Ⅰ意味段落）の記述を通した図表の理解ができているかを問う設問。

共通テストにおいては、図表・グラフなどを含む文章や、文章と別資料としての図表等とを組み合わせたものが出題される可能性がある。図表やグラフはキャプション等でなされる説明を理解し、本文の記述と合わせて考えることが大切である。

資料1は「ボランティア」の語源と意味について図示したものである。「どのようなことを述べようとしていると考えられるか」という問い方で、この資料を筆者が持ち出した意図の理解が問われているのだが、図表やグラフは事実の羅列ではなく、作成者、引用者の意図が反映されているものであることに注意してほしい。したがってここでは、この資料を用いて議論を行っている第Ⅰ意味段落の趣旨と関連付けて把握することが求められる。

該当箇所の解説を**〈問題文の解説〉**から再掲すると、

ナチスが推進した「自発的労働奉仕」は卑しまれた困難な労働を自発的に引き受ける精神を体得させるものだったが、そのような精神は「困難を自発的に引き受ける」ボランティアの「元来」の精神に根差している（①）。筆者はそれを「ボランティア」の語源に遡って説明する（**資料1**）（②）。「ボランティア」という語は「主体的な意志と選択に関わる感情」を表わす語から出たものである（③）から、「ボランティア」についてのひとつの重要な理解として、「ボランティア」は「自発性」や「自由意志」を表す語であり、強制された行為、不本意な行為とは言葉の意味と矛盾するものだ、ということがある（したがって、〈体得させる〉といった一種の強制は本来「ボランティア」の精神にそぐわないはずである）と筆者は述べる（④）。しかし、その意味だけにとどまらず、歴史的な進展の中で「ボランティア」という語は別の意味ももつようになったことも、もうひとつの重要な点だと筆者は述べる。第二ポエニ戦争下で国家存亡の危機に瀕していた古代ローマ共和国が、ローマ軍に志願して戦う奴隷は奴隷の身分から解放されるという制度を導入したことから、「ボランティア」に「義勇兵」「志願兵」といった意味が出てくるようになった（⑤）。もちろん、強制された行為ではなく、自発的な行為であることにボランティアの意味と価値はあるのだが、自由意志で身を投じた軍隊には自発性とは対極の強制が横行し、もっと言えば有無を言わさず、国家社会への貢献を余儀なくされたのだ、と筆者は論じる（⑥）。

端的に言えば、ナチスが推進した、卑しまれた困難な肉体労働を、〈自発的に引き受けることを半ば強制する〉逆説的な性質をもつ政策である「自発的労働奉仕」の背景を、「ボランティア」の語源を考察することで明らかにしようとしたというのが、この意味段落の大きな枠組みである。具体的に言えば、「ボランティア」という語はもともと「自発性」「自由意志」を表す語であったが、歴史的な進展の中で、この言葉が別の意味として、国家に貢献する、そしてその内部では強制が行われる「義勇兵」「志願兵」の意味を持つようになったということに、一見自由からかけ離れた国家への奉仕を自ら引き受ける精神を修養したナチスの「自発的労働奉仕」の背景を見て取ることができるということである。これを説明するために筆者は「ボランティア」の語義をまとめている**資料1**を用いているのである。以上を踏まえている選択肢は❶。なお、〈国家に貢献するための労働という一見自由からかけ離れた奉仕を自らの意志に基づいて引き受ける逆説性〉についてはこの本文で一貫して語られている内容であるが、これを理解できているとなお見通しよく解けたはずである。このように、共通テストでは、全体を射程にいれて考えることを求める設問も出題される可能性がある。

誤答について。❷は「古典ラテン語に起源をもつ「ボランティア」とドイツ語で一般的に用いられる〈Freiwilliger〉の差異を確認する」が不適切。本文では、古典ラテン語とドイツ語を対比的に捉えているのではない（「ボランティア」という語そのものに対比的な二つの意味がある、と述べているのである）。さらに「自発的労働奉仕」が「ドイツ特有」であるというのも本文の論旨とずれている。

③は「『ボランティア』の語源がかつてのヨーロッパ共通語である古典ラテン語だということを確認する」が不適切。たしかに本文では古典ラテン語に基づいた説明が行われているが、それは、古典ラテン語を起源とする「ボランティア」の方が、ドイツ語よりなじみやすいからであり、古典ラテン語が共通語であるからというわけではない。さらに「自発的労働奉仕」にみられるような制度が西欧全般に見られたなどという内容は本文には出てきていない。

④は「歴史的な意味や価値を説明しようとしている」が不適切。本文では「自発的労働奉仕」について肯定的に捉えているのではない。[6]に「……大きな意味と価値があるのだ」とあるが、これは「強制されてする行為ではない」というボランティアの一面について述べたもので、本文ではその反対に当たる負の側面についても述べているのだから、④のような説明では本文の論旨を的確に踏まえたものとは言えない。

⑤は「ボランティアの理念からは本質的にかけ離れたものであることを説明しようとしている」というのが不適切。「自発的労働奉仕」の自発的に国家に貢献するための労働に国民を向かわせる政策は一見「ボランティアの理念からは本質的にかけ離れたものである」ように思えるが、実は「ボランティア」の語源と派生的な意味を確認すると、その背景を理解することができるというのが、この部分の趣旨である。

問3　本文（第Ⅱ意味段落）の記述を通した図表の理解ができているかを問う設問。

問2同様本文と図表を適切に関連付けることが求められる設問である。

資料2は「自発的労働奉仕」の従事者の推移についての表であり、月ごとに従事者数と合計従事日数が示されている。この資料について具体的な説明が施されているのは第Ⅱ意味段落であるので、その該当箇所の説明を**〈問題文の解説〉**から再掲しておこう。

政権の座に就いたヒトラーが、ヴァイマル政府の「自発的労働奉仕」の制度を継承したとき、彼の思惑は的を射ていたと筆者は述べ、それを物語っているのは「自発的労働奉仕」従事者と合計従事日数を示した**資料2**であると説明する。なおこの表によると、各人は一ヵ月におおむね二〇日程度労働に従事している（[7]）。当初は参加資格が失業者だけに限定され、失業者対策として行われた「自発的労働奉仕」政策であったが、制度が変更され、参加資格が拡大し、失業者以外でも参加できるようになると、労働に従事する者が急増することになる。具体的には八月比で、九月は約一・五倍、一〇月は二・六倍、一一月は三倍近くに増加している。つまり、失業者でない純然たるボランティアが労働奉仕に加わったのである（[8]）。この状況をヒトラーは期待しており（だから、「『自発的労働奉仕』の制度を継承したとき、彼の思惑は的を射ていた」といえる）、この労働に従事するボランティアたちを先駆けに、自発的に困難な労働に従事する精神が国民の中に浸透していくことを確信していたのだと筆者は述べる（[9]）。

ここから、この資料に関わる内容を抽出すれば、

（あ）従事者は各々、一ヵ月に二〇日程度労働に従事した。

（い）従事者は制度変更後の（一九三二年）九月から急増している。具体的には八月比で、九月は約一・五倍、一〇月は二・六倍、一一月は三倍近くに増加している。

となろう。以上を踏まえて、**A**、**B**、**C**の空欄を埋めるものを見定めればよい。共通テストにおいては（とりわけ実用国語において顕著だが）本文に出てくる情報のすべてを利用するのではなく、設問の要求や条件に即して、必要な情報を取捨選択する形で解答を導くことが求められる可能性がある。

A　合計従事日数から従事者数を求める設問である。〈（あ）従事者は各々、一ヵ月に二〇日程度労働に従事した〉を踏まえる。一九三二年の1月の合計従事日数が200,000日だから、それを20で割るとよい。すると、従事者は10,000人付近であるととりあえず予測できる。これを基に選択肢を吟味し、④⑤の20,200よりは①～③の13,200の方が妥当だと判断することになる（〈各々二〇日〉よりは若干少なくなるが、[7]「多少の増減」の

範囲内だと判断することになる〉。

B　一一月の合計従事日数が分かっているので、Aと同様に合計従事日数〈7,000,000〉を20で割って解答〈350,000〉を導きたいところだが、こちらではそれは不適切である（選択肢にも350,000付近のものはない）。というのも、一一月の従事者数については〈（い）従事者は一九三二年九月から急増している。具体的には八月比で、九月は約一・五倍、一〇月は二・六倍、一一月は三倍近くに増加している〉という本文の内容を考慮しなければならないからだ。したがって、八月の従事者数の97,000人を三倍することで解答を導かねばならない。97,000×3＝291,000であるから、これの「近く」の数字が入ると考える。7,000,000日をその数字で割ると〈各人が二〇日〉を若干超えてしまうが、ここでも7の「各人が一ヵ月に二〇日程度」という記述の前に「多少の増減はあるものの」とあることに注意し、〈ここは「増」に当たるのだな〉と判断することになる。共通テストでは、このように複数の箇所を総合して考え判断する〈思考力・判断力〉が問われるのである。

C　従事者数から合計従事日数を求める設問である。ここはBのような事情はないので、〈（あ）従事者は各々、一ヵ月に二〇日程度労働に従事した〉を踏まえる。一〇月の従事者は253,000人であるから、それに20を掛けるとよい。すると、合計従事日数は5,060,000日付近であると予測できる。

以上を踏まえて選択肢を吟味すれば、一番妥当であるのは③であるとわかる。

問4　第Ⅲ意味段落の理解を問う設問。

共通テストでは、設問部を傍線などで示さない出題がなされる可能性があるが、このように設問部が具体的に示されない場合は、設問文をよく読んで、設問の要求を理解し、解答範囲を定めることが必要である。設問文を読めば求められているのは、「ヒトラーの率いるナチスと労働奉仕の関係について」の筆者の考えの理解であるから、それが主に書かれている箇所が第Ⅲ意味段落だと気付けるかどうかがポイント。該当箇所の説明を**〈問題文の解説〉**から再掲しておくと、

新たな祝祭日として制定された「国民的労働の日」に行った演説でヒトラーは、失業解消の公約以外に、労働と労働奉仕についての信念を熱く語った。このことから、「自発的労働奉仕」が単なる失業対策以上の意味を持っていたことが読み取れるだろうし、さらに「新生ドイツの……首相」とわざわざ傍点で強調しているのは、この「自発的労働奉仕」の精神を利用して新たな国家社会を作っていこうとするヒトラーの思惑を強調するためであることも理解できるだろう（⑩）。そもそも、（ドイツ語の）「奉仕」という語は職務なり任務なりに服務することを表わす語として一般的に用いられているが、元来は「下僕として仕えること」という意味であり（⑪）、自分を下位に置くへりくだりや謙虚さを表わす点で、私利私欲を捨て我意を殺して謙虚に自分の力を他者のために提供するボランティアの精神と親和性の高い語である（⑫）。ヒトラーはこのような精神の自発的な謙虚さをもって「全体」に貢献しようとする精神を国民全体に植え付けるために、労働奉仕を義務化しようとした。つまり、従来卑しまれてきた肉体労働にすべてのドイツ人を従事させることで、労働をめぐる優劣の意識や差別の意識を一掃し、国民を分断した階級差別を喪失させて民衆が一体となって「全体」のために生きる一つの共同体が生み出されることを目標とし、実現しようとしたのである（⑬）。ヒトラーのこの構想の下で、ボランティア労働は単なる失業対策から新しい国家社会をナチズムの理念にもとづいて創出するための重要な原動力へ転換したと筆者は結論付けている（⑭）。

以上を端的にまとめると、自分を下位に置きへりくだりや謙虚さを含んだ「奉仕」の精神と私利私欲を排し自分の力を他者のために提供するボランティアの精神は親和性が高く、その精神をナチスドイツは「自発的労働奉仕」政策を通して国民に植え付けようとし、それにより、階級差別意識を払拭させることで国内の分断を解消して国民に一体感を抱かせ、新しい全体主義的な国家社会を創出しようとしたということになる。これを適切

に踏まえているのは③である。

誤答について。

①は「階級闘争を優位に推し進め」が不適切。ナチスドイツは国民全員が国家に対して奉仕し、従属する意識を植え付けることで、階級闘争を「消滅」させようとしたのである。

②は「言語学的考察を国家統治のために利用する」が不適切。第Ⅰ意味段落の言語的考察は筆者による分析であり、ナチスが言語的考察を意識的に政策に活かしたわけではない。

④は「ヒトラーを中心としたナチスを神聖化し崇拝の対象とした」が誤り。ヒトラーが神に代わるような存在として崇拝の対象になったとはこの本文には書かれていない。

⑤は、個々の要素を見ていると誤りがないように感じてしまうかもしれないが、筆者の論の焦点は、とりわけ最終段落に注目すると「経済的な復興」にとどまらず〈国家統一に自発的な労働奉仕を利用した〉ということであり、さらに言えば、第Ⅰ意味段落から第Ⅲ意味段落に至る論の流れの中で強調されるのは、「自発的」なものであるはずの「ボランティア」が、「全体」への「従属」「奉仕」を「義務」として「強制」されるものとなる、という論点である。したがって、⑤「……救うため……一体となって生きようとする意識を人々にもたらし……解消するとともに経済的な復興をなしとげた」のように、筆者がヒトラーのナチスの政策を肯定的にのみ評価しているかのような説明は、本文の論旨（筆者の立場）を的確に説明したものとは言えず、「国家の統制に利用する」「義務化」「全国民が国家に従属する」とした③に比べて「最も適当なもの」として選ぶことはできない。

問5　本文の構成についての理解を問う設問。

〈問題文の解説〉も参照。一つ一つ選択肢を見ていこう。

①　不適切な説明。「ボランティアにまつわる政策について時系列順に説明することで、ドイツにおける社会福祉政策の変遷……をわかりやすく説明している」が不適切。本文の主たるテーマはナチスにおける自発的労働奉仕の制度化が抱えた逆説的性質であり、それを歴史的側面だけでなく、言語的側面も含めて多角的に説明しているので、テーマを「社会福祉政策の変遷と…意義」とするのは不適切だし（[7]に「ヴァイマル政府の……制度を継承」とあるだけで、その「変遷」自体を説明しようとしているのではなく、あくまでナチスの政策を取りあげて「ボランティア」のはらむ問題性を明らかにしようとしているのである）、それを歴史事項を時系列順に列挙説明することで明らかにしようとしているわけでもない。

②　適切な説明。ボランティアは常識的には自発的な活動であるにもかかわらず、国家に対する貢献・奉仕を従事すべきだとする全体主義的な価値観につながったという逆説的な性質を、第Ⅰ意味段落ではボランティアの語源に遡るという言語的観点から、第Ⅱ、第Ⅲ意味段落ではナチスがボランティアのそういった性質を国家統治に利用したという政治的観点から説明している点で、この選択肢の説明は、本文の論旨を適切に反映したものである。

③　不適切な説明。第Ⅰ意味段落はボランティアの語源に遡った言語的観点からの説明であり、第Ⅱ、第Ⅲ意味段落はナチスの「自発的労働奉仕」についての具体的な政策について述べられているが、各々の（特に第Ⅱ・第Ⅲ意味段落の）冒頭で筆者のボランティアについての一般的な考えが述べられているわけではない。また、例えば[1]末と[2]以降、[11]・[12]と[13]以降などが、〈一般論と具体的な説明〉という関係になっていると解したとしても、前の前提から「演繹的」に、すなわち〈経験的なものによらず〉純粋に論理的に〉後の結論が導き出されてくる、という関係になっているわけではない。むしろ、前者では[2]以降が[1]末を根拠づけるような説明であるし、後者は[11]・[12]で述べられたような精神をヒトラーが人々に植え付けようとした、ということを[13]以降で述べる、というつながりであって、③「演繹的な論証」ということにはならない。

④　不適切な説明。[11]・[12]に出てくる「奉仕」の語源といった言語学的な説明は、「労働奉仕」の「奉仕」についての説明だから、「一見その論旨とは関係ない」というものではないし、本文冒頭からの展開を考えても、いくつかの話題についてそれぞれを詳しく説明していく、という形になっ

ているのだから、最初の部分を「起承」とする（前置きや序論のような扱いとみなす）ような捉え方はおかしい。

⑤　不適切な説明。ナチスドイツの政策を「時代的に」（すなわち別の時代と）または「空間的に」（すなわち別の場所と）比較して、それが「普遍的でない」つまり特殊なものであると述べることに主眼のある文章ではない（むしろ、「ボランティア」という概念が本質的にはらむ両義性について述べている文章である）し、古典ラテン語を持ち出して議論しているのは、ドイツ語圏とラテン語圏を「比較」して対比的に理解しようというより、同方向のものとして理解しようとしているのである。

以上から、正解は②となる。

問6　本文の記述を実用的な場面・文脈に適用してとらえ直すことができるかを問う設問。

本文の記述を参考にしてそれを（本文外の）日常的な場面に応用して考えさせる、共通テストで出題される可能性が大いに考えられるタイプの問題である。このような実用的な読解が求められるような設問が出題された場合は、〈設定〉を丁寧に把握することが大切である。

今回は市主催の記念行事のボランティアに学年全員で参加することになった生徒たちが、そのことについて【文章】をもとに考察するという設定である。〈市主催の記念行事のボランティアに学年全員で参加する〉というところに注目しておきたい。

さらに複数のテクスト（文章や資料）を比較させることを求める出題も共通テストで出題される可能性が高い形式である。考え方としては、まずはテクストを階層化する、すなわちメインのテクストとサブのテクストを把握する。次にメインのテクストの〈テーマ〉と〈メッセージ〉〈根拠〉を把握したうえで、サブのテクストを読むときはメインのテクストの〈テーマ〉〈メッセージ〉〈根拠〉との異同を確認することが大切である。

問6について言えば、メインのテクストは生徒たちの議論の会話文であり、サブのテクストは【要項】である。生徒たちの会話文の論点をしっかりおさえた上で、必要な情報を【要項】から取り出して考えあわせる、という形になる。

会話文を読むときに注意をすべきことは、登場人物ごとに〈立場〉〈話題〉〈主張の方向性〉を把握し、それらを比較することである。

本問においては登場人物はすべて生徒なので立場に差はない。話題に関しても〈市主催の記念行事のボランティアに学年全員で参加する〉ことについてで一貫している。したがって比較検討するのは〈主張の方向性〉とその〈根拠〉である。各々の生徒の言及を見てみよう。

A：〈市主催の記念行事のボランティアに学年全員で参加する〉＝楽しみである（肯定的）

↔

B：〈市主催の記念行事のボランティアに学年全員で参加する〉＝問題がある（否定的）

［根拠］【要項】で示されているメリットは［　X　］だが、【文章】をもとに考えると、それには危うい面もある

C：〈市主催の記念行事のボランティアに学年全員で参加する〉＝問題がある（否定的）

［根拠］「8日間すべての参加を基本とします」という規定について、ボランティアは自発的なものであるはずなのに、強制になってしまう、という危惧がある

D：〈こういうこと＝市主催の記念行事のボランティアに学年全員で参加するといったことに慣れてしまう〉＝問題がある（否定的）

［根拠］【文章】によると［　Y　］危うさがある

E：〈そういう考え方＝［　Y　］のような考え方〉＝問題がある（否定的）

［根拠］［　Y　］のような考え方が浸透すると、【要項】の記載についての［　Z　］という正当な主張が、「私利私欲」だと攻撃される可能性がある

Aは〈市主催の記念行事のボランティアに学年全員で参加する〉ことについて肯定的に捉えているが、B、C、Dはそれを否定的に捉え、基本的に共通する観点をとっている（CはBの発言を「うん」と肯定的に受け入れているし、DもCの発言を「そうか」と言って同調している）。Eは主張の方向性はB、C、Dと共通しているが、「そういう考え方が浸透すると……起こりかねない」というふうに、B、C、Dの見方をさらに発展させた考えを展開しているようである。

以上を踏まえて、必要に応じて**【文章】**やサブのテクストである［**要項**］を参照しながら、空欄**X**、**Y**、**Z**を考察していこう。なお、［**要項**］を読むときには、〈全体を隈なく正確に把握する〉というより〈必要に応じて、適切な情報を取捨選択する〉という姿勢で読むことが大切である。このような読み方も実用的な文章の読解に特徴的なものである。

空欄**X**と**Y**は対で考えると見通しがよい。B、C、Dは主張も根拠も基本的には同方向であり、それは〈市主催の記念行事のボランティアに学年全員で参加することで［X］ことというメリットがあると考えられているが、ボランティアは自発的なものであるはずなのに、これだと強制になってしまう点で、［Y］という問題点がある〉というようなものである。これは**【文章】**で指摘されたボランティアの問題点（＝ボランティアは常識的には自発的な活動であるにもかかわらず、国家に貢献するために労働奉仕に従事すべきだとする全体主義的な価値観につながった）と相同的である。したがって、空欄**Y**には〈ボランティアは自発的なものであるはずなのに、これだと強制になってしまう〉〈ボランティアは常識的には自発的な活動であるにもかかわらず、国家に対する貢献・奉仕に従事すべきだとする全体主義的な価値観につながった〉と同内容となるようなものを入れればよい。また空欄**X**は、「メリットとして［X］……それには危うい面もある」とつながって、その「危うさ」が空欄**Y**に入るものなのだから、〈国家に貢献するために労働奉仕に従事すべきだとする全体主義的な価値観〉に含まれ得る〈メリット＝肯定的な側面〉に近い内容を［**要項**］から探せばよい。よって**X**には③（［**要項**］の「■岡前市成立20周年記念行事について」に書かれている内容）、**Y**には①を入れるのがよい。**【文章】**の〈国家〉がこの設定においては「岡前市」に当たるのである（〈個人と対置される「全体」である）。

Xの誤答について。①「知識や技能を、実践を通じてしっかりと身に付けることができる」、②「多様性を重んじる価値観を養うことができる」は、ともに［**要項**］に書かれてあることであるが、これらを「それには」とうけて**【文章】**で論じられていた「危うい面」（**Y**に入る①）につながるものとはならない。共通テストの〈複数の文章・資料を関連させて考える問題〉では、このように〈一方のテクストの内容および設問要求をしっかりつかみ、それにふさわしい情報を、もう一方のテクストに含まれる多くの情報の中から取り出す〉という手順で考えていくことが大切である。

Yの誤答について。②「社会に貢献する活動全体に拒絶反応を起こす」ことは**【文章】**に書かれていない内容なので不適切。③「自らの判断で行動することに不安を覚えるようにな」ることも**【文章】**に書かれていない内容なので不適切。これらは空欄**Y**の前の生徒Cの発言にある「強制になってしまっている」という表現だけから勝手に考えてしまった誤答である。空欄前後の表現と**【文章】**とを関連させて考える設問なのだから、一方のみで考えてはいけない。

空欄**Z**について。Eの発言を振り返ってみると、空欄**Y**に入る「考え方」について批判的に捉えており、それは〈そうした考え方が浸透すると、［Z］と主張することは正当であるはずなのに、「私利私欲」（**【文章】**の[12]・[13]に出てくることば）だと非難されかねないからだ〉というものであった。したがって空欄**Z**には、空欄**Y**に入った①「自分の存在は集団全体に従属し奉仕するためにある」という「考え方」からすると、「私利私欲」と批判されかねない内容を［**要項**］を踏まえて考えればよい。すると、**Z**には②を入れるのが適当だと判断することができる（［**要項**］の「■積極的に応募していただきたい方」の箇所で箇条書きになっている6番目の「資格やスキル」を持つ人が、「ボランティア」ではなく「適切な対価が支払われるべきだ」と求めることに対して、〈人間は〝集団（市）全体に従属し奉仕するためにある〟のに、個人の金銭的欲求＝「私利私欲」を優先している〉というふうに批判されるおそれがある、ということである)。

Zの誤答について。①「記念行事を単なる歴史の区切りに終わらせることなく、岡前市の振興に役立つものにすべきだ」という主張については「私利私欲」だと非難されるようなものではないので不適切。③「活動に必要な飲食費や交通費」については、【要項】を読むとすでに支給されることになっているので、改めて主張されることではないはずだから不適切である。

なお、【文章】や本問の内容は、あくまで「ボランティア」に潜む危うい一面について考察したものであって、「ボランティア」を全面的に否定するものではない。蛇足ではあるが念のため申し添えておきたい。

第2問

〈出典〉 有島武郎（ありしま　たけお）「卑怯者」の全文（初出は一九二〇年新潮社刊『現代小説選集』、『カインの末裔』（角川文庫）所収）。一部表記を改め、適宜ルビを加えた。

有島武郎は、一八七八（明治一一）年東京生まれの小説家、評論家。学習院中等科卒業後、農学者を志して北海道の札幌農学校（現北海道大学農学部）に進学、卒業。その後渡米し、ハバフォード大学大学院、ハーバード大学で歴史・経済学を学ぶ。帰国後、志賀直哉や武者小路実篤らとともに同人誌「白樺」に参加。いわゆる白樺派の中心人物の一人として活躍した。一九二三年、軽井沢の別荘で『婦人公論』記者波多野秋子と心中した。享年四五。代表作として『カインの末裔』『或る女』『生れ出づる悩み』（小説）、『惜しみなく愛は奪ふ』（評論）など。『有島武郎全集』全一五巻・別巻一巻がある。

なお、問6の文章は、志賀直哉（しが　なおや）「正義派」（初出は一九一二年「朱欒《ザンボア》」九月号、角川文庫『城の崎にて・小僧の神様』所収）の後半の一節。出題に際しやむを得ない事情により改変した箇所がある。志賀直哉は一八八三（明治一六）年宮城県生まれの小説家。学習院高等科卒、東京帝国大学中退。同人誌「白樺」を創刊、有島らとともに白樺派の中心人物として活躍し、私小説、心境小説の大家として尊敬を集めた。一九七一年没。享年八八。代表作として『清兵衛と瓢箪《ひょうたん》』『城の崎《き》にて』『和解』『小僧の神様』『暗夜行路』『灰色の月』など。『志賀直哉全集』全二二巻・補巻六巻がある。

〈問題文の解説〉

小説問題では、短編小説の全文を引く場合と、途中からの抜粋（一節）という形があり、この問題は全文のパターンを取った。後者の場合は基本的に前書きが付くので、それによって登場人物とその関係、背景・事情はしっかりと確認しておく必要がある。

小説問題では登場人物の心情・心理を問われることが多い。それは直接

〈誰々の心情（気持ち）の説明として〉という形でなく、たとえば〈このときの誰々のあり方を説明したもの〉という形であっても、選択肢の内容は心情・心理の説明を本質としている。したがって、読解に当たっては、主人公を中心に登場人物の〈心情の展開〉をしっかり押さえて読むことが必須となる。

「大学入学共通テスト」の前身である大学入試センター試験では、明治〜昭和前期の小説も多く出題された。共通テストでも一定の割合でその時期の作品が出題される可能性はあると考え、また、共通テストの特徴である〈複数テクスト〉型の出題とするために、有島・志賀という「白樺派」を代表する二人の作家の、類似点を持つ作品をあわせて考える出題とした。

この小説は、十八の形式段落から成っている（途中台詞が入る、67〜74行目、80〜90行目、91〜93行目、99〜105行目は、それぞれ第十二、十四、十五、十七段落とする）。物語の展開に沿って、Ⅰ冒頭〜第三段落、Ⅱ第四段落〜第十一段落、Ⅲ第十二段落〜第十四段落、Ⅳ第十五段落〜末尾の四つの部分に分け（解説中では段落は[1]〜[18]で示す）、以下、各部分の内容を確認、解説していくことにする。

Ⅰ〔子供たちの群れ〕

初秋の日の傾きかけた頃（[1]）、先を急ぐ自分が危うくよけているにもお構いなく、傍若無人に往来を飛びまわる子供たちのありように利己的でわがままなものを感じ、「彼」はそれを憎々しく思っている（[2]）。

目的の家近くまで来ると、自分の周囲にからみつくような子供たちの群れは消え、道の片側の一隅に二十人ほどの子供たちがいるが、彼らは静かな遊戯にふけっており、それで少し救われたような心持ちになる（[3]）。

Ⅱ〔一人の子供〕

先を急ぐ「彼」の眼に牛乳の配達車が映り、その梶棒の間から後ろ向きに箱に倚りかかっている子供の脚をちらりと見かけた（[4]）が、そのまま通り過ぎると、後ろでかけがねのはずれるような音がして振り返る（[5]）。

そのとき見た光景で「彼」は以下のことを了解する。日頃から仲間はずれにされている子供が配達車に身をもたせかけて、一人ぼっちで他の子供たちが道の向こうでおもしろそうにしているのを眺めていた。そして、ふと車から尻を浮かして立ち上がろうとしたとき、牛乳箱の前扉のかけがねがはずれ、開きかけた扉を押し戻そうと小さな手を突っ張って力んでいる。その子供は六歳くらい。着物は垢じみて折り目のない単衣で、それを薄寒そうに裾短に着た、いかにも貧しそうな様子である。その子が薄ぎたなくよごれた顔を充血させ、口を食いしばって、一生懸命に扉を押さえている。「彼」はこの様子を滑稽なものに思い、軽い好奇心にそそられて見ている（[6]）。

子供は人に救いを求めることもできず、気も心も顚倒して泣きださんばかりの顔で三十秒ほども格闘していた（[7]）。これを見て、「彼」もさすがに好奇心から同情へと心を動かし、手伝おうかと思うが、そこへ行くまでには牛乳瓶が転げ出すだろうと考え、また、そうなったとき、その子と一緒に人々に好奇な眼で見られるのではないかと慮《おもんぱか》ったりして、実行に移そうとしない。するとまもなく牛乳のガラス瓶が落ちはじめ、子供がとどめようとしたのが逆効果となってさらに扉が開いてしまい、次々と牛乳瓶がこぼれ落ちて割れ、牛乳が流れ拡がる（[8]）。

こうなると、また「彼」の心持ちは変わる。子供の孤立無援な立場を憐れむ心は消え失せて、悪魔的な痛快を感じる。それは破壊ということに対して人間が抱く奇怪な興味（一種の爽快感）であり、もっと激しく全部粉微塵になればいいと思う（[9]）。そして、実際に前扉が大きく開くに至り、牛乳瓶はけたたましい音を立てて壊れ、砕け、山盛りになって地面に散らばる（[10]）。

子供はその前にその場から逃げ出そうとして走っていたが、自分の後ろに聞こえたけたたましい音にすくみ上がって立ち停まり、配達車の手前まで戻る。ものすごい音に驚いて、道の向こう側にいた子供たちが振り向いたのを見やり、当惑し切ったように瓶の積み重なりを顧みるものの、どうしていいのか見当がつかない様子である（[11]）。

Ⅲ〔卑怯者たち〕

その子をのけ者にしていた子供たちが、子供特有の無遠慮な残酷な表情を浮かべて、その子を遠巻きに取り巻き、困っている子供をさらに追い込むように、その非を責めようと、全員で意地悪げな声を張り上げる⑫。しばらく躊躇していた子供は、もう遁れる途はないと覚悟を決めて、引きずられるように配達車のところまでやって来て、しょんぼりと泣くこともできずに突っ立っている。そのまわりにそこにいる限りの子供たちがぞろぞろ集まって来て、その子を皮肉な眼つきで責め立て、一挙一動を意地悪げに見やっている。六歳の子供にとって、これだけの過失は想像もできない大きなものであるに違いなく、到底その小さな心で背負いきれるものではない。子供は半ば無意識に手の甲を眼の所に持って行ったが、あまりに心が顛倒していて、やはり涙は出て来なかった⑬。

これを見ていた「彼」は心まで堅くなってじっと立っていたが、もう黙ってはいられない気分になり、肩から手にかけて知らず知らず力がこもるほど、強い感情がせり上がってくる。これは途方に暮れきってどうしようもない思いでいる幼い子を、いつもは仲間はずれにしておきながらこんな時ばかり声をかけ責め立てる子供たちに、震えるほど腹を立てているのである。また、そのときには隣近所から大人まで飛び出して来ていたが、事態をあきれた顔をして見ているだけで、誰一人として子供のために事件の善後策を考えてやろうともせず、むしろ、関わり合いになるのをめんどうくさがっているようである。この大人の情けない様子を見せつけられると「彼」はますます苛立ち、その現場に飛び込んでいって、そこにいる人間どもを手あたりしだいになぐりつけて、「馬鹿野郎！ 手前たちは木偶の棒だ。卑怯者だ。……こんないたずらがこの子にできるかできないか、考えてもみろ。可哀そうに。はずみから出たあやまちなんだ。俺はさっきから一伍一什をここでちゃんと見ていたんだぞ。べらぼうめ！ ……」と怒鳴り倒してやりたくなる。そんな思いに駆られつつ「彼」はいじいじしながら、もう飛び出そうかもう飛び出そうかと二の腕をふるわせながら青くなって突っ立っている⑭。

ここで確認しておくと、「彼」はことここに及んで、「可哀そう」な子供のためにいわば義憤に駆られているわけだが、「さっきから一伍一什をここでちゃんと見ていた」自分はつい先ほどまで、「子供の無援な立場を憐んでやる心もいつの間にか消え失せ」「悪魔的な痛快さ」⑨とやらを感じていたのではなかったか。しかも、さらにその前、扉を必死に押さえる子供を助けてやろうかと思った時、「あの子供と二人で皆んなの好奇的な眼でなぶられるのもありがたい役廻りではないと気づかったりして、思ったとおりを実行に移すにはまだ距離のある考えようをしていた」⑧のも「彼」ではなかったか。つまり、自分も、子供を半ば面白がって責め立てる子供たちや、関わり合いになるのをめんどうくさがっている大人たちのことを非難できた義理ではないのである。しかし、ここでは「彼」は感情の流れに任せて、自分のその独善性を顧みていない。

Ⅳ〔卑怯者〕

「彼」がもう飛び出そうかもう飛び出そうかと思いつつ突っ立っているところへ、少々乱暴そうな配達夫が人ごみに割りこんで来る⑮。すると「彼」は、子供が皆んなの視線のなぶり者にされながら、配達夫にこづきまわされる光景を想像して、こうしてはいられない気持ちになる。自分が「飛び込まなければならぬ。飛び込んでその子供のためになんとか配達夫を言いなだめなければならぬ」と思う⑯。

ところが、いよいよその場の雰囲気が緊迫してくるにつれて、「彼」はそれ以上見ていられなくなり、罪悪感を感じつつも、自分でもどうしようもなく、すたすたと逃げるように行手の道に歩きだしてしまう。それは目的の家へと急ぐのではもはやなく、その家を通り過ぎても気もつかないほどに、ただただその子供が責め立てられる現場から遠く離れたいというばかりの衝動である。それが「その子供を救い出すただ一つの手だてであるかのような気持ちがし」たのは〈子供が責め立てられることから遠ざかること〉を〈子供が責め立てられないこと〉へとすり替えようとする無意識裏の心理的詐術である。と同時に、この自分のありように無性に腹を立て続ける。「馬鹿野郎！ 卑怯者！ それは手前のことだ。手前が男なら、今から取って返すがいい。あの子供の代わりに言い開きができるのは手前一人じゃないか」。それは先ほど子供を囲む人間たちを心の中で罵倒したときの感情に似て、それよりも激しく、険しく、痛切な癇癪である。知らずになにもしない「卑怯」より、知っていてなにもしない「卑怯」の方が「卑怯」だからである⑰。

そう自分で自分をたしなめながらも、「彼」は逃げ続ける。「今ごろはあの子供の頭が大きな平手でぴしゃぴしゃはたき飛ばされているだろうと思う」につけ、「あのみじめな子供からどんどん行く手も定めず遠ざかって行」く。このときの「知らず識らず眼をつぶって歯を食いしばって苦い顔をした」という感情、さらに「泣かんばかりの気分」というのは、もはや子供が責められるのに耐えられないという心理を超えているだろう。「彼」にとって可哀そうな子供から逃げるということは、そのまま、自分の「卑怯」さから逃げることであり、逃げれば逃げるほど、それに責めさいなまれることなのである。そして、その責めさいなまれる気持ちから、さらに「行く手も定」まらずどこまでも逃げ続けるのである⑱。

以上の読解をもとに設問を考えていこう。

問6の文章については、問6の解説で改めて見てみることとする。

〈設問解説〉

問1　語句の本文中における意味を問う設問。共通テスト試行調査では、二〇一七年度には出題されなかったが、二〇一八年度には出題された。

「本文中における意味」といっても、辞書で説明されている原義をまったく離れた意味が、文脈によって生じるわけではない。あくまで、根本は原義である。それを念頭に選ぶことが肝要である。

(ア)「笑止」には〈①ばかばかしいこと。おかしいこと。また、そのさま。②気の毒に思うこと。また、そのさま。③困っていること。また、そのさま。④恥ずかしく思うこと。また、そのさま。〉などの意味があるが、現在ではほとんどの場合①の意味で用いる。ここでも①の意味の「笑止に」で、「滑稽に」の❸が正解。

(イ)「ここを先途と」は〈ここが勝敗・成否を決する大事な場合だと思って、いっしょうけんめいになるようす〉を意味する慣用句。〈ここぞとばかり頑張る。ここぞとばかり勢いづく〉といった意味で使う。正解は❷。

(ウ)「彌縫する」の「彌縫」は〈補い合わせること。欠点や失敗をとりつくろうこと。また、一時的に間にあわせること〉を意味する。「彌縫する」で「とりつくろう」の❺が正解。❷や❸は「とりつくろう」の〈うまくごまかす〉というニュアンスとは異なる。

問2　主人公の心情を読み解く設問。

傍線部に至るまでの「彼」の「子供」に対する心情の展開を確認すると、まず、かけがねのはずれた牛乳箱の前扉を一生懸命に押さえている子供の様子を滑稽なものに思い、軽い好奇心にそそられて見ている⑥。次に、子供が気も心も動転して泣きださんばかりの顔で格闘しているのを見て、さすがに手伝おうかと思うが、牛乳瓶が転げ出したとき、その子と一緒に好奇な眼で見られるのではないかと気づかったりして、実行に移そうとせずそのまま見ている。すると、とうとう次々と牛乳瓶がこぼれ落ちて割れ、牛乳が流れ拡がる⑦・⑧。

このあと傍線部の心情となるが、それは、子供の孤立無援な立場を憐れむ心が消え失せ、破壊ということに対して人間が抱く悪魔的な痛快さ、すなわち一種の爽快感を感じ、もっと激しく、ありったけの瓶が一度に地面に散らばり出て、ある限りが粉微塵になりでもすれば（いい）というものである⑨。正解はこの一連の心情の過程を端的にたどっている❶である。

以下、他の選択肢の誤りを指摘しておく。

❷＝正しくは〈好奇心をそそられていたが、困惑しているのを見て手伝いをしてやろうかとふと思ってみた〉であり、「困惑しているのを見て可哀そうに思っていたので、いざとなったら手伝おうと身構えていた」ではない。また手伝おうと思った後「まだ大丈夫だろうと高をくくっていた」わけではない。さらに「悪魔的な痛快さ」⑨は「人の思いを超えた現実というものの爽快さ」ではない。「破壊」に対する「興味」だから「悪魔的」だということである。

❸＝まず端的に「感心し見守っていた」が誤り。さらに「手伝いをしてやろうかとふと思ってみた」⑧というのは「義務」感とは違う。したがって最後に「責任が一気に解除される心地良さ」は誤読というべきである。

❹＝まず端的に「気の毒に思っていた」が誤り。さらに「嫌な現実が

吹き飛ぶような痛快さ」を感じているとする根拠は本文中になく、過剰解釈というべきである。

⑤＝「破壊ということに対して人間の抱いている奇怪な興味」⑨は「悪魔的な痛快さ」であり、「物事の決着がつく愉快」というような合理的なものではない。したがって「最後まで見届けたいという気持ち」も本文からズレている。

問3　主人公以外の登場人物の心情を読み解く設問。

牛乳瓶が落ちはじめてから傍線部に至る「子供」の様子を確認すると以下のようになる。

一旦はその場から逃げ出そうとしたが、けたたましい音にすくみ上がって、もう逃げ隠れはできないと観念し、配達車の手前まで戻ったものの、おびただしい瓶の積み重なりを前にどうしていいのか皆目見当がつかない様子である⑪。

すると、その子をのけ者にしていた子供たちが、子供特有の無遠慮な残酷な表情を浮かべて、つまり、半ば面白がって、困っている子供をさらに追い込むように、意地悪げな声で責め立ててくる⑫。しばらく躊躇していた子供は、もう遁れる途はないと覚悟を決め、引きずられるように配達車のところまでやって来て、しょんぼりと泣くこともできずに立ち尽くす。しかし、子供たちはさらに皮肉な眼つきで責め立て、一挙一動を意地悪げに見やる。六歳の子供にとって、これだけの過失は想像もできない大きなものであるに違いなく、子供は半ば無意識に手の甲を眼の所に持って行ったが、あまりに心が顛倒していて、やはり泣くことすらできない⑬。つまり、泣くという形で同情を買うすべすら失って、孤立無援のまま、ただただ事態の重大さに動転している（傍線部**B**「心の顛倒」）という状態である。この過程を端的に言い取り、「誰の助けもないまま」と「子供」の孤立無援さに言及している④が正解。

以下、他の選択肢の誤りを指摘しておく。

①＝「子供」が、自分を責め立ててくる子供たちによって感じさせられているものは、どうしていいかわからないひどい困惑と自責であり、「恐怖」ではなかろう。

②＝「もう逃げ隠れはできないと観念した」のであって、「正直に申し出れば許されると思った」のではないし、「子供」の「感情」が「凍りついて」いるのは、自分が引き起こした事態の重大さに「心」が「顛倒」しているからであって、「他の子供たちの無言のしつこい視線に責め立てられ」たからではない。その「視線」が引き起こすのは困惑と孤立と自責であろう。

③＝まず「ちょっとしたいたずらから」が誤り。「子供」は配達車にいたずらをしたわけではない。次に「子供」が他の子供たちについて「こういうときは……自分を助けてくれると信じていた」とはまったく読めない。したがって、「落胆」も、そこから来る「失望」も違う。

⑤＝③同様「ほんのいたずら心から」が誤り。次に「子供たちにひどく傷つき」や「淋しく……打ちひしがれている」というのは、ここでの「子供」の心情としては感傷的すぎる。子供たちに対しては「傷つ」くというより極度の困惑に突き落とされるというべきであり、「心の顛倒に矢張り涙は出て来なかった」という心理は「淋しく」とか「打ちひしがれ」るといった感情すらうまく流れてくれないような状態というべきである。

問4　主人公の心情の変化を読み解く設問。枝問二つ（各選択肢三つ）を組み合わせて問う形は二〇一七年度試行調査で出題されたものである。

(i)　傍線部に至るまでの「彼」の心情の展開は**〈問題文の解説〉**のⅢで整理した通りである。その部分を再録すると、

(子供が孤立無援のまま責めさいなまれているのを) 見ていた「彼」は心まで堅くなってじっと立っていたが、もう黙ってはいられない気分になり、肩から手にかけて知らず知らず力がこもるほど、強い感情がせり上がってくる。これは途方に暮れきってどうしようもない思いでいる幼い子を、いつもは仲間はずれにしておきながらこんな時ばかり声をかけ責め立てる子供たちに、震えるほど腹を立てているのである。また、そのときには隣近所から大人まで飛び出して来ていたが、事態をあきれた顔をして見ているだけで、誰一人として子供のために事件の善後策を考

えてやろうともせず、むしろ、関わり合いになるのをめんどうくさがっているようである。この大人の情けない様子を見せつけられると「彼」はますます苛立ち、その現場に飛び込んでいって、そこにいる人間どもを手あたりしだいになぐりつけて、「馬鹿野郎！　手前たちは木偶の棒だ。卑怯者だ。……こんないたずらがこの子にできるかできないか、考えてもみろ。可哀そうに。はずみから出たあやまちなんだ。俺はさっきから一伍一什をここでちゃんと見ていたんだぞ。べらぼうめ！　……」と怒鳴り倒してやりたくなる。そんな思いに駆られつつ「彼」はいじいじしながら、もう飛び出そうかもう飛び出そうかと二の腕をふるわせながら青くなって突っ立っている ⑭。

となる。傍線部に収斂する心情のポイントは〈大人がいるのにあきれ顔をしているだけで誰一人として子供のために事件の善後策を考えてやろうともせず、むしろ、関わり合いになるのをめんどうくさがっているのを情けなく思い、腹を立てている〉点であり、〈この子供が起こした過失はあくまではずみから出たものなのに、それを皆は知らないということに苛立っている〉点である。その両者を適切に言い取っている②が正解。

以下、他の選択肢の誤りを指摘しておく。

①＝「無関心を装うのに白々しさを感じ」に問題がある。大人たちは〈解決のために介入するなど〉関わり合いになるのを面倒くさがってはいるが、わざわざ事態を見に来ているのであり、「無関心を装」っているとは言えない。したがって、それに「白々しさを感じ」るということもない。

③＝まず大人たちは「あきれた顔をして」はいるがそれは「正義漢ぶって」いるということとは違う（83行目「かかわり合いになるのをめんどうくさがっている」のである）し、したがって「彼」がそれに「偽善を感じ」るということもない。

(ii) 傍線部に至るまでの「彼」の心情の展開は**〈問題文の解説〉**のⅣで整理し解説した通りである。途中をいくらか省略しつつ、その部分を再録すると、

〈「彼」が子供を擁護すべく飛び出そうかと思って突っ立っているところへ〉少々乱暴そうな配達夫が人ごみに割りこんで来る ⑮。すると「彼」は、子供が皆んなの視線のなぶり者にされながら、配達夫にこづきまわされる光景を想像して、こうしてはいられない気持ちになる。自分が「飛び込まなければならぬ。飛び込んでその子供のためになんとか配達夫を言いなだめなければならぬ」と思う ⑯。

ところが、いよいよその場の雰囲気が緊迫してくるにつれて、「彼」はそれ以上見ていられなくなり、罪悪感を感じつつも、自分でもどうしようもなく、すたすたと逃げるように行手の道に歩きだしてしまう。それは目的の家へと急ぐのではもはやなく、その家を通り過ぎても気もつかないほどに、ただただその子供が責め立てられる現場から遠く離れたいというばかりの衝動である。…この自分のありように無性に腹を立て続ける。「馬鹿野郎！　卑怯者！　それは手前のことだ。手前が男なら、今から取って返すがいい。あの子供の代わりに言い開きができるのは手前一人じゃないか…」⑰。

そう自分で自分をたしなめながらも、「彼」は逃げ続ける。「今ごろはあの子供の頭が大きな平手でぴしゃぴしゃはたき飛ばされているだろうと思う」につけ、「あのみじめな子供からどんどん行く手も定めず遠ざかって行」く。このときの「知らず識らず眼をつぶって歯を食いしばって苦い顔をした」という感情、さらに「泣かんばかりの気分」というのは、もはや子供が責められるのに耐えられないという心理を超えているだろう。「彼」にとって可哀そうな子供から逃げるということは、そのまま、自分の「卑怯」さから逃げることであり、逃げれば逃げるほど、それに責めさいなまれることなのである。そして、その責めさいなまれる気持ちから、さらに「行く手も定」まらずどこまでも逃げ続けるのである ⑱。

となる。傍線部の心情のポイントは、子供から逃げることが自分の「卑怯」さから逃げることと重なるという点であり、それゆえ、自分を「卑怯者」だと思う自責の念が募れば募るほど子供から遠ざかろうとするという点である。正解はこの心理とそこに至る心情の過程を端的に言い取った②である。

以下、他の選択肢の誤りを指摘しておく。

①＝まず「それを面倒なことに感じ始め」が誤り。「子供に代わって申

し開き」することを面倒だと感じて逃げたのではなく、場の「ものものし」さ（緊迫感）にいたたまれず逃げたのである。また「とにかく責任から逃げきってしまいたい衝動に駆られている」というのでは単に無責任であるにすぎず、先に説明したような、「彼」がここで陥っている自意識の葛藤をくみ取れていない。

③＝「その思いを振り払ってまでも」が誤り。「一番の卑怯者だという思い」を振り払うどころか、その思いにさいなまれて逃亡しているのである。「自分を責め立てるものの、その思いを振り払ってまで恐ろしい光景から目をそむけたい」では、単に子供が怒られるのを見たくないからその場を離れる、ということになってしまい、その原因は自分が真実を証言する勇気を持てなかったせいだ、という自責の念からその場を離れる、という内容とは逆になってしまう。

問5　小説における表現とその効果や意味を問う設問。「適当でないもの」を選ぶ点に注意。順に選択肢を検討していこう。

①＝主人公が三人称で語られる以上、語り手は物語の外部にいて、主人公をはじめとする他の人物や情景・風物を客観的に語っていくというのが基本的な形式である。しかし、この小説の場合、主人公を言う「彼」という人称はほとんど「私」に置き換えても不自然ではなく、それはこの小説の語りのほとんどが「彼」の気持ちに寄り添う形で展開していることを意味する。適切な説明と言える。

②＝牛乳の配達車はこの小説の「出来事の要となる事物」であり、その「色彩とそこに書かれた業者名を具体的に」描けば「物語にくっきりとしたリアリティ」がもたらされるのは当然と言える。適切な説明と言える。

③＝「吐き出された舌のように」という比喩は確かに「長々と地面にずり出した」「三段の棚」の「イメージを鮮明に想起させる」し、「吐き出された舌」というのはあかんべーのようであまりありがたいイメージではない。実際、この引き出しのずり出しは「子供」にとって「ありがたくない事態」である。適切な説明と言える。

④＝「彼」はまず「子供」を取り巻く人々の「卑怯」さに対して「馬鹿野郎！」と言い、次に自分自身の「卑怯」さに対して「馬鹿野郎！」と言う。このリフレイン（繰り返し表現）は、何がより「卑怯」であるかというこの小説のテーマを浮かび上がらせる布置であると言える。適切な説明である。

⑤＝冒頭近くの「ひた急ぎに急ぐ」は単に目的の家へと急いでいるのであり、末尾近くの「ただわけもなくがむしゃらに歩いて行く」は「子供」が責め立てられる現場から遠く離れたいという深刻な衝動によるものであって、両者はまったくの別物である。「主人公の感情が一巡して元に戻ったということを示唆するもの」であるはずがない。これが「適当でないもの」となり正解である。

問6　本文と類似した設定の小説を比較して考える設問。共通テストの大きな特徴の一つである〈複数テクスト〉型の設問である。また、会話形式も二〇一八年度試行調査の古文・漢文で出題されたもので、現代文でも出題される可能性がある形式だと思われる。

「正義派」は〈前書き〉を見ればわかるように、本文（有島武郎「卑怯者」）とやや類似した設定を持つ小説である。問6の会話中の「先生」の言葉を借りれば「『卑怯者』の『彼』は、真実を証言しなければならないと思いながら結局その場を去り、『正義派』の工夫たちは、似たような状況で実際に証言をした」ということになる（もちろん、「先生」もいうように、「事件の大きさや、一方は一人で他方は三人、といった違い」もあるから、証言をした方は立派でしなかった方はそうでない、といった単純な問題ではない）。

引用された箇所の内容をざっと見ておこう。〈前書き〉の「事故を目撃していた三人の鉄道工夫」が、「証言」を終えて「警察署」から出て来る。彼らは「何か知れぬ一種の**愉快な興奮**」を覚え、「擦れ違いの人にも『**俺たちを知らねえか！**』こんなことでも言ってやりたいような気が」している。しかし「夜の町は**常と少しも変ったところはなかった**。それが彼らには何となく**物足らない感じがした**……歩いている内に彼らはだんだんに愉快な興奮の**褪めて行く**不快を感じた」「その内にいつか彼らは昼間仕事をしていた辺へ差しかかった……そこが常と全く変らない、ただのその場所にいつか還《かえ》っていた……『あんまり空々しいじゃないか』三人は……情ないような、腹立たしいような、不平を禁じられなかった」。——冒頭「三人が警察署の門を出た時にはもう夜も九時に近かった」からわかるように、事故が起きてからかなりの時間が経過しているのだから、そのとき周辺を歩いているのはもはや**この三人が目撃者・証言者であることを知らない人**たちである。しかし、「擦れ違いの人にも『俺たちを知らねえか！』（と）……言ってやりたいような気が」している彼らにとっては、そのことが**「物足らな」く、「不平」に感じられてしまう**のである。それは、（あえて単純化した言い方をすれば）**〈英雄的行為〉をした「興奮」に駆られている彼らの心理状態と、「常と全く変らない」町の様子との〈ずれ〉から生じる主観的な認識**である（もちろんこの作品はそれを〈愚かなこと〉として描いて責めているのではあるまい。人間の心理としてありがちなこととして描き出しているのである）。「あの後はどうなったか警官に伺って見ようじゃねえか？」というのも同様の心理の現れである。そして、引用箇所の最後で彼らは「明日《あした》ッから暫《しばら》くは食いはぐれもんだぜ」と口にし、うち一人は「暗い家で自分を待っている年寄った母を想《おも》い浮《うか》べていた」。「正義」のために、仕事先である鉄道会社に逆らうような証言をしたことで、仕事を失い、暮らしていけなくなるのではないかと不安を覚えているのである（繰り返すが、だから彼らの行為は愚かなことだった、ということなのではない。人間の行為と心理のサンプルとして描き出しているのである）。

以上をもとに、選択肢を見てみよう。「先生」の発言に続いて五人の生徒がそれぞれの意見を述べている。

①は「『正義派』の工夫たちが『晴れ晴れした心持』でいることからすると……『正義』を貫いた方がいい」と述べているのが、先に見た「正義派」の中盤以降の工夫たちの心理を踏まえていない解釈（つまり、冒頭部分しか読んでいないかのような解釈）であり、「正義派」の「理解として最も適当なもの」とはいいがたい。

②は、「『監督』の不正は暴けなかった」こと自体はその通りだが、「だから、『歩いている内に』『褪めて行く』」と続けているのが誤りである。工夫たちの興奮が「褪めて行く」のは、先に見た通り〈町の様子が常と変らなかった〉からであり、「『監督』の不正」を「暴けなかった」ことがその理由なのではない。

③は、「背後から来た俥が突然叱声を残して行き過ぎる」を「工夫たちの行動」が「反感を買ってい」ることの表現だとしているのがまず誤り。先に見たように、町の人々はすでに現場を見ていた人々とは入れ替わっているのであり、この「叱声」も〈じゃまだ、どけ〉というような普通の「叱声」であって、「工夫たちの行動」に対する「反感」の表れではない。さらに、③「この『報わるべきものの報われない』状況が、『卑怯者』の『彼』が勇気を出せなかった原因でもある」も誤り。問4(ii)で見たように、「卑怯者」の「彼」が「勇気を出せなかった」のは、場の雰囲気が緊迫してきた（99行目「その場の様子がものものしくなるにつれて……」）ためである。

④は、工夫たちが「『何となく物足らない』『あんまり空々しいじゃないか』と感じてい」ることを、「『正義』に発するものであるはずの思いが、当人たちの中でも称賛や評価を求める気持ちに変わってしまう」としており、先に見た本文の内容に沿っている（実際には最初から（あるいは無意識裏に）「称賛や評価を求める気持ち」があった可能性もあるが、「『正義』に発するものであるはずの思い」という言い方はその可能性までをもカバーしている）。先に見た通り、彼らの思いは当人たちの思いと周囲の状況とのずれから生じる主観的な（心理の上での）認識によるものだから、④「『正義派』で描かれているのは、そういった人間の心理の難しさなんじゃないか」も適切。これが正解である。

⑤はまず、「卑怯者」の「手柄顔に名指されるだろう」（95行目）を④と同方向のものと解している点がおかしい。これは、「彼」とは逆の立場にいる周囲の人々の行為・心理であって、「正義派」の工夫たちのように〈英雄的行為〉についての「称賛や評価を求める気持ち」（⑤でいえば「自尊心の満足」を求める気持ち）というよりは、〈みなで寄ってたかって〝犯人〟を責め立てるのに喜びを感じる〉といった行為・心理である。さらに、⑤「『卑怯者』の『彼』が証言しなかったのも、自分も含めて人々

の中にあるそうした（＝④がいうような「称賛や評価を求める」）傾向を危ぶんだから」という理由付けは、③で見た通り「卑怯者」の内容に合わない。

会話形式の問題は、①会話の中の空欄を補充する形で選択肢を選ぶ形と、②各々の会話自体が選択肢となっておりその適否を判断する形　とがあり、また、a文章をもとに応用的思考を展開する形と、b文章の内容の理解として適切であるか誤っているかを判断する形　とがあるが、本問は②・bの形で作問している。この形の会話形式設問は〈他者が誤読している場合にそれをきちんと指摘できるかどうか〉を試すものだといえようが、aの〈応用的思考〉設問の場合でも、〈文章を的確に理解できているかどうか〉が判断の前提になることは変わりない。この点に留意して練習を重ねてほしい。

第3問

〈出典〉

『近江《おうみ》県物語《あがたものがたり》』は、江戸時代後期の狂歌師・戯作《げさく》者・国学者である石川雅望《まさもち》の小説。後期読本《よみほん》に分類される。清《しん》の李漁《りぎょ》『笠翁《りゅうおう》伝奇十種』の「巧団円」を翻案した作品。文化五（一八〇八）年刊。

〈問題文の解説〉

源　頼光《みなもとのよりみつ》の重臣であった藤原季光《ふじわらのすえみつ》の夫妻は初瀬の観音に祈って子を得たが、その子は三歳の時に亡くなってしまう。その子は埋葬されたが蘇《よみがえ》り、旅人の田楽師の坂上の猿丸に拾われる。この子が梅丸《うめまろ》である。梅丸が九歳の時、育ての親の猿丸が亡くなり、医師の安世《やすよ》に引き取られる。安世に引き取られた梅丸は、神才を発揮し、安世に気に入られて娘の薗生《そのお》の婿として迎えられることになったが、それに嫉妬した安世の甥《おい》の常人《つねんど》の策略によって、梅丸は安世の家から出奔する。その後、梅丸は盗賊にさらわれた薗生を助け出し、盗賊退治の指揮を取る実父の季光と巡り会う。梅丸は薗生と結婚し、近《おう》江掾《みのじょう》となって子孫が繁栄したというあらすじである。

問題文は、梅丸が常人の策略によって、安世のところから出奔を決意する場面である。

なお、本文には出題にあたり省略・改変した箇所がある。

〈現代語訳〉

この時から一年くらい前に、常人は、薗生に思いを寄せていたが、心根の恐ろしい女一人に頼んで、恋文を梅の枝に付けて、（薗生に）贈った。薗生は（常人からの恋文だとは）気付かなくて、開いて読んでみて、驚きあきれることだと思って、すぐに恋文をそのまま返すといって、梅の枝に結び付けて返した。

「中垣の……中垣の隔てを無視して、梅の香りはどうして私のところに

漂って来てしまったのだろうか。

嫌なことだ。」と書いた。常人の無骨な心でもこの歌の意味は理解できない

だろうか、いや、理解できるはずだ。（常人は）ちらっと見ると同時に、「それでは私を嫌っているのだろう。」と思って、その後は全く口に出すこともしなかった。

　最近、（常人は蘭生から返された和歌のことを）ふと思い出して、「よしよし。よい考えがある。」と思って、また例の心根の恐ろしい女に頼んで、「蘭生の寝室に隠してある、梅丸からの贈り物として贈った袋を、盗んできてくれ。」と言った。この女は心根が恐ろしい者で、ためらわず承諾して、蘭生が入浴している隙を窺《うかが》って、その袋を盗み出して、懐に押し込んで、ひそかに常人に渡した。常人は喜んで、中をさえ見ないで、紐の結び目をこよりで封をして強く結んで、次の日に、梅丸のところに行って言ったことは、「あなたが、近々蘭生と結婚なさることは、我等《ら》（弟子一同）の喜びで、これ以上ないことだと思われます。ただしつらいことがございますのにお知らせ申し上げませんでしたら、長年の友情を失うことが道理なので、こっそりとお知らせ申し上げるのである。その子細は、伯父である人（＝師匠の安世）が、あなたを婿と定めましたが、蘭生はどのようなつもりか、（この婚姻のことを）ひどく恨んで腹を立てまして、『夫婦の関係は、親たちのお心に任せられるものだろうか、いや、任せられない。私にも相談なさらないで、妻とお決めになることは、あまりにも配慮のないお振る舞いであるよ。たとえ父母が強くおっしゃったとしても、私は梅丸の妻になるつもりはありません。』と言って、昼も夜も泣き沈んでおりました。今朝、（蘭生が）私を呼び寄せて申しますことは、『この一品は、梅丸のほうから（婚約の）印といって贈ったものでございます。見るのも嫌でございますので、早く返したいと思うのです。確かに彼（＝梅丸）にお渡しください。』と言って、取り出して（私に）渡しました。（私は蘭生を）いろいろと説得してなだめましたが、説得することができませんでしたので、蘭生が言うとおりにあなたにお返し申し上げるのである。（今回の婚姻のことを）よくよくお考えくださいよ。」と言って、袋に自分が求愛を断られた歌を添えて取り出した。

　梅丸が手に取って見ると、覚えがある蘭生の字で、我が名の梅というのに添えて嫌悪の思いを述べている歌なので、しばらく呆然として返事さえしなかったけれども、しばらくためらって言ったことは、「この度の婚姻は、私が強く望んだことではございませんが、先生である人がそのようにお勧めになったことでございますので、恐縮して了承したものでございます。しかしながら、本人（蘭生）の気持ちに叶《かな》っていないことは、仕方がないことでございます。そのことを、先生にご説明申し上げましょう。」と言うと、常人がすり寄って、「蘭生があなたを嫌ったことをお告げになっては、彼女（＝蘭生）はひどい叱責を受けるに違いありません。それでは心苦しいことでございます。それとなく、穏便にことの収まるようにおはからいください。」と言うので、梅丸は、生まれつき温和な性格であったので、「そのことについては、お心を苦しめなさる必要はない。必ずうまくはからいましょう。」と言って、常人を帰してひそかに心に思ったことは、「蘭生が私を嫌っているのは、身分が低いことを嫌っているにちがいない。先生にこのことを申し上げたならば、我が身の恥であるのみならず、蘭生に対して気の毒だろう。そうはいっても、長々と日を過ごしたならば、結婚の日がきっと近づくにちがいない。どうすればよいだろうか。」とさまざまに思いを廻《めぐ》らせては、四、五日を過ごしたけれども、「何はともあれ私がここにいたならば、状況がきっと悪くなるに違いない。一先《ひとま》ずここを立ち退いて、様子をうかがうのがよいに違いない。」と決心して、着替えの荷物などを包みに包み、送り返してきた袋を、腰に差して、夜に紛れてさまよい出たのだった。

〈設問解説〉

問１　単語の問題。

(ア)「やは」「かは」は反語を表す。ここでは「心覚《さと》らざらんやは」と「打消＋反語」のかたちになっている。「打消＋反語」は、「…ないだろうか、いや…である」というように、強い肯定を表す。打消と反語とが組み合わされると、結論が否定なのか肯定なのか見えなくなってしまうことが多いようである。「打消＋反語」は、否定が打ち消されて、強い肯定となることを確認しておこう。「心覚らざらんやは」を丁寧に訳すと、「理解できないだろうか、いや、理解できるはずだ」となる。結論部分の「理解できるはずだ」と合致する選択肢を選べば、解答は⑤であることが分かる。

　誤答としては、④「この歌の意味が理解できただろうか」が多いだろうと思われるが、④は傍線部に打消があるのを見落としている。

(イ)「すべきやう」の「べき」は、適当で訳す。「すべきやう」を丁寧に訳すと、「するのによいこと」となる。「こそあれ」の「こそ」は強意の係助詞なので、「こそあれ」は「がある」「である」と訳す。「こそ…已然形」は命令形と間違えることが多いので注意する。「すべきやう」「こそあれ」が正しく訳してある選択肢は④である。

(ウ)「おもむく」は「勧める」という意味であるが、この単語の意味を知っている受験生は少ないだろう。ここは、「給《たま》へる」に着眼して、選択肢を絞っていく。「給へる」は、四段活用の「給ふ」の已然形に、完了の助動詞「り」の連体形が付いたもの。四段活用の「給ふ」は尊敬語なので「お…になる」と訳してある選択肢を選ぶ。「(お)…申し上げる」は謙譲語の訳となるので不正解。「お…になる」とある選択肢は、①③であるが、「師なる人のさやうに(ウ)おもむけ給へることに候へば、かしこまり了承して候ふなり」という因果関係を見ると、「おもむけ給へること」なので、「かしこまり了承」したとなっているので、ここは①「お勧めになった」がよいと分かる。「お喜びになった」ことを「かしこまり了承」するというのでは、意味の整合性がなくなってしまう。

問2 文法の問題。

「ね」という活用形を持つ助動詞は、打消「ず」と完了「ぬ」である。

aは「渡して給ひね」とあるように、ハ行四段活用「給ふ」の連用形に付いているので、完了の助動詞であることが分かる。**b**は「候はねど」とあるように、ハ行四段活用「候ふ」の未然形に付いているので、打消の助動詞であると分かる。なお、上に来る動詞が上二段や下二段活用のように未然形と連用形が同じ語形である場合は、接続で見分けることができないので、下接語や係り結びに注意して「ね」自身が已然形であるか命令形であるかで見分けるとよい。

助動詞「む(ん)」でよく使われる用法には、推量・意志・婉曲がある。推量「…だろう」・意志「…よう」は、多く「…む。」「…む+と」のかたちで用いられる。一方、婉曲は多く「…む+体言」のかたちで用いられ、「…ような」と訳す。**c**「ことわり申し候はん」、**d**「いかにせばよからん」は共に文末で用いられているので、推量か意志となる。推量・意志は訳で見分ける。**c**は梅丸が「(私が)先生にご説明申し上げましょう」と言っているので意志。**d**は「どうすればよいだろうか」と言っているので推量となる。

aが完了、**b**が打消、**c**が意志、**d**が推量となっている選択肢は、①である。

問3 内容説明の問題。

傍線部**A**の前では、「薗生いかなる所存にか、はなはだ恨み憤《ふつく》み候ひて、『夫婦の語らひは、親たちの御心にもまかすべきことかは。我にも語り給はで、妻となし給はんこと、あまりに心なき御はからひにこそ。たとひ父母のせめてのたまふとも、我は梅丸の妻とはならじ』とて、昼夜泣き沈みてこそ候ひしか」というように、薗生が今回の婚姻に対して納得していない様が常人によって語られる。梅丸を嫌って泣き崩れる薗生を「こしらへすかし」たのは、「こしらふ」「すかす」は共に「なだめる」の意であることから考えれば、常人であることは明らかである。薗生が自分自身を「なだめる」というのはおかしい。したがって、「さまざまこしらへすかして候へども」の主語を「薗生」としている①②は不正解となる。

③④⑤は「ことかなはず」から考えることができる。「ことかなはず」は「思いどおりにならない」の意。常人は嫌がる薗生を「こしらへすか」そうとしたのだから、思いどおりにならなかったということは「梅丸を厭《いと》う薗生の気持ちを変えることができなかった」ということになる。③「かえって薗生の気持ちは梅丸から離れることになってしまった」、④「梅丸を嫌う薗生の気持ちは変わることがなかった」、⑤「梅丸は身分の低さを恥じて、薗生の前から姿を消した」の中で、「ことかなはず」の内容に合致しているのは④である。なお、この常人の言葉は梅丸を陥れるための作り話であり、薗生が梅丸を嫌って泣いているというのは事実ではない。

問4　和歌の表現・内容及び内容説明の問題。

まず、蘭生の歌の本当の内容を確かめておく。蘭生の「中垣の隔ても分かで梅が香のなどここにしもにほひ来ぬらん」という歌は、「中垣」を越えて無遠慮に漂う「梅が香」を嫌ったものである。第一段落にあるように、常人は一年くらい前、蘭生に恋文を贈ったが、その恋文は梅の枝に結び付けられていた。蘭生の嫌っている「梅が香」とは、常人の恋文であり、梅丸のことではない。常人は、たまたま蘭生の歌が「梅が香」を厭うものであったことを利用して、蘭生が梅丸を嫌っているかのように思わせたのである。常人は、この歌が梅の枝に結びつけられて贈られたことを梅丸に言わなかったため、梅丸は「梅が香」が自分のことを指しているのだと誤解したのである。教師の解説にあるように、蘭生が詠んだときと、常人が梅丸に渡したときの和歌の意味の違いについて考えれば、蘭生が常人の梅の枝に結ばれた恋文を拒否するために詠んだという内容を踏まえている選択肢は②、「梅が香」を梅丸のことであると誤解させて、梅丸を騙そうとしているという内容を正しく踏まえている選択肢は⑤となる。残りの選択肢は、①は蘭生が常人に歌を渡したとき、「『梅が香』は梅丸を指しているんだ。だから『中垣の隔ても分かで』は、梅丸にいつも逢いたいという気持ちを表している」が×。③は「常人はこの歌を梅丸に渡すことで、自分と蘭生が昔付き合っていたように思わせた」が×。④は「安世は身分の低い梅丸のことを嫌っていると梅丸に思わせようとした」が×。⑥は「蘭生が本当に好きなのは常人なんだと信じ込んでしまって」が×。梅丸は、蘭生が自分を嫌っていると思ったが、常人のことが好きなのだとは考えていない。

問5　理由説明の問題。

傍線部Cを含む段落は、前半には、常人が梅丸に対して、今回のことは安世に言わない方がよいと言ったことが書かれており、後半にはその話を聞いて、梅丸がどのように考えたかということが書かれている。傍線部C「夜に隠れて惑ひ出でにけり」に至る経緯とは、この段落の内容をまとめればよい。はじめの安世に言わない方がよいという理由については、常人の「蘭生が御辺を嫌ひつる由を告げ給ひては、かれいみじき呵責《かしやく》にあひぬべし。さては心苦しく存じ候ふ」という言葉から分かる。蘭生が梅丸を嫌っているということを安世に言えば、蘭生は安世に怒られると言っているのである。次に、梅丸が出て行く理由については、問題文の最後に「とにかくに、我この所にありては、ことのさまむづかしかりぬべし。ひとまづここを立ち退《の》きて、ことのやうをもうかがふべく」とあるように、様子を見てみようと考えたのである。蘭生が結婚を嫌がっていると言うと安世に怒られる、梅丸はしばらく様子を見るために出て行こうと考えた、という二つの要素が記されている選択肢は、③の「梅丸は縁談を断ろうと考えたが、断る理由を師匠に言えば蘭生が叱責されると常人に言われて、思い悩んだ末に、しばらく様子を見ようと考えた」である。

①が誤答として多いだろうと思われるが、「男から縁談を断れば女の蘭生が恥をかく」と「自分が悪者となって姿を消すのがよい」という二つの要素は共に本文と内容が異なっている。

②は「梅丸は縁談を断ろうと考えたが、師匠の了解は得られないだろうと常人に言われて」が誤り。常人は、蘭生が梅丸を嫌っているということを安世に言えば、蘭生が安世に怒られる、と言ったのである。また、梅丸が「無理に結婚させられてしまうと不安に感じた」も不適。

④は「自らの思いを断ち切るために、蘭生の前から姿を消そうと考えた」が誤り。梅丸は様子を見るために姿を消したのである。

⑤は「縁談を断ったら、隠していた自分の出自が明らかになる」という常人の発言内容などが誤り。

第4問

〈出典〉 田能村竹田《たのむらちくでん》『山中人饒舌《さんちゅうじんじょうぜつ》』

田能村竹田（一七七七〜一八三五）は江戸時代後期の文人画家。豊後国《ぶんごのくに》岡藩（現在の大分県竹田市の周辺）に仕え、江戸・京都に遊学して絵画と儒学を学んだ。藩政改革の意見が受け入れられず、三七歳で引退し、その後は京・大阪と豊後を行き来して多くの画家・文人と交流を持った。『山中人饒舌』は漢文で著した画論集である。

なお、本文には出題に当たり省略した箇所がある。

〈問題文の解説〉

江戸時代中期の書画家・池大雅《いけのたいが》の逸話と、その作品を見ての感慨を記して、物に拘《こだわ》らない豪快な池大雅の人となりに対する共感を語った文章である。

※センター試験では日本の漢詩文の出題はまれであったが、二〇一七年度のプレテストでは日本の漢詩が出題され、日本文学史における漢詩文の位置が問われている。漢詩文が古くから日本人に受容され、多くの作品が作られたことをおぼえておこう。

〈読み方〉（漢字の振り仮名は、音はカタカナ・現代仮名遣いで、訓は平仮名・歴史的仮名遣いで示してある。）

大雅池翁《タイガチオウ》、書画《ショガ》倶《とも》に高《たか》きも、時眼《ジガン》に入《い》らず。没後《ボツゴ》に至《いた》りて声名隆起《セイメイリュウキ》し、知《し》ると知《し》らざると無く、推《お》して当時《トウジ》の第一手《ダイイッシュ》と為《な》す。夫《そ》れ山《やま》は美玉《ビギョク》を蔵《ゾウ》して草木沢《ソウモクうるほ》ひ、水《みづ》は明珠《メイシュ》を蓄《たくは》へて沙石光《サセキひか》る。実有《ジツあ》る者《もの》の掩《おほ》ふべからざるや此《かく》のごとし。豈《あ》に唯《ただ》に画《ゑ》のみならんや。池翁自《チオウみづか》ら一印《イチイン》を鐫《ほ》りて云《い》ふ、「前身《ゼンシン》は相馬《ソウバ》の九方皐《キュウホウコウ》」と。誤《あやま》りて方九皐《ホウキュウコウ》に作《つく》るも、毎幅常《マイフクつね》に用《もち》ひ、遂《つひ》に改刻《カイコク》せず。其《そ》の人胸襟洒落《ひとキョウキンシャラク》にして、物《もの》の介《カイ》する所《ところ》と為《な》らざること、亦《ま》た見《み》るべきなり。

京師《ケイシ》の稲子恵《トウシケイ》の家《いへ》に、明人《ミンひと》の便面書画《ベンメンショガ》を観《み》る。計三十余《ケイサンジュウヨ》、装《ソウ》して屏風《ビョウブ》と作《な》す。並《なら》びに名家《メイカ》の真跡《シンセキ》にして、珠玉合輝《シュギョクゴウキ》し、一堂《イチドウ》を照耀《ショウヨウ》す。最後《サイゴ》に更《さら》に一屏《イチビョウ》を出《い》だす。風竹《フウチク》を作《つく》り、竿《カン》の大《ダイ》なること尺余《シャクヨ》、葉《は》も亦《ま》た之《これ》に称《かな》ふ。廼《すなは》ち池翁《チオウ》の筆《ふで》なり。狂雲倒奔《キョウウントウホン》、怒濤横捲《ドトウオウケン》、観《み》る者爽然自失《ものソウゼンジシツ》す。蓋《けだ》し此《こ》の翁胆《オウタン》力許大《リョクキョダイ》にして、大山《タイザン》を圧《アツ》し、河海《カカイ》を呑《の》めばなり。前《さき》の観《み》る所《ところ》の便面書画《ベンメンショガ》は、悉《ことごと》く丘垤行潦《キュウテツコウロウ》にして、頓《とみ》に神彩《シンサイ》を減《ゲン》ずるを覚《おぼ》ゆ。

〈現代語訳〉

池大雅翁は、書画いずれも優れていたが、同時代の人には認められなかった。没後になって名声が高まり、書画を知っている人も知らない人も、当代の第一人者に推すようになった。そもそも山は美玉を蔵していると草木が茂り、川は珠玉を蓄えていると砂や石が輝く。実力がある者が覆い隠せないのはこの通りである。絵画だけではないのだ。池翁は自分でひとつの印を彫り、「前世は相馬の九方皐」とした。誤って「方九皐」と彫ってしまったが、書画の一幅ごとにいつもこの印を用いて、そのまま改刻しなかった。この人の、胸中がさっぱりしていて物に拘《こだわ》らず、細事を意に介さないことは、ここからも見て取れる。

京都の稲子恵の家で明人の扇面に描いた書画を見た。合わせて三十幅あまり、表装して屏風にしてあった。いずれも名手の真跡であり、珠玉が輝きを合わせたように、座敷を照らした。（稲子恵は）最後にさらに一帖の屏風を出した。風に吹かれる竹を描いて、幹の大きさは一尺あまり、葉もそれに釣り合う大きさだった。これこそ池翁の作品である。（竹の描写は）狂雲が逆巻き、怒濤が湧き起こるようで、見る者は茫然《ぼうぜん》自失した。思うにこの翁は胆力が莫大《ばくだい》で、大山を押しひしぎ、河海を飲み干すほどだからである。（これに比べれば）先程見た扇面の書画は、すべて丘や溝のような（平凡な）もので、急にそのすぐれた色彩を失ったように感じたのである。

〈設問解説〉

問1 語句の意味の設問

(ア) 「京師」は「けいし」と読み、「みやこ」の意を表す。正解は「都の」とある②である。

(イ) 「並」は漢文では動詞よりも副詞として使われることが多く、「ならびに」と読んで「みな」「一様に」の意を表す。正解は「すべて」とある④である。

問2　解釈の設問

Ⅰ　波線部には特に句形や重要語は含まれていない。このような場合には、前後の文脈を考慮して解釈を決定してゆく。波線部の直前には「書画倶高」とあって、池大雅の書と絵画がいずれも優れていたことが述べられており、波線部の直後では「至㆓没後㆒声名隆起」と、死後になってから名声が上がったことが述べられている。よって、波線部「不㆑入㆓時眼㆒」は、池大雅が優れた書画家でありながら、生前には認められなかったことを表していると考えられる。波線部の「時眼」は、当時の人々の目の意味で、その目に入らなかったというのだ。よって、「同時代の人々には注目されなかった」とある③が正解。

Ⅱ　「豈唯～哉」は「あにただに～のみならんや」と読み、「～だけではない」の意を表す慣用的表現。正解は「絵画のことだけではないのだ」とある⑤である。

※近年のセンター試験の語句の解釈の設問では、決まった意味を持つ句形や重要語だけでなく、語句の文脈における意味が問われることが多かったが、共通テストでも同様の出題が予想される。常に傍線部の前後を意識して語句の意味を考えよう。

問3　比喩の設問

まず傍線部を解釈し、前後との関係から何を喩《たと》えているのかを読み取る。傍線部は同形が繰り返される対句表現となっており、「山は美玉を蔵していると草木が茂り、川は珠玉を蓄えていると砂や石が輝く」という意味。傍線部の前後を確認すると、直後に「有㆑実者不㆑可㆑掩也如㆑此（実質ある者が覆い隠せないのはこの通りだ）」とあって、美玉や珠玉があると山や川の樹木や沙石が美しくなるように、優れた実質を持っているとそれが外に表れると述べていることがわかる。よって、「優れたものを秘めていると、それが外に表れる」とある②が正解。

①「山水を描写する」が誤り。「山」「水（川）」は比喩である。

③「事物の背後に存在する真実」が誤り。「美玉」「明珠」は内にある優れたものの喩えである。

④「自然は変わらない」が誤り。「山」「水（川）」は自然の悠久さの喩えではない。

⑤「表現しないことによって、かえって美が完成する」が誤り。「山」「水（川）」は優れたものを秘めているとそれが外に表れることを喩えている。

※近年のセンター試験においては、筆者の感慨を伝える随筆など、論説的な要素を含む文章が好んで出題された。共通テストでもこの傾向が踏襲される可能性が高い。漢文の論説的文章においては、論旨を強調するために対比や対句が作られるのが普通であり、設問もそれを意識して作られる場合が多い。常に傍線部やその前後の対比や対句に注意して読解する習慣をつけよう。

問4　白文の書き下しの設問

「為[名詞]所[動詞]」は「[名詞]の[動詞]ところとなる」と読み、「[名詞]に[動詞]される」の意を表す受身の句形。よって、「為物所介」は「物の介する所と為る」と読むことになる。この読みに従っているのは②と④である。さらに確認すると、文末を②は「見るべきなり」、④は「見《あらは》るべけんや」と読んでいる。「べけんや」は「べし」が反語化した時の読みで、文末の「也」は、まれに反語を作ることがあるが、可能性は低い。

②が正解だと考えられるが、念のためにそれぞれの解釈を確認する。動詞「介」は、「意に介する」という慣用句があるように、「（心に）留まる」の意を表す。「物の介する所と為る」とは、事物に（心に）留まられる、つまりは事物を気に掛けるということ。傍線部では「不」によって否定されるので、事物を気に掛けない・意に介さないの意となる。よって②「物の介する所と為らざること、亦た見《み》るべきなり」は、「事物を意に介さないことが、また見て取れる」と解釈することができ、池大雅が物に拘らなかったという文脈に合致する。一方④「物の介する所と為らずんば、亦た見《あらは》るべけんや」は、「事物を意に介さないならば、また現れることができるだろうか、できはしない」となって意味が通らない。よって正解は②である。

〈受身の表現〉

漢文には受身の表現が三種類ある。いずれも頻出なので注意。

①受身の助動詞「見」「被」

見レ**動詞**　動詞未然形る・らる（～される）

被レ**動詞**　動詞未然形る・らる（～される）

②前置詞「於（于・乎）」

動詞二**於名詞**一　名詞に動詞未然形る・らる（～に…される）

③慣用表現　為～所…

為二**名詞所**レ**動詞**　名詞の動詞連体形ところとなる（～に…される）

なお、これら以外に文脈から受身として読む場合がある。

問5　理由説明の設問

理由は傍線部の前後にある。まず前を確認すると、池大雅の描いた竹の絵を見たことを述べ、「狂雲倒奔、怒濤横捲《どとうわうけん》（乱れ雲が逆巻き、怒濤が湧き起こる）」と述べている。激しく力強い描写であったことがわかる。次に傍線部の後を確認すると、「蓋此翁胆力許大」とある。「許大」は「巨大」と同じ。筆者が、池大雅は極めて大胆だと述べていることがわかる。よって、「池大雅の絵画の筆さばきがあまりにも豪放で、完全に圧倒された」とある④が正解である。

①「いずれも偽物」が誤り。問題文中に「真跡（真筆）」とある。

②「池大雅でさえ、明《みん》代の画家には及ばない」が誤り。明代の絵を見た後、池大雅の絵を見て、それに圧倒されたのである。

③「さすがは名家だと感じ入った」が誤り。問題文中の「名家」は「名手」の意である。

⑤「明代の絵画の輝かしさに、目もくらむような思い」が誤り。明代の絵を見た後、池大雅の絵を見て圧倒されたのである。

問6　筆者の感慨の設問

傍線部「頓減二神彩一」とは「急にすぐれた色彩を失った」ということ。「神」はここでは「すぐれた」の意である。傍線部は文の一部なので、文全体の意味を確認すると、「先程見た扇面の書画はすべて丘や溝のようなもので、急にそのすぐれた色彩を失ったように感じた」となる。池大雅の絵画を見た後では、明代の書画が平凡で色あせて見えると述べていることがわかる。よって、「池大雅の絵画の気宇壮大さの前にあっては、明代の名画もかすんでしまう」とある②が正解だとわかる。問5で池大雅の絵画が極めて大胆なものだったことを確認したが、それを考え合わせるとより選択しやすいだろう。

①「稲子恵の絵画収集の手法はまことに大胆」が誤り。筆者が大胆だと評しているのは池大雅である。後半の「収蔵品は玉石混淆《こんこう》」も誤り。「珠玉合輝」とあるように名品ぞろいであった。

③「池大雅の絵画は明代の山水画に比べると、華やかさに欠けている」が誤り。色彩を失って見えたのは明代の絵画である。

④「池大雅の絵画さえ平凡なものに見える」が誤り。平凡なものに見えたのは明代の絵画である。

⑤「池大雅の描く山水画が表現する深い精神性」が誤り。「神彩」とは「すぐれた色彩」の意であり、池大雅の絵画の前ではそれがかすんでしまうと述べている。

問7　文学史の設問

日本における漢詩・漢文の受容史が問われている。日本人は古くから漢詩文に親しみ、奈良時代にはすでに漢詩文集『懐風藻』が編纂されている。平安時代にも勅撰の漢詩集が編まれ、鎌倉時代末期から室町時代には禅僧を中心とした五山文学が栄えた。江戸時代に入ると漢詩文の制作が一般化し、多くの優れた作品が著された。よって、⑤が正解である。

※文学史に関わる設問は従来のセンター試験では頻出ではなかったが、共通テストでは積極的に出題されることが予想される。特に日本語や日本文化と漢詩文との関わりを意識して文学史の基本を確認しておこう。

第 5 回　実戦問題　解答・解説

国　語　　第5回（200点満点）

（解答・配点）

問題番号（配点）	設問	（配点）	解答番号	正解	自己採点欄
第1問（50）	1	(2)	1	④	
		(2)	2	⑤	
		(2)	3	②	
		(2)	4	①	
		(2)	5	③	
	2	(8)	6	③	
	3	(7)	7	④	
	4	(7)	8	①	
	5	(8)	9	③	
	6	(5)	10	②	
		(5)	11	④	
	小　計				
第2問（50）	1	(3)	1	②	
		(3)	2	③	
		(3)	3	①	
	2	(7)	4	①	
	3	(8)	5	②	
	4	(各4)	6 - 7	④ - ⑤	
	5	(5)	8	③	
		(5)	9	①	
	6	(8)	10	③	
	小　計				

問題番号（配点）	設問	（配点）	解答番号	正解	自己採点欄
第3問（50）	1	(5)	1	①	
		(5)	2	⑤	
		(5)	3	②	
	2	(5)	4	②	
	3	(7)	5	①	
	4	(7)	6	②	
	5	(8)	7	④	
	6	(8)	8	②	
	小　計				
第4問（50）	1	(3)	1	③	
		(3)	2	④	
	2	(5)	3	②	
	3	(5)	4	③	
		(5)	5	①	
	4	(4)	6	④	
		(6)	7	②	
	5	(6)	8	⑤	
	6	(6)	9	④	
	7	(7)	10	④	
	小　計				
合　計					

（注）－（ハイフン）でつながれた正解は，順序を問わない。

第1問

〈出典〉内藤廣（ないとう ひろし）『形態デザイン講義』（二〇一三年王国社刊）〈3章 場所の翻訳〉の一節による。出題に際しやむを得ない事情により、省略・改変を施した箇所がある。

　内藤廣は一九五〇年生まれの建築家。早稲田大学理工学部建築学科卒、同大学院理工学研究科建設工学専攻修了。スペインや日本国内の建築設計事務所に勤務した後、一九八一年に内藤廣建築設計事務所設立。二〇〇一年より東京大学大学院で助教授、教授を務め、二〇一〇～二〇一一年には同大学副学長、二〇一一年より同大学名誉教授となる。建築作品には〈鳥羽市立海の博物館〉〈牧野富太郎記念館〉〈島根県芸術文化センター〉〈高知駅〉他多数。また『建築的思考のゆくえ』『建築のちから』『構造デザイン講義』『環境デザイン講義』など多数の著書がある。

〈問題文の解説〉

　今回の問題文は、約四五〇〇字の近現代社会論で、共通テストへの対策として、文中に図表を含む文章とした。〈前書き〉にあるように「大学の建築科の学生に対する講義を基にした文章」ではあるが（[2]の記述などはそうした学生たちに直接向けられたものである）、問題文として選んだ箇所は、近現代社会を生きるすべての人々に対する問題提起として意義をもつものだといえる。

　なお、[4]の「『どこにでもある場所』と、『どこにもいないわたし』」は、作家村上龍氏の短篇集の題名『どこにでもある場所とどこにもいないわたし』を踏まえた表現である（原著にもその旨の記述がある）が、ここでは筆者独自の意味で用いている（**問2**はその線に沿って考えるべきものである）。また、[10]の「女人禁制」などの表現は、日本の旧習についての言及であって、差別的な意図によるものでないことはいうまでもない。

　論旨の展開に沿って見ていこう。

[1]～[4]は、「スーパーフラット」という概念について。（これはもともとは、美術家村上隆氏が日本の美術・漫画・アニメ等さらには日本文化全般の特質を示す語として用い、それが他の諸分野へと波及していったものだが）本文中で筆者が挙げている論点を、繰り返し述べられていることに着目して整理すると、次のようになる。

a　「スーパーフラット」は、「ゼロ年代（注1・西暦二〇〇〇年代）の評論家たち」が、**「ネット社会や情報化社会」の特質を示すものとして用いた概念を、「建築のフィールドに当てはめ」たもの**だ（[1]・[3]・[4]）。

b　「ネット社会」の特質としては、「インターネットでつながっているとき」の「フラットな感覚」、例えば、**従来ならば「図書館の奥」に行かないと入手できなかったような情報に（ネットを通じて、誰でも同じように）「フラットにアクセスすることができる」**感覚を示すもの（[3]）。「建築」に即していえば「**モダニズム**（注2・近代主義）の発明品の一つである『**均質空間**』が無限に増殖していく」というイメージを喚起するものである（[1]）。

c　それは〈特別なもの〉がなくなるという点で「**平等**」というテーゼにつながり（[1]）、「魅力的な言葉でもある」（[3]）が、一方で「**近代社会の空恐ろしいような側面**」を思わせ（[1]）、建築に即していえば（**誰が住んでいる場所も「均質」なものにしてしまうことで**）**『どこにでもある場所』と、『どこにもいないわたし』**を加速度的に増殖させている」（[4]）ように思える。

[1]末「『1984年』のような社会」とは、注3にあるように「権力が個々人の内部に浸透し意識自体を支配する」ような社会。つまり、**空間の〈均質化〉が、人々の〈思考の均質化〉にもつながる**のではないか、という指摘だとみることができる。実際、建築家や学生たちは「自分ではオリジナリティがあると思っていても、それは自分が思い込んでいるだけで」（[2]）、実際には「流行を追うだけ」（[4]）になっている、と筆者は指摘する。[4]の「**『どこにでもある場所』**（**c1**）と、**『どこにもいないわたし』**（**c2**）」という表現は、そのような**〈均質化した空間〉**（**c1**）と**〈均質化した人間〉**（**c2**）に重なるものであり、筆者は「**これに抗うには**、どうしたって**土地の問題を論じないといけない**」（[4]）と述べる。

さて、〈空間の均質化〉に「抗う」ために「土地」が問題になるのはわかる。が、〈人間の均質化〉と「土地」がどう関連するというのか？――[5]以降の論を、こうした問題意識をもって見ていこう。

[5]～[11]は、「日本の空間」のあり方について。繰り返し述べられていることに着目すると、筆者の主張は次のように整理できる。

a 「地鎮祭」（**図1参照**）においては、**ある領域を「四本」の竹と「しめ縄で囲い」**⑥、そこで「神主さん」が**「一連の儀式」**を行うと、そこに「神さま」が呼ばれ、**「ただの場所」**だった領域が**「ものすごく強力な意味を持」ち、「場が変容する」**⑦・⑧。

b 「相撲」では、**「四本の柱」で囲まれた場所**が、土俵入りを境に「特別な場所」「神聖な場」となり⑨、「能」（**図2参照**）では**「四隅の柱」で「囲まれた場所」**が、「主役…が登場する」とともに**「神聖な場所に変わ」る**⑩。「相撲」「能」だけでなく、「数寄屋」「茶室」⑪なども含め、「地鎮祭」のもつ**「シンボリックな意味を与えることによって、場の意味を根底からひっくり返す」**という特質は、**日本の他の文化においても共通に見られる**ものであり⑪、したがって、**「地鎮祭」は「日本の空間の原点」だとみることができる**⑨。

こうした空間の捉え方は「（日本以外の）世界にありそうで、実はない」⑧とある。筆者はここで〈**空間の捉え方は、本来、地域固有のものである（＝「均質」なものではない）**〉と述べているのだ。つまり筆者は、[1]～[4]で述べられた**現代社会の〈均質化〉に「抗う」問題意識**として〈（伝統的な）**日本独特の空間の捉え方**〉への認識を促したのである。

[12]～[16]は、「ヨーロッパ」と「アジア」それぞれにおける、「空間構造」と「言語構造」の「重なり」について。対比と繰り返しに着目すると、論旨は次のように整理できる。

a ヨーロッパの都市（**図3参照**）は、中心に「カテドラル（注9・大聖堂）」があり、そこが「街のヒエラルキー〈＝階層的な序列・秩序〉として一番高い場所になっている」というように、「**ポジティブな価値が**真ん中にあって、それで領域をつくっている」⑬（**a1**）。これに対して「アジア的な空間領域」（**図4参照**）は、人間の住む領域の「周辺領域」に（「鬼が住んでいる」といった）「**ネガティブなもの**」を想定することで「自分の領域、生活領域をつくり上げる」形になっている⑭（**a2**）。

b ヨーロッパの人は、子育ての際の「こういうことを**したらいい**」といった言い方⑮、ディスカッションや交渉の際の「こう**したらどう**か」といった言い方⑯など、肯定形の（**ポジティブな**）言い方で自分の言いたいことを伝えようとする傾向がある（**b1**）。これに対し**日本人**は、子育ての際の「あれをやっては**いけません**」といった言い方⑮、ディスカッションや交渉の際の「それは**できません**」といった言い方⑯など、主として「**ネガティブ**に言うことによって」自分の言いたいことを伝えようとするような傾向がある（**b2**）。

c ヨーロッパの**空間構造**（**a1**）と**言語構造**（**b1**）は「**ポジティブ**」志向という点で**重なって**おり、日本の**空間構造**（**a2**）と**言語構造**（**b2**）は「**ネガティブ**」なものを先行させる点で**重なっている**。つまり、**「言語構造と空間構造」は「重なりあって」**いるのであり、それらは**各々の地域・社会・文化ごとに違うもの**なのである⑯。

ここでの〈言語構造〉とは（挙げられている例からわかる通り）〈思考のあり方〉でもある。つまり筆者はここで〈ヨーロッパとアジア（日本）には**それぞれ独自の空間の捉え方**があり、それは**各々の思考のあり方と重なっている**〉と述べているのである。ここに至って筆者が、現代の**〈空間の均質化＝人間の（思考の）均質化〉に「抗う」**ために「**土地**の問題を論じないといけない」と述べていた（[4]末）ことの意味が明確になる。それぞれの地域・社会・文化がもつ**独自の〈土地＝空間の捉え方〉**は、**各文化独自の〈思考のあり方＝人間のあり方〉**と〈重なる〉のだから、それを再認識することが、世界中の空間＝思考（人間）の「**均質化**」への**抵抗**となり得るはずだ、ということである。

全文の論理構造を図示しておこう。

現代社会・建築
「スーパーフラット」
空間の均質化
＝
人間（思考）の均質化
（[1]〜[4]）

地鎮祭など　ある場所にシンボリックな意味を与え、場の意味を変容させる
世界の他の地域にはない、
日本独自の空間の捉え方（[5]〜[11]）
ヨーロッパ的な空間＝言語　ポジティブ
アジア（日本）的な空間＝言語　ネガティブ
地域・文化ごとに独自の｛**空間構造**＝**言語構造**（[12]〜[16]）

〈設問解説〉

問1　漢字設問。読解の基本となる語彙力を問うもの。

(ア)「イメージがカンキされる」とあるので、〈よびおこす〉意の「喚起」。うっかり〈歓喜〉〈換気〉などと混同しないように注意。〈①交換②感知③歓迎④喚問〈＝（証人などとして）呼び出し問いただすこと〉⑤返還〉で、正解は④。

(イ)〈味方になる・力を添えて助ける〉意の「荷（加）担」。〈①探る②綻ぶ③鍛える④端⑤担う〉で、正解は⑤。

(ウ)〈しきたり・ならわし・習慣〉の意の「風習」。〈①周到②習性③修復④報酬⑤収拾〉で、正解は②。

(エ)「建てる前にセイチした段階で、その土地の…」なので、〈建築や耕作などに適するように土地をならす〉意の「整地」。カタカナだけ見て〈精緻〉〈聖地〉などと勘違いしないよう注意。〈①整然②形勢③精密④聖書⑤征服〉で、正解は①。

(オ)〈意見や方針などを表明する〉意の「宣言」。〈①繊細②沈潜③宣伝④推薦⑤洗練（煉）〉で、正解は③。

(イ)のような**訓と音との書き換え**、および(ア)(エ)のような**同音異義語の使い分け**は、漢字設問の頻出パターン。漢字練習の際に意識しておこう。

問2　傍線部の趣旨説明。[1]〜[4]の論旨を[5]以降とのつながりも踏まえて理解できているかどうかを問うねらい。

〈問題文の解説〉の項の[1]〜[4]の箇所を参照。そこに示したように、傍線部Aに至る論の趣旨は、次のようなものであった。

a　「スーパーフラット」は、「ゼロ年代」の「評論家たち」が、「**ネット社会や情報化社会**」**の特質を示すもの**として用いた概念を、「**建築のフィールドに当てはめ**」たものだ（[1]・[3]・[4]）。

b　それは例えば、**従来ならば「図書館の奥」に行かないと入手できなかったような情報に（ネットを通じて）「フラットにアクセスすることができる」**感覚（[3]）であり、「建築」に即していえば「**モダニズム**」（注2・近代主義）の発明品の一つである『**均質空間**』が無限に増殖していく」イメージを喚起するものである（[1]）。

c　それは「**近代社会の空恐ろしいような側面**」を思わせ（[1]）、「『**どこにでもある場所**』と、『**どこにもいないわたし**』を加速度的に増殖させている」（[4]）ように思える。

傍線部**A**直前「流行を追う」とは、[4]前半にあるように、建築家たちがそろって「フラットな空間」（右の**a**）を追求していること。続く「現実の問題」とは、傍線部**A**「『どこにでもある場所』と、『どこにもいないわたし』」のこと（直前「むしろ」が〈むしろ（逆に）〉という用法の語であることから、〈流行を追うだけでは、**現実の問題**を解決することはできない。むしろ（逆に）、**現実の問題**を加速度的に増殖させている〉というつながりだとわかる。「近代」においてすでに生じていた問題（右の**b**「モダニズム」**c**「近代社会の…」）が、現代においてさらに「増殖」している、ということである）。

その「問題」のうち、「『**どこにでもある場所**』…を…増殖」は[1]「『**均質空間**』が…増殖」に対応している（**c1**）。では「『**どこにもいないわたし**』を…増殖」とはどういうことか。〈空間の均質化〉と重ねて考えれば、〈「**わたし**」**の均質化**〉ということになるが、実際、[2]や[4]で建築家たちの「流

行を追う」ばかりの「オリジナリティの無さ」が指摘されている。つまり大きな方向性としては〈人間の独自性・固有性が失われる〉という趣旨だとみることができそうである。さらに、傍線部A直後で、そうした傾向に「抗うには…土地の問題を論じないといけない」とある以上、右で〈失われる〉のは〈「土地」に即した人間の独自性・固有性〉なのであろう、と解さねばならないことになる（c2）。――以上のように、4末の記述を裏返す形でとりあえず推論が可能だが、さらに読み進めれば、〈問題文の解説〉の項の5～11・12～16の項（特にそれぞれの末尾の部分）に示したように、筆者が〈本来は各地域（社会・文化）ごとに異なる独自の〝空間の捉え方〟があり、それに対応する形で各地域ごとに異なる独自の〝思考のあり方〟が存在していたのだが、それが（現代においては）失われようとしている〉と考えていることがつかめる。〈自分の思考の根拠となる固有の場所をもたない「わたし」〉＝「どこにもいないわたし」なのである。

――以上a～cに合致する③が正解。対応を確認すれば、

建築界で流行しているフラットな空間への指向は、あらゆるものがインターネット上の情報としてフラットにいつどこでも手軽にアクセス可能なものとなった現代社会のあり方に通ずるものだ（a・b）が、それは近代社会の特質である空間の均質化をいっそう推し進め（b・c1）、土地の固有性に根ざして生きる人間存在のあり方を解体していく（c2）ことにつながる、ということ。

誤答について。①はまず「ゼロ年代の評論家たちの主張」が直接「スーパーフラットと呼ばれる横に伸びていく建築を生み出した」わけではないので×だし、①「地上を離れ天へ向かおうとする垂直的指向を放棄し」も本文の論旨と無関係で、×。

②は「当初は建築用語だったスーパーフラットという言葉は、人々がインターネットで世界中とつながっている…イメージとして広く用いられるようになった」が、先のa（情報社会のイメージとしての言葉が↓建築に取り入れられた）と順序が逆で、×。また②「他のどこにもいない独自の自己という観念にとらわれた人々を増殖」も、（傍線部A「どこにもいないわたし」の解釈が）先のc2と逆方向（むしろ〈独自性を失った人々を増殖〉である）だし、これでは傍線部A直後「どうしたって土地の問題を論じないといけない」に内容上つながらない（つまり、もし傍線部Aの「どこにもいないわたし」を②のように解釈すると、筆者が直後で論理上無関係なことを言っていることになってしまう）ので、×。

④は「建築が…物理的な空間をフラットにしていくことは、現実世界を生きる生身の肉体を軽視する風潮を…」が本文の論旨と無関係で、×。

⑤は「移動や往来の効率性を高めようと…経済合理性を追うあまり都市空間からゆとりや豊かさを失わせ、テクノロジーの都合ばかりが優先される人間不在の空間を…」が本文の論旨と無関係で、×。

正解③のc2は右に見たように（少なくとも1～4の範囲では）、傍線部Aの表現と、1～4の論旨および4末の記述とを重ねることによって、〈推論〉的に解釈することが必要なものである。共通テストではこの種の〈推論〉を必要とする設問が出題される。単に選択肢の文言が〈本文に出てくるかどうか〉照合して○×する、というアプローチでは限界がある。右のような〈推論〉に慣れるとともに、他の選択肢も慎重に吟味して、〈本文の論旨に即し、かつ設問要求にこたえるもの〉として最も妥当性の高いものを選ぶ、という練習を繰り返したい。

④⑤は〈〈よく聞く話〉だが、本文の論旨とは異なる〉というタイプの誤答。〈自分の頭の中の常識で勝手に判断せず、本文の論旨に即して解答する〉ことを心がけよう。

問3　傍線部の理由説明。5～11の論旨の理解を問うねらい。

〈問題文の解説〉の項の5～11の箇所を参照。そこに示したように5～11には、左のようなことが述べられている。

a　「地鎮祭」では、「四本」の竹と「しめ縄で囲」った領域で（a1）（6）、「一連の儀式」を行うと（a2）（7・8）、「ただの場所」であった領域が（a3）「ものすごく強力な意味を持」ち、「場が変容する」（a4）（7・8）。

b　同様のことが「相撲」（9）や「能」（「四隅の柱」で「囲まれた場所」が、「主役…が登場する」ことで「異界」「神聖な場所」に変わる）（10）

でも生じる（b1）。つまり「地鎮祭」のもつ特質は、**日本の他の文化にも共通に見られる**ものであり[11]、したがって、**「地鎮祭」は「日本の空間の原点」だとみることができる**（b2）[9]。

「地鎮祭」は「日本の空間の原点」**だから**、傍線部B「地鎮祭をよく理解してから能を見ると、（空間の変容の原理が同じなので）ものすごくよく理解できる」ということである。以上に合致する④が正解。

能における異界の出現は（b1）、物理的には何の変哲もない空間において（a3）、境界を作る仕掛け（a1）と特定の人間の行為（a2）により場の意味を大きく変容させる（a4）地鎮祭のあり方を、その原点とする（b2）ものだから。

誤答について。①「能の舞台…は、地鎮祭によって**鎮められた…霊を呼び戻し、その力を借りて社会を活性化…**」は本文と無関係で、×。

②は「能の舞台は…**地鎮祭を行うことで**、場の意味を大きく変容させ」が先のb1と異なり、×。「地鎮祭」が**直接**「能の舞台」の**「意味を…変容させ」る**のではない。「能の舞台」の「意味」の「変容」は「主役…が登場する」ことにより生じるのであり、それが「地鎮祭」で「儀式」により場の意味が変容することと、〈構造的に共通する〉というだけである。

③は、「能」が「日常から非日常へ」、「地鎮祭」が「非日常…を…去らせ、日常…を回復」と、両者を**反対方向のもの**（③「対をなすもの」）ととらえているのが、先のabに反する。先のa4で見たように、「地鎮祭」も「ただの竹で囲まれた場所」を「強力な意味を持つ」場へと「変容」させる（≠日常→非日常）ものなのであり（本文[7]）、その点で**「能」と〈重なる〉ものだととらえられている**。[8]「神さまに去ってもらう…とただの場所に戻る」ところ（のみ）に筆者の論の焦点があるのではない。

⑤「能舞台…**は**…地鎮祭を原点とする日本的な空間のあり方**を**根底か**らひっくり返す**」では、〈「能」は「地鎮祭を原点とする日本的な空間のあり方」と「根底」的に**違う**〉という趣旨になってしまい、先のbに反する。[11]にあるように、「地鎮祭」も「能」も（数寄屋も茶室も）、「場の意味を根底からひっくり返す」ものである点で〈**同じ**〉なのである。

②③⑤は〈**本文に出て来る表現を用いつつ本文とは異なる内容にした誤答**〉。本文読解をおろそかにしたまま、選択肢の表現が本文に出てくるかどうか照合して…というやり方で解こうとすると、この種のひっかけ選択肢で誤答してしまいかねない。**まず対比関係や同内容の繰り返しに注意して本文の論旨を的確につかみ、次にその論旨と傍線部の表現がどのように関連しているかを考える**、という手順で解いてゆくことが必要である。

問4 傍線部に関する論旨把握。[12]～[16]の論旨の理解を問うねらい。**〈問題文の解説〉**の項の[12]～[16]の箇所を参照。そこに示したように[12]～[16]には、左のようなことが述べられている。

a ヨーロッパの都市は、「**ポジティブな価値**が真ん中にあって、それで領域をつくっている」形になっている[13]（a1）。これに対して「アジア的な空間領域」は、人間の住む領域の「周辺領域」に「**ネガティブなもの**」を想定することで「自分の領域、生活領域をつくり上げる」形になっている[14]（a2）。

b ヨーロッパの人は、「こういうことを**したらいい**」[15]、「**こうしたらどうか**」[16]など、肯定形の（**ポジティブな**）言い方で自分の言いたいことを伝えようとする傾向がある（b1）。これに対し**日本人**は、「あれをやっては**いけません**」[15]、「それは**できません**」[16]など、主として「**ネガティブに**言うことによって」自分の言いたいことを伝えようとする傾向がある（b2）。

c ヨーロッパは「**ポジティブ**」志向（a1・b1）、日本（アジア）は「**ネガティブ**」なもの先行（a2・b2）という形で、それぞれの**「言語構造と空間構造」は「重なりあって」いる**[16]。

傍線部Cは「これは言語の差ですよね」という表現であるが、設問要求は「このこと（＝言語の差）について筆者はどのように考えているか」である。本文全体においても[12]～[16]においても、筆者が中心的に論じているのは「空間」なのであるから、〈言語の差について筆者が考えていること〉は、〈それは空間の構造の差と重なっている〉ということ（先のc）だと判断したい。以上a～cに合致する①が正解である。

言語的コミュニケーションにおいて、西欧人は肯定形を中心とし（b

1）、日本人は否定形を中心とする傾向がある（b2）が、このことは、西欧の空間が中心に価値の高いものを置くことで自己の領域を構成していき（a1）、日本の空間が外部にネガティブなものを置くことで自己の領域を構成していく（a2）ことと対応している（c）。

誤答について。②は前半も先のabからズレているが、②「このことは、西欧の言語が常に主語を明確にする構造をもち、日本の言語が必ずしも主語を必要とせず主体と客体とが明確に分離しない構造をもっていることと対応」が〈よく聞く話だがこの文章では述べられていないこと〉で、×。

③はまず、「言語」の話に終始していて「空間」についての言及がない点で×。これでは（先に見たように）「このことについて筆者はどのように考えているか」という問い方に対応していない。さらに、③前半は「子どもを育てる際」という一具体例だけに限定されている（［16］の「ディスカッション」「政治的な交渉」の例まで含めてまとめ直した言い方になっていないので、そちらが無視されていることになる）点で×であり、また、「ポジティブな表現」を「**自己主張**」とし、「ネガティブな表現」を「**自己否定**」としたのも本文の論旨からズレている（例えば［15］前半の例は「自己否定」ではなく〈相手に対する〝禁止〟〉であるし、［16］前半の例は「自己否定」というよりは〈否定形によって「自己の言いたいことを…分かってよ」という〝要求〟〉である）。

④は前半も先のaからズレているが、④「西欧人が…自他の領域の区別を明確にする志向をもち、日本人が両者の境界を曖昧にし共存していこうとする志向をもつ」が、〈よく聞く話だがこの文章では述べられていないこと〉で、×。この文章では空間構成について〈「ポジティブ」志向か「ネガティブ」先行か〉という点で対比がなされている。

⑤は前半が「ディスカッションや交渉」の例のみに限定されているのが（③同様に）×であり、また⑤「実現の可能性を度外視して…実現可能性を考慮して」や「言語による思考と現実の空間における行為とを分けて考え…両者を常に重ねて考え」が本文と無関係で、×。

問5　本文全体に関わる論旨説明。全文の論旨の理解を問うねらい。**〈問題文の解説〉**の項、特にその最後の部分と解説末の図を参照。本文は［1］～［4］で現代の**〈空間の均質化〉とそれに伴う〈人間の均質化〉**（a）について述べ（問2解説も参照）、［4］末でそれに「**抗う**」（b）ために「土地の問題を論じないといけない」（c）と述べた上で、［5］～［11］で**〈世界の他の地域にはない〉日本的な空間のあり方**（d）について述べ（問3解説も参照）、［12］～［16］で〈ヨーロッパとアジア（日本）の**空間のあり方の違い**〉がそれぞれの地域の**〈言語（思考・文化）の違い〉**と**〈重なっている〉**こと（e）を述べていた（問4解説も参照）。〈均質化に抗う〉というのだから、**〈均質化〉の逆**、すなわち**〈違い〉**を**〈大切にすべきだ〉**というのが筆者の考えだということになる（f）。以上a～fに合致する③が正解。

　空間をどのように捉え意味づけるかは、そこで生きる人々の生の様相や社会の特質と密接に関わる（a・e）ことなのだから、空間の均質化が進む現代の傾向に抗い（b）、各地域や個々の場所の固有性に根ざした空間のあり方（c・d・e）を大切にすべきだ（f）。

誤答について。①は「『スーパーフラット』…それはあくまでネット上の仮想空間でしかない」が［1］～［4］の論旨に反する（「建築」における「スーパーフラット」は〈現実の空間〉である）。これに伴い①後半も本文の論旨からズレていることになる。また①は［5］以降の論旨を踏まえておらず、設問要求「文章全体を踏まえ」にも反する。

②は「空間的に自らの領域を明らかにする」が本文の論旨からズレている。「明らかにする」か否かが問題になっているのではない（問4④の解説参照）。また②「日本人が**主体的な言語使用を身につけるためには**、まず日本的な空間のあり方を**考え直さねばならない**」も〈よく聞く話だがこの本文では述べられていないこと〉で、×。これでは筆者が〈日本的な言語＝空間のあり方〉を否定的に評価していることになってしまう。筆者は〈それぞれ違っているのがよい〉といっているのであって（先のf）、日本的なものを否定しているわけではない。

④は「現代の空間のあり方が『スーパーフラット』という流行の言葉に影響されるのも**やむを得ない**」が先のbに反し、×。

⑤は「人間の精神が生み出す**観念的**なものだと考えられがちだが…**即物的**なものだと言える」という対比が本文とは無関係で、×。またそもそも、⑤「建築や都市といった物理的実体が生み出す」も本文の論旨に反し、×である。本文は「物理的実体」としての「建築や都市」自体ではなく、〈空間をどのように捉えるか〉という〈意識のあり方〉を問題にしている（例えば6～8は、〈物理的実体〉としては〈同じ〉場所が、〈意味〉の上で〈変容する〉というところに焦点を置いた論である）。

問6　表現や図表のはたらきに関する説明。(i)は二〇一八年度試行調査で出題された形式の表現設問、(ii)は共通テスト型の図表に関する設問。

(i)　表現のはたらきに関する設問。

「**適当でないもの**」を選ぶ設問であることに注意。選択肢ごとに見ていこう。

①「『流行言葉』や『なんでもかんでも平ら』といった言い方」は、対象を〈あざける〉ような〈マイナス評価〉の表現。したがって、「スーパーフラット」という「概念」について「空恐ろしいような…」と〈マイナス評価〉を下す「段落後半の記述に先だって、筆者の立場をそれとなく示唆」という説明は妥当である。①は「適当」。

②の「『なにか面白いことをやる』『確かに面白いですね』」は、後に逆接を伴ってはおらず、いわゆる〈譲歩〉の表現ではない。むしろ「確かに面白いですね。要するに間取り合戦みたいなものです」と、**じかにマイナス評価の表現につながり**、さらに「**少し辛口のこと**」と受けられてもいる。つまりこれらの「面白い」は、「その話題に関し筆者が肯定的に捉えている一面」を述べたものではない。むしろ、**言い方だけは肯定的だが、その裏に批判的な気持ちをこめている〈皮肉〉〈反語〉の表現**だとみることができる。②は「適当でないもの」つまり正解である。

③「第4段落の末尾の文」の「『**どうしたって**～論じないと**いけない**』」は、③「強く打ち出す」言い方であることは確か。そして、そこまでの「インターネット」や現代の「建築」という話題と「土地の問題」とは、関連性はあるものの「どうしたって～論じないといけない」と断言するほどの強い結びつきがあるとするのはやや意想外の展開だから、③「そこまでの論旨からすればやや唐突にも思える論点」も○。そして「土地の問題」は5以降の「地鎮祭」の話題につながるものだから、③「次の段落への導入となるはたらき」も○。③は「適当」。

④「第7段落」は、「前段落」では道具や仕掛けの説明しかなされていない「地鎮祭」について「場が変容する」という（この後繰り返し述べられる）「**中心的な論点**」について述べる箇所であり、そのことが「『何が言いたいかというと』」という**〈言いたいこと〉を示す表現**や、「『要するに』」という**〈まとめ〉の表現**で述べられているというのも無理のない説明である。④は「適当」。

表現に関する設問への対策としては〈**表現技法などについての知識を強化することはもちろんだが**〉、**個々の表現を、それだけで切り離して読むのでなく、前後で筆者が論じている趣旨との関連をおさえて（筆者は何をいうためにそのような表現をしているのか、を考えて）読む**習慣をつけたい。また、〈100％○、100％×〉と断じがたい選択肢も少なくないので、**〈より妥当性の高い（低い）もの〉という観点で選択肢を吟味する**意識をもちたい。

(ii)　図表に関する出題は共通テストの特徴の一つだが、設問形式はさまざまなタイプが想定される。本問は、センター試験で頻出した〈文中の具体的内容を抽象的表現に置き換えて〝表現のはたらき〟を問う設問〉の形をとりつつ、文中の図のはたらきを問う共通テスト型の設問を試みた。「**適当でないもの**」を選ぶ設問であることに注意。

①の「第6段落の叙述」とは「地鎮祭」の仕掛けの詳細な描写である。**図1A**と**図1B**を見比べると、**図1A**は写真や絵画のように〈見た目がわかる〉形でイラストにしたもの、**図1B**はその各部分の要素や関係がわかるようにして、〈どこに何があるか〉を解説する言葉を加えたもの。したがって、**図1A**が①「言葉だけではわかりづらい」ものを「具体的にイメージしてもらうためのもの」、**図1B**がそれを「図式化」したもの、という説明は妥当である。また①「論旨のうえでどこに焦点があるのか」は7「何が言いたいかというと」に対応し、そこで述べられる「この仕掛けという

のは……ある種明確な領域を示している……神さまを呼んだ瞬間に、囲まれた領域がものすごく強力な意味を持つ……要するに、場が変容する」が「焦点」だということになるから、「変容する領域」を点線で囲んで示している**図1B**について①「論旨のうえでどこに焦点があるのかをわかりやすくするため」とするのも妥当である。図のみ見るのでなく、本文の論旨と重ねてとらえれば、右のように〈正しい〉と判断できる選択肢である。

②「第[10]段落で取り上げた対象」とは「能舞台」であり、そこに「能舞台は平面図を描くとこうなっています（**図2**）」とある。**図2**は、**図1A**のように絵画や写真に近い描き方ではなく、**図1B**のように要素を抽出して「図式化」したものであり、また点線で囲んだ領域を「結界」とする説明は、**図1B**にも同じように見られるところだから、②「意味論的にどのようなものであるかを端的に示すために要素をしぼって図式化し、**図1B**との関連が理解できるように説明を加えたもの」は妥当な説明である。

――①で見たように地鎮祭においては「場が変容する」のだが、これが[10]「場の意味が日常から非日常へと変容」するとある能舞台の特徴と重なる。これが**図1B**と**図2**との「関連」である。

③「第[12]段落から第[14]段落で対比的に取り上げた事象について」は、[12]「一つはヨーロッパ的な空間領域のつくり方（**図3**）。もう一つはヨーロッパ的ではない、アジアの空間領域と言ってもいいかも知れない空間の作り方（**図4**）」に対応する説明。したがって③「**図3**と**図4**とは一組」も○。**図3**は[13]「ポジティブな価値（**図3**の「⊕」）が真ん中にあって……」を示し、**図4**は[14]「ネガティブなもの（**図4**の「⊖」）を周りに置くことによって……」を示しているから、③「図式化して示すことで、本文の論旨の理解を助けようとしたもの」も○。

④「**図4**は**図2**と同様の記号や線を用い」は、どちらにも「⊖」や点線が用いられていることから誤りとはいえないが、だからといって④「両者が同種の空間」といえるかどうかは疑問である。②で見たように**図2**は「場の意味が日常から非日常へと変容」する能舞台を示したものであり、③で見たように**図4**は「ネガティブなものを周りに置くことによって、自分の領域、生活領域をつくり上げる」「アジア的な空間領域」であって、「能舞台」のように「変容」する場では必ずしもない。さらに④「**図3**の事象を肯定的にとらえ**図4**の事象を否定的に評価する」では、筆者がそれぞれの空間を「肯定的」「否定的」に「評価」していることになってしまい、明らかな誤読である。本文は、〈中心にプラスのものを置く〉〈周囲にマイナスのものを置く〉というそれぞれの空間そのものの特徴について述べているだけであって、筆者がそれぞれを〈よい空間だ〉〈悪い空間だ〉などと「評価」しているのではない。④が「適当でないもの」つまり正解である。

図表に関する設問は右のように、**図表と本文の論旨がどのように対応するかをおさえ、相互に関連させながら考えていく**ことが大切である。

第2問

〈出典〉 長谷川四郎「脱走兵」(講談社文芸文庫『鶴』所収)の〈2〉の一節。出題の都合により改変した箇所がある。

長谷川四郎《はせがわしろう》は小説家。一九〇九(明治四二)年函館生まれ。法政大学独文科卒。満州国協和会に勤務中の一九四四(昭和一九)年に召集され、中国戦線でソ連軍の捕虜となり、終戦後の一九五〇(昭和二五)年に日本に復員。その間の経験を生かした小説を次々と発表し、それらを集めた『シベリヤ物語』『鶴』の二作品集で注目される。その後も小説・詩・戯曲などさまざまな分野で活躍し、また多くの翻訳をも残した。それらは『長谷川四郎全集』全一六巻に集められている。一九八七(昭和六二)年没。主な作品に、先の二作品集の他、『無名氏の手記』『模範兵隊小説集』『ボートの三人』など。

「脱走兵」は、『近代文学』一九五二年十一月号、一九五三年一月号～四月号に掲載され、後に短篇集『鶴』(一九五三年八月刊)に収録された短篇小説である。

なお、問6の詩は、長谷川四郎「逃亡兵の歌」(一九六九年、長谷川作の「兵隊芝居」上演の際のパンフレット掲載、『長谷川四郎全集第十三巻』所収)の全文。

〈問題文の解説〉

小説問題では、**各部分を断片的に眺めるのではなく、小説全体の構成・展開の中に位置づけて読み、それに即して設問を考える**ことが求められている。今回の問題文でも、場面や心情の変化を意識し、問題文全体の展開をつかみながら読んでゆこう。

●第一の場面●

〔前書き〕西田一等兵(「彼」)
兵営が攻撃され**部隊がちりぢりに** → 一人野山を放浪 → 畑の見える場所に

〔本文冒頭〕ぼくはあそこで働かしてもらおう＝**百姓になろう**
貧弱な小屋　入ろうとして、自分が完全武装していることに気づいた
兵士としてではなく、猟師のように身につけているつもりだったが
銃剣を携えて家の中へ入ってゆくことは、なんとしても気がひけた
→ **みずから武装を解除し、**兵隊服姿で家の中へ

「彼」は、農民たちと一緒に働こうと思い、自分の武装について「兵士としてではなく……猟師のように」つまり〈敵を攻撃するためではなく、鳥や獣を捕らえ、かつ自分の身を守るためのものだ〉とし、さらに〈これから一緒に働かせてもらおうと思っている人々の前に、銃剣を携えた兵士として姿を現すのはどうしても気がひける(＝すべきことではない気がする)〉という気持ちから、自ら武装を解除して家に入る。ここでは、とにかく**兵士であることから脱したい**と考えている「彼」の気持ちをつかんでおきたい(**ポイント1**)。

●第二の場面●

室内には苦力(農業労働者)たち　暗い惨めな気配　**恐怖・敵意**
→ ここで働かしてもらおうという計画は不可能だと知った
代価(時計)を渡して、飯を食わせてもらい、道を続けなくては…

室内に入ってみると、人々は〈銃剣を帯びていないとはいえ、兵隊服姿の〉「彼」に対して、恐怖と敵意の視線を浴びせて来た。「彼」はこの時点で〈ここで働かせてもらう〉ことは無理だと考え、しかし〈銃剣を取って来て脅しにかかるのではなく〉**「時計」という代価と引き換えに**食事をさせても

らおうと考える。つまり「彼」は〈苦力たちに理解してもらえないにせよ〉あくまで**〈対等な人間〉として彼らに向かい合う態度をとろうとしている**（**ポイント2**）。――この時点では「彼」は、苦力たちの「敵意」を、日本兵である自分が入って来たことにより生じたものだ、と考えている。しかし、次の場面で、実は別の原因があることが明らかになる。

●第三の場面●

既に一人の日本兵（「兵長」）が何かをむさぼり食っている

（一等兵だな）　←

彼は**自分が軍隊に引きもどされ**
一等兵に還元されるのを感じた

（そうです）と言い
それがまるで**別人の声のように**
ひびくのを聞いた
彼は**反抗心**の起きて来るのを感じ
兵長の方を見向きもせず
少年に礼を言って食べ始めた

兵長は**銃剣をつきつけて苦力たち**
から**飯を横取りした**のだろう
今や**彼自身も**その銃剣のおかげで
飯にありついている気がした

大急ぎで飯を食ってしまうと
時計を取り出して少年に与え
逃げるように先に立って家を出た

苦力たちの恐怖と敵意は、これより前に小屋に押し入り、銃剣をつきつけて食事を奪った「兵長」の行為によるものだった。その恐怖と敵意が、同じ日本兵である「彼」にも向けられたのだ（**ポイント3**）。

この事態に、「彼」は相反する二つの思いを抱く。――まず、「兵長」に「一等兵だな」と呼びかけられた瞬間、「彼」は（前の場面での〈兵士ではなくなった自分〉から）**「軍隊に引きもどされ、一等兵に還元され」**たと感じる。この心理は後の「彼自身もその銃剣のおかげで、こうやって飯にありついているような気がした」と重なり、**結局自分も、銃剣を突きつけて食事を奪った「兵長」と同じ日本兵として、苦力たちから敵意を向けられる存在なのだ**、という自己認識に至ることになる（実際、これ以降しばらく、「彼」の行動や心理は「西田一等兵」という呼び名で描かれることになる）（**ポイント4**）。――しかし一方で、**「彼」自身の中には、そのことを否定したい気持ちがある。**それは「一等兵」としての返事が、自分の声でありながら「別人の声のように」聞こえている点、「兵長」に対して「反抗心」を感じ、「見向きもせず」「ぶっきらぼうに答え」るといった態度をとっている点、「少年」に対しきちんと礼を言い、食事の代価として時計を渡している点などに現れている。つまり、「彼」は、苦力たちの見方は変えられないにせよ、**自分自身はあくまで「兵長」のようにふるまいたくない、「兵士」でありたくない**という気持ちを持っている（**ポイント5**）。

●第四の場面●

西田一等兵　逃げるように**先に立って**家を出、再武装して歩き出した

兵長「ジャライノールにはもう敵が入っているぞ」　←

彼は敵に対しなんらの敵意も感じていなかったが、敵は彼に対し
いきなり発砲するかもしれなかった

一瞬躊躇したのち、兵長と一緒に、草原を越えて歩いていった

岡の上から、平野に一群の人々（＝**友軍**）が屯ろしているのが見えた　←

「西田一等兵」は、最初は「兵長」と離れて一人で歩き出すが、〈そちらには敵がいる〉と言われ、結局は「兵長」と一緒の道をとる。ここでも「西田一等兵」自身は「敵に対しなんらの敵意も感じていなかった」**すなわち「兵士」としての意識を持っていない。**ただ、自分がそう思っていても、相手に伝わるかどうかはわからない、敵に出会えばいきなり撃たれるかもしれない、と考え、「敵」のいる街に向かう道を避けて「兵長」と行動をともにするのである。

そして、二人は岡の頂上から平野にたむろしている一群の人々を見る。どうやら「友軍」の人々である。

●第五の場面●

南の方　**友軍**の人々らしい一群
北の方　**敵か味方か不明**のトラック
←　　　　　　　　　　　　←
兵長「敵のトラックだ」　「彼」味方の軍隊に入ることも
←　　　　　　　　　　　　敵につかまることをも恐れた
もう一つの斑点　　　　　　しかし
(＝友軍）の方へ　　　　どちらにも発見されずに
くだっていった　　　　　逃げおおせることは不可能
つまずいてのめりそう　　　←
浮き足立って　　　　　　　裏か表かの賭　**兵長と反対の方向**
　　　　　　　　　　　　　(＝トラックの方）へ走り出した

「兵長」は、かなたに見えるトラックを敵のものだと断定し、ひどくうろたえた足取りで、友軍との合流を目指して岡を下ってゆく。――彼は、武器をつきつけて食事を奪った上、それを当然のごとく「自分のもの」のように言い（＝波線部ⓐ）、また自ら武装を解いた「彼」の行動を理解できないものとみて（＝波線部ⓑ「胡散くさそうに」）、自身は食事の間すら銃剣を身から離さず、「貴様はどこの部隊か」「一等兵だな」と、所属や階級を通して人を見ようとする（〈第三の場面〉冒頭）。つまり「兵長」は、「彼」とは対照的に**何の疑いもなく「兵隊」として行動し続けている人間**である。そのくせ、銃剣を「武士の魂」と考える程度の〈兵士としての誇り〉もなく（＝波線部ⓑ）、いざ歩き出せば足取りは頼りないもので（＝波線部ⓒ）、「敵」を見かけるとひどく「浮き足立って（＝恐れや不安で逃げ腰になるさま）」友軍の方へ走ってゆく（波線部ⓓ）。つまり「兵長」は、**実際には臆病で卑小な人間でありながら、「軍」という威力で自分を守っているような人間**であり（**ポイント6**）、だからこそ「友軍」への合流を急ぐのである。

これに対し、「西田一等兵」は、友軍との合流ではなく、トラックの方へ向かうことを選ぶ。「彼」の思考の道筋は以下の通りである。――まず、「味方の軍隊に入ることを恐れると同時に、敵につかまることをも彼は恐れ」、しかしながら「どちらにも発見されずに、うまく逃げおおせることは、もはや不可能」だ、と考える。つまり**〈味方の軍に戻る／敵につかまる〉の二つの可能性しかないと考えた上で、「賭」をしようと**「兵長とは反対の方向」すなわち「トラック」の方へと走り出す。

兵長と一緒にゆく↓〈味方の軍に戻る〉100％
敵味方不明のトラックの方へゆく
↓〈味方の軍に戻る〉〈敵につかまる〉各50％

という状況の中で後者を選ぶのだから、「彼」は、**〈味方の軍に戻る〉ことよりも、〈敵につかまる〉可能性がある選択肢を選んだ**、ということになる（つまりこの「賭」は、「敵」が表、「味方」が「裏」である）。――さらにいえば、傍線部Bの少し後に「敵は彼に対しいきなり発砲するかもしれなかった」とあるから、「敵」のトラックだったとしても、生きたままつかまるのではなく、いきなり射殺される可能性がある、と「彼」は考えていることになる。それでも〈味方の軍に戻るよりはましだ〉と考えているのだから、**「彼」の〈味方の軍隊に戻りたくない〉気持ちがいかに強いものであるか**がわかるだろう（**ポイント7**）。

以上、「兵長」の姿に象徴される**「軍隊」のあり方と、それを忌避しそこから離れたいと考える「彼」の思い**を軸に、左のような展開をつかんだ上で、各設問を考えてゆこう。

兵士であることをやめ、農家で働こうと思う（↓問2）
←
銃剣の力で食事を奪われた苦力たちの敵意の中で、
「軍隊」そのもののような「兵長」の姿を不快に思いつつ
結局は自分も同じような存在なのか、と考える（↓問3）
←
友軍に合流せず、敵につかまり軍から脱する可能性を選ぶ（↓問4）

〈設問解説〉

問1　語句の意味を問う設問。共通テスト試行調査では、二〇一七年度には出題されなかったが、二〇一八年度には出題された形式である。

設問文のいう「本文中における意味」すなわち前後の内容に適するものを選ぶのは当然だが、注意すべきは、**〈(この語句にもともとそんな意味はないが) ここにあてはめると一応通じる〉だけのものも正解にはならない**、ということ。あくまで**〈本来の語意の中で**その場にふさわしいもの〉を選ぶのである。ただしこの設問では、**比喩表現の説明や〈語意設問としては易しすぎる語句について、本文中での具体的内容の説明を問う〉タイプの設問**が出題される場合もあり、その際には**通常の読解設問**として解答することになる。今回は全て語意通りのタイプとした。

(ア)

〈気がひける〉とは〈気おくれする・引け目を感じる〉意で、ここでは〈銃剣を携えたまま家に入るのは、何としても〉やってはいけないことのように感じられた〉といった気持ちを表している。最も近いのは②。①は〈さっぱりした気分になれなかった〉、③は〈不愉快な気分にはならなかった〉、④は〈好みに合わなかった〉、⑤は〈気がかりにはならなかった〉意で、いずれも〈気がひける〉の語意とは食い違う。

(イ)

〈ぶっきらぼう〉は〈態度や口調などにあいそがない〉意。正解は③。他はどれも語意として×。④や⑤は〈あてはめて意味が通じる〉かもしれないが、〈ぶっきらぼう〉の語意に当たらない（別の言い方をすれば、このときの「彼」の中に〈いまいましい〉〈あきれた〉という**思い**を読んだとしても、〈ぶっきらぼう〉は本来〈あいそのない**態度**〉を表現することばであり、その語意の説明としては不適切、ということである）。

(ウ)

〈おおせる〉は〈…し終える・なしとげる〉意。〈逃げおおせる〉で〈完全に逃げ切る〉といった意味になる。正解は①。②「ふりをする」、③「間をぬって」、④「こっそりと」、⑤「隠れる」、いずれも語意として×。

問2　傍線部にかかわる状況・心理の説明設問。第一の場面での「彼」の考え・心理について問うねらい。

〈問題文の解説〉の **ポイント1・2** 参照。まず、設問文が〈傍線部Aの「瞬間」だけではなく〉「この場面」全体での「彼」の「心理」を問うていることに注意。「彼」が小屋に入ろうとしたのは、**「あそこで働かしてもらおう**（問題文冒頭）」と思ったから。それはなぜかといえば、傍線部A直後**「兵士としてではなく」**をはじめ、全文の内容からわかる通り、**〈軍隊から離れたい〉**気持ちを持っていたから。小屋に入ろうとして「立ち止まった」のは、直後**「自分が完全武装していることに気づいた」**から。なぜそれが気になるのかといえば、その後にあるように〈これから一緒に働く仲間の前に〉**銃剣を身に帯びたまま姿を現すのは「なんとしても気がひけた」**から。正解は①。「人間同士として」は、**ポイント2・5** などで見た「彼」の態度から読み取れる内容である。

誤答について。②は「何よりも大事なのは食料を手に入れること」が×。単に「食料」のためではなく、〈一緒に働かせてもらおう〉と思っているのである。したがって「穏やかに頼んだ方が得策」も×。損得の問題ではなく、〈仲間として受け入れてもらいたい〉思いからの行動である。

③は「兵士ではなく猟師のように**見える**」が逆。自分としては〈兵士ではなく猟師のような**つもり**〉だが、相手からは〈**兵士の武装に見えてしまう**〉だろうと思っているのである。また「逆効果になる」なども、②同様損得を計算したふるまいとみる解釈で、×。

④は「いずれ軍隊に戻るとしても」が×。「彼」は基本的に〈軍隊から離れたい〉気持ちでいるはず。また「印象をよくしておくに越したことはない」なども、やはり損得を計算している方向で、×。

⑤はまず〈一緒に働かせてもらいたい〉気持ちの指摘がなく、正解として必要な要素が不足。また（後文の「兵長」の「銃剣」が人々に与えた感情を考えればわかる通り）、「礼を失する」といった〈**礼儀**〉の問題ではなく、〈相手に**恐怖**を与えるのを避けたい〉ということである。

⑤は一見すると〈キズ〉がないように見えるが、落ち着いて考えれば〈そんな話じゃないだろう〉とわかる――明らかに〈**焦点がズレている**〉もの。選択肢を吟味する際、〈**キズを見つけて消去するだけでなく**、〈**重要なポイント・中心点をおさえているものを正解とする**〉という肝心な視点を忘れないように。この視点がないと、一見〈キズ〉がなさそうな

選択肢が二本残ったとき、正解を選ぶことができなくなってしまう。

問3　傍線部の心理を説明する設問。問題文中盤の展開の中での「彼」の心理の理解を問う設問。

〈問題文の解説〉の**ポイント1**から**ポイント4**までの展開を参照。問題文冒頭で**〈兵士であることから離れ**、農民たちと働こうとした〉「彼」は、小屋で苦力たちの**「恐怖」「敵意」**を感じ、その原因が**「銃剣をつきつけてこの家に入り込んで来て、食事中の苦力たちからその飯を横取りした」**「兵長」の行為にあったのを知り、そして「彼自身もその銃剣のおかげで…飯にありついているような気がした」すなわち**結局は自分も兵長と同じような存在なのだ**と感じるに至る――以上の展開に合致する②が正解。〈兵士であることから離れたいのに、結局それはかなわなかった〉のだから、②「やりきれない思い」になるのも自然である。

誤答について。①は〈銃剣で兵長をやっつけたいのに、それができずに残念だ〉といった話になっており、〈兵士であることから離れたいのに、それはかなわなかった〉という方向性から明らかにズレている。

③「軍の威信のおかげ」「兵士としての誇りを取り戻し」は、全く逆方向。

④は、「兵長」に「**卑屈**な態度をとっている」が×。「兵長の方を**見向きもせず**」「**ぶっきらぼうに答え**」など、「彼」の態度は「卑屈」ではない。

⑤は、「早まって武装を解いてしまい」もおかしいが、「兵長のおかげで食事にありつくことができて安心」と、肯定的な気持ちとしてとらえた点が明らかに×。また⑤「『武士の魂』…戒めを改めて心に刻んでいる」も、〈軍隊の教え〉を「彼」が重んじていることになり、逆方向。傍線部(イ)直後「貴様、武士の魂を…と言うような説教を…期待した」は、そういった〈お決まりの文句〉が持ち出されるだろう、と皮肉に考えているところであって、「彼」自身が本気でそれを「期待」していた、ということではない。

問4　傍線部の心理を説明する設問。問題文後半の展開の中での「彼」の心理の理解を問う設問で、「適当でないもの」を選ぶ（妥当な選択肢が複数ある）形をとることで、多角的に考える力を問い、共通テスト型の設問とした。

〈問題文の解説〉の**ポイント7**も参照しつつ、選択肢を見ていこう。まず、傍線部Cの前の「味方の軍隊…と同時に、敵につかまることをも彼は恐れた…しかし、このどちらにも発見されずに、うまく逃げおおせることは、もはや不可能」から、①は「適当」。

次に、〈味方に出会う／敵に出会う〉の二つの可能性しかない中で、**友軍の方へ**向かった「兵長」とは**「反対の方向へ」**、つまり**「敵」である可能性があるトラックの方へ向かった**のだから、②「友軍に合流するくらいなら、敵に出会って捕虜にされる方がましだ」も「適当」。

さらに、②「敵に出会って**捕虜にされる方がましだ**」と思っているのは、問題文全体で描かれていたように**「兵士」であることから脱したい気持ち**によると推察できるので、⑥**「軍隊の一員である状態から解放される可能性に賭けたい」**も「適当」（これが「賭」の「表」である）。「生きのびられるかどうかは不確かだが」は、傍線部Bの少し後の「敵は彼に対しいきなり発砲するかもしれなかった」に一致する。

そしてその箇所には、「彼」が**いったん「兵長」と別の道をとろうとして**、「ジャライノールにはもう敵が入っているぞ」と言われ、「敵という言葉を聞いて…**躊躇したのち**…兵長と一緒に」歩き出した、とある。傍線部Cは、このとき「躊躇した」兵長との決別を改めて実行したものだ、と解釈できるので、③も「適当」。

④「兵長の判断」とは、〈あれは敵のトラックだ〉というもの。それが「信用できず…その逆を行った方が…」とは、「彼」が〈あれは**敵のトラックではなく味方のトラックだから、そちらに行った方がよい**〉と考えていることになる。そうではなく、「彼」は〈敵のトラックである可能性があるからこそ、そちらに行った方がよい〉と考えているのである。④は「適当でないもの」すなわち正解。

⑤は、「軍に戻れるかもしれない」という期待を「彼」が抱いているとみている点で、本文の方向性と根本的に異なる。「彼」が期待している（「賭」の「表」だと考えている）のは、「敵」に出会って捕虜となり、〈兵士でなくなる〉ことである。⑤も「適当でないもの」すなわち正解である。

小説全体の展開をきちんとおさえず、常識的な考えで判断してしまうと、②「敵に出会って捕虜にされる」ことを望むはずがない、⑤「脱走の罪」に問われずに「軍に戻」ることを望んでいるのだろう、などと考えて誤答してしまう。小説問題が求めているのは、**自分自身の感覚や常識的な考えとは異なる〈他者〉の心中を、あくまで文章表現に即して、〈この人はこう感じているのだな〉と思いやってゆく**ことなのだ。このことを意識して、読解の練習を重ねてゆこう。

問5　表現についての設問。

(i)　「( )」を用いた表現は17ページから19ページの間に六箇所見られる。「これらについての説明」を一つ選ぶのだから、この六箇所すべてに当てはまる説明でなければ正解にはならない。

①「中国語」の「日本語訳」として書かれているのは、「(私は餓えた)」だけで、「(一等兵だな)」「(西田か……。)」「(そうです)」などは日本人同士(兵長と「彼」)の間でなされた会話なのだから、①は×。

②も、「…言った、――(一等兵だな)」や「名札を読んだ、――(西田か……。)」「(そうです)と彼は言って」、「…叫んだ、――(おい、もっとゆっくり歩かんか。)」などは実際に口に出して言われた言葉なのだから、×。

④も、「(私は餓えた)」や「(そうです)」などは、④「相手」の言葉ではなく「彼」自身の言葉なのだから、×。

〈問題文の解説〉に示した通り、「軍隊」のあり方を象徴する「兵長」は「彼」にとって気持ちの上で③「距離のある」存在だといえるから、兵長の言葉について③のように説明するのは正しい。また、「(そうです)」は「彼」自身の言葉だが、直後「それがまるで別人の声のようにひびくのを聞いた」とあるように、自分の言葉でありながら自分から③「距離のある」もののように聞こえた、という箇所なので、この言葉についても③の説明は正しい。そして、「(私は餓えた)」は「彼」が自分の母国語ではない「中国語」で言おうとした言葉だから、この言葉を「彼」自身からは「距離のある」ものだと言うこともおかしくない。③は六箇所すべてにあてはまる説明であり、正解はこれである。

(ii)　波線部ⓐ～ⓓは「兵長」の〈**実際には臆病で卑小な人間でありながら、「軍隊」の威力で自分を守っている**〉人物像を描いたものであり(その根拠は、**〈問題文の解説〉**の**ポイント6**に示した)、それは(問題文全体の展開をふまえて考えれば)主人公の「彼」が忌避しそこから離れたいと考えている**「軍隊」のあり方**を象徴したものだ、とみることができる。正解は①。「横柄」は〈人を見下したようにいばっているさま〉。「戯画的」は〈風刺的で滑稽な描き方をするさま〉。威張りくさった態度と臆病そうな様子を対照するように並べてみせた描き方を、「戯画的」といったものである。

誤答について。②・③は兵長の〈威張った態度〉についての指摘がない(②の「親しみやすい」はむしろ逆方向である)。②「日本軍が敗退した原因…」、③「自己の主体性を…」は本文の方向性とは全く無関係。

④は兵長の人物像を〈本来はそんな人ではないのだが、戦争のせいでこのようになってしまったのだ〉といった方向で説明している。兵長が本来は「善良な市民であった」と考える根拠はなく、誤りである。

問6　本文と、類似のテーマで書かれた詩とを比較して考える設問。共通テストの大きな特徴の一つである〈複数テクスト〉の設問である。

設問で提示された詩は「逃亡兵の歌」で、題材としては小説作品である「脱走兵」と類似のものだといえる。最初の部分の「お迎え」とは(注1)にあるように人の死のこと。兵士の思いを語っている詩であることを考えれば「お迎えはやがて／くるだろう」とは〈自分たちはやがて死ぬことになるだろう〉という趣旨だと理解できる。「それ(＝死)がくるまえに／彼は自分から／出ていった」の「彼」が、兵隊たちの中から「出ていった」者、つまり「逃亡兵」である。「出ていった」という言い方からみて、語り手の側は今まだその場所にいるということになるから、この詩は形の上では、**「逃亡兵」と同じ軍隊に所属していて、今もその場所にとどまっている者の立場から語られている**ということになる。

「彼がさきに死ぬか／残ったものがさきに死ぬか／それはわからない」という。**逃亡した「彼」**は、「脱走兵」の「彼(西田一等兵)」が考えたように（波線部ⓒの前段落「敵は彼に対しいきなり発砲するかもしれなかった」）**敵に撃たれて死ぬ**かもしれない。もちろん**残った自分たち**も、**やがて死ぬ**ことになるだろう――そのどちらが先になるかはわからない（つまり、逃亡したからといって、「彼」が助かるとは限らない）というのである。しかし詩の語り手は、「もしも彼が生きのびたなら／兄弟たちに告げるだろう」といい、「この地上で自由に生きること／ほかならぬこの地上で（つまり〈あの世〉ではなく）／自由に生きる／ただこれだけが／われわれの望みだったと」という。「逃亡兵」の望む「自由」なのだから、〈**戦争から自由になりたい**〉ということであり、また詩の語り手が「**われわれの望みだった**」といっているのだから、これは「逃亡兵」一人だけでなく、**兵士たちみなの望みである**、と述べられていることになる。

以上を踏まえて選択肢を見てみよう。「適当でないもの」を選ぶ設問であることに注意。

まず①。「脱走兵」は「彼」（「西田一等兵」）という三人称で書かれているが、地の文（会話以外の文）で〈心の中が直接描かれている人物〉は「彼」「西田一等兵」のみで、例えば「兵長」については〈「彼」の目から見た姿〉という形でしか描かれていない。このように〈**作品内の世界がその人物の目を通して描かれている**（**語り手がその人物の中に入って語っている**）〉人物をその作品の〈**視点人物**〉という。したがって「脱走兵」は①「『**彼』の視点**に寄り添う語りによってその**内面**を描」いているといえる。また「逃亡兵の歌」は（作者の心情はもちろん「彼」に投影されているにせよ）形の上では「もしも彼が生きのびたなら／兄弟たちに告げるだろう」のように、語り手自身は「**彼」を外側から捉える形**で書かれている。したがって、①「『彼』を**対象化**する（＝主体の意識が向けられる相手として捉える）語り」は適切であり、またこのことによって、「脱走兵」のように**特定の個人の内面を伝えようとするのではなく**、「**兵**」**全般**に通ずる思い（「**われわれの望み**」）を体視した存在として描かれていると言えるので、①「そのあり方を**普遍化**する形で描いている」も適切である。

次に②。「『逃亡兵の歌』では率直な言葉で直接的に述べられている」内容で、「脱走兵」と共通のものといえば、「逃亡兵の歌」の「**自由に生きること……ただこれだけが……望み**」であろう。「脱走兵」については〈**問題文の解説**〉の（**ポイント1・7**）などを参照してほしいが、そこに示したように、〈**自らが属していた軍隊から自由になりたい**〉という思いが、「脱走兵」では〈兵隊としての武装を外す〉**主人公の姿**や、〈味方の軍に戻るか、（もしかしたら敵のものかもしれない）トラックの方へ向かうか〉という「**状況**」と主人公が後者を選ぶという「**行動**」などで表現されている。②は妥当な説明である。

③はどうか。③「『逃亡兵の歌』の『彼がさきに死ぬか／残ったものがさきに死ぬか』という表現」は、先に見た通り〈「**逃亡**」した「**彼**」と〈**残った**〉**自分たちと、どちらがさきに死ぬか**〉という意。一方、③「『脱走兵』の最終段落の『裏か表か』」は、〈**味方か敵か**〉であり（**ポイント7**参照）、「味方」の場合は（〈前書き〉にあるように「彼」は「部隊がちりぢりになる混乱の中で、一人野山を放浪し」ていたのであって、味方の軍に「脱走兵」として認識されているわけではないから）**殺されることはない**のだし、「敵」の場合でも（波線部ⓒの前段落「敵は……いきなり発砲するかもしれない」という可能性は頭に入れつつも）、最終段落「敵につかまることをも……」とあるように、捕虜になる、降伏するという形で、**生きて**「**つかまる**」ことを考えている。したがって、少なくとも「『脱走兵』の最終段落の『裏か表か』」について③「自らの**生死**は運命に任せるほかないとする……思い」とするのは当たらないし、まして③「諦念めいた思い」とはいえない。「適当でないもの」つまり正解は③である。

④。「『脱走兵』の主人公」は確かに「地の文（＝会話以外の文）では『彼』『西田一等兵』の二通りの書き方で記されて」いる。そして、「後者」すなわち「西田一等兵」は、波線部ⓐの前々段落からの箇所で、「兵長」に「〈一等兵だな〉」「〈西田か……〉」といわれて、「彼はまたたく間に**自分が軍隊に引きもどされ**、**一等兵に還元される**のを感じた」とある「一等兵」であり（**ポイント4**参照）、その後しばらく「兵長」と行動をともにしているところで用いられ、「兵長」が「友軍」の方へ走り去った（波線部ⓓの段落）後の、「西田一等兵はこの兵長のあわてぶりを……」のところを最後に、「彼」が「兵長」とは別の方向へ行こうと考え始めるところで姿を

消す呼び名である。したがってこれを④「**主人公が自分は軍隊の一員であると感じさせられている場面**で用いられている」とするのは妥当な解釈だといえる。問5(i)の解説で見たように、もはや軍隊を離脱したいと感じている自分（a）にとって、「兵長」と行動をともにする「一等兵」の自分（b）は、自分でありながら〈自分の意識や存在にとって**距離のあるもの**〉と感じられる。その感覚が、自分（a）が自分（b）を「西田一等兵」と呼ぶような書き方に表れているのである。

最後に⑤。「逃亡兵の歌」で、「『逃亡兵』の心情が**多くの兵に共有されるものであること**」は先に見た通り（「**われわれの望み**」とあるところから）妥当。ここから、⑤「『くるだろう、くるだろう』といった繰り返しの部分は、**大勢で合唱する**歌の一節のような印象を与える」も（民謡的な歌や大衆歌などでよくある形式であり、兵隊たちが輪になって座り、声をそろえて歌っているような情景を思い浮かべられるとよい）無理のない解釈だといえる。少なくとも、明らかな誤りを含む③に比べれば⑤は妥当性がより高いと判断すべきものである。

文学的文章の設問（特に⑤のような表現に関わる設問）では、〈直接本文に書かれてあるか否か〉のみでなく、複数の選択肢を〈**本文をもとにしてより妥当性の高い推定といえるか否か**〉で**判断しなければならない**ことが少なくない。このことを意識して練習を重ねたい。

第3問

〈出典〉

【文章Ⅰ】『宇治拾遺物語《うじしゅういものがたり》』巻十の五

『宇治拾遺物語』は鎌倉時代初期に成立した説話集。編者未詳。全一九七話。天皇、貴族、僧侶、武士、盗賊など、広い階層の人々の成功談、失敗談、不思議な話、笑い話など、さまざまな内容の話が載せられている。また、日本の説話だけでなく、中国、インドといった異国を舞台とした説話も載せられている。

【文章Ⅱ】【文章Ⅲ】『今昔物語集《こんじゃくものがたりしゅう》』巻二十七

『今昔物語集』は平安時代後期に成立した説話集。編者は、源隆国《たかくに》説、鳥羽僧正覚猷《かくゆう》説などがあるが未詳。全三十一巻のうち、八、十八、二十一の三巻を欠く。一千余りの説話が、天竺《てんじく》（インド）、震旦（中国）、本朝（日本）の三部に分けて収められている。

〈本文解説〉

【文章Ⅰ】は、『宇治拾遺物語』巻十の五、「播磨守《はりまのかみ》左大夫《さたいふ》が事」である。播磨の守公行の息子左大夫は阿波《あわ》の国に下る途中で死んだが、その霊が、河内《かわち》の前司《ぜんじ》所有の牛に目を付けて、自らが移動するために無断で借用したという話。

【文章Ⅱ】・**【文章Ⅲ】**は、『今昔物語集』巻二十七の「河内禅師の牛霊の為に借らるる語《こと》」で**【文章Ⅰ】**と同様の話が載せられている。

今回の問題は、『宇治拾遺物語』の説話を読みながら、『今昔物語集』の説話と比較して表現の違いを考えることを狙いとした。

なお、全体の統一を取るために、一部表記を改めた部分がある。

〈現代語訳〉

【文章Ⅰ】

1 今ではもう昔のことになってしまったが、播磨の守公行の子で左大夫といって、五条のあたりに住んでいた者は、今も生きている顕宗という者の父である。その左大夫は、阿波の守のさとなりの供として阿波へ下ったときに、道の途中で死んだ。その左大夫は、河内の前司といった人の親戚であった。

② その河内の前司のところに、飴斑《あめまだら》の牛がいた。その牛をある人が借りて、車を取り付けて淀川の方に行ったときに、樋爪の橋で、牛飼が失敗して、片輪を橋から落としたときに、引かれて車が橋から下に落ちたのを、車が落ちるとわかって、牛が踏ん張って立ったところ、鞅が切れて、車は（橋から）落ちて砕けてしまった。牛だけは、橋の上にとどまっていた。人も乗っていない車だったので、怪我《けが》をした人もいなかった。「つまらない牛であったとしたら、（車に）引かれて（川に）落ちて、牛も死んでしまっただろう。たいそう強い牛の力だなあ」と言って、その〈＝橋の〉あたりの人はほめたたえた。

③ このようにして、（前司が）この牛を大切に飼っていたときに、この牛は、どうしていなくなってしまったということもなくて〈＝いつのまにか〉、いなくなってしまった。（前司が）「これは、どういうことか」と、探し回ったけれども（牛は）いない。「遠くに行ってしまったのか」と、近くから遠くまで、探させたけれども（牛は）見つからないので、（前司が）「たいそう素晴らしい牛を失ってしまった」と嘆くうちに、河内の前司が夢に見ることには、（夢の中で）この左大夫がやって来たので、これは海に落ちて死んだと聞く人が、どうしてやって来たのだろうかと、思いながら（前司が左大夫に）出て会ったところ、左大夫が言うことは、「私はこの丑寅《うしとら》〈＝北東〉の隅に住んでいます。そこから毎日一度、樋爪の橋のもとにまいりまして、苦を受けているのです。しかしながら、私自身の罪が重くて、体がとても重いことでございますので、乗物が耐えきれなくて（乗り物に乗ることができないで）、歩いて（橋まで）まいりますのがつらいので、この飴斑の御車牛が、力が強くて（私が借りて）乗っておりますが、（あなたが）たいそう熱心にお探しになるので、後五日たって、六日目という（日の）巳の時〈＝午前十時〉頃にお返し申し上げよう。そんなにお探しにならないでください」と（夢に）見て、目を覚ましたのだった。（前司は）「このような夢を見た」と言って（しばらくそのままで）過ごした。

④ その夢を見た日から六日目という（日の）巳の時〈＝午前十時〉頃に、思いがけずこの牛が歩いて（前司のところに）帰ってきたが、大変な仕事をした様子で、苦しそうに、舌を垂らして、汗を流して帰ってきた。「（左大夫の霊が、）この樋爪の橋で車が落ちて、牛は（橋の上に）止まったときなどにたまたま居合わせて、力強い牛だなあと思って、借りて乗り回していたのだろうかと思ったことも恐ろしかった」と、河内の前司が語ったのであった。

【文章Ⅱ】

今ではもう昔のことになってしまったが、播磨の守佐伯の公行という人がいた。その子に、左大夫といって、四条高倉に住んでいた者は、今も生きている顕宗という者の父である。その左大夫は、阿波の守藤原定成の朝臣の供として阿波に下ったときに、その船で守と共に海に落ちて死んだ。その左大夫は、河内の禅師といった者の親戚であった。

【文章Ⅲ】

その後、（禅師が）その牛を大切に飼っていたときに、どうしていなくなってしまったということもなくて〈＝いつのまにか〉、その牛はいなくなってしまった。河内の禅師は、「これはどういうことか」と（言って）探し回ったけれども（牛が）いないので、「遠くに行ってしまったのか」と（思って）近くから遠くまで探させたけれども、とうとう（牛は見つから）ないので、探しあぐねて困っているときに、河内の禅師の夢に、例の死んでしまった左大夫がやって来たので、河内の禅師は、「海に落ちて死んだと聞く者が、どうしてやって来たのだろうか」と夢の中でも、「恐ろしい」と思いながら出て会ったところ、左大夫が言うことには、「私は死んだ後、この丑寅〈＝北東〉の角の方におりますが、そこから毎日一度、樋集の橋のところに行って（前世の罪を償うために）苦を受けているのです。しかしながら、私の罪が重くてたいそう体が重いことでございますので、乗物が耐えられなくて（乗り物に乗ることができないで）、歩いてまいりますのがとても苦しいことでございますので、この黄斑《あめまだら》の御車牛の力が強くて（私が）乗りましても耐えられる〈＝十分引くことができる〉ので、（私は）しばらくお借り申し上げて乗って（樋集の橋に）まいりますが、（あなたが）ひどくお探しになっていらっしゃるので、後五日たって六日目という（日の）の巳の時〈＝午前十時〉頃にきっとお返し申し上げよう。むやみに（牛を）お探しになって騒がないでください」と言う、と見ているうちに、夢が覚めた。河内の禅師は、「このような不思議な夢を見た」と、人に語ってそのまま終わった。

その後、その夢に（左大夫が）現れて六日目という（日の）巳の時〈＝午前十時〉頃に、この牛が、突然どこからともなく歩いて帰ってきた。この牛は、ひどく大きな仕事をした様子でやって来た。

そういうことなので、その樋集の橋で、車は落ちて牛がとどまった様子を、例の左大夫の霊が、その時にたまたま居合わせて、「力が強い牛だなあ」と見て、借りて乗り回していたのであろうか。

これは河内の禅師が語ったことである。これは極めて恐ろしいことである、と語り伝えたということだ。

〈設問解説〉

問1　単語の意味を問う設問。

(ア)　正解は①。「かちより」に漢字を当てると、「徒歩より」となる。「より」は手段・方法を表す格助詞で、「徒歩によって」の意。「歩いて」「徒歩で」と訳す。「かちより」の訳が合致している選択肢は①③。①と③の違いは「まかる」の訳である。「まかる」は謙譲の動詞で、「退出する」「まいります」などと訳す。①の「まいります」は正しいが、③の「お出《い》でになる」は尊敬語として訳してあるので、誤り。

(イ)　正解は⑤。「そぞろ（漫ろ）」は目的・理由・関係がない様子を表す。「目的もなく」「わけもなく」「関係なく」と訳す。また、予想外のさまを表し、「思いがけず」と訳すこともある。(イ)は、探し回った牛が突然帰ってきた様子を表しているので、該当する選択肢は⑤となる。**【文章Ⅲ】**では「そぞろに」に該当する部分を「俄かにいづこより来れりともなくて」と記している。

(ウ)　正解は②。「あながち」の、「あな」は「自己」、「かち」は「勝ち」の意。自分を第一に考えて、自らの意志・欲望を抑えられない様子を表す。「強引だ」「無理だ」と訳す。「あながち」の意に合致する選択肢は、②「むやみに」、③「無理に」である。②③は「な～そ」から絞る。「な～そ」は、禁止の意を表し、「～ないでください」と訳す。「な～そ」に合致している選択肢は、②「お探しになって騒がないでください」である。

問2　文法・知識を問う設問。

正解は②。波線部の文法的な説明について「適当でないもの」を探す設問は、二〇一八年度のセンター本試験で出題された形式である。今回の設問は、文法事項だけではなく、①主語の判定、③古文常識の問題も混ぜてある。②助動詞「す」「さす」は、「せたまふ」「させたまふ」のように下に尊敬の補助動詞が付いているときは、「使役」「尊敬」、下に尊敬の補助動詞が付いていないときは、「使役」となる。ここの「求めさせ給《たま》へば」は、意味から考えると、「使役」「尊敬」のいずれでも解釈は可能であるが、同じ左大夫の会話文中に「あながちにな求め騒がせ給ひそ」というように、河内の禅師に対して二重尊敬が用いられていることから、ここも「させ」を尊敬と取り、二重尊敬であると考えるほうがよい。他の①③④⑤は、いずれも説明としては合っているので、「適当でないもの」の可能性を持つのは②しかない。

①牛を借りて「罷り行く」のは、この会話の語り手である左大夫である。会話文の中の謙譲語は、話し手自身の動作に付けられることが多い。

③古文常識。各月の異名と十二支による方位・時刻の表示は基礎知識として覚えておきたい。

④「申し」の敬意の方向に着目する。会話文中で用いられている場合、「誰から」は「話し手から」となるので左大夫。「誰へ」は、謙譲語では動作の受け手（「～に」「～を」に当たる人物）である。ここでは、左大夫が河内の禅師に牛を返すと言っているので、敬意の対象は河内の禅師となる。

⑤助動詞「つ」「ぬ」が、推量系の助動詞の上に付いて、「てむ」「なむ」「つべし」「ぬべし」などの形で用いられる場合、この「つ」「ぬ」は完了（強意）となり、「きっと～」「必ず～」「～てしまう」となる。「てむ」「なむ」は「む」（未然形接続）の上に付いているので未然形、「つべし」「ぬべし」は「べし」（終止形接続）の上に付いているので終止形となる。

問3　段落の内容をまとめる設問。

正解は①。**【文章Ⅰ】**の2段落の内容をまとめる。樋爪の橋の事故の原因は、「牛飼悪しくやりて、片輪を橋より落としたりけるに」とあるように、牛飼の過ちである。この内容に合致する選択肢は①⑤である。左大夫の霊によって車が引き込まれたとする②③、牛が暴れたことによって車が転落したとする④はいずれも誤り。牛が助かった理由は、「車の落つると心得て、牛の踏み広ごりて立てりければ」とあるように、牛が踏ん張ったからであり、その力の強さを「その辺の人」はほめたのである。この内容に合致しているのは①。⑤は「牛が踏ん張ったときに鞅がたまた切れ」たという、「牛の運の強さ」をほめたという点が誤り。

問4　段落の内容をまとめる設問。

正解は②。**【文章Ⅰ】**の3段落の内容をまとめる。左大夫が牛を無断借用した発端は、「それより日に一度、樋爪の橋のもとにまかりて、苦を受け侍るなり」とあるように、生前の罪を償うために、一日一度、樋爪の橋まで赴いて苦を受けなければならなかったということにある。したがって、③「生前の罪を償うために樋爪の橋へと引っ越したいと考えている」は、誤り。⑤は樋爪の橋に行くのが一日一度ではなく、一度だけ行けばよいかのようになっている点が、誤り。残る①②④は、左大夫が牛を借りている理由から、内容を絞る。樋爪の橋に行くのに、「おのれが罪の深くて、身のきはめて重く侍れば、乗物の耐へずして」とあるように、生前の罪が重かったため、我が身があまりにも重く、乗り物に乗ることができないので歩いて行かねばならなかった、そして、この重い体で樋爪の橋まで歩くという苦行がつらいので、左大夫は自分を乗せて移動できる力の強い前司の牛を見つけて借りたのである。残る選択肢の中で、この内容に合致しているのは②④。①は「体が重くて車が壊れてしまった」「新しい車を引くのにふさわしい牛」が、誤り。②④は、「今五日ありて、六日と申さん巳《み》の時ばかりには返し奉らん。いたくな求め給ひそ」とあるように、②「あと六日間だけ牛を貸してほしい」が正しい。④「これから六日間牛を貸してほしい」は、今まで牛を借りておらず、これから借りるかのような言い方になっているので、誤り。

問5　文章全体の構成に関する設問。

正解は④。**【文章Ⅰ】**の各段落の内容をまとめると、1段落は左大夫の死について、2段落は樋爪の橋の事故について、3段落は河内の前司の夢について、4段落は帰ってきた牛について、それぞれ記されている。各段落の内容がどのように繋《つな》がっているかがわかりにくい話であるが、2段落で牛の力の強いことを語り、4段落でその牛が疲労困憊《こんぱい》している姿を描くことによって、3段落で語られた左大夫の罪の重さを強く印象づけるという構成となっている。この内容に合致しているのは④。

①「左大夫の死と前司とが何らかの関係がある」が誤り。

②「左大夫の死の原因が水と関連があったことを暗示」が誤り。

③「樋爪の橋での事故は偶然ではなくて左大夫の霊が引き起こした」が誤り。

⑤「夢が未来の予言であった」が誤り。

問6　複数の文章の表現の違いを考える設問。「適当でないもの」を選ぶ設問であることに注意。

正解は②。**【文章Ⅱ】**では、「阿波の守藤原定成の朝臣が供に阿波に下りける程に、その船にて守と共に海に入りて死にけり」とあるように、左大夫は海に落ちて死んだと明記されているのに対して、**【文章Ⅰ】**では、「その左大夫は、阿波の守さとなりが供に阿波へ下りけるに、道にて死にけり。」（1段落）とあるように、左大夫は旅の途中で死んだことのみが記されており、どのようにして死んだかが明らかにされていない。ただし、3段落で、河内の前司が「これは海に落ち入りて死にけると聞く人は、いかに来たるにか」と思ったという記述があり、ここで死因が示されているので、②「左大夫の死因については、**【文章Ⅰ】**では最後まで明らかにされていない」という部分が合致していない。

①**【文章Ⅰ】**では「播磨の守公行が子に左大夫とて、五条わたりにありし者は、このころある顕宗といふ者の父なり」（1段落）というように

簡潔に記されているのに対して、【文章Ⅱ】では「播磨の守佐伯の公行といふ人ありけり。それが子に、左大夫とて、四条と高倉とにありし者は、近来ある顕宗といふが父なり」というように、父の姓が「佐伯」であること、左大夫の住居が「四条と高倉と」にあることなど、より詳しく情報が記されている。適当である。

③は、牛を探したが見つからなかったときの前司（禅師）の様子については、【文章Ⅰ】では「尋ね求めさすれどもなければ、『いみじかりつる牛を失ひつる』と嘆くほどに」（3段落）とあるように、会話文を用いながら心情を描写しているのに対して、【文章Ⅲ】では「遂になければ、求め繚ひてある程に」と、地の文で状況が客観的に説明されている。「繚ふ」とは「困る」という意味。禅師が牛が見つけられなくて困っている様子を、【文章Ⅲ】では「求め繚ひてある」と言っている。適当である。

④【文章Ⅰ】では「いみじく大事したりげにて、苦しげに、舌垂れ、汗水にてぞ入りたりける」（4段落）とあるのに対して、【文章Ⅲ】では「この牛、いみじく大事したる気《け》にてぞ来たりける」と簡潔に記されている。適当である。

⑤【文章Ⅰ】の「この樋爪の橋にて車落ち入り、牛はとまりたりける折なんどに行きあひて、力強き牛かなと見て、借りて乗りてありきけるにやありけんと思ひけるも恐ろしかりける」（4段落）という前司の言葉の中で「行きあひて」「見て」「借りて乗りてありきけるにやありけん」などの主語が明示されていないのに対して、【文章Ⅲ】では「彼の樋集の橋にて、車は落ち入り牛は留まりけむを、彼の左大夫が霊の、その時に行き会ひて、『力強き牛かな』と見て、借りて乗り行きけるにやありけむ」とあるように、その主語が「左大夫が霊」であることが明示されている。適当である。

『宇治拾遺物語』『今昔物語集』の文を比べてみると、内容的にはほぼ同じことが記されているものの、それぞれに詳しく書かれている部分、説明が足りない部分がある。全体的な傾向としては『宇治拾遺物語』はやや簡潔に記されているのに対して、『今昔物語集』の説明はやや詳しいと言えよう。

第4問

〈出典〉 蘇轍《そてつ》「為₂兄軾下₁レ獄上書」（兄軾《しょく》の獄に下りし為に上《たてまつ》る書）

本文は『唐宋八大家文読本　巻二十五』によった。

蘇轍は北宋の文人。字は子由《しゆう》、号は潁浜《えいひん》、欒城《らんじょう》。父は蘇洵《そじゅん》、兄は蘇軾。唐宋八大家の一人。兄蘇軾とともに王安石の新法に反対した。

〈問題文の解説〉

蘇轍が、兄の蘇軾が政争に巻き込まれて下獄した時に、自分が官位を返上する代わりに蘇軾を釈放するよう願って書かれた上書。

※問4は対話体の設問である。こうした設問は、大学入試センター試験ではあまり出題されなかったが、二〇一八年のプレテストで出題されており、共通テストでは頻出が予想される。ただ、設問内容は内容説明や解釈等であり、通常の設問内容と大差はない。本文を丁寧に正確に読解する力が身についていれば特別な準備は不要であろう。

〈読み方〉（漢字の振り仮名は、音はカタカナ・現代仮名遣いで、訓は平仮名・歴史的仮名遣いで示してある。）

軾《ショク》の将《まさ》に逮《タイ》に就《つ》かんとするや、臣《シン》に謂《い》はしめて曰《い》はく、軾早《ショクはや》く衰《おとろ》へて病《やまひ》多《おほ》し。必《かなら》ず牢獄《ロウゴク》に死《シ》せん。死《シ》は固《もと》より分《ブン》なり。然《しか》れども恨《うら》む所《ところ》の者《もの》は、少《わか》きより有為《ユウイ》の志《こころざし》を抱《いだ》きて不世出《フセイシュツ》の主《シュ》に遇《あ》へば、当年《トウネン》に齟齬《ソゴ》すと雖《いへど》も、終《つひ》に尺《セキ》寸《スン》を晩節《バンセツ》に効《いた》さんと欲《ほつ》するも、今此《いまこ》の禍《わざは》ひに遇《あ》ふ。過《あやま》ちを改《あらた》め自《みづか》ら新《あら》たにし、心《こころ》を洗《あら》ひて以《もつ》て明主《メイシュ》に事《つか》へんと欲《ほつ》すと雖《いへど》も、其《そ》の道由《みちよし》無《な》し。況《いは》んや朝《チョウ》に立《た》ちて最《もつと》も孤《コ》にして、左右親近《サユウシンキン》、必《かなら》ず為《ため》に言《い》ふ者《もの》無《な》きをや。惟《た》だ兄弟《ケイテイ》の親《シン》、試《こころ》みに哀《アイ》を陛下《ヘイカ》に求《もと》むるのみと。臣窃《シンひそ》かに其《そ》の志《こころざし》を哀《あは》れみ、手足《シュソク》の情《ジョウ》に勝《た》へず。故《ゆゑ》に為《ため》に死《シ》を冒《をか》して一言《イチゲン》す。昔漢《むかしカン》の淳于《ジュンウ》公《コウ》罪《つみ》を得《え》、其《そ》の女子緹縈《ジョシテイエイ》没《ボツ》して官婢《カンピ》と為《な》りて、以《もつ》て其《そ》の父《ちち》を贖《あがな》ふを請《こ》ふ。漢文之《カンブンこれ》に因《よ》りて遂《つひ》に肉刑《ニクケイ》を罷《や》む。今臣螻蟻《いまシンロウギ》の誠《セイ》、万万緹縈《バンバンテイエイ》に及《およ》ばずと雖《いへど》も、而《しか》れども陛下《ヘイカ》の聡明仁聖《ソウメイジンセイ》は漢《カン》文《ブン》に過《す》ぐること遠《とほ》く甚《はなは》だし。臣身《シンみ》に在《あ》るの官《カン》を納《をさ》めて以《もつ》て兄軾《あにショク》を贖《あがな》ふを乞《こ》はんと欲《ほつ》す。敢《あ》へて其《そ》の罪《つみ》を末減《マツゲン》するを望《のぞ》むに非《あら》ず。但《た》だ獄《ゴク》に下《くだ》されて死《シ》するを免《まぬか》るるを得《え》ば幸《さいは》ひと為《な》す。

〈現代語訳〉

兄軾は逮捕されそうになった時に、（人を介して）私にこう伝えてきました。「自分は早くから身体が衰え病気がちである。きっと牢獄で死んでしまうであろう。死はもちろん自分の運命というものなのだ。しかし残念に思うのは、若い頃から国のために働こうという志を持ち、世にまれなる優れた君主に巡り会い、現在は思うに任せなくても、ずっと晩年にはわずかなりともご奉公したいと思っていた。しかし今こうした災難にあった。たとえ過ちを改めて自分自身を新たにし、心を入れ換え明君にお仕えしようとしても、その方法はなくなった（ことだ）。まして私は朝廷に出仕しても誰からも孤立していて、陛下の側近には、きっと私のために弁護してくれる者などいないのだからなおさら（方法はないの）だ。ただ血のつながる兄弟（であるそなた）が、陛下に哀れみをかけてくれるようお願いしてくれるだけだろう」と。私は兄のこの（報国の）気持ちを心中哀れに思い、兄弟の情愛をおさえきれず、死をも覚悟でひとこと申し上げます。昔、漢の淳于公が罪を犯した時、その娘の緹縈は官家の女奴隷となるかわりに、父の罪を許して欲しいと願いました。漢の文帝はこれによって肉体を傷つける刑罰をおやめになりました。いま私の虫けらのようにとるにたらない者の真心は、緹縈にはとてもとても及びませんけれども、陛下の聡明仁聖の徳は、はるかに文帝を凌《しの》いでおります。私は自分の官位をお返ししてそれによって兄軾の罪のかわりといたしたいと願っております。これは兄の罪を軽くしていただけるよう望んでいるのではございません。ただ兄が牢獄で死ぬことを免れることができたならば幸いでございます。

〈設問解説〉

問1　重要語の意味の設問

(ア)　「固」は「もとヨリ」と読み「もちろん」「言うまでもなく」「もともと」などと訳す語。正解は③。読み方もよく問われるのでこの機会に覚えておこう。

(イ)　「由」は「よし」と読み「方法」「理由」「原因」などと訳す語。ここは「過ちを改め自ら新たにし、心を洗ひて以て明主に事へんと欲すと雖も（＝たとえ過ちを改めて自分自身を新たにし、心を入れ換え明君にお仕えしようとしても）」に続く部分であるから「無レ由」は「方法はない」の意味である。正解は④。

問2　指示語の設問

波線部**a**「臣」には「臣下」の意味の他に、一人称「わたし」の意味がある。ここは蘇轍が書いた地の文の部分に使われた「臣」であるから蘇轍を指している。波線部**b**を含む「臣窃かに其の志を哀れみ」の「臣」は波線部**a**と同じく蘇轍だが、蘇轍が兄蘇軾の志を哀れんでいるのであるから波線部**b**の「其」は蘇軾。波線部**c**の「其」は、漢の淳于公が罪を犯した時に〈其の女子の緹縈が女奴隷となるかわりに父の罪を許して欲しいと願い出た〉のであるから「其の女子」は「淳于公の娘」である。したがって正解は②。

問3　語句の意味の設問

A　「有為」は「役に立つこと」「事をなす才能があること」。蘇軾が若いころから抱いていた「役に立とうという志」とは、後出の「尺寸」を「効さんと欲す」であり、それは（注）にあるように「わずかなりともご奉公する」志である。したがって正解は③。

C　「螻蟻」は（注）にあるように「ケラとアリ」。「虫けら」という言葉があるように「螻蟻」とは「とるにたらない者」の意味である。ここは「螻蟻之誠」は「緹縈にとてもとても及ばない」と言うのだから、蘇轍が自身の「誠」を〈虫けらのようにとるにたらないものの真心〉とへりくだって言っているのである。正解は①。

問4　語彙と解釈の設問

X　「左右」には、文字どおり「左と右」の意味があるが、他に「身辺」「仲間」「側近」などの意味がある。したがって正解は④である。

Y　解釈を問う問題では、まず傍線部に含まれる句形や重要語が正確に訳出されているかどうかに着目する。傍線部には「況」がある。「況」は「いはンヤ」と読み、後出の「無キヲヤ」の「ヲヤ」と呼応して「まして～はなおさらだ」と訳す抑揚形と呼ばれる句形である。この「況んや〜をや」が訳出されているのは②と④である。これに「左右」の意味を合わせて考えれば正解は②と決まる。

《抑揚形》
A猶（尚・且）……、況B乎
〈読み方〉Aスラ猶ホ（尚ホ・且ツ）……、況ンヤBヲや
〈訳し方〉Aでさえ……なのだ、ましてBはなおさらだ

なお、本文では「A猶……」の部分は用いられていない。

※対話体による設問は、共通テストでは積極的に出題されると思われるが、設問内容は通常の読解力で対処できる。

問5 返り点と書き下し文の設問

返り点と書き下し文の設問では、まず傍線部に含まれる句形や重要語が正確に読まれているかに着目する。傍線部**D**には《否定形》の「非」、重要語の「敢」があるが、どの選択肢も「〜に非ず」、「敢へて」と正しく読まれている。こういう場合は選択肢すべての書き下し文を現代語訳して文脈に合うものを選ぶ。なお、「非敢〜」は、頻出の句形「不敢〜（〜しようとはしない）」から類推すれば「〜しようとするのではない」と訳せばよいことがわかるだろう。

①〜⑤の書き下し文を直訳すると、

① 望もうとするのではなくて兄の罪を軽減する。
② 軽減する兄の罪を望もうとするのではない。
③ 望んで兄の罪を軽減しようとするのではない。
④ 軽減して兄の罪を望もうとするのではない。
⑤ 兄の罪を軽減することを望もうとするのではない。

となる。

傍線部**D**の直前は「私は自分の官位をお返ししてそれによって兄軾の罪のかわりといたしたいと願っております」、直後は「ただ兄が牢獄で死ぬことを免れることができたならば幸いでございます」という内容であるから、この文脈に合うのは⑤である。

最終的に解釈で決定する書き下しの設問は、センター試験でも頻出であったが、試行調査でも出題されており、共通テストにも引き継がれる傾向だと思われる。

問6 会話文についての設問

この「曰」で始まるのは、兄蘇軾が人を介して弟蘇轍に伝えてきたことである。二重傍線部「曰」の直前にある「臣」は問2で見たように「蘇轍」である。二重傍線部「曰」の直後にある「軾」は、以下が蘇軾が伝えてきたことであるから「わたし軾」の意。以上をおさえたうえで、**Ⅳ**の直後の「臣」に注目しよう。「臣」は臣下が君主に対して用いる一人称（臣下でない場合にも用いられることはあるが）。この文章は「上書」であり、内容から蘇轍が皇帝に宛てたものである。したがってこの「臣」は蘇轍が皇帝に対して用いた一人称である。以上のことから考えれば**Ⅳ**までが「曰」の内容であると決まる。正解は④。

問7 内容理解の設問

問6で確認した蘇軾の言葉が終わってからが、蘇轍の嘆願の内容になる。確認すると、「昔〜」「今〜」という対比的な表現が使われ、漢の緹縈が自分の身を奴隷におとすことで父の罪を償おうとしたことと、自分は官位を返上することで兄の釈放を求めたいということが述べられている。したがって正解は④。

他の選択肢を確認しておく。

① 「政敵に対する厳しい刑罰を廃止して欲しい」とは願ってはいない。
② 緹縈の父親淳于公が、前漢の文帝の政敵であった、という内容の記述は本文中にない。
③ 緹縈の父親淳于公が無実であった、という内容の記述もないし、蘇轍の兄蘇軾の罪が冤罪であった、という内容の記述も本文中にはない。
⑤ 「緹縈のように奴隷となる訳にはいかない」に相当する内容の記述は本文中にない。

① 20200726